T0268224

# El ritmo infinito

Michael Spitzer

# El ritmo infinito

## El ser humano y la música
## a lo largo de la historia

Traducción de María Dolores Ábalos

*Ariel*

Obra editada en colaboración con Editorial Planeta - España

Título original: *The Musical Human: A History of Life on Earth*

© 2021, Michael Spitzer

© 2022, Traducción: María Dolores Ábalos Vázquez

Traducción publicada por acuerdo con Bloomsbury Publishing Plc.

© Editorial Planeta, S. A. - Barcelona, España

Derechos reservados

© 2023, Ediciones Culturales Paidós, S.A. de C.V.
Bajo el sello editorial ARIEL M.R.
Avenida Presidente Masarik núm. 111,
Piso 2, Polanco V Sección, Miguel Hidalgo
C.P. 11560, Ciudad de México
www.planetadelibros.com.mx
www.paidos.com.mx

Primera edición impresa en España: enero de 2023
ISBN: 978-84-344-3596-4

Primera edición impresa en México: abril de 2023
ISBN: 978-607-569-441-2

Impreso en los talleres de Impregráfica Digital, S.A. de C.V.
Av. Coyoacán 100-D, Valle Norte, Benito Juárez
Ciudad De Mexico, C.P. 03103
Impreso y hecho en México – *Printed and made in Mexico*

*Para Karen, Emily y Kiera,*
*mis Tres Gracias*

# Sumario

# Primera parte
## LA VIDA

# 1

## *Voyager*

Imaginen que dentro de varios miles de millones de años, posiblemente mucho después de que la Tierra haya sido consumida por el Sol, unos alienígenas abren la sonda espacial *Voyager 1*, lanzada hace cuarenta años por la NASA, y se ponen a escuchar el Disco de Oro, provisto de veintisiete muestras de la música de la Tierra, así como de saludos en cincuenta y un idiomas (véanse figuras 1.1).[1] Partiendo de la base de que nuestros alienígenas sepan descifrar las jeroglíficas instrucciones de uso grabadas en el disco de metal, podrían escoger entre una asombrosa variedad de sonidos: el *Concierto de Brandemburgo n.º 2*, de Bach; gamelán cortesano de Java, percusión de Senegal, «Johnny B. Goode», de Chuck Berry, la *Quinta sinfonía* de Beethoven, zampoñas de las islas Salomón, y muchos más. ¿Qué habrían dicho esos alienígenas? El cómico Steve Martin dijo bromeando que había sido interceptado y descodificado un mensaje extraterrestre: «¡Enviad más Chuck Berry!».[2] Es mucho más probable que nunca lo sepamos. La lección que se puede extraer de este ejercicio mental es que las pequeñas trifulcas territoriales de la música adquieren una perspectiva más amplia. Contemplada desde una distancia interestelar, la Tierra puede no tener un solo lenguaje musical, del mismo modo que tampoco parece probable que exista una única lengua alienígena. Sin embargo, podemos discernir que hay algo irreductiblemente humano en toda la música de la Tierra. Imaginar la cultura humana desde la perspectiva de una especie no humana puede ser saludable. El filósofo Thomas Nagel hizo eso por nuestra teoría de la consciencia con un famoso ensayo titulado: «¿Qué se siente al ser un murciélago?».[3] ¿Qué pueden contarnos los alienígenas de lo que se siente como ser humano musical?

FIGURAS 1.1. *Voyager 1* y el Disco de Oro.

Pongan a Beethoven, a Duke Ellington y a Nusrat Fateh Ali Khan, el rey del *qawwali* (véase figura 1.2), en un bar, invítenlos a una copa y pregúntenles de dónde viene la música. Sus respuestas no serán tan distintas como cabría esperar. «No significa nada si no tiene *swing*», dice Ellington. «Desde el corazón puede llegar al corazón», responde Beethoven. Según Khan: «Uno ha de estar deseando liberar la mente y el alma del propio cuerpo para extasiarse a través de la música».[4] Lo que están diciendo es que la música es vida, emoción y espíritu. Que lo que brota de la música no se puede reducir a las notas. Que la música es esencialmente humana, y que nos hace humanos.

La música está vinculada a nuestros orígenes como especie. De manera que resulta irresistible escribir una obra con letra grande y en negrita, una «gran historia». Tal historia ahondaría más que los habituales relatos sobre quién escribió qué y cuándo (Bach, 1685-1750; escribió la *Pasión según san Mateo* en 1730). Sería una fiesta a la que todos estarían invitados: el rey David con su lira y los compositores de los salmos; Pitágoras; Lucy, la australopiteco; simios cantarines y loros danzarines. Comenzaría con la música cósmica de las esferas y hablando de cómo los organismos más elementales se estremecen ante los sonidos. Incluiría los lenguajes protomusicales del primer *Homo sapiens*, y se preguntaría qué los diferencia del canto de las aves o de la llamada de los gibones. Seguiría el rastro de la difusión y la evolución paralela de todas las músicas del planeta, y se centraría en cómo y por qué la música occidental se fragmentó con arreglo a sus propias leyes, no como un triunfo inevitable, sino con unas consecuencias tanto buenas como malas. Una consecuencia es, por ejemplo, que la música occidental operó como vehículo de la supremacía blanca.

Una evolución de la música parece una perspectiva halagüeña. Pero son muchos los escollos contra los que puede chocar. Hasta 1877, cuando Edison inventó el fonógrafo, no hay música grabada. Las obras musicales creadas una tras otra no existen antes del 800 d. C. La más temprana notación musical griega es del 500 a. C. Antes de esa fecha, todo era silencio. Los historiadores de la música miran con envidia a los arqueólogos, que trabajan con vestigios y con fósiles. La música no cuenta con fósiles, salvo una curiosa flauta de hueso que fue descubierta en unas cuevas antiguas. Una descripción de la evolución de la música a partir de objetos físicos sería como *Hamlet* sin el príncipe, multiplicado por diez. El resto, efectivamente, es silencio.

FIGURA 1.2. Nusrat Fateh Ali Khan.

Afortunadamente, hoy en día la perspectiva es mucho más prometedora de lo que parece. Pero antes tengamos en cuenta algunas limitaciones preliminares. Es obvio que la música existe desde que empezó a existir el hombre, de modo que escribir su evolución podría parecer un trabajo sencillo que no reviste mayor dificultad. El elefante —o más bien el mamut lanudo— en la cacharrería es que, durante casi toda su existencia, no tenemos ni idea de cómo sonaba la música. El primer sonido registrado de una pieza de música fue un solo de corneta áspero y anónimo grabado en un fonógrafo en 1878 en San Luis, en Estados Unidos.[5] Hasta entonces sólo tenemos signos en unos papeles llamados partituras. Nos gusta aparentar que sabemos cómo reproducir estos signos hasta convertirlos en sonidos. Pero lo cierto es que la práctica de la ejecución está construida sobre un edificio de convenciones un tanto destartalado. Instituciones como *Record Review* o *Building a Library*, de Radio 3, se basan en la hipótesis de que no hay dos versiones de una obra que suenen igual. La práctica de la ejecución o de la interpretación cambia constantemente. Las libertades que se tomaban los cantantes de ópera a principios del siglo xx, como el *portamento*, hoy en día nos hacen reír (*portamento* es cuando el cantante se desliza de una nota a otra sin que haya discontinuidad, como un trombón).[6] Si escuchan una tras otra las grabaciones de la *Sinfonía Patética* de Chaikovski, desde la interpretación de Serge Koussevitsky en 1930 hasta la de sir Simon Rattle de hoy en día, verán que cada vez van más aprisa.[7] Chaikovski se va acelerando. Los coros del Saint John's y el King's College de Cambridge se enorgullecen de tener unos sonidos únicos, modelados en parte por las características acústicas de las dos capillas. Si pasea por Cambridge oyendo primero unas vísperas y luego otras, vivirá una experiencia diferente, aunque los coros estén cantando las mismas piezas.

La situación se vuelve aún más desesperada si se considera lo que nos cuenta la partitura musical, que es bien poco. Comencemos nuestro cronograma en 1786, cuando Mozart compuso el maravilloso *Concierto para piano n.º 23 en la mayor*, K. 488. Y por seguir el argumento, digamos que la partitura que nos ha llegado es una representación más o menos precisa de los sonidos que el público oyó en Viena durante uno de los conciertos de abono interpretados por el propio Mozart durante la primavera de ese año (sin tener en cuenta que seguramente Mozart habría «sincopado» su parte de piano como un improvisador moderno).[8] Ahora apliquemos una técnica de ingeniería inversa a la historia de la música y remontémonos lo más atrás posible. Lo haremos observando cómo se van fundiendo los signos de las partituras musicales, uno tras otro, hasta que ya no queda nada.

## Hace 300 años

*Robinson Crusoe* se publica en 1719. Jean-Antoine Watteau pinta ese mismo año *Los placeres del amor*. Bach concluye el primer libro de *El clave bien temperado* en 1722. La partitura nos muestra la melodía, la armonía y el ritmo. Pero no sabemos a qué volumen ni a qué velocidad se tocaba la música. El preludio en do mayor con el que comienza el ciclo hoy en día se interpreta o bien suavemente, *piano*, o con mayor seguridad, *forte*, a cualquier velocidad posible. Los signos del tempo y de la dinámica han desaparecido del mapa.

## Hace 500 años

Miguel Ángel empieza a pintar el techo de la Capilla Sixtina en 1508. Escribe una serie de sonetos a su amante, Tommaso dei Cavalieri, en 1509. Durante su estancia en Ferrara en 1505, el gran compositor flamenco Josquin des Prés escribe una misa en honor a su soberano, la *Missa Hercules dux Ferrariae*. Aquí no sólo no hay indicaciones sobre el volumen o la velocidad, sino que Josquin no anota tampoco el *legato* ni el *staccato*, la suavidad o la intensidad con la que han de ser cantadas las notas. La expresión ha desaparecido del mapa.

*Hace 800 años*

Las primeras catedrales góticas. El crucifijo de Cimabue, 1287. En 1250, Hildegarda de Bingen, abadesa de un convento en Rupertsberg, teóloga, compositora, poeta e inventora de la botánica alemana, escribe tanto la letra como la música de un drama litúrgico, el *Ordo Virtutum*. Estos cantos no tienen armonía ni ritmo ni tempo ni dinámica ni expresión, sólo los tonos. Ni siquiera sabemos si las monjas entonaban estos cantos haciendo solos o en grupo. Casi todo ha desaparecido del mapa.

*Hace 1.700 años*

San Agustín completa sus *Confesiones* en el año 400 d. C. Como entendido en música, san Agustín escribe: «No busques las palabras como si supieras explicar lo que deleita a Dios. Canta lleno de júbilo».[9] No tenemos ni idea de la música que escuchaba san Agustín, y debemos esperar hasta el siglo ix d. C. para encontrar la primera notación de canto. Escrita como líneas onduladas encima del texto, esta notación «neumática» indica el contorno de una nota, no el tono exacto. Es un descendiente de los acentos masoréticos (*ta'amim*) de la cantilena bíblica judía en la recitación de la Torá. En realidad, es una mnemotecnia que refresca la memoria de los lectores que ya se sabían la melodía. El tono, el último parámetro que quedaba en el mapa de la música, ha desaparecido. También ha muerto la idea de la autoría. Estamos acostumbrados a atribuir un nombre a la música dirigida a los seres humanos. Pero esta música es huérfana. Podríamos decir que la idea del compositor se hunde con el barco de la música.

*Hace 2.000 años*

No hemos terminado todavía, ya que la música tiene una protovida fantasmagórica. Los griegos de la Antigüedad idearon una teoría elaborada de la música e inventaron tipos de escala musical que todavía utilizamos hoy, como los modos dórico, eólico y lidio. Podemos estar seguros de que su mundo estaba lleno de música. Sin embargo, muy poco ha sobrevivido de esta música en una notación que pueda ser descifrada. El contraste con los templos, las estatuas y la dramaturgia del mundo antiguo es acusado. ¿Dónde está el equivalente musical del Partenón? ¿O de la *Trilogía tebana* de Sófocles? Un conmovedor ejemplo contrario es el gran mosaico de Alejandro Magno, que se conserva en el Museo Arqueológico Nacional de Nápoles. Siendo una copia de una pintura helenística de principios del siglo III a. C., esta brillante representación de la batalla entre Alejandro Magno y Darío desmiente el mito de que el realismo en el arte ha de esperar hasta el Renacimiento italiano. Mucho tiempo antes, los pintores y los poetas ya sabían representar al ser humano. Entonces ¿por qué no pasaba lo mismo con la música? O bien, si el ser humano musical ya existía en los tiempos antiguos, ¿por qué han desaparecido las pruebas? En un mundo antiguo inundado de esculturas, templos, poemas y obras de teatro tuvo que haber resonado también la música. Sin embargo, desde donde nos encontramos hoy reina un silencio ensordecedor.

Si seguimos remontándonos hacia atrás en busca de los resultados del arte humano registrado, llegamos hasta hace 4.000 años, la época de *El poema de Gilgamesh*, también llamado *La epopeya de Gilgamesh*, el primer poema narrativo conocido. Si damos un salto diez veces más grande, retrocedemos hasta hace 40.000 años o más, hasta las primeras pinturas rupestres, como las de la cueva de Lubang Jeriji Saléh, en Borneo (que contiene —en el momento de escribir este libro— la pintura figurativa más antigua que se conoce, la de un toro). Tenemos literatura, tenemos pintura, pero nada de música. Para un lector moderno es relativamente fácil identificarse con las aventuras del semidiós sumerio, de 4.000 años de antigüedad, descrito en *El poema de Gilgamesh*. Sin embargo, sabemos que la epopeya originariamente era cantada, y aunque existe una reconstrucción de la música muy imaginativa realizada por Peter Pringle, cantante y escritor de canciones canadiense que canta en sumerio antiguo, acompañándose con un laúd de tres cuerdas llamado «gishgudi», no hay manera de evaluar su precisión.[10] Asimismo, es probable que las cavernas antiguas, dadas sus propiedades acústicas, fueran un buen sitio para hacer música. Un arqueólogo francés llamado Iégor Reznikoff dijo que en las cuevas las pinturas se arracimaban en zonas de máxima resonancia. Muy cerca de las pinturas se descubrieron fragmentos de flautas de hueso.[11]

La falta de un registro material no debe confundirse con la falta de música; el pesimismo está injustificado. Podemos estar casi seguros de que el mundo antiguo tenía música. La curvatura de las cuevas amplifica el sonido con arreglo a unos principios acústicos similares a los techos abovedados de las iglesias y las catedrales, que en el fondo son cuevas modernas en las que se alaba a un dios a través de la música. Y aunque la música no tenga fósiles, sin embargo, «envuelve» los huesos de las tecnologías y los rituales antiguos. Resulta muy prometedor que la mitad del ser humano musical se halle en nuestro interior, en la estructura de la cognición y en las prácticas musicales a las que ésta sirve de soporte. No hemos cambiado tanto desde entonces, a todos los efectos; el *Homo sapiens* se desarrolló por completo hace 40.000 años, en la misma época que el arte registrado. La idea de que la modernidad evolutiva tuvo lugar hace cuarenta milenios es tonificante; relega la historia moderna a notas a pie de página. Si a través de la superficie podemos detectar diferencias, también podremos extrapolar muchas conclusiones desde donde nos encontramos hoy.

LA IDEA A GRANDES RASGOS

El presente volumen retrocede progresivamente en el tiempo, partiendo de la música del ser humano musical de principios del siglo XXI; luego recorre varios miles de años de historia humana registrada, y termina abordando de un modo más especulativo la prehistoria y la música prehumana de los animales.

El libro se divide en tres partes, contraponiendo tres cronogramas o líneas de tiempo, un poco como la película de Christopher Nolan *Dunkerque*, que cuenta la historia narrando simultáneamente lo que ocurre en una semana, en un día y en una sola hora. El primer cronograma es la duración de una vida humana. Aquí exploro las muchas maneras en que la música va intrínsecamente unida a la vida, desde los sonidos que se oyen en el útero materno hasta la vejez. El segundo cronograma trata sobre la música en la historia universal. El tercero y más amplio aborda el aspecto evolutivo.

Estamos acostumbrados a que las historias se muevan de izquierda a derecha, desde el pasado hasta el futuro. ¿Por qué he decidido hacer lo contrario? No tenemos otra opción, dado que prácticamente todo lo que podemos saber sobre la historia profunda de la música es una extrapolación desde el presente. Ésta es la primera línea de mi argumento. La segunda es que todo sucede tres veces, en un acto recurrente de rechazo frente a la naturaleza de la música. El pecado original del ser humano musical es haber vuelto la espalda a la música animal. Ésta queda restablecida eones más tarde en el peculiar destino de la música europea, en su giro hacia la abstracción. Y el rechazo de la naturaleza se produce en el microcosmos de la duración de una vida occidental, en la traición cometida contra nuestro innato derecho a la música en favor de la audición pasiva. Todos nacemos con la capacidad necesaria para ser músicos activos. Pero pocos de nosotros terminan participando activamente, es decir, haciendo música. ¿Por qué ocurre eso?

La antigua idea de que la vida repite la historia, o de que «la ontogenia recapitula la filogenia», según el biólogo del siglo XIX Ernst Haeckel, quedó en su día relegada al cubo de la basura de la historia.[12] Unos psicólogos de la emoción musical han recogido cautelosamente esta idea del cubo de la basura. Por ejemplo, ahora se cree que el embrión humano adquiere la sensibilidad emocional en el mismo orden que la evolución animal. Primero desarrolla el reflejo del tronco encefálico, una reacción rudimentaria ante las señales extremas o rápidamente cambiantes. Esto es algo que hacen los organismos elementales. Luego el embrión aprende a asociar sonidos con resultados negativos o positivos. Tal «condicionamiento evaluativo» es adquirido por los reptiles. Un recién nacido aprende en su primer año de vida las emociones básicas de los mamíferos (como el miedo, la cólera o la felicidad). Los niños sobrepasan a otros mamíferos cuando aprenden emociones más sofisticadas, como los celos o el orgullo, en su etapa preescolar.[13] Estos distintos grados de sensibilidad emocional van asociados a diferentes regiones cerebrales: desde el tronco encefálico (la parte más profunda del cerebro, que se extiende desde la médula espinal), pasando por el cuerpo amigdalino (localizado en los ganglios basales y en parte del sistema de recompensa del cerebro), hasta el neocórtex (parte del estrato externo del cerebro, y responsable de funciones cerebrales de un orden superior, como el pensamiento). Es difícil resistirse a comparar los estratos del cerebro humano con la arqueología. Freud no pudo:

> Supongamos que Roma no es un asentamiento humano, sino una entidad psíquica con un pasado similarmente largo y rico, es decir, una entidad en la que nada de lo que existió en otro tiempo se ha extinguido, y todas las primeras fases del desarrollo siguen coexistiendo con la última.[14]

Existe un fragmento muy conocido en la sinfonía de Haydn llamada *Sorpresa* con el que hasta los más avezados oyentes se estremecen cada vez que lo escuchan. El estallido orquestal que surge tras un murmullo de notas de cuerda activa nuestro reflejo del tronco encefálico. La familiaridad que uno pueda tener con la sinfonía no atenúa el susto porque el tronco encefálico es estúpido (nunca aprende de la experiencia; se estremecerá ante la sorpresa de Haydn independientemente de la cantidad de veces que la oiga). Muchos niveles por encima, Haydn crea una superficie musical de una complejidad exquisita. Dicha superficie le habla al neocórtex del oyente, pues ésta es la parte del cerebro que procesa los esquemas o patrones, las expectativas y los recuerdos de la sintaxis musical. La música, como el propio cerebro humano, encarna o personifica su propia evolución.

## EL PRIMER CRONOGRAMA: LA VIDA

El mundo musical es un radiante y rumoroso batiburrillo de sonidos. La música de su iPhone puede llevar diferentes armonías, escalas y ritmos extraídos de los gamelanes de Bali o de los cantos de la selva tropical brasileña. Tal y como nos enseñó el lingüista Noam Chomsky, la universalidad no la encontramos en la superficie de las palabras habladas, sino en las profundas estructuras mentales que las generan, en las reglas del juego. Lo mismo ocurre con la música. En todo el planeta se pueden hablar diferentes lenguajes musicales. Sin embargo, la mente musical reviste una coherencia sorprendente. Casi todo el mundo es capaz de seguir un patrón rítmico, dar palmadas o bailar al compás, cantar una canción (con más o menos corrección), recordar una melodía e identificar una emoción asociada a alguna música de su gusto. Hay una habilidad en particular que se parece al juego de distinguir en una fiesta una conversación entre un barullo de voces. El psicólogo Albert Bregman llamaba a esto «análisis de la escena auditiva», y nosotros hacemos algo similar cuando discernimos un ruido inquietante en la jungla o seguimos el hilo de una conversación musical en una fuga de Bach o en un conjunto de jazz.[15] Aunque tales habilidades resultan naturales para la mayor parte de la gente, la arquitectura neurológica que lo hace posible es tremendamente compleja y está fuera del alcance de los animales. Por ejemplo, ningún animal sabe moverse conscientemente al compás de un ritmo regular, con la curiosa excepción de los loros.[16] Nuestra musicalidad guarda relación con el gran tamaño de nuestro cerebro, pero también con nuestra bipedestación. Gran parte de nuestro sentido del ritmo corporal se debe a que andamos erguidos sobre dos pies a un paso regular. Es extraño que los humanos asocien la música con el movimiento, dado que los tonos son invisibles y, hablando en

24

sentido estricto, en realidad no «se mueven» en ningún espacio.[17]

Lo cognitivo representa un lado de la universalidad musical. Otro es el mundo de las conductas musicales. Todos los aspectos de nuestras vidas están intrínsecamente unidos a la música, y un elemento clave al respecto es la emoción. Consideremos estos tres ejemplos. Hace poco tiempo, cuando mi hija tenía dos años, la llevamos a un concierto infantil que daba la Orquesta Sinfónica de Londres en el Barbican. En algún momento del programa, la orquesta se puso a tocar la obertura de *Guillermo Tell*, de Rossini, que los lectores de cierta edad tal vez asocien con el tema musical de *El llanero solitario*. En cuestión de segundos, varios miles de críos se pusieron instintivamente a trotar con regocijo sobre las rodillas de sus padres al compás de la orquesta. Probablemente nunca habían oído esa música con anterioridad, y de haberla oído, dudo que la asociaran al recuerdo de unos vaqueros galopando. Psicólogos especializados en música denominan tales respuestas intuitivas e inmediatas a la música «contagio emocional», como si uno «contrajera» una emoción durante una epidemia.[18] Numerosas son las lecciones que se pueden extraer de este episodio. Pese a sus diferentes orígenes culturales y educativos, todos los niños respondieron a la música de la misma manera, y al instante. Su reacción dejó clara la conexión que hay entre la música y la emoción —una alegría desbordante— y entre la emoción y el movimiento —en este caso, un galope—. Nunca habían visto a Clayton Moore montando a Plata en la serie de televisión de la década de 1950. Sin embargo, los niños «sintieron» instintivamente estos movimientos en la música.

Los vínculos entre el movimiento, la emoción y la universalidad resultan evidentes en mi segundo ejemplo. Cuando mi hija era un poco mayor y ya iba a la escuela primaria, ella y sus amigas fueron atrapadas por la locura del baile de la canción «Gangnam Style», que arrasó en todo el mundo. Todos conocemos la canción y los movimientos; todos la hemos bailado. Qué extraño, sin embargo, que un cantante pop coreano rompiera todas las barreras del lenguaje, hasta el punto de que los escolares británicos incluso aprendieron las palabras (mi hija peque-ña ahora se sabe las letras coreanas de las canciones de la banda BTS). Expertos en el K-pop nos cuentan dos cosas interesantes.[19] En primer lugar, que «Gangnam Style» surgió en el patio de un colegio: mucho antes de que penetrara en la consciencia nacional, estaba siendo incubado en los patios de recreo de las escuelas primarias. En segundo lugar, que el vehículo de este contagio fueron los propios movimientos del baile, que los niños, al verlos, copiaban encantados. La acción física fue el «meme», por tomar prestado el término que emplea Richard Dawkins para describir un gen cultural que se propaga mediante la imitación masiva.[20]

El tercer ejemplo es mi propia reacción de adulto al ver el trágico desenlace de la película de Akira Kurosawa *Ran*, de 1985, una adaptación japonesa de *El rey Lear*. Mientras el film termina con el ciego enloquecido Tsurumaru dirigiéndose al borde de un acantilado, la música que suena es un inquietante lamento de flauta japonés. Toru Takemitsu, el compositor contemporáneo que escribió la música, la basó en unas escalas japonesas antiguas. Y, no obstante, el *pathos* contenido en el lamento de flauta consigue comunicarse sin esfuerzo con las audiencias occidentales. La primera vez que vi la película, pese a que he escuchado muy poca música japonesa, me pareció que las emociones transmitidas por la banda sonora de Takemitsu se entendían al instante y eran demoledoras. El psicólogo de la emoción Paul Ekman demostró que somos capaces de reconocer el significado de las expresiones faciales en fotografías de gente procedente de otras culturas.[21] El lamento de Takemitsu me enseñó que a la música le pasaba lo mismo. Como ocurre con las facciones caídas de una cara triste, los rasgos descendentes y el aire de agotamiento de la música triste son capaces de atravesar enormes distancias culturales.

La emoción, aspecto fundamental de la experiencia musical, es un tema importante para este libro. Charles Darwin nos enseñó que la emoción es algo que compartimos con los animales.[22] Es un cordón umbilical que hay entre las especies y que nos devuelve a la madre naturaleza. Esto aparecerá al final del libro cuando hable de la música animal. Pero el papel de la emoción musical planeará sobre mis primeros capítulos, donde formulo cómo la música aúna la cognición, el sentimiento y la conducta en cualquier etapa de una vida humana.

Antes de nacer, un bebé habrá oído sonidos *in utero* gorgoteando por el líquido amniótico.[23] Cuando nace, las dotes musicales del niño están sorprendentemente desarrolladas. Es capaz de reconocer las irregularidades del ritmo, distinguir el contorno de las entonaciones vocales y participar en el «maternés», o discurso dirigido al niño por la madre o por quien lo cuide, y ese intercambio en esa «lengua» será su primer juego musical. Los recién nacidos están predispuestos a aprender un amplio abanico de materiales musicales, y la preocupación de Occidente por la consonancia y la simetría (ejemplificada por canciones infantiles como «Twinkle, Twinkle Little Star», una melodía generada por las variaciones para piano de Mozart, *Ah, vous dirais-je maman*, K. 265) representa una merma de las posibilidades. Si el niño hubiera nacido, digamos, en Java o Ghana, entonces habría estado expuesto —y lo habría interiorizado como algo natural— a sistemas melódicos complejos y a patrones métricos que tienen un sonido irregular o incluso, para el oído occidental, «antinatural». Esta reducción del espectro constituye uno de los indicadores clave del ser humano musical de Occidente. Otro indicador, quizá el rasgo característico de la música occidental, comparada con la del resto del mundo, es una trayectoria desde la participación musical activa hasta la audición pasiva. Incluso en Occidente, la infancia está saturada de «hacer música», desde juegos y canciones infantiles con la madre, o tocar esa especie de xilófono de metal llamado *glockenspiel* en el *kindergarten,* hasta los programas musicales infantiles de la televisión con los que tanto disfrutan los críos. La mayor parte de los niños tendrán cierto nivel de experiencia interpretativa en el colegio, tanto si cantan en un coro como si tocan en la orquesta o en una banda. En la edad adulta, la experiencia musical de los occidentales suele ser completamente pasiva. Para entonces han olvidado su propensión a interpretar música y ahora les separa de ella una especie de telón de acero. A un lado de esta barrera están los compositores y los músicos creativos. Al otro lado se sienta la audiencia. Un síntoma de esta división es la idea de la creatividad como genio otorgado por Dios, y no como un derecho innato de carácter universal, como la adquisición del lenguaje. El contraste con el resto del mundo es muy acusado. En las décadas de 1960 y 1970, el antropólogo británico John Blacking escribió una serie de libros innovadores sobre la tribu venda de la región del Transvaal septentrional, en África del Sur, entre los que figuran *Venda Children's Songs* y *How Musical is Man?*[24] Blacking demostró que para los venda hacer música —o «musiquear», como llaman muchos eruditos ahora a la música como actividad— era algo comunitario, participativo y, al parecer, tan natural como respirar. El libro de la filósofa Kathleen Higgins *The Music Between Us* ha reivindicado la visión participativa de Blacking como un ideal también para la música occidental.[25] Pero esto suena más bien como una plegaria, habida cuenta de las pocas posibilidades que tiene de hacerse realidad en Occidente.

La brecha entre oír y hacer se ensancha en la vida musical adulta. Nuestro consumo pasivo de música en Occidente va más allá de sentarnos a escuchar (solos o en un concierto), pese a que ése es el modelo según el cual nos ocupamos de la música. En la práctica, sin embargo, la música acompaña casi todos los momentos de la vida, desde ir conduciendo, preparar la cena o comprar en un supermercado, hasta correr por la cinta de un gimnasio. Hay música en los ascensores, en los aeropuertos, en la televisión, en las películas y acompañando los videojuegos, y gracias a la cultura de los auriculares, literalmente en cualquier sitio por el que paseemos o donde nos sentemos. La música puede regular el humor (animarnos o calmarnos), influir en las decisiones de las compras (¿compro una botella de vino alemán o francés?) y reflejar o expresar acciones en una película (¡por ahí viene el tiburón!). La música ha logrado un clímax de ubicuidad gracias a la facilidad y a la ilimitada disponibilidad de casi todo en medios digitales de *streaming* como Spotify. *Everything Now* [Todo ahora], por citar el título del álbum más reciente de la banda indie canadiense Arcade Fire. ¿Por qué nos hemos vuelto tan dependientes de la música ubicua, mientras que al mismo tiempo nos hemos desvinculado casi por completo de hacerla?

Las cosas no son, sin embargo, tan sombrías. Mirando a través del espejo hacia el otro lado de esa barrera, vemos que hay vida dentro de la propia música. Un beneficio del distanciamiento occidental con respecto a la interpretación es que la propia música se ha vuelto más interpretativa. La música tiene una capacidad mágica para imitar nuestros gestos, entonaciones y emociones.[26] Su expresividad resulta obvia en un amplísimo espectro de estilos, géneros y períodos históricos: los instrumentos de cuerda parecen «hablar» entre sí en un cuarteto de cuerda de Haydn, como lo hacen los músicos de jazz en *Kind of Blue*, de Miles Davis; la orquesta en *La consagración de la primavera* de Stravinski para «asesinar» a su víctima sacrificial; la energía sexual que brota de Jerry Lee Lewis cuando toca maníacamente el piano en «Great Balls of Fire». ¿Cómo consigue hacer eso la música? El antropólogo Michael Taussig ha retomado la idea de Darwin según la cual la mímesis —la capacidad del arte de imitar la naturaleza humana— se debe al primordial don humano de la imitación.[27] ¿Acaso la mímesis hiperdesarrollada de la música occidental es una compensación por su abstracción?

La mímesis informa de las numerosas prácticas sociales en las que está involucrada la música, prácticas que, como más tarde mostraré, son comunes en todo el mundo. Como veremos, casi todas las culturas de todas las épocas tienen versiones de estas actividades musicales, lo cual abre una ventana hacia una historia global de la música. Darwin veía el origen de la música en los rituales del cortejo de los animales, donde las proezas en el canto podían ser tan atractivas para una posible pareja como un plumaje lleno de colorido. Ahora creemos que el origen evolutivo de la música es mucho más que eso. Pero ciertamente el amor, el deseo y el sexo están bien representados en los *Lieder* románticos, en la ópera y en la música popular. Y la dinámica del anhelo y del clímax está también conectada con nuestro lenguaje musical, cuando un acorde cromático aspira a contribuir a una armonía congruente que sea gratificante.

La música también sirve como medio de lucha. Puede revitalizar a los soldados o a los deportistas, o ser utilizada como ruido para sacar a un narcotraficante centroamericano de su guarida o a unos adolescentes de un centro comercial. La música puede encarnar la agresión, desde el «Dies irae» de Verdi, hasta las poses que adoptan los raperos en el hip-hop, o los himnos de los equipos rivales en un estadio de fútbol. Utilizamos la música para festejar algo. ¿Qué ocurre, me pregunto, cuando mueves el cuerpo para bailar al son de la música?, ¿cómo une el baile los cuerpos de la gente? Cuando escuchas música sin moverte, como en una sala de conciertos o en la butaca de tu casa, ¿«baila» tu cerebro? Usamos la música para venerar a alguien, y para rellenar los huecos dejados por Dios en nuestro mundo secular con un sentido de lo numinoso. Asistir a un concierto, o incluso irse de juerga, es un acto de contemplación espiritual colectiva. Las nociones de la antropóloga Judith Becker sobre el «trance» y la «profunda audición» musicales ayudan a crear útiles puentes con la música universal.[28] Me pregunto si el «genio» musical es realmente divino, y también por qué este concepto sólo lo tiene Occidente. Utilizamos la música para viajar. Reflexiono sobre cómo la difusión de la música nos proporciona noticias procedentes de otros lugares; y cómo usamos la música para cartografiar nuestros espacios. El hilo musical que podemos ingerir con una taza de café en un Starbucks hace que instantáneamente llegue a nuestros oídos el turismo cultural.

## EL SEGUNDO CRONOGRAMA: LA MÚSICA EN LA HISTORIA UNIVERSAL

El cambio gradual de un niño occidental desde la participación musical hasta la audición pasiva es emblemático de lo que le ocurrió a la música occidental en su conjunto cuando se separó de la estantería continental de la música. ¿Cómo puede uno demostrar esto a la luz de todas las dificultades que he identificado? ¿Cómo puede uno siquiera imaginar una historia universal de la música? Podemos empezar por descartar lo obvio, que es basarnos simplemente en marcos establecidos como *Historia del mundo,* de John Roberts, o también su posterior *El triunfo de Occidente.*[29] Algunos cronogramas son convincentes, como la idea de que, en los primeros siglos de nuestra era, el mundo estaba dominado por dos imperios, el romano y el chino, y que el Imperio romano se fracturó por las guerras religiosas, mientras que el chino más o menos se mantuvo unido. Tal perspectiva reconoce algo esencial acerca de la sorprendente variedad de la música europea, mientras que el rasgo deslumbrante de la tradición musical china es su continuidad. Sin embargo, lo que no encaja en este marco es que la inmensa mayoría de la música universal nunca fue anotada, porque sus culturas musicales eran orales, no escritas. África, tradicionalmente considerada como la cuna de la civilización, es un ejemplo. Pongamos el caso del Imperio del siglo XIV de Mali, el reino más formidable del África subsahariana. Resulta refrescante recordar que la antigua cultura africana no se limitaba a Egipto, y que hay vida más allá de la habitual historia del desarrollo de la música desde Egipto y Mesopotamia hasta Grecia, Roma y la Europa occidental. Bajo el gobierno del pintoresco rey de Mali, Mansa Musa, supuestamente el hombre más rico de la historia, Tombuctú se convirtió en el centro cultural del mundo medieval. Las 60.000 personas que Mansa llevaba consigo en su peregrinación a La Meca incluían muchos músicos, que cantaban y tocaban mientras hacían las marchas.[30] Sentado en su trono cerca del verdugo de la corte, a Mansa le gustaba rodearse de trompetistas y tambores. Nada de esta música ha sobrevivido, aunque algunos de los antiguos instrumentos de Mali, como la *kora,* parecida a un laúd, y el tambor *djembe,* pueden escucharse todavía hoy por las calles de Mali. La situación en la muy ilustrada China no es mucho mejor. Una de las figuras más famosas de la dinastía Tang (618-907), la edad de oro de la civilización china, fue el poeta, pintor y músico Wang Wei (701-761).[31] Gran parte de la poesía de Wang Wei está recogida en antologías, y algunos poemas, traducidos, fueron recogidos por Gustav Mahler en su ciclo de canciones orquestales *Das Lied von der Erde* («La canción de la Tierra»). En cambio, de la música de Wang Wei no tenemos nada.

Asimismo, surge la cuestión más amplia de qué es en realidad la «historia». La historia como «una maldita cosa detrás de otra», según la expresión elegida por el historiador Arnold Toynbee, tropieza evolutivamente con la proposición según la cual nada ha cambiado realmente, puesto que la modernidad humana se alcanzó hace 40.000 años. Dentro de la crónica sucesiva de reyes, imperios y guerras, esta hipérbole puede ser disfrutada sin el menor problema. La dificultad aumenta en el mundo relativamente hermético de la música, sobre todo cuando los medios de producción —por tomar prestada una perspectiva marxista— no parecen haber cambiado muchísimo a lo largo de los milenios; tal es el caso, por ejemplo, de las numerosas sociedades de cazadores-recolectores que hay por todo el mundo. El etnomusicólogo Anthony Seeger, pariente del cantante folk Pete, escribió el libro *Why Suyá Sing* basándose en su trabajo de campo con los indios kisedje de Mato Grosso, en Brasil.[32] Uno de sus encuentros con los kisedje abrió una grieta en la percepción de cómo conciben el tiempo. En respuesta a la curiosidad de los indios por su propia cultura musical, Seeger les puso algunas canciones en una vieja máquina reproductora de cintas. Los kisedje le dijeron que la música sonaba muy antigua, y Seeger se dio cuenta de que lo decían porque la máquina iba demasiado lenta, de modo que los tonos sonaban inusualmente graves. Los indios asociaban el tono grave con el sonido de sus antepasados, y la voz de la cinta de Seeger les parecía algo antiguo. Más al norte, un encuentro entre el etnomusicólogo David Samuels y un músico apache de la reserva india de San Carlos sirve para ilustrar la actitud de los nativos americanos con respecto a la historia.[33] Durante un ensayo de la banda, el músico le explicó a Samuels el concepto apache de *bee nagodit'ah*:

> Me dijo que le gustaba cuando yo presionaba el pedal de distorsión en medio de un solo de guitarra. Dijo que le añadía algo.

A eso lo llamó *bee nagodit'ah, inagodit'ah.* Le pregunté por lo que significaba y dijo que era «una cosa puesta encima de otra».

Los nativos americanos ven la historia no como una sucesión lineal de acontecimientos, sino como una estratificación simultánea del pasado, el presente y el futuro. La palabra de los indios navajo para «el pasado de las tribus» es *akt'idaa*, que significa «unos encima de otros». Esto sugiere una manera de recordar el pasado más allá de los registros lineales escritos. Por ejemplo, las canciones de las Primeras Naciones registran genealogías, sucesos, migraciones tribales e incluso rutas para viajar por paisajes peligrosos como los glaciares. Estas «historias» cantadas no sólo no son lineales, pues son circulares (es decir, recalcan la renovación mediante la adaptación, no mediante el cambio), sino que además mezclan los tiempos pasado, presente y futuro, con lo cual el mito primitivo se filtra en la memoria de los individuos y además se desliza hacia la profecía. Su manera de concebir la historia hace que nuestra fijación con la árida sucesión de acontecimientos parezca un poco banal; ellos en cambio se interesan más por la superposición de las actitudes y por las relaciones emocionales. Sin duda, esto nos indica que la cultura no occidental no es «atemporal» en el sentido estereotipado que solía estar de moda en círculos académicos, donde los historiadores exploraban Occidente y los antropólogos estudiaban el resto.[34]

Una manera de resolver esta querella entre la historia y la antropología es examinar las maneras que tiene la música de hacer que brote la historia. Las *songlines* —o trazos de canciones, también llamadas «pistas de ensueño»— de los aborígenes australianos contemporáneos, en las cuales registran historias y mitologías de los clanes, sugieren que esto mismo debió de hacerse en el pasado más remoto, mucho tiempo antes de que existiera la escritura.[35] Hay una moda creciente entre los eruditos que consiste en extrapolar la música afroamericana moderna remontándose a la Madre África, como en las canciones de los *griots* de Mali y Senegal.[36] Un *griot* es una especie de trovador, un poeta itinerante que cuenta la historia de su grupo ét-

33

nico o de su nación mediante canciones. Una vez más, no hay razón para no creer que un *griot* dedicado a su oficio en el Mali contemporáneo —basándonos en unos principios parecidos a los de un artista del rap en Detroit— pueda ser tan distinto de uno de esos músicos que acompañaban al rey Mansa Musa en su peregrinación de 1324.

En contraste con los historiadores de la música ambulante del Territorio Septentrional australiano, de Mali o de Norteamérica, otra ventana que se abre a la música en la historia universal son los mitos fundacionales de los propios pueblos, las historias que las propias culturas cuentan acerca de la procedencia de la música. Aunque cada cultura tenga su propio mito sobre el origen musical, hay un aspecto que es muy común a todas ellas. Resulta extraordinario qué elevada proporción del mundo imagina que la música emana de la resonancia del cosmos, que la armonía musical proviene de la armonía universal, la música de las esferas. Uno de los primeros mitos de este tipo está inscrito en un conjunto de campanillas de la Edad del Bronce descubierto en China en 1978. Las denominadas «campanas del marqués Yi de Zeng», que se datan en torno al 400 a. C., tienen grabado un sistema de notación musical. Éste es uno de los primeros ejemplos de una teoría musical según la cual la armonía de la música es un eco de la armonía del universo, así como un modelo para la buena gobernanza, una manera de pensar que marca el pensamiento chino durante miles de años. Esta filosofía aparece en las elocuentes palabras del *Yue Ji*, que data del mismo período:

> La música debe su existencia a la armonía entre el Cielo y la Tierra. Las ceremonias deben su existencia a las gradaciones jerárquicas que hay entre el Cielo y la Tierra. La creación de la música parte del Cielo, y las ceremonias se fijan con arreglo a los medios de la Tierra.[37]

Demos un salto hasta el místico inglés Robert Fludd y su tratado de 1617 *Utriusque Cosmi* [El origen y la estructura del cosmos], o hasta el libro de 1619 del astrónomo Johannes Kepler

34

*Harmonices mundi* [La armonía del mundo], y veremos que nada ha cambiado mucho.[38] Un ejemplo puntero de armonía universal es el Quantum Music Project, realizado incluso ahora por un grupo de científicos y teóricos de la música con base en Oxford y en la Academia Serbia de las Ciencias y las Artes, en Belgrado, dirigida por la doctora Ivana Medic.[39] El grupo investiga las propiedades musicales que hay en los principios fundamentales dela música cuántica. Hay algo desalentador y más bien humillante en la idea de que la música existía mucho antes de que apareciéramos los humanos, y en la certeza de que habrá música mucho después de que hayamos desaparecido.

De todas maneras, algo se mueve en la historia del mundo. Existe una línea del tiempo, un cronograma. A veces sabemos más sobre la historia musical de otras culturas que sobre la de Occidente. Por ejemplo, la caída de la dinastía Han en el 220 d. C. dio lugar a un período comparable de cambio e inestabilidad en la música.[40] La llegada del budismo a China hizo que las melodías se volvieran más fluidas (o «melismáticas», lo cual significa que se cantan varias notas por sílaba), mientras que las anteriores melodías chinas eran tan monosilábicas como sus palabras. En comparación, la historia de la música en la «Edad de las Tinieblas» europea es mucho más turbia.[41] El problema a la hora de establecer un modelo de «cronograma» de la historia es que el río del tiempo tiene muchos meandros. Un ejemplo bien notorio es la llegada escalonada de la Edad del Bronce, ya que las culturas descubrieron, obviamente, el bronce en diferentes épocas. Aunque la Edad del Bronce se estableció en la mayor parte del mundo hace 4.000 años, a las islas de Java y Bali llegó en cierto modo con retraso, hacia el 500 d. C.[42] Fue con bronce con lo que se hicieron los gongs de los fabulosos conjuntos de gamelán de Bali y Java. Este esbozo en miniatura nos sirve para recordar que la historia universal la configuran tanto la geografía como el clima, y que rara vez avanza sola. Los materiales físicos de la historia musical van estando disponibles para las diversas partes del mundo en diferentes épocas.

La historia universal, por tanto, no es sencillamente lineal; no progresa episodio tras episodio como una historia contada por un narrador. Si una de las razones por las que ocurre esto es la geografía, la otra es que la práctica musical duradera puede sobrepasar la línea del tiempo o cronograma. Por ejemplo, una pintura rupestre de Tassili n'Ajjer, que forma parte del desierto del Sáhara, datada en el 6000 a. C., representa cinco mujeres y tres hombres bailando juntos. El antropólogo Gerhard Kubik piensa que dicha pintura prefigura la estampa de un baile zulú contemporáneo llamado *indlamu*.[43] Es como si el tiempo se hubiera detenido durante 8.000 años. Sin embargo, otra razón por la que la historia no «progresa» linealmente es porque las prácticas musicales asociadas con las, así llamadas, condiciones sociales y culturales «primitivas» siguen todavía vivas en algunos rincones del mundo. Véase por ejemplo la música de las sociedades cazadoras-recolectoras, como los inuit y los pigmeos africanos. Sin embargo, es precisamente la supervivencia de esa música la que abre una ventana hacia el pasado. El arqueólogo Iain Morley hace una extrapolación a partir de los esquimales, los pigmeos y otros cazadores-recolectores para imaginar cómo podría sonar la música prehistórica. Dicho brevemente: si la música viene configurada por las condiciones culturales, y si estas condiciones se parecen a las condiciones prehistóricas, entonces realmente podemos vislumbrar cómo era la música hace 40.000 años.[44]

A modo de muestra, consideremos cómo la música puede haber reflejado los tres estadios de la civilización humana: la caza y recolección, la agricultura y la vida urbana.

La historia comienza con la naturaleza y la relación del ser humano musical primordialmente con los animales. Tal es el caso de la contemporánea Papúa Nueva Guinea, donde la comunión con los animales o con los espíritus de éstos es la base de la música para la tribu kaluli.[45] Están obsesionados con el canto del pájaro *muni*, concebido por ellos como el llanto de sus espíritus ancestrales.

La invención de la agricultura anuncia una concepción del tiempo tanto cíclica como a más largo plazo, así como un enraizamiento de la música en un sentido espacial. Además de adoptar unos patrones rítmicos repetitivos y cíclicos, la música puede trazar ahora una línea divisoria entre la cultura y la naturaleza. En la música del *Nyau* africano, las figuras enmascaradas que representan animales emergen del bosque para adueñarse del poblado y luego se retiran.[46]

Las ciudades van apareciendo de manera esporádica en las civilizaciones del mundo. En el Creciente Fértil, la llegada de la primera vida urbana queda reflejada en la música de la Biblia. Una consecuencia llamativa del cambio a la vida urbana es que la música necesitó aumentar de volumen con el fin de llegar a grupos más grandes de oyentes. El laúd cananeo tuvo que ser tocado más virtuosamente y de una manera más «bailable» que los laúdes anteriores, de modo que fuera audible para toda la ajetreada comunidad urbana.[47] Podemos especular con que David, cuando era un muchacho pastor, debía de tocar su lira (o «arpa») más suavemente antes de subir al trono, o tal vez tocara otro instrumento distinto. Los salmos contienen nada menos que 117 sobrescritos acerca de cómo debe ser tocada su música, pese a que los eruditos hebreos no se ponen de acuerdo en cómo descifrarlos. Por ejemplo, algunos eruditos interpretan el sobrescrito *mizmôr* con el significado de «canción», mientras que otros dicen que el salmo ha de ir acompañado de instrumentos de cuerdas punteadas.[48]

La música reflejaba de muchas maneras la evolución de las relaciones sociales y luego cortesanas. Los eruditos han rastreado la distribución de los sistemas monárquicos africanos con arreglo a la textura de sus canciones.[49] Así, las tribus vagamente organizadas en torno a un rey fuerte tienden a cantar alternando fragmentos de melodías entre un director y un coro, y con múltiples ritmos —«polirritmos»— al mismo tiempo. Es como si el director simbolizara al rey, y el coro, a su pueblo. La estructura de la música tiende a reflejar la estructura de la sociedad en muchas de las culturas musicales del mundo: la china, la balinesa, la india y las cortes de la Europa medieval y renacentista. La polifonía estratificada que resuena en la Capilla Real de la reina Isabel, en el palacio de Hampton Court, tal vez un motete de Thomas Tallis o William Byrd, es un símbolo sonoro de una jerarquía feudal en la que la diosa-reina ocupa el lugar más elevado. Los altísimos agudos de los chicos son etéreas analogías de los querubines que están pintados en el techo.

Aunque las épocas históricas siguen avanzando, si bien no progresan solas, algunas lo hacen más lentamente, y otras ni siquiera avanzan. Esto provoca que nos remontemos al seductor problema de los universales culturales. Aunque la universalización ha dejado de estar de moda en la antropología, hay motivos para pensar que el modo en que utilizamos la música hoy en Occidente tiene mucho en común con el resto del mundo, y que probablemente eso no haya cambiado demasiado a lo largo de la historia. Un buen ejemplo de un universal intercultural es la canción de cuna, la nana. En un estudio que abarca desde las selvas tropicales de Gabón hasta el Vietnam rural, los psicólogos Sandra Trehub y Laurel Trainor hallaron claras similitudes entre las nanas y las canciones para jugar. En todo el mundo las nanas tienden a ser suaves, bastante lentas y muy repetitivas, con melodías descendentes, un ritmo basculante y muchas onomatopeyas. Las canciones de los juegos son más animadas porque están destinadas a entretener al niño. También llama la atención la cantidad de nanas que contienen un elemento de amenaza, como para que la seguridad de la cuna parezca aún más acogedora. En una canción de cuna estándar, las madres japonesas asustan a sus hijos con aves nocturnas aterradoras: «Búhos, búhos, búhos grandes y pequeños / se clavan la mirada unos a otros».[50] En Occidente, los bebés aterrorizados sueñan con ramas que se rompen y cunas que se caen. Similares analogías abundan en todo el espectro de la música. Entre los inuit de Canadá, un hombre agraviado tiene derecho de retar a su rival a un certamen en el que se cantan burlas y mofas el uno al otro.[51] Los certámenes de canciones se remontan a los lamentos de los pastores en las *Églogas* pastoriles de Virgilio.[52] Y la película *8 millas*, en la que el rapero Eminem rivaliza con otros raperos en los clubes de Detroit, muestra claramente cómo los concursos de canciones son también la base del hip-hop. En un estudio clásico, el gran antropólogo Alan Merriam cataloga una plétora de canciones utilizadas por los tutsi de Ruanda:

Canciones para fanfarronear, para la guerra y para saludar; canciones cantadas cuando se encuentran las mujeres jóvenes casadas y rememoran a los amigos ausentes; canciones infantiles, canciones para adular a una chica, y muchas más, [incluidas] unas canciones para jactarse llamadas *ibirirmbo*, en las que dos hombres cantan compitiendo entre sí y alternando frases musicales; pueden rivalizar tanto en la alabanza de una vaca como en elogiar los méritos de una vaca en detrimento de otra.[53]

Como es natural, lo que cabe decir de una vaca es también aplicable a otros muchos aspectos de la vida social cantados por la música, como la caza, la curación, la guerra, el lamento, el amor, la adoración, etc. El concepto que une todas estas prácticas es el ritual, término que designa un patrón reiterado de una actividad a la que revestimos de un significado. Ir a escuchar un concierto de música clásica al Carnegie Hall es un ritual casi religioso (sentarse en silencio, atender reverencialmente, aplaudir al concertino, aplaudir al director, no aplaudir entre uno y otro movimiento...) en igual medida que la antigua ceremonia de las «nupcias sagradas» sumerias dedicada a la diosa de la fertilidad babilónica Inanna, que se celebraba anualmente durante 2.000 años.[54] Occidente venera a Beethoven como a un dios; contémplenlo con el ceño fruncido como Júpiter en su trono en la estatua realizada por Max Klinger (véase figura 1.3). Podría incluso aducirse que escuchar tu pieza favorita con los auriculares, deleitándote gozosamente con ese viaje por la música del principio al fin, es una especie de ritual mental, no tan distinto de la oración o la meditación. Lo que resulta tan interesante del ritual al que llamamos «la *Sinfonía Heroica* de Beethoven» (n.º 3 en mi bemol mayor) es que agrupa una gran cantidad de minirrituales: la caza, la lucha, el duelo, el juego y la celebración. El protagonista de la *Heroica* es una trompa, el instrumento europeo de la caza. El héroe entabla una lucha contra la orquesta, lamenta sus pérdidas y regresa triunfante.[55] Cada época y cada cultura representan estos rituales con su propio y particular lenguaje musical. La referencia de Beethoven eran las guerras napoleónicas, y su paisaje sonoro era un imperio de notas. Dos cosas distinguen el ritual sinfónico de Beethoven. En primer lugar, la multiplicidad enciclopédica: en todo el mundo, todos estos rituales musicales particulares (la caza, el lamento, etc.) aparecen normalmente separados, no reunidos en una sola obra, gobernada por el imperio de la mente de Beethoven. En una ocasión, Beethoven, una vez que hubo concluido su historia de amor con el general corso, dijo que si él supiera tanto sobre la guerra como sabía sobre la composición musical, le enseñaría un par de cosas al militar francés.[56] La segunda diferencia es la abstracción de los rituales con respecto al contexto: en esta sinfonía no se produce realmente la caza ni la lucha; ni siquiera hay palabras o acciones alusivas a ellas, sino sólo unos tonos flotando en el espacio. Algo ha cambiado.

FIGURA 1.3. *Beethoven*, de Max Klinger, como un dios griego.

Lo que realmente interesa tanto a los antropólogos como a los historiadores es la pregunta de por qué cambian los rituales.[57] ¿Cuáles son los impulsores del cambio histórico? Cuando el cambio deja su impronta en la historia, a menudo ésta queda registrada como un encuentro entre una cultura musical y otra. Estos encuentros o conflictos pueden ser tan benévolos como la migración o el comercio, o también pueden producirse a

40

través de las guerras, el colonialismo y la conversión religiosa. El bronce llegó a Java a lomos del hinduismo. La razón por la que en el África moderna hay tanta música coral que suena como las melodías de los himnos anglicanos no podría ser más sencilla: la música africana fue colonizada por misioneros británicos. El etnomusicólogo de Ghana Kofi Agawu va más lejos y llama a la tonalidad occidental «una fuerza colonizadora».[58] En tiempos premodernos, casi todos los informes sobre la música africana proceden de escritores musulmanes que viajan en el tren de la «arabización» del norte de África. La mayor parte de estos informes, que comienzan hacia el 700 d.C. y culminan con los libros del primer historiador africano significativo, Ibn Jaldún (1332-1406), son tremendamente racistas. Una de las cosas más comedidas que escribió Ibn Jaldún fue que los africanos «se encuentran tan deseosos de bailar... debido a la expansión y difusión de los espíritus animales».[59] El islam también desempeña un papel poderoso en la música del subcontinente indio, donde los conflictos indo-musulmanes trastocan una tradición que, por lo demás, era relativamente estable y estaba basada en los himnos védicos del *Rigveda* sánscrito.[60] De todas las culturas musicales del mundo, la de la India es la que más se aproxima al modelo occidental de una historia lineal. Los 253 ragas mencionados en el *Sangita-Ratnakara* hablan del florecimiento y la proliferación de una tradición antigua —la principal corriente histórica— que engloba una enorme diversidad. El cambio histórico que se opera desde el *marga* (música ritual divina) hasta las tradiciones *desi* (profanas, provinciales) tiene asimismo un paralelismo en la evolución que se produce en la Europa occidental desde la música de la Iglesia romana hasta los estilos vernáculos, más populares o folclóricos, posteriores a la Edad Media.[61] La diferencia esencial estriba en el sistema de los gurús indios. Aunque la India disfrutaba de métodos de notación escrita y de teoría de la música tan sofisticados como los de Occidente, éste no era el principal canal de transmisión de la música entre una generación y la siguiente. La música en la India se transmitía con arreglo a una tradición oral, de maestro a discípulo, formando una cadena ininterrumpida.

Así pues, ¿por qué es tan diferente el cambio en la música europea? Más allá del hecho de que el cristianismo tenía a menudo —pero no siempre— un objetivo agresivo en los enfrentamientos coloniales (el budismo, el islam y el hinduismo también hicieron su trabajo), podemos rechazar una serie de pistas falsas. El primer concepto erróneo es que la música occidental era más abstracta. Existe muchísima música muy especulativa y sutil en China, en la India y en Oriente Próximo. El sistema de las melodías igualmente atemperadas, la base del revolucionario *Clave bien temperado*, de J. S. Bach, fue descubierto con un siglo de antelación, antes que los alemanes, por Chu Tsai-yu, un príncipe de la dinastía Ming, en 1584.[62] El tesoro de la teoría de la música de la Grecia antigua (incluidas las ideas de Pitágoras, Aristóxeno y Aristóteles) pasó a estar bien custodiado por los pensadores islámicos de la Edad Media.[63] Tampoco se distingue la música occidental por su actitud distanciada y reflexiva. Lo que la antropóloga Judith Becker denomina «audición profunda» está recogido también en el concepto indio de *rasa*, que literalmente significa el «jugo» o el «sabor» de una emoción.[64] Inmerso en la música, el oyente destila su emoción hasta obtener su esencia, trascendiendo así los sentimientos de la vida cotidiana. La cualidad trascendental de la música india atrajo la atención de románticos como Schopenhauer y Wagner. De hecho, un raga interpretado por un cantante carnático clásico —o por Nusrat Fateh Ali Khan, de la tradición devota sufí— puede alcanzar unas alturas tan extáticas como *Tristán e Isolda.*[65]

La explicación clásica del «triunfo» de la música occidental comienza con la burocracia de la Iglesia militante y con las reformas del papa Gregorio VII, el hombre que arropó a la cristiandad con una red de cantos gregorianos en el siglo XI. De ahí se pasó en la Baja Edad Media a la febril energía de las emergentes clases mercantiles y, después del Renacimiento, a la democracia liberal, que alcanzó su clímax con el heroico idealismo de un Beethoven.[66] La *Messe de Notre Dame* de 1365, de Guillaume de Machaut, la primera composición de una misa musical en la historia, es una piedra de toque de gran utilidad.[67] Su misa está tan imbuida del tiempo, el lugar y la función como cualquier música de África, la India o China. Sus sonidos pueden ser también saboreados como objetos por sí mismos, abstraídos de su contexto. Sin embargo, no son esta abstracción o este distanciamiento lo que resulta tan inusual, pues los hemos encontrado en otra parte. Es más bien la actitud creativamente destructiva de Machaut con respecto a los estratos de la historia registrados en un lenguaje musical escrito. Esto pudo hacerlo porque la norma en la música occidental era anotar la música y difundirla mucho más allá de un mero cara a cara, de un encuentro oral entre maestro y discípulo. El musicólogo francés Jacques Chailley mencionaba la paradójica mezcla en la música occidental de continuidad y destrucción en un famoso libro de 1961 titulado *40.000 años de música*.[68] Lo gracioso es que Chailley resumió los primeros 39.000 años en dos páginas. No obstante, la percepción habitual de Chailley es que la música, en el fondo, es una cultura violenta en la que cada estilo mata al anterior.

Aunque los frutos de la tradición musical occidental son gloriosos, no cuesta trabajo ver en este ciclo destructivo un reflejo del estilo peculiarmente crítico del pensamiento occidental en general. Esta visión crítica realmente dio comienzo a principios del siglo XVII con científicos y filósofos como Galileo y Descartes. La ciencia experimental procede falsificando teorías anteriores. La filosofía cartesiana no se adhiere a autoridades antiguas como Aristóteles o Tomás de Aquino, sino a las operaciones de la mente («Pienso, luego existo»). Sin embargo, esta manera de concebir el mundo probablemente tenga su origen en la antigua noción de los filósofos griegos del ser humano como un ser espiritual y racional separado de la naturaleza. Visto así, el destino del ser humano sería escalar cada vez más arriba para salir de la ciénaga de la naturaleza y controlar progresivamente, si no suprimir, impulsos naturales como la emoción. En este sentido, la dignidad y libertad de la razón humana es inherente, en última instancia, a su distinción del instinto animal. Y por este mismo argumento, la identidad del ser humano musical reside en su separación de la música de los animales.

Ahora imaginemos que esos alienígenas que escuchan el Disco de Oro del *Voyager* son octópodos, como esos gigantescos seres hipersensibles de la película *La llegada*. El film es más intelectual que la mayor parte del cine de ciencia ficción. La protagonista es una lingüista que se esfuerza por penetrar en la barrera de la lengua intergaláctica, y Villeneuve, el director, busca el asesoramiento de una profesora de lingüística real, Jessica Coon, de la Universidad McGill. Podría haber sido perfectamente una musicóloga intentando descifrar el lenguaje musical de esas criaturas. Los zumbidos profundamente graves, similares a los de una sirena de niebla, de la inquietante banda musical de Jóhann Jóhannsson evocan cómo podría sonar la música de los alienígenas, pero esto se queda en una mera sugerencia. Biólogos marinos de la Universidad Nacional de las Ciencias de Taiwán descubrieron que los cefalópodos, incluidos los pulpos y los calamares, tienen una banda auditiva de entre 400 Hz y 2.000 Hz, y como mejor oyen es a 600 Hz, lo que equivale aproximadamente a una octava por encima del do mayor en el teclado de un piano.[69] El espectro audible humano es muy superior, entre 20 Hz y 20.000 Hz, bastante más amplio que las ochenta y ocho teclas de un piano. Así pues, lo que los alienígenas serían capaces de oír del Disco de Oro sería muy limitado desde nuestra perspectiva. El *Concierto de Brandemburgo n.º 2* de Bach sonaría tan amortiguado como si estuviera interpretado debajo del agua (ésta es la razón por la que las piscinas no se molestan por las tonterías que dicen los que hablan debajo del agua). En el espacio nadie oye tu interpretación.

Pero esto es sólo el lado acústico de la barrera de la especie musical. Los pulpos utilizan el sonido para localizar a la presa, para eludir a los depredadores y para comunicarse entre sí, de modo que los límites entre la música y el lenguaje, y entre la música y la señal acústica —mero sonido—, están mucho más difuminados en lo que los humanos consideran «música». Esto es aplicable a la mayor parte del reino animal que habita en la Tierra. Damos por descontado que la música humana está adaptada a nuestros cuerpos y mentes, específicos de la especie. El ritmo musical surgió de nuestra experiencia de caminar sobre dos pies, como ya se ha mencionado. Cuando el simio primigenio se irguió para andar, puso en marcha un proceso evolutivo gracias al cual se desarrolló el tracto vocal, permitiéndonos así hablar y cantar. Una criatura que nada con ocho patas no tendría ninguna de estas experiencias. Además, dos tercios de las neuronas de un pulpo están distribuidas por sus tentáculos, en lugar de estar concentradas, como en los humanos, en un cerebro central.[70] Nuestro procesamiento central informa a nuestro dualismo mente-cuerpo y al sentido del equilibrio, el cual a su vez se manifiesta en nuestra concepción de la estructura musical. Los lingüistas cognitivos George Lakoff y Mark Johnson han argumentado que la encarnación humana impregna lo que entendemos por lenguaje y por conceptos.[71] Teóricos de la música han aplicado la idea de Lakoff y Johnson a la música.[72] A decir verdad, la música humana es intrínsecamente humana.

La última parte del libro examina lo que sabemos sobre la evolución de la música humana desde la comunicación animal y la de nuestros antepasados homínidos. ¿Cuáles son las similitudes y las diferencias entre la música animal y la música humana? Aspectos de la música humana como la melodía, el ritmo, la sincronización y el cambio de turno estaban presentes hace seis millones de años en las vocalizaciones de los grandes simios africanos con los que compartimos el linaje: los gorilas modernos, los bonobos y los chimpancés.[73] Estos mismos aspectos fueron heredados de los simios por nuestros primeros antepasados humanos hace seis millones de años. Las llamadas de alarma de los cercopitecos verdes especifican diferentes depredadores, lo que se parece un poco a las palabras del lenguaje. Los babuinos parece que parlotean. Los gibones macho y hembra «cantan» duetos juntos antes y después del apareamiento. Y, sin embargo, estas similitudes con el lenguaje o la música humanos son engañosas. He aquí algunas diferencias:

- Las vocalizaciones de los simios y de los monos son holísticas: a diferencia de una frase o una escala musical, no pueden desglosarse en componentes como palabras o tonos diferenciados.
- A diferencia del lenguaje o de la música, no son jerárquicas, por lo que no revelan niveles de complejidad.
- No son combinatorias: los simios no son capaces de crear nuevas llamadas a partir de unidades preexistentes, y tienen un repertorio limitado.
- Por último, las llamadas, los ladridos o los ululatos de un animal son señales manipuladoras o transaccionales diseñadas para hacer que algo ocurra (por ejemplo, alertar a otro animal señalando hacia la amenaza). No despliegan la habilidad humana clave de «pensar a cierta distancia» de la proximidad inmediata, un tipo básico de abstracción.

Por el contrario, un sello distintivo tanto del habla humana como de la composición musical es la habilidad para combinar unidades y formar una variedad ilimitada de frases o piezas nuevas. Todos los «lenguajes» musicales de la historia humana son jerárquicos y combinatorios.[74] Y aunque éstos tengan su origen en contextos específicos, pueden ser repetidos y ritualizados y, por lo tanto, abstraídos de esos contextos.

Esto parece que traza una línea divisoria clara entre los animales y los humanos. En parte, la música humana evolucionó gracias al fuerte rechazo de la música animal, un equivalente simbólico de nuestra matanza de animales, como el presunto genocidio de especies de homínidos paralelas como los neandertales a manos del *Homo sapiens*.[75] El tema de este libro sobre «matar la naturaleza musical», por tanto, abarca desde nuestra propia audición pasiva, y el auge de la música europea, hasta nuestro pasado evolutivo más profundo.

Pero esta historia tiene otra cara que está representada por la emoción animal. En sus estudios sobre la vocalización del gelada, Bruce Richman descubrió que los monos utilizan diferentes tipos de llamadas para resolver conflictos emocionales.[76]

Una llamada, una «serie prolongada» de sonidos rápidos con un ritmo y una melodía estables, expresaba un acercamiento amistoso y una emoción positiva. Otra llamada, una «serie densa» de frecuencias más altas, se usaba para expresar la ira y la agresión. El problema, por tanto, de que las llamadas del gelada no son realmente un lenguaje está más que compensado por el hecho de que podemos identificarnos con las emociones que expresan. Esto corrobora la idea de Darwin según la cual existe una continuidad evolutiva en las emociones entre animales y humanos. No es la música lo que nos une a ellos, sino las emociones comunes. Es posible que, desde hace ocho millones de años, nuestra música comparta con los animales un repertorio similar de emociones básicas. Eliminar la superficie de una sinfonía de Mahler y pelar el joven (en términos evolutivos) neocórtex para dejar expuesto el cuerpo amigdalino, donde residen las emociones primitivas, es cantar con los neandertales y los antiguos simios africanos.[77]

La superestrella del panteón de los homínidos y madre de todos nosotros es Lucy, la australopiteco descubierta en África en 1974, que tiene unos 3,2 millones de años de antigüedad.[78] Lucy, de pie, medía un metro de altura, como un chimpancé; su cerebro tenía un tercio del tamaño del de un humano moderno; era bípeda, pero probablemente pasaba la mitad del tiempo en los árboles. Su repertorio de llamadas no debía de diferenciarse demasiado del de los simios. Lucy y sus descendientes en la larga marcha evolutiva hacia el *Homo sapiens* indican los vínculos adaptativos que hay entre hábitat, tamaño del cerebro y complejidad social. Para el más reciente *Homo ergaster*, de hace 1,5 millones de años, que cazaba en la sabana abierta, donde debía de estar mucho más expuesto, la seguridad tenía que residir en el número. Esto tuvo que acarrear interacciones sociales más complejas con otros miembros del grupo, y podemos dar por hecho que su repertorio de llamadas debió de aumentar al mismo tiempo que el tamaño de su cerebro. Y, lo más importante de todo: andaba erguido sobre dos pies. Para el *Homo ergaster*, como para homínidos posteriores como el *Homo habilis* y el *Homo rudolfensis*, la bipedestación debió de tener muchas consecuencias musicales. La laringe se hundió en la garganta y se volvió menos rígida, incrementando así el abanico de posibles sonidos. Caminar o correr de forma rítmica aumentó el sentido de cronometraje del homínido, que coordinaba las acciones y las actividades del grupo. La bipedestación dejaba libres las manos para hacer herramientas y, tal vez, para entrechocar instrumentos musicales primitivos. Pero también suponía que las madres no siempre eran capaces de llevar a cuestas a sus hijos, y hay una teoría según la cual las nanas se desarrollaron como un sustituto del contacto con el bebé, para tranquilizarle mediante la voz de la madre. El dominio del movimiento, gracias a la independencia del torso con respecto a los brazos y las piernas, debió de capacitarles también para el baile. El arqueólogo Steven Mithen ha propuesto que el ritmo tiene unos efectos aún más valiosos.[79] La posibilidad de hacer música sincronizada (dar palmas, cantar y bailar al mismo tiempo) mejoró la cohesión del grupo capacitando a la tribu para compartir el mismo estado emocional. La sintonización emocional a través de la música debió de reforzar en el humano la primera «teoría de la mente», es decir, la intuición de los pensamientos y sentimientos del prójimo.

Según la lingüista Alison Wray, hace 700.000 años, en la era del Pleistoceno Medio, el *Homo heidelbergensis* debía de hablar o cantar un «protolenguaje», una serie de sonidos holísticos parecidos a las sílabas.[80] La mayoría de los lingüistas evolutivos creen que, en ese período, debía de ser difícil distinguir entre el lenguaje y la música. En otras palabras, hay una teoría según la cual lo que más tarde se convertiría en lenguaje y en música se escindió a partir de una fuente común.[81] Para que la música se convirtiera en un medio de expresión artística se requería además cierta cantidad de ocio. Las simétricas hachas de mano de piedra, descubiertas tan pronto como las bifaciales achelenses (una herramienta de piedra de dos caras), hace 1,5 millones de años, demostraban cierto grado de despliegue excedentario, tal vez debido a la selección sexual, o incluso simplemente como un objeto que por sí mismo procuraba placer estético.[82] La simetría es bella, pero la habilidad para tallarla también debía de ser atractiva para una posible pareja de apareamiento.

Mithen, en su influyente libro *The Singing Neanderthals*, ha retratado a los neandertales como un callejón sin salida evolutivo y, al mismo tiempo, como un ideal musical perdido de lo que podría haber sido la musicalidad humana.[83] El *Homo neanderthalensis* apareció hace unos 250.000 años, y el último se extinguió tan recientemente como 30.000 años a.C., o bien debido al hambre o, más probablemente, por haber sido eliminado por el *Homo sapiens*, más fuerte desde el punto de vista adaptativo. Mithen especula convincentemente con que la habilidad musical de los neandertales se agudizó en compensación por no haber desarrollado un lenguaje, como lo hizo el *sapiens*, lo que atribuye a su falta de artefactos simbólicos, a su estabilidad cultural (sus herramientas no evolucionaron) y a sus pequeñas comunidades (que requerían una comunicación limitada). Mithen llama a su protolenguaje «Hmmmmm», que es un acrónimo de «holístico, manipulador, multimodal, musical y mimético». El filósofo del siglo XVIII Jean-Jacques Rousseau no debía de conocer a los cantarines neandertales. Pero tal vez sean lo más cercano a su ideal del «buen salvaje», una historia mítica de los orígenes humanos en un paraíso musical.

Nuestro cronograma prehistórico termina en el capítulo 10, hace entre 100.000 y 40.000 años, con lo que Gary Tomlinson ha denominado provocativamente la «modernidad» musical.[84] Para el *Homo sapiens* del Pleistoceno Superior, nuestro músico «moderno», las siguientes piezas del rompecabezas musical llegaron a encajar: tonos diferenciados, un sistema jerárquico dual de contornos melódicos y notas individuales; un sistema combinatorio para convertir los componentes en una nueva música; una diversidad más amplia y una mayor precisión, un control más estricto y unos significados más específicos. Éstos son todos los aspectos que la música comparte con los sistemas y lenguajes simbólicos. Lo paradójico es que, para lograr todo esto, la música necesitaba diferenciarse del lenguaje, cosa que los neandertales nunca consiguieron hacer. ¿Cómo podemos llegar a esa conclusión? De la arqueología de los huesos y las herramientas podemos deducir la coevolución de la sofisticación musical y la complejidad cognitiva y social. Asimismo, en un momento crítico, la cultura retroalimenta la evolución humana para aplicar una presión selectiva. La cultura es la que transmite una información no genética a lo largo de las generaciones por medio de la memoria grupal de archivo. Hemos encontrado descendientes lejanos de la memoria musical del Pleistoceno en los cantantes-historiadores itinerantes africanos —los *griots*—, los aborígenes australianos y los nativos americanos.

La indignante ridiculización de la música del científico cognitivo Steven Pinker desmiente todo esto tildándolo de «pastel de queso auditivo» sin ninguna significación evolutiva.[85] Nada más lejos de la verdad. El investigador de la música de Cambridge Ian Cross ha afirmado que la propia «indeterminación semántica» de la música, que él denomina «intencionalidad variable» o flexibilidad del significado de la música, ha sido indispensable para los homínidos en su negociación de las situaciones sociales de incertidumbre o ambigüedad.[86] Lejos de ser un lujo banal, lo que el filósofo Daniel Dennett llama una «pechina», la música siempre ha otorgado una ventaja evolutiva.[87] Pero el largo plazo revela una verdad innegable sobre la naturaleza de la música durante eones, y también cierta oscuridad. Esta oscuridad sigue ensombreciendo los logros más brillantes de la música. La modernidad musical parece haber puesto punto final a la naturaleza en más de dos ocasiones, lo que queda ejemplificado en dos pasos significativos: el paso que va desde la comunicación animal al protolenguaje del homínido; y el callejón sin salida de la canción «Hmmmmm» del neandertal. Nuestro consuelo es que la relativa abstracción de la música puede ser contemplada desde dos ángulos. Desde un ángulo, la música ha reflejado el abstracto «pensamiento a cierta distancia» (desde una proximidad inmediata) de la mente y el lenguaje simbólico. Desde el otro ángulo, sin embargo, la música siempre ha seguido abrigando la inmediatez emocional y la naturaleza holística y gestual de los gritos animales y del primer protolenguaje. La emoción musical es «la memoria de nuestra especie». El hecho de que incluso la música contemporánea lleve consigo semejante bagaje prehistórico, nos dice algo esencial acerca de cómo experimentamos la música, acerca del valor que aporta a nuestras vidas y a nuestras civilizaciones. Este libro defenderá que, por lo que podemos deducir de las actuaciones, las grabaciones, los registros históricos y los restos arqueológicos, tal ha sido siempre el caso de la música de todo el mundo. Y esto, para bien o para mal, puede que sea especialmente aplicable a la música occidental.

## Epílogo: ¿el ser poshumano musical?

Escribiendo este libro en el Holoceno, entre dos eras glaciales, me resulta difícil eludir las numerosas razones para ser pesimista en cuanto al futuro de la música. El destino de la música es muy precario sobre todo en Occidente, donde surgió —en términos geológicos— increíblemente tarde, mucho después que las otras artes, y ya se ha colocado de nuevo tras ellas. Todo el mundo lee novelas nuevas, las galerías de arte atraen a mucha gente; sin embargo, las salas de conciertos pugnan por hallar audiencias incluso para la música de compositores que han muerto hace tiempo. Sin duda la música es ubicua gracias a los medios digitales, pero por esa misma razón carece de valor humano. En tiempos de Beethoven, eras afortunado si podías escuchar una sinfonía dos veces en toda tu vida, y seguro que la apreciabas mucho más. Ahora la música puede ser compuesta por un ordenador mediante algoritmos, y sus resultados pueden pasar un «test de Turing» por su autenticidad estilística.[88] Si suena como un nuevo Vivaldi, ¿qué falta hace un compositor? Este pesimismo puede ser fácilmente derribado. Algunos dirán que la interacción de la música con la tecnología, mediante la composición electroacústica, la ubicua informática, la cognición distribuida y la «ludificación» general del sonido, en realidad nos devuelve el elemento interpretativo de la música.[89] Me he lamentado de que el destino de la música en todo el mundo, y especialmente en Occidente, haya decaído desde la participación activa hasta la audición pasiva. Tal vez la música poshumana tenga el potencial necesario para ser más democrática, inclusiva y dinámica.[90] Al fin y al cabo, ¿acaso no fue el piano, como todos los instrumentos musicales que amplían las capacidades físicas del cuerpo, una especie de tecnología? El violín es una prótesis humana en la misma medida en que lo es el Auto-Tune vocal (una especie de programa procesador de audio), que se ha convertido en un accesorio de la canción pop. Así pues, ¿qué va a ser de la música: el apocalipsis o un nuevo mundo feliz? La respuesta, en parte, depende de si el lector lee este libro hacia delante o hacia atrás. Un resultado positivo quizá esté también implícito en el modelo navajo de la historia como algo estratificado, manera de pensar que en mi opinión comprende perfectamente el tiempo esencial de la música. No todos podemos ser como el pueblo navajo, desde luego. Pero da la casualidad de que la cultura navajo destaca la peculiar experiencia de escuchar música, cualquier música: la de poder sumergirte a tu voluntad en el mar del tiempo. Este libro sigue, por tanto, la senda de la música hasta donde ésta desea llegar. Hasta el pasado.

2

## La cuna y todo lo demás

No hay duda de que aprender a cantar o a tocar un instrumento musical te cambia la estructura del cerebro. Si disfrutas de la música pero no la has practicado nunca, entonces tu cerebro la procesará sobre todo mediante el hemisferio derecho, que es la parte del cerebro que se ocupa del lenguaje.[1] En lo relativo a la música estás «lateralizado hacia la derecha». Muchos estudios demuestran que la práctica musical cambia el procesamiento musical del cerebro a su hemisferio izquierdo. Los músicos utilizan el hemisferio izquierdo del cerebro. Existen varias conjeturas sobre por qué ocurre esto. Una explicación es que han aprendido a oír música más como si fuera un lenguaje, discerniendo un nivel de complejidad estructural superior al de los oyentes aficionados. Cuando los músicos cualificados escuchan música, se activa la parte del cerebro que va asociada a la comprensión del lenguaje, llamada área de Wernicke (el *planum temporale*, la parte posterior de la corteza auditiva primaria, situada en el lóbulo temporal).

Practicar la música cambia el cerebro de otras muchas maneras. Un estudio, por ejemplo, halló que los músicos profesionales tenían más materia gris en las regiones cerebrales motrices, auditivas y visuales-espaciales que los aficionados a la música, y que éstos tenían más materia gris que los no aficionados.[2] Desde una edad temprana, los músicos aprenden complejas habilidades motrices y auditivas, por lo que, dada la neuroplasticidad del cerebro humano, es normal que éste se adapte.

Podría seguir citando un montón de pruebas que demuestran que, en efecto, el ser humano musical es biológicamente distinto de los seres humanos en general.[3] Pero ésa no es la intención de este capítulo, pues es discutible que el ser humano musical nazca, no se haga. Lo que considero que es una predisposición universal de la gente para la música me interesa mucho más que los logros de una élite. O más bien, dado que los beneficios del entrenamiento musical no requieren mucho esfuerzo mental, me preocupan más los factores culturales que configuran —y a menudo atrofian— esa predisposición en todo el mundo y en todo el ciclo vital. La cuestión crucial es la siguiente: si el instinto musical es innato, ¿por qué a menudo no se le permite que brote? No podemos dar nada por sentado, ni siquiera a qué nos referimos con la palabra *música*.

En África, donde nació el ser humano musical, existe la convicción generalizada (explorada más tarde) de que todos somos musicales. Y sin embargo, lo curioso es que casi ningún grupo indígena africano tiene una palabra para lo que Occidente llama «música».[4] Los vai de Liberia tienen palabras para «baile» (*tombo*), «canción» (*don*) y «actuación instrumental» (*sen fen*), pero no un concepto general de la música como sonido organizado. Para los tsuana de Botsuana, cantar y bailar significa lo mismo (*gobina*), y los dan, de la Costa de Marfil, aunque carecen de un solo término para designar la música, sin embargo, ponen nombre a una gran variedad de canciones, como la canción para bailar (*ta*), el canto de alabanza (*zlöö*) y los lamentos fúnebres (*gbo*). Por comparación, ninguna lengua indígena africana se las ha arreglado sin una palabra para «canción», «baile» o incluso «lengua». Los africanos no tienden a separar el sonido de la canción y el baile, de las palabras y el movimiento. La ausencia de una palabra para «música» resuena con la filosofía namibiana de *ngoma*, que describe la interconexión de las artes del África subsahariana.[5] Otro aspecto del *ngoma* es la inseparabilidad de la composición, la interpretación y la audición, otras tres actividades que en Occidente se han escindido.

África es la cuna del ser humano musical, y sobre su infancia especularé en los capítulos 5 y 10. África puede representar al mundo musical que no pertenece a Occidente. La mayor parte de Asia y Sudamérica comparten la creencia africana según la cual la musicalidad es un derecho innato. Y, lo que es igual de importante, sus artes están interconectadas de manera similar. Frente a esta base de referencia de una musicalidad común y ricamente (no restringidamente) definida, la carrera del músico occidental, desde la cuna hasta la residencia de ancianos, puede ser interpretada como una especie de caída. Asumiendo que la naturaleza del ser humano musical es la misma en todo el mundo —y yo pondré en duda dicha asunción—, entonces el niño occidental cae y choca con dos obstáculos. Todo niño es un intérprete nato, pero la mayoría degenera en un estado de pasividad artística. Todo niño es creativo, pero cae —en el segundo obstáculo— en el error de que sólo algunos poseen talento. ¿Cuánto de esto se debe a las complejidades de la vida urbana moderna, que simplemente entorpecen la circulación? Un estudio halló que el 90 por ciento de los músicos aficionados de la Alemania moderna, el hogar de la música europea, había interrumpido su actividad musical entre los veinte y los sesenta años a causa de la familia y la carrera profesional.[6] Aunque es más probable que el adolescente moderno pierda el tiempo con un ordenador portátil que con una guitarra, la interrupción de la vida musical durante cuarenta años es muy llamativa.

Este capítulo arroja una luz sobre el arco que trazan nuestras vidas musicales desde la gestación y la infancia, a través de la pubertad, hasta la madurez y la muerte, y desde los aficionados hasta los profesionales. Además, se formulan preguntas cautivadoras, todas ellas relacionadas con la inmensa variedad de la música. ¿Qué tiene que ver hacerle el caballito a un bebé en tus rodillas con la poligamia? O dar vueltas a media noche por un patio de Oxford, borracho, en el sentido contrario a las agujas de un reloj, ¿qué tiene que ver con una danza africana? ¿Por qué inventó Occidente a los adolescentes? ¿A qué demonio vendió Beethoven su alma? ¿Era realmente Mozart tan distinto de ti o de mí, y quién era el Mozart carnático? Por último, me preguntaré si el culto occidental al genio en el fondo no es una cultura de la discapacidad.

Es una pena, porque la historia empieza de una manera tan prometedora... Luego se viene abajo el bebé, la cuna y todo lo demás.

Así es como empieza. La cóclea se enrosca como un caracol en la sexta semana de gestación.[7] Dos semanas después, brotan los receptores auditivos, el órgano de Corti. En la octava semana, el feto adquiere unos huesecillos en el oído medio. En la undécima semana, crece una membrana timpánica con células auditivas, pero el aparato sólo empieza a funcionar en la vigésima semana. Llegado este punto, un ruido fuerte, superior a 100 decibelios, sobresaltará al embrión y hará que patalee y que se le acelere el corazón. En la semana número treinta y seis, el oído y el cerebro quedan completamente interconectados (mediante fibras nerviosas aferentes y eferentes), y el oído humano ya está terminado. Cuando está a punto de nacer, el bebé sabe distinguir entre una grabación de la voz de la madre y la voz real. La grabación le inquieta. Después de nacer esa voz le encantará. Si pones a un niño el sonido de un corazón latiendo setenta y dos veces por minuto, se calmará, dormirá más profundamente y ganará peso antes.[8]

Los científicos han pasado mucho tiempo comprobando lo que puede hacer un oyente infantil. Desde el primer día sabrá percibir un ritmo regular, y se moverá rítmicamente al son de la música, pero no llevará el compás de la música hasta que cumpla cuatro años.[9] La sincronización con el ritmo es lo que no saben hacer casi todos los animales. Los humanos sí saben, pero es curioso que esta habilidad sólo la adquiramos poco a poco. A la edad de dos a cinco meses, los bebés pueden distinguir entre dos ritmos; y cuando alcanzan los siete a nueve meses, son capaces de reconocer el patrón rítmico aunque se toque más deprisa o en una clave diferente. Los niños pequeños son más sensibles que los adultos a los tonos muy agudos, así como a pequeñísimos cambios de tono. Por otra parte, si le pides a un niño de tres años que cante una melodía después que tú, probablemente recuerde el contorno general de subidas y bajadas, no las notas exactas. Esta propensión se mantiene igual entre los cinco meses y los cinco años. En cuanto a oír relaciones armónicas entre las claves, esto sólo ocurre cuando tienen siete años, edad a la que, en muchos sentidos, una persona se vuelve musicalmente madura.

¿Por qué el contorno melódico es tan importante para los niños, más que el tono exacto? Es porque la idea del contorno —el arco de subidas y bajadas de la intensidad— atraviesa los límites que hay entre la música, el lenguaje, el movimiento y la emoción. El significado para los niños preverbales es intermodal porque todos estos elementos están mezclados a la perfección. La conexión entre la música y el movimiento es especialmente importante y se debe al sistema vestibular de nuestro oído interno, que es el responsable del sentido del equilibrio.[10] El movimiento físico impulsa nuestras carreras musicales, desde el control motriz de nuestras cuerdas vocales y ser mecido o acunado por uno de los progenitores, hasta aprender a manipular las teclas de un piano y balancearse o llevar el ritmo. El vínculo neurálgico entre el sistema auditivo y el sistema motriz es casi único de la especie humana; está presente tan sólo en algunas (pero no en todas) aves canoras, así como en cetáceos como las ballenas y los delfines.

El contorno es importante porque así es como hablamos por primera vez con nuestros padres y mantenemos las llamadas «protoconversaciones». Cuando nuestra madre o nuestro cuidador nos hablaba, empleando intuitivamente contornos exagerados, un tempo lento y vocales prolongadas que los psicólogos llaman «maternés» o lenguaje dirigido al niño, lo oíamos como si fuera música, sólo que la «música» todavía tenía que cristalizarse a partir de esa mezcla de sonido, lenguaje, movimiento y emoción. El vínculo emocional entre madre e hijo funciona como un intrincado dúo de miradas e imitaciones mutuas, pues cada uno da la réplica a las sonrisas y las entonaciones vocales del otro.[11] El psicólogo infantil Daniel Stern llama a ese vínculo «sintonización del afecto», porque madre e hijo sintonizan con las emociones del otro.[12] Mucho después de que la música y el lenguaje se escindieran y siguieran caminos separados, el ajuste sincronizado del afecto sigue siendo un modelo de cómo improvisan entre sí los músicos de jazz. En las protoconversaciones, ya tengan lugar en un club de jazz o sobre las rodillas de una madre, las distinciones entre composición, interpretación y audición son irrelevantes.

De manera que los inicios de la música no están en la voz de la madre por sí misma. La música nace del intrincado micro-

drama que ella representa con su hijo. La música es intrínsecamente relacional; según la frase de la filósofa Kathleen Higgins, es «la música que hay entre nosotros».[13] Una buena madre
(o padre o cuidador) es la primera profesora de música del
niño. Mucho antes de que profiera las primeras palabras al año
o a los dos años, los contornos del «maternés» van encauzando
los arrullos del niño hacia la melodía y ampliando de forma
gradual su repertorio de sonidos, mientras que las repeticiones
rítmicas le introducen en juegos de anticipación, en sorpresas
picaronas y en el cambio de turno..., aspectos que son absolutamente esenciales para la música. Los duetos de madre e hijo
no pueden ser notados como partituras musicales convencionales. Pero el psicoterapeuta australiano Stephen Malloch,
uno de los mayores expertos en el «maternés», los ha transcrito
utilizando espectrogramas acústicos. Un ejemplo particularmente delicioso sigue a una madre cantando «di dum di dum
di dum» a una niña de cuatro meses:

> En el tercer verso, la bebé vocaliza sistemáticamente la última
> nota de cada compás. Esto es muy distinto de lo que había hecho
> durante el segundo verso. Parece como si hubiera cambiado de
> estilo musical de un verso a otro, pues hace algo que puede ser
> descrito como una «broma musical». Después de vocalizar con
> precisión la última nota de los compases 1 y 2 del tercer verso, la
> bebé sigue sosteniendo esa nota en el compás 3, pero entra una
> semicorchea antes [...] Sea o no un acto deliberado por parte de
> la pequeña, se percibe que este cambio es apreciado por la madre
> porque ésta se echa a reír inmediatamente después.[14]

Utilizar la música para una dinámica social humorística implica una inteligencia compleja. ¿Hasta qué punto es pura fantasía el pequeño relato de Malloch? ¿Está realmente ya incluida
toda la ópera, toda la ingeniosa conversación de un cuarteto de
cuerda de Haydn, en el arrullo de una niña de cuatro meses?
Quizá sea demasiado bonito para ser cierto; la noción que tiene Malloch sobre la «musicalidad comunicativa» sincronizada
no concuerda con la mayor parte de las pruebas, según las cua-

les los niños no saben seguir el ritmo hasta que cumplen cuatro años. La lección que se puede extraer de aquí es que queremos creerlo: tal es la atracción que ejercen los ideales de la musicalidad natural y del genio infantil..., mitos que por supuesto tiran en direcciones opuestas.

¿Cómo de universales son estos inicios? Aunque el sentido común sugiere que la conducta musical cambia una vez que se consolida la cultura, en realidad no es algo tan evidente. El problema es que la inmensa mayoría de los estudios científicos están basados en niños occidentales. Aunque los estudios se extendieran al resto del mundo, sería difícil eludir la influencia de la música occidental —tanto dentro como fuera del útero—, puesto que ha colonizado el planeta. Pero no todo es niebla y sombras; los hallazgos iniciales son muy sugerentes, aunque provisionales y esporádicos. Un estudio sobre las madres indias inmigrantes que vivían en Francia reveló que las interacciones vocales con sus hijos duraban menos tiempo que las de las madres indias que vivían en la India.[15] Existen muchas pruebas de que los niños prefieren el ritmo al que les hacen el caballito.[16] Haga el caballito a su hijo en grupos de dos compases y sonreirá más con la música en un tiempo de 2/4; si le da el trotecillo en grupos de tres compases, preferirá un vals ternario. Dado que los cerebros de los niños pequeños son más flexibles que los de los adultos, pueden aprender a cambiar o a adaptarse más deprisa y con mayor facilidad. Pero con los años queda arraigada una preferencia por los ritmos locales, de modo que los niños se acostumbran a la métrica musical de su cultura autóctona. Por esa razón, los niños turcos prefieren los complejos y (al oído occidental) irregulares ritmos de la danza balcánica.[17]

Asimismo, existen muchos estudios fascinantes sobre los vínculos que hay entre los ritmos locales y la práctica de llevar a cuestas a los niños, es decir, si las madres llevan a sus bebés a la espalda o en la cadera mientras se mueven, trabajan o bailan, como ocurre en gran parte del mundo; o si los bebés son mantenidos aparte de sus madres en cajones o en cunas, como suelen estar en Occidente. Según un estudio, las culturas en las que los niños son llevados a cuestas, tanto en brazos de la madre como en un cabestrillo o en un manto, tienen ritmos más complejos: el «polirritmo» (la ejecución simultánea de varios patrones regulares) está más desarrollado en el África occidental y central, tal vez porque esas áreas ostentan la incidencia más alta de poligamia. Así, las distintas esposas «frecuentemente cooperan en el cuidado de los hijos, y los niños suelen ser llevados a cuestas en diferentes momentos por las distintas esposas, cada una de las cuales tendrá presumiblemente un tempo y un ritmo de movimiento diferentes».[18] El efecto de la práctica de llevar cosas a cuestas es bien conocido entre la comunidad afroamericana. Esto es lo que dice el trombonista de Nueva Orleans Craig Klein:

> Tío Lionel [Batiste], que tocaba el bombo en la Treme Brass Band, me explicó en una ocasión por qué teníamos un séquito de bailarines y unos percusionistas tan fantásticos en Nueva Orleans. «En la comunidad negra —dijo— ponemos a los bebés sobre nuestras rodillas y les hacemos trotar arriba y abajo al ritmo de la música. Por si fuera poco, las madres bailan con los bebés cuando aún están dentro de la barriga.» De este modo, los críos sienten el ritmo desde sus primerísimas experiencias. En eso hay diferencias entre las familias negras y las blancas. Para las familias negras la música forma parte de la cultura en mayor medida que para las blancas. Mis padres no me ponían en su regazo ni me hacían eso.[19]

Una historia parecida se puede contar acerca de por qué a los oyentes occidentales les gustan los intervalos y los acordes simples y consonantes. Experimentos llevados a cabo con niños occidentales muestran que los críos de cuatro meses se quedan más tiempo mirando a una persona que toca sonidos consonantes que a una que toca disonancias, y permanecen más callados.[20] La preferencia por las consonancias se consolida a la edad de nueve años, mientras que los niños no occidentales desarrollan un gusto por lo que a nuestros oídos son afinaciones irregulares y una mayor disonancia.[21] Un elemento esencial de la armonía occidental es la equivalencia de octava, cuando los niños y los hombres adultos cantan la misma melodía pero una octava más alta o más baja. Si se desentona levemente en una octava, se crea una interferencia acústica que suena horriblemente mal al oído occidental, pero bastante agradable al de la gente de Bali.[22] En Bulgaria es frecuente que los coros canten en paralelo con un semitono de diferencia: lo que para una cultura es ruido, para otra es un aderezo.

Los niños de todo el mundo nacen dentro de una gran diversidad de lenguajes musicales. A semejanza de la gravedad, las leyes de la acústica física son las mismas vayas adonde vayas. Lo que es distintivo de Occidente es su predilección por las ratios acústicas más simples: la octava resuena dos veces más aprisa que la tónica; la ratio de la quinta es de 3:2; la de la cuarta es de 4:3; la de la tercera mayor es de 5:4. Esta propensión puede parecer sencillamente ingenua, incluso pueril, para la mayor parte del mundo, del mismo modo que la obsesión de Occidente con los patrones rítmicos y formales simétricos (desde las frases de cuatro compases en la música clásica hasta el ritmo *for-to-the-floor* —literalmente, «cuatro al suelo»— del rock), parece irremediablemente cuadriculada. Por supuesto, la música occidental compensa con creces estas deficiencias. Las ratios acústicas simples son el andamiaje de las catedrales de la armonía. Los ritmos «cuadriculados» nunca son interpretados de forma mecánica, ya que un intérprete sensible proporcionará al tempo una forma expresiva.

Entonces ¿qué podemos tener en común? El neurocientífico Aniruddh Patel ha observado dos similitudes en la música universal.[23] En primer lugar, las escalas musicales —desde Austria hasta la India y desde Turquía hasta Nueva Guinea— tienden a numerar entre cinco y siete notas, aunque estén subdivididas de manera diferente. ¿Por qué entre cinco y siete? Existe un umbral cognitivo universal para las categorías del *chunking* (término psicológico) o agrupamiento en unidades de no menos de cinco y no más de siete.[24] Siete es un número particularmente cómodo. Ahí están los siete mares, los siete colores, los siete enanitos y las siete notas de la escala. Lo segundo que tenemos en común es la asimetría. La distancia entre las notas de la escala es casi siempre irregular. En Occidente, cuando tenemos una escala completamente regular —como la escala de tonos enteros, o una cadena de terceras mayores (la octava dividida simétricamente en tres tercios)—, puede sonar misterioso o escalofriante. Éste es el sonido de *El aprendiz de hechicero*, de Paul Dukas, cuyo lema es una cadena simétrica de terceras. Patel sugiere que utilizamos la asimetría para orientarnos en el mundo. Piensen en lo que puede desorientar moverse por una habitación perfectamente circular con todas las ventanas colocadas exactamente a la misma distancia: sería tan desconcertante como una escala perfectamente circular.

## Complejidades

El hilo que une al niño y al adulto se corta cuando el lenguaje aparece e introduce la música en su nicho. Sin embargo, a veces este hilo permanece, como cuando un niño no consigue adquirir el lenguaje y, en su lugar, utiliza la música como un sustituto para la comunicación. Esto le ocurrió a la extraordinaria Romy Smith, una niña que nació con muchas dificultades para el aprendizaje y que fue acogida por el profesor igualmente extraordinario Adam Ockelford, una autoridad muy destacada en la música y el autismo, así como profesor de piano y terapeuta de Romy. Pese a padecer un retraso en el desarrollo, y a no haber aprendido nunca a hablar por presentar muchas características del autismo, a los once años Romy estaba excepcionalmente dotada para la música, tenía un oído absoluto y empleaba fragmentos melódicos de cien piezas de música que había aprendido para interactuar emocionalmente con otros músicos y, por supuesto, para llevar las riendas de esas interacciones. Ockelford contribuye a destruir el mito de que los niños con autismo no saben leer ni expresar emociones. A Romy le gusta burlarse de Adam tocando su tema de «La música ha terminado» en plan de broma, sin pretender en realidad ni mucho menos que termine la clase de música, o tocando las notas iniciales de una melodía y cambiando bruscamente a otra (como la canción irlandesa «Cockles and Mussels», o el villancico «Away in a Manger», melodías que empiezan con el mismo motivo).[25] Ockelford destaca que semejante humor requiere una sofisticada «teoría de la mente»: que Romy le hiciera creer lo contrario de lo que estaba pensando supone que ella tenía que ponerse en su lugar, tenía que imaginar la consciencia de otra persona. Esto es retomar el hilo de Malloch varios años después. Para Ockelford, «la música dotaba a Romy de un medio con el que explorar la dinámica de la interacción social en ausencia del lenguaje».[26]

Neurocientíficos como Patel nos han enseñado que, aunque las regiones cerebrales responsables de la música y el lenguaje interactúen de una manera compleja, el daño de una de ellas no provoca necesariamente un déficit en la otra.[27] Pamela Heaton, otra experta destacada en el autismo, ha aclarado que los «déficits» no se generalizan de lo social a lo musical: es decir, un niño puede tener dificultad para leer las caras de la gente, pero no tener ningún problema para identificar si un tema musical es alegre o triste. Esta capacidad tampoco se ve afectada por el deterioro intelectual.[28] Como la mayor parte de la gente, los niños autistas pueden leer emociones musicales a la edad de seis años y lograr dominarlas cuando cumplen ocho.

Los niños con necesidades complejas constituyen un poderoso foco de atención para el estudio del ser humano musical. Lo que brota de esos estudios —de un modo alto, claro y solemne— es el espectacular poder de la música. Ésta es la razón por la que Ockelford rechaza elocuentemente el «modelo del déficit» que impera en los sistemas unilaterales de la educación, con arreglo a los cuales medimos el rendimiento de los niños por lo que no saben hacer. El término *déficit*, en otro tiempo estándar, ha empezado a tambalearse por ser tan negativo y porque presupone un estado idealizado de «normalidad» física o cognitiva. Mucho más humano, sin duda, es empezar por lo que los niños sí saben hacer. El programa *Sonidos de la intención*, de Ockelford —cuya página web tenía nueve millones de visitas—, es un marco práctico para evaluar la creciente musicalidad de un niño en seis pasos que van de menos a más.[29] Jóvenes con las mayores dificultades de aprendizaje pueden encontrarse en la fase prenatal de seis meses, cuando acaban de ser conscientes del sonido. Los posteriores estadios de Ockelford se adaptan al desarrollo de todos los niños. La palabra clave es *patrón*. En la fase 4, los niños pueden inventarse sus propias canciones uniendo fragmentos de otras melodías, utilizándolos como materia prima para improvisar. En el nivel 6, cuando el cerebro está completamente adaptado a los patrones musicales, los niños aprenden a interpretar a su debido tiempo, afinando y con un sentido emotivo. Mucha gente da por descontado que la creación musical surge *ex nihilo*, de la nada. Pero toda composición comienza con un patrón. Esto es importantísimo para lo que ocurre después.

Esperándonos paciente e ineludiblemente al final de este camino está Mozart. Cuando nos preguntamos qué salva la distancia entre la persona normal y la que tiene talento, entre el término medio y el genio, podemos imaginar una chispa que centellea entre los dedos de Adán y de Dios en el fresco de Miguel Ángel. En la música occidental no hay un concepto más corrosivo y malinterpretado que el de «genio», noción que no destaca especialmente en el resto del mundo. No hace falta que repase todos los prodigios de Mozart cuando era un muchacho, contados ya por varias generaciones de estupefactos historiadores. Bastará un ejemplo registrado por el naturalista inglés Daines Barrington durante el viaje de Mozart a Londres a la edad de ocho años, en 1764. Admitiendo «el profundo conocimiento de los principios fundamentales de la composición» por parte del chico, Barrington examinaba la habilidad de Mozart para leer un manuscrito musical complejo: «En cuanto la partitura estuvo colocada en su atril, empezó a tocar la sinfonía de una manera sumamente magistral». Impresionado, Barrington le encarga luego a Mozart que improvise una «canción de amor» de un modo operístico: «Empezó con cinco o seis versos de un recitativo en argot, muy apropiado para introducir una canción de amor». Luego, Barrington pide a Mozart que improvise una «canción de ira»: «Se puso a aporrear el clavecín como un poseso, levantándose a veces de la silla».[30]

No voy a la zaga de nadie en mi adoración del altar de Mozart. Pero tengo que matizar el mito de Mozart con una lista de advertencias o salvedades:

1. A los ocho años es normal adquirir la madurez musical.
2. Mozart vivía con un gurú personal, su padre, también compositor. Las investigaciones indican que el éxito musical se debe a unos padres y unos profesores comprensivos y solidarios, a la motivación personal y al trabajo puro y duro, más que al «talento». De hecho, en un bucle de retroalimentación, el éxito puede presentarse con la mera percepción de que un niño tiene talento.[31]
3. La capacidad de Mozart estriba en tocar con clichés y patrones absorbidos de la música de otra gente. Esto era completamente normal en aquella época. Los conservatorios y los hospitales de niños expósitos italianos produjeron cientos de pequeños compositores de música para teclado, todos ellos adiestrados en las convenciones del estilo clásico. Ése era el entrenamiento básico de todos los compositores.[32]
4. Estas obras maestras de madurez dependen a su vez de patrones convencionales ensartados. El musicólogo estadounidense Robert Gjerdingen compara estos «esquemas» con los estereotipos de los cuentos de hadas («Érase una vez»; «Había una vez un pobre molinero»; «Justo al lado del bosque moraba un humilde leñador»), o, más sorprendentemente, con las figuras que ensarta un versado patinador sobre hielo: deslizamientos, vueltas, saltos, *salchows, axels, lutzes* y piruetas *camel*. La sonata para piano más conocida de Mozart, la K. 545 en do mayor, que sonaba casi igual que un piano de juguete, es una cadena de figuras «musicales»: una «táctica inicial», como una «romanesca», podía ir seguida de un «prinner», un «indugio», un «ponte», otro «prinner», y así sucesivamente. Mozart podía perfectamente haber improvisado esta cadena de clichés, y probablemente lo hizo, a una velocidad extraordinaria.[33]
5. El quid del cuento de Barrington es que Mozart también sabía imitar patrones emocionales: las convencionales expresiones musicales del amor, la ira y otros tipos dramáticos. Era un imitador. Nada indica que entendiera

estas emociones operísticas de los adultos, ni siquiera que las sintiera. Bastaba con que supiera qué patrones musicales las evocaban.

Esta última salvedad es tal vez la más reveladora, dado el debate, aún activo en la investigación del autismo, sobre el reconocimiento de la emoción. ¿Tenía Mozart el síndrome de Asperger?[34] Refiriéndose a otro de sus alumnos, el excepcionalmente dotado pianista y compositor Derek Paravicini, un sabio autista y ciego, Ockelford hace una sorprendente observación. Aunque a los doce años Paravicini no apreciaba las emociones que estaba improvisando, con los años, la propia música le enseñó a entender la emoción.[35] Antes de cumplir los dieciocho años, Mozart no había compuesto nada que tuviera la profundidad emotiva del octeto o la obertura del *Sueño de una noche de verano*, de Mendelssohn, escritos cuando éste tenía dieciséis años (aunque Mozart ya había cumplido veinte y tenía toda la experiencia necesaria, sus emociones eran muy extremas). Mendelssohn, no Mozart, fue quien ganó el premio al mayor prodigio musical de la historia. El Mendelssohn adulto mantiene viva la plasticidad emotiva mercurial de la música de los niños; sus sentimientos, como los de los niños, tiemblan como el azogue. Piezas como su *Concierto para violín*, completado en 1844, tres años antes de morir, son una prueba —si es que la necesitáramos— de que la creatividad es pura jovialidad. El erudito Peter Pesic llama a esto un «juego profundo».[36]

## MOZART FRENTE A LA VIDA DE LOS VENDA

Casi todos los niños venda son músicos competentes: saben cantar y bailar melodías tradicionales, y muchos saben tocar como mínimo un instrumento musical. Y sin embargo, no tienen ninguna formación musical.[37]

Mozart es un icono de Occidente. Un icono antioccidental no es una persona, sino un pueblo. El pueblo de los venda, de la provincia de Limpopo, en Sudáfrica. El antropólogo social John Blacking hizo trabajo de campo con los venda en la década de 1950, lo que arrojó por resultado unos libros de referencia y una teoría de la musicalidad universal.[38] Dados los numerosos cambios que se han producido en Sudáfrica desde entonces, es digno de mención que los hallazgos de Blacking hayan resistido la prueba del tiempo. ¿Y en qué sentido derriban los venda nuestras hipótesis occidentales sobre la música? He aquí una serie de oposiciones binarias, que podemos imaginar cantadas a modo de llamada y respuesta:

*Occidente*: la música es un talento escaso, y el genio es más raro todavía.

*Los venda*: todos están dotados para la música.

*Occidente*: la música se disfruta mediante la audición pasiva.

*Los venda*: la norma es participar de la música, sin distinción entre intérprete y audiencia.

*Occidente*: la música es una actividad artística bien definida y separada.

*Los venda*: la música es inseparable del canto y el baile.

*Occidente*: el objetivo de una interpretación es la perfección técnica y artística.

*Los venda*: el objetivo no es la autoexhibición, sino la armonía y el bienestar social.

*Occidente*: la música está separada de la vida cotidiana.

*Los venda*: la música está integrada en la vida.

*Occidente*: la música es enseñada a los niños por los adultos, normalmente por la madre.

*Los venda*: los niños se enseñan la música los unos a los otros, mediante cientos de horas de práctica en el *kraal* [la vivienda] o en el campo de juegos. Y nuestra música tiene un repertorio distinto que no es, en modo alguno, más simple que el de nuestros padres.

Resulta tentador añadir aquí otra oposición: la música occidental es histórica, mientras que las tradiciones de los venda son atemporales. Aunque hay pruebas de que los venda llevaron consigo sus canciones cuando emigraron del Congo en el siglo XVII, el flujo del tiempo y el cambio dentro de la «tradición» son bastante complejos, como lo revela el destino de la icónica danza conocida como la *tshigombela* (véase figura 2.1).[39] La *tshigombela* es bailada por chicas jóvenes que cantan y bailan dando vueltas en sentido contrario a las agujas de un reloj, alrededor de un grupo de tambores, con cambios en el patrón impulsados por la cantante y la bailarina principales. Que el baile esté abierto a cualquiera no significa que no implique y premie la aptitud, pues su objetivo es lograr la mejor sincronización posible. Cuando las compañías de danza compiten entre sí, el premio va a parar a la actuación más armoniosa. La *tshigombela* ejemplifica la ética «integradora» de la cultura africana: la unión de las bailarinas simboliza, y representa, la armonía de la sociedad en general. Más que reflejar la cultura, la música desarrolla la cultura.

FIGURA 2.1. Niñas venda bailando la *tshigombela*.

Después de que Blacking estudiara la *tshigombela* en la década de 1950, misioneros cristianos que la rechazaban intervinieron quitándosela a las niñas y dándosela a mujeres mayores. Aunque la *tshigombela* no fue realmente prohibida por los misioneros, como hicieron con muchas tradiciones y culturas venda, dársela a las madres y a las abuelas reflejaba un prejuicio occidental frente a la música de los niños. Reflejaba el dogma occidental según el cual la música creada por niños era, en cierto modo, inadecuada, inmadura o sin una identidad propia. Y luego, en la década de 1970, cambió de nuevo el clima político, y las mujeres devolvieron la *tshigombela* a las niñas. Más que enseñar a sus hijas esta música, las madres se la devolvieron como un derecho innato. El siguiente movimiento de estos tres pasos culturales tuvo lugar cuando la enseñanza de la *tshigombela* quedó formalizada en las aulas bajo la supervisión de un plan de estudios nacional. El baile todavía «pertenecía» a las niñas y era practicado en el patio de recreo de los colegios. Pero ahora las niñas venda fueron reconocidas como guardianas y embajadoras de un tesoro nacional, convirtiéndose así en sus baluartes frente a la deriva cultural hacia las ciudades.

El historiador marxista Eric Hobsbawm decía que la tradición era algo inventado.[40] Cuando a los dieciocho años llegué al Merton College, en Oxford, me encontré con la siguiente tradición: una vez al año, el último domingo de octubre, cuando los relojes se atrasan una hora a las 2 a.m. para ajustarlos al horario del meridiano de Greenwich, cientos de académicos ataviados con togas, pajaritas y birretes, y cogidos del brazo, daban vueltas hacia atrás en torno al patio llamado Fellow's Quadrangle durante toda la hora que va de la 1 a.m. a la nueva «1 a.m.», tomando sorbitos de oporto.[41] Dirigida a los dioses de Greenwich, la Ceremonia del Tiempo tenía por finalidad asegurarse de que los relojes efectivamente se retrasaban y de que saliera el sol (véase figura 2.2). Fingíamos que esa tradición era atemporal. Sin embargo, fue inventada en 1971 por un estudiante llamado Barry Press, que regresa todos los años a Merton para vigilar el ritual en su papel de Guardián del Tiempo.

A diferencia de lo que ocurre con esa especie de baile de Merton en sentido contrario a las agujas de un reloj, sería más preciso decir que la tradición de la *tshigombela* de los venda no

FIGURA 2.2. La Ceremonia del Tiempo, en Merton.

fue inventada sino gestionada. En cierto modo, el Estado y sus madres devolvieron la danza a su lugar de origen. Filtrada por los cruciales cambios del *apartheid* y por la ética inclusiva de «la nación del arcoíris», la *tshigombela* se consolidó como algo más unificador de lo que había sido nunca.

## LA INVENCIÓN DEL ADOLESCENTE

El pop y el rock, los vástagos más problemáticos de la música moderna, surgieron porque unos adolescentes aburridos la liaron con las guitarras en sus dormitorios. Se ha dicho que «el desempleo saca la guitarra que hay en cada uno».[42] Sin embargo, el adolescente fue inventado en las horas de ocio con el dinero ahorrado gracias al boom económico posterior a 1945. La rebelión de los adolescentes está orientada en contra del trabajo; el sociólogo de la música Richard Middleton lo expresa formalmente como «un antagonismo con respecto a la disciplina del tiempo propia de la industria».[43] Los adolescentes son asimismo una intensificación del hecho biológico de la prolongada inmadurez de la especie humana; el problema es que hemos nacido prematuramente, y luego los niños van al colegio durante más tiempo porque el capitalismo requiere una mayor formación. Esta brecha entre la infancia y la madurez es a todas luces una invención moderna: ningún quinceañero refunfuñón interviene en «Las siete edades del hombre» de Shakespeare, en el diálogo de *Como gustéis* entre el «quejumbroso colegial» y «el amante, que suspira como un horno». Técnicamente hablando, Romeo y Julieta son adolescentes, pero no son unos «quinceañeros»: son obedientes con sus padres y no ostentan ninguna de las rebeldes angustias del espécimen moderno.

Con esto no pretendo obviar todos los cambios biológicos que se producen dentro del cerebro adolescente. La neurocientífica Linda Spear descubrió que el cuerpo amigdalino del adolescente, parte del sistema de recompensa del cerebro, estaba más involucrado en procesar las emociones que el cuerpo amigdalino de los adultos.[44] Por eso los adolescentes tienen esos arranques de cólera y esas rachas de melancolía. Pero la cuestión es cómo se gestionan todas estas emociones. En la mayor parte del mundo, los ritos de iniciación se agrupan en torno al umbral entre el niño y el adulto, lo que el antropólogo Victor Turner denomina «liminalidad». El informe de Turner sobre los ritos de la circuncisión de los ndembu puede herir la sensibilidad occidental. Los jóvenes adolescentes varones eran secuestrados de sus familias; luego los dejaban varios meses en el bosque, les hacían pasar hambre y sueño, los torturaban física y psicológicamente y, finalmente, les practicaban la circuncisión unos ancianos manchados de rojo (llamados los «asesinos») en una ceremonia comunal acompañada por un incesante redoble de tambores.[45] Un ritual de iniciación mucho más leve es la ceremonia del ratón de los indios kisedje (así llamada, como explicaré en el capítulo 5, porque los kisedje creen que la agricultura se la enseñó en tiempos antiguos un ratón). Anthony Seeger, cuyo precioso libro *Why Suyá Sing* es uno de los textos clásicos de la etnomusicología, asistió a su primera ceremonia del ratón desde el 24 de enero hasta el 7 de febrero de 1972. En la pubertad, a los chicos les perforaban las orejas, y los verbos «oír» (*mba*) y «comportarse moralmente» (*ani mba*) están relacionados porque portarse bien era escuchar (*mba*) los sermones de los mayores.[46] El chico abandona a su madre y a sus hermanas para vivir en la casa de los hombres. Se une a éstos para cantar un *akia* o «canción a gritos» a sus hermanas en la casa de las mujeres. Cuando las canciones resuenan en el aire de la noche, la música salva la distancia entre los hombres y las mujeres del pueblo y también alivia la separación del chico de su familia. Por eso cantan los kisedje.

Cómo trata Occidente a sus propios aprendices de cantores no es algo de lo que se pueda alardear. La música occidental es una historia secreta de su dolor. Las adolescentes del siglo XII, forzadas a entrar en el convento de Hildegarda, eran también obligadas a cantar notas insoportablemente agudas que la abadesa componía para ellas. En sus escritos, Hildegarda se lamenta de la feroz resistencia que encontraba cuando intentaba doblegar la voluntad de sus indisciplinadas monjas.[47] Dentro del *Cuento de la priora*, de Geoffrey Chaucer, está el espeluznante Lamento del Corista, cantado por un niño del coro (un «empleado») con la garganta rajada. Aunque la historia culpa a los judíos del asesinato del chico, Chaucer la presenta como una sátira sobre la violencia de las escuelas de canto medievales.[48] En las décadas de 1720 y 1730, en Europa, se calcula que 4.000 chicos eran anualmente castrados para alimentar la manía de la ópera por la voz clara y pura del *castrato*. El procedimiento estaba sancionado por la Iglesia y se relacionaba simbólicamente con la Pasión de Cristo.[49]

La historia del dolor musical son también las diez mil horas de práctica necesarias para convertir a un novato en un maestro.[50] Esto incluye la diabólica quiroplastia, una especie de camisa de fuerza para los dedos patentada por Johann Logier en 1814 a fin de fortalecer la mano de un niño, y que mutiló la carrera de Robert Schumann como concertista de piano.[51] Pero ¿acaso no necesita disciplina toda la música? En parte depende de la actitud que se tenga con respecto a la autoridad: si se la combate o se la acepta obedientemente. El sistema del gurú o *gurukula* del sur de la India ofrece un contraste instructivo, como en el caso de la célebre prodigio del *veena* Ranganayaki Rajagopalan (el *veena* es una especie de laúd). En 1936, a la tierna edad de cuatro años, fue enviada a vivir en la casa del gran virtuoso del *veena*, Karaikudi Sambasiva Iyer. Las clases empezaban a las 4.30 de la mañana, y la pobre niña, sola y sin amigos, era castigada por los errores que cometía con palmetazos con una vara de bambú. Ranganayaki recordaba su experiencia como «una práctica endemoniada».[52] Entrenarse con el sistema del *gurukula* es un proceso de transmisión de una tradición del maestro al alumno; a los doce años, Ranganayaki acompañaba a Iyer en los conciertos, y a los quince ya había abandonado el nido y actuaba como solista. Más cerca de casa, vemos un respeto similar por la autoridad y la tradición en el papel del clan familiar en la música tradicional (folk) irlandesa, donde los niños aprenden de sus hermanos mayores y de sus padres.[53]

Y aquí es donde la rebelión adolescente de la música rock occidental abandona los rituales dominantes de la mayoría de edad. En el sistema tradicional gurú o irlandés, un padre (o una figura paterna) ha de ser imitado, y así se transmite la tradición. Si un guitarrista adolescente sólo sabe tocar dos acordes, pues tanto mejor: su falta de competencia la llevan como una insignia de autenticidad. La mayor parte de las veces, cuando concluye la etapa de separación de la liminalidad, el adolescente regresa al posiblemente lucrativo doble empleo. A veces, si la banda tiene éxito, entonces la etapa de separación queda indefinidamente detenida, y entonces puedes ver a adolescentes de setenta años tocando en el estadio de Wembley. *They can't get no satisfaction*: no acaban de sentirse satisfechos.

Más allá de Occidente, el resto del mundo logra hacer su rebelión del rock de otra manera, a veces, no tan bien. «La juventud es siempre revolucionaria; la revolución pertenece siempre a la juventud», dice el poeta y demócrata chino Wen Yiduo (1899-1946).[54] Desde la apertura de los medios de comunicación y las industrias del entretenimiento chinos a finales de la década de 1990, se ha producido una compleja tensión entre la supervisión del Estado y la inherente rebeldía de la música rock, que refleja esa fusión que sólo se da en China entre el comunismo y el capitalismo. Cuando la banda de rock china Miserable Faith tocó en el festival de música MIDI de Pekín en 2010, a la audiencia se le permitió vocear a gritos su popular verso: «*Whenever there's oppression, there's resistance*» («Siempre que hay opresión, hay resistencia»). Cuando el concierto fue televisado, se suprimió este verso.[55] El verdadero rompecabezas para los observadores occidentales es cómo puede la juventud contemporánea china defender la música rock en inglés y, sin embargo, ser tan nacionalista. Un argumento es que la política de un solo hijo, que terminó en 2016, ha reforzado los vínculos entre padres y descendientes, intensificando el tradicional respeto confuciano hacia los mayores. En la India urbana, la vigente vitalidad de la religión provoca un efecto mitigador similar. Un joven indio que vaya conduciendo por Bangalore, mientras una atronadora música pop sale por la ventanilla de su coche, puede perfectamente tener una efigie del dios Ganesha en su salpicadero.[56] En general, sin embargo, el pop occidental ha sido absorbido por la juventud rica y metropolitana de la India para rechazar sus tradiciones locales, incluida la música clásica tradicional india. Aunque esto es bastante típico de la modernidad en el mundo en vías de desarrollo, el pop ha contribuido especialmente a la desunión en una nación que ya de por sí está llena de vivos contrastes culturales.

## El pacto

Les voy a contar una historia inverosímil. Y luego haré trizas esa historia para hacer un comentario. Les pido disculpas.

Llega el diablo y te ofrece fama y riquezas a cambio de tu alma inmortal. ¿Qué haces? Para Georg Solti, un judío húngaro que perdió a sus amigos y a su familia en el Holocausto (igual que mi padre), la invitación para dirigir la orquesta en Múnich en 1946 fue irresistible. En sus propias palabras: «Como Fausto, debía estar preparado para hacer un pacto con el diablo y marcharme con él al infierno, con tal de dirigir».[57] Y así lo hizo, uno de los más grandes —aunque muy controvertido— directores de la posguerra, cuyo apodo, «el cráneo vociferante», se lo ganó por sus agresivas tácticas en los ensayos. El profesor Howard Gardner, un psicólogo evolutivo que ha hecho más que nadie por descubrir las fuentes de la creatividad tanto en las artes como en las ciencias, ha propuesto que los individuos sumamente creativos compran su éxito mediante un «pacto faustiano».[58] Por ese pacto con el diablo de la maestría artística, individuos como Freud, T. S. Eliot, Einstein, Stravinski y Picasso sacrificaron las relaciones humanas normales, o bien aislándose o bien volviéndose combativos. En cierto sentido, los artistas optan por ser menos humanos, lo cual es una paradoja, pues su arte expresa una gran humanidad. Compran lo uno a cambio de vender lo otro.

¿Cómo de humano es un músico? La cuestión se vuelve especialmente acuciante cuando el ser humano musical alcanza la madurez. Los enormes sacrificios que acarrea que un niño se convierta en un músico profesional, inevitablemente lo aíslan de las experiencias de la vida cotidiana. No en vano, las biografías más interesantes sobre compositores —digamos, la de Wolfgang Hildesheimer, *Mozart*, y la de Maynard Solomon, *Beethoven*— están escritas por psicoanalistas acreditados, no por musicólogos.[59] Anton Ehrenzweig, cuyo *El orden oculto del arte*[60] es la interpretación freudiana más sofisticada que tenemos acerca de la creatividad, llega incluso a decir que las obras de arte, incluida la música, son una forma de esquizofrenia controlada. Desde esta perspectiva, parece plausible —por retomar de nuevo el hilo de la adolescencia— que los grandes compositores occidentales fueran agresivos porque nunca ejercitaron, mediante una adolescencia natural, su actitud combativa con respecto a «figuras de autoridad» musicales. Bach, Haydn, Mozart y Beethoven nunca disfrutaron de lo que Victor Turner llamaría una fase adolescente liminal. Cuando Beethoven tenía once años, ingresó en la Capilla de la Corte. Habiéndosele negado el período en que el adolescente se rebela contra los padres, es posible que canalizara su agresión hacia las figuras de autoridad durante su período de madurez. John Eliot Gardiner conjeturaba que el joven Johann Sebastian Bach se rodeaba de los tipos duros del pueblo, y él era también un poco matón: una imagen muy alejada de las pinturas al óleo oficiales, donde aparece con la camisa embutida hasta la papada y la peluca, pero coherente con sus futuras peleas con los concejales de Leipzig.[61] Bach les irritaba llenando la iglesia de canciones y bailes profanos. Volviendo a 1703, cuando tenía dieciocho años y estaba componiendo música para una iglesia en Arnstadt, Bach eludió una provocación a batirse en duelo con un incompetente fagot llamado Geyersbach. En lugar de luchar con él, Bach sublimó su agresión convirtiéndola en música. Desconcertó a Geyersbach componiendo cruelmente para una de sus cantatas, la BWV 150, un solo de fagot cuya dificultad técnica estaba muy por encima de las posibilidades del músico.[62] El 25 de junio de 1781 Mozart fue despedido del servicio que prestaba al arzobispo Colloredo de Salzburgo recibiendo una patada en el trasero por parte de un funcionario llamado conde Arco. Dado el feudalismo que regía en el sistema de clases de Salzburgo, Mozart nunca habría podido devolverle ese mismo gesto.[63] De modo que, como Bach, se vengó en el enrarecido reino de la música, en su caso, componiendo inapropiadamente misas operísticas. Véase la melodía del «Agnus Dei», en la *Misa de la Coronación*, K. 317, que pocos años después aflora como el aria de la Condesa, «Dove sono», en *Las bodas de Fígaro*. Incluso Joseph Haydn, que estuvo al servicio del príncipe Esterházy de Hungría durante treinta años, y que aparentemente era el auténtico modelo del lacayo obsequioso, era mucho menos convencional de lo que parece a simple vista. En su caso, sublimó la subversión social presentándola como una bufonada musical. En la música de Haydn, todos los distintivos del estilo clásico están sistemáticamente puestos en solfa. Una estrategia característica suya es abrir una pieza con una cadencia, un remate musical que se supone que debe ir al final del todo. Véase su *Cuarteto de cuerda Op. 74 en do mayor*. Absurdamente, comienza con una perfecta cadencia, una gran progresión de dominante a tónica que enmaraña la sintaxis musical. Uno puede imaginar a la audiencia vienesa en 1793 rascándose la cabeza, o también muerta de risa. ¿Acaso Haydn estaba riéndose de ellos?

La historia encaja especialmente bien con Beethoven porque es un icono de la idea occidental del genio creativo. Cuando Beethoven se marchó de Bonn en 1792, con veintidós años, estudió durante un tiempo con su propio gurú, «papá» Joseph

Haydn, cuyo apodo para su orgulloso alumno era «el Gran Mogol»..., una seductora inversión de la relación india entre el profesor y el discípulo. He aquí el diálogo entre el joven Beethoven, orgulloso de su último esfuerzo, el —en cierto modo— ballet ligero *Las criaturas de Prometeo*, y su antiguo profesor, cuyo oratorio *La Creación* estaba arrasando en toda Europa:

HAYDN: Ayer oí su ballet y me gustó muchísimo.

BEETHOVEN: Oh, querido papá, es usted muy amable; pero dista mucho de ser una *Creación*.

HAYDN (desconcertado por este juego de palabras): Eso es verdad; todavía no es una *Creación* y dudo mucho que alguna vez lo sea.[64]

En fin, ¿qué hay de malo en esta narrativa? Está claro que los compositores a menudo consiguen disfrutar despreocupadamente de una vida normal y corriente. Hay una fotografía de Arnold Schoenberg y George Gershwin jugando al tenis en California; y Schoenberg, ese austero ogro de la modernidad europea, era visto con frecuencia haciendo la compra para su familia en los supermercados cercanos a su casa hollywoodense. Hay incluso grabaciones de Schoenberg recitando cuentos de hadas que escribía para contárselos a sus hijos a la hora de acostarse.[65] La contranarrativa es la historia de las mujeres compositoras, muchas de las cuales no sacrificaron —o no pudieron sacrificar— su vida por el arte; y eso que muchas de ellas, pese a todo, escribían una música tan contundente como la de sus colegas varones. No hay mucha gente que sepa que uno de los más grandes compositores estadounidenses del siglo XX (por lo tanto, de todos los siglos hasta la fecha) fue la madrastra de Pete Seeger. Ruth Crawford Seeger (1901-1953) escribió un extraordinario cuarteto para cuerda en 1931, se casó con el etnomusicólogo Charles Seeger en 1931, y luego renunció durante mucho tiempo a la composición para criar a sus cinco hijos y encargarse de las tareas domésticas para Charles, antes de morir de cáncer intestinal en 1953.[66] La cuestión es que la música de Seeger, antes y después de casarse, fue el equivalente de la de Schoenberg en cuanto a disonancia, dificultad y sofisticación. Seeger no es la única a la que le pasó eso. Existe una progresiva concienciación de que uno de los compositores más destacados de nuestra época fue una olvidada señora mayor que vivía en la pobreza en un piso helador de San Petersburgo. Shostakóvich pensaba que su alumna Galina Ustvolskaya (1919-2006) era mejor compositora que él, y en mi opinión tenía razón. Ustvolskaya no escribió mucho, pero lo que hizo tiene el peso y la asesina intensidad de un sol negro, por tomar prestada la metáfora de su compatriota, el poeta Ósip Mandelshtam. Abrir la puerta del gélido piso de Ustvolskaya y escuchar, digamos, su brutal sexta y última sonata para piano, equivale a sentirse vapuleado por la verdad.[67] La suya es una música desafiantemente testimonial. Sin embargo, Ustvolskaya no lucha con el mundo, sino con el propio material de la música. ¿Qué quiero decir con eso?

Aquí es donde se desenreda la madeja. En sus críticas, Howard Gardner reclama que la teoría de la creatividad del «pacto faustiano» es aplicable a muchos artistas, pero no a todos. Sin duda, es posible que los artistas creativos tengan una vida normal y completa. Para los compositores el infierno no es el otro, como decía Sartre; es mucho peor que eso. Con lo que se pelean es con la propia música. En particular, la notación musical —la herramienta más afilada en el arsenal de un compositor— es el instrumento que más claramente separa a Occidente del resto del mundo. Una carta escandalosamente malintencionada de Beethoven, escrita a su novia Eleanore von Breuning, lo dice todo al respecto. En esa época, Beethoven se ganaba el pan improvisando música al piano. La carta, fechada el 2 de noviembre de 1793, cuando Beethoven tenía veintitrés años, indica su decisión de publicar sus variaciones para piano sobre «Se vuol ballare» (un tema de *Fígaro*, de Mozart); su decisión, en suma, de dejar de hacer tonterías y empezar a escribir música:

> Nunca debí haber anotado esa pieza, de no ser porque llevo viendo ya con cierta frecuencia cómo algunos vieneses, después de oírme improvisar una noche, al día siguiente escriben varias peculiaridades de mi estilo y las hacen pasar con orgullo como

propias. En fin; cuando supuse que sus piezas iban a ser publicadas muy pronto, decidí adelantarme a ellos. Pero también lo hice por otra razón, a saber, por mi deseo de avergonzar a esos pianistas vieneses, algunos de los cuales son mis enemigos acérrimos.[68]

El medio de la escritura cambia toda la relación del compositor con los sonidos. Clavados en el papel como mariposas cazadas con la red, los sonidos quedan distanciados de su fuente y de su momento de producción, y pueden ser considerados, planificados, editados y perfeccionados durante un período de horas, meses y años. Beethoven se cambió de casa setenta veces en cuarenta y tres años, y cada una de las veces subía y bajaba las escaleras con su mayor tesoro, los bocetos de las composiciones, de los que no se desprendía jamás.[69] Estos bocetos registran la lenta gestación y perfeccionamiento de sus ideas musicales. La notación permite que una mente musical hable consigo misma, incluso que se enfrente consigo misma. También faculta a un compositor para combatir a otros compositores desmontando su lenguaje musical. Una cosa es agredir físicamente a una persona; otra mucho más fácil es pisotear un patrón de notas, tan sencillo como firmar la sentencia de muerte de alguien desde la comodidad de un sillón. La abstracción surte un efecto de distanciamiento y convierte la violencia en algo desapasionado. La historia de la música occidental es una crónica de guerras sin fin, ya que un compositor tras otro muerden la mano del que les ha enseñado. Esta idea no es nueva: la teoría del crítico estadounidense Harold Bloom sobre «la angustia de las influencias», basada en el complejo de Edipo de Freud, sostiene que los grandes escritores matan simbólicamente a sus figuras paternas artísticas con el fin de forjarse un espacio creativo personal. La diferencia estriba en que los compositores pueden asesinar a sus padres de una forma mucho más inexorable y desapasionada, porque las notas son más abstractas que las palabras.

La planificación a largo plazo de Beethoven viene a definir también la actitud occidental con respecto a la maestría musical: las composiciones han de ser construidas a gran escala, con todos los detalles prescritos y no negociables (es decir, no interpretables) por los ejecutores. En reciprocidad, esta música requiere proezas magistrales de atención por parte de sus oyentes, en especial, cuando hacen falta muchas horas para entenderla o para disfrutarla. Nos hallamos firmemente encaminados hacia la modernidad musical, una senda que conduce a Schoenberg, Stockhausen, Crawford Seeger y Ustvolskaya: grandes compositores, sin duda, pero unos genios sin audiencia. Del mismo modo que los compositores han perdido su audiencia, a nivel individual, el ser humano musical innatamente creativo se ha quedado distanciado de sus habilidades naturales.

OTRA POSIBILIDAD

En la novela surrealista de Kazuo Ishiguro *Los inconsolables*, un pianista ficticio, Ryder, se pierde durante una gira de conciertos en un país centroeuropeo imaginario. En ese universo paralelo, los más grandes compositores del siglo xx no son Schoenberg, Bartók ni Stravinski, sino Grebel, Mullery y Kazan (nombres que Ishiguro tomó prestados de futbolistas de la Copa Mundial). Estas hipotéticas falsificaciones ofrecen un limpio giro poscolonial que resta familiaridad a nuestras cómodas suposiciones occidentales acerca de la tradición. El Raj británico se encontró con una «Santa Trinidad» muy real de compositores carnáticos, todos nacidos más o menos al mismo tiempo que Beethoven: Kakarla Tyagaraja (1767-1846), Muthuswami Dikshitar (1775-1835) y Syama Sastri (1762-1827). El más reverenciado de ellos es Tyagaraja, un auténtico maestro, o *dheera*, y una figura que trastoca y subraya muchas de nuestras asunciones occidentales sobre la «maestría» musical.

Este cantante y escritor de canciones, piadoso y asceta, pasó veinte años con su gurú, Sonti Venkata Ramanayya, y eligió ser enterrado a su muerte junto a él y no junto a su mujer. De Tyagaraja se dice que escribió 24.000 *kritis*, canciones devotas destinadas a una deidad hindú determinada, de las cuales han sobrevivido 700, que son un tesoro de la música clásica carnática.

La *kriti* «Sogasuga» captura nuestra imaginación porque trata del proceso real de la composición. He aquí la letra, tal y como la tradujo William Jackson:[70]

> ¿Quién es el incondicional capaz de derretirte con una orquesta de un elegante ritmo de tambores, con palabras veraces llenas de la esencia de los Upanishads y con unas notas de gran pureza?
>
> ¿Es posible que Tyagaraja cante *bhajans* con *kritis* rebosantes de las nueve emociones, que lleven el sabor y la dulzura del néctar de las uvas?
>
> ¿Es Tyagaraja capaz de hacer las pausas rítmicas en las canciones de amorosa devoción, con ritmos que guarden consonancia con las reglas líricas?

El poema va progresando desde los rudimentos del oficio del cantante —del ritmo elegante a las palabras veraces y a las notas puras— y luego asciende a la cualidad superior de las nueve emociones hindúes o *rasas* (amor, alegría, asombro, valentía, calma, enojo, tristeza, miedo y repugnancia), para alcanzar finalmente el clímax con la virtud más elevada de todas, la devoción o *bhakti*. La melodía se eleva desde sus graves comienzos, a tono por completo con esta ascensión espiritual. Una nota, el tercer grado del raga «Sriranjani» (el modo particular de esta canción, cuya invención es atribuida a Tyagaraja), es llamativamente mantenida en suspenso hasta que el «Sogasuga» alcance el pico del clímax, y cuando por fin llega, se te ponen los pelos de punta. Y, sin embargo, la maestría formal de Tyagaraja va intrínsecamente unida a una humilde devoción: cada verso del poema es una pregunta, pues no está seguro de que la canción consiga derretir el corazón del dios Rama, o los corazones de los oyentes. Esta modestia de las preguntas se pone de manifiesto en la ambivalencia del propio raga «Sriranjani», que no acierta a decidir si la nota clave es el primero o el cuarto grado de la escala.

La incertidumbre tiñe todos los aspectos de esta música, empezando por su transmisión. Tyagaraja compuso «Sogasuga» mentalmente, no en una partitura. Mientras la cantaba y tocaba, su círculo de discípulos la registraba en hojas de palma, o bien se memorizaba mediante un sistema indio de reglas mnemotécnicas parecido a la solmisación occidental: una forma de recordar cada nota de una escala asociándola con una palabra de una sola sílaba. Tenemos nuestras propias canciones de solmisación, por ejemplo, cuando Julie Andrews enseña el do-re-mi a sus niños («DON es trato de varón, RES selvático animal, MI denota posesión», etc.). Dada la precariedad de este hilo que va del maestro al discípulo a través de generaciones, resulta un milagro que los cientos de grabaciones disponibles del «Sogasuga» sean todas reconocibles como esencialmente la misma canción, pese a que las interpretaciones pueden durar desde tres minutos a más de quince, según si los músicos la interpretan limpiamente o con latigazos de ricas florituras e improvisados interludios. También hay incertidumbre en las meras notas de la canción india. Escuchen una interpretación del «Sogasuga» por el más célebre cantante indio del siglo xx, M. S. Subbulakshmi, el favorito de Gandhi. A diferencia de las notas fijas y estables de un piano occidental, una nota (*swara*) cantada en un *kriti* carnático oscila como una constelación de tonos. Aquí la diferencia entre una nota y un adorno o floritura es una cuestión de grados. La nota es realmente un punto de fuga en una regresión infinita del adorno fractal, que de forma paulatina va introduciendo al oyente en el secreto duramen de la música. En comparación con esto, la nota fija occidental es fría, mecánica y abstracta.

Tanta era la humildad de Tyagaraja, que se negó a cantar en la corte para los príncipes. Su retiro espiritual se puede parecer engañosamente al distanciamiento de la audiencia por parte de un compositor occidental del siglo xx. En realidad, la audiencia de Tyagaraja compartía sus valores devotos, y la frontera entre el compositor y el oyente era mucho más porosa que entre Beethoven y sus oyentes. Esta relación queda simbolizada por la manera en que las audiencias carnáticas son invitadas a mecerse y a incluirse en la música, alternando entre aplaudir y tocar con el dedo meñique de la mano derecha la palma de la mano izquierda. De un oyente que vaya a un concierto occidental se espera que se quede completamente quieto.

El etnomusicólogo Bruno Nettl compara a Tyagaraja con Mozart por su prodigiosa capacidad para manipular patrones musicales.[71] Del mismo modo que Mozart en la tradición clásica europea, Tyagaraja tuvo la suerte de nacer dentro de un lenguaje musical preexistente en el que se sentía como pez en el agua. En el caso de Tyagaraja, el medio era el marco de los ragas estandarizados por el teórico y compositor del siglo XVII Venkatamakhin, que ordenó y convirtió la abrumadora variedad de ragas en setenta y dos escalas «matrices» llamadas *melakarta*.[72] Hasta los más grandes compositores se respaldan en maestros anteriores. Aun así, la coincidencia histórica entre los estilos «clásicos» de Occidente y del sur de la India en el siglo XVIII pone de relieve una serie de contrastes acusados:

1. Tyagaraja respetaba a su gurú; Beethoven se rebelaba contra el suyo.
2. El retiro ascético de Tyagaraja era religioso, no egoísta.
3. Tyagaraja contaba con que los oyentes anotaran su música; Beethoven quería impedirles que lo hicieran.
4. Aunque Tyagaraja estaba especialmente capacitado, ponía el énfasis en la cadena de la tradición, no en el «genio» individual.

Y sin embargo, he aquí el delicioso hecho de que la traducción literal de *kriti* es «creación»; las dos palabras comparten la misma raíz (*kr*) en sánscrito, la principal fuente de las lenguas indoeuropeas. Ojalá lo hubieran sabido las audiencias de *La Creación* de Haydn. Es posible que los lazos comunes entre la creatividad de Europa y del sur de Asia sean tan profundos como sus raíces lingüísticas.

El modelo de Beethoven en cuanto a maestría individual no es el único de Occidente. El modelo colectivo de la creatividad grupal, que es como se compone y se interpreta la mayor parte de la música popular, ha sido de mayor importancia, pues ha disminuido el interés de las audiencias por la «música artística».

Mi colega Sara Cohen, miembro fundador del Instituto de Música Popular (el primero del mundo), de la Universidad de Liverpool, dirigió un trabajo de campo sobre bandas anónimas en la década de 1980 y descubrió que las canciones surgen de dos maneras diferentes.[73] En el modelo más democrático, la canción va cristalizando poco a poco mediante una dinámica de grupo en la que los músicos barajan y sopesan las ideas entre todos. En el otro modelo, un artista dominante se pasa por los ensayos con una idea establecida para una canción y se la enseña a los otros intérpretes. La colaboración entre Lennon y McCartney es un fascinante híbrido de estos dos modelos. He aquí la descripción de cómo creaban juntos del productor de los Beatles George Martin:

> Paul solía ayudar a John desde un punto de vista musical, porque creo que entendía más de teoría de la música, de armonía y esas cosas, y era capaz de hacer que las cosas salieran más redondas. John tendía a conducir el coche como sin embrague; sencillamente cambiaba de una marcha a otra. Por otra parte, sin embargo, a John se le daban mejor las palabras y las metáforas, y hacía que Paul pusiera más empeño en las letras.[74]

El mágico «Yesterday» empezó siendo «Huevos revueltos», hasta que John azuzó a Paul para que cambiara la letra.[75] Normalmente, el punto de partida de McCartney era la música, y el de Lennon, la letra. Por supuesto, Martin —el «quinto Beatle», sin el cual «Eleanor Rigby» carecería de su inolvidable acompañamiento del cuarteto de cuerda— contribuyó a enseñar al mundo que la creatividad también puede ser inherente a la ingeniería del sonido y a la producción de los discos; a cómo esté «mediatizada» la música.

Pese a compositores como Beethoven y Tyagaraja, es posible que la creatividad grupal, más que la individual, sea la norma en la música universal. Ésta recorre toda la gama, desde el exquisitamente coordinado gamelán balinés,[76] que interpreta obras tradicionales totalmente compuestas y permite poca o ninguna expresión individual, hasta las polifonías vocales, completamente improvisadas, de los pigmeos del pueblo bedzan, de Camerún, cada una de cuyas actuaciones es diferente y, por lo tanto, el concepto de «obra» es impensable.[77] El jazz occidental ocupa más o menos un lugar intermedio. Mucha gente escucha el jazz como una conversación sin palabras, pues una conversación es una especie de improvisación. Cuando Charlie Parker tocó «How High the Moon» con el cuarteto de Milt Jackson en Birdland en 1952, las notas evocaban tanto las palabras, que uno casi podía alcanzarlas y tocarlas antes de que desaparecieran en una ráfaga de pensamientos. Haciéndose eco de las transcripciones de las protoconversaciones entre madre y bebé de Malloch, Maya Gratier analizó los diálogos del jazz y llegó a una conclusión parecida a la de Malloch.[78] La actuación que eligió fue la improvisación en torno al «Chopin» de Ornette Coleman por parte del guitarrista francés de jazz Misja Michel y el batería Christophe Lavergne. A través de vídeos, Granier vio cómo Michel y Lavergne se miraban con complicidad, compartían sonrisas, asentían con la cabeza y se movían de cintura para arriba. En cuanto al sonido, los espectrogramas de Gratier ponían de manifiesto cómo los músicos se sincronizaban intercambiando cortes, melodías y compases, se anticipaban el uno al otro, reaccionaban entre sí, y milagrosamente parecía que se leían el pensamiento, todo ello tomando decisiones en cuestión de fracciones de segundo, con un elástico «espacio de maniobra» entre la composición y la interpretación.

Este vínculo social del jazz nos remonta en el tiempo a tres órdenes de magnitud. Según Gratier, el jazz recapitula el «mutuo entendimiento» no verbal de la primera infancia, las protoconversaciones del niño con quien lo cuida. Retrocediendo más todavía, se hace eco de las raíces sociales de la música en los coros sincrónicos de los homínidos del período del Mioceno; y, antes incluso, con arreglo a un escenario evolutivo esbozado por Björn Merker, retoma los coros —basados en el pulso— de los insectos, las ranas y los cangrejos violinistas.[79] Ésta es una hipótesis sorprendente, un guante que más bien recogeremos en la tercera parte de este libro. Pero antes de retroceder hasta tan lejos tenemos que recorrer un largo camino. Primero, hablemos un poco de la extinción de las personas.

## LA MUERTE

Un eminente psicólogo, repasando un montón de estadísticas, descubrió que la creatividad de los compositores alcanza su punto culminante a los cincuenta y seis años, y luego disminuye. Beethoven tuvo suerte porque murió diez meses antes de cumplir cincuenta y siete años.[80] Schubert, muerto a los treinta y uno, no tanta. Los músicos y los amantes de la música en realidad tienen mucho por delante a una edad avanzada. Mucha gente que tocaba un instrumento o cantaba de joven, vuelve a dedicarse a la música activa cuando se jubila. Las investigaciones demuestran que los mayores utilizan la música para regular sus emociones de una manera diferente. Cuando los adolescentes están de mal humor, lo más probable es que acentúen ese mal humor escuchando música triste o airada. Los viejos hacen lo contrario y tienden a emplear la música para mejorar de humor. Hay dos explicaciones sobre la razón por la que hacen eso.[81] La buena noticia es que a medida que envejecemos, se nos da mejor dominar (o «regular») nuestros sentimientos y, por lo tanto, experimentamos menos irritación y menos angustia. La mala noticia es que esta tendencia positiva de este tardío «resplandor crepuscular» puede deberse al deterioro cognitivo causado por el desgaste del cuerpo amigdalino, la parte del sistema límbico del cerebro que más asociada va con las emociones. Paradójicamente, el declive cerebral es la fuente de otra virtud, a menudo comentada, de la edad del ocaso: una ampliación del gusto musical y la voluntad de probar cosas diferentes. Mi propio padre no descubrió las alegrías de Stravinski y de otros compositores modernos hasta ya cumplidos los setenta años. Los psicólogos califican este rasgo de «apertura»,[82] lo cual se contrapone a la opinión aceptada de que las personas mayores son reacias a las innovaciones. Hay que admitir que la gente mayor prefiere la música que le gustaba de adolescente, una edad a la que queda «grabado» de por vida el gusto musical.[83] Por otra parte, la apertura a lo no convencional es un rasgo tan propio de la vejez como la nostalgia. No toda la gente mayor está abierta a la música nueva, pero sí mucha.

No obstante, la realidad primordial de la edad avanzada es, por supuesto, el deterioro físico y mental. Es precisamente en este terreno donde la música se revela como una especie de panacea. Los beneficios de la música para la salud y el bienestar son incalculables. Para la gente que tiene demencia, la música puede traer recuerdos a la memoria e incluso contribuir a recuperar el sentido de la propia identidad.[84] La música sobrevive al lenguaje, del mismo modo que los bebés aprenden antes la música que la lengua. Cuando la gente ha perdido la facultad del habla, la música puede ser un salvavidas. Unos experimentos han hallado que para la gente mayor escuchar música es más eficiente que oír audiolibros para la mejora o recuperación de la memoria verbal y para prestar más atención.[85] La música reduce la soledad y la depresión y mejora la coordinación física, mientras que el canto puede incluso aliviar los efectos de la enfermedad pulmonar. Ésta es la razón por la que resulta tan importante apoyar iniciativas que lleven a músicos profesionales a centros asistenciales y hospitales, como la organización benéfica del Reino Unido Live Music Now. Dicha organización fue fundada en 1977 por Yehudi Menuhin y el filántropo sir Ian Stoutzker con el fin de promover su visión del poder de la música para mejorar la calidad de vida.[86] Todos los años, los músicos de la LMN ofrecen miles de programas de música interactiva en centros de asistencia sanitaria, tanto para personas mayores como para niños con discapacidades o necesidades educativas especiales. Organizaciones como Live Music Now sirven para consagrar una verdad: que a lo largo de toda la vida la música ayuda.

Por otra parte, uno no debe considerar el poder de la música desde un punto de vista demasiado sentimental; los terapeutas han abandonado la visión teñida de rosa de la música como una panacea y ahora se preocupan más por cómo usarla. Es importante que la música se adapte a los síntomas. Por ejemplo, ahora parece obvio que la música compleja puede ser angustiosa para la gente con alzhéimer o demencia, porque debido a su deterioro cognitivo les cuesta más procesarla. Para quienes padecen depresión la música apropiada ha de ser cuidadosamente seleccionada. La terapia musical es particularmente efectiva para personas con elevados niveles de apatía. Los terapeutas evitan poner música rápida a pacientes nerviosos porque les crea más ansiedad.[87] Es muy curioso el hallazgo de que la música barroca, en unidades de asistencia de la demencia, aumentó el número de trastornos de la conducta observados.[88] Si alguna vez la música se medicaliza oficialmente y es dispensada por los médicos como una droga, Bach y Vivaldi podrían no ser apropiados para pacientes con alzhéimer.

Estos síntomas biológicos de la vejez —deterioro, nostalgia y apertura a las novedades— también definen los frutos de los compositores de edad avanzada. En otras palabras, el deterioro físico y mental puede producir resultados creativos análogos, por poner un ejemplo, al queso o al vino fermentados. Los siguientes son los problemas médicos que tuvieron que afrontar algunos grandes compositores a una edad avanzada: Bach, Handel, Delius y Ockeghem (ceguera); Smetana (sordera); Schumann y Ravel (enfermedad mental); Mahler y Schoenberg (enfermedad cardíaca); Debussy (cáncer de recto); Stravinski (derrame cerebral); Copland (alzhéimer); Bartók (leucemia); Chopin (tuberculosis); Schubert (sífilis); Beethoven (sordera, hidropesía e intoxicación por plomo). Dado que, en muchos aspectos, la persona mayor puede ser contemplada como discapacitada, resulta extraordinario que Occidente alabe el estilo tardío de sus envejecidos artistas —las últimas pastorales de Shakespeare (*La tempestad, Un cuento de invierno*); las pinturas que Van Gogh hizo en Auvers-sur-Oise (*Trigal con cuervos*); las últimas sonatas y cuartetos de Beethoven— como la cúspide absoluta de su civilización. El estilo tardío se ha llegado a llamar «estilo discapacitado», lo que constituye un irónico colofón a mis anteriores reservas (siguiendo a Ockelford) sobre la cultura occidental del «déficit».[89] Medicalizar al genio, colocarlo sobre una base material, hace que cobren sentido los síntomas que parecen apuntar en dirección contraria. ¿Cuáles son los síntomas del estilo tardío?

Estamos en febrero de 1827, y Beethoven se halla en su lecho de muerte. Le queda un mes de vida. Los amigos le llevan exquisiteces como vino especiado que él no puede catar. La London Philharmonic Society envía 100 libras. El editor Diabelli regala a Beethoven una litografía que acaba de publicar de la humilde casa rural en la que nació Haydn, en el pueblo moravo de Rohrau. «Mirad, hoy me han traído esto —se afirma que dijo Beethoven—. Mirad qué casa tan pequeña, y qué gran hombre nació en ella.»[90] Un cambio radical en los sentimientos de Beethoven hacia su antiguo profesor y figura paterna. Desprovisto ya de pasión, este espíritu de reconciliación nace del perdón de los acordes. Ahora se conforma con que los acordes se queden como están. En la pequeña *arietta* final de su última sonata para piano, Op. 111, se elimina el arte para revelar los componentes fundamentales de la música, simples tónicas y dominantes pulidas hasta que brillan con la sencillez propia de un niño. Con un ojo fijo en la muerte, el otro ojo de Beethoven se remonta a los orígenes de la música. Los últimos cuartetos relajan las reglas de la afiliación al club, de modo que todos puedan entran en él: fugas, variaciones, scherzos, cavatinas, bagatelas, poderosas formas de sonata. Esta libertad puede parecerles un caos a las personas ajenas (Weber pensaba que Beethoven estaba «lo suficientemente maduro como para entrar en el manicomio»),[91] pero a Beethoven no le importa. La divina locura es el otro aspecto espiritual de la decadencia física y mental. La intensidad del estilo tardío de Beethoven es un heroico mantenimiento de la firmeza frente a toda una serie de dolencias. Nos gusta pensar en nuestros compositores como una mezcla de ganso de oro, gallina ponedora y cisne moribundo. Quizá, después de todo, no hay ningún misterio y el estilo tardío es sencillamente un efecto secundario de la desintegración.

¿Existe un estilo tardío en la música popular? Había algo lúgubre en *Blackstar*, el último álbum de estudio de David Bowie, publicado dos días antes de su muerte, y cuyo título medio rimaba ingeniosamente con el nombre de la enfermedad que estaba matando a Bowie cuando lo escribió. Bob Dylan aún sigue muy presente en nuestras vidas, pero la edad tardía descendió sobre él hace más de veinte años en «Not Dark Yet», de *Time Out of Mind*, del año 1997. Los susurros y estallidos de la voz de Dylan exudan la desnuda entereza del Samuel Beckett tardío. Pero Dylan continúa sorprendiendo. Un espíritu de reconciliación alienta la circense variedad de sus voces y géneros trovadorescos. Sus tres últimos álbumes (*Shadow in the Night, Fallen Angels* y *Triplicate*) son una lección de historia en el Great American Songbook, pues hace las paces con Tin Pan Alley y Frank Sinatra.

¿Existe un estilo tardío en la música universal? Una pista de que tal vez no exista es la percepción que tienen en la India, y en muchos países en vías de desarrollo, según la cual la demencia es un síndrome más social que individual; un síndrome que además ni siquiera está etiquetado.[92] En una cultura societaria de esta índole, el deterioro cognitivo a menudo es contemplado como un síntoma de ruptura en la estructura del apoyo familiar de una persona o incluso como una falta de amor. En cambio, desde la perspectiva occidental, Asia es percibida como «tardía» en el sentido de ser literalmente más antigua y misteriosa. La ciudad decrépita y desmoronada, durante siglos la puerta de entrada de Occidente en Asia, ha simbolizado esta idea poética. Véase por ejemplo la novela de Thomas Mann *Muerte en Venecia*, así como la lúgubre versión cinematográfica de Luchino Visconti, asociada ya para siempre con el inquietante *adaggietto* de la *Quinta sinfonía* de Gustav Mahler. Resulta, por tanto, esclarecedor que el gran escritor palestino Edward Said se haya hecho un nombre con dos textos complementarios: *Orientalismo*, que prácticamente inventó la disciplina del poscolonialismo, y *Sobre el estilo tardío*.[93] Y es igualmente elocuente que discusiones sobre lo que Occidente concibe como el estilo de «Oriente» brillen por su ausencia en este último libro, lo cual tiene su lógica. La agenda política de Said era defender el «Oriente» frente a la condescendencia occidental, puesto que retratar las antiguas civilizaciones de Egipto, la India o China en un estado de maravillosa decadencia habría estimulado las fantasías orientalistas de Occidente.

Sin embargo, estas fantasías todavía venden. Así, cuando el estilo tardío se descubre fuera de la corriente principal occidental, se aplica a toda una cultura o país. En 1996, Ry Cooder viajó a La Habana para grabar un álbum de son cubano (un estilo afro-español originario del altiplano cubano) con músicos locales bien entrados en la vejez, y desató una corriente perfecta de nostalgia cultural. Con ventas de siete millones de copias, *Buena Vista Social Club* es el álbum de música universal que más éxito ha tenido de todos los tiempos. El crítico de *Sputnikmusic* lo clava: «Lo primero que notas cuando das al *play* es la fragilidad de los instrumentos [...] Estos hombres han envejecido como el vino».[94] Todo está ahí, en la melodía de cuatro acordes llamada *son* (que en español significa «sonido»), del tema de entrada, «Chan Chan», escrita por el guitarrista de la Trova, Compay Segundo, de ochenta y nueve años de edad, en 1985, cuando tenía setenta y ocho años, y es el sonido que caracteriza todo el álbum y toda la película. Uno no escucha estos acordes, sino que más bien los huele; es como si Ry Cooder hubiera descorchado una botella de ron añejo y se hubiera propagado el aroma embriagador de La Habana de los años veinte del siglo pasado, cuando Cuba se hallaba inmersa en un prolongado aislamiento político. Esa música es evocadora debido a —no pese a— la fragilidad de la voz avejentada o de la técnica instrumental. Como ocurría con el estilo tardío de un Bach o un Beethoven, esta música de la vejez no es un declive, sino un refinamiento. La proximidad de la muerte elimina toda pretensión y centra la mente. La diferencia aquí es que el elemento tardío de estos músicos es inseparable de la biografía de toda su cultura.

«Aquí es obligatorio sentirse siempre estupendamente aunque te estés muriendo», se quejaba Béla Bartók en 1941, cuando languidecía en su exilio americano.[95] Este titán húngaro de la música del siglo XX había aportado su granito de arena en la lucha contra los fascistas, defendiendo a Toscanini frente a los matones de Mussolini en 1931.[96] Pero Bartók luchó mejor por

91

la armonía racial en su tierra natal como un artista profesional que aunó la tradición clásica con la vanguardista y la folclórica de gran parte del mundo (desde el norte de África hasta los Balcanes), convirtiéndolas en un baile de la humanidad. El *finale* de su *Concierto para orquesta*, la obra maestra americana de Bartók, compuesta durante los cincuenta y cuatro días que estuvo ingresado —aquejado de leucemia— en un sanatorio en las montañas Adirondack, en 1944, es una estimulante y vertiginosa danza gitana transilvana, una *hora nemtseasca*.[97] Uno sólo puede imaginar a la adinerada audiencia estadounidense con ganas de saltar desde sus asientos para unirse al baile, cuando asistió al estreno de la obra interpretada por la Orquesta Sinfónica de Boston bajo la batuta de Koussevitsky el 1 de diciembre.

Completamente vestido y con mucha fiebre, Bartók guardaba cama en su angosto apartamento de Manhattan, mientras soñaba con violinistas gitanos que tocaban por los prados. Esbozado en no más de catorce páginas manuscritas, el inacabado *Concierto para viola* incluye la canción folclórica escocesa «Comin' Thro' the Rye», un recuerdo de la visita que hizo a Glasgow en 1933. La melodía llama encantadoramente la atención porque, como explicó Bartók en una conferencia que dio en Harvard en 1943, los ritmos escoceses alternativamente largos y breves (como en «Should auld acquaintance be forgot...») son «antihúngaros»: las palabras húngaras (magiares), como las melodías húngaras, se acentúan en la primera sílaba.[98] Pese a ser un patriota orgulloso, Bartók había abrazado siempre las diversas tradiciones folclóricas del mundo, tanto en sus investigaciones etnográficas como en sus composiciones. Cualquier noción de purismo musical le habría horrorizado, incluida la tendencia de los gobiernos ultranacionalistas, de entonces como de ahora, a purgar las canciones folclóricas nacionales de elementos «extranjeros».

La muerte de Bartók en septiembre de 1945 fue reseñada en la revista *Time*, donde apareció encajada entre anuncios de una cámara Argoflex y de la parrilla para asar Sunday Nite Chef.[99] Varias manos completaron el *Concierto para viola*; una versión de Csaba Erdély fue interpretada por primera vez por la Filarmónica de Berlín hace bien poco, en octubre de 2017.[100]

Los nacimientos y renacimientos póstumos del concierto ponen de relieve la notación musical de Occidente y su gracia redentora. La notación engaña a la muerte y no le hace justicia al demonio. Sin apuntes no hay música. La música occidental es en el fondo un gesto contra la muerte. Ésta es la razón por la que, en comparación con la música del resto del mundo, la occidental le da tanta importancia a la disonancia y al dolor. ¿Con qué finalidad? Voy a dejar esta pregunta en el aire hasta el final del capítulo 4, y dedicaré casi toda la segunda parte de este libro a procurar responderla.

# 3

# La banda sonora de nuestras vidas

Aparentemente, la música nunca ha sido tan accesible a todo el mundo. Pero a veces las apariencias engañan y las encuestas inducen a error. En 2019, Youth Music, una organización que invierte en proyectos musicales por toda Inglaterra, encargó un estudio exhaustivo sobre la relación de los niños y los jóvenes con la música, y la imagen que se obtuvo fue muy alentadora.[1] Según dicho estudio, la música es el hobby favorito de la gente joven, comparable a los videojuegos y por encima del deporte, el teatro y el baile. En una semana en concreto, el 97 por ciento de quienes tenían entre siete y diecisiete años en Inglaterra habían escuchado música; el 67 por ciento habían interpretado música, y el 30 por ciento tocaban un instrumento. Un asombroso 85 por ciento dijeron que la música les hacía felices, y el 64 por ciento de todos los jóvenes se consideraban «musicales», frente al 48 por ciento de 2006. Este informe parece echar por tierra el pesimismo de mis anteriores capítulos, en especial por su hallazgo de que más de la mitad de los jóvenes están creando música activamente. En resumen, estamos asistiendo a un nuevo florecimiento de la música. Dicho esto, según el informe, hay más —o menos, según se mire— de lo que parece, como se puede deducir del mapa de los géneros musicales favoritos de los encuestados (véase figura 3.1).

Entre esta vertiginosa variedad (*synth pop* o tecno-pop, *grime*, jazz, *trap*, K-pop o música popular coreana...), hay un hueco en forma de música clásica. ¿Realmente es cierto que hoy la gente joven no oye mucha música clásica? Admito que la música clásica ha sido siempre un gusto adquirido a través de la edad y la experiencia, como lo atestigua el público de cabello plateado que se ve siempre en los conciertos orquestales. Por otro lado, tal vez la música clásica esté siendo castigada por todos esos crímenes detallados en los capítulos 1 y 2: por ser demasiado abstracta, demasiado compleja y demasiado cara; en suma, demasiado elitista. De ser así, la visión pesimista de los capítulos 1 y 2 sólo se ajusta a la música clásica, mientras que la música popular sale impune. Visto de otro modo, el ser humano musical está vivo y se encuentra perfectamente... y es un músico popular. Pero a duras penas se puede aceptar una interpretación tan unilateral, sobre todo porque obedece al dinero y equipara la buena música con el éxito popular y financiero. Al final resulta que el informe de Youth Music tiene más matices y es mucho menos optimista de lo que parece a simple vista. La aparente muerte de la música clásica en realidad sólo es una primera señal de alerta que señala hacia una emergencia de mayor calado: concebir la educación musical como un todo.

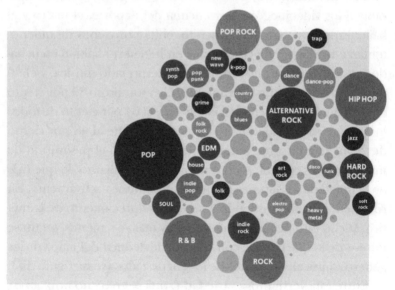

Figura 3.1. Géneros de música favoritos de los jóvenes.

Es sorprendente que la mayor parte de la creatividad registrada por Youth Music se produzca fuera de la escuela, a modo de actividades tipo «hazlo tú mismo» como el karaoke; producen ritmos y compases en el ordenador (a menudo en los dormitorios), escriben canciones, hacen rap, ponen discos como un DJ, y graban y cuelgan vídeos musicales en las redes sociales. Y gran parte de ello se debe a la tecnología digital. Por ejemplo, la aplicación TikTok (también conocida como Musically) permite al usuario crear breves vídeos musicales con la voz sincronizada y descargarlos en Snapchat e Instagram, y tiene 200 millones de usuarios en todo el mundo. Así pues, la creatividad musical ha brotado sin la interferencia de los mayores ni de los profesores, de una manera completamente distinta a como se transmitía la música en el pasado, tanto en Occidente como en el resto del mundo. Incluso la mitad de la minoría (el 30 por ciento) de la gente joven que toca algún instrumento ha aprendido gracias a los tutoriales de YouTube, no de un profesor particular. Significativamente, la mayoría de los niños que se consideran «musicales» proceden de entornos con bajos ingresos que no pueden permitirse clases de música.

Una cuestión interesante es por qué la música no guarda una correspondencia con la educación musical. La enseñanza de los colegios es más variada de lo que ha sido nunca, pues aloja tanto a Stormzy como a Mozart. Sin embargo, el plan de estudios difícilmente llega a la altura de la fluidez, la ubicuidad, la inmediatez y la accesibilidad de la tecnología digital, así como de sus rápidos cambios. En este desafiante nuevo mundo, la notación musical ha cedido ante la codificación informática, los instrumentos ante las interfaces tecnológicas, los espacios físicos ante los espacios virtuales. Pero la razón más profunda es que enseñar música cuesta tiempo y dinero y, por lo tanto, se contradice con la política del gobierno de monetizar la educación o, dicho de otra manera, con la política según la cual estudiar música en la escuela no es tan lucrativo como estudiar las asignaturas permitidas por el sistema del bachillerato inglés (matemáticas, inglés, ciencias, geografía, historia y lenguas extranjeras). El hecho de que la industria musical aporte anualmente 4.400 millones de libras a la economía del Reino Unido no sirve de ayuda para este argumento, ya que pensar de esa

97

manera es seguir considerando la música en términos de dinero, en lugar de valorar sus numerosos beneficios «más intangibles» para el bienestar. Veamos, por ejemplo, lo que dice Filip, uno de los encuestados por Youth Music:

> Disfruto porque hago un montón de amigos; eso me permite trabajar con ellos todo el tiempo, no abandonarlos nunca, tocar música todo el rato, no renunciar nunca a los amigos, estar siempre con ellos.

¿Cómo vas a ponerle un precio a eso? Por otra parte, resulta fácil ver cómo las destrezas para la vida adquiridas por niños como Filip gracias a la música —la capacidad de empatizar, crear vínculos con los otros y trabajar en equipo— son atractivas para los futuros empleadores.

Sin la sólida base del entrenamiento, muchas de las buenas noticias suministradas por Youth Music terminan evaporándose como la espuma, con una drástica disminución de la actividad musical conforme van creciendo los niños: de un 79 por ciento entre los de siete a diez años, a un 53 por ciento entre los de dieciséis a diecisiete años. No hay un cauce establecido para obtener el éxito en la industria musical, aparte de las precarias publicaciones independientes, *X Factor* y YouTube. Lo que queda cuando la gente deja de crear es lo que siempre ha sido la actividad mayoritaria: escuchar música solos (más que en grupos), escuchar grabaciones (más que actuaciones en directo) y, casi siempre (76 por ciento), mientras los oyentes están haciendo alguna otra cosa, es decir, como acompañamiento. En resumidas cuentas, si los datos del Reino Unido son representativos, entonces el uso más común de la música en el Occidente moderno es a modo de «banda sonora»: la banda sonora de nuestras vidas.

Se podría no juzgar favorablemente esta situación, pues la música parece haberse vuelto en gran parte algo pasivo. Tal resultado aparenta confirmar la idea descrita en los capítulos 1 y 2, según la cual el destino del ser humano musical de Occidente es perder su musicalidad innata. Pero la situación tiene un enfoque más matizado. Este capítulo examinará la teoría de que la música puede ser activa y, al mismo tiempo, pasiva, lo que constituye una marca característica de la vida moderna. Los jóvenes, como concluye Youth Music, son «DJ que dirigen con sumo cuidado las bandas sonoras de sus vidas. Del mismo modo que un compositor escribiría una partitura musical para una película, los jóvenes utilizan la música para transmitir y reflejar sus sentimientos, para cambiar su estado de ánimo y para regular su humor». Significativamente, tal «autorregulación emocional» (como lo llaman los psicólogos) tiende a darse en el Occidente moderno en las ciudades, que son el espacio natural de mil y una actividades que tienen por acompañamiento la música. Este capítulo se centra en la ciudad en la que yo vivo, Liverpool, una «ciudad universal de la música» de la Unesco. Exploraremos por qué escuchar puede ser una especie de actuación, una especie de «trabajo», tanto en las bandas sonoras de nuestras vidas como en los rastros que deja la música cuando nos sigue por la ciudad.

## Silbando mientras trabajas

En cierto sentido, siempre ha sido así. La música se utilizaba como acompañamiento en la antigua Grecia, según este informe de Arístides Quintiliano, escrito en torno al 300 a. C.:

> Ciertamente, no hay acción entre los hombres que se lleve a cabo sin música. Los himnos y las ofrendas sagrados van adornados de música; ciertos banquetes y las asambleas solemnes de las ciudades se regocijan con ella; las guerras y las marchas van acompañadas de música. Hace que navegar, remar y los más difíciles trabajos manuales no sean tan arduos, pues la música es un aliciente para el trabajo. Incluso ha sido empleada por algunos de los bárbaros en sus ritos funerarios para desencadenar la pasión extrema mediante la melodía.[2]

Festivales, ceremonias religiosas, funerales, guerras, marchas, la navegación, el remo y todas las variedades del trabajo han estado adornadas por la música hasta el día de hoy. Quizá la música ha sido siempre una banda sonora. Pero hay cuatro grandes diferencias entre aquella época y la actual. En primer lugar, Quintiliano escribía como ocioso aristócrata dentro de una sociedad esclavista. Para la inmensa mayoría de la gente corriente, la música sólo tenía lugar en el trabajo. La idea de escuchar música por sí misma, al margen de otras actividades, habría resultado ridícula y se habría considerado un lujo extravagante, hasta que la sociedad se labró un espacio de ocio. En segundo lugar, por su propia naturaleza la música era algo que hacía la gente, y sus cadencias emanaban de los ritmos y las emociones del trabajo. No es una casualidad que la palabra latina para «pieza de música», *opus* (como en la *Quinta sinfonía* de Beethoven, Opus 67), signifique «trabajo», como lo es, obviamente, una obra musical. Si la música era una banda sonora, entonces estaba interpretada por los trabajadores, no escuchada como algo separado de la tarea de producirla, como es el caso de las audiencias modernas. En tercer lugar, crear y oír música era una actividad de grupo, mientras que hoy es, en su mayor parte, una actividad solitaria. Por último, casi todo el trabajo musical de las sociedades preindustriales era rural, y se desarrollaba en los campos o en las aguas, no en las ciudades.

Uno de los primeros relatos que hablan de silbar mientras se trabaja procede de unos aradores de la Inglaterra isabelina de 1586:

> ¡Con qué entusiasmo se complace a sí mismo y espolea al ganado el zagal más pobre mientras silba y canta! De lo contrario, ¿qué placer van a obtener del látigo y de ir uncidos al arado en unos trabajos tan ingratos y rutinarios?[3]

Un jornalero retirado llamado Fred Mitchell recordaba la alegría de cantar mientras trabajaba en los campos de Anglia Oriental a mediados del siglo XIX:

> En mi infancia no había nada más que trabajo. Nunca disfruté de ningún placer... Pero me he olvidado de una cosa: el canto. En

aquellos tiempos se cantaba mucho en las aldeas, y eso sí me procuraba placer. Los muchachos cantaban en los campos y, por la noche, todos nos reuníamos en la fragua y cantábamos.[4]

Lo fundamental de ambos informes es la idea de que la alegría de la música alivia las penalidades del trabajo, de que el trabajo musical es como una automedicación. Una escalofriante versión moderna de esto es cómo se alivia la soledad de las redes sociales mediante la música creada en dichas redes. A diferencia de la música asociada al ocio de hoy en día, las antiguas canciones de trabajo mezclaban el trabajo con el juego. Asimismo, incorporaban los sonidos del trabajo al propio tejido de las canciones, ecos de lo cual pueden escucharse en muchas canciones folclóricas. Una canción para hilar procedente de las islas Shetland empieza con los sonidos «tim-tim-ta-raa, tim-tim-ta-ree», que recuerdan a un torno de hilar.[5] En las canciones clásicas para hilar, como «Gretchen am Spinnrade» (traducido habitualmente como «Margarita en la rueca»), de Schubert, la imitación del torno se consigue mediante figuraciones pianísticas. El duro trabajo de tracción en un barco que aparece en las canciones de marineros puede oírse en las sílabas acentuadas (en cursiva) de «Oh, it's hand-y high and a-way we'll go, *Hand-y*, me boys, so *hand-y*!».[6] Hay una canción que exhorta a estallidos concentrados de una actividad muy coordinada cuando los marineros izan una vela o levan anclas. Cuando escuchamos «Blow the Man Down», la canción de marineros más famosa, inevitablemente nos ponemos a imitar los ritmos del trabajo. Los gritos en los campos de algodón no suenan ni mucho menos así; son melancólicos más que potentes, y sus contornos languidecientes se parecen a un lamento sostenido, pues están concebidos para salvar grandes distancias en los amplios espacios abiertos, por la sencilla razón de que los recolectores trabajaban mucho más apartados entre sí que los marineros.[7] Las «canciones de abatanado» de las tejedoras de las islas Hébridas muestran que las relaciones entre la canción, el trabajo y el producto pueden ser extremamente sutiles (abatanado o enfurtido era la práctica de golpear rítmicamente el *tweed* recién tejido para suavizarlo). Las mujeres creían que si cantaban la misma canción dos veces, la tela se podía estropear. Una variedad musical traducida a la uniformidad de la textura de una tela.

Una de las diferencias fundamentales entre las canciones folk y las canciones pop es que estas últimas casi nunca hacen referencia al trabajo, sino más bien lo contrario. La música popular celebra la liberación del trabajo, como cuando John Travolta se pavonea en la escena inicial de *Saturday Night Fever*. La película traza una clara línea divisoria entre los dos mundos de Travolta. Desde su punto de vista, el mundo moderno del trabajo es gris, disciplinado y sin música, mientras que el mundo del ocio es libre y está lleno de color y rebosante de música disco. Cómo se separaron esos mundos es uno de los grandes silenciamientos de la historia.[8]

Un velo de silencio cayó sobre la música del trabajo después de la Revolución industrial por la sencilla razón de que la música quedó ahogada por el ruido de las máquinas. Los propietarios de la fábrica de Gradgrind no veían con buenos ojos que se alzaran voces de alegría. La excepción que confirma la regla es la división entre el Norte y el Sur en los Estados Unidos prebélicos.[9] Antes de la guerra de Secesión, las ciudades industriales del Norte libre eran tan ruidosas como cabe esperar, pero el ruido venía de la maquinaria, no de la música. En cambio, el paisaje sonoro de las plantaciones del Sur era inquietantemente silencioso, aunque salpicado de los sonidos de la esclavitud, unos sonidos tan reglamentados que los visitantes comparaban su efecto al de una orquesta. La «batuta» del «director» de la orquesta, como escribía en 1901 un anciano caballero del Sur llamado James Battle Avirett, era «la campanilla de la vieja plantación que, en manos del tío Jim, regula los movimientos de los siervos convocándolos al trabajo y marcando las horas que requieren las diversas obligaciones». Y lo que esta «orquesta» tocaba era «el zumbido del torno de hilar, el ruido del telar con el conmovedor silbido de la lanzadera del tejedor, todo ello acompañado, muchas veces, por la melodía de las canciones de la plantación».[10] Y sin embargo, la valla que hay entre el trabajador y el oyente era más permeable de lo que parecía. En la siguiente anécdota, adivinen quién escucha a quién:

> Nos han hablado de un estudiante investigador que se sentó en la valla para oír cantar a la cuadrilla de negros que trabajaban en el ferrocarril. Cuando por fin logró entender la letra, le pareció que cantaban algo que sonaba más o menos así: «Mira a ese hombre blanco... sentado en la valla... sentado en la valla... perdiendo el tiempo... perdiendo el tiempo».[11]

Las plantaciones de algodón eran un anacronismo, por supuesto. La música no regresó a las fábricas hasta mediados del siglo XX, durante la Segunda Guerra Mundial. Los directores se dieron cuenta de que, si se trataba de un trabajo repetitivo que no requiriera una alta cualificación, la música aumentaba la productividad y reducía el aburrimiento.[12] La cuestión era que ahora la música venía impuesta desde arriba, por los directores de las fábricas, en forma de música de radio transmitida por altavoces, no cantada por los obreros; y estaba racionada en dos dosis diarias de media hora cada una. La historia de la música en el trabajo después de la guerra es esencialmente la de cómo los obreros fueron recuperando gradualmente el control. Primero se les autorizó a que eligieran qué emisora de radio querían oír y a qué hora.

Probablemente, la música en el trabajo ha sido siempre una especie de herramienta. Según el gran erudito sobre las canciones de marineros Stan Hugill, «una canción de marineros formaba parte del equipo tanto como un cuchillo de funda y un tazón».[13] La diferencia es que ahora la música del trabajo se ha convertido en una herramienta para la música cantada, tocada o compuesta por «algún otro», ya sea John Lennon, Ariana Grande o Vivaldi. No obstante, como antes, la herramienta musical desempeña una enorme variedad de trabajos, sólo que son trabajos nuevos, gracias en gran parte a dispositivos portátiles como los reproductores de MP3, los iPod y los iPhone. En el entorno laboral moderno, los auriculares pueden crear una intimidad auditiva aislándote en tu personal burbuja sonora. Un poco de espacio sonoro personal viene especialmente bien en un espacio de trabajo diáfano o compartido, porque te permite hacer frente a una proximidad prolongada con otra gente.[14] La música oída con auriculares puede ayudarte a concentrarte en tu tarea, cuando hay distracciones que puedan bloquearte o sonidos externos enmascaradores. También te puede distraer del trabajo; de ahí que la gente acabe sabiendo qué tipo de música le funciona mejor (no tiene por qué ser necesariamente «música tranquila»). La música en el trabajo también puede encoger y ampliar el espacio personal, dependiendo de la política que tenga la oficina. Un director o un trabajador alfa pueden quitarse los auriculares, subir el volumen e imponer su música a todos los demás. En todas estas situaciones lo interesante es cómo los dos reinos del trabajo y del juego —tan tajantemente separados en el pasado— «han anidado» dentro de cada oído. La Revolución industrial estableció el trabajo y el ocio como dos mundos separados; ahora llevamos nuestra propia banda sonora al trabajo, borrando así los límites entre lo público y lo personal, y entre «hacer» y «escuchar».

## Bandas sonoras

Hemos visto que la música puede ser una herramienta. La socióloga Tia DeNora va más allá y denomina a la música «una tecnología de la identidad».[15] Esto tiene lugar tanto dentro como fuera. Fuera, la música no sólo configura los ambientes de trabajo —poniendo límites y creando burbujas—, sino también las calles y las tiendas, como veremos más adelante. Dentro de nuestros cráneos, la música gestiona los estados de ánimo, los recuerdos y las identidades, capacitándonos para crear las imágenes de nosotros mismos que queremos proyectar hacia los otros. La música es nuestra segunda piel y cubre toda la superficie de nuestro cuerpo, y también del cuerpo de la ciudad. Desde el momento en que el iPhone nos despierta con una *playlist* cuidadosamente seleccionada, cada momento del día —ir en coche al trabajo, ejercer el propio trabajo, hacer la compra, comer,

104

jugar, practicar ejercicio— tiene una banda sonora. Esta banda sonora puede ser elegida por nosotros mismos para regular cómo nos sentimos, qué les parecemos a los otros y cómo nos relacionamos con ellos, cómo andamos, incluso cómo pensamos, como una droga autoadministrada. O también puede ser elegida para nosotros en los lugares que frecuentamos: cafés, aeropuertos, establecimientos minoristas, música de las llamadas en espera. Este elemento de la elección, que se debe a la fácil accesibilidad de la música, es algo nuevo en la historia y refleja la naturaleza peculiarmente fluida y maleable del sujeto moderno, de nuestro sentido de la identidad, de quiénes somos. Estemos donde estemos, la música nos ayuda como una prótesis sonora o como un exoesqueleto empaquetado. La fluidez de la identidad moderna tiene su reflejo exacto en el vibrante caos de la moderna ciudad de la música. Ambas cosas van unidas de una manera tan natural como las vías que atraviesan el espacio urbano. Siempre en movimiento, las bandas sonoras son los rastros que deja el sonido.

Sigamos el rastro de la jornada musical a través de la ciudad, empezando por un sitio donde parece que la música no hace nada: el hogar. Sentado en tu casa escuchando tus temas favoritos, reposas dentro de una burbuja de ociosidad que se ha forjado durante siglos de progreso social. Sin embargo, incluso en casa, la música está atareada, no está ociosa. Puede ser una herramienta de diseño interior o interiorismo, que influya en el estado de ánimo como las velas aromáticas y la iluminación de ambiente.[16] La música escribe el guion del ciclo del amor, desde aquellos primeros y cautelosos encuentros en los dormitorios de los adolescentes. La música romántica es lenta porque el cortejo ha de ser lento: lo suficientemente inseguro y vacilante como para que un encuentro íntimo pueda ser acelerado, o se pueda también dar marcha atrás si la cosa no va bien.[17] En cuanto a lo que ocurre después, los lectores de cierta edad recordarán la clásica escena de *10*, la comedia romántica de 1979 en la que Bo Derek le enseña a Dudley Moore cómo se hace el amor al ritmo del *Bolero* de Ravel. Resulta que Spotify sabe con qué música practicas sexo. La canción que más probabilidad tiene de aparecer en las *playlists* —listas de reproducción— sexuales hechas por los propios usuarios es «Intro», de la banda indie XX.[18] Y rastreando tu historial de búsqueda, incluido el tipo de canciones que te gustan, Google es capaz de saber si estás embarazada antes de que lo sepas tú.[19] Mucho más tarde, las parejas casadas podrán disfrutar del efecto «Cariño, está sonando nuestra canción», cuando la música de los restaurantes les traiga unos recuerdos especiales.[20]

Se ha convertido en un tópico decir que decoramos nuestros hogares con música, y que la principal función de la música en la vida diaria es ayudarnos a «relajarnos». La emisora de radio Classic FM se hace publicidad como «la mejor música clásica relajante»,[21] y vende un álbum llamado sencillamente *Relax* con obras de Rajmáninov, Vaughan Williams, Pachelbel, Rodrigo, etc. Tales objetos, al igual que un equipamiento de «mucho diseño» como la iluminación con cintas de leds o los utensilios de la cocina gourmet, son para oír como música de fondo. Sin embargo, es fascinante que el interiorismo haya penetrado incluso en ese íntimo santuario de las técnicas de grabación y la música clásicas que requieren una audición tan íntima y concentrada. El típico «entorno acústico» de los CD clásicos más cotizados parece ubicar al oyente directamente enfrente del instrumento, a base de colocar el micrófono cerca. Al mismo tiempo, el reverberante y espacioso estéreo incrementa el efecto distanciador, de modo que el oyente pueda estar simultáneamente situado más atrás. Así obtenemos el beneficio tanto del detalle exquisitamente intenso como de la plena resonancia, un ideal imposible de alcanzar en ninguna actuación en vivo. Se trata de algo único de los recientes discos clásicos, que lleva a su límite la práctica de escuchar música en privado y en interiores, y que crea lo que se ha dado en llamar «un entorno acústico musical abstracto».[22]

Salgamos de casa y vayamos conduciendo hasta el centro histórico de Liverpool. Aparco en la universidad, voy andando hacia Mount Pleasant, giro por Hope Street (así llamada —«calle de la esperanza»— porque está delimitada por dos catedrales), paso por la iglesia bombardeada y recorro Bold Street, que debe su nombre al famoso negrero Jonas Bold, que llegó a ser alcalde de Liverpool en 1802. La guía Lonely Planet aclama Bold Street como el paraíso de las compras, uno de los mejores de Gran Bretaña.[23] Y según ando voy siguiendo el ritmo que sale de mis preciados auriculares QuietComfort 35, inalámbricos y con cancelación de ruido. Resulta de lo más natural llevar el paso con la música, ya que ésta tiene su origen en el ritmo de los andares. Pero pasear con la privacidad de un estéreo personal —ya sea un *walkman,* un MP3 o un iPhone— resulta algo especial: un espacio interior equivalente y opuesto a los placeres de la colectividad. He aquí el delicioso núcleo central del individualismo y la libertad del siglo XXI. Y también, quizá, el peculiar egocentrismo de una sociedad atomizada: cada uno de nosotros saboreando a solas la intensidad de nuestra propia identidad.

Caminar con una banda sonora personal «musicaliza» la ciudad.[24] El flujo de la música otorga una lógica narrativa del entorno fragmentario, exactamente como sucede en una película, sólo que ésta es mi película. Miren a Tony Manero pavoneándose al son de «Staying Alive», de los Bee Gees. Los andares seguros de Travolta trazan un triángulo entre la música, la ciudad y el cuerpo humano.[25] Si pongo esa canción en mi iPhone, ¿algún transeúnte sería capaz de saber por mis andares qué música estoy escuchando? La música hace más cosas. Me afecta al estado de ánimo. Colorea el escenario impregnando la ciudad del estilizado y misterioso aire de la música disco.[26] Y funciona como un escudo, aislándome de las cacofónicas bocinas de los coches, de las sirenas de la policía, de los gritos y las risas, de las notas rivales que salen de las fachadas de las tiendas, y de los apretones de la gente. Las canciones también pueden cartografiar una visión de la ciudad. El gran éxito de Petula Clark de 1964, «Downtown», describe un emocionante lugar lleno de placeres y aventuras. «In My Hood», del rapero 50 Cent, de su álbum de 2005 *The Massacre,* trata de una distopía urbana de auténtica pesadilla.[27] Bold Street viene a estar más o menos en el medio.

En cuanto me quito los auriculares, me adhiero a la música de la calle. Cada café, tienda o restaurante tiene una alfombrilla sonora que me da la bienvenida, el hilo musical que me seduce para que entre.[28] Es sábado por la tarde, de manera que la música es divertida, animada y de ritmo acelerado, a tono con las hordas de jóvenes que van a la caza de ropa de noche. Durante los fines de semana, las tiendas ponen deliberadamente música relajada o ambiental: *drum 'n' bass*; música de club; definitivamente, nada clásico ni hortera. A la hora de comer es cuando más se acelera y a más volumen está la música, y luego comienza su lento descenso hasta primera hora de la noche. Una cadena global como Canyon, especializada en ropa deportiva informal, recibe su música de la oficina central de Estados Unidos, distribuida por la Muzak Corporation, y se asegura de que quienes compran a la misma hora oigan la misma música en el mismo instante.[29] Cada local comercial utiliza la música para crear un entorno sonoro que nos venda una imagen personal. Cuando nos probamos una prenda, nos imaginamos llevándola en un sitio tan glamuroso como la música. La música también establece el tempo de la compra. Si el negocio es lento, la música lenta hace que los compradores se entretengan. Si es rápido, la música rápida acelera a los compradores. Para las compras impulsivas, como un vino o un perfume, la música puede hacer que te inclines en una dirección o en otra. Unos experimentos han demostrado que la música clásica hace que te compres un vino más caro, y que el hilo musical francés o alemán te puede influir en la compra de botellas procedentes de esos países, como dije en el capítulo 1.[30] Cuanto más inseguros estamos, más nos aferramos a las indicaciones externas.

En Bold Street la música te atrae hacia dentro y también te tira hacia abajo. Sigo cuesta abajo hacia el enorme centro comercial y de ocio conocido como Liverpool One, justo detrás del Liver Building, junto al río. Ganado a diecisiete hectáreas de páramo posindustrial, este proyecto de mil millones de libras fue el epicentro de la regeneración de Liverpool en 2008, el año en que se convirtió en capital de la cultura. Este proyecto tipifica las transformaciones del casco histórico de todo el primer mundo, desde Baltimore hasta Bilbao, y está concebido de una forma bastante inteligente. Es un centro comercial a cielo abierto y hace que te sientas conectado con las calles circundantes, con terrazas llenas de árboles ornamentales que serpentean hacia el Old Dock. Como ocurre con todos los centros comerciales, el hilo musical divide los espacios y gestiona el flujo entre ellos mientras paseas, curioseas y compras.[31] La música suave enmascara y alivia la claustrofobia entre una multitud de gente atrapada en un espacio medio cerrado; es como algo a lo que agarrarse, una imagen invertida de cómo la música escuchada a través de los auriculares bloquea la calle. Y el estupefacto y distraído comprador es mantenido en movimiento por la ambigüedad de una música que está casi fuera del alcance del oído y cuyos detalles no traspasan el umbral del discernimiento. Ésta es la banda sonora del deseo, el insaciable anhelo de adquisiciones materiales. Es un eco distorsionado de cómo el río de Liverpool ha llegado a encarnar la añoranza por los lugares lejanos. Esforzándose por identificar un «sonido» específico de Liverpool, la gente afirma oírlo en la acuosa y «fluvial» sonoridad de álbumes como *Ocean Rain*, de Echo & the Bunnymen, con su reverberante mezcla de sintetizadores, cuerdas y lúgubres coros.[32] En una ciudad portuaria, el agua, el comercio y la música están inextricablemente mezclados. Las bandas sonoras se funden con la estela que dejan los barcos.

El aspecto principal de Liverpool es que es un puerto. Cuando Thomas Steers convirtió la desembocadura del río Mersey en el primer dique húmedo cerrado del mundo —el Old Dock— en 1715, puso en movimiento una poderosa circulación de mercancías triangular. Los productos manufacturados de toda Inglaterra eran enviados a través de Liverpool al África occidental. Los esclavos africanos eran transportados al Nuevo Mundo. Los barcos regresaban cargados de algodón, ron, azúcar y tabaco. También llevaban música. En el siglo XIX las canciones atravesaron el Atlántico Norte. Después de la Segunda Guerra Mundial, los «Cunard Yanks», los camareros y el personal del catering de la línea naviera Cunard entre Liverpool y Nueva York, trajeron a casa el rock and roll, el *rhythm 'n' blues*, el country y la música de Motown y los grupos de chicas.[33]

Cuando los Beatles invadieron Estados Unidos en 1964, les devolvieron el cumplido.

Pero el primer cargamento musical fueron las *shanties* o canciones de marineros, una de las cuales se convirtió en el himno no oficial de Liverpool.[34] Dada la atribulada deuda de la ciudad con la esclavitud, es normal que «Maggie May» fuera adaptada de una canción abolicionista de la guerra de Secesión estadounidense llamada «Darling Nelly Gray (o «Nelly Ray»), escrita por Benjamin Hanby en 1856.[35] Las notas y los ritmos son más o menos los mismos, como también lo es el argumento: Nelly es vendida río abajo a una plantación de Georgia; Maggie es transportada desde Liverpool hasta la colonia penitenciaria australiana de Van Diemen's Land. La principal diferencia estriba en el entorno. Las dos son canciones sobre el trabajo destinadas a acompañar durante las tareas pesadas, pero entre los ritmos de un barco y los de un campo de algodón la distancia es abismal. El característico lamento de los recolectores podemos escucharlo *online* en la interpretación que hace J. W. Myers de «Nelly Gray», grabada en 1904.[36] Pese al aparente parecido familiar de Nelly y Maggie, sus ADN las envían en direcciones diferentes. Nelly se convierte en un blues estándar, como en la grabación de Louis Armstrong de 1937. El destino de Maggie fue el mundo más divertido del pop y el rock, incluida una versión de 1957 por la banda de *skiffle* The Vipers, de Liverpool.

Cuando el barco de hierro *Dawpool* arribó a Liverpool en 1891, de vuelta de San Francisco pasando por el cabo de Hornos, los cánticos de los marineros resonaban por toda la costa, y «la gente decía que oía las canciones del cabrestante [*sic*] desde el St. James Mount, donde hoy se encuentra la catedral de Liverpool», según cuenta el escritor de relatos marinos Basil Lubbock.[37] Para Lubbock, el barco era un coro eclesiástico marítimo; ese domingo por la mañana, el coro estaba cantando en memoria de los marineros que habían muerto en esa ardua travesía. La analogía de Lubbock está lejos de ser fantasiosa. La nave de una iglesia viene del latín *navis*, que significa tanto nave eclesiástica como nave marina, y su techo abovedado reproduce la quilla de un barco invertida. Para san Agustín, el arca de Noé era un «símbolo de la Ciudad de Dios en peregrinación por este mundo».[38] E independientemente de lo que uno piense del *Oratorio de Liverpool* de Paul McCartney, su primera incursión en la música clásica, interpretada en la catedral, no es una casualidad que el nombre de su protagonista sea «Shanty». Ahora que las *shanties* ya no son cantadas por los marineros, sus monumentos son las iglesias multiétnicas que salpican la ciudad —iglesias escandinavas, alemanas y griegas ortodoxas; una mezquita; una de las primeras sinagogas del mundo—, cada una con su propio sabor musical. La primera oleada de la migración china —marineros que se casaban con chicas de la localidad en la década de 1860— se caracteriza no por un templo, sino por un arco chino, la entrada al primer barrio chino de Europa. En la actualidad, es la sede de la Pagoda Chinese Children's Orchestra.

Por la ruta del algodón de Liverpool penetraba la migración musical tanto como por la vieja Ruta de la Seda del Asia central, tema que abordaremos en un capítulo posterior (en realidad, esos marineros chinos de la década de 1860 traían seda de Shanghái). La ciudad pone vivamente de manifiesto un principio antiguo: muestra cómo viaja la música. Una vez llegadas a tierra firme, las músicas del mundo traídas por migrantes se asientan, se mezclan y se dispersan por la ciudad y luego por todo el país. La música está siempre en movimiento, no sólo porque las melodías se propagan como un virus del cantante al oyente, sino porque los músicos profesionales necesitan ser peripatéticos para encontrar el siguiente concierto, la siguiente audiencia y la siguiente comida.

CIUDAD UNIVERSAL DE LA MÚSICA

El lugar apropiado de las bandas sonoras no es el individuo ni el lugar de trabajo ni el hogar, sino la ciudad moderna en su conjunto, una entidad que vive y respira y donde estalla la música. Esta vitalidad es lo que impresionó tanto al joven Herman Melville cuando visitó Liverpool en 1839, doce años antes de terminar *Moby Dick*:

111

Por la noche, sobre todo cuando se juntan muchos marineros, estas calles ofrecen un espectáculo de lo más singular; toda la población de las inmediaciones parece que se ha fusionado con ellas. Organillos, violines y címbalos tocados por músicos callejeros se mezclan con las canciones de los marineros, los murmullos de las mujeres y los niños y el gimoteo de los mendigos. Desde las distintas casas de huéspedes [...] sale el ruido del baile y del jolgorio.[39]

Un informe de datos de las Naciones Unidas halló que en 2016 más de la mitad de nosotros (el 54 por ciento) vivía en ciudades, y calculaba que en 2030 esta cifra aumentará a casi dos tercios de la población del planeta.[40] En 2015, Liverpool fue elegida como la Ciudad Universal de la Música de la Unesco. De todas formas, Liverpool puede representar a las ciudades musicales de todo el mundo y a la moderna experiencia de la música como algo esencialmente urbano. Tal y como demostró Ruth Finnegan en su crucial libro *The Hidden Musicians*, las ciudades inglesas son colmenas de músicos legendarios.[41] Una ciudad del sur de tamaño medio como Milton Keynes, objeto del estudio de Finnegan, cuenta con miles de caminos musicales trillados por miembros de coros aficionados, jazz, blues, grupos folk y clásicos, bandas de música, bandas de rock y orquestas escolares. Dicho lo cual, Finnegan reconoce que no más del 6 por ciento de la población estaba activamente involucrada en la interpretación musical. Esto no es sólo una escasa minoría, sino que está muy por debajo del 67 por ciento de los niños de siete a diecisiete años que participan activamente en la música, según el informe de Youth Music. ¿Hasta qué punto se puede atribuir este desplome a las vicisitudes por las que ha pasado una Ciudad Universal de la Música entre Melville y la actualidad? La mejor guía para la banda sonora histórica y aparentemente precipitada de Liverpool resulta ser, sorprendentemente, una humilde tienda de música.

Los magníficos edificios del barrio cultural de Liverpool incluyen St. George's Hall, la Walker Gallery y la asombrosa rotonda del Picton Reading Room. Nada más salir del barrio, se despejó un trozo de terreno para construir un paso elevado entre el Tribunal del Condado y el edificio del sindicato TUC, que forman parte del nuevo sistema interior de carreteras de circunvalación. Este pequeño terreno albergaba la institución musical más importante en la historia de Liverpool, la Rushworths Music House.[42] Cinco generaciones de Rushworths regentaron la música de Liverpool de 1840 a 2002, cuando la tienda cerró. Rushworths vendía pianos a Nueva York, a Europa y al África occidental, y sus instrumentos surcaron los siete mares a bordo del *QE2* y el *Queen Mary*. Construía órganos y suministraba tubos de órganos a 440 iglesias de Liverpool. Paul McCartney se compró allí su primera guitarra, una Zenith. Durante dos siglos, la tienda fue un centro de la vida social en el que comerciantes, estibadores, médicos y jueces podían congregarse tranquilamente siempre que no hablaran de política ni de religión. Una mañana de 1962, John Lennon se apoyó en el mostrador jactándose de una próxima sesión fotográfica, preocupado de que el abrigo no le tapara el agujero que tenía en la parte de atrás de los vaqueros. Como otros muchos músicos de la ciudad, los Beatles pasaban el rato en la tienda cotilleando y entablando contactos y aprovechaban la política de Rushworths de «prueba antes de comprar» en las cabinas de audición. Un vendedor recuerda a Lennon poniendo muchas veces seguidas un disco de los Coasters y anotando sus acordes y sus letras, antes de salir pitando hacia el club Cavern para dar un concierto a la hora de comer.

Si pasabas por el número 13 de Islington, en Liverpool, una mañana de un día entre semana en la década de 1850, podía tentarte a entrar en la tienda original el sonido de la música tocada por William Rushworth, el fundador (flauta), y sus tres hijos (piano, violín y violonchelo). El edificio hacía las veces de un hogar familiar; casualmente, el establecimiento de al lado, en el número 11, era un almacén y proveedor de bebidas alcohólicas. La música y la bebida siempre han ido unidas, y no sólo en los 2.000 pubs de la ciudad (una proporción de 5:1 con respecto a las iglesias de Liverpool). A principios de siglo XIX, los músicos callejeros cantaban a cambio de una copa. En la década de 1840, cuando la deslumbrante iluminación de gas ahuyentó las sombras de los pubs, los bebedores se sentían atraídos por el señuelo de la música y el baile, y los locales en los que se cantaba se convirtieron en centros de ocio de la clase obrera. Rushworths tenía por objetivo vender pianos baratos de segunda mano a la clase media, culturalmente ambiciosa, y el piano —un mueble apetecible— pasó a ser el centro de la vida familiar burguesa, como en sucesivas generaciones lo serían el gramófono, la radio y la moderna pantalla de plasma.

La evolución de la tecnología musical —desde el piano hasta el CD y los medios digitales— se produjo con arreglo a la situación económica de Liverpool e, inevitablemente, también con arreglo a la de una tienda. Una tienda de música no puede vender si los clientes no tienen dinero. En 1850, el puerto de Liverpool recaudaba el doble que el negocio de exportación de Londres, a saber, 35 millones de libras. En 1985, la tasa de desempleo de Liverpool era del 27 por ciento, casi el cuádruple que la tasa nacional del 7,5 por ciento. La presencia de 1.000 bandas en Liverpool en la década de 1980 parece contrarrestar esa tendencia. Pero los músicos que están en paro no compran instrumentos nuevos.[43] Debido a esta simbiosis entre la música y la economía, el modelo de negocio de Rushworths provocaba la demanda a base de crear audiencias. A la espalda de su local, construyeron una sala de conciertos con doscientas localidades; para llegar a sus asientos, la audiencia tenía que hacer cola pasando entre los trescientos pianos permanentemente expuestos. A esto le siguió una larga lista de actividades filantrópicas: apoyaron los festivales locales, las bandas de música, los concursos musicales e instituciones municipales como la Bluecoat Arts Society, la Rodewald Concert Society y la Orquesta Filarmónica. Una oficina, la Rushworth Concert Bureau, incluso se encargaba de organizar conciertos. Y cuando la tienda vendía LP, se aseguró de que Rushworths se convirtiera en la sede de la Liverpool Gramophone Society. Hoy en día, mucho tiempo después de la desaparición de la tienda, la Fundación Rushworth (dirigida por Jonathan Rushworth, de la quinta generación) continúa apoyando un amplio abanico de causas musicales. William, de la tercera generación, decía lo siguiente: «Los

114

conciertos no van a suponer una propuesta económica, pero a cambio las pérdidas resultarán ser una inversión, pues crearán un público amante de la música para el futuro».[44]

Una cuestión interesante es si el enemigo de las ventas musicales es el declive económico o el progreso tecnológico. Siempre se ha dicho que la decadencia empezó cuando Edison inventó el fonógrafo en 1877. Fue como el pistoletazo de salida de la incipiente batalla entre tocar y escuchar música; o, en las acertadas palabras de Nick Wong, «el distanciamiento entre el músico practicante y el consumidor».[45] Sin embargo, la próspera salud de la música en Liverpool es una prueba de que la historia puede leerse en dos direcciones. John Philip Sousa, compositor de marchas alegres, adoptó una postura moralista que le hizo odiar el fonógrafo:

> Llegará un momento en que nadie estará dispuesto a someterse a la ennoblecedora disciplina de aprender música. Todos tendrán su música confeccionada o pirateada en los armarios.[46]

Adoptando un punto de vista mucho más pragmático, sir Henry Wood, fundador de los Proms, defiende el gramófono como «un instrumento musical capaz de un alto rendimiento artístico... El gramófono, mucho más que cualquier otra influencia que yo conozca, ha traído buena música a los oídos y a la comprensión del hombre de la calle».[47]

La autenticidad es un rasgo cambiante. Yo ya he oído a gente que se lamenta de la desaparición de los auriculares cableados (en favor de los auriculares inalámbricos), porque los amigos o las parejas ya no pueden disfrutar de la intimidad de compartirlos metiéndose cada uno un auricular en la oreja. Rushworths nunca llegó a esa fase. En su apogeo, en la década de 1960, cuando era literalmente la casa de música más grande de toda Europa, amontonó todas las tecnologías musicales disponibles en los cinco pisos de ventas: desde partituras en el sótano hasta pianos y guitarras, tocadiscos y LP, radios y televisores. Un cronograma vertical de la música. ¿Podría haberse diversificado hasta tener un sexto piso digital? La tienda cerró en 2002, principalmente, porque el mundo ya no compra música en las tiendas ni, tal vez, en ninguna otra parte. La mayor parte de la música que se escucha justo encima, en los equipos de sonido de los vehículos que recorren el paso elevado de New Churchill Way, probablemente sea gratis.

Algunos tipos de música no se pueden vender. Como más poderosamente experimenta una ciudad su identidad comunal es cuando 20.000 personas cantan juntas en un estadio de fútbol. Ese océano sonoro —un estimulante cruce entre el rugido de un motor a reacción y el vaivén de una marejada violenta— expresa la emoción colectiva y define un sentimiento de pertenencia. Ésta es la razón por la que el estadio de Anfield, conocido como el Kop, es un terreno sagrado para Liverpool, un teatro de la localidad. El estadio da crédito a quienes piensan que el objetivo final de la música es la expresión de la solidaridad grupal, y que el mayor placer musical de un individuo es disolverse entre la multitud. Esto no es nada nuevo: en las gradas hay un eco lejano de cómo se veía a sí misma en el anfiteatro la ciudad-Estado griega, o *polis*, mientras escuchaba la interpretación de las masas de unos himnos salvajes y extáticos —los ditirambos— entonados por las tribus rivales.[48]

El precedente griego demuestra también la naturalidad con la que una celebración de la identidad pasa a convertirse en un motivo de guerra; no hay nada como un enemigo para juntar a la gente. Una de mis caricaturas favoritas muestra a un exultante aficionado al fútbol saliendo del estadio mientras agita su bandera y canta «You'll Never Walk Alone» —«Nunca estarás solo»—, el himno del Liverpool, tomado prestado de Gerry and the Pacemakers (que a su vez lo tomaron del *Carousel* de Rodgers y Hammerstein).[49] Y realmente no está solo porque está siendo perseguido por un grupo rabioso de decepcionados hinchas del equipo contrario (véase figura 3.2). El fútbol es una continuación de la guerra por otros medios. En las décadas de 1970 y 1980, las gradas de los estadios británicos estaban segregadas para evitar que los hinchas rivales se mataran entre sí. Tanto entonces como ahora sencillamente se insultan intercambiando cánticos. En estos tiempos *post-hooligan* y posraciales, los cánticos pueden ser humorísticos. Una de las canciones se ríe del futbolista Cristiano Ronaldo, del Manchester United, por su costumbre de caer de culo: «*Ronny, he's on his arse again, he's on his arse again*», con la melodía del «Blue Moon» de Rodgers y Hart.[50] En 2018, el *Liverpool Echo* publicó la alentadora noticia de que los fans estaban saludando al nuevo fichaje egipcio Mohamed Salah con esta canción y una melodía de la banda de *britpop* Dodgy:

> *Si es lo bastante bueno para ti, también lo será para mí.*
> *Si marca otros pocos goles, yo también me haré musulmán.*
> *Si es lo bastante bueno para ti, también lo será para mí.*
> *Sentado en la mezquita, ahí es donde quiero estar.*
> *Mo Salah-la-la-la, la-la-la-la-la-la-la.*[51]

FIGURA 3.2. Una caricatura extraída de *Punch*.

No siempre ha sido así. Vince Hilaire, uno de los primeros jugadores negros del Crystal Palace, comparte sus recuerdos de cuando jugaba en Anfield a finales de la década de 1970: «Salí corriendo por el túnel y de repente... oí una voz aislada que decía en el Kop: "Mandinga, nosotros decimos mandinga, decimos mandinga", y luego se sumó el resto del estadio».[52] La canción se cantaba como una parodia del calipso con aires de música negra.

En realidad, Liverpool es sólo uno de los muchos Kops. Éste es un nombre genérico de los estadios de fútbol británicos compartido por otros muchos clubes (incluidos Wigan, Derby, Blackpool y Leeds), y es una abreviatura de Spion Kop, el lugar en el que se libró la batalla más sangrienta en la guerra de los bóeres de Sudáfrica. ¿Hasta qué punto el multiculturalismo de los cánticos del fútbol empieza a reparar daños como el esclavismo, que está en la raíz del bienestar de Liverpool?

## «ALL TOGETHER NOW»

Podemos imaginar varias fuentes como origen de la música. Una idea muy extendida es que la música surgió de la actividad coordinada de un grupo de personas, y probablemente no había distinción entre los intérpretes y la audiencia. Estos dos aspectos eran inherentes a la antigua música del trabajo, cuando los homínidos entrechocaron por primera vez dos piedras, una idea que exploraré en el capítulo 10. También siguieron presentes cuando la música se separó del trabajo y empezó a ser practicada como una actividad *per se* en festivales o como acompañamiento de una copa por la noche. El antropólogo Thomas Turino llama a este tipo de música —en la que los intérpretes y los oyentes son las mismas personas— participativa.[53] A su manera divertida, los cánticos de los estadios de fútbol, cuando se junta toda una ciudad, son un ejemplo perfecto de música participativa. Así, la evolución histórica desde participar en la música hasta simplemente escucharla, es otra variante del declive del compromiso musical activo al pasivo. Como ya ocurriera antes, sin embargo, la historia es mucho más interesante. Para empezar, hoy hay ejemplos de música participativa por doquier, desde los cánticos del fútbol hasta la música de las fiestas nada pretenciosas de los pueblos. Y la evolución a partir de la música participativa no necesita siglos para desarrollarse; puede producirse en un breve período de tiempo, y en el recorrido de una sola banda.

Maggie May aparece luego en tierra firme en una imponente iglesia gótica victoriana de Woolton, el 6 de julio de 1957, el día en que se conocieron John y Paul.[54] Maggie May compartía la lista de éxitos de los Quarrymen (la primera banda de Lennon) con otros iconos de la música *skiffle* («Railroad Bill», «Cumberland Gap», «Be Bop A Lula») y —siempre como dama de honor, nunca como la novia— se convertiría en la canción favorita de los Beatles para entrar en calor, pero no fue grabada hasta el desechable fragmento de cuarenta y dos segundos de su último álbum, *Let It Be*, de 1970. Los grandes escritores entierran lo que más los define en sus notas a pie de página, y lo mismo ocurre con los músicos.

Siendo un encuentro tan mítico como cuando los padres de Marty McFly bailan en la fiesta del «Encantamiento bajo el mar», en *Regreso al futuro*, la mutua audición de Lennon y McCartney está teñida del idílico resplandor de una pastoral inglesa. Todavía hoy, Woolton Village, el barrio más rico y más frondoso de la periferia de Liverpool, exuda la fantasía de George Orwell de «las solteronas yendo a comulgar en bicicleta a través de la niebla de las mañanas otoñales».[55] El sábado 6 de julio de 1957 era el día de la Garden Fête de Woolton, el punto álgido de la vida comunitaria del pueblo. Los Quarrymen fueron llevados a la fiesta en una procesión de carrozas decoradas, si bien, por una cuestión de forma, lo más lejos posible de la Band of the Cheshire Yeomanry. Había un grupo que bailaba la danza Morris en la campa de delante de la iglesia y una coronación de la Reina de las Rosas. A primera vista, la pasajera y detestada novedad del *skiffle* no parecía muy alentada por el espíritu de la comunidad. Los residentes de Woolton no le prestaron ninguna atención; el *skiffle* era una música tosca y elemental para ser tocada, no para ser escuchada. Sin embargo, tenía unas raíces interesantes.

El nombre —y el carácter— tiene sus orígenes en las *rent parties* (o «fiestas de alquiler») de la época de la ley seca de Chicago, en la década de 1920; los que iban a esas fiestas bebían alcohol ilegal, escuchaban jazz y blues interpretados con unos instrumentos baratos e improvisados —como bajos hechos a base de tablas de lavar y tinas (o cofres de té)— y pagaban una pequeña contribución al alquiler del piso por escuchar la música.[56] En términos de Turino, el *skiffle* es participativo. Turino descubre que este aspecto es común a músicas tan apartadas entre sí como el *shona* de Zimbabue, el *aymara* peruano y el baile del Medio Oeste americano. Como tanta música americana (incluida la canción «Nelly Gray»), cuando el *skiffle* cruzó el Atlántico «se emblanqueció», intercambiando sus notas de blues afroamericano con la armonía y el estilo vocal de sonido europeo de Lonnie Donegan (aunque, de manera desconcertante, «Take this Hammer» y «Rock Island Line», de Donegan, todavía hablaban de la esclavitud).[57] Asimismo, la participación en el *skiffle* británico se convirtió extrañamente en una calle de un solo sentido. En una dirección, todos eran bienvenidos, pues era barato y fácil de tocar. En su breve punto culminante, en 1957, se calcula que llegó a haber unas 50.000 bandas de *skiffle* en Gran Bretaña.[58] Aunque el *skiffle* atrajo a la juventud británica, ésta no dio mucho a cambio: su *skiffle* sonaba francamente aburrido para quienes no fueran aficionados a ese tipo de música. Ésta es la razón por la que los Beatles emprendieron otro camino musical en busca de algo más sofisticado.

Este camino dejó un rastro literalmente físico que, desde Woolton, continuó por un circuito geográfico en torno a los pubs, teatros, salones y pistas de baile de Merseyside, antes y después de sus años de aprendizaje en Hamburgo. Los fanáticos de los Beatles saben recitar este circuito como el catecismo:

- 17 de diciembre de 1960 (nada más regresar de Hamburgo): el Casbah Coffee Club.
- 24 de diciembre: al otro lado del río, en el salón de baile Grosvenor, en Wallasey.
- 31 de diciembre: de vuelta al Casbah.
- 5 de enero: al norte de la ciudad, en el ayuntamiento de Litherland.
- 6 de enero: desviándose al oeste, hacia Bootle, en St. John's Hall.
- 7 de enero, de vuelta en la ciudad, en el Instituto Aintree.
- 9 de febrero: el Cavern Club...[59]

La música está siempre físicamente en marcha. Sin embargo, la banda sonora de los Beatles fue también, en un sentido más profundo, un recorrido por los estilos musicales. Turino divide la música del mundo en cuatro prácticas o campos artísticos, a los que llama el campo participativo, el campo de presentación, el campo de la alta fidelidad y el campo artístico del sonido de estudio. Ascendiendo en el grado de abstracción, crean una minievolución de la música o, si lo prefieren, «una escalera al cielo».

*Campo participativo*

Los Beatles-Quarrymen empiezan con la práctica participativa del *skiffle*. Turino cree que su período de aprendizaje en Hamburgo también fue participativo porque actuaban sobre todo como una banda para el baile, y los que bailaban contribuían activamente al sonido y al movimiento de las actuaciones. Las músicas participativas de todo el mundo tienen muchos rasgos en común.[60] Están provistas de un amplio surtido de habilidades; su éxito se mide por la intensidad de la participación de la gente más que por la calidad artística; tienen formas abiertas, sin comienzos ni finales claros, de modo que la gente pueda unirse y salirse cuando le apetezca; están hechas a base de repeticiones cíclicas y breves unidades fáciles de recordar; como las actuaciones no siguen un programa demasiado fijo, los participantes tienen que prestarse mucha atención el uno al otro en todo momento, para conseguir crear una mayor sensación de sincronía y proximidad; y las texturas que se solapan densamente, afinaciones dispares, el volumen implacable y el ritmo acelerado es en lo que se escudan los participantes menos capacitados. Todos estos rasgos están presentes tanto en la ancestral ceremonia del Bira del norte de Zimbabue como en las antiguas bandas de cuerda de los montes Apalaches antes de que evolucionaran hacia el *bluegrass*. Aunque este tipo de música puede ser divertido de tocar, la repetición y la ausencia de contrastes la hace aburrida para quienes no la conocen. La interminable repetición de las palabras «Cumberland gap» en el epónimo éxito de *skiffle* de Donegan pronto acaba cansando. Y sólo los fans acérrimos de los Beatles buscan y rebuscan sus primeras antologías.

## Campo de presentación

Cuando los Beatles se van consolidando, tocan para una audiencia que escucha. A su música le han pasado varias cosas, y un ejemplo excelente es «Please Please Me», el primer número 1 en la lista de éxitos del Reino Unido, y el primero que fue presentado en la televisión nacional.[61] La forma de la canción es cerrada, pues tiene un principio y un final claramente definidos. Destaca el contraste entre la estrofa y el estribillo, así como el contraste dentro de la propia estrofa, con la primera frase repetida y respondida por una frase central armónicamente más compleja, que lleva a un clímax perfectamente calibrado de la estrofa. De todas formas, canciones repetitivas como «Twist and Shout», interpretada en 1963 en *The Ed Sullivan Show,* en pleno apogeo de la beatlemanía, muestran que la línea divisoria entre el pop y el *skiffle* era difusa. Ciertamente, los gritos de la histérica audiencia «participaban» en la canción; cada «oooooh» y cada sacudida de cabeza de Paul y George provoca descaradamente los gritos, que siguen un patrón de llamada y respuesta.[62] El *twist* —o torsión— suscita *shouts* —o gritos—. Pero dudo que las clases sociales británicas realmente se sintieran unidas en noviembre de 1963 cuando Lennon invitó a la reina madre a participar en la canción durante la Royal Variety Performance: «Para nuestro último número quisiera pedir su ayuda. Me gustaría que la gente de los asientos más baratos diera palmas. Y en cuanto al resto, basta con que hagan sonar sus joyas».[63]

## Campo de alta fidelidad

La mayor parte de la música de Occidente se consume en forma de grabaciones, no en directo. En esto los Beatles fueron pioneros y tuvieron la suerte de trabajar con unos ingenieros de sonido y unos productores fabulosos. Sigilosamente, se va abriendo camino el perfeccionismo, un grado de dominio imposible de alcanzar cuando interpretaban su música delante de una audiencia, cosa que después de 1966, el año de *Revolver,* rara vez hicieron. Siendo tal vez su álbum más finamente forjado, *Revolver* también comprende el misterio de la práctica en alta fidelidad: una grabación es pocas veces, o ninguna, una captura pasiva de una actuación en directo; más bien está manipulada para aumentar la «ilusión» del directo. El efecto del directo es una ilusión sobre todo porque el tema es un objeto imaginario e inverosímil hecho en un estudio a base de diferentes tomas, como una bobina cinematográfica. Condensación, ecualización, reverberación, eco, micrófono cercano y separación de cada una de las partes: el objetivo es hacer que cualquier detalle de la música sea transparente para el oyente. Sin embargo, esta absoluta claridad es tan idealista como esos paisajes cristalinos de la escuela flamenca del siglo xv —por ejemplo, *La adoración del cordero místico,* de Van Eyck—, donde un rayo de pan de oro encima de la oreja del cordero, en el plano medio, es tan nítido como la brizna de hierba del primer plano. En una actuación en directo, los sonidos de la batería se adhieren a la textura como la bruma en una perspectiva; las grabaciones están hechas para el oído de Dios.

Veamos algunos de los efectos presentes en «Tomorrow Never Knows», el último tema de *Revolver*.[64] El *tamboura* (un instrumento indio de calabaza) va apareciendo gradualmente. La batería de Ringo está amortiguada y condensada. El solo de guitarra de Harrison está superpuesto, grabado hacia atrás, y tratado con un altavoz y amplificador Leslie (que modifica el sonido mediante la rotación de los altavoces). George Martin también pasó la voz principal de Lennon por el Leslie porque «quería que sonara como el Dalái Lama cantando en lo alto de una loma». Los desenfrenados bucles de la grabación de McCartney, que mezclan risas y guitarras distorsionadas, aparecen entre la izquierda y el centro de la imagen sonora.

En «A Day in the Life», el último tema de *Sgt. Pepper*, el equilibrio se consigue a base de añadir efectos especiales a una canción que uno podría imaginar interpretada en un contexto «de presentación», a un tema entero como un efecto sonoro unificado que está compuesto por diversos materiales. En cierto sentido, un tema puede convertirse en una pintura abstracta. El famoso «delirio» orquestal del medio incluso recuerda a la música vanguardista que entonces admiraba McCartney, escrita por compositores como Stockhausen, cuya cara aparece en la portada del disco.[65] En su estratosfera, los Beatles coincidían con la música del arte abstracto.

En su breve y concentrada carrera ascendente por esas cuatro fases, los Beatles recapitulan toda la historia de la música. Sólo que *historia* no es la palabra apropiada, ya que implica una progresión, mientras que Turino observa acertadamente que cada uno de estos «campos» tiene sus propios méritos. Uno puede obtener la misma alegría participando en unos juegos musicales sencillos que escuchando un arte complejo. También es cuestionable si «Hey Jude», oído en directo en un concierto, con la audiencia balanceándose y todos agarrados de la mano y repitiendo las palabras como un mantra infinito, es el mismo objeto que cuando lo oyes con los auriculares sentado en una butaca. *Hamlet* en el teatro no tiene nada que ver con la película de Olivier. Y Maggie May sigue navegando; la última vez que se la oyó fue en *Piratas del Caribe 5: La venganza de Salazar*, cantada por Paul McCartney en un cameo en el que hace del tío del capitán Jack Sparrow.[66]

A uno no deberían humedecérsele los ojos ante la capacidad de la música para unir a la gente. La otra lección que se puede sacar del Kop es que los himnos del fútbol son una continuación de la guerra —la guerra de los bóeres— por otros medios. La música puede ser utilizada como arma de muchas maneras. Cuando el general Noriega fue acogido por la embajada del Vaticano en la Ciudad de Panamá en 1989, el ejército estadounidense le estuvo acribillando durante cincuenta y un días con balas de rock cargadas de ironía: «All I Want is You», de U2; «I Fought the

Law», de The Clash; «Panama», de Van Halen, y otras muchas. El general, amante de la ópera, se rindió el 3 de enero de 1990.[67] La música se sigue utilizando como una técnica para interrogar a los prisioneros en Guantánamo; según un informe, «los fríe».[68] Y en la guerra de Irak los militares estadounidenses utilizaban al grupo Metallica para desorientar a los prisioneros retenidos en contenedores de mercancías. En palabras del sargento Mark Hadsell, encargado de las operaciones psicológicas de Estados Unidos: «Esta gente no ha oído heavy metal. No lo soporta. Si lo pones durante 24 horas, el cerebro y el cuerpo empiezan a patinar».[69]

La música militar puede adoptar formas más sutiles. Después de que Estados Unidos entrara en la guerra en 1941, «When You Wish Upon a Star» —cantada por Pepito Grillo en la película de Disney de 1940 *Pinocho*— fue contratada como propaganda del esfuerzo bélico (igual que «We'll Meet Again», de Vera Lynn).[70] Sin embargo, se convirtió en la melodía favorita de Hitler, que se la silbaba a sus invitados en las cenas de gala. Albert Speer cuenta que el Führer también la silbó cuando estaban en el Palais de Chaillot contemplando un París conquistado, restregando así el sentimentalismo de la canción en la cara de Estados Unidos.[71] A menudo se dice que «el jazz y los pantalones vaqueros» ganaron la Guerra Fría.[72] Sin embargo, dado el escaso interés que despierta hoy, resulta difícil creer que la música clásica e incluso la vanguardista fueran patrocinadas por el Departamento de Estado como un arma de la política exterior estadounidense, como un medio para ganar las guerras culturales en Europa frente a Rusia. En una nota a su secretario de Estado, fechada el 24 de octubre de 1953, Dwight D. Eisenhower instaba a John Foster Dulles a incluir «el canto de un precioso himno» en el ámbito de competencias de la guerra psicológica.[73] Eisenhower encargó a la Academia Nacional del Teatro Americano (ANTA) la misión de la diplomacia cultural. El objetivo era que la música de alto nivel artístico dejara de estar asociada al comunismo y demostrar su compatibilidad con la democracia estadounidense. En 1959, Leonard Bernstein, tal vez el agente especial más exitoso de la ANTA, hizo una gira por Rusia con la Filarmónica de Nueva York y sermoneó a lumbreras como Borís Pasternak sobre las razones por las que su patrimonio cultural debería mirar con respeto el cancionero estadounidense Great American Songbook.[74]

Si Karl Marx tenía razón y la historia se repite como farsa, entonces la Guerra Fría de la música fue un simulacro del suntuoso y cómico Festival de la Canción de Eurovisión. Ahora, a pesar de Lordi (ganadores en 2006) y de Verka Serduchka (que obtuvo el segundo puesto en 2007), Eurovisión ofrece un servicio serio (véase figura 3.3). Doscientos millones de espectadores riéndose y votando juntos representan lo que el teórico cultural Benedict Anderson llamó célebremente «una comunidad imaginada».[75] Todos los años, durante unas horas, Europa se percibe a sí misma como una totalidad cohesionada. Turquía, despedida de las puertas de Europa desde la batalla de Viena de 1683, e indefinidamente excluida como miembro de la Unión Europea, ganó Eurovisión en 2003, el año de la guerra de Irak. Desde 2003 ha quedado seis veces entre los diez primeros, unos años en los que Gran Bretaña siguió siendo castigada por esa guerra, y ahora por el Brexit, lo que la deja siempre en los últimos puestos de la votación.[76] Por supuesto, Gran Bretaña también presenta canciones repulsivas.

FIGURA 3.3. Verka Serduchka y sus amigos.

En el informe de Youth Music, la música clásica brillaba por su ausencia en el mapa de los géneros favoritos de los niños. Siguiendo el trabajo de Turino, ahora podemos ver el porqué. La música clásica parece ser la menos «participativa» de nuestra cultura, tanto por sus dificultades técnicas como por la percepción de que la música (principalmente) de los varones muertos, blancos y europeos se aleja mucho de los valores de la gente joven. La música clásica no sólo se ha convertido en una banda sonora consumida —como casi toda la música occidental— en forma de grabaciones más que en directo, sino que además no parece ser muy atractiva. Pero ¿qué pasaría si a cada niño de un colegio se le diera un instrumento musical (y no sólo a los niños, sino también a los profesores y al personal del comedor) y luego se dotara al colegio del apoyo de la orquesta sinfónica local? ¿Y qué ocurriría si ese colegio estuviera en una de las zonas más desfavorecidas de la ciudad, y la música clásica se utilizara como un instrumento de regeneración social y cívica?

Hay quien dice que el Friary, que antes era la iglesia católica de Saint Mary of the Angels, en el Everton occidental, es uno de los mejores ejemplos de arquitectura renacentista italiana fuera de Roma. La iglesia fue convertida en un espacio de grabación y ensayo para la Real Orquesta Filarmónica de Liverpool (RLPO, por sus siglas en inglés). La West Everton Children's Orchestra (Orquesta Infantil de Everton Oeste), que desde sus inicios incluye los ochenta y cuatro alumnos, profesores y cocineras del Faith Primary School, lleva ensayando allí desde 2009 como parte del programa In Harmony de la RLPO, originalmente inspirado en el venezolano El Sistema. Es emocionante ver a todo un colegio, incluido su director, inmerso en la música; aún más gratificante resulta verlos dando un concierto en la Sala Filarmónica de la ciudad. Según la página web de la RLPO, In Harmony «utiliza la interpretación de música orquestal para mejorar la salud, la educación y las aspiraciones de los niños y de los jóvenes de Everton».[77] La zona de Everton, donde está el colegio, tiene un ICM (índice de carencias múltiples que mide carencias relacionadas con los ingresos, el empleo, la educación, la salud y la vivienda) de 67,5, el más elevado de Liverpool.[78] ¿Qué ayuda puede realmente aportar la música?

Los resultados del modelo de Venezuela son de diversa índole. Inaugurado por el político José Abreu en 1975 en un aparcamiento subterráneo, a El Sistema se le atribuye el mérito de haber sacado a 700.000 niños de la pobreza, el crimen y las drogas. Un concierto electrizante dado por su emblemática Orquesta Simón Bolívar en 2007 en el Albert Hall fue posiblemente «el concierto más grande de la historia de los Proms», según el director de la sección artística del *Daily Telegraph*, Paul Gent.[79] Y el graduado más famoso de El Sistema, Gustavo Dudamel, pasó a ser director musical de la Filarmónica de Los Ángeles. Sir Simon Rattle, nacido en Liverpool y director de la Orquesta Sinfónica de Londres (y previamente de la Filarmónica de Berlín), califica El Sistema como «la cosa más importante que le ha ocurrido a la música de todo el mundo». Dice lo siguiente:

> Si alguien me preguntara dónde está pasando algo realmente importante para el futuro de la música clásica, sencillamente tendría que decirle que aquí, en Venezuela... Digo que he visto el futuro de la música en Venezuela, y eso es como una resurrección.[80]

El aparente éxito de El Sistema también se debe a la imagen idealista de la orquesta como un modelo de una sociedad armoniosa y un mundo perfecto.[81] Se trata de una imagen, originada en la Ilustración europea, de cien o más individuos que trabajan juntos y en sincronía para crear unos sonidos maravillosos. La orquesta es una utopía, y ésa es la razón por la que Leonard Bernstein interpretó la «Oda a la alegría» de Beethoven el día de Navidad de 1989 en Berlín para celebrar la caída del Muro. ¿Acaso no se deduce de esto que la experiencia de tocar en una orquesta le proporciona a un niño el sentido de la disciplina y de la responsabilidad social?

Es posible, sin embargo, que el milagro venezolano tenga pies de barro, al menos con arreglo a un resumen sistemático del musicólogo Geoffrey Baker.[82] En primer lugar, Baker enumera los hechos: la supuesta cifra de aproximadamente un millón de acogidos por El Sistema no está basada en pruebas que lo corroboren; la inmensa mayoría son niños de clase media que llevan una vida segura, tranquila y sin drogas; apenas hay niños procedentes de entornos desfavorecidos que pasaran directamente del colegio (el «núcleo») a la orquesta; existe una tasa elevada de abandono escolar, así como una cultura de abusos físicos y sexuales. Como proyecto de desarrollo social, El Sistema es fraudulento; sin embargo, ha recibido préstamos de 500 millones de dólares por parte de bancos internacionales de desarrollo. Luego, aborda sus principios. La estructura jerárquica y piramidal de una orquesta ofrece un modelo conservador y autoritario de la sociedad que no encaja con la política progresista de Hugo Chávez, líder del país cuando se creó El Sistema. La educación —especialmente la educación musical— debería ser imaginativa y centrarse en el niño. Sin embargo, tocar en una orquesta fomenta la rutina mecánica y el sometimiento pasivo a un director adulto. Si la orquesta es efectivamente un modelo social, entonces nos remite a la era industrial de la estandarización y de la centralización. Difícilmente puede preparar a los niños para nuestro mundo incierto y rápidamente cambiante, una era informática que se nutre de la intuición, la imaginación y la flexibilidad para resolver problemas.

Independientemente de la veracidad de las afirmaciones de Baker (el debate suscitado por el libro sigue vivo),[83] el hecho cierto es que no son aplicables al In Harmony de Liverpool por la sencilla razón de que no se parece nada a El Sistema. In Harmony se ha desarrollado desde sus inicios para abarcar una gran variedad de ambientes comunitarios, que incluyen una guardería y un centro familiar. Está dirigido a un área específica de la ciudad y opera bajo los auspicios de la RLPO. La valoración final llevada a cabo por la Fundación Nacional para la Investigación Educativa (NFER, por sus siglas en inglés) es muy razonable y está exquisitamente matizada. Dicha fundación no encuentra «ninguna prueba cuantitativa de que los niños que han participado en In Harmony logren mejores resultados en el colegio o asistan a clase con mayor regularidad que los de otros colegios cotejados».[84] Por otra parte, el informe da testimonio de que el bienestar mejoró de una manera más sutil y menos cuantificable. Los padres se implicaron más con el colegio. Ver a su hijo tocar un instrumento fue una fuente de orgullo e incrementó las aspiraciones de la familia. Padres y familiares pisaron por primera vez la Sala Filarmónica, donde la orquesta de In Harmony actuaba una vez al año. Por primera vez fueron en tren a Londres para escuchar a los niños en un concierto familiar celebrado en el Royal Albert Hall. Ampliar el viaje atravesando Liverpool estaba simbolizado por cruzar la A580, la autopista que separa Everton del próspero centro de la ciudad, que contiene la Filarmónica y el St. George's Hall. Sin conocer la imagen de una ciudad portuaria siempre en movimiento, las comunidades desfavorecidas pueden quedar rezagadas. A este respecto, la música permitía la movilidad en dos sentidos: el simple y práctico hecho de ir desde A hasta B ampliaba literalmente el horizonte, y dando un toque mágico a las vidas familiares, la música les abría la posibilidad de imaginar nuevas realidades.[85]

La utilidad de la música clásica, por tanto, es mucho menos directa de lo que sospechan sus detractores. En realidad, escuchar a Mozart no te hace ser más listo; verdaderamente no existe ningún «efecto Mozart».[86] Pero la disciplina que requiere tocarlo en una orquesta puede ensanchar el horizonte de toda la familia, y eso sí puede convertirte en más listo a largo plazo. De manera similar, tocar en una orquesta no equivale ni mucho menos a trabajar como un esclavo en una fábrica del siglo xix a las órdenes de un jefe autoritario, el director. Las dotes que implica interpretar y dirigir son mucho más sutiles que todo eso, y no resulta difícil darse cuenta de cómo esas dotes redundan también en beneficio de la vida diaria. Entonces ¿qué hace realmente el director? Sir Roy Vandervane, el director de orquesta en la ficción de la perversamente divertida sátira de Kingsley Amis *Girl, 20*, pese a ser un incompetente, obtiene excelentes resultados sencillamente invitando a los músicos a una cerveza para ganarse su afecto.[87] Pero aparte de la sátira, los resultados de las orquestas sin director han sido controvertidos y, a menudo, han ido asociados a ideales tan opuestos como los del comunismo soviético de principios del siglo XX o la moderna teoría de la gestión estadounidense.[88] Las manos del director dan la sincronización, y su cara y su cuerpo entero otorgan la expresión. Un erudito ha llegado incluso a analizar el movimiento de cejas de los directores de orquesta.[89] Las cejas alzadas con la cabeza ladeada: «Sugiero». Las cejas centradas con la cabeza también ladeada: «Imploro». Las cejas altas con los ojos dirigidos a un músico: «Acentúa esa nota». Los ojos entornados: «Tocad con más precisión», y así sucesivamente... En un sentido más amplio, el director refleja la atención dividida de la audiencia; en su caso, la divide entre todo el ejército de músicos y cada intérprete en particular. Primordialmente, sólo el director tiene un oído global, pues los músicos se preocupan cada uno de su parte: el director, en cambio, tiene una perspectiva de conjunto, o lo que podría llamarse «un oído de conjunto».

Las cuerdas representan un aspecto aún más complejo porque la atención de los músicos también está dividida. Primero miran las señales visuales de los otros (normalmente, el arco del concertino), y sólo después miran al director: es decir, la sincronía entre el ejército tiene prioridad con respecto a la sincronía entre el ejército y su general. Asimismo, curiosamente, la orquesta va entre veinte y cincuenta milésimas de segundo rezagada tras el tempo que marca el director.[90] Éste es un fenómeno bien conocido llamado *melody lead* («ventaja de la melodía») y no es específico de la dirección; se puede oír cuando alguien toca al piano una pieza del romanticismo y la mano derecha va ligeramente por delante de la izquierda, creando un efecto llamado *rubato*. Y no siempre es la melodía la que lleva la ventaja. La razón por la que el jazz suena tan relajado a menudo es porque la melodía se rezaga tras el acompañamiento. Y en los cuartetos de cuerda de música clásica, los violines y el violonchelo siguen con frecuencia a la viola (que es por lo que a grandes compositores como Mozart y Beethoven les encantaba tocar la viola en sus cuartetos, para llevar las riendas de la situación).[91] Curiosamente, el desfase temporal de las orquestas con director termina en esos sobrecogedores momentos en los que todo se va desacelerando y apagando hasta quedar en completo silencio. En otras palabras, la orquesta alcanza al director justo cuando más atención presta la audiencia, cuando toda la sala contiene la respiración. Estos momentos sólo puedo describirlos como los de una revelación religiosa.

## El templo y la cueva

Al final del camino, la música es una religión. La segunda y la tercera parte de este libro demostrarán que la religión era también el punto de partida de nuestro recorrido. Ahí empiezan y terminan las bandas sonoras. Sin embargo, el camino se bifurca, y cada ramal empieza (y termina) con una especie de iglesia. Una de estas iglesias es un templo; la otra es una cueva. Yo nunca muerdo el anzuelo cuando los críticos de la educación musical declaran provocativamente (y estoy resumiendo) que «las canciones de Stormzy [o Adele o Taylor Swift, elijan ustedes] están elaboradas con tanto esmero como las de Mozart», como una pulla por el supuesto desequilibrio del plan de estudios. Hace tiempo que existe en nuestros colegios un espacio para la música popular y la clásica: ¿por qué no habría de existir? Ambas músicas permiten una experiencia de un estado alterado de la consciencia (abreviado por los psicólogos como ASC, por sus siglas en inglés), cuando no de «espiritualidad» en el sentido de cualquier religión establecida. Una obra que convenció a muchos etnomusicólogos de que, en todas las culturas del mundo, había dos tipos distintos de ASC, fue el crucial libro del antropólogo francés Gilbert Rouget *Music and Trance* (*La musique et la transe: esquisse d'une théorie générale de la musique et de la possession*).[92] Dicho brevemente, Rouget argumentaba que la música puede inducir dos tipos de estado alterado, el «trance» y el «éxtasis», con los siguientes rasgos:[93]

*Trance*: inmovilidad, silencio, soledad, carencia sensorial, recuerdos.

*Éxtasis*: movimiento, ruido, en compañía, estimulación sensorial excesiva, amnesia.

132

A simple vista, es obvio que estas dos categorías cartografían la experiencia de estar sentado y callado en un concierto, y la de estar dando saltos cerca del escenario. Las ideas de Rouget, sin embargo, han sido objeto de muchas críticas; algunos eruditos han destacado que la experiencia musical tiene menos que ver con la calidad de la música que se interpreta que con el lugar en el que se interpreta. Por ejemplo, uno tiene las mismas probabilidades de oír golpes de batería repetitivos en un concierto de Stravinski que en una delirante fiesta tecno. Y a la inversa, dentro del mundo de la música popular hay también música reflexiva, como por ejemplo en los subgéneros indie, que se caracterizan por su «imposibilidad de ser bailados».[94] Resulta más pragmático no hablar sobre los estilos musicales, sino sobre las etiquetas de «en trance» y «en éxtasis», que van asociadas a diferentes escenarios, a lo que el sociólogo francés Pierre Bourdieu llama «habitus». El indicador más visible de esto es el movimiento corporal. Así pues, ¿qué hay de «trance» en la psicología de asistir a un concierto, y por qué exactamente una sala de conciertos es como una iglesia?

La Gewandhaus de Leipzig, que en origen era un ala del salón del gremio textil, fue construida en 1781 y con ella quedó inventada la sala de conciertos del siglo XIX (véase figura 3.4).[95] Tiene forma de herradura, lo que supone que una gran parte de la audiencia ocupaba los lados opuestos de la sala, lo que les permitía verse perfectamente unos a otros, pero no tan bien el escenario orquestal. La herradura estaba en realidad inspirada en el doble coro de la iglesia de Bach en Leipzig, la Thomaskirche. Del mismo modo que los dos coros de la *Pasión según san Mateo* de Bach, interpretada en la Thomaskirche en 1727, están uno frente a otro, en la Gewandhaus el referente de la audiencia no es la orquesta, sino la comunidad. La comunidad musical surgía de la feligresía luterana. Los devotos oyentes se miraban a sí mismos.

La primera Sala Filarmónica de Liverpool, finalizada en 1849, tenía también la forma de una herradura. Cuando la sala se quemó en 1933, reabrió en 1939 con la forma rectangular priorizada por las salas modernas de conciertos, donde la visión de la audiencia está absolutamente centrada en el escenario. La atención de la audiencia viró hacia la música. En cierto sentido, podría decirse que la audiencia se volvió más pasiva. El protocolo moderno de los conciertos desaprueba charlar o moverse, de modo que el público de hoy en día está quieto, callado y, a menudo, en penumbra. La moderna sala de conciertos se parece menos a una iglesia, pero uno se siente más como en una iglesia. A ello ha contribuido el cultivo de una contemplación cuasi religiosa de la música, así como la veneración de nuestros compositores canónicos como si fueran santos o semidioses. Después de la Ilustración, cuando la religión organizada occidental empezó a desvanecerse, la música ocupó el hueco que había dejado Dios. Para los ateos como yo, el ritual de asistir a un concierto proporciona una experiencia espiritual. De todas formas, pese a estar quieta y en silencio, la audiencia moderna dista mucho de ser pasiva. Por la manera en que escucha, está practicando una modalidad de oración.

FIGURA 3.4. La sala de conciertos original Gewandhaus de Leipzig.

134

Mientras estoy sentado y luchando contra la tentación de moverme —el impulso de moverse con la música es tan irresistible como el de parpadear—, mentalmente reconstruyo esos gestos con la imaginación. La EEG (electroencefalografía, una técnica para leer la actividad eléctrica del cerebro) ha demostrado que escuchar música estimula las mismas neuronas espejo en nuestro cerebro que las asociadas con la actividad motora.[96] Como no podemos movernos, centramos la atención en la persona que está frente a la orquesta «marcándose un bailecito», el director. Por muy melodramáticos y extravagantes que puedan parecer a veces los gestos del director, son el sucedáneo vital de nuestras acciones reprimidas.

También practico el *entrainment* con los ritmos de la orquesta. El *entrainment* es el proceso por el cual la gente alinea sus conductas rítmicas y cíclicas con las de los demás (del *entrainment* hablaremos mucho más en futuros capítulos).[97] Dado que *sinfonía* significa «acuerdo» o «concordia» del sonido, ¿sería idealista imaginar que la música provoca que todo el conjunto de músicos y la audiencia sincronicen su frecuencia cardíaca y sus pautas de respiración? Sí, lo sería porque los experimentos no han hallado pruebas que lo certifiquen.[98] Pero lo que estos experimentos sí han demostrado es que la variabilidad de la frecuencia cardíaca se arracima en torno a los principales límites de la música: el principio, el medio y el final, y que éstos son unos momentos que literalmente te dejan sin respiración. En otras palabras, la sincronía de la audiencia fluctúa en torno a los puntos nodales, sobre todo cuando la música se desacelera y suena tan baja que puedes oír la caída de un alfiler. En esos momentos no vemos una sincronía del movimiento, sino una coordinación de la quietud. Toda la sala contiene la respiración.

Por otra parte, mi mente divaga y recuerdo cosas, tal y como lo describe Rouget. No hay ninguna necesidad de disculparse si sueñas despierto o si tu atención fluctúa en medio de un largo programa. Sería sobrehumano que mantuvieras la concentración durante cuarenta y cinco minutos. Los psicólogos han hallado que los oyentes oscilan entre la atención «orientada al futuro» y la atención «analítica» tanto en una conversación cotidiana como en los conciertos.[99] Todos estos principios resultan demasiado familiares. Cuando escuchas a alguien que habla y crees que te has perdido una palabra, un oído (por así decirlo) retrocede para comprobar si has oído correctamente la palabra, mientras que el otro se queda escuchando en tiempo real. Por un momento, tu atención se escinde: escucha los detalles (atención «analítica») y escucha la historia (atención «orientada al futuro»). En un concierto puedes dar saltos hacia atrás y hacia delante atendiendo, digamos, a lo que está tocando el clarinete, tomando distancia después para abarcar a toda la orquesta, y luego volviendo a centrarte en el diálogo entre el violonchelo y la viola. Da igual la manera que tengas de escuchar; no hay nada correcto o incorrecto en una u otra manera.[100] Sin embargo, aunque no hay reglas, sí hay algunos principios interesantes. Resulta que es más fácil cambiar de marcha —cambiar de un nivel a otro— cuando la música está bien ordenada o es «jerárquica» (con una organización clara entre el todo y sus partes).[101] En una obra bien ordenada, el compositor, en cierto sentido, ya ha hecho la audición por ti. Y a la inversa, es más difícil cambiar el foco de atención cuando la música es excesivamente compleja o incluso embrollada (es decir, cuando está mediocremente compuesta). Desde luego, los amantes de la música con experiencia pueden tener unas dotes especiales para escucharla, pues esta destreza viene dada por la práctica. Y también se producen puntos nodales cuando se congrega toda la atención de la audiencia, como por ejemplo cuando llega el momento de aplaudir.

Sospecho que muchas de las 2.000 personas que asisten a la Filarmónica van para estar solas, para disfrutar de sus sentimientos personales entre una multitud solitaria, inmovilizada por la música y libre de distracciones. Si la gente quiere éxtasis (o la droga recreativa Molly, MDMA), puede obtener todo el que quiera en el Zanzibar, el East Village Arts Club, el Studio 2, el Lomax y otras docenas de locales que salpican la ciudad de Liverpool. Renuncian a la quietud del tiempo por el frenesí de la cueva. Todo empezó en las cuevas. Todo empezó en la caverna. Oscuro, húmedo, incómodo, sudado y con una acústica espantosa, el original Cavern Club, en Matthew Street, rebosaba de una muchedumbre extática, con los cantantes de carne y hueso al alcance de la mano. Pero ¿en qué sentido una cueva es también como una iglesia?

Los DJ o pinchadiscos son capaces de subir la frecuencia cardíaca de los juerguistas de los normales 60-100 latidos por minuto a 140 o incluso a 180, induciendo un estado alterado de la consciencia. La música tecno en concreto ha sido correlacionada con otros muchos efectos fisiológicos intensificados: un aumento de la presión arterial sistólica y de los niveles de los neurotransmisores, los péptidos y las reacciones hormonales. Los láseres y las luces estroboscópicas activan las ondas cerebrales alfa y theta. Bailar durante mucho tiempo, con la consiguiente fatiga e hiperventilación, bajada del azúcar en sangre e hipoglucemia, produce alucinaciones. El sobrecalentamiento que puede producirse en las juergas libera opiáceos endógenos. La privación del sueño y el ayuno antes de una juerga aumentan los efectos de los ritmos motrices.[102] Todos estos efectos han sido hallados en tradiciones religiosas «extáticas», desde las iglesias pentecostales del Sur Profundo estadounidense hasta los derviches danzantes del islam sufí.

Ni el templo fue anterior a la cueva, ni la cueva anterior al templo. Antes de que el trance y el éxtasis se establecieran como religiones, eran realmente lo mismo, y estaban en el punto quieto del mundo que gira, como diría T. S. Eliot, donde el fuego y la rosa formaban una unidad.[103]

# 4

# Paisajes imaginarios, ciudades invisibles

El antiguo filósofo griego Pitágoras enseñaba a sus discípulos detrás de una pantalla, de modo que le oían la voz, pero no podían verle la cara. Los discípulos de Pitágoras eran llamados los *akousmatikoi*, que significa «los que oyen», y el término *acusmática* venía a definir la manera de escuchar música en Occidente.[1] La música occidental, especialmente la música clásica occidental, es «acusmática» en un doble sentido. Cuando oímos un violín tocando una nota musical en una sala de conciertos, esa nota no hace referencia a ninguna fuente del mundo real —como cuando un ladrido hace referencia a un perro, un crujido a una puerta, y una pisada a un pie—, aunque podamos ver perfectamente el violín. En su lugar, disfrutamos del sonido de la nota por sí misma. La cualidad acusmática aumenta cuando escuchamos una grabación de música, cuando no podemos ver a los intérpretes.

La audición acusmática no es natural porque, en el mundo real, oír forma parte de un conjunto de sentidos cuya función es recabar información acerca del entorno. Ésta es una de las razones por las que, como ya hemos visto en el capítulo 3, la música era normalmente un acompañamiento de otra cosa, en especial, de actividades relacionadas con el trabajo. Sin embargo, en torno a 1800, debido al aumento del ocio de la clase media y a los cambios que se producen en el ámbito filosófico después de la Revolución francesa, todo esto cambió y se volvió habitual tratar la música como algo abstracto. En el otro extremo del punto de inflexión de 1800, vemos a un filósofo francés como Jean-Baptiste Dubos, que en su *Réflexions critiques sur la poésie et sur la peinture,* de 1719, afirmaba que la música sólo era un arte válido si representaba la realidad, como la pintura y la literatura:

> Los principios básicos que gobiernan la música son similares a los que gobiernan la poesía y la pintura. A semejanza de la poesía y la pintura, la música es una imitación. La música no puede ser buena a no ser que se ajuste a las reglas generales que se aplican a las otras artes en cuestiones como la elección del tema y la exactitud de la representación.[2]

Después de 1800, sin embargo, las audiencias aprendieron a aceptar la música por sí misma como una estructura autónoma, no porque «pintara» o «expresara» alguna cosa. Una obra musical podía ser orgullosamente concebida por sí sola, como un objeto físico, pese a que obviamente era menos física que una escultura o un cuadro, y menos también que un poema, cuyas palabras al menos se refieren a cosas reales. Ahora, obras musicales como las sinfonías de Beethoven quedaban apuntaladas por el andamiaje interno de la coherencia formal, donde cada nota hace referencia a otra nota del interior de la obra. Y en efecto, la música programática continuó floreciendo, así como los poemas sinfónicos de Liszt y de Richard Strauss, o también obras únicas como *El mar* de Debussy. De todas formas, habían cambiado las tornas, y la música que contaba historias o pintaba cuadros se convirtió en la excepción que confirmaba la regla, e incluso era contemplada con mucha suspicacia. Eduard Hanslick, el mayor crítico musical del siglo XIX, amigo de Brahms y enemigo de Wagner, y el polo opuesto de Dubos, del siglo XVIII, creía firmemente que la música programática era una abominación que debía ser erradicada.[3] El triunfo de las obras musicales quedaba ahora sellado, consagrado y convertido en partituras, que luego fueron atesoradas como monumentos de la cultura occidental. La música clásica occidental constituye lo que la filósofa Lydia Goehr llama un «museo imaginario de obras musicales»; imaginario porque sólo existen en la cabeza de la gente.[4]

Tratar la música como un objeto abstracto y autónomo podría ser contemplado como tipificar todo lo que no encaja con la tradición occidental. Por otro lado, unos entornos visuales envolventes han surgido recientemente en su forma más pura en los videojuegos. Dicho de otra manera, la música acusmática ha anticipado los videojuegos. Otro modo de decirlo es que la música clásica, siempre y cuando sea un arte, es un tipo de ficción, y ésa sería la razón por la que la música es diferente de los meros sonidos. No existe un objeto al que se refiera la música, del mismo modo que tampoco Hamlet era una persona real. Una vez que empezamos a apreciar la música como una forma de arte ficticia, ya no necesitamos disculparla diciendo, por ejemplo, que es valiosa porque cura, o porque te equipa para el trabajo, o porque desempeña alguno de esos papeles prácticos que hemos visto en el capítulo 3. Sin duda, la música es capaz de hacer todo eso y más. Pero la música no necesita ser siempre música aplicada.

Lo primero que debemos observar es que la música acusmática no es en modo alguno abstracta. La música clásica no se distancia del mundo, sino que en realidad lo asimila y lo refina, como cuando destilamos el zumo de la uva para hacer vino, o el aroma de una flor para obtener perfume, por establecer una analogía. Estos orígenes están retenidos en una fuente, pero concentrados, refinados y mágicamente transmutados. En este capítulo veremos que el secreto de cómo hace esto la música reside en el fenómeno de la mímesis, una capacidad imitadora que Darwin detectó entre los llamados pueblos primitivos, y que los psicólogos adscriben al reino animal. La paradoja es que la música clásica occidental ha refinado la mímesis biológica hasta la enésima potencia.

Así pues, ¿qué imita la música? No objetos específicos (como árboles o caras) como proclamaba el filósofo Dubos, sino las cualidades del movimiento y la emoción, incluidas todas esas bandas sonoras mencionadas en el capítulo 3. Pero éstas han dejado de ser recorridos por una ciudad para convertirse en senderos que atraviesan las ciudades invisibles y los paisajes imaginarios de las obras musicales. En la segunda y la tercera parte de este libro seguiremos viendo lo importante que es viajar y caminar para el ser humano musical, entre otras cosas porque los australopitecos, nuestros primitivos antepasados homínidos, eran esencialmente simios que andaban. Formularé el argumento de que escuchar una sonata o una sinfonía es parecido a «caminar» por un paisaje virtual cuyos senderos son procesos musicales. La amplitud de los paisajes musicales es exclusiva de la tradición clásica occidental y, desde luego, no la comparte la cultura de tres minutos de las canciones pop. No es mi intención poner la música clásica frente a la música pop, a Mozart frente a Stormzy. Sin embargo, creo que la experiencia consciente de «caminar» por un «paisaje» clásico —cuya amplitud puede abarcar desde veinte minutos hasta varias horas— representa uno de los pináculos de la cultura occidental.

Durante el itinerario plantearé algunas ideas curiosas: que andar, como gesto humano, expresa emoción, y que los pasos de un recorrido musical son como los pasos de un argumento lógico. Por último, abordaremos el problema de qué es realmente la emoción, hilo que recorre todo este libro. Me preguntaré por qué oímos la música como un movimiento; por qué la inmersión en la música es como un pez que surca el océano; y por qué el mar de la música es tan oceánico como la religión. Y eso nos llevará al misterio más grande de cómo refleja la obra musical la extraña obsesión de la religión occidental por explicar el dolor. Como sus religiones, mitologías y obras teatrales, las obras musicales de Occidente tienen una fijación tanto por el dolor como por el orden lógico que racionaliza ese dolor como un paso necesario en el camino que conduce a la redención.

Dicho de forma breve, mi argumento nos llevará por el sendero a través de los siguientes pasos: el movimiento, la emoción, la imitación y la religión. Comenzaremos el recorrido preguntándonos qué es lo que hace del «espacio» musical algo tan distintivo, tan metafórico.


Los misterios del *continuum* espacio-movimiento
de la música

Las dos primeras notas de «Somewhere Over the Rainbow» «suben» una octava mientras Judy Garland alza debidamente la vista hacia el cielo de Kansas, tal vez en busca de Oz. Luego la melodía «desciende» despacio de vuelta a casa, formando un arco hacia abajo parecido al propio arcoíris. He entrecomillado las palabras «suben» y «desciende» porque en realidad las notas musicales ni suben ni bajan, ni tampoco se mueven. Una cosa es oír cómo se acerca o se aleja, o cómo pasa de izquierda a derecha, una banda de música, cuando la fuente física del sonido está en movimiento. Pero cuando las notas salen de un músico que está quieto, sencillamente no hay nada que ver: sólo el aire que vibra. Entonces ¿hablar de la música en términos de movimiento a través del espacio es sólo una metáfora? Cuando el Romeo de Shakespeare compara a Julieta con el sol («Pero ¿qué luz irrumpe por aquella ventana? / Es el este, y Julieta es el sol»), no está queriendo decir que Julieta sea una bola de gas ardiente. Está hablando metafóricamente, y tal vez Dorothy esté cantando metafóricamente.

El «espacio» y el «movimiento» musicales, si no son figuras retóricas, al menos difieren del espacio y el movimiento en el mundo real. Una diferencia es que cuando una nota avanza un paso —digamos de do a re—, no tiene por qué pasar por todas las posiciones intermedias para llegar allí, como cuando un pájaro vuela entre dos ramas. Una escala musical pasa de una nota a otra como los números de un reloj digital, no como las manecillas —en constante movimiento— en la esfera de un reloj analógico. Un segundo misterio del espacio musical es que es una espiral, como una molécula de ADN. Si subes por la escala, al final, después de ocho notas, terminas donde has empezado: la octava es la misma nota que la primera nota (la tónica), pero con la frecuencia acústica de las vibraciones duplicada. Puedes oír esa octava si cantas mentalmente «Some-where». «Where» está tan lejos como puedas llegar desde casa («Some») y, a la vez, es la misma nota elevada a una potencia superior. Una sola palabra, y el salto de una octava, muestra mágicamente la altura del arcoíris a través de un salto de la imaginación.

Hay más rotaciones de esta espiral en el centro de la escala, cuyas notas medias (los pasos tercero y quinto) también se hacen eco de la estabilidad de la casa, si bien de una manera más distante. Como hemos visto en el capítulo 2, los índices de frecuencia de los intervalos musicales más simples son (después del 1:1 del unísono), en orden inverso, la octava (2:1), la quinta (3:2) y la tercera (5:4).[5] Cuando la melodía de Dorothy desciende, alcanza la quinta en la palabra *high*, la tercera en la palabra *dreams*, y la casa de la tónica en la última sílaba de la palabra *lullaby*. Dicho de otro modo, cuando una escala musical sube y baja por la octava, oscila de acá para allá entre la inestabilidad (disonancia) y la estabilidad (consonancia). Más adelante aprenderemos el porqué de esta oscilación y su sorprendente vinculación con el caminar.

Lo cierto es que hay un argumento simple y fulminante de por qué el movimiento hacia arriba y hacia abajo en la música es real y no metafórico. Porque se corresponde con el movimiento ascendente y descendente de las cuerdas vocales de nuestra laringe.[6] Cuando entonamos una nota aguda, la laringe se tensa; cuando entonamos una grave, se relaja. Nuestra experiencia en el canto da incluso forma a la manera que tenemos de escuchar música no vocal. Así, aunque tocar una nota muy aguda al piano no requiere más esfuerzo que tocar una grave, nuestras cuerdas vocales, de manera simpática, se contraen como si lo requiriera. Es más, hay pruebas de que nuestra asociación del tono musical con la altura es innata y va conectada al cerebro.[7] Unos experimentos han demostrado que bebés de un año asociaban los tonos ascendentes y descendentes con unas flechas que apuntaban hacia arriba y hacia abajo,[8] y que la altura del tono ha sido registrada incluso por niños muy pequeños que eran ciegos de nacimiento.[9]

El mundo de la música está lleno de ejemplos de cómo los conocimientos culturales recargan estas asociaciones innatas. La teoría de la música de la antigua Grecia no habla de tonos agudos y graves, sino «afilados» y «pesados». En Bali y en Java tienen tonos «pequeños» (= agudos) y «grandes» (= graves). Los kisedje de Brasil asocian el tono a la edad, de modo que piensan en términos de «joven» (= agudo) y «viejo» (= grave).[10] Y por supuesto los pianistas tocan en teclados que «suben» de izquierda a derecha. Pero esto no significa en modo alguno que los pianistas no posean mentalmente una innata altura del tono, pues la ausencia de este sentido no queda demostrada por el hecho de que los kaluli de Papúa Nueva Guinea, que asocian el contorno melódico a una cascada, no tengan un concepto de las melodías ascendentes porque las cascadas no suben.[11]

Existe también una base neurológica que explica por qué los sonidos en general evocan el movimiento. Nuestro sentido del oído está muy vinculado con nuestro sistema vestibular, que es el responsable de que mantengamos el equilibrio mientras andamos. Escuchar música activa el córtex premotor, los ganglios basales y el cerebelo, áreas motoras asociadas al movimiento. De hecho, basta con que imaginemos una música —sin necesidad de oírla— para que se activen estas regiones cerebrales.[12] La teoría más elegante sobre la razón por la que oímos e imaginamos la música como movimiento, incorporando incluso la espiral del espacio musical, fue propuesta por el filósofo Charles Nussbaum.[13] Todo se remonta a los peces.

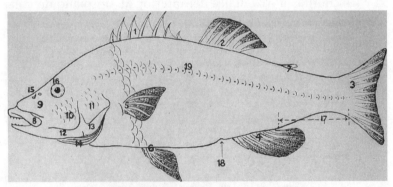

FIGURA 4.1. La línea lateral de un pez.

Los peces no oyen muy bien. Pero son excelentes a la hora de detectar el movimiento en el agua; a saber, los periódicos —es decir, repetitivos y cíclicos— movimientos natatorios de otros peces. Lo hacen a través de un sistema de células pilosas dispuestas de la cabeza a la cola, llamado línea lateral (véase figura 4.1).[14] Sería conveniente decir que los peces sienten o notan los sonidos, más que oírlos, y esta dimensión táctil se recupera cuando unas notas bajas muy graves hacen que retumben nuestros genitales. El oído humano no se desarrolló a par-

145

tir de la línea lateral (más bien surgió de las branquias del pez). Nosotros oímos a través del órgano de Corti, el núcleo de la cóclea, que contiene una serie de pelos sensibles no a las ondas de presión periódicas, como en los peces, sino a la frecuencia (véase figura 4.2).[15] El órgano de Corti es una versión diminuta y muy superior de la línea lateral. Si desenrollamos la cóclea, los pelos más pequeños —los responsables de las más altas frecuencias— estarían muy cerca del tronco encefálico, y los pelos más grandes serían los más alejados de él.[16] En este sentido, la evolución ha invertido la línea lateral desde el eje horizontal —de la cabeza a la cola— de los peces hasta el eje vertical —de la cabeza a los pies— de los humanos. Sería algo así como poner de pie el teclado de un piano, de modo que los tonos ascendieran en lugar de moverse de izquierda a derecha. Y de hecho, especialistas en acústica del siglo XIX como Hermann von Helmholtz señalaban la semejanza entre el órgano de Corti y las cuerdas horizontales del interior de un piano de cola, dispuestas como las de un arpa.[17]

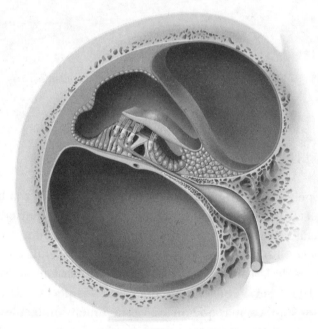

FIGURA 4.2. El órgano de Corti.

146

Ahora la historia de Nussbaum pasa a explicar la conexión que hay entre oír música y andar. Adaptado a la vida vertical en terreno seco, y sometido a la gravedad, el andar implica un balanceo periódico (regular y repetitivo) desde y hacia el centro de estabilidad, que es informado por el sentido del equilibrio del sistema vestibular. Este regreso periódico a la estabilidad le trae a Nussbaum a la memoria la espiral del espacio musical, la manera en que una escala oscila entre grados de consonancia y de disonancia; en última instancia, el periódico retorno de la octava.[18] Del mismo modo que andar en línea recta combina la dirección con las repeticiones cíclicas, así también una escala de notas coordina el «movimiento» «hacia arriba» y «hacia abajo» por el espacio musical con regresos cíclicos a la estabilidad. Hay varios mensajes muy sugerentes que podemos extraer de la historia de Nussbaum. El oído humano es una mezcla evolutiva de unos sistemas antiguos y modernos; un sistema primigenio orientado a la periodicidad, y un sistema más joven sensible a la frecuencia. O en otras palabras, nuestro gusto por las octavas es un recuerdo evolutivo de cuando éramos peces. La segunda lección que podemos extraer es que escuchar música está realmente relacionado con nuestra experiencia de andar erguidos en un campo gravitatorio. Otro pensamiento es que cuando decimos que la música nos «conmueve», como cuando un pez nota las vibraciones táctiles del agua, no estamos hablando en sentido metafórico.

En el ciclo de *Lieder* —canciones— de Schubert *Winterreise* («Viaje de invierno»), un amante despechado recorre un paisaje nevado en busca de redención espiritual. Las veinticuatro canciones alternan diferentes andares —penosos, sin prisa, arrastrando los pies, incluso corriendo atropelladamente presa del pánico— con momentos en los que el amante se detiene, como cuando se para a contemplar un tilo («Der Lindenbaum»). Los diferentes estilos de andar incluso adoptan aspectos de la naturaleza, de tal manera que el amante puede estremecerse como unas lágrimas heladas («Gefrorne Tränen»), revolotear como un fuego fatuo («Irrlicht»), apresurarse como un río embravecido («Auf dem Flusse») o planear como un par de cornejas («Die Krähe»). El piano capta muy bien el ritmo de los pasos huma-

147

nos, combinado con imágenes poéticas. La música no necesita palabras para expresar el movimiento. El lento movimiento de la poderosa *Novena sinfonía* de Schubert es como esos amplios paisajes montañosos que a Schubert le encantaba recorrer en el sur de Austria. Caminar por un paisaje es algo intrínseco a la música occidental; no es una metáfora. Pero eso no significa que no haya más misterios sobre cómo lo imaginamos. Para seguir por ese camino hemos de considerar un famoso ejercicio mental propuesto por el filósofo Ludwig Wittgenstein.[19]

La imagen de la figura 4.3 nos muestra un par de protuberancias que salen de un círculo. Puedes elegir entre verlas como las orejas de un conejo o como el pico de un pato. Puedes incluso cambiar de uno a otro a voluntad. Wittgenstein utiliza esta ilusión para explicar su distinción entre «ver» y «ver como». Ver que una hoja es verde es un simple acto perceptivo. Pero imaginar que un dibujo representa un pato y no un conejo es un proceso que puede ser impulsado o provocado. Puedes decidir ver algo de una manera determinada, o te pueden enseñar a verlo de esa manera. Y aunque Wittgenstein no lo deduzca, su idea también es aplicable a la música. Puedes elegir escuchar la música de una u otra manera, o te pueden guiar para que la oigas de un modo u otro.

FIGURA 4.3. ¿Conejo o pato?

Cuando nos ponemos a escuchar música, podemos adoptar el punto de vista externo de un espectador. Por ejemplo, imaginemos que estamos oyendo *La ascensión de la alondra* de Vaughan Williams. El violín, que encarna a la alondra, parece volar por el cielo; es un objeto moviéndose por un paisaje. Pero a veces es el paisaje el que se mueve mientras estamos quietos. Esto sucede cuando repasamos mentalmente una pieza muy conocida. Piensen en una obra o una canción que conozcan bien: podría ser *La ascensión de la alondra*, la *Quinta* de Beethoven o incluso «Somewhere Over the Rainbow». Si está lo suficientemente familiarizado con la canción o la obra, será capaz de traer a la memoria el principio, el medio o el final de la música a voluntad. No es algo que se diferencie de repasar mentalmente las distintas habitaciones de su casa.

Imagine ahora que está dentro de la música, no como un espectador. Oyendo o imaginando el galope de la obertura de *Guillermo Tell* de Rossini, se sentirá transportado a lomos de un caballo. Más que contemplar cómo la música pasa a su lado, se moverá con la música. Esto sucede con la mayor parte de la música para bailar, y también con la que parece bailable, como los *Conciertos de Brandemburgo* de Bach, así como con la que tiene mucha energía cinética, como por ejemplo la *Sinfonía Heroica* de Beethoven. Uno cede ante el movimiento de la música, se identifica con él. En cambio, la música que no posee mucho sentido del movimiento dirigido, como *El mar* de Debussy o la mayoría de la música polifónica renacentista, produce el efecto contrario. Ahora es la música la que se mueve mientras tú permaneces inmóvil, sintiéndote inundado por el sonido. Esto se asemeja a las dos maneras de imaginar el tiempo. A veces te sientes recorriendo realmente el camino de la vida; otras veces, te preocupa que la vida pase de largo a tu lado.

En estos cuatro ejemplos —(1) objeto externo en movimiento; (2) paisaje externo en movimiento; (3) interno, te mueves; (4) interno, estás quieto— tu opción viene dada por un aspecto de la música.[20] La alondra de Vaughan Williams se mueve porque el acompañamiento orquestal es comparativamente lento, de tal modo que oímos al pájaro como una figura recortada contra un fondo. Con la música para bailar o galopar, sin embargo, toda la orquesta se mueve al mismo tiempo. La razón por la que las misas de Palestrina y otras muchas músicas antiguas tienden a pasar por encima de nosotros como las olas del mar, es que en la textura ocurren demasiadas cosas como para que las comprendamos o podamos predecir una línea directriz. Pero no necesitamos indicaciones para decidir escuchar la música de una u otra manera. La canción de Dorothy en *El mago de Oz* no es exactamente una pizarra en blanco. Pero es lo bastante sencilla como para que hagamos el ejercicio mental. Consideremos de nuevo las dos notas iniciales, el salto de una octava de «Somewhere». Primero imaginemos estas dos sílabas en ubicaciones bajas y altas, respectivamente, como por ejemplo la base y la cúspide del arcoíris. Lo que estamos haciendo es oír el fragmento de música como dos lugares situados en el «espacio» musical. Ahora imaginémoslas como una única nota en movimiento, subiendo por el arcoíris. Hemos cambiado el enfoque para centrarnos en el «movimiento» de la música. Pato-conejo, espacio-movimiento. Bienvenidos al *continuum* espacio-movimiento de la música.

## El movimiento transmite emoción

La octava ascendente de Dorothy transmite otra cualidad: una sensación de anhelo. Cuando una nota cambia a otra en la música, no es como el movimiento newtoniano de un objeto inanimado, digamos, una pelota de críquet silbando por el espacio físico. Una nota parece que tiene vida por sí misma, de modo que «desea» pasar a la siguiente nota.[21] O —como para cambiar del conejo al pato— nos puede dar la sensación de que hay una fuerza vital que fluye entre las notas. Primero disfrutamos de una sensación anticipatoria cuando la melodía «sube» hasta lo más alto y, luego, cuando alcanza ese punto, gozamos de una recompensa emocional. Las notas culminantes o muy agudas de las melodías suelen producir un cosquilleo de placer al que los psicólogos llaman «el escalofrío» (o incluso el «orgasmo cutáneo»).[22] La nota la al final de «Nessun dorma» nunca decepciona, y Pavarotti (el Rey del Do Agudo) alarga descaradamente la nota más de lo que requiere la partitura de Puccini.

¿Qué tienen en común el movimiento y la emoción musicales? La neurociencia nos cuenta que el motor del cerebro y los sistemas de recompensa están unidos en el cuerpo estriado, en lo más profundo de los ganglios basales subcorticales del prosencéfalo. La parte dorsal superior del cuerpo estriado es responsable de la acción y la predicción. El cuerpo estriado ventral inferior está conectado con la parte más antigua y más emocional del cerebro, llamada sistema límbico. Un equipo de neurocientíficos que trabajaban en la Universidad McGill de Montreal, bajo la dirección de Robert Zatorre, descubrió un vínculo directo entre estas regiones cerebrales y los «escalofríos» musicales, debido a la liberación de dopamina.[23] La dopamina es un neurotransmisor que induce al placer y que va asociado a la comida, al sexo, a las drogas y también a la música (a diferencia de los otros tres, de la música es imposible abusar; es igual de adictiva, pero su exceso no perjudica). Utilizando la tomografía por emisión de positrones (PET, por sus siglas en inglés), el laboratorio de Zatorre midió cómo liberaban dopamina los cerebros de ocho sujetos mientras escuchaban sus piezas musicales favoritas. El orden de los sucesos es fascinante. Cuando la música empieza a crear el clímax durante la fase de anticipación, la dopamina entra a raudales en el cuerpo estriado dorsal. Cuando llega el clímax musical, provoca una reacción emotiva en el cuerpo estriado ventral. Ésta es la razón por la que los oyentes experimentan el mismo placer «acercándose» con la imaginación a la meta musical que cuando la alcanzan.

La labor de un compositor, por tanto, es manipular las anticipaciones del oyente. Así lo veía el gran teórico de la música Leonard Meyer, la primera persona que intentó descifrar el enigma de la emoción musical.[24] Meyer demostró que toda la música estaba basada en patrones, algunos de los cuales son naturales (o psicológicamente integrados), como la expectativa de que una escala continúe en la misma dirección en la que empezó, y algunos otros son aprendidos, como la convención de que una estrofa de una canción pop termina con un estribillo. Los compositores hacen verdaderos equilibrios entre la novedad y la redundancia. Demasiados cambios hacen que el oyente se pierda. Demasiado pocos cambios hacen que el oyente se aburra. La emoción es inducida cuando un patrón se interrumpe o, de alguna manera, se subvierte. Es como cuando alguien se te acerca sigilosamente por detrás y dice: «¡Uh!». La emoción en la música, como en la vida, hunde sus orígenes en el reflejo de sobresalto. La emoción musical es la destilación de la sorpresa; ya hemos hablado en el capítulo 1 del susto que provoca la *Sinfonía Sorpresa* de Haydn. Pero Mayer descubrió que la emoción también brota cuando se cumple un patrón, cuando éste alcanza su objetivo, tal y como ha confirmado Zatorre. Meyer, que escribía en la década de 1950, propuso unas ideas que tardaron más de medio siglo en ser comprobadas por la neurociencia moderna. Se ha demostrado que la emoción musical oscila entre la subversión y la resolución de las expectativas, entre la anticipación y el clímax. Algunos de los ejemplos más vívidos están en la ópera, que eleva este principio a un drama de primera categoría.

Lo divertido de la ópera es que, por ejemplo, *Tristán e Isolda*, de Wagner, logra el clímax sexual más prolongado de la historia universal, pues dura aproximadamente cinco horas. Dicho con mayor precisión, la consumación de los amantes —expresada por la armoniosa resolución del anhelante «acorde de Tristán», introducido en los compases iniciales— es interrumpida exactamente en la mitad de la ópera. En el acto II, escena 2, en el momento en que están a punto de besarse, la pareja es descubierta por el marido de Isolda, el rey Mark, y el «acorde de Tristán» queda interrumpido. Muchísimo más tarde, cuando Tristán muere herido en una playa de Bretaña, el acorde se resuelve derramando Isolda su alma en una extática «muerte por amor» (*Liebestod*). El ritmo que alterna la subversión con la resolución también es fundamental para provocar un efecto cómico. Al final de *Las bodas de Fígaro*, de Mozart, el conde está furioso por haber descubierto a su mujer aparentemente in fraganti con el criado del conde. Cuando éste le levanta el velo, resulta ser la doncella de su mujer, Susana, y entonces la condesa sale de su escondite. En cuestión de segundos, la ira se convierte en sorpresa, luego en asombro y finalmente en un himno de perdón. Aunque la ópera empieza en tono de comedia, la vertiginosa sucesión de giros y retrocesos recuerda a la *peripeteia* de la tragedia de la antigua Grecia, o incluso a la escena de la transformación al final del *Cuento de invierno* de Shakespeare.

Según el psicólogo de la música David Huron, el seguidor más destacado de Meyer, lo que está pasando aquí se llama «valencia contrastiva».[25] La emoción es más intensa cuando nuestra valoración de algo cambia de negativa a positiva; dicho de otro modo, la intensidad es proporcional al contraste. A juzgar por los cientos de millones de visitas que ha recibido en YouTube, la valencia contrastiva a escala global fue provocada por el vídeo de prueba de la cantante Susan Boyle para el programa de televisión británico *Britain's Got Talent*.[26] El vídeo es una prueba de los estereotipos sociales y se ha convertido en objeto de sesudos estudios académicos.[27] Presentada como una mujer desgarbada de mediana edad, Boyle aparece en el escenario y es escarnecida tanto por los jueces como por la audiencia. En cuanto empieza a cantar «I Dreamed a Dream», de *Los miserables,* el escarnio se convierte en una sorpresa que va aumentando hasta la euforia y el entusiasmo. La audiencia se pone en pie; su entusiasmo alcanza el clímax con el propio punto álgido de la melodía, su escala ascendente. Es una perfecta tormenta emocional, una extraordinaria mezcla de sorpresa, valencia contrastiva, anticipación melódica y clímax, que prende fuego viralmente al planeta entero. La respuesta inmediata de Piers Morgan, uno de los jueces, difícilmente podría haber sido más elocuente: «Es la mayor sorpresa que me he llevado en tres años en este programa». No me da ninguna vergüenza admitir que me emociono cada vez que veo este vídeo; ya sea por mi escepticismo o, más probablemente, por casualidad, lo cierto es que me toca todas las fibras emocionales. Resulta instructivo compararlo con la —igualmente destacable— actuación ganadora de un Óscar de Anne Hathaway de «I Dreamed a Dream» en la película de *Los miserables*. Hathaway nos hace llorar porque simpatizamos con la protagonista trágica de Victor Hugo. El vídeo de Boyle nos hace llorar porque subvierte un patrón, un estereotipo social.

La anticipación sólo es posible porque los humanos entienden los intervalos regulares del tiempo. El neurocientífico Aniruddh Patel ha relacionado nuestra capacidad para predecir lo que vendrá a continuación con la evolución de los andares.[28] En otras palabras, el andar puede haber enseñado a nuestro cerebro su sentido del tiempo, y el tiempo es quizá la «simulación interna» cerebral del movimiento periódico de los pasos (con un promedio aproximado de un paso cada 100 milésimas de segundo). Ésta es una teoría maravillosa que envuelve primorosamente en un solo paquete la música, la emoción, la anticipación y el andar. Pero ¿qué importancia tiene que los monos no puedan ser adiestrados para dar golpecitos al ritmo de un metrónomo? ¿O por qué es relevante que el escáner de un EEG —electroencefalograma— de los patrones de las ondas cerebrales del macaco Rhesus sugiera que ni siquiera perciben el ritmo regular?[29] ¿Acaso no deducimos de ahí que los animales que no andan erguidos sobre dos patas y que carecen del sentido del tiempo (incluidos animales como los bebés humanos) no tienen por definición emociones? Díselo a un perro que esté ladrando o a un niño que esté dando alaridos. La teoría aún sigue en pañales; hay que desarrollarla más.

## ¿Qué puede enseñarnos Darwin acerca de la emoción musical?

Escasean los pensadores que hacen no una revolución intelectual, sino dos. *El origen de las especies* es la obra más conocida de Charles Darwin. No le va muy a la zaga en importancia *La expresión de las emociones en el hombre y en los animales*, el libro que más ha contribuido a configurar nuestros conocimientos modernos sobre la emoción.[30] *La expresión* hace detonar dos afirmaciones explosivas. La primera es que existe una continuidad entre las emociones de las personas y las de los animales. En eso me centraré en la tercera parte del libro. Pero para ir abriendo boca, sugeriría que no hay ninguna razón para dudar de que la furia del dinosaurio T-Rex de la película *Fantasía* de Walt Disney procede del mismo cerebro reptiliano que la música de Stravinski que la acompaña. De momento, dejaré esta idea aparcada. La segunda explosión es la idea de Darwin según la cual las emociones desempeñan un papel adaptativo que ayuda a los humanos y a los animales a sobrevivir en un entorno hostil. Compartamos o no las mismas emociones con los animales (y yo creo que en gran parte sí lo hacemos), las emociones funcionan de una manera similar. Las emociones no son un adorno o un aderezo irracionales que se opongan a la racionalidad de los conceptos y del lenguaje. Darwin demostró que son racionales a su manera, así como absolutamente imprescindibles tanto para la evolución como para la vida cotidiana moderna. Como veremos, ésta es una noticia muy buena para la música, el arte emotivo por excelencia. La idea abre un camino para una teoría de la evolución musical.

El «momento eureka» de Darwin tuvo lugar durante una visita al zoológico de Londres, donde se encontró con una víbora bufadora:

> Pegué la cara a la gruesa placa de cristal [frente a la víbora bufadora] con la firme determinación de no retroceder si la serpiente chocaba contra mí; pero en cuanto asestó el golpe, mi resolución no sirvió de nada y retrocedí uno o dos kilómetros a una velocidad pasmosa.[31]

Si Darwin se hubiera encontrado con la serpiente en plena naturaleza, su instintivo retroceso podría haberle salvado la vida. Este instinto está tan arraigado en nuestra naturaleza que es imposible resistirse a él, aun cuando nuestra mente racional nos diga que estamos a salvo. En palabras de Darwin, «el sistema nervioso [...] envía una orden al sistema motor tan rápidamen-

155

te que no [nos] da tiempo de pararnos a pensar si el peligro es real».[32] Las emociones, por tanto, lejos de ser irracionales, son en cierto modo más listas y más rápidas que la razón. Evalúan la situación «deprisa y corriendo» y ejercen una influencia directa en nuestras acciones y nuestro posible bienestar.

Esta rápida evaluación afectiva no es el final de la historia. Asimismo desencadena respuestas fisiológicas (como la actividad en nuestro sistema nervioso autónomo y cambios en la musculatura facial) y respuestas motoras (dependiendo de cómo afronte el organismo la situación). Y por último, estas respuestas generan una «evaluación cognitiva» más afinada («¡Es una serpiente!») o una reevaluación («Está detrás del cristal», o posiblemente, si es en el campo, «Bah, es sólo un palo»). Según Jenefer Robinson, una filósofa contemporánea muy influida por la teoría de Darwin, «la emoción no es una cosa ni una respuesta ni un estado ni una disposición; es un proceso, una secuencia de sucesos».[33]

La ciencia no progresa con arreglo a una línea constante. Se parece más a la danza del ganso medieval de Echternach, en Luxemburgo, donde los peregrinos, saltando del pie derecho al pie izquierdo como un ganso, alternaban entre tres pasos adelante y dos atrás.[34] Las ideas de Darwin sobre la emoción tardaron mucho tiempo en ser tomadas en serio. Durante gran parte del siglo XX, la psicología estuvo dominada por el conductismo de B. F. Skinner, según el cual los humanos eran ratas de laboratorio glorificadas sometidas al «condicionamiento operante» sin ninguna vida interior y, desde luego, sin emociones. Después de la década de 1980, sin embargo, las humanidades y las ciencias sociales dieron un «giro afectivo» gracias a teóricos de la emoción como Magda Arnold, Richard Lazarus, Keith Oatley y Nico Frijda.[35] Siguiendo a Darwin, estos «teóricos de la evaluación» sostenían que la emoción ayudaba a detectar y prestar atención a algo esencial del entorno que afecta a nuestro bienestar.

La evaluación emocional no es una anticipación; la anticipación predice lo que ocurrirá en el futuro, mientras que la evaluación percibe y valora lo que está pasando en este mismo momento. La emoción es un modo de percepción sensorial, como la vista o el oído. No obstante, la evaluación está directamente relacionada con mi idea de que la emoción implica recorrer un camino, pero ahora de una manera bastante diferente. Una evaluación emocional provoca una tendencia a actuar de una manera determinada; dicho brevemente, lo que el psicólogo Nico Frijda denomina una «tendencia de acción».[36] El miedo nos hace huir. La ira nos hace atacar. El amor nos hace tocar lo que amamos. La emoción también es evaluada en términos de cómo ayuda a que se cumplan u obstaculiza nuestros objetivos personales. La felicidad significa que hemos logrado nuestro objetivo. Que nuestro objetivo se vea obstaculizado nos enfada. Perder nuestro objetivo, como cuando perdemos a un ser querido, provoca tristeza. Así pues, si imaginamos la vida como un camino que atraviesa el mundo hacia el objetivo o la meta del bienestar personal (es decir, la supervivencia evolutiva), entonces las emociones son las maneras que tenemos de recorrer ese camino.

Es evidente que este modelo de emoción reproduce la idea de que la música es un camino que atraviesa un paisaje imaginario. Las piezas alegres revelan una «tendencia de acción» musical hacia objetivos coronados por el éxito. Las piezas tristes parecen carecer de la voluntad de vivir, y sus caminos serpentean sin un objetivo claro. No importa que adoptes el punto de vista del actor o del espectador, el del conejo o el del pato, ni si es el objeto o el paisaje el que «se mueve».

De hecho, muchos de estos caminos ya han sido explorados en la vida real, en los recorridos de la música por la ciudad esbozados en el capítulo 3. He aquí el truco o, si lo prefieren, el milagro: los mismos principios son tan aplicables a la vida cotidiana como a la vida interior de la música. El ser humano musical deviene el ser humano en la música. Esto constituye la doble vida de la música.

Volvamos a visitar ese dormitorio del adolescente del capítulo 3 en el que la música era la banda musical de una historia de amor. ¿Qué tipo de música eligen los amantes para escribir el guion de la primera fase de una relación? Tiene que ser relajante, de modo que más vale una canción que un baile. Ha de ser suave y tranquila para poder hablar, o para no tener que hablar, de modo que las cualidades amorosas de la canción hablen por los amantes («la música es el lenguaje del amor», etc.). Estaría bien que la canción fuera lenta, de modo que se cree un tempo discretamente adecuado para el encuentro. Y también que la música variara de intensidad, reproduciendo así las titubeantes aproximaciones y retiradas de los primeros momentos de intimidad.

De las muchas canciones de amor que hay, cualquiera puede ser la apropiada. Una clásica que me viene a la cabeza es «I Will Always Love You», de Whitney Houston, de la película *El guardaespaldas*. En mi opinión, todos los rasgos de la conducta amorosa que esa música podría acompañar están también presentes en la canción. Recuerden cómo empieza el tema, con Houston cantando en voz baja, entre susurros y sola (sin acompañamiento), con un registro bajo y con esa respiración extrañamente entrecortada entre las palabras. Cuando Houston se va animando, alarga las palabras con esas galopantes carreras vocales tan características de la música góspel, cuyo efecto aquí es componer una emoción de trémula incertidumbre. Éste es un marco perfecto para el último golpe de gracia, cuando la cantante encuentra al fin la certidumbre en una nota tónica extremadamente larga y sostenida que asciende a lo más alto de su registro (la primera nota de la escala, pero una octava más arriba), con las palabras que completan el sentido de la canción. El clímax melódico viene subrayado por la primera entrada de la guitarra y las cuerdas del sintetizador.

Y luego repite todo el ciclo, retrocediendo y subiendo hasta alcanzar el clímax dos veces más, con cada oleada más aguda y más segura que la anterior. La segunda estrofa es más intensa porque la sección rítmica, ausente hasta ahora, entra finalmente, y ella canta en voz más alta y con mayor convicción. En la tercera estrofa es acompañada por el saxofón. Y para el tercer clímax Houston recurre al viejo truco de subir de clave, y su voz se quiebra en un falsete para el último y estratosférico «you». Recuerdo que en la década de 1990 la canción de Houston imponía el silencio en los pubs británicos, donde los bebedores sucumbían a un desvanecimiento colectivo y al «escalofrío» musical del clímax final. Nunca el término «orgasmo cutáneo» ha sido más acertado para describir cómo la música es capaz de provocar oleadas de placer que te recorren todo el cuerpo.

«I Will Always Love You» va desde la indecisión hasta el clímax erótico. Lo mismo sucede en *Tristán e Isolda*; en realidad, toda la música de amor tiene esta forma y por eso suena como música de amor. La forma del amor —o, en términos darwinianos, su «tendencia de acción»— es una acumulación de oleadas encaminadas a un clímax. Para entenderlo, no hace falta ver el vídeo de Houston añorando a Kevin Costner, ni tampoco es necesario saber nada de Whitney Houston o entender la letra. La forma viene dada por la música. Éste es el sonido del sexo. No es una casualidad que este tipo de música pueda también escribir el guion del sexo. Lo esencial, sin embargo, es que la música refleja e interioriza la conducta cotidiana. Resulta que la música, después de todo, no es abstracta. O también se podría decir que sí es abstracta en el sentido técnico de algo abstraído de la realidad concreta y presentado de forma concentrada. Por continuar con el símil que he introducido más arriba, es como destilar la esencia de una flor y convertirla en perfume.

La música de Occidente tiene una «doble vida» porque, por un lado, acompaña nuestras actividades y, por otro, las refleja dentro de sus sonidos, sus gestos y sus patrones formales. Lo que oímos en «I Will Always Love You» también es aplicable a todas las demás emociones.

Cuando el general Noriega fue asediado en la embajada del Vaticano, como ya he contado en el capítulo 3, el ejército estadounidense no le bombardeó con Céline Dion. Utilizaron rock duro porque sus agresivos y potentes acordes expresan la emoción de la ira. Los chirriantes violines de la escena de la ducha de *Psicosis*, cortesía de Bernard Herrmann, son analogías sonoras de los gestos de apuñalamiento de Anthony Perkins. Pero también armonizan perfectamente con los gritos de terror de Janet Leigh: Hitchcock sabe que la ira y el miedo son dos caras de la misma moneda. El *Adagio* de Albinoni, citado por el *Daily Telegraph* como el número 5 en su encuesta sobre las setenta y ocho canciones más interpretadas en los funerales (extrañamente, la número 1 es «Always Look on the Bright Side of Life», de Monty Python), es triste porque está saturado de gestos llorosos llamados «apoyaturas».[37] *The Wall Street Journal* difundió un reportaje sobre por qué «Someone Like You», de Adele, hace llorar a la gente, y también lo atribuyeron a sus apoyaturas: ornamentos descendentes, similares a suspiros, que chocan con la armonía.[38] Pero las melodías tristes también tienden a caer en contornos descendentes, imitando la manera en que la pena o el dolor nos derriba y nos resta energía. Por el contrario, cuando estamos ufanos, nos ponemos erguidos y sacamos pecho. Eso es lo que hace, audiblemente, *Pompa y circunstancia*, de Elgar. El fervor revolucionario de *La Marsellesa* lo captamos gracias a las fanfarrias del principio, que avivan la música del mismo modo que la música militar anima a las tropas. El mayor golpe de genialidad de toda la música de las películas fue el uso del retumbo del contrabajo para sugerir que se acercaba un tiburón. Mucho antes de *Tiburón*, Berlioz utilizó la misma idea en el movimiento lento de su *Sinfonía fantástica* para evocar el lejano trueno de una tormenta que se avecinaba. Spielberg no pudo resistirse y recicló esta genial idea dos veces más, usándola para el dinosaurio T-Rex de *Parque Jurásico* y para el tanque de *Salvad al soldado Ryan*.

La alegría musical es más elusiva porque, en cierto modo, toda la música nos alegra; incluso disfrutamos, en algún sentido, de la música triste. Resulta que la música alegre es formalmente más simple y más convencional, pues la felicidad darwiniana —su «tendencia de acción»— es el cumplimiento del objetivo.[39] «Happy Birthday to You» es una perfecta joya en

160

cuanto a simplicidad convencional y cumplimiento del objetivo. A la música alegre le encanta la simetría y la repetición: una frase inicial concisa («Happy birthday to you») es respondida por una repetición modificada. La música alegre necesita alejarse y ser capaz de regresar triunfante. La segunda mitad de la canción es más continua (es decir, carece de la repetición simétrica) y más compleja; alcanza el punto melódico más alto («Happy BIRTHDAY dear X...») y, al final, hay una última repetición. «Three Blind Mice», «Twinkle, Twinkle Little Star» y la «Oda a la alegría» de Beethoven, todas ellas funcionan con arreglo al mismo principio: repetición inicial, digresión y regreso. Asimismo encarnan la afición de la felicidad o la alegría por unos patrones gradualmente descendentes, que simulan la ley de la gravedad. Lo que sube tiene que bajar; sólo así se logra un efecto bonito y equilibrado.[40]

Debido a su simplicidad y a su previsibilidad, el género de baile del *skiffle*, de la década de 1950 (véase capítulo 3), representa otro aspecto de la música alegre: su carácter «participativo». Nunca somos más felices que cuando estamos socialmente integrados, cuando podemos participar de la interpretación de la música o cuando bailamos. Bailar te pone contento porque involucra plenamente tu cuerpo en una actividad placentera, fortaleciendo así un bucle de retroalimentación: la alegría te da ganas de bailar y bailar te pone más alegre (a través de lo que los psicólogos llaman «retroalimentación periférica»).[41] Sin embargo, estas mismas cualidades vuelven sospechosa a la música alegre para algunos filósofos marxistas como Theodor Adorno, príncipe de la melancólica ciencia de la teoría crítica.[42] La música que es fácil de escuchar —porque es previsible— a menudo puede ser superficial y no muy interesante desde el punto de vista artístico. Es fácil producirla masivamente en las fábricas de la cultura popular, como lo hacen las industrias del pop y el rock o los proveedores de *jingles* publicitarios. Al sospechoso vínculo que hay entre la música estandarizada y el dinero se le saca partido cuando la música tranquila se usa para lubricar la experiencia de ir de compras, tal y como hemos visto en los centros comerciales de Bold Street y Liverpool One. Pero eso no significa que la música alegre sucumba siempre a ese peligro de la superficialidad. El recorrido de los Beatles desde el *skiffle* hasta *Abbey Road* es el de ir ahondando gradualmente en la alegría: desde lo ridículo hasta lo sublime. Otra versión de esta profunda felicidad es la clásica forma de la sonata, el tipo de música más prestigioso en Occidente.[43] Su forma es la quintaesencia de la simetría, el desarrollo orientado a un objetivo y el regreso triunfante. Las ideas son presentadas en una exposición, luego son elaboradas en una sección de desarrollo y, por último, son repetidas y resueltas en una recapitulación. El marco emocional predeterminado de la música clásica es alegre; por eso nos gusta tanto.

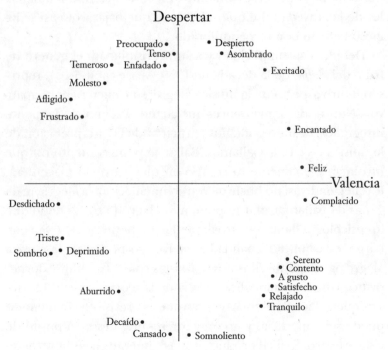

FIGURA 4.4. Un mapa del espacio emocional.

Cartografiar el espacio emocional es sorprendentemente práctico. La figura 4.4 se basa en el gráfico circumplejo de la emoción, del psicólogo James Russell, en torno a los dos ejes de la valencia (agradable o desagradable) y la estimulación (mucha o poca energía).[44] Las cinco emociones básicas —alegría, tristeza, ira, ternura y miedo— pueden ser representadas en los términos de estos parámetros. La alegría es agradable y requiere mucha energía. La ira también requiere mucha estimulación, pero es desagradable. La tristeza gasta poca energía y es desagradable. La ternura requiere poca estimulación y es agradable. El miedo es como la ira, pero incluye elementos de imprevisibilidad. Experimentos llevados a cabo por el psicólogo de la música Patrick Juslin han descubierto que los oyentes asocian estas emociones con cómo esté interpretada una melodía. Así, Juslin le pidió a un guitarrista que tocara «When the Saints Go Marching In» de diversas maneras, y luego les pidió a los oyentes que identificaran qué emociones sentidas por ellos habían sido expresadas.[45] Cuando la melodía era interpretada a todo volumen, en *staccato*, rápidamente y en modo mayor, a los oyentes les resultaba alegre. Cuando el guitarrista se pasó del modo mayor al menor, a los oyentes les pareció que la música sonaba airada. Cuando la tocaba suavemente, en *legato*, lentamente y en clave mayor, sonaba tierna. Cuando la tocó suavemente, en *legato*, lentamente pero en modo menor, los oyentes sintieron tristeza. Y cuando fue interpretada con contrastes imprevisibles, les sonaba aterradora. Estos parámetros acústicos funcionan por todo el espectro de la música clásica y popular, para cualquier pieza que pueda uno imaginar. He aquí una serie de ejemplos al azar: «Here Comes the Sun», de George Harrison (alegre); «Hometown Glory», de Adele (triste); «Nobody Does It Better», de Carly Simon (tierna); «Killing in the Name», de Rage Against the Machine (ira); «Ghost Hardware», del artista británico de *dubstep* Burial (miedo). Con su misteriosa mezcla de sonidos electrónicos, notas discordantes y contrastes imprevisibles que se ciernen sobre la audibilidad, Burial presenta el sonido moderno de la ansiedad urbana.

El miedo es la emoción más primitiva, es la manera que tiene una criatura de hacer frente a un entorno hostil. Los científicos han enseñado a un moho mucilaginoso unicelular llamado *Physarum polycephalum*, un organismo tan primitivo que carece de sistema nervioso, a no tener miedo de ciertas sustancias amar-

163

gas.[46] Preguntarse si este organismo experimenta miedo igual que nosotros es considerar la emoción desde un punto de vista erróneo. Lo cierto, más bien, es que lo que llamamos «miedo» es sólo un nombre que designa un mecanismo de adaptación sumamente básico. Lo que resulta fascinante es que este reflejo primitivo siga existiendo al cabo de milenios de tiempo evolutivo con las formas más sofisticadas que haya conocido la cultura humana.

## EL MIEDO DE SCHUBERT

El miedo acecha en el paisaje de la *Sinfonía Inacabada* de Schubert. Lo primero que se oye es un tema misterioso, oscuro y lento susurrado casi inaudiblemente por los contrabajos.[47] ¿Por qué nos parece tan amenazante este tema? Estamos biológicamente programados para asociar los sonidos graves y lentos con objetos grandes (pensemos en el gruñido de un oso). Cuando ese sonido es muy débil, de forma automática calculamos la distancia y comprobamos que está muy lejos. John Williams utiliza exactamente el mismo principio que Schubert en *Tiburón* (pese a que paradójicamente los tiburones son silenciosos). La sinfonía hace una pausa efectista, y luego los violines reaccionan ante esta amenaza temblando. Ésta es una respuesta paralizante, la primera tendencia de acción del miedo.[48] Los toques de las cuerdas más graves (violonchelos y bajos) imitan las palpitaciones de un corazón asustado. La lejana amenaza de Schubert tarda nueve minutos en llegar. El tema ominosamente grave regresa para vengarse al inicio de la sección del desarrollo, esta vez a un volumen alto y desagradable, y todo se convierte en un infierno: una tormenta de fuegos artificiales orquestales. En términos darwinianos, ésta es la tendencia de acción del ataque. Pese al intervalo de nueve minutos, el oyente infiere un viaje a través del *continuum* espacio-movimiento de la música, un recorrido imaginario desde A hasta B. Oímos que la amenaza «ha avanzado» hacia nosotros a través del paisaje virtual de Schubert.

Éste es el trasfondo primitivo de la *Sinfonía Inacabada*. A este trasfondo se le superpone una historia culturalmente más moderna, el plan convencional de la forma de una sonata. Las historias de las sonatas comparten la forma con el estereotipado cuento de hadas, tal y como lo ha catalogado el gran folclorista ruso Vladímir Propp.[49] En los cuentos populares de todo el mundo, desde *El gato con botas* o *El mago de Oz* hasta *Star Wars*, un héroe o heroína abandona su casa, tiene aventuras que posiblemente culminen en una batalla, y regresa a casa triunfante o derrotado. En la música llamamos «casa» a la clave «tónica», la clave basada más o menos en la primera nota de la escala. Esta clave se usa generalmente mucho en la primera parte de la música, en la exposición. Abandonar la casa se llama «modulación», y habitualmente se modula hacia la clave «dominante», construida sobre el quinto grado de la escala. La segunda mitad de la exposición normalmente se asienta en la clave dominante. Las aventuras y las batallas ocurren en la sección del desarrollo, en claves aún más distantes. Y el héroe o heroína regresa a casa en la recapitulación. La mayor parte de la música, desde Haydn, Brahms, Mahler y Sibelius hasta Shostakóvich, realiza los cambios sobre este esquema básico, que es parte del mobiliario mental del amante de la música.

Como ya he dicho antes al hablar de la «doble vida de la música», los mismos principios de la vida cotidiana se pueden aplicar a la vida interior de la música. Ése era el milagro número 1. Ahora viene el siguiente movimiento del truco, el milagro número 2. Los cinco cuadrantes del espacio emocional, cartografiados por Russell y Juslin, son puntos de escala del viaje del héroe o heroína en el espacio de la sonata. Cuando el protagonista musical recorre el «paisaje», él o ella se somete a una serie de experiencias emocionales. Es algo parecido a los diversos pasos emocionales que da con desgana el despechado amante en el *Viaje de invierno* de Schubert, aunque allí las emociones eran expresadas por sucesivas canciones. Pero el principio es el mismo. Nuestro viaje por la vida es una andadura emocional siempre cambiante. Tras iniciar con el miedo, la sinfonía de Schubert modula hacia el amor en el segundo y tierno tema: la famosa y excepcional melodía de la obra. La exposición alcanza el clímax en el triunfo. Pero esta feliz conclusión es prematura y superficial. Me recuerda al célebre cartel de *Tiburón*, que muestra a una mujer nadando tan tranquila en la superficie del océano, serenamente inconsciente del peligro que acecha más abajo. Ese peligro sale a la superficie en la sección del desarrollo y se come la música. El movimiento muere trágicamente de pena, la quinta y última emoción.

En la música, como en las películas de terror, nadie muere de verdad, a diferencia de lo que ocurre en la realidad, donde la naturaleza es «cruel y despiadada». Sin embargo, el juego de la imitación de la música es más inteligente que el del cine porque es abstracto. La vida de la música refleja la vida cotidiana sin que en ella se vea nada. ¿Cómo consigue esto la música?

## Mímesis

La música puede imitarlo todo. Puede no dársele muy bien pintar la impresión visual de algo como, digamos, una cucharilla en un vaso de agua. Pero tiene una capacidad fantástica para expresar el movimiento y la emoción: las luchas, las aspiraciones, los triunfos y las tragedias de la gente. La expresión musical tiene tantísimos recursos como la onomatopeya, los gestos con las manos o las entonaciones ascendentes y descendentes de la voz humana, como cuando quedamos atrapados en un país extranjero y nos vemos forzados a comunicarnos con las manos o los sonidos vocales. Incluso podría decirse que la imitación musical ejemplifica una compulsión humana más general hacia la mímica. Darwin, basándose en las experiencias que tuvo en su viaje a bordo del *Beagle*, llamaba a esta compulsión una «facultad». El diario del *Beagle* recoge las interacciones de su tripulación con los nativos de Tierra del Fuego.

Son unos imitadores excelentes: en cuanto tosemos o bostezamos o hacemos cualquier movimiento extraño, inmediatamente nos imitan. Uno de los oficiales empezó a bizquear y a poner caras de mono; pero uno de los jóvenes fueguinos (que llevaba la cara pintada de negro con una cinta blanca por encima de los ojos) consiguió hacer unas muecas mucho más espantosas. Eran capaces de repetir de una manera perfectamente correcta cada palabra de cualquier frase con la que nos dirigiéramos a ellos... Todos los salvajes parecen poseer, hasta un grado muy poco común, esa capacidad para la imitación.[50]

El encuentro se vuelve más interesante todavía cuando los marineros se integran en el espíritu de la mímica y empiezan a imitar a los indios imitándolos a ellos. El capitán FitzRoy del *Beagle* anotó sus impresiones en su propio diario:

Expresaban su satisfacción o su buena voluntad frotando o dando palmaditas en sus propios cuerpos, y luego en los nuestros; y se les veía entusiasmados al mirar las payasadas que hacía un hombre que pertenecía a la tripulación del barco, que bailaba bien y era un buen imitador.[51]

Repasando estos informes, el antropólogo Michael Taussig se pregunta: «¿Quién imita a quién?».[52] Exactamente el mismo problema del «huevo y la gallina» se plantea cuando los adultos imitan el habla del bebé mediante un lenguaje dirigido al niño, el «maternés». Como ya hemos visto en el capítulo 2, las personas (y no tienen por qué ser necesariamente padres) descubren esta facultad cuando le hablan instintivamente a un niño pequeño. Lo que resulta tan fascinante del lenguaje es que, cuanto más nos remontamos en el tiempo —prescindiendo de la sintaxis y de la semántica—, más imitador se vuelve. Lo que el lenguaje pierde de articulación, lo gana en mímesis.

A principios del siglo XX, las raíces primitivas de la mímesis fascinaron a una corriente de pensadores. El filósofo alemán Walter Benjamin pensaba que «la capacidad de encontrar parecidos o similitudes no es más que el rudimento de la poderosa compulsión —propia de tiempos pasados— por convertirse en otra cosa y comportarse como algo distinto».[53] El escritor francés Roger Caillois vinculaba audazmente la mímesis con la biología de los insectos, como cuando un organismo, digamos un insecto palo, mimetiza su nicho ecológico para esconderse de los depredadores. Caillois creía que esto demostraba el instinto vital de fusionarse con el entorno: «el deseo humano de recuperar su insensata condición original, un deseo comparable a la panteística idea de volverse "uno" con la naturaleza... [y] de recuperar la inconsciencia prenatal».[54] En la antropología de la religión se han hecho afirmaciones similares, y no es una casualidad que el héroe de la narrativa de Caillois sea la mantis religiosa. El salto de la biología a la religión, a simple vista astronómicamente grande, en realidad no es ningún salto. El sociólogo Émile Durkheim nos enseñó cómo las primeras religiones se comunicaban con la divinidad imitando a los animales: esa comunión con los animales salvaba la distancia entre los humanos, por un lado, y la naturaleza y lo sobrenatural, por otro. El propio Darwin describe el «corroboree», una danza ceremonial de los aborígenes australianos, que incluía un baile del emú «en el que cada hombre estiraba el brazo flexionándolo».[55] Coincidiendo con la idea de Darwin, Durkheim, en *Las formas elementales de la vida religiosa*, observaba que los ritos religiosos, como los del pueblo aborigen arunta (o arrernte), son esencialmente imitativos. Los bailarines saltan como canguros o vuelan como hormigas aladas; imitan los chillidos de un murciélago, la llamada de un pavo salvaje o guajolote gallipavo, el siseo de una serpiente o el croar de una rana.[56] La creencia generalizada es que gracias a la mímesis se obtiene el dominio o el control. Imaginamos que podemos cambiar aspectos del mundo imitándolo; este principio es fundamental para la antigua tradición de la magia simpática. Esta visión precientífica del mundo sobrevive en la práctica vudú de aguijonear una imagen de madera de tu enemigo.

La mímesis es lo que hace la música, con un pie en la biología y otro en la religión. Un compositor imita la naturaleza y el mundo, y no lo hace de una manera superficial, como Vivaldi en *Las cuatro estaciones* o los reclamos de las aves en la *Sinfonía Pastoral* de Beethoven. La música saca partido de la vida interior de la experiencia humana, de sus movimientos y emociones.

La mímesis de la mímesis, como en el ciclo imitador entre los fueguinos y los marineros, o entre un bebé y quien lo cuida, nos lleva al milagro número 3. Cuando escuchamos música, la imitamos. Nos identificamos con la música. No sólo llevando el compás, sino incluso interiorizándola; no sólo poniéndonos tensos o relajándonos con ella. A un nivel mucho más profundo, nos adentramos en la música en cuerpo y alma. No recorremos el camino junto a la música, sino que somos la música mientras ésta «camina». Nos convertimos en los personajes de la música y adoptamos sus movimientos y sus emociones. Nos identificamos con el payaso Petrushka de Stravinski y vivimos sus ritmos espasmódicos. Recorremos la majestuosa marcha fúnebre de *Saúl*, de Handel. Incluso podemos experimentar cómo se siente uno siendo un edificio inanimado. Escuchando el final de la *Sinfonía Renana* de Schumann, una obra inspirada en la catedral de Colonia, la música nos llena del tamaño y el peso de la iglesia, de modo que nos parece estar encorvados y tambaleándonos. La mímesis musical es también el karaoke mental en un pub británico. No tenemos por qué cantar necesariamente con Whitney Houston. Con tan sólo escucharla, nos sentimos física e interiormente en sincronía con su voz y sus sentimientos.

La doble vida de la música, por tanto, se debe a la mímesis de la mímesis. Ésta es la razón por la que la música occidental es participativa pese al aparente divorcio de la creación musical activa. Nuestra música es participativa en un sentido doble e interconectado. En primer lugar, llenamos nuestras vidas de música a la manera de una banda sonora, como vimos en el capítulo 3. En segundo lugar, en el acto de escuchar la música atentamente, nos sumergimos en ella. Estas dos ideas están interconectadas —un círculo dentro de otro círculo— porque participamos en la imitación que hace la música de nuestro mundo.

La mímesis musical no se reduce en modo alguno a Occidente; ya hemos visto la ceremonia del ratón de los indios kisedje. En el siguiente capítulo abordaré en profundidad los orígenes de la música en la imitación religiosa de los animales. Pero antes quisiera matizar los distintivos límites de la música occidental mediante dos ejemplos de música universal que utilizan la mímesis de una manera muy diferente. Ambos sugieren que las músicas tradicionales no occidentales no se han planteado la idea de recorrer un paisaje hasta un nivel de abstracción tan elevado.

Los antiguos chamanes kazajos del Asia central invocaban al mundo espiritual imitando animales totémicos y pájaros.[57] «Aqqu», una pieza tradicional tocada con el violín de dos cuerdas de crines de caballo llamado *qobyz*, es el cuento épico del Cisne Blanco, el espíritu ancestral más importante de los kazajos. Todavía es interpretada hoy por virtuosos del *qobyz* como Raushan Orazbaeva, una mujer cuya interpretación de «Aqqu» rebosa efectos sonoros que imitan los reclamos y los patrones de vuelo de los cisnes, así como otras escenas de la epopeya. A la audiencia se le entrega un programa textual, de modo que pueda seguir cómo los sucesivos efectos sonoros ilustran los distintos episodios del mito. Oyen cisnes en pleno vuelo; cisnes dando vueltas; posándose en el lago; alzando el vuelo y alejándose; un caballo galopando mientras un chico va en persecución de alguien; su abuela sollozando; el chico luchando contra sus enemigos; más graznidos de cisnes desvaneciéndose en la lejanía: todos estos efectos eran producidos por unas técnicas instrumentales matizadas en una especie de onomatopeya musical. Raushan afirma haber aprendido estas técnicas observando minuciosamente a los pájaros, y que cuando tocaba «Aqqu» junto a un estanque lleno de aves, éstas incluso confundían el sonido del *qobyz* con el de un cisne y respondían con llamadas o reclamos similares.

Ahora bien, todos estos efectos sonoros tienen sentido porque la audiencia está siguiendo la historia en las hojas del programa. Los sonidos individuales no están en modo alguno concebidos para que uno vaya detrás de otro, como una nota «lleva» a otra en la música occidental. La historia épica ciertamente se mueve, pero esta progresión está guiada por la letra de la epopeya, no por la propia música. Además, es muy dudoso que el *qobyz* te suene como un cisne a no ser que estés preparado para oírlo de ese modo.

Mi segundo ejemplo viene de China. El *qin*, una cítara china de siete cuerdas, emite un sonido tan suave y delicado, que tradicionalmente se tocaba para uno mismo, no en público. Tocar el *qin* era una extensión de la meditación espiritual en la senda que conduce hacia la iluminación personal.[58] Como ocurría con el *qobyz* de los chamanes, el intérprete del *qin* buscaba acceder al reino del espíritu imitando a la naturaleza, guiado, en este caso, por la filosofía taoísta. Gracias a sus cuerdas vibrantes, el *qin* era un resonador simpático que extraía la armonía de las profundidades de la naturaleza. Una vez más, a semejanza de la tradición del *qobyz*, la música del *qin*, cuyo primer registro se remonta a la dinastía Tang (618-907 d.C.), es engañosamente programática. Por otro lado, esta música da la impresión de estar imbuida de toda la imaginería de la naturaleza. Las 150 antologías de *qin* que han sobrevivido van acompañadas de poemas, historias y programas que hacen referencia a ríos, montañas, pájaros volando, barcos flotando en el agua, cantos de pájaros e incluso al goteo de las lágrimas de una mujer. Hasta las posturas de las manos y los dedos albergan significados imitativos. He aquí algunas de esas posturas tal y como aparecen mencionadas en la antología *Taigu yiyin*, de 1413: «el leopardo capturando a su presa»; «una grulla llamando en la sombra»; «el pato solitario buscando a la bandada»; «un pez mordiéndose la cola».[59] La célebre pieza de *qin* «Ocas silvestres descendiendo sobre un banco de arena» («Ping sha luo yan»), según un manual compilado en 1868, pretende expresar una serie de graznidos y efectos de aleteo: unas ocas silvestres se posan en la orilla; se llaman unas a otras; diálogo de graznidos entre pájaros en el aire y pájaros en la orilla; el ganso solitario en el aire por fin aterriza para unirse a sus amigos, etc. Sin embargo, exactamente igual que ocurría con el «Aqqu» kazajo, el significado de estos sonidos sólo se deduce del programa escrito que los acompaña. De hecho, versiones rivales del «Ping sha luo yan» ofrecen interpretaciones contradictorias de la música.[60]

Como sucedía con el «Aqqu», la música tradicional del *qin* es una sucesión de momentos aislados. A esto hay que añadir una notación rítmica extremadamente libre de la música. No hay una continuidad lineal desde un momento hasta el siguiente, ya que la música es una serie de moléculas que flotan libremente. En términos generales, su quietud proporciona al oyente un anticipo de la tranquilidad espiritual. Es un alivio con respecto al suplicio del tiempo, de la temporalidad orientada a la consecución de un objetivo, que es el mayor tormento de la consciencia occidental.

Por seguir con los pájaros, para entender el suplicio del tiempo occidental, es necesario comparar «Aqqu» y «Jiao'an Qinpu» con los cisnes que pueblan la música clásica: desde *El lago de los cisnes* de Chaikovski (cuyo tema fue robado de *Lohengrin*, «el caballero del cisne» de Wagner), pasando por *El carnaval de los animales* de Saint-Saëns, hasta *El cisne de Tuonela* de Sibelius. Todas estas aves occidentales están encarnadas en un tema inconfundible (se puede tararear), que es tan limitado como la noción peculiarmente occidental del sujeto humano individual: una imagen de la humanidad con la que está en desacuerdo gran parte del mundo. Como individuos limitados, nos identificamos con estos cisnes cuando se posan deliberadamente, si bien con indiferencia, en el río del tiempo. En una célebre interpretación de *Lohengrin*, un necio tramoyista soltó el cisne mecánico —destinado a llevar al protagonista hasta la orilla— antes de tiempo. Habiendo perdido su barco, pero sin perder el compás, el tenor Leo Slezak se volvió hacia la audiencia y preguntó: «*Wann geht der nächste Schwann?*» («¿A qué hora sale el próximo cisne?»).[61]

## La senda espiritual

El mito fundacional de la música occidental no presenta cisnes, sino esos misteriosos híbridos de mujeres-pájaro (alternando con mujeres-pez) llamados sirenas (véase figura 4.5). Según la mitología griega, las sirenas seducían a los marineros hasta que éstos morían en las rocas por culpa de la irresistible belleza de su canto. En la *Odisea* de Homero, Ulises, navegando hacia casa desde la guerra de Troya, se propone escuchar el canto de las sirenas sin que le pase nada, para lo cual obliga a sus hombres a que le aten al mástil del barco y a que ellos se taponen los oídos con cera. Rendido ante la música, Ulises ruega a sus hombres que le desaten para poder zambullirse en el agua. Pero éstos, que no pueden oír sus súplicas, siguen remando. Ésta es una magnífica alegoría de los peligros que se corren si uno se identifica demasiado (mediante la mímesis) con el poder potencialmente abrumador de la música. Esta alegoría fue retomada por Theodor Adorno y Max Horkheimer, autores de uno de los opúsculos políticos más influyentes del siglo xx, como una parábola del inicio de la civilización occidental mediante el sometimiento de la naturaleza:

FIGURA 4.5. *Ulises y las sirenas*, de John William Waterhouse.

Las ataduras por las que [Ulises] ha quedado irrevocablemente impedido para la praxis [es decir, el barco; el trabajo manual de remar], al mismo tiempo, mantiene a las sirenas alejadas de la praxis: su atractivo es neutralizado como un mero objeto de contemplación, como arte. El hombre encadenado escucha un concierto tan inmovilizado como, más tarde, las audiencias, y sus vehementes súplicas para ser liberado son ignoradas como los aplausos. De esta manera, el disfrute del arte y el trabajo manual divergen cuando se deja atrás el mundo primitivo.[62]

Muchos de los temas de mi libro confluyen en este pasaje, como las siguientes ideas: que el ser humano musical diverge del canto animal (las sirenas son medio pájaros o medio peces); que la civilización nos distancia de la naturaleza musical e inmoviliza al oyente; que el precio de la sofisticación musical es la abstracción; pero también que, en compensación por ese distanciamiento, la abstracción nos salvaguarda de perdernos a través de la mímesis. Desarrollemos estas ideas.

Adorno, que escribió mucho sobre la mímesis, se mostraba justificadamente escéptico ante la visión teñida de rosa de esta facultad por parte de Caillois y Benjamin. Perderte totalmente por identificarte con un objeto es morir; de ahí que Freud llamara a la mímesis el «impulso de la muerte». Como más visceralmente experimentamos esto es al abandonarnos a algo que es superior a nosotros: el infinito, Dios, el agua y la música. William James, el padre de la psicología moderna, y hermano del novelista Henry, comprendía el vínculo que hay entre la religión y lo oceánico:

> El arrebato o éxtasis religioso, el entusiasmo moral, el prodigio ontológico y la emoción cósmica son estados mentales unificadores en los que la arena y el polvo de la mismidad tienden a desaparecer [...] [Es] un mar *en el que nadamos.*[63]

Más que la literatura y más que la pintura, la música es también un medio acuoso en el que nadamos. Esta metáfora oceánica destaca en muchos de los informes compilados por Alf Gabrielsson, un psicólogo que estudió «las fuertes experiencias con la música» de gente común y corriente. Una mujer de mediana edad está en un concierto de *Pinos de Roma,* de Respighi, y escribe que «el efecto sonoro que surgía hizo que me sintiera inmersa en un océano repleto de notas/música».[64] Escuchando la *Pasión según san Mateo* de Bach, otra señora oye «cómo borboteaba y burbujeaba en mi interior».[65] Un hombre asiste a una interpretación del *Cuarteto de cuerda n.º 8* de Shostakóvich y siente «como si estuviera siendo llevado por las olas».[66] ¿Por qué el sonido en general y la música en particular parecen tan envolventes, como un medio en el que estamos sumergidos? Como hemos visto antes, Nussbaum formula que la percepción musical tiene «una cualidad de roce directo»,[67] que él atribuye, remontándose en el tiempo, a la línea lateral de los peces. El argumento de Nussbaum —que considero tan convincente como plausible— lleva implícito que la sensación «oceánica» que obtenemos de estar inmersos en la música es un recuerdo evolutivo de donde dio comienzo la vida.

La cualidad oceánica de la música la convierte en aliada de la religión. De hecho, un aspecto clave de las partes segunda y tercera de este libro es que la música y la religión brotaron a la vida al mismo tiempo. Un tono musical comunica de forma instantánea un sentido de lo numinoso. Parece enteramente «otro», como un rayo que emana del reino del espíritu. Esto es por lo que la música ha sido un acompañamiento tan natural de los rituales desde el inicio de los tiempos, una especie de pompa sonora. Envolver los rituales en música los convertía en místicos. Si lo numinoso es la base de referencia de la música, entonces intensificar su velocidad, su volumen o su complejidad puede llevar a estados de consciencia alterados que inducen el éxtasis religioso, como hemos visto muy al final del último capítulo. La sobrecarga sensorial procedente de una avalancha de impresiones musicales puede crear un «estado crepuscular», como lo ha llamado John Pfeiffer, parecido a un trance. Según Pfeiffer, un filósofo de la religión, en el «estado crepuscular [...] estás dispuesto a creer lo increíble, tan plenamente y con tanto entusiasmo que el mensaje se transmite con un halo, con la fuerza de una revelación religiosa».[68]

A semejanza de Ulises, podemos resistirnos a sumergirnos en un «estado crepuscular» oceánico. En unas circunstancias muy diferentes, una vez tuve ocasión de experimentar el peligroso tirón de lo absoluto. Me había subido a la torre de la catedral de Reims, que es terriblemente alta incluso para el hastiado turista moderno. Mirando hacia un lado, me vi engullido no sólo por el vértigo, sino también por una compulsión casi irresistible de saltar. Es posible que los arquitectos de la iglesia tuvieran en cuenta que ese horror proporcionaría a los cristianos una especie de anticipo del sobrecogimiento ante lo divino. Cuando vi *Vértigo*, de Hitchcock, reconocí lo maravillosamente bien que el compositor Bernard Herrmann había encontrado la música apropiada para esa sensación. Vemos a James Stewart tambaleante en lo alto de la torre de la iglesia, inmerso en la música y a remolque de las vertiginosas y espirales armonías de Herrmann.[69] Da marcha atrás. La música occidental da marcha atrás.

¿Y cómo da marcha atrás la música occidental? Hay dos respuestas a esta pregunta. La primera es que está protegida por la abstracción que le otorga la estructura musical. Las formas musicales son las cadenas que mantienen a Ulises atado al mástil del barco, del mismo modo que el ritual religioso era tanto un vehículo de la religión como una garantía para no acercarse demasiado a lo divino. La forma musical y el ritual religioso cumplen esencialmente la misma doble función. Así pues, para entender por qué la abstracción de la música occidental era tan necesaria, tenemos que abordar su desconcertante papel de automedicación como veneno y, al mismo tiempo, como antídoto. Como escribió el poeta alemán Hölderlin: «Donde hay peligro, surge también la salvación». El veneno y el antídoto no sólo brotan el uno al lado del otro, sino que pueden ser incluso la misma planta.

La segunda respuesta atañe a la peculiar naturaleza de la religión occidental. La tradición greco-judeocristiana es muy compleja y nos ocuparemos de ella más directamente en posteriores capítulos. Pero Nussbaum da en el clavo cuando señala que la religión, la filosofía y el arte occidentales sienten una fascinación especial por el conflicto, el dolor y el generalizado «horror de lo contingente», es decir, el caos aparentemente absurdo y la arbitrariedad del cosmos. Desde Plotino hasta Hegel, los filósofos han suscrito el principio de la plenitud, creyendo que un mundo pleno y variado —que contenga todos sus defectos y contradicciones— es superior a un mundo saneado, pues está demostrado que estas tensiones son lógicamente necesarias.[70] La tragedia griega, la Pasión de Cristo, la sinfonía clásica: lo que todas ellas tienen en común es que abrazan la disonancia y luego la explican. Una obra abstracta de música es como un plan divino: todo, hasta el último detalle, cobra sentido. Esta coherencia formal, en la que cada nota lleva de forma inevitable a la siguiente y se encamina necesariamente hacia un tipo de «casa», sencillamente no se produjo fuera de Occidente. La abstracción occidental puede parecer tan engañosa como la renuncia a la sensualidad, que es un rasgo esencial de las religiones orientales, en especial del budismo. Sin embargo, el rechazo budista de un mundo vacío y transitorio es exactamente lo contrario del principio occidental de la plenitud.[71]

Nos guste o no —y al oído no occidental la fijación con la unidad y el objetivo puede sonarle un tanto arrogante—, este hecho es como un dardo dirigido al corazón del ser humano musical de Occidente.

## A LAS PUERTAS DE LA SEGUNDA PARTE

Movimiento-emoción-imitación-religión. El viaje nos ha llevado a un lugar sorprendente, pues ha dado la vuelta al argumento. Los capítulos 1 y 2 contaban una historia del declive de la música. La grata noticia del capítulo 3 era que nuestras vidas modernas en realidad están llenas de música, aunque sea del tipo «aplicado». Aquí, en el capítulo 4, hemos visto cómo la música de la vida cotidiana es absorbida por las obras musicales; que escuchar no es en modo alguno algo pasivo. Hay vida en el interior de la música. Además, hemos aprendido que la abstracción de la música es una garantía necesaria para no acercarnos demasiado a la naturaleza y a lo divino, y que lo que le ha sucedido al ser humano musical forma parte de una historia de mayor envergadura, la de la civilización occidental. La música ambiental gana brillo cuando vemos que la naturaleza musical no ha sido derrotada, sino refinada.

La segunda parte es claramente una historia del ser humano musical, desde las flautas de hueso hasta Beethoven. En todas las etapas de esta historia veremos la música de Occidente mano a mano con la música del «resto», la cual a menudo le sacará ventaja a la primera. Siempre haré hincapié en que, pese a los bellos parajes que ofrece la música occidental, en otras partes ha habido alternativas equiparablemente viables. Nuestro itinerario se sal-

177

drá de las rutas habituales del turista europeo: Sumeria, Egipto, Atenas, Roma, los imperios maya y azteca, la España musulmana y también partes de la India, África, China y Japón. Pero asimismo profundizaremos y veremos una serie de variantes del mito fundacional de Ulises y las sirenas, haciendo un análisis de rentabilidad del «progreso» musical occidental. El comentario de Adorno y Horkheimer sobre este mito relata una historia conocida. A lo largo de la historia, los humanos se han vuelto tan esclavos de la razón como inicialmente lo eran del mito, el ritual y la religión. Los mitos antiguos previeron el doble vínculo de la razón: cuanto más intentan los héroes huir de su destino, más atrapados quedan en la diabólica lógica de la tragedia. Ulises cava su propia tumba cada vez más honda cuando intenta razonar su salida del atolladero de Tebas y resolver el enigma de la Esfinge. En Occidente, la violencia de la razón se desplegó en una serie de oleadas: el dominio centralizado de la Iglesia cristiana, el colonialismo, la esclavitud, la globalización y la burocracia moderna. Tan injusto sería culpar al ser humano musical por el destino colectivo de Occidente como ignorar sus asombrosos logros. Mi cometido es más bien apreciar el elevado coste de estos logros en la vida de otros no occidentales y —ahondando más— en la naturaleza animal del ser humano musical.

# Segunda parte

# LA HISTORIA

# 5

# Hielo, arena, sabana y bosque

En el principio... era el sonido. Aún nos llega el eco del Big
Bang de hace 13.800 millones de años. Cuando Arno Penzias y
Rob Wilson, dos astrónomos que trabajaban en Bell Labs, Holm-
del, New Jersey, notaron las tenues señales de microondas que
emanaban de la Vía Láctea en 1963, primero atribuyeron el
ruido a las interferencias causadas por los excrementos de paloma que caían en sus antenas.[1] Fue un error revelador; como
veremos, los pájaros tienden a cernirse sobre los orígenes de la
música de las maneras más extrañas. Pero cuando los astrónomos hablan de «estampidos» y «ruidos», ¿es sólo una metáfora?
La nueva ciencia de la astrosismología afirma que las estrellas
suenan o vibran igual que los instrumentos musicales a causa
de las turbulencias atrapadas en sus capas exteriores. Por supuesto, los astros resuenan a unas frecuencias que son inaudi-
bles para el oído humano. Sin embargo, acelerando estas frecuencias hasta un sonido audible, astrosismólogos como Bill
Chaplin, de la Universidad de Birmingham, han desarrollado
una herramienta para averiguar qué está ocurriendo dentro de
las galaxias.[2] El compositor Trevor Wishart cerró el círculo poniendo sonido a los espectros electromagnéticos hasta convertirlos en espectros acústicos.[3] La pieza *Supernova* de Wishart da
un giro prodigioso al mito de la «música de las esferas», que ha
obsesionado a Occidente durante varios milenios. Por ejemplo,
en su *Harmónica,* escrita en el siglo II d. C., el matemático egipcio Ptolomeo compara tres tipos de movimientos estelares (el
ascenso y la caída de los planetas) con tres tipos de melodía.[4]

Hasta que aparecieron Chaplin y Wishart, habría hecho falta un oído divino para percibir semejante música.

Siglos antes de haber oído hablar del Big Bang, los seres humanos musicales narraban mitos fundacionales sobre cómo había surgido el mundo a través de la música. Los nativos americanos maidu, del norte de California, creían que el mundo había sido creado cuando el fundador de la Tierra cantó sobre una masa de barro.[5] Los keres de Pueblo de Laguna, Nuevo México, Estados Unidos, atribuían la creación a su diosa Tse Che Nako: «En el centro del universo, ella cantó».[6] Más cerca de casa, san Juan escribió que «En el principio era el verbo», y ese verbo presumiblemente era cantado, como la mayor parte de la escritura religiosa. Japón tiene un mito encantador. La diosa sintoísta del sol, Amaterasu, se enfada con su hermano y se esconde en una cueva. La hermana de la diosa la seduce para que salga mediante una canción y una danza que acaba convirtiéndose en un *striptease*, para gran deleite de los ocho millones de dioses que están mirando.[7] La historia remite el origen de la música no a la creación del mundo, sino al regreso del verano y la fertilidad.

Aparte de los mitos, ¿cuáles son los hechos? Como vimos al inicio de este libro, el registro histórico va desapareciendo poco a poco conforme nos remontamos en el tiempo más allá de la Edad Media europea, pasando por la música de la antigua Grecia y de Mesopotamia, hasta que nos enfrentamos al supuesto silencio que cubre la sabana prehistórica. Nuestro inicial pesimismo estaba injustificado, ya que el mundo antiguo era todo menos silencioso. En este capítulo reuniré pruebas mediante cuatro herramientas principales: (1) la arqueología de los instrumentos musicales; (2) las imágenes de música y danza en el arte rupestre y la cerámica prehistórica; (3) las condiciones sociales y materiales del primer *sapiens*, que conllevan una teoría de la mente; y (4), por último pero no por ello menos importante, los fósiles vivientes de las culturas musicales contemporáneas de cazadores-recolectores y sedentarios.

Podemos fiarnos de los principios fundamentales. Si fueras miembro de una tribu nómada y recolectora, y tuvieras que re-

correr cientos de kilómetros por las tundras de la Europa meridional hace 40.000 años, ¿qué instrumentos musicales llevarías contigo? ¿Pianos de cola? No se habían inventado todavía.
¿Tambores? Demasiado pesados; mejor llevar a cuestas a un
niño pequeño. Llevarías, en todo caso, objetos líticos transportables como hachas de sílex. Y mejor aún, un instrumento natural: tu propia voz.

## El principio de lo transportable

Del registro arqueológico de los instrumentos musicales se
puede deducir un montón de cosas sorprendentes. A medida
que los instrumentos se van volviendo cada vez más pesados y
difíciles de transportar, te van contando la historia de cómo los
primeros *sapiens* se asentaron formando sociedades cada vez
más estables, que culminaron en la ciudad-Estado.

### Hace 2,6 millones de años: el Pleistoceno, el Paleolítico Inferior

Las herramientas olduvayenses, así llamadas por los cantos tallados de piedra hallados en la garganta de Olduvai, en Tanzania, seguramente produjeran sonidos de percusión al ser golpeadas contra las rocas por el *Paranthropus* (un australopiteco
levemente más desarrollado, nuestro primer antepasado homínido).[8] ¿Es ésta la primera música? De momento, la cuestión es
discutible. Como veremos en la tercera parte, la primera música de conjunto probablemente fue un derivado del trabajo
coordinado de los homínidos. Así que también nos saltaremos
las hachas de mano piriformes achelenses del *Homo ergaster*, de
hace 1,5 millones de años, pues no se sabe si fueron utilizadas
para crear sonidos deliberados. Aunque es sumamente probable que, hace medio millón de años, el primer *sapiens* de África
produjera música entrechocando piedras, los patrones sonoros
utilizados son imposibles de identificar.[9] De manera que demos
un salto adelante hacia el *sapiens* maduro de hace 40.000 años,

y hacia el primer instrumento musical del mundo hecho a propósito: la flauta.

### 40000 a. C.: el Paleolítico Superior, la Edad de Hielo

En 2008, un equipo de arqueólogos explora la cueva Hohle Fels en el Jura de Suabia, en Alemania, y descubre una estatuilla de una mujer de proporciones voluptuosas. La denominada «Venus de Hohle Fels» es indiscutiblemente la representación más antigua de un humano.[10] Además de otras estatuillas de mamuts, rinocerontes y tarpanes (una especie prehistórica de caballos salvajes), también encuentran una flauta. Hohle Fels está muy cerca de otra cueva que hay en Geissenklösterle, donde se descubrieron otras flautas en 1992 (véase figura 5.1).[11] Un miembro de esta primera expedición llamado Wulf Hein reconstruyó una de esas flautas. Tiene cinco agujeros para los dedos, con

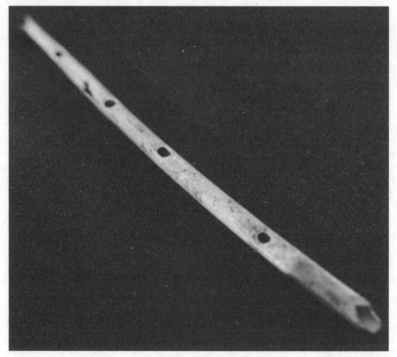

FIGURA 5.1. Flauta de hueso de buitre encontrada en Hohle Fels.

una muesca en forma de V para la boquilla. Si lo desean, pueden oír a Hein tocando melodías pentatónicas (basadas en escalas de cinco notas) con esta flauta en YouTube, incluido el himno nacional de Estados Unidos «The Star-Spangled Banner».[12]

## 25000 a. C.: *Último Máximo Glacial*

Otra Venus, probablemente otro símbolo de la fertilidad, es el bajorrelieve de la «Venus de Laussel». Fue descubierta tallada en un bloque de piedra caliza en 1911 en la Dordoña, al sudoeste de Francia. La Venus sostiene un cuerno estriado con trece rayas.[13] El cuerno parece el de una vaca, pero también tiene forma de media luna, mientras que las estrías pueden representar los trece ciclos lunares. Nuestra primitiva asociación de la música con los animales y la astronomía se pone aquí de manifiesto. Podemos dar por hecho que en esa época se soplaban cuernos de mamut o de bovino, aunque los restos de animales son biodegradables y apenas disponemos de pruebas que se hayan conservado hasta la invención de la metalurgia en las edades del Bronce y del Hierro. Pero en esencia, lo que tenemos hasta ahora, en una sucesión trascendental, son tres grandes familias de instrumentos musicales: de percusión, de viento y de metal (hechos a base de cuerno). Vayamos hacia las cuerdas.

## 2000 a. C.: *el Neolítico*

Entre 1950 y 1955, unos arqueólogos desenterraron en Nippur, Irak, una serie de tablillas que presentaban una escritura cuneiforme.[14] Ésta es la notación musical descifrada más antigua del mundo. Cuenta cómo afinar una lira, da ejemplos de una escala de siete notas (parecida a nuestro do-re-mi occidental), e incluso algunas melodías de canciones del culto hurrita. Las tablillas, ahora alojadas en el Museo Británico, reúnen tres invenciones: cuerdas, notación y melodías. Estas tres

185

creaciones fundamentales llegaron todas en el mismo momento histórico. Lo que lo hizo posible fue la invención de la agricultura y la ganadería hace 10.000 años, ya que las cuerdas estaban hechas a base de tripas trenzadas de animales. Las liras y las arpas son grandes, delicadas y difíciles de llevar a cuestas en grandes recorridos. A semejanza de los agricultores, ahora los instrumentos echaron raíces en comunidades asentadas. Estas raíces se fueron profundizando a medida que los instrumentos se volvían cada vez más pesados tras la llegada del metal.

## 1700 a. C.: la Edad del Bronce

Los primeros instrumentos de metal incluyen campanas de bronce creadas durante la dinastía china Shang (1750-1046 a. C.). Las que aloja el Smithsonian Institute de Washington D. C. presentan un tamaño cada vez mayor y pesan más con el paso de los siglos.[15] Una campana pequeña fechada en torno al 1600 a. C. debió de colgar boca abajo de un bucle fundido sostenido por un badajo. Otro espécimen más diminuto pudo haber sido llevado en el cuello de un animal domesticado, tal vez un perro o un cerdo. Una campana *nao* fechada en el 1200 a. C. propone algo diferente: no está suspendida sino encajada en una base, apuntando hacia arriba y golpeada con un martillo. Podría haber formado parte de una serie de campanas de varios tamaños que producían diferentes notas. Desde las campanas de la dinastía Shang el 1500 a. C. hasta el juego de campanas del «Marqués Yi de Zeng» del 400 a. C., de las que hemos hablado en el capítulo 1, los instrumentos asociaron la música con la glorificación ritual de un emperador. Esta música pesada y estática era el sonido de una ciudad-Estado.

De contemplar y escuchar los instrumentos se pueden deducir muchísimas cosas. El esquema anterior esboza la evolución desde la tribu hasta la aldea y hasta la ciudad-Estado. Refleja el incremento de la tecnología desde la talla lítica experimental del sílex o pedernal del Paleolítico (entrecho-

186

cando piedras) hasta la ganadería del Neolítico (arrancando cuerdas de tripas) y hasta la forja de metales de la Edad del Bronce (golpeando campanas y gongs). En términos sociales equivale a un cambio que va de unas comunidades igualitarias a otras jerárquicas y centralizadas. Y existe un registro de una nueva manera de pensar. Según Tim Ingold, probablemente la máxima autoridad en las sociedades de cazadores-recolectores del pasado y del presente, sus mundos se caracterizan por los tres sellos distintivos de «inmediatez, autonomía y reparto».[16] Moviéndose siempre en busca de comida o incluso sólo agua, sus vidas están «siempre orientadas al presente». Veremos que la música de los cazadores-recolectores presenta una jovialidad igualitaria en su propia estructura. Las mentes sedentarias, por el contrario, están mucho más planificadas y orientadas al futuro, a menudo en armonía con el ciclo de las estaciones. Lo que aflora en las comunidades agrícolas es una obsesión con el ritual; esto en música se traduce en la mera repetición. Con las ciudades-Estado, la jovialidad y el ritual ceden ante la glorificación del poder centralizado. A través de los siglos, la música ha sido una sierva leal del espectáculo.

Dicho en estos términos, la prehistoria del ser humano musical parece simple y escueta. La realidad es mucho más interesante. Y tenemos que obrar con cautela porque el registro arqueológico es voluble y rehén del destino, o al menos de la interpretación subjetiva. Mañana puede surgir algo que dé un vuelco a la narrativa. De hecho, los instrumentos ya lo han hecho, pero han sido interpretados como anomalías. Por ejemplo, un objeto que parece una flauta neandertal ha sido fechado hace 67.000 años, superando a la flauta del *sapiens* en 30.000 años.[17] El aparente vestigio de un tambor de piel de elefante ha sido datado hace 37.000 años.[18] Hay huesos de mamut de 24.000 años de antigüedad pintados con el solemne ocre rojo; presentan unas marcas repetitivas que indican que han sido tocados como un xilofón,[19] y una imagen de 15.000 años de antigüedad de un arco de caza tocado como un violín.[20] De hecho, nuestro violín moderno consta básicamente de dos arcos de caza que se frotan entre sí, con cuerdas elaboradas a base de tripas del animal que hemos matado. Algunos arqueólogos creen que los primeros *sapiens* agujereaban las falanges del reno para crear un silbato. Otros opinan que los agujeros servían sencillamente para llegar al delicioso tuétano del hueso.[21] El sentido común también entra en juego. Aunque los cuernos y las pieles de los animales sean biodegradables, ¿por qué no habrían de hacerlos sonar los primeros *sapiens*? Ghana es famosa por su música de trompeta precolonial interpretada con los colmillos de los elefantes; las trompetas hechas a base de colmillos debieron de compartir su existencia con la de los mamuts y los elefantes.[22] Ese tambor de piel de elefante podría ser auténtico después de todo, aunque creamos que la tecnología de tensar la piel o el cuero en un marco de madera es muy reciente. No existen pruebas de que las caracolas desenterradas en antiguas tumbas de Mesoamérica fueran sopladas como trompetas, pero de los posteriores jeroglíficos mayas e incas podemos deducir que probablemente lo fueron.[23] Y así sucesivamente.

Los instrumentos musicales evolucionan. Surgen y prosperan, o bien se extinguen como los dinosaurios. El *lur* de la Edad del Bronce —un cuerno alargado que se soplaba, sin agujeros para los dedos— se extinguió con los vikingos, pero su nombre sobrevive en la actual palabra sueca para «teléfono», así como en la marca de una mantequilla, Lurpak (en cuyo envoltorio aparecen imágenes de *lurs*).[24] Hay familias, o especies, de instrumentos. Los idiófonos (por ejemplo, los xilofones) vibran por sí solos. Los membranófonos (por ejemplo, los tambores) vibran mediante pieles o membranas. Los cordófonos (por ejemplo, pianos y violines) producen sonidos mediante cuerdas vibrantes. En los aerófonos (por ejemplo, las flautas y los oboes) vibran las columnas de aire. Hace cinco mil años, los antiguos chinos clasificaron los instrumentos según el material del que estuvieran hechos: piedra, madera, seda, bambú, bronce, piel, calabaza o barro.[25] En cada especie se pueden rastrear las líneas de la ascendencia evolutiva. Los gongs de piedra del Serengueti, Tanzania, son algunos de los prodigios sonoros del mundo (véase figura 5.2).[26] Están horadados con unos hoyos, cada uno de los cuales produce una nota metálica diferente, y son los progenitores del moderno xilofón.

FIGURA 5.2. Gong de piedra del Serengueti.

El arco musical del Mesolítico —el antepasado del violín— generó dos líneas evolutivas diferentes hacia el arpa y la lira (véase figura 5.3).[27] Las cuerdas del arpa entran directamente en el cuerpo hueco del instrumento, mientras que en la lira las vibraciones de las cuerdas son transmitidas a través de un puente. Las arpas se van volviendo más grandes y menos transportables, hasta que un buen día acaban dentro de los pianos de cola. Las liras van empequeñeciendo y, al final, se convierten en guitarras. Podemos rastrear el inicio de su línea evolutiva en imágenes halladas en el antiguo Israel. La primera ilustración de un arpa es un grabado en piedra de Megido (Armageddón), al noroeste del valle de Jezreel, también conocido como llanura de Esdrelón. En el desierto de Néguev hay un grabado en piedra, fechado en el 2000 a. C., que representa la lira asimétrica en forma de caja que emigró desde la Mesopotamia acadia. Un sello del siglo IX a. C. muestra una tardía lira cananea de doce cuerdas decorada con una flor. Éste es el tipo de lira que tocaba el rey David (1010-970 a.C.). La palabra hebrea *kinnor* está frecuentemente mal traducida como «arpa»; en realidad David tocaba la lira.

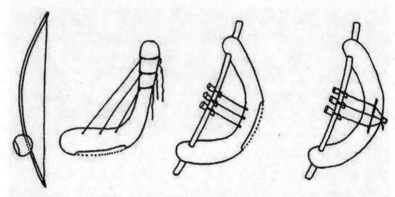

FIGURA 5.3. La evolución del arpa y de la lira a partir de arcos de caza.

Es curioso que, cuando la civilización está más asentada, de nuevo se plantea la opción de que los instrumentos sean transportables. De joven, el rey David iba con su lira como un trovador ambulante, con el mismo tufillo de desaprobación que un guitarrista pop de dudosa reputación. Las arpas y, más tarde, los pianos eran respetables porque no se movían. La antigua disputa entre las arpas y las liras establece las líneas de batalla de las modernas luchas por el poder entre pianos y guitarras. En la Europa de finales del siglo XVIII, la guitarra, más que el piano, era el instrumento preferido por los aficionados a la música. Existía la clara posibilidad de que la casa burguesa victoriana tuviera no un piano vertical, sino una guitarra. Habiendo conquistado el mundo musical en el siglo XIX, un siglo después volvieron a cambiar las tornas y la guitarra ocupó de nuevo un lugar destacado.

Un aspecto importante de la evolución musical es que los instrumentos primitivos no suelen ser reemplazados, sino que perduran. Así, por ejemplo, la práctica de entrechocar piedras sigue con nosotros en la forma metálica de los címbalos. Los címbalos no han evolucionado mucho a través de los milenios, y son los celacantos de la orquesta (los celacantos, a los que se daba por extinguidos hace 66 millones de años en el Cretácico Tardío, fueron descubiertos nadando tranquilamente en la costa de Sudáfrica en 1938). Esto significa que cuando el *sapiens* desaparece y queda reducido a una mancha entre estratos geológicos, unos visitantes alienígenas podrían haber alcanzado con sus tentáculos los extraños címbalos que poblaban todo el desierto. Los alienígenas se habrían equivocado si de eso hubieran deducido que no teníamos violines ni oboes. De manera recíproca, nosotros nos equivocaríamos si asumiéramos algo parecido acerca de las orquestas de la Edad de Hielo porque no se han conservado instrumentos de madera. Las lanzas y los artefactos de Schöningen muestran que el *Homo heidelbergensis* sabía trabajar la madera con gran precisión hace 420.000 años.[28]

Otro aspecto es que el principio de lo transportable pasa por alto el instrumento más importante de todos: el propio paisaje. Piedras que suenan, incluidas las estalactitas de las cuevas y los gongs de piedra de los desiertos, han sido halladas con pinturas y estrías que muestran dónde han sido golpeadas. Los homínidos y los *sapiens* explotaron la natural resonancia de las cavernas. Expertos en arqueoacústica, que cartografiaron la calidad sonora de las cuevas, hallaron que en los puntos de máxima resonancia es donde se encuentra el arte rupestre.[29] Los fragmentos de flautas tienden a estar cerca de estos puntos y lejos de otras zonas de la cueva dedicadas a menesteres más prácticos. La numinosa resonancia de las cuevas indica el nexo que hay entre la música, el paisaje y lo divino.

Evidentemente, el paisaje pesa demasiado como para ser llevado a cuestas. Pero no importa, porque la gente se desplaza de una cueva o piedra sonora a otra. Y lo más importante es que el *sapiens* llevaba una cueva dentro de su cuerpo: la boca. Las tribus nómadas de Tuvá, en Mongolia Exterior, practican el canto polifónico: una sola persona puede amoldar su cavidad bucal de modo que genere armónicos que suenan como varias voces cantando a la vez.[30] El cántico tibetano funciona con arreglo al mismo principio, como también lo hace el arpa de boca o guimbarda, un instrumento asiático antiguo (hecho a base de caña o bambú y, más tarde, de metal) con una lengüeta que se hace vibrar en la boca. Escalando por la serie armónica, los arpistas de Tuvá, así como los arpistas tibetanos y judíos, creen estar ascendiendo hacia lo divino. Los armónicos ascendentes son una escalera que conduce al cielo. Podemos dar por descontado que los chamanes prehistóricos conocían muy bien este principio.

La flauta encontrada en la cueva de Geissenklösterle estaba hecha con el hueso del radio de un buitre leonado. ¿Por qué esto resulta tan significativo? Muy sencillo. Aunque los dibujos y los artefactos descubiertos en la cueva de Blombos, en Sudáfrica, sugieren que los humanos eran cognitivamente maduros hace 60.000 o 70.000 años, carecían de la oportunidad de hacer flautas porque África tiene muy pocos pájaros con los apropiados huesos huecos. El registro arqueológico muestra que, durante el Paleolítico Medio, cuando los humanos cruzaron de África a Europa, los cisnes, los buitres, los gansos y las águilas se hallaban presentes en los siguientes países euroasiáticos y africanos:

*Cisne*: Azerbaiyán, Francia, Alemania, Holanda y Rusia.
*Buitre*: Azerbaiyán, Francia, Georgia, Alemania, Grecia, Portugal, Rumanía y España.
*Ganso*: Azerbaiyán, Bulgaria, Francia, Georgia, Alemania, Italia, Holanda, Polonia, Rusia, España y Reino Unido.
*Águila*: Azerbaiyán, Bulgaria, Francia, Alemania, Grecia, Italia, Portugal, Rumanía, Rusia, España y Libia (un solo ejemplo).[31]

Como pone de relieve el arqueólogo Ian Morley, a excepción de las águilas en Libia, parece que hubo escasez de aves adecuadas en el África prehistórica. No es que el *sapiens* africano fuera incapaz de tallar instrumentos; es simplemente que no tenía posibilidad de hacerlo. La confirmación de que la música instrumental comenzó en Occidente, concretamente en Alemania, les habría entusiasmado a los musicólogos del siglo XIX. Menos grato para los defensores de la supremacía musical de Europa es que un contrapunto tan rico como una fuga de Bach probablemente tuvo su origen en la antigua África (si bien debió de ser sólo vocal, no instrumental).

## CAZADORES-RECOLECTORES

Imaginémonos por un momento en la cueva de Geissenklösterle, en Alemania, hace 40.000 años. Serviría de ayuda ver la gloriosa película de Werner Herzog *La cueva de los sueños olvidados*, que pese a estar rodada sobre todo en la cueva de Chauvet, en Francia, saca una escena de Wulf Hein tocando su flauta fuera de Geissenklösterle. Hein contempla un valle forestal que debía de estar lleno de hielo, ya que la montaña está encajonada en un glaciar de 2.500 metros de espesor. Renos y mamuts recorren la tundra mascando un tipo de hierba cuyo rastro podemos seguir a partir de los granos de polen. Hein lleva una prenda muy ajustada de piel de reno y unas botas de cuero de reno. Parece un inuit.

Llamemos a este cazador tan parecido a un inuit Orpingalik (por razones que revelaré más tarde). ¿Cómo era la vida para Orpingalik en plena última Edad de Hielo? Había nueve meses de invierno al año y sólo unas pocas horas de luz durante los días de trabajo.[32] Siendo miembro de una pequeña tribu de cuarenta almas y desplazándose cada pocas semanas para seguir al reno y al mamut en su ciclo anual hasta las zonas de cría, Orpingalik vivía en una estructura hecha a base de pieles parecida a un iglú. La cueva quedaba reservada para reunirse cuando anochecía, como en un ayuntamiento moderno. Pasan mucho tiempo sentados en la cueva alrededor de una fogata y contando historias, y esas historias se acaban convirtiendo en canciones casi siempre acompañadas de bailes. Entre esta gente la solidaridad es tan importante como la comida y el cobijo, que es por lo que artesanos como Orpingalik se libran de la caza para dedicarse cientos de horas a crear una flauta, algo que no es obviamente valioso para la supervivencia. A cada parte de la vida le corresponde una canción, casi siempre alusiva a la caza. Hay canciones para bendecir las lanzas, para despertar a los hombres o para celebrar una matanza. Una canción imita la llamada quejumbrosa de una cría para atraer a un mamut adulto hacia un risco. Hay una canción para enseñar a los niños a recoger una especie antigua de camemoros o zarzamoras de los pantanos. Estas canciones, en su mayoría, se componen de sílabas sin sentido que imitan el lenguaje de una diosa totémica que es mitad mujer, mitad ave. Cuando Orpingalik toca una flauta hecha a base de huesos de pájaro, está hablando directamente con esa diosa. Sin embargo, casi todos los de la tribu tocan cascabeles y claquetas que, a veces, atan a sus brazos y piernas como un ornamento sonoro del cuerpo. De esta manera, los sonidos que emiten siguen a la perfección el ritmo de sus bailes.

¿Quién crea estas canciones? En principio puede hacerlo cualquiera, aunque la tribu aprecia especialmente las canciones oídas en sueños por su chamán, Takutjartak (otro nombre que explicaré más adelante). Takutjartak es un hombre que viaja por el espíritu y atraviesa estratos del cosmos para entrar en comunión con sus ancestros. En parte, su cometido como cantante es mantener unida a esta dispersa comunidad, evitando que sus miembros deserten a otras tribus. En su tribu, cada uno posee una melodía característica a la que los demás pueden añadir nuevos textos inventados a raíz de sus viajes. Una persona, durante una larga vigilia mientras pescaba con la lanza, ideó por ejemplo algunas palabras. El registro de las canciones viaja por el territorio. Hay una canción asociada a esta cueva en concreto; otra, a la vecina Hohle Fels; y otra al glaciar, que está vivo y responde con otra canción. La tribu cree que cantando estas canciones despiertan y refrescan a los espíritus ancestrales que duermen en el paisaje. Y la propia tribu tiene una canción característica que sirve para identificarla cuando se acerca a otras tribus durante su recorrido, en pleno invierno, hacia la zona de la reunión solemne. El sonido viaja grandes distancias. Durante uno de esos festivales, la gente de Orpingalik se procuró herramientas y canciones de una tribu que vivía muy lejos, en Isturitz, en los Pirineos.

¿Cómo eran esas canciones? Wulf Hein toca como entretenimiento el himno nacional estadounidense con su flauta reconstruida. Pero lo que toca Orpingalik a nuestros oídos no son melodías. Casi todas sus canciones duran tan sólo unos segundos, y son como ráfagas de sentimientos. No son melodías, sino átomos de música repetidos con sutiles variaciones, o sólo repetidos. Para los cantantes, reunir esos fragmentos es un don, una prueba y un juego. Y el acompañamiento —palmas, cachetadas en el cuerpo y cascabeles— va por su cuenta y, extrañamente, no guarda el compás de la canción. A menudo cantan juntos, las mujeres y los niños una octava por encima de los hombres. Otras veces siguen líneas independientes, como en una conversación. Cada uno se une a su manera, entrando y abandonando la conversación cuando le place. Aunque las canciones individuales por sí mismas son breves, lo que importa es la cadena de canciones —cientos de ellas—, y esa concatenación puede durar toda la noche. Durante el festival que se celebra en pleno invierno, la sucesión de canciones dura muchas semanas. Para nuestros estándares, esta gente tiene una memoria increíble.

¿Cómo podemos saber todo esto pese a la ausencia de registros arqueológicos? Obviamente, mi historia es un ejercicio mental, aunque no carece por completo de pruebas. Todo lo tomo prestado de las prácticas de las sociedades de cazadores-recolectores contemporáneas, incluido el nombre de Orpingalik, un chamán inuit que fue entrevistado por el explorador danés Knud Rasmussen en 1921.[33] Los cazadores-recolectores modernos están esparcidos por todo el planeta, en paisajes que van desde selvas tropicales, desiertos y llanuras de hierba hasta casquetes polares.[34] En casi todos los casos, estas sociedades son igualitarias y nómadas, y su música es predominantemente vocal con acompañamiento de percusión, sin utilizar el metal para nada. Evidentemente, aunque nunca sabremos cómo sonaba de verdad la música del Paleolítico, los cazadores-recolectores actuales nos proporcionan una auténtica mina de hechos sobre cómo podía sonar. Estos hechos constituyen un campo de posibilidades y conjeturas bien fundamentadas.

Es claramente engañoso creer que los cazadores-recolectores están congelados en ámbar y no tienen historia, porque su principal acontecimiento histórico es, por supuesto, su colisión con Occidente. Por otra parte, tratar a estas sociedades como víctimas pasivas de la colonización le hace un flaco favor a la dignidad de la supervivencia. Por ejemplo, las tradiciones de los inuit continúan prosperando dos siglos después de su primer contacto con los europeos. Y es extraordinario considerar que los aborígenes australianos, geográficamente aislados durante 60.000 años, conocieran al capitán Cook en 1778: esto es «un segundo antes de medianoche» en su prolongadísimo reloj histórico.

Cartografiar la música de los cazadores-recolectores actuales por el cronograma prehistórico implica, sin embargo, una especulación de un orden superior. Desde la Edad de Hielo hasta la invención de la agricultura hace entre 12.000 y 9.000 años hubo un calentamiento climático gradual, interrumpido por una ola de frío (12900-9700 a. C.) llamada el Dryas Reciente. Asimismo se produjo la dispersión de los primeros humanos desde el África central hasta Asia y Australia, Europa y, luego, por el estrecho de Bering, hasta Alaska, para acabar finalmente atravesando las Américas. Consideremos cómo pudo haber sonado la dispersión del ser humano musical repasando las músicas de cuatro comunidades de cazadores-recolectores geográficamente diversas: los pigmeos africanos, los aborígenes australianos, los inuit de Alaska y los nativos o indígenas americanos.

Hasta muy entrada la noche, antes de que los pigmeos bayaka de Camerún partan a la caza del elefante, las mujeres entonan una canción a la que llaman «Yele».[35] Hace que los animales se sientan *kwaana* —mansos, relajados y somnolientos— y sean más fáciles de matar. Los bayaka están dispersos en la selva tropical formando pequeños grupos de cincuenta a cien personas, que de cuando en cuando se reúnen (sobre todo en la estación seca) en comunidades más grandes para realizar juegos espirituales. La vida de los bayaka posee un ritmo de agregación y dispersión. No conocen la jerarquía ni la propiedad privada, sino que comparten la comida y todo lo demás, y la jovialidad de sus interacciones sociales anima su música, que en su opinión procede de los sueños de sus ancestros. Este espíritu jovial caracteriza el aspecto más famoso de la música pigmea, incluidos los bayaka: su polifonía. Una canción pigmea comprende varias melodías cantadas simultáneamente en contrapuntos y en diferentes metros. La polifonía pigmea es una incómoda verdad para los historiadores de la música que creen que la música evoluciona desde lo simple hasta lo complejo, es decir, desde la simple textura de una sola voz hasta el complejo contrapunto, como las fugas de Bach. Porque desde luego la música pigmea no tiene nada de simple, del mismo modo que tampoco es «primitiva» la sociedad de los pigmeos. Antropólogos como Ingold dan un vuelco a la narrativa habitual al considerar el igualitarismo de los cazadores-recolectores como un modelo para posteriores «civilizaciones».[36] Para la musicología occidental, la idea de que el contrapunto se origina en África —en teoría, antes de la dispersión «extraafricana»— y de que la música era originalmente polifónica (y por tanto, no melódica) no es ni más ni menos que un escándalo. En este libro retomaré una y otra vez este escándalo.

¿Por qué?, es entonces la pregunta. ¿Por qué la polifonía, y no la melodía, podría estar más cerca de la fuente musical? Como ocurre con la mayoría de las preguntas evolutivas, la respuesta reside en la convergencia de una serie de factores aislados.

Cuando una comunidad de gente está más físicamente unida es cuando los cuerpos se entrelazan durante una canción bailable. En la danza los pigmeos «se mezclan unos con otros» (*bosanganye njo*) tanto físicamente, entrecruzando sus brazos y piernas, como musicalmente, entrelazando sus melodías.[37] La polifonía musical brota del contrapunto de los cuerpos. Otro factor es el sentido que tienen los pigmeos de la mismidad, que es distinta de la limitada mismidad individual del moderno Occidente. Los pigmeos piensan de manera colectiva, sin jerarquías. Hay otros muchos factores. Las melodías entrelazadas son como los recorridos entrecruzados de los animales en la maleza. Sencillamente es más eficaz elegir un recorrido distinto al de tu vecino, como también lo es cantar una melodía diferente, porque así los riesgos se reparten. Asimismo, la habilidad para negociar una polifonía puede ser extrapolada a la destreza para interpretar las sendas de los animales: la música enseña a cazar. Otra serie de factores hacen referencia a la relación de los pigmeos con su entorno, la propia selva tropical. El bullicio que se arma en el bosque con los gritos de los animales y las llamadas de las aves también constituye una especie de polifonía. Si la caza escasea, los pigmeos utilizan una trompeta *molimo* (hecha originariamente a base de colmillos de elefante) para hablar con la selva en una ceremonia que puede durar varias semanas.[38] La conducta de señalización de las poblaciones ornitológicas en los coros entonados al alba es particularmente sugerente.[39] Como estos coros son tan densos, los pájaros necesitan imponerse cantando más alto y en un tono más agudo (un fenómeno bien conocido en las ciudades ruidosas), así como codificando doblemente sus señales, para que lleguen tanto a sus rivales como a sus potenciales parejas. La relación de los pigmeos con las aves es muy sutil. A diferencia de algunos cazadores-recolectores (como los kaluli de Papúa Nueva Guinea),[40] los pigmeos no imitan las melodías reales de los pájaros. En su lugar, codifican doblemente su polifonía. Un aspecto maravilloso de la canción pigmea es que las notas alternas se cantan al estilo tirolés, es decir, utilizando el llamado «yodel»; en muchas partes del mundo el yodel se usa para señalizar a larga distancia, ya sea para pastorear animales (como en las montañas suizas) o, en la selva tropical de los pigmeos, para cazar. El contrapunto pigmeo está doblemente codificado porque las voces hablan alternativamente entre sí dentro de la canción y, a través del yodel, cruzan largas distancias. El contrapunto pigmeo y los coros al alba son ejemplos de una evolución convergente que se adapta a un nicho ecológico.

Cuando cambia el nicho ecológico, la música también cambia. A unos trescientos kilómetros al norte de los bayaka, los pigmeos bedzan de la llanura de Tikar viven al borde del desierto, alejados de la selva tropical, y su música no utiliza el yodel.[41] Tal vez para compensar, la polifonía bedzan tiene la variabilidad más extrema de todas las músicas pigmeas. Cada vez que cantan una canción, es diferente; no tienen el concepto de que una canción sea algo estable o con una estructura repetible. Esto tiene su lógica: si una canción es como un juego, un deporte o incluso una cacería, entonces la música es una actividad —como hacer *jogging* o *jumping*—, no una cosa. Y esto acarrea unas consecuencias drásticas en la forma en que un pueblo transmite su música a la siguiente generación. No es la canción lo que se recuerda, sino la capacidad de crearla. Más vale enseñarle a un niño a pescar que darle un pez.

Muy lejos de la natural resonancia del dosel forestal, el ser humano musical de los desiertos australianos se ha adaptado a una ecología muy diferente. Sin estar ya presionados por la hostil, ruidosa y opaca jungla, los cazadores-recolectores han podido diseminarse por amplias distancias. Se abrieron los campos visuales y, con ellos, por emplear una palabra popularizada por el famoso libro de Bruce Chatwin sobre los aborígenes, los *songlines* o «trazos de la canción». Hace sesenta mil años, el primer pueblo aborigen atravesó el continente australiano con canciones, marcando así el territorio y, presumiblemente, absorbiendo los contornos del mismo para que impregnaran los trazos de sus melodías. Chatwin dice lo siguiente:

> El contorno melódico de la canción describe la tierra por la que pasa la canción [...] Ciertas frases, ciertas combinaciones de notas musicales están pensadas para describir las acciones de los pies de los antepasados. Un cantante experto [...] contaría cuántas veces ha cruzado un río o escalado una cima, y sería capaz de calcular dónde y a qué distancia estaba del *songline* [...] Una frase musical es una referencia en el mapa. La música es un banco de memoria para hallar nuestro camino en el mundo.[42]

Ésta es una bella prosa. Sin embargo, uno se pregunta a quién estaba dirigiéndose Chatwin, ya que su romántico relato está, en su mayor parte, equivocado. Ciertamente, lo que los aborígenes introdujeron en la música universal fue una linealidad integral estrechamente vinculada al recorrido por un paisaje. Pero no como se lo imaginaba Chatwin.

Las canciones aborígenes no pueden contener mapas porque son demasiado cortas y se acaban en cuestión de segundos.[43] Tampoco pueden capturar el contorno específico de la tierra porque sus canciones tienden a tener el mismo contorno: descienden. No es una sola canción aborigen por sí misma la que es un mapa, sino una enorme cadena de canciones, cada una de las cuales señaliza un objeto o un lugar del entorno. Al bailar, cantar y pintar historias míticas asociadas a estos lugares, los aborígenes despiertan a los espíritus totémicos que duermen en su paisaje: tótems como la hormiga melífera, el emú, el fuego o el agua. El mundo había sido hecho por estos espíritus en unos tiempos antiguos que los aborígenes llamaban el «Ensueño» (*Jukurrpa* en warlpiri; *Altyerre* en arrernte). Una canción tras otra, la cadena es cantada sobre la marcha al ir o volver de las reuniones comunales en la estación seca, de tal modo que los *songlines* —o trazos de la canción— van goteando por el desierto como el agua que impulsa la migración aborigen. A diferencia de sus invasores coloniales, los aborígenes no consideran el desierto un espacio árido y vacío que más vale evitar, sino que lo contemplan como un mundo repleto de espíritu, lleno de música y cargado de significado. Carecen de la distinción entre naturaleza y cultura, tan querida por los antropólogos.

A semejanza de los pigmeos, los aborígenes cantan en contrapunto, aunque con un lenguaje levemente más suelto llamado «heterofonía». Los estratos de una canción heterofónica no incluyen melodías diferentes, sino variaciones sutiles de la misma melodía. Los yolngu de la nororiental Tierra de Arnhem dicen que las voces individuales son hilos entretejidos que forman la cola de un pósum.[44] Hay un contrapunto de otra clase en la interacción de la melodía con el texto. Las acciones aborígenes tienen mucha más letra que las canciones de los pigmeos; los africanos tienden a empezar con una sola palabra y, luego, pasan a una vocalización sin palabras. No está claro por qué las palabras, y con ellas el significado conceptual, adquirieron tanta importancia en Australia. Este contraste habría hecho las delicias de filósofos de la Ilustración como Rousseau, que habría contemplado el paso de la canción vocalizada a la canción con letra como un paso hacia la civilización (aunque en la dirección equivocada, lejos de la «naturaleza»). Sea como sea, la letra y la música interactúan de una manera mucho más irregular que en la canción occidental moderna. La melodía, la letra e incluso el ritmo siguen caminos separados, y sus repeticiones cíclicas se cortan unas a otras (por ejemplo, las palabras se pueden repetir con un patrón AABB dentro de una sola frase melódica).[45] Obsérvese la repetición de las palabras en esta canción yolngu acerca de un pósum:

> *Para empezar,*
> *cuerda de piel de pósum,*
> *siempre viajando, la punta*
> *aparece*
> *flotando. Cuerda*
> *de piel de pósum, flotando,*
> *tejida*
> *esencia espiritual,*
> *para empezar,*
> *cuerda de piel de pósum,*
> *viajando de noche.*[46]

Además de la metáfora de la cola de un pósum, los aborígenes emplean la metáfora paisajística de la «dispersión» para describir cómo los ciclos textuales y melódicos se entremezclan entre sí dentro de una canción.[47] Su música se dispersa por el paisaje, del mismo modo que la polifonía pigmea es una red de sendas forestales.

Para hacer distinciones entre las culturas del mundo se ha de obrar siempre con cautela. Un aspecto sorprendente del arte africano es la escasez de representaciones de la danza en las pinturas rupestres, en comparación con otros continentes.[48] Esto es un enigma, dada la importancia del baile en la cultu-

201

ra africana. Una clara tendencia antirrepresentativa en la música africana sería la de los pigmeos, que evitan imitar los sonidos o los movimientos de los animales con los que, por lo demás, conviven tan estrechamente. La danza aborigen, en cambio, adora imitar gestos de los animales como el acicalamiento de la grulla llamada «brolga» o los saltos de los canguros.[49] Además, esta tendencia a la mímica está muy desarrollada en las regiones septentrionales de Australia, donde el arte rupestre es más figurativo, pero lo está menos en la Australia central y meridional, cuyo arte rupestre más geométrico prefiere las líneas y los círculos.[50] Me pregunto si la visualidad de la música aborigen brotará de los amplios espacios abiertos de Australia. Antes incluso de ver a una persona que viene hacia ti, oirás su *ikwe*, su melodía característica. Una procesión de mujeres acercándose al territorio de las ceremonias (siempre desde una dirección sudoccidental) puede parecer una lejana mancha borrosa, pero el tipo de canciones que cantan —tal vez un *djanba*, o quizá un *wangga* o un *lirrga*— será audible e inmediatamente reconocible.[51]

Durante al menos un millón de años, casi toda Australia ha sido sumamente calurosa, y apenas fue rozada por los hielos del Pleistoceno. Los primeros humanos que se dispersaron hacia el norte a través de Asia y Europa se adaptaron a unas condiciones que, en muchos aspectos, eran más rigurosas. En principio, ¿por qué no habría de prosperar en un clima frío la polifonía vocal, que es el sonido de los pigmeos y de los aborígenes? Cuando la gente canta varias melodías a la vez, la letra se vuelve confusa (como ocurre notoriamente en los conjuntos operísticos de Mozart). Esto no les importa a los pigmeos ni a los aborígenes porque sus sistemas de creencias valoran mucho más el sonido acústico que la letra. Pero cabe suponer que las palabras se convierten en una cuestión de vida o muerte en condiciones meteorológicas extremas, donde la gente se refugia en espacios reducidos como los iglús, y lo principal es evitar conflictos. Y no sólo las palabras, sino también el humor y la jovialidad sirven para reducir las posibles tensiones. Resulta reconfortante pensar que, lejos de ser el lugar sombrío y adusto que imaginamos, la Edad de Hielo posiblemente estuviera llena de risas. La canción de la Edad

202

de Hielo habría sido monofónica —todos cantando la misma música al unísono—, a fin de transmitir las palabras con una claridad cristalina. Estas palabras —o esta letra— habrían sido deliberadamente sociales y educativas y, posiblemente, muy divertidas. No tenemos ni la menor prueba histórica para plantear esta hipótesis. Sin embargo, eso es exactamente lo que ocurre en la música de las sociedades contemporáneas de cazadores-recolectores de toda la región circumpolar, desde los chukchi de la Siberia rusa, los ainu de Hokkaido, en Japón, y los sami de Laponia, hasta los inuit de Groenlandia, Alaska y Canadá. Sabemos que ésta fue la trayectoria de la migración circumpolar hacia las Américas: desde Asia a través de Europa, cruzando el estrecho de Bering, hasta Norteamérica. También sabemos que las culturas de toda esta región comparten historias lingüísticas, arqueológicas e incluso genéticas. El descubrimiento de Luca Cavalli-Sforza de que los árboles genealógico y lingüístico se corresponden recíprocamente es especialmente fascinante.[52] Lo que descubrió fue que la evolución de la lengua de la gente seguía de cerca a la evolución de sus genes. Esta idea ha inspirado a los etnomusicólogos para encontrar unos patrones de distribución similares dentro de los «genes» de las prácticas musicales compartidas. Es decir, para considerar formas de tocar y de cantar análogas a los genes transmitidos por generaciones de músicos.[53]

Los inuit llegaron a Alaska relativamente tarde, en el 900 d. C., desplazando a los tuniit (o «Dorset»), los últimos supervivientes de los paleoesquimales, que habían viajado desde Siberia 3.000 años antes.[54] Muchas de sus antiguas tradiciones esquimales, por no decir todas, fueron erradicadas por los misioneros cristianos después de la década de 1920, mientras que la cultura chukchi siberiana quedó profundamente congelada por el comunismo. Como veremos más adelante, comparar la música inuit con la chukchi revela la dirección evolutiva del recorrido desde Siberia hasta Alaska.

Cuando el chamán inuit Orpingalik conoció a Knud Rasmussen en 1921, le explicó al explorador «cómo nace una canción en la mente humana»:

Las canciones son pensamientos cantados con el aliento cuando la gente se siente conmovida por grandes fuerzas y el lenguaje ordinario ya no le es suficiente. El hombre es desplazado como un témpano de hielo que va a la deriva en la corriente. Sus pensamientos son impulsados por una fuerza fluida cuando siente alegría, cuando siente miedo, cuando siente tristeza [...] Pero lo que sucederá es que las palabras saldrán por sí solas. Cuando las palabras que queremos usar brotan por sí mismas, ya tenemos una nueva canción.[55]

Muchas de las canciones de Orpingalik han sobrevivido y contienen una buena dosis de humor. En una canción lanza una pulla a su viejo compañero de canciones, Takutjartak: «Te he metido un buen flechazo en tu culo grasiento. Y parece que te ha resultado muy enojoso porque has salido corriendo». Naturalmente, se lo decía en broma. Gran parte de la música inuit incluye canciones que son burlas, bromas y chacotas destinadas a evitar los enfrentamientos directos en este entorno tan excepcionalmente hostil. La más conocida de estas canciones lúdicas es una especie de «canto de garganta» llamado *katajjait*.[56] Dos mujeres se ponen tan cerca la una de la otra que sus bocas casi se tocan. Se disparan a la boca una serie de sonidos vocales, alternando rápidamente la inhalación con la exhalación, y así continúan hasta el momento en que una de las mujeres está demasiado agotada como para seguir jadeando, y pierde el juego. El duelo es la punta del iceberg social. Hay canciones con árboles genealógicos narrativos que se remontan varias generaciones. Otras hablan del tiempo o te dicen dónde coger jugosos arándanos y zarzamoras de los pantanos. También hay canciones que enseñan a los niños los nombres de los pájaros y sus patrones de nidificación. O les enseñan coordinación física, como por ejemplo saltar a la comba o juegos de malabarismo. Hay además canciones cuyos pasos de baile imitan un paseo en trineo, la pesca con arpón, el despiece o el desplume de animales, para que los más jóvenes aprendan todo tipo de actividades. Y por supuesto, la mayoría de las canciones guardan relación con la caza, como una que atrae a las focas imitando el llanto de las crías.[57]

Pero las canciones más importantes con diferencia son las que acompañan a la danza del tambor de los inuit (*inngerutit*), interpretadas con un enorme pandero (*qilaat*) hecho a base de madera de deriva o huesos amarrados y tocado con un palo procedente de una costilla de caribú.[58] Las canciones de la danza del tambor eran en origen certámenes. Dos hombres, uno enfrente del otro, cantaban, bailaban y tocaban el tambor burlándose de su rival y divirtiendo a la audiencia. Pero el propio sonido del tambor era algo muy serio, y nos habla de la importancia de los redobles en la cultura chamanística de todo el mundo. El ruido estrepitoso del tambor tiene dos objetivos: ahuyentar a los espíritus malignos y provocar un estado parecido al trance entre los oyentes inuit. La importancia de los tambores compensa la relativa simplicidad de las propias canciones; hablamos de simplicidad en comparación con las más ricas texturas del contrapunto pigmeo y aborigen. Es como si la importancia de las palabras y la sociabilidad hubiera dejado la música al margen. Otra manera de contemplar esto sería remontándonos a la analogía de la melodía con las sendas forestales y los *songlines* o trazos de las canciones. Las sendas no duran mucho en la indiferenciada tundra ártica, porque en cuanto se forman, se cubren de nieve fresca. De manera que las sendas de los inuit están construidas en sus mentes; son aún más imaginativas que los *songlines* aborígenes. Es como si la red de los senderos hubiera evolucionado hacia un entramado cultural más abstracto. Este nivel de abstracción posiblemente se lo impusiera al *sapiens* la Edad de Hielo, marcando así un importante avance hacia la complejidad social que comporta la cultura sedentaria del Neolítico, y hacia la revolución cognitiva asociada a la invención de la agricultura.

No debemos olvidar que los inuit son un cultura moderna. Tal vez sorprenda saber que los tambores son un instrumento moderno: la tecnología para cocer la cerámica o para estirar una piel en un marco de madera es más reciente que la de hacer instrumentos de cuerda, que probablemente se desarrolla-

205

ron en torno al 7000 a. C. La primera imagen conocida de un tambor de marco —tocado por un chamán que está volando como un pájaro— se conserva en una pintura rupestre de Siberia datada en el 2000 a. C.[59] Orpingalik, de la Edad de Hielo, habría humedecido una piel de reno con orina y la habría envuelto en una corteza de árbol enrollada, que luego posiblemente habría puesto a secar en su fogata. Pero no tenemos ninguna prueba física de esto. Más probable es que acompañara sus canciones de baile golpeando una piedra resonante o una estalactita.

No obstante, podemos extrapolar algunos aspectos de la música inuit volviendo a Siberia, donde probablemente se originó. Los chukchi siberianos tienen su propia versión de los duelos de «canto de garganta» entre mujeres (*katajjait*), a los que llaman *pic eynen*. También ellos practican la danza del tambor. Sin embargo, los inuit nunca practican juegos de canto de garganta y canciones de la danza del tambor en la misma ceremonia, a diferencia de los chukchi, que sí lo hacen.[60] Para los chukchi estos dos juegos forman una unidad; en la época en que esta tradición musical viajó hacia el oeste (o hacia el este) hasta Norteamérica, se escindió en dos clases distintas de música, interpretada en diferentes momentos por hombres y mujeres. Hubo una dispersión musical «extrasiberiana» que discurrió de forma paralela a la dispersión tribal y que evolucionó desde la unidad hacia la diversidad. Con una lógica razonable, podemos extrapolar esta dispersión volviendo a la cueva de Geissenklösterle de hace 40.000 años, y conjeturar que gran parte de la música de los cazadores-recolectores, que desde entonces evolucionó por separado, en origen habría sido cantada y tocada de manera conjunta.

América, el último continente en ser alcanzado por la migración «extraafricana», aloja doscientas tribus de las Primeras Naciones, que ostentan prácticamente todas las características —en diversas combinaciones— de la música de los pigmeos, los inuit y los indígenas australianos.[61] La cultura de los nativos americanos es igualitaria, no posee noción de la propiedad privada, tiene unas afiliaciones tribales flexibles (los individuos pueden abandonar o unirse a una tribu a voluntad), y ha sido históricamente nómada, siguiendo el movimiento de las manadas de búfalos por las ondulantes praderas en busca de agua.[62] La música, a la que se atribuye un origen sobrenatural, la oía en sueños el curandero. Las canciones van acompañadas de toda clase de instrumentos de percusión, cascabeles y bramaderas o churingas, hechos a base de calabazas secas, cortezas de árboles, telarañas, pezuñas de venado y caparazones de tortuga. Lo que convierte a los indígenas americanos en jóvenes cazadores-recolectores, cuyo estilo está muy emparentado con el de los inuit, es su amor por el tambor de marco. A semejanza de los inuit, su música también es monofónica y, a menudo, se canta al unísono. Y gran parte de ella asimismo se centra en la caza: los bisontes son atraídos hacia los riscos con canciones que imitan los quejidos de una cría, del mismo modo que los inuit cantan como una cría de foca para atraer a la madre.

Lo que rejuvenece aún más a la canción de los nativos o indígenas americanos es su interés consciente por el ritual y la historia. Los choctaw del Misisipi han mantenido viva una historia oral que se remonta 8.000 años atrás, hasta los paleoindios y la era de los mamuts.[63] Los choctaw dicen que sus canciones se las concedió su creador, Shilombish Chito, durante su mítica migración. Incluso hoy siguen afirmando que, a la mañana siguiente de haber cantado bien, pueden oír las voces de sus antepasados. Mientras que los inuit bailan formando una fila, los nativos americanos prefieren las danzas en corro. Para los choctaw la danza circular simboliza el mundo sagrado, que tiene forma de un círculo cortado transversalmente por las cuatro direcciones, que representan la integridad, el equilibrio y la continuidad. Esto se refleja en la circularidad de sus canciones, que se basan en cuatro frases. El círculo cortado en forma de cruz de los choctaw establece un paralelismo con el mandala tibetano, el símbolo universal de la armonía cósmica. Y esto además se refleja en el concepto circular que tienen los choctaw del tiempo histórico, que conciben como estratificado. La historia no avanza en línea recta desde el pasado, pasando por el presente, hasta el futuro, sino que sube y baja por capas o estratos del tiempo, a semejanza de los viajes que hace el chamán en sueños atravesando los niveles del cosmos, desde el tiempo de los ancestros hasta la actualidad, y de nuevo hacia atrás. Las canciones son iconos sonoros de una historia circular, tanto por su repetición cíclica como por la interacción entre la repetición y la variación. En una buena canción choctaw, los cantantes superponen motivos musicales a unos patrones básicos creados a menudo por el propio chamán. Es una metáfora perfecta sobre la persistencia del pasado a través de estratos de innovación. Con sus rituales circulares, los choctaw llaman a la puerta de un nuevo mundo de sociedades sedentarias gobernadas por la rotación de las estaciones.

No podemos saber a ciencia cierta si estas cuatro culturas de cazadores-recolectores se hacen eco del flujo del *sapiens* desde África hacia el este y el oeste. Al final, mi relato es lo que los científicos evolutivos llaman una historia simulada: una parábola en toda regla. Por otra parte, para estas culturas modernas de los rincones más remotos de la Tierra, compartir unas prácticas musicales comunes da testimonio de la existencia de un núcleo prehistórico: la historia ha de tener un fondo de verdad. Esta idea también acarrea consecuencias para nosotros. Invirtiendo el telescopio, es extraordinario que fragmentos de este mundo antiguo hayan permanecido vivos en los rincones de nuestra propia consciencia. Hare y Coyote, los camaleónicos y embaucadores dioses de los nativos americanos, todavía se persiguen el uno al otro en los modernos dibujos animados de Bugs Bunny y el Coyote, con la música de *Looney Tunes*. En las Navidades traemos árboles cósmicos a nuestras casas y cantamos canciones a su alrededor. Y el gran maestro (siberiano) de los chamanes, Tungus, también conocido como san Nicolás o Papá Noel, recorre el cielo llevado por ocho parientes de los caribús con la música de las campanillas neolíticas.[64]

Hace aproximadamente 12.000 años, el calentamiento global derritió el Pleistoceno y lo convirtió en el Holoceno, los humanos se establecieron en comunidades sedentarias, descubrieron la agricultura y la ganadería y dio comienzo la historia. Ésta es al menos la versión abreviada de una historia sumamente compleja.[65] La verdad está llena de giros, cambios y sorpresas. Por ejemplo, ahora los arqueólogos creen que el asentamiento tuvo lugar antes del descubrimiento de la agricultura, y no al revés. Por tanto, los primeros poblados sedentarios estaban en la región natufiense del Levante mediterráneo en el 12000 a. C., mientras que la agricultura y la ganadería (la domesticación de plantas y animales) llegó algo más tarde, en torno al 9000 a. C., en el Creciente Fértil de Oriente Próximo.[66] Igualmente sorprendente es que, al parecer, lo que desencadenó esta sucesión de acontecimientos fue un nuevo tipo de religión. Construir un templo religioso como un círculo de piedras puede llevar muchos cientos de años, y para hacerlo la gente tuvo que asentarse, y las comunidades asentadas tenían que ser alimentadas. Podemos suponer que la música desempeñó un papel crucial en la fundación de estas religiones, y que formó parte de la revolución cognitiva, la cual dependía de estos dramáticos cambios sociales y materiales. ¿Cómo pensaban las sociedades sedentarias?

Los cazadores-recolectores viven al día, mientras que los agricultores tienen un ojo puesto en el calendario estacional, mucho más orientado hacia el futuro. Con el otro ojo miran al pasado porque, viviendo en un sitio fijo, acumulan conocimientos que se convierten en una tradición. En otras palabras, si se asientan en un lugar muchas personas, esto es lo que ocurre: se observan atentamente unas a otras y, con el tiempo, la observación del grupo establece un nicho cultural que, al final, realimenta el cambio de conducta de la gente. A través de la tradición, tanto la memoria como la conducta se vuelven mucho más colectivas. Y formando un arco por encima de la tradición está el ritual religioso. Lo que une todos estos elementos —el ritual religioso, el calendario de las estaciones y la vida cotidiana de la aldea— es la idea del círculo, algo que ya hemos visto antes en la sociedad choctaw. Incluso hoy, es típico que la música de las comunidades sedentarias contemporáneas dé vueltas en torno a la plaza central de una aldea. Pero los primeros asentamientos registrados, como Jericó, también eran circulares.[67] Con arreglo a la Biblia, los muros de Jericó cayeron después de que los israelitas desfilaran siete veces a su alrededor soplando cuernos de carnero.

Antes hemos visto que las nuevas tecnologías del sedentarismo (cerámica y metalurgia) trajeron consigo instrumentos de cuerda y de metal, así como los primeros tambores de marco. Las comunidades establecidas de la era neolítica descubrieron cómo hacer ollas de cerámica para cocinar; tensar una piel sobre una olla creaba un tambor. También aprendieron a trabajar el metal, que dio lugar a las campanas y los gongs, y los intestinos de los animales de cría se convirtieron en instrumentos de cuerda. En términos más generales, los instrumentos podían ahora permitirse aumentar de tamaño, peso y delicadeza. Ya no hacía falta llevar a cuestas pesados gongs o series de campanas. Una frágil arpa no soportaría los golpes y las raspaduras de un viaje largo.

La complejidad social de las aldeas o poblados también aumentó la variedad de instrumentos. De las pinturas en paredes enlucidas o de la cerámica podemos inferir que se tocaban varios instrumentos a la vez, formando ricas combinaciones. Para ahondar en la música del Neolítico, podemos hacer dos tipos de conjeturas fundamentadas. Como hemos hecho antes, podemos basarnos en lo que ya conocemos de las actuales culturas musicales sedentarias del mundo. En segundo lugar, una apuesta segura sería decir que la música del Neolítico se construyó sobre los mismos principios que otros aspectos de la vida agrícola, como por ejemplo la fuerza estabilizadora de los rituales circulares. La idea moderna de una pieza musical como una entidad permanente y asentada nació probablemente al mismo tiempo que el sedentarismo, hace unos 10.000 años. Como ya hemos visto antes, la música de los cazadores-recolectores tiende a estar hecha no a base de melodías fijas, sino de átomos musicales lúdicamente reunidos sobre la marcha, por lo que la música es diferente cada vez que se interpreta. La gente del Neolítico posiblemente repitiera la música y se la transmitiera a sus hijos. Si repites trozos de melodía en el mismo orden, estás creando esencialmente una canción. Por supuesto, esto es pura especulación, pero si se sigue la lógica de una sociedad estable, entonces es probable que la música neolítica inventara canciones.

La primera prueba en favor de esta teoría es un templo situado en lo alto de una loma en Anatolia, la antigua Turquía, descubierto en 1994 por Klaus Schmidt. Göbekli Tepe, del 10000 a.C., es la excavación arqueológica más antigua y más emocionante del planeta, y presumiblemente, el punto de inflexión de la historia (véase figura 5.4).[68] Göbekli Tepe no es en realidad una loma, sino un montículo artificial que forma una serie de recintos megalíticos o santuarios. Dentro de estos recintos hay círculos de pilares monolíticos en forma de T, cada uno de los cuales sugiere la silueta de un humano de pie con los brazos estirados. Sobresaliendo por encima de los círculos hay unos monolitos centrales de seis metros de altura. Las piedras están decoradas con imágenes de toros, zorros, serpientes, arañas y escorpiones, y probablemente estuvieran al servicio de una religión basada en la superación del miedo asociado a animales peligrosos. Los megalitos de Göbekli Tepe son interesantes para los músicos porque también son piedras resonantes.[69] Si se golpea delicadamente con la mano el centro de esos pilares huecos, se produce un redoble con una resonancia infrasónica de 14 Hz. Sonidos tan graves como éste no afectan tanto al oído como directamente a todo el cuerpo; es como cuando tu cuerpo «oye» el retumbar de un tren subterráneo. Los arqueólogos creen que el suelo que hay debajo de las piedras está hueco, como los círculos de Xaghra, en Malta, y Epidauro, en Grecia, que eran unos antiguos baños subterráneos. En efecto, la caja subterránea de debajo de Göbekli Tepe funciona como un transductor (un convertidor de energía) para la resonancia de los megalitos. Es una caja de resonancia para un arpa gigantesca hecha a base de «cuerdas» de piedra.

FIGURA 5.4. Impresión de un artista del recinto de Göbekli Tepe.

En Göbekli Tepe, Mahoma no fue a la montaña, sino que la montaña fue a Mahoma. Sus piedras resonantes no son elementos del paisaje natural, como una montaña o una cueva. La gente las construyó y las dispuso deliberadamente. Los recintos megalíticos debieron de ser espacios destinados a rituales religiosos dominados por la música, al servicio de las aldeas vecinas. El ejemplo más famoso de un pueblo de Anatolia en los albores de la agricultura es Çatalhöyük, un lugar de unas catorce hectáreas cercano a la moderna ciudad turca de Konya.[70] Una catacumba de casas de una habitación arracimadas, hechas a base de ladrillo de adobe, accesibles por unos agujeros en el tejado, Çatalhöyük debió de alojar en su apogeo —entre 7200 y 5700 a.C.— a diez mil personas. Era, en todos los sentidos, una comunidad asentada. Aunque no se han conservado vestigios musicales, las imágenes pintadas en los muros enlucidos de Çatalhöyük (véase figura 5.5) revelan muchas cosas. En una de ellas, treinta personas están bailando alrededor de un toro enorme.[71] Aunque el arte rupestre neolítico contiene muchas imágenes de animales y de personas, rara vez se muestran interactuando entre sí. La representación de humanos y toros en el mismo campo visual nos revela que el ganado era crucial para la vida y los rituales de los habitantes de Çatalhöyük. El fresco incluye una de las representaciones más tempranas de un tambor de marco. Un personaje pulsa un instrumento que parece una primitiva arpa de arco. Otros frotan dos arcos entre sí, como si estuvieran tocando los arcos de una sola cuerda (malungas y birimbaos) del sur de África. El fresco, por tanto, retrata una antigua orquesta formada por tambores y por cuerdas pulsadas y frotadas. El aspecto de las personas y sus tonos de piel multicolores sugieren que la orquesta la componían tanto hombres como mujeres, así como miembros de diferentes grupos étnicos. Da la impresión de que la habitación podría haber contenido un altar para ceremonias religiosas que incluyeran el canto, la interpretación instrumental y el baile.

FIGURA 5.5. Pintura mural de Çatalhöyük que muestra arcos de caza.

De hecho, Çatalhöyük está llena de esos altares, cada uno de los cuales indica que la música debía de interpretarse en el interior de la casa. La domesticación de la música, un derivado de la agricultura y la ganadería, marca un momento especialmente significativo de su recorrido: un recorrido que va del paisaje (cueva o montaña) al templo (los megalitos de Göbekli Tepe) y al interior de las viviendas permanentes de la gente. Si la repetición es la base del ritual, entonces las casas de Çatal-höyük muestran cómo el ritual emerge literalmente desde el suelo. Las viviendas tienen todas la misma forma y el mismo tamaño, y durante milenios se hacían y se volvían a hacer en el mismo sitio encima de los antepasados, enterrados debajo del suelo. Podemos imaginar que la música de Çatalhöyük se hacía y se rehacía de la misma manera, y que estaba tan estandariza-da como los cientos de esculturas de cabezas de bueyes prácti-camente idénticas, así como de estatuillas de terracota de dio-sas de la fertilidad que han sido descubiertas en las habitaciones que albergaban sus altares.

La estandarización sugiere una ausencia de jerarquía so-cial. A juzgar por sus viviendas, todas del mismo tamaño, Çatal-höyük era tan igualitaria como las sociedades de cazadores-re-colectores. Pero a medida que la agricultura se iba volviendo cada vez más segura, la acumulación de riqueza procedente de las buenas cosechas dio lugar a la desigualdad social. Algunos se deslomaban para cultivar la comida, mientras que la clase más ociosa la gestionaba, la conservaba o le rezaba. Cuatro mil años aguas abajo de Çatalhöyük, los aldeanos que participa-ban en los rituales musicales de Stonehenge en el 3000 a. C. eran tan conscientes de su estatus como las audiencias en las modernas salas de conciertos: la gente principal se ponía en el centro del círculo de piedra, o cerca de él, mientras la chusma se apretujaba por los bordes. Ésta es la teoría propuesta por Rupert Till.[72] Las notables propiedades acústicas de Stonehenge llevan mucho tiempo siendo ensalzadas. «Se oye un rumor —dice Tess, la de los D'Urberville, de Thomas Hardy—. ¡Escu-cha!» Cuando Angel, el novio de Tess, presta atención, «el viento, que juega con el edificio, produce una melodía atrona-dora que es como la nota de un arpa gigantesca de una sola cuerda». Stonehenge debió de crear sonidos de tres maneras: como un «templo de los vientos», como lo oía Hardy; como un escenario para interpretar música de tambores y otros instru-mentos de percusión; y como un conjunto de piedras resonan-tes que debían ser golpeadas. Los más pequeños monolitos de piedra pulida azul, distintos de las grandes piedras de arenisca, eran acarreados desde una zona de Gales llamada «las rocas sonoras». El esfuerzo que requería transportar, curvar y dar lustre a las piedras pulidas azules, además del ingenio que supone colocar sus superficies cóncavas mirando hacia el centro del círculo, nos habla de una cultura capaz de planificar a muy largo plazo: 1.500 años, para ser exactos, mucho más tiempo del que se tardó en construir las catedrales europeas.

Stonehenge era un recinto neolítico destinado a celebrar fiestas o juergas extáticas, y no es una casualidad que a la moderna cultura *rave* le guste disfrutar de la gloria de aquellas fiestas. Los que asistían a las fiestas de Stonehenge en el Neolítico debían de tocar con tambores de barro o de madera, con trozos de madera o sencillamente entrechocando piedras pequeñas. Dentro del círculo, el sonido posiblemente se reflejara en cada piedra y se amplificara, produciendo así un efecto no muy distinto del de la Galería de los Susurros, en la catedral de San Pablo, o del de la Pared del Eco de la Bóveda Imperial del Cielo, en el templo Tiantán de Pekín, pero con el efecto añadido de que esto ocurría al aire libre. No podemos saber exactamente cómo sonaba porque han desaparecido la mitad de las piedras. Utilizando la modelización informática digital, Till reconstruyó el efecto original. Según sus estimaciones, las notas de alta frecuencia de los pequeños tambores, tocados justo en el centro, debieron de producir el mejor sonido. Y, lo más importante: las reverberaciones habrían de ser más potentes para los participantes que estuvieran de pie en medio del círculo de piedra; de menor calidad para quienes estuvieran fuera del anillo de arenisca, pero aún dentro del foso que lo rodeaba todo; y menos efectivas todavía para la audiencia situada más allá del foso. Para los afortunados o lo suficientemente importantes como para ocupar el centro, ésta era sin duda la mejor «localidad» de todas.

Una y otra vez hemos visto que la prehistoria de la música no se mueve en línea recta. Ni el arte rupestre ni las piedras resonantes desaparecen con la llegada de la agricultura y la ganadería, sobre todo si ampliamos nuestro horizonte y nos vamos más allá del Creciente Fértil. En Kupgal, en la India del

Sur, los lugareños llaman «piedras musicales» a las rocas de granito que cuelgan en voladizo de los riscos.[73] Al ser golpeadas, estas rocas producen sonidos graves parecidos a los de un gong. Sólo pueden ser tocadas o golpeadas por hombres jóvenes, pastores que sean lo bastante fuertes como para trepar por la vertical de piedra hasta llegar casi a lo alto del risco. Las rocas están cubiertas de petroglifos (tallas y grabados en la piedra) de figuras antropomórficas y de ganado, que en ocasiones aparecen copulando. Junto a los riscos hay unos montículos antiguos de estiércol de vaca que dan testimonio del pastoreo de ganado en el Neolítico. La inaccesibilidad de las escarpadas piedras musicales cobra pleno sentido en la jerarquía de la cultura bovina, en la que ostentan el estatus más elevado los que están más en contacto con el rebaño. En lo relativo a cómo podía sonar la música, hay muchos ejemplos modernos de culturas sedentarias que viven del ganado. En el capítulo 1 hemos hablado de la tribu de los tutsi, de Ruanda. Otro ejemplo es el pueblo nuer de Sudán del Sur.[74] Casi todas sus canciones tratan del ganado, y les ayudan a pasar muchas horas cuidándolo en los pastizales del valle del Nilo. En las ceremonias de iniciación nuer, el iniciado tiene que componer una canción en alabanza de un toro. Las canciones nuer sobre el ganado van acompañadas de flautas de bambú que se tocan de lado o de zampoñas, y nunca de tambores. ¿Por qué? Una posible razón, propuesta por el biomusicólogo Nils Wallin, es que «los patrones tonales en la gama de tonos agudos presentan unos rasgos que son los más reconocidos por el ganado».[75] Parece ser que la música de flauta calma al ganado, mientras que la percusión lo irrita. Como veremos en el capítulo siguiente, los antiguos antepasados egipcios de los nuer conocían esto a la perfección, lo que puede ser la razón por la que en su música predomine el suave sonido de las flautas y las arpas... que sigue siendo el sonido característico de la música pastoral en las obras de música clásica occidentales (pensemos, por ejemplo, en *Prélude à l'après-midi d'un faune* —«Preludio a la siesta de un fauno»—, de Debussy). Encaramadas muy por encima del pueblo, las rocas-gong de Kupgal estaban presumiblemente demasiado lejos como para asustar a las vacas.

Enloquecida por el ruido, una vaca aterrorizada corre por las calles de Bhaktapur, Nepal, perseguida por una procesión de músicos que entrechocan palos de madera y címbalos y golpean pequeños tambores de barril llamados *dhas*.[76] Éste es el antiguo festival de Gai Jatra, que todavía se sigue celebrando todos los años en la segunda quincena del mes *gula* durante la estación monzónica (hoy en día, por respeto a los animales, la vaca es sustituida por palos de bambú rematados por cuernos de vaca). Gai Jatra conmemora a los habitantes de Bhaktapur que han fallecido el año anterior. La vaca conduce sus almas a través de Vaitarna, el río sagrado que divide el mundo de los muertos del de los vivos. Cuando los músicos desfilan por la ciudad de un santuario a otro, hasta que llegan a la plaza central, trazan el recorrido de un círculo. La procesión circular no sólo imita la geografía de la ciudad, sino que además simboliza el círculo de las estaciones, el ciclo de la vida, la forma del cosmos y la jerarquía del sistema de castas hindú.

Lo más importante es que todo esto es transmitido y convertido en sonido por la forma cíclica de la música que tocan. La música de la denominada «danza del palo» de Gai Jatra no es improvisada como la de los cazadores-recolectores que he abordado con anterioridad. Es tan fija y está tan ritualizada como las convenciones sociales que rigen en un asentamiento agrícola y ganadero. El esquema es el siguiente: cada siete pasos, los bailarines giran y, poniéndose unos frente a otros, entrechocan los palos; esto no se diferencia mucho de la danza Morris inglesa, otro ejemplo de ritual relacionado con la agricultura. Esto sucede en la primera parte del baile. Cuando la procesión se acerca a un santuario importante, el bailarín principal indica a los otros que aceleren y entrechoquen los palos cada tres pasos, de manera que la música se va acelerando. La mayor parte de la música de todo el mundo se vuelve más rápida y más intensa a medida que progresa; prácticamente todas las canciones pop occidentales lo hacen. En la intensificación progresiva de la música no hay nada misterioso. Es la consecuencia inevitable de contemplar el tiempo musical como un ciclo orientado hacia un clímax, como si fuera un calendario. Cuando Gai Jatra sube y baja en oleadas de intensidad, está reflejando el círculo de las estaciones. Este tipo de música tan sumamente ritualizada no existe en las canciones participativas —y con un final literalmente abierto— de los cazadores-recolectores. Si cada miembro de la tribu puede entrar y salir de la canción cuando le plazca, entonces la canción no puede ser compuesta con un principio, una parte central y un final.

Uno de los aspectos más fascinantes de los animales y la música, que veremos en el capítulo 9, es que los animales aborrecen intensamente la música humana. Esto invita a la reflexión, habida cuenta de que la música hunde sus raíces en la vocalización animal. Asimismo refleja un tema que cobra mucha importancia en este libro: el enmarañamiento de la música humana con los animales en todas las fases de la historia y de la evolución. Uno se podría incluso aventurar a decir que una característica que define la música humana es nuestra obsesión con los animales. La música se origina en parte en el golpeteo percusivo que empleaba el *sapiens* para ahuyentar a los animales peligrosos de sus cuevas y, por extensión, a los espíritus con forma de animal. La música crea literalmente un espacio en el que asentarse, y lo hace desde un punto de vista positivo: debido a su aura mágica, y desde uno negativo: como una fuerza repelente para alejar el mal y para marcar unos límites entre la civilización y la naturaleza, entre la aldea y la selva. Por tanto, la música incluso antecede al asentamiento. Ésa es la lección que se puede extraer del templo de Göbekli Tepe: la prueba de que la religión —y la música— dio lugar al sedentarismo. En suma, éstas son algunas de las muchas cosas que puede hacer la música. Crea un espacio. Cartografía los límites del asentamiento, la línea que separa el mundo humano del reino de los animales. Sirve de mediadora entre lo humano y lo divino. Y explica el papel de los animales y la agricultura en los orígenes de la música. El ejemplo más espectacular al respecto es una aldea que hay muy lejos de Nepal, en la otra punta del mundo, en la selva tropical amazónica.

Los indios kisedje de Mato Grosso, en Brasil, pueblo ya mencionado en capítulos anteriores, tienen un mito fundacional para explicar de dónde procede la agricultura. Creen que antiguamente subsistían a base de madera podrida, hasta que un día un ratón les enseñó cómo cultivar maíz y batatas. En el clímax de la ceremonia del ratón, un rito de iniciación para un muchacho adolescente, y en el culmen de un año lleno de ceremonias, un chico kisedje se transforma en un ratón. Cada estación del año tiene su propio rito. La ceremonia Gaiyi marca el final de la estación lluviosa. Las ceremonias del ratón se celebran cuando el grano está maduro. La «canción del jardín» se canta cuando se quema la broza. La ceremonia de la abeja celebra la poda de los jardines, cuando los hombres van como un enjambre de abejas de casa en casa de la aldea. Cada grupo social tiene su propio tipo de canciones, así como lugares donde está permitido cantarlas (la plaza del pueblo, las casas, el bosque). Las canciones kisedje crean y, al mismo tiempo, reflejan la sociedad. Por ejemplo, unos cuñados o enemigos que por lo general nunca se hablan entre sí, pueden perfectamente cantar juntos. Curiosamente, los kisedje establecen una clara analogía entre la formalidad de sus canciones (a saber, la longitud y la estructura del fraseo) y la formalidad del entorno. La música más «clásica», como diríamos en Occidente, se interpreta en el lugar principal, es decir, en la plaza central de la aldea.

El antropólogo Anthony Seeger, que pasó muchos años con los kisedje, cree que una aldea kisedje es una sala de conciertos que duran todo el año y cuya orquesta la forman los lugareños.[77] El pueblo está estructurado como un teatro, con un círculo de casas de paja en torno a una plaza central despejada. Cuando los cantantes varones rodean la plaza (y sólo los hombres están autorizados a hacerlo), son respondidos por el llanto de las mujeres en sus casas, mientras los ancianos y los niños gritan, llaman o sueltan risitas. Todo sonido hecho durante esta actuación es considerado «música»; aunque hay una clara jerarquía concéntrica —con la importancia de la música irradiando desde la plaza—, los kisedje no consideran que haya un límite entre los intérpretes y la audiencia. Esto nos lleva a reconsiderar el significado de la polifonía, el idioma de los pigmeos y de los aborígenes. En cierto sentido, las canciones kisedje carecen de contrapunto: su música es cantada o bien al unísono o bien a una sola voz. No muestran mucho interés por los instrumentos, ni siquiera por los de percusión. La música kisedje es esencialmente vocal. Sin embargo, hay otro tipo de «contrapunto»: el de la totalidad de los sonidos y ruidos que rodean la interpretación.

Aunque los kisedje hablan de «antepasados» lejanos, sería una fantasía pensar que su tradición se remonta a un pasado remoto o imaginar su cultura como atemporal. Los kisedje tienen un contexto y una historia concretos: sencillamente forman parte de la amalgama de tribus asentadas en el Parque Nacional Indígena de Xingu, en Brasil, tras haber sido desplazados más hacia el norte en el siglo XIX por conflictos coloniales.[78] Tienen unas relaciones intertribales especialmente fuertes con los arawac, los indios caribe y los indios kamayura, cada uno de los cuales posee su propia cosmografía musical distintiva e igualmente compleja. Por ejemplo, la música kamayura está dominada por las flautas más que por las voces, y este pueblo asocia el poder de las flautas tanto a la fuerza tribal como al mero acto de asentarse en su parte del bosque. Todas las tribus creen que aprenden canciones nuevas de los forasteros. Si los cazadores-recolectores van en busca de canciones, las culturas sedentarias las hacen prisioneras. Por consiguiente, no son los detalles específicos de su cultura musical lo que pudo haber sido compartido por los humanos sedentarios hace 10.000 años, sino el mecanismo por el que utilizan la música para crear espacios, límites y el concepto de los forasteros.

Otro mito que se puede descartar es el de que las sociedades sedentarias vienen forzosamente después de las sociedades nómadas. Es de sentido común pensar que los asentamientos pueden fracasar si fallan las condiciones, y la gente puede volver a ponerse en camino, como de hecho parece que sucedió en Norteamérica (o, de vuelta en Oriente Próximo, cuando los

israelitas vagan por el desierto de Néguev). Una lección objeti-
va nos la ofrecen los indios pueblo de Arizona, que descubrieron la agricultura y la ganadería y construyeron aldeas circulares en el año 500 d.C., dejando muchas imágenes de
música y danza. En una olla de barro hay una imagen que
muestra un grupo de personas bailando en corro agarradas
del brazo y, a su lado, un flautista solitario.[79] Lo esencial del
baile en corro es que restringe la libertad física individual (por
ejemplo, el movimiento de los brazos) en nombre de la colectividad social. Los nómadas indios hopi, que descienden de los
pueblo, también bailan en corro. Pero hoy danzan como individuos; ya no bailan con los brazos apoyados en los hombros
del otro.

## Los mayas

Los historiadores todavía siguen preguntándose si los primeros
humanos llegaron a Sudamérica por el cuello de botella de México o cruzando el Pacífico en unas barcas primitivas. Fuera
como fuera, la cultura paleoamericana alcanzó el clímax con
una serie de ciudades-Estado fundadas por civilizaciones como
la maya, la inca y la azteca. Una pintura mural en un templo de
la antigua ciudad maya de Bonampak, en México, muestra lo
que ocurre cuando la música se vuelve urbana (véase figura 5.6).
Dos hombres tocan unas trompetas que parece que se salen del
cuadro. En esta orquesta formada por doce hombres, que tal
vez era parte de una procesión teatral, tocan tambores, cascabeles y ocarinas (unas pequeñas flautas con forma de silbato).[80] El
mural data de 775 d.C., bien adentrado el Período Clásico
maya, pero la música que retrata podría haber sonado perfectamente tres milenios antes, en el Período Preclásico (2000 a.C.-
250 d.C.). Las trompetas eran de madera; los mayas no adoptaron la metalurgia hasta el 800 d.C. Asimismo merece la pena
mencionar que los instrumentos de cuerda de todo tipo fueron
ajenos al continente americano hasta que fueron introducidos
por los españoles.

221

FIGURA 5.6. Detalle de la pintura mural de un templo maya en Bonampak.

A finales del período colonial de la historia maya, tras derrotar a los españoles capitaneados por Pedro de Alvarado en 1523, tenemos un informe de un testigo ocular, fechado en 1624, que habla de trompetas de madera utilizadas por los mayas para promulgar el sacrificio de un guerrero hecho prisionero en la batalla:

> Atado a una estaca, es atacado por cuatro bailarines disfrazados de jaguar, de puma, de águila y de otro animal. Intentan matarle con el terrible estrépito provocado por los gritos y alaridos de varias trompetas largas y retorcidas que parecen sacabuches y cuyos sonidos pavorosamente lúgubres bastan para asustar a cualquiera.[81]

Una vasija que ostenta increíbles detalles y fue extraída de la región de las tierras bajas mayas cuenta su propia historia. K731, como ha sido etiquetada, representa al dios del maíz maya saliendo del caparazón partido de una tortuga (por lo

222

demás, la tortuga parece que está vivita y coleando). Por detrás viene en una canoa otro dios que está golpeando el caparazón de una tortuga con el cuerno de un ciervo.[82] La astronomía maya llama a Orión la Tortuga, y creen que la Tierra se asienta a lomos de una tortuga celestial que flota en el Mar Primigenio (la serie de novelas de Terry Pratchett *Discworld* —*Mundodisco*— toma prestada esta idea). La imagen de la vasija mezcla la música con la agricultura, la astronomía y el culto a los animales. Éste es el núcleo central de la cosmografía musical maya. Todavía hoy, los mayas modernos de Guatemala golpean un tambor de caparazón de tortuga con dos espigas de maíz en la ceremonia de las Posadas, para asegurarse una buena cosecha. También han conservado la expresión *lahb*, que en la lengua maya chortí significa «acariciar un tambor con la destreza del que hace una tortilla».

A semejanza de los incas y los aztecas, los mayas potencian los aspectos rituales agrarios y jerárquicos de las sociedades sedentarias en torno a un rey autocrático. El Mirador, una ciudad maya que floreció en el 600 a. C., ocupa un espacio de dieciséis kilómetros cuadrados que contiene La Danta, la pirámide más grande del mundo, de setenta y dos metros de altura. En lo alto de La Danta, a las víctimas sacrificiales les arrancaban el corazón mientras oían el espantoso sonido de caracolas tocadas como trompetas. Abajo, en las plazas más importantes, enormes procesiones cantaban al sol o al dios del maíz. El registro más vívido de esas procesiones, que describe un festival de la cosecha inca que tuvo lugar en abril de 1535 en la ciudad de Cuzco, en Perú, fue observado y narrado por el colono español Juan de Betanzos:

> Estas cosas sucedieron en abril de 1535, cuando en el valle de Cuzco cosechan el maíz y otros cultivos. Todos los años, después de la cosecha, era costumbre de los gobernantes de Cuzco hacer un gran sacrificio al sol [...] Formaban dos filas, cada una de más de trescientos señores. Era como una procesión con un coro frente a otro, y se quedaban muy callados esperando a que saliera el sol. Cuando el sol asomaba por el horizonte, empezaban a ento-

nar una canción con mucho orden y armonía. Mientras cantaban, todos golpeaban el suelo con un pie, como nuestros cantantes de polifonía, y cuando salía el sol del todo, se ponían a cantar en voz más alta.[83]

Mientras cantaban, el gran rey inca los miraba desde su carpa sentado en una silla y, en ocasiones, se acercaba y se unía a los coros. Esto duraba desde la salida hasta la puesta del sol. «Y como hasta el mediodía el sol seguía subiendo, sus voces iban en aumento, y a partir del mediodía se atenuaban, siguiendo minuciosamente el recorrido del sol.»

No todo era espectáculo y religión; los mayas también disfrutaban de la música en casa y en la corte. Ocarinas y otros instrumentos han sido hallados entre los restos de las cocinas de las casas, y seguramente los tocaban como un entretenimiento para la familia. Se ha descubierto una colección de figuritas sentadas alrededor de un chamán con cara de mono que está cantando. Una de las estatuillas es un enano deforme que está representado soplando una trompeta mientras boxea (el boxeo maya imitaba el zarpazo de un jaguar); otra enana toca los cascabeles mientras baila.[84] Aparte de estas bufonadas, los mayas se tomaban los cánticos muy en serio, pues los consideraban una virtud propia de un talento señorial. Los glifos (jeroglíficos no religiosos) en los murales representan cantantes con un punto rojo en las mejillas y una flor que les asoma por la boca.[85] El punto rojo significa «señor»; la flor muestra que el cantante encarna al dios de la música, que siempre lleva una diadema floral en los murales porque los mayas asocian la música con la fragancia (ambas son llevadas por el viento). Este manojo de símbolos nos dice, esencialmente, que los cantantes mayas eran varones y muy respetados. Por extensión, los mejores cantantes eran príncipes y reyes.

¿Cómo sonaban realmente las canciones mayas al sol? Consternados por estas prácticas paganas, los españoles destruyeron prácticamente todo lo que llegaba a sus manos, quizá incluso pergaminos de música. No podemos estar seguros de si el complejo sistema maya de los glifos incluía la notación musical.

Pero si adoptamos una perspectiva más amplia sobre cómo funciona la notación, puede que algo sí haya sobrevivido. La línea de una partitura musical en realidad es sólo una sombra de la ondulación de la música a través del tiempo. Mecer los brazos al ritmo de la música es más tosco, pero no deja de ser, a su manera, una especie de notación. En el arte maya, las vírgulas o volutas del habla salen de la boca de la gente formando ondulaciones que denotan la intensidad del sonido.[86] Las atronadoras reverberaciones procedentes de la boca del dios de la lluvia, Chaak, son evocadas por las líneas dentadas de estas volutas del habla. Las oscilaciones de una buena retórica vienen sugeridas por unas vírgulas del habla con contornos de latigazos. El fragor de la batalla está representado por unas líneas zigzagueantes paralelas en los tambores mayas. Debían de sonar como el ruido que tanto aterrorizó a Hernán Cortés durante la batalla de Tenochtitlán, la capital del Imperio azteca, en 1523:

> Una vez que obtuvieron la victoria, las gentes de esa ciudad, a fin de aterrorizar al alguacil mayor y a Pedro de Alvarado, llevaron a todos los españoles que habían capturado, vivos o muertos, a Tlatelulco, que es el mercado, y sobre unas altas torres que hay allí los sacrificaron desnudos, abriéndoles el pecho y arrancándoles el corazón como ofrenda a los ídolos. [...] Durante todo ese día y la noche siguiente, el enemigo lo celebró tocando tambores y trompetas a tal volumen, que parecía que el mundo estaba llegando a su fin.[87]

El mundo que llegaba a su fin era el suyo, no el nuestro. Un sonido que probablemente haya sobrevivido duerme en las propias piedras. Todos los años, durante el equinoccio de primavera, la pirámide de Kukulcán, en la antigua ciudad maya de Chichen Itzá, en México, arroja una sombra en forma de la serpiente emplumada Quetzal, que representa el descenso que hace anualmente el dios desde el cielo. Si se da una palmada en Kukulcán, la pirámide responde con un eco que suena como un gorjeo, el prolongado tono decreciente del pájaro emplumado Quetzal.[88] Una vez más, las aves se ciernen sobre los orígenes de la música.

# 6

# La afinación de Occidente

Cada era tiene su propio sonido. Cuando el oído de Dios se cernía sobre Oriente Próximo en torno al 12000 a. C., tal vez sopesando qué tribu escoger como su pueblo elegido, debió de escuchar muchos tamborileos. El paisaje sonoro en el 4000 a. C. estaba edulcorado a base de arpas y flautas. En el 1700 a. C., ese paisaje se hallaba salpicado de tonos penetrantes procedentes de los aulós, un tipo de oboe doble. Los romanos amaban las trompetas. Las épocas del mundo antiguo componen una sinfonía en cuatro movimientos:

1. Edad de Hielo. Percusión emocionante.
2. Edad del Bronce. Idilio pastoral, movimiento lento con arpas y flautas.
3. Edad del Hierro. Caída en una nueva era oscura. La música se vuelve más rápida, más potente y más estridente.
4. Imperio romano. Triunfantes desfiles militares con trompetas.

Los sonidos nos narran la historia antigua de la estabilidad, la caída y la vuelta al orden. Durante miles de años, las arpas y las flautas son los instrumentos que predominan en el antiguo reino de Egipto. Eso lo sabemos por la iconografía. Luego ocurre algo que envía ondas de choque por el paisaje sonoro egipcio. Un detalle de un papiro escrito en algún momento de la XIX Dinastía (1307-1070 a. C.) es una pintura de una gozosa cacofonía (véase figura 6.1).[1] Un músico sopla un aulós; va detrás de un cocodrilo, un león y un burro que rasguean un laúd, una lira y un arpa. Aparte del arpa, que es autóctona, todos estos instrumentos mucho más ruidosos son nuevos para Egipto. Lo que ha sucedido es la invasión de los hicsos del 1720 a. C. Hicsos es el posible nombre de los misteriosos pueblos del mar, unas hordas similares a los vikingos que, procedentes del Asia occidental, arrasaron el Mediterráneo oriental durante el segundo milenio a. C.[2] A los pueblos del mar se los culpa a menudo de haber provocado que el mundo entrara en su primera Edad Oscura. Los historiadores localizan el año en que se derrumbó la civilización en el 1178 a. C.[3] Pero la música de los hicsos llevaba desestabilizando Egipto más de quinientos años, desde el 1720 a. C. Los aulós acentuaron la estridencia de la música. La lira (más pequeña y más ligera que el arpa) hizo que la música se volviera más transportable. El número de cuerdas del arpa aumentó de cuatro a dieciséis, lo que permitió que la música sonara a un volumen muy superior. Los hicsos introdujeron el laúd de muchos trastes, un instrumento característico del Asia central desconocido en Egipto. La genialidad de los laúdes es que pueden tocar una variedad ilimitada de semitonos y microtonos. En cambio, el tono de la cuerda de un arpa es fijo. Todo esto significa que la música egipcia adquirió un sistema de afinación mucho más flexible y elaborado. A través del contacto con Asia, la rígida música de Egipto empezó a suavizarse. Y así empieza la gran historia del asunto amoroso de la música occidental con los sinuosos y exóticos sonidos de lo que

FIGURA 6.1. Músicos animales en un papiro de la XIX Dinastía.

Occidente denomina despectivamente «el Oriente». Este «orientalismo» (término acuñado por Edward Said: véase capítulo 2) lo escuchamos en el flirteo de Mozart con las bandas musicales turcas (véase la «Marcha turca» de su *Sonata para piano n.º 11 en la mayor*, K. 331), y en los suspiros moriscos de la guitarra española. Esta historia de amor empezó en el antiguo Egipto.

La relación de Egipto con Oriente formó parte de un sistema de intercambios que se extendió por casi toda Asia. Mucho más tarde, este sistema derivaría en una red de rutas comerciales, que abarcaban desde China hasta el Mediterráneo, llamada Ruta de la Seda. En el capítulo 7 exploraremos la Ruta de la Seda musical. Lo que ahora nos interesa es que la tradicional visión eurocéntrica de la música antigua, fomentada por nuestra obsesión con la Grecia y la Roma clásicas, está desajustada. Su verdadero centro de gravedad fue Asia Menor. Al oído moderno la música griega antigua le suena como árabe. Esto se debe a que el mundo musulmán medieval fue depositario no sólo de la sabiduría griega (la filosofía de Platón y Aristóteles), sino también de las escalas griegas trasladadas a los modos árabes, llamados *maqams*. La estrella de la Ruta de la Seda musical era el laúd. En sus viajes por Asia, África y Europa, el laúd adopta muchas facetas: el *oud* árabe de Oriente Próximo, la bipa china, la *veena* india y la guitarra europea. La estrella del mundo antiguo es la lira, el instrumento de David, así como de Homero. Homero improvisaba su *Ilíada* y su *Odisea* acompañándose de una lira de cuatro cuerdas llamada *phorminx*.[4] El mero hecho de que el número de cuerdas de la lira se redujera de siete (o más) a tan sólo cuatro da testimonio del desmoronamiento de la civilización cantada por Homero (la guerra de Troya está fechada en el 1184 a. C.; Homero vivió entre el 800 y el 700 a. C.). La recitación de Homero tenía que hacerse con tan sólo cuatro notas, re, mi, fa y la. Si hubiera compuesto la *Ilíada* mil años antes, habría disfrutado de la gama completa de nuestra moderna escala de siete notas. La historia de la música durante la primera Edad Oscura realmente había retrocedido.

Si consideramos la masa continental euroasiática como un bloque, ¿podemos inferir una antigua lengua musical común, hermana de la primitiva lengua indoeuropea basada en el sánscrito? En el capítulo 2 hemos visto que *creación* y *kriti* (un género de canciones del sur de la India) comparten la misma raíz sánscrita *kr*. *Atem*, la palabra moderna alemana para decir «respiración» o «aliento», deriva del sánscrito *atman*, que significa «alma» o «espíritu universal». ¿Existen unas conexiones similares en la música universal? Curiosamente las hay: entre las escalas japonesas tradicionales y la antigua escala griega llamada *enarmónion* (o escala enarmónica). Dadas las enormes distancias geográficas, históricas y culturales entre estas escalas, los eruditos han formulado la hipótesis de una sumamente antigua «franja de mayor-tercera-tricordio» («tricordio» hace referencia a tres notas: un semitono y una tercera mayor), que se extiende desde el este de Asia hasta el Mediterráneo, incluyendo la música de la India, Mongolia, Tíbet, Camboya, Indonesia, Corea y Japón, pero ¡no China![5] Para comprender la importancia de esta lengua primordial, y la ausencia de China, necesitamos una pequeña lección de teoría de la música antigua. ¿Qué es exactamente el *enarmónion*?

## Lección de teoría de la música antigua

Recordemos el principio de la octava del capítulo 4. Si sigues subiendo por la escala moderna occidental, al final regresas a «casa», sólo que una octava por encima de donde empezaste: do-re-mi-fa-sol-la-si-*do* (o bien C-D-E-F-G-A-B-*C*). Ascender paso a paso en realidad es una manera de pensar contemporánea. El recorrido más antiguo y más natural no es añadir notas, sino dividir intervalos, comenzando por la octava como la sonoridad musical más pura, con la ratio acústica más simple de 2:1 (resuena dos veces más deprisa que la fundamental). Como vimos en el capítulo 4, los siguientes intervalos más simples son la quinta (ratio de 3:2) y la cuarta (ratio de 4:3). Se puede oír el armonioso triángulo de la octava, la quinta y la cuarta en la escena del monolito de la película de Stanley Kubrick *2001: Una odisea del espacio* (por cortesía de *Also sprach Zarathustra*, de Richard Strauss), y en la señal militar conocida como «The Last Post», tocada todos los años por un grupo de cornetas situados cerca de otro monolito, el Cenotafio de Londres, para conmemorar a los muertos de las dos guerras mundiales.

La cuarta (de la que teóricamente puede decirse que es una inversión de la quinta) es el intervalo más importante de la melodía antigua y se conserva hasta muy entrada la Edad Media europea. El Renacimiento nos enseñó a amar las terceras en torno a la misma época en la que Europa descubrió el azúcar. Ésta es la razón por la que Mozart, que está lleno de terceras, suena tan dulce. Pero esto es una corrupción de nuestro más antiguo y exquisito gusto por las cuartas. Los griegos aprovecharon el intervalo de la cuarta como base de su música y lo llamaron el tetracordio (literalmente, «cuatro notas»). Esto no significa que la música griega antigua se redujera a cuatro notas, sino que los griegos concebían las escalas como tetracordios encadenados.[6]

El *enarmónion* original era un intervalo de un tetracordio con «medio paso» en la nota limítrofe, lo que fraccionaba la cuarta en un semitono más una tercera. En otras palabras, la escala tenía tres notas (un tricordio), que constaban de un paso pequeño y otro más grande. Esta torpe —desde nuestra perspectiva— sucesión de un paso y un salto forma el núcleo primitivo de la música occidental, y sobrevive en las escalas japonesas *kumoi* e *in,* así como en la escala *pelog* del gamelán balinés.[7] Es curioso que tanto Japón como Bali sean dos islas, que asimismo están aisladas en la historia. Igual que ocurre con los fósiles vivientes que se conservan en las islas Galápagos, como las iguanas y las tortugas gigantes, en Bali y en Japón han sobrevivido especies musicales antiguas. Suponemos que los griegos aprendieron esta escala de los egipcios, pues el historiador judío del siglo I Flavio Josefo definía el arpa egipcia como un *órganon trígonon enarmónion.*[8]

Lo que resulta más significativo del *enarmónion* es su irregularidad. El «paso» (el semitono) encaja cuatro veces en el «salto» (la tercera mayor): un intervalo cuadruplica en tamaño al otro. ¿No había una forma más equitativa de rellenar la cuarta del tetracordio? Sí, eso fue de hecho lo que ocurrió en la mayor parte de Eurasia, donde había una tendencia a igualar el tamaño de los pasos de la escala. Los romanos, retomando posteriores tendencias griegas, popularizaron la moderna escala de siete notas europea. Los chinos siguieron con la más antigua escala pentatónica de cinco notas (piensen en la canción infantil «Chopsticks», que se toca con las teclas negras del piano), pero nivelaron el contraste eliminando medios pasos o semitonos. Esto nos lleva de vuelta al interesante papel que desempeñó China, tema que abordaré en el capítulo 7. China, como he mencionado con anterioridad, se halla fuera de la «franja de mayor-tercera-tricordio» que abarca Grecia, la India, Mongolia, Tíbet, Camboya, Indonesia, Corea y Japón. En todas estas regiones, el *enarmónion* desempeña todavía un papel importante, ahora junto con escalas más recientes, pero no en China ni tampoco en Occidente. La razón por la que la irregularidad musical (tamaño irregular de intervalos) tuvo que ser erradicada tanto de Roma como de China es bien simple. Las dos eran imperios, y desde el este hasta el oeste los imperios gobiernan mediante la burocracia y la estandarización.

Es un tópico decir que la historia antigua culmina cuando nació Jesús de Nazaret, en un cara a cara entre el Imperio romano y el Imperio chino.[9] Pero como todo tópico, tiene un fondo de verdad, en este caso, para la música. Roma y China tomaron caminos opuestos, pero perseguían el mismo objetivo: hallar una escala moderna regularmente espaciada. En Roma la modernidad musical adoptó la forma de la escala europea de siete notas. China llegó a la solución de una escala pentatónica «anhemitónica» (es decir, sin semitonos). A estas alturas de nuestra historia sobre el ser humano musical, hemos de decir que la abstracción está lejos de ser una reserva de Occidente; es más bien un síntoma del imperio en general. Dicho brevemente, no nos avenimos a la consabida ficción orientalista según la cual Occidente era, de alguna manera, más «racional» que Oriente. Sin embargo, a medida que vamos adentrándonos en el derrotero propio de la música occidental, el peculiar sabor de su abstracción se vuelve más claro.

El carácter distintivo de la música occidental viene dado por elementos que aún debo abordar, incluida la música de Mesopotamia (los sumerios, los acadios, los babilonios y los asirios), Egipto y, sobre todo, los israelitas. Una corriente continua y viva vincula los himnos y lamentos de Babilonia, los salmos judíos y los cánticos cristianos, que constituyen la piedra angular de la música europea. La música europea resulta de la confluencia de esta corriente con la genialidad de la Grecia clásica, cuyas obras dramáticas eran óperas en todos los sentidos salvo en el nombre. Lo que consolidó y promovió este matrimonio fue el peso organizativo de Roma. El Imperio romano, como veremos, contribuyó a la música con muy poco que fuera original. Pero lo que sí hizo fue difundir la música grecojudaica (que evolucionó hacia la cristiana) por todo el mundo occidental.

Los cristianos se preguntaban: ¿quién inventó la música?, ¿quién puso melodía a Occidente?, ¿Atenas o Jerusalén? Según una leyenda, el filósofo griego Pitágoras descubrió las proporciones musicales gracias a los sonidos producidos por el martillo de un herrero. Los defensores de Jerusalén apuntaban al Génesis 4:21, que cita a Jubal como «el padre de los que tocan la lira y el órgano».[10] En el Medievo, los dos mitos fueron fusionados, pulverizando al filósofo pagano y concediendo pleno crédito a Jubal. Según el monje franciscano del siglo XIII Juan Gil de Zamora, «Tubal [*sic*], hijo de Lamec por su esposa Ada [...] fue el primero en descubrir las proporciones y consonancias de la música, de manera que el trabajo de los pastores [...] pudo convertirse en algo placentero».[11] Si la memoria de la Iglesia hubiera sido más larga, habría rastreado la ascendencia de la música hasta Mesopotamia, la cuna de la civilización occidental.

Con Atenas y Jerusalén como padres, y Roma como comadrona, el nacimiento de la música europea fue atendido por un hada buena y un hada mala. El hada buena llega tarde y maldice a la niña: «Nunca conocerá un hogar ni la sensación de la verdadera libertad. Envejeciendo pero sin morir, embozada en complejidad, vagará sin fin por la faz de la tierra, y pocos tendrán oídos para oírla». El hada buena se vuelve hacia los padres y les dice: «Bendigo a vuestra hija con los dones de la perfección formal, el fervor espiritual y la vida eterna. Será amada por el mundo entero. Y lo mejor de todo: no habrá quien no conozca su nombre».

## CANTANDO A LA LUNA

El primer nombre registrado de un compositor en la historia universal es el de una princesa sumeria llamada Enheduanna (2285-2250 a.C.).[12] Hija del rey Sargón el Grande (2334-2279 a.C.), Enheduanna practicaba el culto de Inanna (Ishtar) como suma sacerdotisa en el templo del dios de la luna, Nannar, en la ciudad de Ur. Ur ocupaba el lugar de Tell el-Muqayyar, en el sur el actual Irak, y fue el lugar de nacimiento de Abraham, cuyo nombre significa «padre de multitudes» en acadio. Otra razón para recordar Ur es su zigurat, la gran pirámide escalonada completada por el rey Shulgi en el siglo XXI a.C., una versión de la cual debió de existir durante el reinado de Sargón. Los cimientos que se conservan son impresionantes, pero el zigurat debió de alzarse originalmente treinta metros hacia los cielos. Fue la original Torre de Babel. También pudo haber sido la inspiración para la Escalera de Jacob. Para el arqueólogo británico sir Leonard Woolley, que había descubierto el nombre de Enheduanna y la imagen inscrita en un disco de calcita en 1927, durante sus excavaciones en el complejo templario de Ur (véase figura 6.2), el zigurat traía a la memoria una visión «que mostraba a Jacob unas escaleras instaladas en el cielo por las que subían y bajaban los ángeles».[13] Las escaleras eran las triples escalinatas del zigurat; los «ángeles» que subían y bajaban debían de ser «sacerdotes vestidos de paisanos llevando la estatua y el emblema de Nannar». Como no había montañas en las llanuras de Mesopotamia (a diferencia del monte Sinaí de Moisés), los sumerios construían casas para sus dioses en lo alto de montañas artificiales, zigurats. Enheduanna debió de cantar sus himnos al dios de la luna desde lo alto de la Torre de Babel, rasgueando una de las fabulosamente decoradas liras de Ur, los instrumentos de cuerda más antiguos del mundo que se conservan.[14]

FIGURA 6.2. Enheduanna, la primera compositora del mundo.

Los antiguos no distinguían la poesía de la canción, de modo que Enheduanna es también el primer poeta registrado del mundo. A través de la tradición religiosa babilónica que ella contribuyó a fundar, se convirtió en la fuente tanto de los salmos judíos como de los himnos homéricos. Sus cuarenta y dos obras litúrgicas fueron copiadas una y otra vez durante 2.000 años, y siguieron resonando en la cultura universal mucho después de su muerte. Puede oírse un débil eco de dichas obras en el himnario de la primitiva Iglesia cristiana.[15] ¿Qué cantaba Enheduanna desde lo alto del zigurat? Necesitamos esperar casi mil años, hasta el 1400 a. C., para conocer la primera melodía notada que ha sobrevivido; lo único que tenemos son las palabras de Enheduanna. Pero la natural intensidad de estas palabras nos da una idea de cómo podía sonar su música. Veamos una parte de su himno de 153 renglones, *La exaltación de Inanna*:

> *En la vanguardia de la batalla, todo está derribado ante ti.*
> *Con tu fuerza, mi señora, los dientes pueden triturar el pedernal.*
> *Cargas hacia adelante como una tormenta que se va cargando.*
> *Bramas con la tormenta que brama.*

*Atruenas continuamente junto con Ishkur.*
*Propagas el agotamiento con los vientos racheados,*
*Mientras tus pies siguen avanzando infatigables.*
*Con los lamentos del tambor balaj empieza a sonar una lamentación.*[16]

En su ferocidad, Enheduanna parece un personaje de *Juego de tronos*: Daenerys Targaryen, la que cabalga sobre dragones, «nacida de la tormenta». Excepto que Enheduanna existió realmente, cosa que sabemos gracias a que los sumerios inventaron la escritura, que en origen fue una modesta herramienta para administrar la defensa contra las inundaciones de las riberas del Éufrates y el Tigris.[17] Así pues, a la larga lista de contribuciones a la civilización del mundo por parte de los mesopotámicos —la escritura cuneiforme, las matemáticas (incluido el sistema sexagesimal), la medicina, el riego y el calendario de doce meses— podemos añadir la figura del compositor. Pero estos logros sólo los reconocemos gracias a la escritura, la invención más importante de todas. La escritura cuneiforme registra información sobre la música y los músicos, así como sobre la propia notación de la música.

No obstante, la revolución cognitiva ocasionada por la escritura (almacenamiento masivo y recuperación de información; la administración de un Estado; la manipulación de los símbolos abstractos; la reproducción y diseminación de la cultura) era en realidad el síntoma de una subyacente estructura de poder.[18] El poder, simbolizado por una arquitectura mastodóntica como las murallas de las ciudades y los zigurats, estaba concentrado en el rey, y la autoridad de un rey venía legitimada por el cielo: en la práctica, por los sacerdotes. De manera que el poder se basaba en la colaboración entre los dos edificios del palacio y el templo, el vértice de una jerarquía muchísimo más acusada que en los anteriores modelos sociales de los cazadores-recolectores y de los sedentarios. Gracias a la escritura sabemos una gran cantidad de cosas acerca de las jerarquías de la música mesopotámica.

El palacio y el templo utilizaban diferentes tipos de orquesta.[19] La orquesta palaciega (la *nar*) constaba sobre todo de instrumentos de cuerda. En la orquesta templaria (la *gar*) predominaba la percusión, que perpetuaba el papel primordial de estos instrumentos: el de alejar a los malos espíritus. Las orquestas eran jerárquicas por sí mismas; estaban dirigidas por un «músico jefe». De hecho, conocemos los nombres de cientos de músicos jefes, no sólo de aristócratas como Enheduanna. Véase, por ejemplo, el músico de *gar* llamado Ur-Utu, cuyo próspero estatus social podemos deducir de los registros de su salario y de la asignación de su ración. O Risiya y Warad-Ilisu, los dos músicos (varones) más destacados de Mari en el siglo XVIII a.C. Princesas aparte, el estatus de las músicas era normalmente lamentable. Mientras que Risiya y Warad estaban autorizados a poseer tierras, e incluso se les confiaban misiones diplomáticas, las mujeres que cantaban o tocaban un instrumento formaban parte del harén del rey. Unas estatuillas de terracota de mujeres tocando timbreles (un tipo de pandereta) las representan desnudas, destacando el vello púbico; nada que ver con el neutro ideal griego del cuerpo humano.[20] La representación sexualizada de las músicas recuerda a los más antiguos cultos de la fertilidad. Sin embargo, el mundo de la música nunca se desprendería de su estigma de la prostitución. En las lenguas semíticas del antiguo Oriente Próximo, que incluyen el acadio, el egipcio, el hebreo y el árabe, la palabra raíz *Sm* significa tanto cantante como concubina, y está relacionada con el verbo acadio *shemu*, «oír».[21]

Fuera del palacio y del templo, la música acompañaba cada momento de la vida; había cientos de géneros de canciones que eran notadas por los escribas en su escritura cuneiforme. Había música en el lugar del trabajo, en los campos y en los recintos de animales, en las habitaciones de los bebés y en las tabernas. Los músicos animaban bodas y funerales, procesiones religiosas y festivales, a menudo, codo con codo con los malabaristas y los magos. «*Alala*» era una exclamación de alegría y, al mismo tiempo, el estribillo de una canción de trabajo con supuestos poderes fertilizantes. El texto de una canción dice: «Al rey de los campos en barbecho de Urartu le traje la canción del alala. Hice que su gente entonara de nuevo la dulce canción del alala».[22] Los músicos también iban a la guerra y eran apreciados como botín. Un músico capturado ayudaba a transmitir la música por las redes palaciegas de Oriente Próximo. Los sumerios poseían un rico acervo léxico para las clases de músicos, los tipos de instrumentos, las técnicas de afinación e interpretación y para las diversas actividades relacionadas con la creación de la música: «maestría musical» (*narutu*); «cantar alegremente» (*nagu*); «tocar un instrumento musical» (*zamaru*); «crear felicidad» (*nigutu*); «golpear» o «pulsar» (*tuku*).[23] Curiosamente, no tenían ni una sola palabra para la música en general. Esto es muy característico de las culturas universales ajenas al Occidente moderno. Parece que sólo nosotros hemos abstraído la riqueza de las prácticas musicales convirtiéndola en una sola palabra.

La figura 6.3 muestra un fragmento de un texto de instrucciones de la antigua Babilonia escrito en la grafía cuneiforme acadia.[24] Fue descubierto en Nippur y data en torno al 2000 a. C. El texto enseña a un músico principiante cómo afinar una lira de doce cuerdas. Se han perdido uno o dos renglones del ángulo inferior derecho de la tablilla, pero la escritura cuneiforme se puede reconocer y traducir.

En primer lugar, el texto da el título del himno. La segunda línea instruye al músico sobre cómo «probar» la cuerda, que debe hacerse comparándola con otra. El «Modo pareado», mencionado en la tercera línea, significa el tipo de escala que generará la afinación. Esto depende, por supuesto, de las notas en las que estén afinadas las cuerdas. Una vez que la cuerda de una lira está afinada, la nota no se puede cambiar (a diferencia de lo que ocurre con los laúdes, cuya afinación es mucho más libre porque en las cuerdas se puede hacer cejilla con un dedo colocado en cualquier parte de su mástil). Una lira de doce cuerdas sólo puede tocar doce notas, si bien éstas pueden ser preseleccionadas de siete «modos» diferentes. El último renglón del texto le cuenta al aprendiz cómo afinar la cuerda mediante unos procesos babilónicos traducidos como «tensar», «aflojar», «enderezar/perfeccionar», «subir», «bajar», etc. La afinación era «epicéntrica», lo que significa que, después de

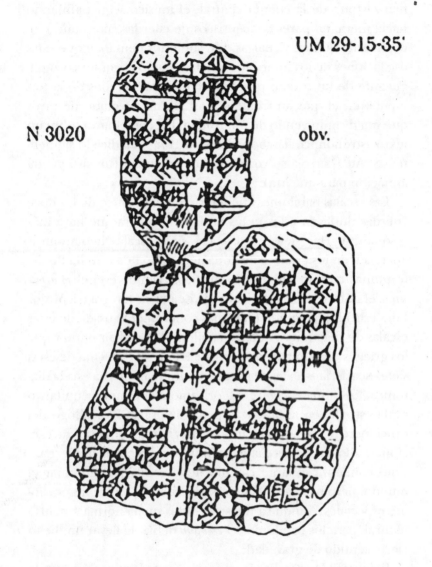

UM 29-15-35'

N 3020

obv.

FIGURA 6.3. Escritura cuneiforme en un antiguo texto de instrucciones babilónico.

| | |
|---|---|
| Li-pí-it-es-tár | Título del himno |
| geze-en-nu-un | Probar/afinar |
| si-hi-ip ni-id qá-ab-l i-im | Modo pareado |
| ze-en-nu-um | Afinar |

fijar el tono de la cuerda central, el músico seguía afinando hacia fuera, en pares concéntricos de cuerdas, alternando intervalos de quintas y cuartas. Los sumerios pensaban que estas oscilaciones de los intervalos sonaban como el contorno zigzagueante de un trueno procedente de Adad, el dios de la tormenta, en el que un tremendo estallido es seguido de otros que van disminuyendo de intensidad. Un comentario sobre un texto astronómico llamado el *Enuma Anu Enlil* dice lo siguiente: «Si Adad arroja su voz como un *pitnum...*» (un sistema de afinación para una lira).[25]

Las escalas babilónicas tienen siete notas; cinco de las doce cuerdas duplican estas notas en la octava para que haya más resonancia. Hay siete escalas. Las siete escalas heptatónicas aparecen en los gráficos de afinación como una estrella de siete puntas con un significado místico. ¿Dónde está el *enarmónion*, el núcleo de la antigua franja de mayor-tercera-tricordio? Pues está ahí, integrado en la más comúnmente usada de estas escalas de siete notas, que los babilonios llamaban *isartu* y que los griegos denominaron «dórica»: E-F-G-A-B-C-D. Una de estas siete escalas, la *embubu*, se parece a nuestra moderna escala diatónica.[26] Aunque *embubu* era teóricamente un punto equitativo de la estrella, en la práctica apenas se usaba. El catálogo del cancionero de los asirios centrales cita treinta y dos tipos de canciones, sólo dos de los cuales utilizan nuestra escala moderna.[27] Aquí comienza el largo camino de la escala por dominar el mundo, pero hace 4.000 años estaba reservada para las ocasiones especiales. Aunque a nuestros oídos suena normal, incluso natural, para los babilonios el *embubu* debía de llevar implícito cierto sentido de gravedad.

Es imposible exagerar la importancia de la afinación para la mente babilónica. En un universo gobernado por los números y por las mágicas correspondencias entre la música, las matemáticas, la astronomía y el calendario, una lira desafinada equivalía a un cosmos mal afinado con unas consecuencias potencialmente graves. Enki, el dios babilónico de la música, estaba representado por el número cuarenta, el cual, en el sistema sexagesimal, tiene una ratio de 40:60, la misma en acústica que el intervalo de

240

la quinta, y la misma proporción, según el calendario babilónico, que hay entre la longitud del día más corto y la noche más larga en el solsticio de invierno.[28] Si esa ratio no era la adecuada en la lira, entonces la cosecha corría peligro. Nosotros damos por descontada la existencia de los instrumentos musicales, pero para los babilonios eran tan especiales y tan potentes como un arma cargada. De hecho, un instrumento era un dios; de ahí que las liras tengan a menudo la forma de una vaca —un avatar de Inanna— y estén encordadas con tripas de vaca («Mi buena y divina vaca salvaje», la saluda Enheduanna en su himno). En el 2120 a. C., el rey Gudea de Lagash designó ese año de su reinado en honor de un *balag* (un híbrido de arpa y tambor). El nombre de su *balag* favorito era el «Gran Dragón del País».[29] Todo esto permite una nueva lectura del alarmante (para la sensibilidad moderna) concepto babilónico de *isaru,* por el cual se compara la tersura de la cuerda de un arpa con la erección del miembro masculino, como en: «Deja que mi pene sea como la tensa cuerda del arpa, para no retirarme de ella».[30] Un arma, una diosa, un objeto sexual. Si John Lennon hubiera vivido en el 2000 a. C., habría escrito: «La felicidad es una lira caliente». El mundo antiguo era mucho menos mojigato que nosotros a la hora de mezclar la religión con el sexo. El sumamente erótico Cantar de los Cantares, una joya del Antiguo Testamento, está en deuda con las canciones de amor mesopotámicas.[31] Ecos de Enheduanna reverberan en una de las más grandes obras maestras de Bach: «El novio viene y, como un corzo y un cervatillo, va saltando por las colinas». Bach puso este renglón en una cantata (BWV 140, *Wachet auf*—«Despertad»—) cuyo texto está basado en el Cantar de los Cantares y, por el largo y sinuoso camino de la tradición, en los himnos sumerios.

Pero ¿qué hay de la música real? La pieza de música notada más antigua del mundo es el llamado «Himno hurrita número 6», escrito sobre unas tablillas de arcilla que fueron excavadas en el Palacio Real de Ugarit en la década de 1950, y que están fechadas en torno al 1400 a. C. Tentadoramente, la tableta menciona a cuatro compositores hurritas: Tapsihuni, Puhiyana, Urhiya y Ammiya. Pero para nuestra frustración, la canción se halla tan fuera del alcance como las manzanas de Tántalo. Aunque está completamente notada en escritura cuneiforme acadia —lo que, por tanto, la califica como la canción más antigua del mundo—, nadie se pone de acuerdo en cómo interpretar los símbolos. Se han escrito ríos de tinta intentando descifrarla, lo que ha generado miles de páginas de gráficos y cuadros casi matemáticos, y se han interpretado versiones tan distintas como, digamos, «Dancing Queen» de ABBA y la *Quinta sinfonía* de Beethoven; tal es la desproporción ante este trocito de texto. Una interpretación suena como un anodino salmo cristiano, mientras que otra parece un apasionado cántico musulmán.[32]

La lección que se extrae de aquí es que la inmensa mayoría de los mesopotámicos normales debió de considerar esta partitura tan impenetrable como los eruditos modernos. Esto refleja a su vez la realidad de que a la mayor parte de la gente de hoy en día cualquier tipo de notación musical le parece algo que impone. Y ésa es precisamente la cuestión. En una sociedad con enormes desigualdades, la alfabetización quedaba restringida a una minúscula élite que utilizaba la escritura como una herramienta de poder tan abrumadora como un zigurat o un palacio. La escritura —especialmente en su forma más arcaica, la de la escritura musical— poseía un aura de magia. Se exhibía en paredes y monumentos por su opacidad —no pese a ella—, con el fin de intimidar. El misterio también envolvía la religión mesopotámica y sus himnos religiosos. Enheduanna cantaba a Nannar en un santuario interno, en lo alto del zigurat; el dios de la luna estaba representado como una estatuilla sentada en un pedestal dentro de un nicho (*parakkum*). Esto no se parecía en nada a los pórticos con columnas, de libre acceso, de los templos griegos. Los rezos acadios eran individuales, no congregacionales; carecían por completo de la dimensión social de las sinagogas judías, los coros griegos o la iglesia cristiana. Por una parte, el elitismo de la cultura musical mesopotámica sugiere que no era tan moderna como parece. Por otra parte, tal vez fuera demasiado moderna. Enheduanna, una figura distante sentada en su oficina del complejo templario que administraba, con el pelo peinado por Ilum Palilis, su

peluquero personal, y dictando sus canciones al escriba Sagu-
du (dos de cuyas imágenes flanquean la suya propia en el sello
descubierto por Woolley), fue en todos los sentidos la primera
compositora clásica del mundo.[33]

## CEGADO POR EL SOL

El muro meridional del templo de Ramsés III en Karnak está
grabado con escenas suntuosas de cantantes y músicos desfilan-
do como parte del festival de Opet, celebrado en el segundo
mes del calendario lunar. Estatuas de los dioses Amón, Mut (su
esposa) y Khons (su hijo) navegan por el Nilo desde su santuario de Karnak hasta el templo de Luxor. El muro occidental
exterior muestra las barcas de los dioses, que son saludados
por varias filas de devotas que están en la orilla del río. Éstas
sostienen sombrillas de papiro y sistros, un tipo de cascabeles.
La reina lleva una corona de buitre. La segunda fila de devotas
está dirigida por una mujer que toca un tambor de marco circular.[34] Es evidente que los egipcios antiguos apreciaban la música y reconocían que su uso en rituales públicos como las procesiones era una manera efectiva de mantener el país unido.
Mucho menos claro está el papel de la música en los 3.000 años
de historia del Egipto antiguo, o el impacto de esta cultura
mastodóntica en la historia de la música. Todos creemos conocer el Egipto antiguo, desde el rey Tutankamón hasta Cleopatra. Pero la página rotulada como «música» en la historia de
Egipto está, casi por completo, en blanco.

En ocasiones, los puntos de inflexión de la historia universal
pueden ser fechados con precisión. La Edad del Bronce terminó y la Edad del Hierro empezó en el 1177 a. C., el octavo año
del reinado de Ramsés III. Egipto fue asaltado una vez más por
los pueblos del mar, tras lo cual perdió gran parte de su influencia mediterránea y se convirtió en una potencia de segunda clase.[35] Por todo el Mediterráneo oriental y el Egeo cayeron
los imperios (el hitita, el acadio, el asirio y Ugarit) y desapare-
cieron los palacios, así como las estructuras administrativas que

los sustentaban, incluida la escritura. La prolongada edad de oro se desintegró hasta convertirse en una Edad Oscura de continuas guerras y de analfabetismo. Ramsés nos dejó un vívido relato del ataque de los pueblos del mar en una inscripción hecha en las paredes de su templo funerario, en Medinet Habu, cerca del Valle de los Reyes:

> Los países extranjeros urdieron una conspiración en sus islas. De repente, todos los campos fueron arrebatados y quedaron dispersos en la contienda. Ningún lugar pudo hacer frente a sus armas, desde Khatte, Qode, Carchemish y Arzawa hasta Alashiya, todos quedaron aislados [al mismo tiempo]. Un campamento [se estableció] en un lugar de Amurru. Atacaron a su gente y dejaron sus tierras como si nunca hubieran existido. Avanzaban hacia Egipto, ardorosos como llamas [...] Con el ánimo firme y confiado, lograron imponerse hasta más allá de los confines de la Tierra.[36]

Ahora sabemos que los enemigos que describe Ramsés eran los hicsos, y también sabemos el aspecto que tenían sus músicos. Una pintura mural en una de las tumbas de Beni Hasan, a veinte kilómetros de Minya, retrata a un grupo de gente de aspecto forastero —como unos modernos beduinos— llegando a Egipto.[37] Las prendas estampadas de vivos colores de las mujeres contrastan con los tonos más apagados de la ropa de los egipcios. Un hombre con barba lleva una lira. Como ya he dicho antes, los hicsos fueron los que introdujeron la lira y otros instrumentos nuevos —como el laúd, el oboe doble (aulós), unas arpas más grandes y un tambor de arcilla llamado el *darabukka*—, cuando gobernaron brevemente en Egipto durante el Segundo Período Intermedio. (También llevaron el caballo y el carro.) Cuando los hicsos fueron expulsados, estos instrumentos se quedaron y fueron añadidos al crisol del Imperio Nuevo de Egipto, también llamado Reino Nuevo.

El ingenio de la civilización egipcia fue saber adaptarse y durar tres milenios. La comparación con Mesopotamia, aparentemente tan similar a Egipto, resulta instructiva. Ambos eran unos reinos desérticos ribereños con monarcas poderosos, dioses imponentes, tecnologías avanzadas, alfabetización limitada y obras públicas gigantescas. Pero mientras Mesopotamia era una colección de ciudades-Estado separadas y en continuas luchas entre ellas, Egipto gozaba de unidad, estabilidad y continuidad histórica a lo largo de los 480 kilómetros del Nilo, gracias en parte a su aislamiento geográfico, que dio lugar a un conservadurismo extremo. La actitud ultraconservadora de Egipto hacia la música fue percibida por Platón. El filósofo griego escribe que las melodías egipcias eran «decretadas por ley y permanentemente consagradas; [...] prescritas detalladamente y expuestas en los templos». La tradición estaba consagrada en imágenes. «A los pintores y a todos los demás productores de posturas y representaciones les estaba prohibido introducir cualquier innovación o invención, [incluida] cualquier otra rama de la música que se saliera de las formas tradicionales.»[38]

Por nuestro conocimiento general de los jeroglíficos sabemos lo mucho que valoraba esta civilización las imágenes públicas, que engalanaban todos los rincones de los templos, tumbas, estatuas y papiros. Podemos incluso rastrear el ascenso y la caída de Egipto con arreglo a la frecuencia de sus imágenes musicales. Cuando el Antiguo Imperio decayó tras la VI Dinastía, en torno al 2181 a. C., las imágenes de la música se volvieron cada vez más escasas. Su número llega al máximo durante el Imperio Nuevo, cuando la civilización egipcia alcanza su apogeo, especialmente bajo faraones de la XVIII Dinastía como Akenatón y Tutankamón. Las escenas de banquetes eran una parte importante de las pinturas de las tumbas, que mostraban al propietario de la tumba y a su mujer celebrando un ágape, mientras eran deleitados por músicos que tocaban el arpa, el laúd, la lira y el oboe doble..., todos ellos instrumentos hicsos. Estas escenas se agotan al final del período de los Ramsés; no hay ni una sola escena de un banquete durante 600 años tras la muerte de Ramsés XI (1107-1078 a. C.), el último faraón de la XX Dinastía y del Imperio Nuevo.[39] Esta ausencia es un testimonio elocuente, aunque silencioso, de un largo período de austeridad musical en la Edad del Hierro.

No todos los cambios se deben a los hicsos. El cambio también puede proceder de dentro. Los diecisiete años de reinado del Rey Sol, Akenatón, son como la vida de una mosca de mayo en el imponente esquema de las cosas de Egipto. Sin embargo, Akenatón, famoso por su experimento con el monoteísmo, puso una carga de profundidad bajo la plácida superficie de Egipto. Algunos de los temblores producidos por esa carga son responsables de los dramáticos cambios que se operan en la música bajo Ramsés III. ¿Cuáles son esos cambios? La dificultad con la que nos encontramos es que no ha sobrevivido nada de música porque los antiguos egipcios, a diferencia de los sumerios, parece ser que no desarrollaron un sistema de notación musical. ¿Por qué no?

En los jeroglíficos del Antiguo Imperio, la palabra *cantar* aparece normalmente representada con la imagen de un brazo. Los antiguos egipcios indicaban la música no en una partitura escrita, sino mediante una serie de gestos con las manos y los brazos hechos por el músico principal que presidía una orquesta. Éste era el arte egipcio de la quironomía. El quironomista era muy superior al director: un director moderno, en esencia, sólo imita la música para estimular a la orquesta, mientras que el quironomista proporcionaba a los instrumentistas sus tonos, intervalos y ritmos exactos. El episodio de *Mr. Bean* en el que Rowan Atkinson dirige a la banda del Ejército de Salvación ejemplifica la fantasía según la cual nuestros gestos pueden crear directamente la música.[40] Dándoles más *swing* a sus brazos, Mr. Bean hace que la música cambie de un villancico a una pieza de jazz. Así es precisamente como funcionaba la quironomía en el Antiguo Imperio de Egipto. Una pintura que hay en una tumba de la V Dinastía de Nianjjnum, cerca de Menfis, muestra a un grupo de once personas, cinco de las cuales son músicos (que tocan dos arpas, dos flautas y un clarinete), mientras que ¡seis! son quironomistas. ¿Una microgestión demencial, con más jefes que indios? De ningún modo. Uno o dos directores tenían que estar presentes, pero al menos cuatro de las figuras gesticulantes probablemente no simbolizaran a unos quironomistas individuales, sino una selección de notas dispuestas en secuencia, como en una tira cómica, con el fin de esbozar la melodía. Éste es el mismo principio que el de una hoja de referencia o una tabla de acordes para una improvisación de jazz.

También nos hacemos bien a la idea de cuáles eran esas notas porque los pintores, con su vista de águila, eran increíblemente precisos. En la tumba de Ptahhotep, en Saqqara, un solo quironomista le hace dos señales a un arpista, una con la palma extendida y la otra pellizcándose el pulgar y el índice. Estas señales se corresponden con las dos notas tocadas por el arpa en la misma imagen, y podemos calibrar cuáles son por la longitud de las cuerdas. Una cuerda el doble de larga vibra con la mitad de frecuencia. La proporción o ratio entre la cuerda más corta y la más larga, en muchas arpas de las pinturas egipcias, era de 4:3, lo que es una perfecta cuarta o un tetracordio, el límite de la primordial escala del *enarmónion*. Como ya he mencionado anteriormente, el antiguo historiador judío Flavio Josefo definía el arpa egipcia como *órganon trígonon enarmónion*.

De todas maneras, estos burócratas gesticulantes tenían un importancia cósmica más amplia. Al fin y al cabo, lo que hacían era imitar, incluso identificarse con la diosa Merit, la personificación de la propia música. Merit creó el orden (la palabra egipcia *ma'at*) en el universo a través de las canciones y los gestos. Representada habitualmente con los brazos estirados haciendo amago de aplaudir, era una diosa quironomista. Esta idea nos resulta más familiar de lo que parece. Es lo que todos hacemos cuando, en la intimidad de nuestras casas, «dirigimos» la *Novena* de Beethoven o «Bohemian Rhapsody», o hacemos el gesto de tocar la guitarra. Nos convertimos en pequeños dioses o diosas danzantes, configurando el cosmos a través de nuestros gestos. La quironomía también refleja la intensa sensibilidad visual de los primeros egipcios, y el vínculo que se establecía entre visión y sociabilidad. Los mesopotámicos podrían haber adoptado la famosa afirmación de la señora Thatcher, según la cual «no existe nada que se pueda llamar sociedad». El suyo era un mundo del poder y del forzoso cumplimiento. Egipto, en cambio, era una constelación de pequeñas comunidades rurales que se mantenían unidas por la persuasión política y por una religión estatal; de ahí que invirtieran grandes sumas en el espectáculo visual.[41] Lo visual también impregnaba la vida cotidiana, donde todos los asuntos privados y oficiales eran transmitidos mediante la comunicación del cara a cara, no a través de textos, ya que sólo el 2 por ciento de la población sabía leer o escribir.[42] Por esa misma razón, los músicos de una banda egipcia, como los de una banda de jazz moderna, no necesitaban la notación porque se miraban atentamente y eran capaces de anticipar cada movimiento del otro. Ésta es probablemente la causa por la que la quironomía desapareció durante el Imperio Nuevo, cuando la cultura visual de Egipto alcanzó su punto álgido, y los espectaculares monumentos —hasta entonces confinados en las afueras— se desplazaron al centro de las ciudades.[43] Los músicos habían adquirido tal destreza visual, que ya no necesitaban que nadie les indicara lo que tenían que hacer.

Y luego el Rey Sol subió al trono y sumergió la música en la oscuridad. Amenhotep IV (1380-1336 a. C.), conocido como Akenatón, uno de los personajes más controvertidos de la historia egipcia, prohibió el culto a todos los dioses excepto al disco solar Atón, un aspecto del dios Ra, y a sí mismo como hijo del sol.[44] ¿Fue él quien les dio a los judíos la idea del monoteísmo, como propuso Freud?[45] ¿Y qué conexión hay entre el monoteísmo y la medida que tomó Akenatón, con arreglo a la cual los músicos que tocaran en su presencia, o delante del dios, tenían que hacerlo con los ojos vendados, o incluso cegados? La tumba de Meryre, en la capital de Akenatón, Amarna, tiene una pintura de siete músicos del templo, todos viejos, calvos y barrigones (lo que denotaba un estatus alto por estar bien alimentados), en cuclillas junto a otro hombre mayor que toca el arpa.[46] El artista se ha tomado la molestia de representar sus ojos como dos estrechas ranuras, indicando así que era ciego. Unos relieves de Karnak muestran a músicos palaciegos con los ojos vendados. Presumiblemente, Akenatón pensaba que los músicos cegados estaban más a tono con la longitud de onda del dios; esto también guarda relación con la creencia común de que la naturaleza compensa al ciego con un oído más agudo. O puede que las vendas de los ojos sólo fueran para impedir que los hombres vieran a beldades palaciegas como Nefertiti, ya que a las músicas sí les estaba permitido tocar sin venda. En cualquier caso, aunque el rebelde faraón fue póstumamente borrado de la historia —sus templos fueron derribados; sus estatuas, destrozadas; y los dioses antiguos, restaurados—, la imagen del arpista ciego arrojaría una sombra alargada.

Ramsés III fue asesinado en el 1155 a.C. por una de sus esposas y fue enterrado en el Valle de los Reyes. Cuando el escritor de viajes escocés James Bruce descubrió su tumba en 1768, encontró imágenes de dos arpistas ciegos.[47] Esto no era nada inusual: la epidemia de arpistas ciegos en las tumbas de los Ramsés se debe en parte a la popularidad de un género literario egipcio llamado «canciones de arpistas», poemas que lamentan la futilidad de la vida.[48] La diferencia crucial era que los arpistas de las canciones de arpistas no solían ser ciegos, mientras que ahora sí lo eran. No sabemos qué cantaba el arpista de Ramsés III. Pero sí tenemos el texto de la canción de arpistas en la tumba de Paser, visir de su abuelo, el gran Ramsés II. «Qué fatigado está el noble —empieza la canción—. Verdaderamente, los cuerpos se han deteriorado desde los días del dios.»[49] Un inicio debidamente sombrío, pero las canciones de arpistas desmienten el mito de que esta civilización obsesionada con la vida de ultratumba era un culto a la muerte. En realidad, estas canciones están sedientas de aprovechar el día: «Que pases un día feliz, noble. Ignora todos los males y recuerda la felicidad». Los egipcios creían que la vida del más allá era una ampliación de esta vida, así como una oportunidad para reencontrarse con los amigos y los antepasados fallecidos.[50] Las canciones de arpistas, por tanto, eran sensuales y vitalistas, una llamada a la felicidad. Quienquiera que escribiera la «Canción del predicador» del Eclesiastés (leído anualmente en la Fiesta de los Tabernáculos) se inspiró en esas canciones, así como en su prima, la canción de Siduri de *Gilgamesh*, que consolaba a Gilgamesh por la muerte de su amigo Enkidu.[51]

Así cerramos el círculo. A resultas de las invasiones de los pueblos del mar, las escenas de banquetes desaparecen, y el arpista solitario —siempre sentado a cierta distancia de los otros músicos en las comidas (véase figura 6.4)— da un paso adelante, pierde la visión y se convierte en la estrella del espectáculo. El fin de la música de entretenimiento (o al menos de su representación) en favor de las devotas canciones de arpa no sólo señala una época de austeridad, sino un desmoronamiento en la conectividad de las relaciones humanas (incluidas la justicia y la retribución), del orden universal al que los egipcios llamaban *ma'at*. Las canciones de los arpistas ciegos personificaban el resurgimiento de la piedad sancionada por el Estado y el Egipto de los Ramsés.[52] La piedad era una reacción natural ante este nuevo mundo de incertidumbres. Ahora la atención se centraba en el sometimiento del individuo a un dios todopoderoso y caprichoso, lo que se asemejaba a la relación entre Job y Jehová descrita en el Antiguo Testamento. Freud decía que Moisés era un sacerdote atonista que huyó de Egipto tras la muerte de Akenatón. Aunque el registro histórico del cautiverio judío en Egipto resulta ser más confuso de lo que pensaba Freud, es una delicia imaginar a Moisés tocando el arpa en los templos de Karnak o Amarna con los ojos vendados y adorando al único y verdadero Dios. Ahora, el arpista ciego se convertirá en David con su lira, sólo que David verá perfectamente y Dios desaparecerá.

FIGURA 6.4. Escena egipcia de banquete con arpista ciego.

Después de que Moisés guiara a su pueblo por el mar Rojo, los israelitas le dieron las gracias a Jehová en una canción de alabanza. Los hombres, dirigidos por Moisés, empezaron así: «Cantaré yo al Señor porque se ha magnificado excelsamente: al caballo y a su jinete Él los ha lanzado al mar...». Luego Miriam y las mujeres respondieron con frases similares: «Cantadle al Señor porque se ha magnificado grandemente» (Éxodo, 15:1). El primer biógrafo de Moisés, el filósofo judío Filón de Alejandría (nacido en el 30 a. C.), nos cuenta que «los hebreos formaban dos coros de hombres y de mujeres y ensalzaban a Dios».[53] Este esquema de llamada-respuesta, en el que un coro contesta al otro, es característico de la música religiosa judía. La palabra que lo define es «antífona». Cuando David regresó tras haber derrotado a los filisteos, las mujeres le recibieron con una canción responsorial cantada al estilo de la antífona. Una animadora cantaba: «Saúl ha matado a mil», a lo que las demás respondían: «Y David a diez mil».[54]

Jesús debió de escuchar o incluso participar en la antífona responsorial del templo de Jerusalén. Los más ancianos rabinos del Talmud que estaban vivos antes de que el templo fuera destruido en el 70 d. C. han registrado cómo lo hacían.[55] Un cantor solista debía de cantar la melodía entera, mientras la congregación le respondía después de cada medio verso con un estribillo. Así era como cantaban el *Hallel*, una oración basada en seis salmos (números 113-118) que se interpretaban en días sagrados como el Pésaj (Pascua judía). Por lo demás, el solista y la congregación podían alternar medios versos, que es la forma del *Shma Israel*, la pieza clave de las oraciones matutinas y vespertinas.

Los israelitas no inventaron el canto responsorial, sino que estaban influidos tanto por los asirios y los egipcios como por los pueblos del norte y el oeste de África. A Artajerjes II de Persia le gustaba que las concubinas lo entretuvieran durante la comida cantando antífonas. Un antiguo lamento sumerio era cantado por grupos de cantantes femeninas que se alternaban.[56] Todavía en la década del 1930 a. C., las fiestas de remeros nubios en el Nilo conservaban una antigua práctica egipcia en la que un líder improvisaba un breve fragmento de una melodía y los otros hombres le contestaban.[57] Esto en última instancia se remonta al «paralelismo» lingüístico de la antigua literatura oral africana,[58] y vuelve a producirse en la alternancia entre el líder y el coro típica de la canción subsahariana de la actualidad. Tanto entonces como ahora, el idioma refleja una organización tribal poco rígida en torno a un líder fuerte, ya fuera éste un rey, un cantor, un remero del Nilo o un profeta. Handel mantuvo el mismo patrón responsorial cuando introdujo la denominada «Canción del Mar» («Shirat Ha Yam»), la canción de alabanza de Moisés y Miriam, en la tercera parte de su oratorio *Israel en Egipto*.

Dejando al margen el enrevesado asunto de la cronología —de cuándo existieron o de si existieron realmente Moisés y los otros profetas—, la cuestión más importante es sin duda qué hacía una tribu nómada vagando por Oriente Próximo a finales de la Edad del Hierro. El espíritu participativo de la antigua música judía es una involución hacia los cánticos en grupo de los cazadores-recolectores del Paleolítico. En otras palabras, el coro es mucho más importante para los israelitas que para los mesopotámicos o los egipcios, lo que equivale a decir que la suya era una cultura mucho más sociable, menos jerárquica. La música judía aporta la conmoción de lo antiguo. En otros dos aspectos, sin embargo, la cultura judía era muy moderna.

La primera innovación que diferenciaba a los nómadas judíos era su alfabetización, porque los cazadores-recolectores (según los antropólogos) no sabían leer ni escribir. Las inscripciones hebreas empezaron a aparecer en el siglo IX a. C. A finales del siglo VIII, la época del profeta Isaías, los escribas arameos habían propagado la alfabetización por gran parte del Imperio asirio a lomos del alfabeto fenicio (mucho más fácil de leer que la escritura cuneiforme o los jeroglíficos). La sociedad israelita se alfabetizó en su conjunto. Son signos reveladores las numerosas inscripciones torpes o con faltas de ortografía de las ollas de cerámica, obviamente escritas por gente corriente, no por escribas profesionales. En Mesopotamia y en Egipto, por el contrario, la alfabetización estaba en manos de una pequeña élite.[59]

La segunda novedad es que su único dios era invisible y carecía de raíces. La norma de toda la historia (exceptuando a Akenatón) era que los dioses residían en lugares concretos, templos o partes del paisaje como montañas, cuevas, ríos o glaciares. De hecho, el espíritu era una emanación del paisaje, como un eco, de modo que despertar el espíritu equivalía a despertar un sonido. David, antes de fundar el Primer Templo, cantaba a su dios al raso; un dios al que no podía ver ni adorar en forma de estatua. Dios moraba, en cambio, en la ley escrita de la Torá, y «La Torá no está en el cielo», como nos recuerda el Deuteronomio 30:12.[60] La Torá era llevada en el Arca de la Alianza; Dios, a semejanza de su pueblo elegido, estaba siempre en movimiento. Esa movilidad también está arraigada en los textos. Del mismo modo que la historia judía se caracteriza por el exilio y la diáspora, sus textos se dispersaron y fueron transmitidos a lo largo de los siglos. Los principales textos musicales eran los salmos.

En los salmos aparecen todas las cosas relacionadas con la vida, pero en su mayoría están dedicados a ensalzar a Dios. Algunos eruditos creen que el salmo 104, escrito por David, estaba influido por el «Gran himno a Atón», de Akenatón:

> Cantores, músicos, gritad de alegría,
> en la corte del santuario
> y en todos los templos de Akenatón,
> allá donde esté la verdad, para vuestro regocijo.[61]

Hay una tradición según la cual los antiguos cantantes judíos gritaban a pleno pulmón para atraer la atención de Dios. En el monte Carmelo, Elías se burlaba de los sacerdotes de Baal: «Gritadle, pues es un dios. Puede que esté hablando o persiguiendo a alguien, o tal vez esté de viaje, o también pudiera ser que esté durmiendo, en cuyo caso tenéis que despertarle».[62]

¿Qué cantaban? La *Mishná* (la Torá Oral, la primera obra importante de la literatura rabínica) es contundente cuando dice que todas las Escrituras tienen que ser recitadas con una melodía: «Si uno lee las Escrituras sin melodía, o repite la *Mishná* sin música, de él dicen las Escrituras: "Por consiguiente, les he dado unos estatutos que no eran buenos"».[63] ¿Y cómo eran esas melodías? Afortunadamente, la música de las Escrituras judías sobrevive en la tradición de la cantilena, una profusión vocal que está a caballo entre la melodía y la recitación. Aparece notada con un sistema de acentos masoréticos (*ta'amim*) parecidos a los puntos y los guiones que, en el hebreo escrito, se aplica a las consonantes para indicar las vocales.[64] Cada acento no significa un solo tono, sino un grupo de dos o tres notas, y cada uno de estos grupos (o motivos) tiene su propio nombre. (Muchas pruebas de cómo interpretarlos aparecieron en los Manuscritos del Mar Muerto.) Ésta es la cantilena de la frase: «Luego Moisés convocó a todos los ancianos de Israel» («*Wayikra moshe Le chol zigne Israel Qadma Tvir Pashta Tarcha*»), tal y como la conservan los judíos babilónicos de la diáspora. Cada palabra tiene su propio motivo: *wayiqra* se canta con el acento masorético llamado *qadma*, que significa «anterior»; *mosh e* se canta con *tvir* («roto»); *lcholziqne* con *pasha* («ensanchador»); *Israel* con *tarcha* («carga»). Un lector competente sabría automáticamente qué acento musical iba con cada palabra. Los acentos, pequeños paquetes de notas, fluían como los pasos de baile enlazados por un experto maestro de la danza: *pas simples, pas doubles, reprises, branles.*[65]

Los salmos bailan, y eso nos lleva a la conexión más extraordinaria de todas. Los *ta'amim*, los acentos masoréticos, eran trazos escritos de esos visuales gestos quironómicos con la mano que hemos visto en el antiguo Egipto. Veamos estos dos pasajes del Antiguo Testamento: «Estos son los que David puso sobre el servicio de canto en la casa de Jehová» (I Crónicas 6:31). Y: «Los levitas tenían címbalos para alabar a Jehová según lo que indicaran las manos de David» (Esdras 3:10).[66] Una de las manos de David indicaba las notas de la escala; la otra mano mostraba los ornamentos que debían ser aplicados. Una de sus manos se convierte en el acento de la parte superior del texto hebreo; la otra indica la parte inferior. Términos masoréticos como «palma» (*tifha*), «escalera» (*darga*) y «subir y caer» (*oleh we-yored*), resultan muy reveladores. Uno puede deducir que las melodías del Primer Templo, construido por el rey Salomón en el siglo X a.C., eran originariamente dirigidas por gestos quironómicos, como en Egipto; y cuando la alfabetización se difundió por toda la población y los salmos se pusieron por escrito, los gestos se fueron convirtiendo de forma gradual en marcas textuales. Pero, en efecto, los israelitas «bailaban» a su manera la cantilena salmista, del mismo modo que los quironomistas egipcios imitaban a Merit, su diosa danzante.

Los salmos también mencionan varios acompañamientos instrumentales. Existen referencias a instrumentos de cuerda, *neginot* (salmos 4, 6, 54, 55, 67 y 76); un arpa de ocho cuerdas, *hasseminit* (salmos 6 y 12); una lira, *haggittit* (salmos 8, 81 y 84); y un instrumento de viento, *mahalat* (salmos 53 y 88). Cincuenta y cinco salmos incluyen la palabra *lamnasse*, que significa «maestro de coro». Sin embargo, el «arpa» mencionada en el salmo 137 («Por los ríos de Babilonia [...] colgamos nuestras arpas») no es tal arpa. La palabra *kinnor* no significa «arpa»; es una lira (aunque en hebreo moderno un *kinnor* es un violín).[67]

¿Por qué entonces los padres de la Iglesia cristiana prohibieron los instrumentos musicales tildándolos de pecaminosos? El canto llano, un descendiente directo de la cantilena salmista, se sigue interpretando hoy *a cappella*, sin instrumentos. La respuesta es un curioso cuento que trata de cómo los instrumentos estaban tan corrompidos como santificados por la sangre y el sacrificio. El Primero y el Segundo Templo tenían orquestas con una rica variedad de instrumentos. Durante la época de Jesucristo, cada día se cantaba en el templo un salmo interpretado por doce músicos levitas, incluidos trompetistas, en el punto álgido del culto, cuando el cordero era sacrificado. De hecho, los instrumentos eran tolerados en el templo el *sabbat* precisamente porque acompañaban al sacrificio y contribuían a subrayar su importancia.[68] ¿Cuál es el vínculo entre los instrumentos y la sangre? La clave es el papel tan importante que desempeña el cuerno del carnero, el shofar. El Antiguo Testamento hace referencia al shofar setenta veces, más que a ningún otro instrumento.[69]

«Con trompetas y el sonido del shofar, aclamad alegremente al rey Adonai» (Salmos 98:6). El sonido del cuerno del carnero les recuerda a los judíos cuando Abraham mató un carnero en lugar de a su hijo Isaac, y significa la sustitución del sacrificio humano por el de animales. El sacrificio humano continuó siendo practicado por los fenicios a su dios Baal. Eran un pueblo con el que, por lo demás, los judíos tenían mucho en común. El shofar es el símbolo del pacto de los judíos con Dios.

Los toques de shofar jalonan todo tipo de ritual judío. Es el sonido de cómo Dios se reveló por primera vez a Moisés en el Sinaí. El shofar anuncia la luna nueva, convoca asambleas, pregona anuncios importantes, corona a un rey, libra guerras (y derriba los muros de Jericó), declara la presencia de Dios y despierta a un alma adormecida. Se toca en Rosh Hashanah, el Año Nuevo judío, y en Yom Kippur, el día de la Expiación. Y lo más importante de todo: el shofar —o «trompeta», como se traduce siempre de manera errónea— suena tres veces en la historia universal. La Primera Trompeta fue en el monte Sinaí. La Última Trompeta será el día del Juicio Final. Pero la Gran Trompeta sonará al final de los días, cuando el Mesías sea entronizado.[70]

Independientemente de si los judíos robaron o no robaron la idea del monoteísmo a los egipcios, su religión descartaba el pilar central de la religión de Egipto. En el judaísmo no tenía cabida la vida de ultratumba, el reino de los muertos o lo que los cristianos llamaban «cielo». En su lugar, los judíos cimentaban la salvación aquí en la Tierra, pero al final de la historia, mediante lo que se denomina la escatología.[71] Esta visión lineal de la historia, del progreso, es tal vez su principal regalo a la civilización occidental, incluida la música clásica. Y a la música occidental en concreto, el judaísmo le dio cuatro «bendiciones» por su influencia en la liturgia cristiana:

1. Un canon de libros sagrados.
2. La práctica de la lectura y discusión de dichos libros en público.
3. La institución de la congregación que reza unida.
4. Una colección de 150 himnos, los salmos.[72]

La música clásica occidental tiene un canon de libros musicales sagrados a los que llamamos partituras, que encierran una colección de muchos cientos de obras maestras musicales. Leemos estas partituras y discutimos acerca de ellas en las universidades y, a veces, en público. La institución en la que se venera esta música se llama un concierto público. La Iglesia judeocristiana, por tanto, ayudó a crear el modelo por el que se desarrolló la música clásica occidental. He esbozado este sistema en la primera parte de este libro; los capítulos 7 y 8 cuentan la historia de cómo evolucionó.

La otra mitad del modelo fue forjada por los griegos. La música griega era tan social como la de los judíos, pero completamente opuesta a ella en muchos aspectos. Ambas culturas ofrecían un coro de gente cantando y bailando en torno a un solo instrumento de viento. El shofar era la voz de Dios y llevaba al coro judío a la unidad. El aulós aullaba como un demonio y provocó un trágico conflicto en el coro griego.

## ¡TRAGEDIA!

Nuestra palabra «música» viene del griego *mousikē*, que literalmente significa «de las musas», las nueve personificaciones de las artes y las ciencias.[73] Así que originariamente la música era una entre tantas: Euterpe, musa de la canción, va de la mano de Terpsícore (danza), Melpómene (tragedia) y sus hermanas. Nuestra costumbre occidental de abstraer la melodía a partir del lenguaje, el movimiento corporal y el drama —reduciendo su significado a algo llamado «música»— habría ofendido a la visión tan ricamente interconectada que tienen los griegos del mundo. Ésta es la razón por la que la forma musical que llegó a ser más característica de la cultura griega no fue la canción individual, sino el coro plural. En el ditirambo, cincuenta cantantes y bailarines desenfrenadamente emocionados saltan y cantan en corro alrededor de un único músico que toca un aulós, una especie de oboe con dos tubos que se soplan simultáneamente.[74] Están conjurando la agonía mortal y el renacimiento de Dioniso, un dios de la fertilidad relacionado con el Osiris egipcio y el euroasiático Atys/Adonis. El sonido del aulós debía de ser extremadamente potente para que se oyera por encima del ruido que hacían los cincuenta cantantes. Está claro que a los griegos el aulós les parecía aterrador. Aristóteles lo consideraba «orgiástico», es decir, causante de un frenesí religioso, y Longino decía que sacaba de quicio a quienes lo escuchaban.[75] Para Aristófanes el aulós era «un tubo que ruge profundamente (*barybromon*)».[76]

Los ditirambos, como los coros judíos, eran una involución hacia los cánticos y danzas en grupo de los cazadores-recolectores. Este paso atrás de los griegos resulta un tanto raro porque estaban mucho más asentados que los israelitas en sus sofisticadas ciudades-Estado. Más extraño aún es el hecho de que los coros (tanto los peanes como los ditirambos) llegaron relativamente tarde; es lo que en el capítulo 2 he llamado una «tradición inventada». Fueron importados durante el período «clásico» desde Frigia (Anatolia) y Creta. Píndaro describía el ditirambo como una fiesta de borrachera de los dioses, y esto alude directamente al caos creativo que constituye el núcleo del politeísmo griego.[77] Desde el punto de vista artístico, disponer de muchos dioses tiene sentido. En su momento de mayor esplendor, los grupos de ditirambo competían en festivales celebrados en teatros como los equipos rivales en los estadios de fútbol de hoy en día. La guerra de los cánticos futbolísticos, abordada en el capítulo 3, es una analogía exacta.

Si a un ditirambo se le añaden tres interlocutores, ya tenemos una tragedia, probablemente la primera forma artística de la civilización occidental. Las tragedias griegas eran cantadas, y se acercaban más a las óperas que a lo que llamamos «obras teatrales». Por esa misma razón, el compositor griego más importante fue Eurípides, el tercero y más joven del trío de dramaturgos trágicos que comienza con Esquilo y Sófocles. Eurípides es el Wagner griego. En el punto álgido de su tragedia *Heracles*, Hércules, enloquecido por Hera, asesina a toda su familia.[78] El momento más conmovedor del drama es el coro en el que la esposa, el padre y los hijos suplican misericordia a

Hércules: «El *khoros* [coro] de sus hijos formaba una bella estampa, y su padre, y Megara». No tenemos la música, pero el coro debía de ir acompañado, como un ditirambo, de un aulós. El aulós había sido utilizado tradicionalmente en los rituales religiosos griegos que incluían sacrificios de animales. Una vez más, observamos un asombroso paralelismo con los israelitas. Del mismo modo que el shofar es un sustituto simbólico en el sacrificio de Isaac por parte de Abraham, así también el aulós expresa en *Heracles* el horror del infanticidio... para deleite de una audiencia refinada. «Te aterrorizaré con el tubo», amenaza Lisa, la némesis de Hércules. El *khoros* conocía a la perfección el peligro del aulós: «Marchaos, niños —cantan—. ¡Huid! Esta melodía interpretada por el tubo destruye».[79] Según Aristóteles, la función de tragedias como *Heracles* era hacer que la audiencia sintiera emociones ascéticas como la compasión y el horror.[80] Los judíos convirtieron el sacrificio en una religión, y los griegos en un arte sublime. El horror, que ocupa el centro de la música griega, está muy distanciado de su origen en la violencia ritual, pero todavía nos da que pensar. ¿Por qué disfrutamos de él? ¿Cómo hemos llegado a esto?

Los orígenes de la música griega —sus verdaderos orígenes, no los imaginados de la tradición inventada— eran muy diferentes. La música sale al escenario del mundo con los poemas épicos de Homero. La *Ilíada* y la *Odisea* eran cantadas por el bardo en un solo acompañado de una primitiva lira de cuatro cuerdas llamada forminge.[81] El gran conocedor de Homero Albert Lord demostró convincentemente que estas epopeyas no habían sido escritas ni compuestas, sino improvisadas a base de enlazar una cadena de clichés o fórmulas; y que esta tradición estaba muy viva en la poesía épica oral serbocroata de la antigua Yugoslavia en la década de 1950, cuando Lord escribió su gran libro *The Singer of Tales*.[82] La *Ilíada* es una hilera de fórmulas infinitamente variadas: «amanecer de dedos rosáceos», «mar oscuro como el vino», «Aquiles el de los pies ligeros». La epopeya nacional de Inglaterra, el poema anglosajón *Beowulf*, también fue improvisada y cantada de esta manera. Podemos deducir que asimismo se basaba en fórmulas. Cada verso se cantaba trazando la misma parábola de la emoción: el contorno vocal subía y bajaba de tono en dos grandes oleadas.[83] A veces el bardo cantaba a contracorriente, pues elegía no subir ni bajar en determinados puntos, con el fin de enfatizar una palabra importante o para conseguir un efecto retórico. Porque el griego antiguo era una lengua que acentuaba los tonos; la melodía básica ya venía dada por el habla cotidiana. Cada palabra incluía una sílaba que era enfatizada, no como ocurre en inglés, que recalca o «acentúa» esa sílaba, sino hablando (o cantando) en un tono más agudo que podía ascender hasta una quinta.[84] De este modo, sabemos que el habla o la melodía de los versos iniciales de la *Odisea* son mucho más disonantes y abiertos que los que abren la *Ilíada*.[85]

La *Ilíada* está especialmente llena de música. A Helena le desespera que tanto ella como Paris «están condenados a ser el tema de una canción entre quienes nazcan de aquí en adelante».[86] Le habría hecho gracia saber que esto es lo que en esencia es la *Ilíada*: una canción sobre Helena de Troya. En el libro 9, Aquiles canta y toca su forminge de puente plateado para su amante, Patroclo. El sarcófago de Políxena, descubierto no lejos de las ruinas de la verdadera ciudad de Troya, hace referencia al mito de Aquiles bailando con su armadura junto a la tumba de Patroclo.[87]

Independientemente de que la guerra de Troya se librara realmente (y en cierto sentido probablemente sí se libró), el espíritu asiático de la Troya anatólica prevaleció sobre la música griega autóctona. Los griegos atribuían la mayor parte de sus instrumentos musicales a Asiria, Asia Menor y Fenicia. El filósofo Aristóxeno afirmaba que el *enarmónion* fue llevado a Grecia por un legendario flautista frigio llamado Olympus.[88] Tanto lo uno como lo otro es falso. Pero demuestra que los griegos creían que tanto el aulós como el *enarmónion* —la lengua materna panasiática de la música— eran invasores procedentes de Anatolia (la actual Turquía) y que, además, estaban relacionados entre sí.

Las epopeyas de Homero sencillamente describían la violencia. La música de la Grecia clásica llevó esa violencia a la práctica. El aulós frente a la lira. Oriente frente a Occidente. Ésta era la guerra musical griega en favor de la lira. El milagro intelectual griego fue mediar en los conflictos, *agon*, a todos los niveles, desde la dialéctica de la filosofía hasta los engaños de la tragedia. Nietzsche, en *El nacimiento de la tragedia*, la definía como una batalla cósmica entre dos dioses, Apolo y Dioniso: la razón y la luz apolíneas frente a la emoción y la demoníaca oscuridad dionisíacas.[89] El instrumento de Apolo era la lira, pese a que la inventó Hermes y la perfeccionó Orfeo. Dioniso tocaba el aulós, hecho por este dios agrario a partir de un junco recogido en el campo. Apolo y su lira no eran bien acogidos en el drama trágico. Orfeo, que rasgueaba la lira, tuvo un final espantoso: fue descuartizado por las bacantes, las enloquecidas *groupies* de Dioniso, que sólo dejaron su cabeza meciéndose en un río y cantando desoladamente. En la obra de Eurípides *Antíope*, Zeto, un militar y hombre de acción que defiende el aulós, emprende un ataque contra su hermano Anfión, que toca la lira. *Antíope* es una alegoría del conflicto fratricida entre los dos instrumentos.[90] ¿Por qué se odiaban entre sí la lira y el aulós?

En parte, era una lucha de clases. La lira, o cítara en su forma madura, era el instrumento de esas presuntuosas cenas de gala llamadas *symposia*, en las que filosofaban los intelectuales. Unas pinturas de unas vasijas áticas revelan cómo el «amor a la sabiduría» (*philosophía*) se transformaba tranquilamente en amor a los atractivos muchachos que tocaban la cítara. Estos chicos aparecían utilizando sus liras para ahuyentar a los barbudos asistentes a los simposios, lo que no guarda ninguna similitud con la saneada «loca persecución» descrita por Keats en *Oda a una urna griega*. En *Las nubes*, Aristófanes se burla de la fama pederasta de la lira. Un anciano filósofo llamado «Mejor Argumento» recuerda los «viejos buenos tiempos» en los que unos muchachos desnudos iban ordenadamente a las clases de su profesor de lira, el *kitharistes*, «manteniendo los muslos separados» todo el rato. Y el hombre de Estado ateniense Esquines se excitaba ante la visión del joven Alejandro (antes de ser «Magno») cantando con su lira en un simposio macedonio.[91]

La lira era también el instrumento de la teoría de la música, la más esotérica, posiblemente en decadencia, de las ciencias. Dicho de forma breve, la afinación de Occidente tuvo lugar a través de la lira. La lira era el instrumento ideal para los sistemas de afinación porque tenía las cuerdas una al lado de otra, y éstas conservaban su afinación. El aulós no servía porque se afinaba mediante los músculos de la boca, y su tono oscilaba notablemente. Aristóxeno, el más importante teórico de la música, se quejaba de que «los tubos cambian continuamente y nunca se quedan como estaban».[92] Sobre la base de la lira, Aristóxeno ideó un «sistema perfecto» para clasificar los numerosos tipos de escala, o «modos», muy superior al sistema mesopotámico, con el que estaba en deuda.[93] Por ejemplo, cada modo (dórico, jónico, locrio, lidio, frigio y otros muchos) iba asociado a una ética o emoción particular que impactaba tanto en el oyente como en la sociedad. El sistema perfecto encapsulaba la música reduciéndola a una bella abstracción. La nimiedad que inquietaba era si la teoría se correspondía con lo que realmente hacía todo músico que estuviera vivito y coleando, incluidos esos fascinantes auletas (los que tocaban el aulós) que llegaban arrasando desde Anatolia.

Intrusos y alborotadores, los auletas eran los músicos de la *demos*, la plebe democrática. Lo que más les disgustaba de ellos a Platón y a Aristóteles era que fueran profesionales, a pesar de que la competencia profesional indudablemente aumentaba el promedio de calidad.[94] Ésta es la razón por la que los auletas encabezaban la revolución de la «nueva música» en la Atenas del siglo v, en la cima de la civilización griega. La nueva música (lo que los griegos llamaban «música teatral») era más compleja, más virtuosa, más emotiva y más conscientemente «primitiva» y dionisíaca cuanto más «nueva» se volvía. Por ejemplo, el desenfrenadamente ditirámbico «Himno a Poseidón», de un compositor llamado Arión, habla de delfines que bailan en corro.[95] El aulós era mucho más flexible que la lira; podía tocar los crujidos que hay entre las notas, los microtonos. Y por supuesto los dos tubos podían hacerse el contrapunto el uno al otro. Sus infatigables y sinuosas melodías se retuercen como las serpientes de Medusa. Un buen auleta era capaz de imitar prácticamente todo: el ruido del trueno, el murmullo del viento, los chillidos de los animales, los chirridos de los ejes y las poleas o el zumbido de las avispas. Los ejércitos espartanos tocaban el aulós en las marchas, y esto puede explicar por qué los atenienses, enemigos mortales de Esparta, estaban condicionados a que su sonido les pareciera visceralmente aterrador.[96] Y lo que es más importante de todo: un aulós podía «modular», es decir, cambiar de clave. Las melodías anteriores, incluidos los coros de Esquilo, se limitaban al mismo modo y, por lo tanto, a la misma emoción. Eurípides, el más avanzado de los compositores de la nueva música, escribía melodías cuyos sentimientos y modos cambiaban para reflejar las palabras, del mismo modo que las palabras estaban liberadas de las formas convencionales (los versos eran «astróficos», no divididos en estrofas, y «polimétricos», es decir, usaban varios metros). Esta maleabilidad (*metabola*) proporcionó a Platón otro motivo para denunciar el aulós como provocador de trastornos, ya que lo asociaba con la desestabilización de la sociedad ateniense, y con toda la razón. Atenas estaba desgarrada por constantes conflictos entre la *demos* y los aristócratas.[97] Si la gran música se tiene que sacrificar por el bien común, que así sea.

La nueva música creó la ventaja adicional de la notación musical. Una vez que la música se volvió demasiado compleja como para ser encomendada a la tradición oral, tuvo que ser escrita. Por eso tenemos la suerte de poseer unos 150 fragmentos de música griega. No es mucho, y la fragmentación resulta enormemente frustrante. Pero esto representa un salto cualitativo en nuestros conocimientos de la música antigua. De las 2.200 sucesiones de notas de este corpus, el 47 por ciento son adyacentes, de lo que podemos deducir que las melodías griegas avanzaban casi siempre de forma escalonada. También trazan un arco, comenzando por uno ascendente que desciende al final de la canción.[98] La joya de la corona es un fragmento del coro introductorio (la antistrofa del primer estásimo o canción) de la obra de teatro/ópera de Eurípides *Orestes*. El coro le canta a Orestes su sufrimiento con un agitado metro *dochmiac*, un patrón rítmico complejo de ocho breves notas divididas en grupos de tres y cinco (un esquema similar a los modernos ritmos folclóricos búlgaros):

Sollozo, sollozo... por la sangre de tu madre, que te infunde delirio. La gran prosperidad no es estable entre los mortales. La divinidad, al zarandearla, la rasga de arriba abajo como la vela de una nave veloz y la sumerge bajo penas terribles como bajo las rugientes olas mortíferas de alta mar.[99]

He aquí un ejemplo de cómo notaban los griegos la música:[100]

---

Π Ρ Ϲ Ρ Φ Π

Κατολο φυρομαι Ζ ματερος

[ka-to-lo-phy-ro-mai  ma-te-ros]

---

La notación es alfabética y tiene tres niveles. La línea inferior proporciona las palabras del coro. La línea superior te dice las notas que cantan. Π es un si bemol; Ρ es un microtono, un minúsculo tono inferior, y Ϲ es un la natural. Así pues, reconocemos que Ρ (el microtono) vuelve a recaer sobre la siguiente sílaba («mai»). También hay una tercera línea de notación: la Ζ que está entre dos palabras indica el tono sol, que ha de ser tocado por el aulós. Está encajonada entre las palabras por conveniencia; en realidad, sol se tocaría continuamente como un zumbido de acompañamiento.

¿Cómo suena esto? Como un solloz0 musical, o un lamento, casi exactamente igual que una canción de Adele o el *Adagio para cuerdas* de Barber. El nombre moderno que le damos a este motivo es *appoggiatura* —apoyatura— y convencionalmente expresa tristeza. Algunos aspectos indican que la música ha de ser fechada en torno al 420 a. C.: el metro *dochmiac*; los microtonos (la escala del *enarmónion* originariamente no habría dividido su semitono en dos cuartos tonos; el grupo de notas muy juntas se llamaba en la nueva música un *pyknon*). Pero esta combinación de la apoyatura con un ritmo impetuoso también nos da la *Sinfonía n.º 40* de Mozart, una obra llena de furia, horror y compasión. Esto resulta anonadador. Hemos esperado muchísimo tiempo para que la música antigua dé señales de vida. Las flautas de hueso no son más que trocitos de hueso. Las partituras mesopotámicas son indescifrables. Por fin levantamos la cortina que cubría la música griega, echamos un vistazo, y lo que vemos es... nuestro propio reflejo mirándonos desde una distancia de dos milenios y medio. La aflicción griega de la Antigüedad no suena muy distinta de la aflicción de la música clásica occidental. No cabe duda de que Mozart (o Adele) podrían haber copiado a Eurípides. Pero lo importante es que Eurípides, Mozart, Adele y también nosotros compartimos una tradición occidental ininterrumpida. Seguimos siendo griegos.

En cierto modo, la humanidad musical llega a su mayoría de edad con la nueva música de Eurípides, en la Atenas del siglo v. La música se libera del lenguaje: las apoyaturas de *Orestes* se repiten sin cesar, independientemente de los acentos tonales de las palabras. Ha nacido la forma musical, y la forma enmarca el caos. Tal vez la mayor contribución de los griegos a la civilización sea explicar la muerte como un factor necesario en la forma artística. Dicho en términos musicales, los griegos encuentran una manera de estructurar la disonancia y el desorden extremos, incluso de hacer que suene como algo inevitable. Completan el logro de los judíos de redimir la muerte a través del tiempo. Historia judía, forma griega. Las dos culturas desprecian la tentación egipcia de una vida de ultratumba (el Hades griego no es el cielo). Paso a paso, los cristianos transformarían la historia y la forma en música clásica, en una época en la que Europa efectivamente seguía siendo romana. ¿Qué hicieron los romanos por nosotros?

### Nerón tocaba el violín mientras ardía Roma

El episodio 210 de *The Muppet Show* construyó toda una rutina en torno al nombre de su estrella invitada, el legendario cómico estadounidense George Burns.[101] Burns da caladas a su cigarro puro y canta con aplomo mirando a la cámara desde su camerino, mientras el Gran Gonzo toca el violín, y el gag se repite una y otra vez. No hace falta mencionar a Nerón porque todos sabemos que el emperador loco prendió fuego a su capital y se quedó admirando el panorama mientras tocaba el violín. No resulta relevante que el instrumento de Nerón fuera en realidad una cítara, ni tampoco que el 19 de julio del 64 d. C. Nerón estuviera a 55 kilómetros de Roma, en su residencia de Anzio. Como decía Karl Marx con voz tonante, la historia se repite, «la primera vez como tragedia, y la segunda como farsa».[102]

En la antigua Roma, la música era en muchos aspectos una repetición de la cultura griega en forma de farsa. No hay ejemplo más ilustrador al respecto que el propio Nerón. Antes de esa fecha, en 64 d. C., los ciudadanos de Nápoles, junto con un gran contingente de marineros alejandrinos con permiso para bajar a tierra, fueron testigos de una sorpresa, cuando el hombre más poderoso de la Tierra, el Trump de entonces, se subió al escenario del teatro de la ciudad disfrazado de citarista griego, un tocador de lira. Llevaba una larga túnica de color púrpura, un quitón, suntuosamente enrollado hasta los pies, cubierto por un manto con adornos de oro y una guirnalda dorada en el pelo.[103] Nerón cantó infatigablemente hasta la puesta del sol, jaleado por el «aplauso regulado» (*plausus compositus*) y las «regulares cadencias» (*certi modi*) de los animadores transportados hasta allí.[104] Si hemos de creer al historiador romano Suetonio, la cautiva audiencia no estaba autorizada para marcharse «ni siquiera para las necesidades más apremiantes». Las madres embarazadas daban a luz allí mismo. Los hombres eran ayudados por amigos para bajar por las paredes del teatro, o fingían estar muertos y eran sacados de allí en camilla.[105] Los críticos, cuando escribieron tras la muerte de Nerón, es decir, ya a salvo, no fueron muy benévolos. El escritor satírico Luciano escribió que «su voz era hueca por naturaleza» y que «sus canciones tenían una especie de zumbido que las acompañaba».[106] Las monedas romanas, que retratan a Nerón como un citarista, le muestran con la barbilla muy levantada por encima del pecho, de modo que parece que está mirando al cielo. Ésa era la representación típica de los cantores en aquella época. Al alzar la barbilla se subía la laringe, y eso hacía que la voz fuera aguda, dura, potente, gutural y nasal..., una voz que todavía se puede encontrar en Oriente Próximo, pero que a los occidentales nos suena áspera y forzada.[107] Pese a sus limitaciones, Nerón se tomaba su arte muy en serio, y durante muchos años estudió con el más famoso citarista de la época, un griego llamado Terpno.[108] Para mejorar la voz, se sometía a un régimen físico durísimo, que incluía purgarse y tumbarse boca arriba con un montón de cargas pesadas apiladas sobre el pecho. Los cantores más consagrados llevaban una *fibula* (una especie de hebilla o de imperdible) clavada en el miembro, porque creían que la actividad sexual perjudicaba a la voz.[109] Alimentando sus fantasías hasta muy al final, Nerón soñaba con cargarse a todo el Senado, quemar Roma y zarpar hacia Alejandría para contemplar el segundo acto de su vida convertido en músico profesional.[110]

Nerón da pábulo a todas nuestras morbosas elucubraciones sobre la música romana, muchas de las cuales están documentadas en la iconografía. Unas pinturas murales de Pompeya muestran la música orgiástica asociada al culto de Dioniso. El ruido de los tímpanos (un enorme tambor de marco) y de los címbalos ahoga los gritos de quienes son violados.[111] El Senado romano había prohibido ese tipo de fiestas en el 186 a. C., pero debieron de continuar en Pompeya hasta la erupción del volcán del 79 d. C. En el otro extremo de la vida romana, los gladiadores se hacían pedazos unos a otros acompañados de unos cuernos agujereados y de «órganos hidráulicos», cuyo sonido era lo suficientemente potente como para alzarse por encima del bullicio circundante.[112] El órgano hidráulico, o *hydraulis*, fue el primer instrumento con teclado del mundo; el aire era empujado por una corriente de agua a través de unos tubos. No era la primera vez en la historia que la tecnología se ponía al servicio de la violencia y la gratificación. Roma llevó este principio más lejos que nunca, y sus instrumentos se volvieron cada vez más grandes y más ruidosos. Las liras tenían más cuerdas; las *tibiae* (una versión romana del aulós) tenían más agujeros y más pasadores.

Durante la gran hambruna del 383 d. C., la ciudad echó a patadas a todos los tutores extranjeros, pero se quedó con los coros, los teatros musicales y 3.000 bailarinas. Los romanos, que sin duda amaban la música, tenían claras sus prioridades.[113] La esencia de la cultura musical en Roma residía en que era popular, pertenecía al pueblo, y ésta puede ser la razón por la que no se ha notado ni escrito ni siquiera un fragmento de ella. Todas las culturas antiguas eran orales hasta cierto punto, pero en Roma la memoria estaba especialmente valorada. A la canción que ayudaba a los niños a memorizar sus doce tablas de multiplicar Cicerón la llamaba *carmen*; la melodía para aprender el alfabeto era un *canticum*, según san Jerónimo. San Agustín se mostraba harto del *odioso cantio* («musiquilla bestial») del *Unum et unum duo, duo et duo quattuor*.[114] Los romanos adultos ejercitaban la memoria con las canciones de éxito que circulaban por el teatro. Si Atenas tenía sus tragedias, Roma apreciaba especialmente sus comedias, como las obras teatrales de Terencio y Plauto. Al igual que sucedía con las tragedias griegas, estos dramas eran óperas en todo menos en el nombre, pues en ellas había cánticos, bailes e interludios instrumentales. Pero se cantaban y se tocaban para hacer reír. Durante el breve reinado de siete meses del sucesor de Nerón, el emperador Galba (asesinado en 69 d. C.), tenemos un registro de cómo se comportaba la audiencia con motivo de una farsa atelana (una especie de pantomima con origen en el sur de Italia). El público empezaba un verso de una canción popular (*notissimum canticum*), que decía «Onésimo ha venido de su villa», y lo repetía una y otra vez haciendo todos los gestos apropiados.[115] Y cuando el actor Fifius sucumbía a un letargo de ebriedad, la audiencia cantaba al unísono «*Mater te adpello, exsurge et sepeli me*» («Madre, yo te lo pido, levántate y entiérrame»). Este nivel de implicación y participación de la audiencia no está muy alejado de *Factor X* o de *Britain's Got Talent* (ni tampoco de *Cuidado con Cleopatra*). Resulta, por tanto, esclarecedor que los mitos fundacionales romanos estén menos dignificados que el ditirambo griego. El historiador Livio atribuía el origen del drama musical a las reacciones obscenas de la audiencia ante los intentos de los ciudadanos por aplacar a los dioses durante la plaga del 363 a. C. Mientras los intérpretes bailaban y tocaban, unos jóvenes delincuentes se burlaban de ellos y los imitaban con gestos groseros e insultos verbales (no cuesta trabajo imaginar a sus modernos descendientes trasegando jarras de cerveza). La pantomima se convirtió en la primera pieza teatral cómica cuando los autores añadieron la trama y los diálogos.[116]

La necesidad de mantener a los ciudadanos contentos a base de pan y circo llevó también a la formación del primer sindicato de la música internacional del mundo. Esto se hizo de mutuo acuerdo. Tras la derrota de Macedonia en el 167 a. C., los músicos griegos llegaban en tropel a Roma, donde eran contratados para tocar en los juegos triunfales que organizaba el general Anicio Galo para celebrar sus propias conquistas.[117] Entonces los músicos se sindicaron en un gremio de «artistas dionisíacos» (*Dionysiaci artifices*) que mejoró enormemente la organización de los festivales públicos. Tal era su eficiencia que, bajo el reinado de Claudio, los romanos pudieron llevar sus juegos y festivales a todas las ciudades importantes del imperio, mientras los músicos griegos establecían un «sindicato con todos los miembros del mundo» («*sunodos ton apo tes oikoumenes peri ton Dionuson... techniton*»). Los emperadores, de Augusto a Diocleciano (muerto en 316 d. C.), se comprometieron a garantizarles la exención de impuestos.

Los músicos eran igual de apreciados que la vanguardia del ejército romano. Los instrumentos de viento militares, reglamentados en cuatro rangos, *tuba, cornu, bucina* y *lituus* (básicamente, todas las variedades de la trompeta, la corneta y el cuerno), eran literalmente la punta de lanza del ejército. Los músicos del ejército estaban considerados soldados a todos los efectos, no juglares o esclavos, y cobraban el salario vigente (en torno a 160 d. C.) de 120 denarios al año. *La guerra de las Galias* de Julio César nos cuenta cómo éste engañaba a los galos colocando trompetistas en campamentos vacíos.[118] Suetonio escribe conmovedoramente sobre cómo la decisión de Julio César de cruzar el Rubicón se llevó a cabo al son de una trompeta: «Cuando César dudaba ante su destino, un hombre de raro y hermoso porte, una aparición milagrosa, le quitó una trompeta (*tuba*) a otro músico y cruzó el río tocando el *classicum* (la fanfarria imperial) con todas sus fuerzas».[119] Así pues, una trompeta se halla presente en una encrucijada de la historia universal. Ésta es la razón por la que el gran retórico Quintiliano pensaba que la trompeta era la mismísima Roma; el sonido de la *tuba* simbolizaba nada menos que el poder y la gloria militar de Roma. La trompeta fue para Roma lo que el shofar fue para Israel y el aulós para Grecia.

No debe sorprendernos, por lo tanto, que este imperio abierto al exterior y culturalmente omnívoro, desbordado de artistas extranjeros, fracasara a la hora de criar talentos musicales nacionales. A semejanza de Roma, la Gran Bretaña de los siglos XVIII y XIX, el otro gran coloso imperial del mundo, era ridiculizada por los alemanes como un «país sin música» («*Land ohne Musik*»). Era lógico que los aristócratas romanos y británicos tuvieran los mejores músicos que se podían comprar con dinero, y los mejores eran extranjeros. Del mismo modo que el compositor cortesano preferido del emperador Adriano era Mesómedes de Creta, Jorge I y la reina Victoria se llevaron a Handel y Mendelssohn. Para colmo, mientras la música romana era ignorada en casa, la fuerza muscular imperial promovió la música extranjera de todo el mundo. Asimismo, simplificó la música. La cultura de masas, tanto entonces como ahora, es un imperio de lo popular. Cicerón, maestro de la oratoria transparente, se burla de las «flexiones» de la nueva música griega.[120] Los molestos microtonos y el *enarmónion* desaparecen y son reemplazados por los pasos regulares de la escala diatónica, que desde entonces constituye la base de la música occidental. Así es como se cruzan en torno a una escala común el populismo, la burocracia imperial y la afinación de Occidente. En esta evolución, un punto de referencia y otro monumento del registro histórico es una pequeña canción que se ha descubierto inscrita en la estela de una tumba del siglo II en la actual Turquía, que entonces formaba parte de la Roma helenística. La pieza de música más antigua del mundo que se conserva completa es la llamada «Canción o epitafio de Sícilo».[121] (El coro de *Orestes* era sólo un breve fragmento; «Sícilo» es un todo.) Éstas son las palabras:

*Mientras vivas, brilla,*
*nunca sientas pena.*
*La vida dura muy poco*
*y el tiempo necesita su final.*

«Sícilo» es milagroso porque, a todos los efectos y propósitos, suena completamente moderno a nuestros oídos. La canción se compone de frases regulares de cuatro compases, es diatónica y está en la mayor, con un ritmo yámbico mucho más sencillo que el agónico metro *dochmiac* de *Orestes*. En realidad, recuerda al entrañable carácter melodioso de Mesómedes, del siglo anterior, de lo que podemos deducir que el estilo de esta canción estaba bastante generalizado. Este estilo melodioso no lo volveremos a encontrar en la música occidental durante más de mil años. Debió de seguir usándose en los campos y en las tabernas. Pero hubo una prohibición de notarlo impuesta por el hada mala, que vuelve a aparecer en esta historia. Había regresado disfrazada de la Iglesia cristiana.

# 7

# Superpotencias

El Sacro Imperio Romano Germánico se había convertido en el hazmerreír mucho tiempo antes de que Napoleón lo disolviera en 1806. Al final, ya no era sagrado ni romano ni imperio, según la famosa broma de Voltaire.[1] Pero el título le venía de maravilla cuando el papa León III coronó al rey franco Carlomagno «emperador de los romanos» el día de Navidad del 800 d. C. Los historiadores modernos tienden a subrayar la persistencia de la política romana tras su desaparición oficial en el 476 d. C., cuando el bárbaro Odoacro derrocó a Rómulo Augústulo.[2] Al ceder el poder político a los francos, la propia Roma pasó a convertirse sin el menor problema en la capital de la Iglesia occidental... y de la música glorificada por esa Iglesia. Ahora Roma era un imperio de la canción, o al menos del canto, basado en la recitación salmódica hebrea, ahora cantada en latín.

La Nueva Roma no gobernaba su imperio con soldados, sino con cantantes enviados a todos los rincones de la cristiandad para asegurarse de que todos los cristianos cantaran, casi literalmente, la misma partitura. Uno incluso llegó hasta el extremo septentrional de Inglaterra, cerca del Muro de Adriano, la frontera del antiguo Imperio romano. Poco después de que el abad anglosajón, el obispo Benedicto, fundara un monasterio en Wearmouth (cerca de la moderna ciudad de Newcastle-upon-Tyne) en el 674 d. C., importó un «archicantor» (*archicantator*) de la basílica de San Pedro de Roma llamado Juan. Según Beda el Venerable, el más importante de los primeros historiadores de Inglaterra, esto se hizo de modo que Juan pudiera «enseñar a los monjes [...] el modo del canto durante todo el año».[3] Juan enseñó a los ingleses cómo cantar los salmos a la manera romana.

Cómo había cambiado el paisaje sonoro desde que el emperador Adriano navegara por el Tyne unos pocos siglos antes, en 122 d.C., para inspeccionar la construcción de su muralla.[4] Si alguien hubiera estado en 122 d.C. en Vindolanda, la fortaleza romana situada no lejos de Wearmouth, posiblemente habría oído cantar al propio Adriano cancioncillas en griego escritas por su compositor cortesano preferido, Mesómedes de Creta, compitiendo con los gritos de la batalla contra los pictos y con las señales de las trompetas romanas (pero no con las gaitas, un instrumento de Oriente Próximo que los escoceses no adoptaron hasta después del 1000 d.C.).[5] Más tarde, escucharía el canto llano entonado en latín. La lengua de la música cambió del griego al latín. ¿Por qué en el siglo VII, cabe preguntarse, los músicos de toda Europa y la cuenca mediterránea se molestaban en aprender una lengua muerta? La imposición universal del latín fue un símbolo que se adecuaba al formalismo de la incipiente música clásica. El canto en latín apuntalaría la música occidental «oficial» durante más de mil años. Primero, se cantaría por sí mismo, en forma de canto llano. Más tarde, sería adoptado como andamiaje de las misas y motetes polifónicos por el canon de grandes compositores occidentales como Machaut, Dufay, Josquin y Palestrina. El canto sólo pierde fuerza a finales del siglo XVI, al comienzo de la Edad Moderna, cuando Occidente experimenta realmente un despegue. Este capítulo investiga cómo llegamos a ese punto en que la música occidental se separa de las otras superpotencias musicales, es decir, de la India, China y el mundo islámico.

Pese a la fijación de los historiadores de la música con Occidente, hay que subrayar que, antes del Renacimiento, Europa no era más que un pariente pobre de las otras superpotencias. El Imperio gupta de la India, los califatos omeya y abasí en Oriente Próximo y la dinastía Song en China experimentaron un «renacimiento» (un florecimiento cultural y tecnológico) mucho antes que Europa. Lo mismo cabe decir de sus logros musicales. Entonces ¿por qué la música occidental conquista el mundo después del siglo xvi? Existe la tentación de buscar equivalentes musicales de las armas, los gérmenes y el acero, considerados por el escritor y erudito estadounidense Jared Diamond como las tres armas secretas de Occidente.[6] Los tres «bombazos» de la música occidental son las notas, la notación y la polifonía. Éstas van definiendo progresivamente la música occidental en el período que llega hasta 1600, y curiosamente están ausentes en las otras grandes civilizaciones musicales, cada una de las cuales hace hincapié en otras dimensiones desatendidas en Occidente. El mundo islámico tenía el ornamento. La India tenía la emoción, que iba unida a un gusto ultrarrefinado. China puso el color, o el timbre, en el centro de su música (en Occidente, ambos son secundarios). El ornamento, el gusto y el color representan caminos no hollados por la música occidental.

Por otra parte, las otras civilizaciones no desarrollaron la notación en pentagrama —a estas alturas, el sistema universal de escribir la música—, ni tampoco la idea occidental de la superposición vertical de la música, que se asemeja a la perspectiva visual. Puede que esta dimensión vertical de la armonía y el contrapunto sea el rasgo más diferenciador de la música clásica occidental. No sólo se diferencia de la corriente principal, más horizontal, de Asia y Oriente Próximo, sino que incluso da la espalda a sus propias tradiciones populares y folclóricas de la canción y la danza. Ésta es la razón —más que las otras tradiciones— por la que los bombazos de la música occidental aniquilan a la naturaleza, tal y como propuse al inicio de este libro.

Sería engañoso echar toda la culpa a la religión porque, como ya he dicho en anteriores capítulos, la música y la religión en origen eran dos caras de la misma moneda. La cuestión es más bien cómo fue institucionalizada y gestionada la religión. El cristianismo judaico era sólo una de las numerosas religiones misericordiosas que surgieron en la llamada Era Axial, después del 800 a. C., junto con el budismo y el hinduismo en la India, el taoísmo y el confucianismo en China y, un poco más tarde, el islam, en respuesta al aumento de la población y a la competencia de mercado.[7] Lo que diferenciaba al cristianismo y a su música era su problema con el sexo. Las otras religiones tenían una actitud pragmática con respecto al placer erótico, que se colaba en los templos disfrazado de una unión extática con lo divino. En cambio, la preocupación de los cristianos por el pecado original les hacía sospechar de cualquier música que fuera excesivamente sensual. La música era pecaminosa si estaba demasiado elaborada o tenía demasiado colorido, si la acompañaban instrumentos, o si podía ser bailada.

La música occidental fue seducida por el pecado en el siglo XIII, curiosamente en torno a la misma época en que la India descubrió el género extático de inspiración sufí llamado *qawwali* y la China de la dinastía Yuan inventó la ópera. El agente del cambio global fue el islam y los mongoles a lomos de sus caballos, un lejano eco de cómo los hicsos habían montado los suyos para lograr unas revoluciones musicales similares casi 3.000 años antes (véase el capítulo 6). En Occidente, la música de al-Ándalus, el nombre de la península Ibérica gobernada por los musulmanes, inspira a que los trovadores franceses canten sobre el amor cortesano, y prende la larga mecha del Renacimiento musical, cuyas llamas brotarán dos siglos más tarde. ¿Qué pasó en torno al año 1300 que unió a las cuatro superpotencias musicales en un beso de éxtasis?[8] (Cuatro y no cinco: las enormes contribuciones a la música del África subsahariana, especialmente el ritmo, no figuran en el registro histórico, más que nada por la falta de alfabetización.) Adoptando una perspectiva global, veremos estas cuatro civilizaciones musicales no separadamente, sino a la manera de unas bolas de billar que chocan entre sí. El énfasis recaerá en el movimiento, la colisión y la fusión, como sólo podía darse en el tráfico de la Ruta de la Seda. ¿Qué fue la Ruta de la Seda musical?

UN CANTO QUE LOS UNE

Los pájaros aparecían con frecuencia en el capítulo 5 en los mitos fundacionales de muchas culturas universales. El mito fundacional de la música de Occidente también hace referencia a las aves. El papa Gregorio Magno (540-604 d. C.), supuesto inventor del canto gregoriano (sinónimo del canto llano medieval), aparecía a menudo representado recibiendo el dictado del Espíritu Santo en forma de una paloma que le arrullaba al oído. Si esto es cierto, entonces debió de ocurrir muy poco antes de que el ángel Gabriel comenzara a recitar el Corán a Mahoma en 610 d. C. (Como veremos más adelante, si la recitación del Corán es o no es una «canción» ha sido muy discutido por los eruditos islámicos.) Para los cristianos el canto es una perfecta encarnación del Espíritu Santo. Ascendiendo en crecientes oleadas de melodías, el canto es también una especie de oración: una obra del alma. Una obra del alma de estas características también se cantaba en las tradiciones hindúes e islámicas (recuérdese el «Sogasuga» de Tyagaraja, del capítulo 2), pero curiosamente mucho menos en China. Una vez más, China se queda al margen de la principal corriente euroasiática. Del mismo modo que el chino no es una lengua indoeuropea y las escalas pentatónicas chinas no forman parte de la antigua «franja de mayor-tercera-tricordio» (véase capítulo 6), así también la melodía china no encaja en la tendencia global de la música religiosa a intensificarse hacia un clímax extático.[9] Como veremos, tal vez esto tenga algo que ver con la actitud china con respeto al tiempo.

En realidad, el papa Gregorio no inventó el canto. Sus hagiógrafos se lo atribuyeron porque fue un gran reformador de la Iglesia.[10] El canto salmódico cristiano empezó en las casas particulares de los judíos que creían en Jesús en el siglo IV, antes y después de que el emperador Constantino legalizara el cristianismo en 317 d. C.[11] Luego emigró a los desiertos que rodean Alejandría en boca de fanáticos anacoretas que se dejaban morir de hambre y cantaban a todas horas. Impulsado por el fervor de éstos, el canto salmódico cruzó a toda velocidad el Mediterráneo y volvió a las ciudades, donde la presencia de una congregación y un obispo lo hizo más potente (ya no era un suave murmullo solitario) y más melodioso. Cuando el canto entró en la basílica, adquirió su característica resonancia, ese eco de la voz contra la piedra que es el alma del canto.

Es extraordinario —aunque pensándolo bien, también es lógico— que los anacoretas aspiraran a llenar cada hora del día y de la noche con el canto. En Bizancio, el brazo oriental de la Iglesia cristiana, hubo incluso un oficio monástico de monjes insomnes encargados de cantar continuamente.[12] Puesto que el canto era el aliento de cada uno y el espíritu del cosmos, ¿cómo no iba a ser constante la música? Así pues, sorprendentemente, existe una base espiritual de nuestra moderna necesidad de música ubicua, música en todas partes y a todas horas. Esto provocó también la misión de la Iglesia de rellenar cada hora, u oficio, del día y de la noche con un canto apropiado y, por consiguiente, todos los días del calendario litúrgico. La palabra que definía este proceso era «properización», llamada así por el «Proper», la colección de cantos para todo el año.[13]

Cuando la Iglesia cristiana cobró más fuerza, utilizaba el canto para unir a la cristiandad. Había una clara relación recíproca entre la fragmentación política de Europa, como consecuencia de la caída del Imperio romano, y el nuevo imperio de la canción. Más allá de las lenguas y las políticas en conflicto, la salmodia latina unificó Europa a un nivel más espiritual. Esto no quería decir que la Iglesia romana no adquiriera también una identidad corporativa modelada sobre la base de las viejas estructuras del poder. Un documento llamado el *Ordo Romanus I*, que data del 700 d.C., nos cuenta cómo era dirigida la misa papal.[14] Vestido como un emperador romano, el Papa desfila solemnemente en una cabalgata desde el palacio de Letrán hasta la iglesia de Santa María la Mayor. Los nobles se sientan en una parte de la iglesia llamada *sanatorium*. Los celebrantes de la misa están dispuestos con arreglo a una cadena de mando casi militar: el Papa, el archidiácono, los subdiáconos, el archicantor, los cantores inferiores y el cantor principal llamado prior. Los cantos no son melodías, sino una colección de ideas melódicas improvisadas sobre la marcha por los cantores, guiados por las señales que llegaban por la cadena de mando desde el Papa. Esto no está muy alejado de la quironomía del antiguo Egipto o «las manos de David» en el Primer Templo: esos músicos también eran dirigidos mediante gestos con las manos.

La férula de la disciplina imperial apuntaba a toda clase de objetivos, a fin de estandarizar, controlar y, en definitiva, purificar una música apropiadamente cristiana. La Iglesia prohibió o restringió severamente todo lo siguiente:

- Los instrumentos. Los padres de la Iglesia primitiva consideraban los instrumentos algo malo, y se extrañaban de que los salmos hebreos hicieran tantas referencias a ellos.[15] A semejanza de los coros angelicales, los monjes cristianos cantaban *a cappella* (sin acompañamiento instrumental); lo contrario sería apartarse incluso de la Biblia, pues los ángeles no tocan instrumentos, ni siquiera arpas.
- Las mujeres. En los coros cristianos no había voces femeninas. Curiosamente, la venganza de la Iglesia contra el sexo no se compadecía con la esencial idea cristiana de la encarnación, de un Dios hecho carne.
- La danza. La Iglesia desaprobaba la música laica o popular; no sólo la danza, sino todos los sonidos de la taberna o del teatro, incluidas las canciones pegadizas y la ornamentación ostentosa.
- La lengua. Quizá lo más extraño fuera la exclusión de la lengua común del pueblo en favor del latín. La música de las otras grandes religiones llegaba al pueblo en su propia lengua hablada, como por ejemplo en la bella lengua árabe que se utiliza en el Corán. El latín levantaba una barrera de piedra.
- La libertad. Carlomagno coarta la libertad de los monjes para cantar lo que les plazca. Ordena que todo canto ha de ser compuesto y cantado en uno de los ocho modos, los denominados *octoechos*, por todo el Imperio carolingio.[16] Ésta era la *lingua franca* original de la música: la fuerza de los francos imponiendo la ley romana.

Estas restricciones allanan el camino a la herramienta más poderosa de la música occidental, inventada por un monje italiano del siglo XI llamado Guido de Arezzo (991-1033). Guido inventó la notación en pentagrama, nuestra partitura musical. Las líneas y los espacios de un pentagrama cartografían las notas de una escala musical. Esto era mucho más intuitivo y fácil de leer que las antiguas notaciones alfabéticas o diacríticas (las marcas «diacríticas» son los signos y los acentos añadidos a las letras, como en hebreo). Hasta entonces sólo se lograba cantar después de toda una vida de arduos esfuerzos de repetición y aprendizaje memorístico. Los monjes, que trabajaban años para memorizar los cantos, podían ahora leerlos mirando la página. Era un dispositivo que ahorraba muchísimo tiempo y que estaba pensado, según Guido, para dar a los «necios monjes» más tiempo para estudiar y orar. Cuando Guido puso las partituras en manos del papa Juan XIX, y el Papa al instante leyó con agrado un versículo de una antífona, la notación musical recibió el imprimátur de toda la Iglesia.[17]

Un análisis de rentabilidad revela que la notación en pentagrama introdujo toda una variedad de enzimas, si no toxinas, en la corriente sanguínea musical. El elemento visual separaba la música de la memoria muscular de las laringes y los dedos. El sitio natural para la música estaba en el cuerpo; de repente, la música quedó encerrada en una página, como la princesa de un cuento de hadas a la que sacan de la cuna y aprisionan en una imagen. El elemento visual aislaba la música del lugar y de la comunidad; ampliamente difundida a través de las partituras, el hogar de la música ahora estaba en todas partes y en ninguna parte. La escala de notas precisas en un pentagrama copia la música del habla, cuyos tonos van cambiando de manera natural. Y lo más importante: la notación permitió que la Iglesia mantuviera el imperio aún más unido, asegurándose así la pureza ideológica sin necesidad de enviar fuera a los cantores. *Pureza* es una palabra dudosa. Guido escribió que la notación permitiría a los monjes atender a sus devociones ascéticas *cum puritate* («con pureza»), sobre todo para que no pensaran en el sexo.[18] Pero la «pureza» también simboliza el espíritu cristiano de una total renuncia. Transmite la sensación del aire frío en una noche de vigilia, y de la arena ardiente en los pies de los anacoretas del desierto.

Primero las notas; luego la notación. El tercer bombazo es la polifonía o el contrapunto. Una vez más, parece que nació en la Iglesia, más concretamente en la iglesia de Notre-Dame de París en el siglo xii, en una textura de dos voces llamada *organum*, desde donde se propagó por toda la música occidental.[19] Aquí hay que tener cuidado porque la supuesta evolución desde la «monofonía» (música de una sola voz, como el canto) hasta la «polifonía» (múltiples líneas independientes) generó la principal narrativa sobre la supremacía musical de Occidente, la gran marcha histórica desde la simplicidad hacia la complejidad. Esta narrativa es falsa.

En el capítulo 5 he planteado que la polifonía de los pigmeos africanos cuadraba mejor con la naturaleza colectiva y participativa de la música de los cazadores-recolectores. Las ramas se entrelazan con las ramas, como las melodías entretejidas en la gran danza. De hecho, la monofonía forzosa del canto cristiano era una aberración porque la mayor parte de la música universal, tanto entonces como ahora, es polifónica. O dicho con mayor precisión, heterofónica: voces que recorren cada una su camino con diferentes versiones de la melodía. Veamos al clérigo galés Gerald de Barri describiendo lo que sucedía en muchas zonas de las islas Británicas en 1198:

> Cuando hacían música juntos, no cantaban las melodías al unísono, como se hace en otros sitios [se refiere a los monasterios], sino en parte con muchos modos y frases simultáneos. Por esa razón, en un grupo de cantantes (con los que uno se encuentra muy a menudo en Gales) oirás tantas melodías como personas haya, así como una gran variedad de partes distintas.[20]

Un punto de vista bastante diferente fue propuesto por el misionero del siglo iv Nicetas de Remesiana (la actual Serbia). Niceta pensaba que el canto debía ser cantado con «una simplicidad cristiana, [de modo que] todos han de procurar que sus voces se mezclen formando un coro armonioso».[21] La «simplicidad cristiana» fue siempre la máscara de un control dictatorial, y ¡ay del monje novicio cuya voz se saliera de ese «armonioso coro»! Los padres de la Iglesia eran neoplatónicos; sospechaban como Platón, en sus *Leyes*, que el contrapunto era un síntoma de «conflicto y confusión» cívicos.[22] Los ciudadanos de la ciudad ideal de Platón, su *República*, cantaban al unísono. Y ésa es la razón por la que san Agustín asociaría la polifonía con el caos de las hordas bárbaras arrasando el mundo romano.[23] Imponer el canto al unísono (o cantar en la octava) era, por acuñar una expresión, «recuperar el control».

Platón toleraba la polifonía siempre y cuando estuviera fuera de peligro en la «música de las esferas», el contrapunto de ocho notas trazado por los ocho cuerpos celestes rotatorios (el sol, la luna y los planetas conocidos).[24] Pero tal contrapunto celestial era demasiado bueno para los mortales imperfectos. Esto lo convierte Dante en la *Divina comedia* en algo deliciosamente ambiguo. La historia musical de Dante discurre en tres pasos: desde la infernal cacofonía del *Infierno*, donde el demonio Malacoda «hace de su agujero del culo una trompeta»; pasando por los penitentes del *Purgatorio*, que cantan cantos gregorianos al unísono; hasta alcanzar el clímax en el *Paraíso*, donde la comunidad de los benditos canta una rica polifonía.[25] Dante pinta una imagen inolvidable de un reloj astronómico cuyo intrincado engranaje incluye unos espíritus cantarines. ¿Está diciendo Dante, como Platón, que la polifonía es demasiado buena para nosotros?

La cuestión es que el tipo de polifonía que Dante habría oído en la Florencia del siglo XIV no tenía nada que ver con la practicada en las selvas tropicales pigmeas o en las tabernas galesas. Estaba muy reglamentada con arreglo a las proporciones matemáticas, cada voz en perfecta consonancia (un unísono, una octava, cuarta, quinta, tercera o sexta) con las otras. Para el gusto de Dante, la mucho más libre heterofonía de los campesinos galeses (o toscanos) era literalmente diabólica, es decir, cacofónica. Es curioso que sólo Occidente lograra este tipo jerárquico y controlado de polifonía, porque en otros muchos aspectos Europa estaba tecnológicamente muy atrasada con respecto a las otras superpotencias. El reloj astronómico, por ejemplo, la inspiración del reloj contrapuntístico de las almas de Dante, fue inventado en Occidente en 1271, medio milenio después de que Yi Xing construyera uno en China en el 725 d. C.[26] La diferencia crucial es que a las otras superpotencias nunca se les ocurrió practicar ese tipo ideal de polifonía en la realidad: ésta permanecía en las estrellas. En cambio, el Occidente cristiano encarnaba la polifonía en gente viva real, del mismo modo que Dios se encarnó en la persona humana de Jesucristo. Esta analogía fue practicada por muchos de los padres de la Iglesia. Un cristiano resuena con Cristo del mismo modo que una octava lo hace con un unísono, en la proporción de 2:1, porque Cristo, al tener una naturaleza dual, divina y humana, era contrapuntístico por sí mismo.[27]

## NOTICIAS DE OTRA PARTE

Es el 8 de febrero de 1434, en Chambéry, la corte de Saboya de Felipe el Bueno de Borgoña, el gobernante laico más poderoso de la época. Su compositor cortesano, Guillaume Dufay, es el genio musical preeminente del ocaso de la Edad Media, el creador de suntuosos motetes y misas polifónicos. Están allí reunidos para celebrar los esponsales de Luis, duque de Saboya, y Ana de Lusignan, hija del rey Jano I de Chipre.[28] Dufay está a punto de ser humillado. Esto lo sabemos gracias a unos versos de la epopeya del poeta cortesano Martin Le Franc, *Le Champion des dames*:

> *Han escuchado a los hombres ciegos*
> *tocando en la corte de Borgoña.*
> *¿No es así? Seguro que lo han oído.*
> *¿Alguna vez ha habido algo semejante?*
> *He visto a Binchois avergonzado*
> *y silencioso ante su manera de tocar el violín.*
> *Y a Du Fay enojado y con el ceño fruncido*
> *porque él no tiene ninguna melodía tan hermosa...*

Lo que avergonzaba a Dufay, y a su colega el compositor Binchois, era la virtuosa interpretación de Juan Fernández y Juan de Córdoba, una pareja de juglares ciegos itinerantes de España. Su instrumento, la *vielle*, o viola de arco, era una especie de violín con un cuello y un cuerpo más largos, una versión evolucionada del *rebab* árabe. Uno siempre sospechaba que había una contracultura musical popular opuesta a todo lo que defendía la Iglesia cristiana. Aquí se nos permite echar un vistazo tras la cortina y descubrirlo en toda su gloria. Enfrentado a una música mucho más visceral y libre de lo que nunca hubiera imaginado, Dufay hizo el ridículo al escribir una danza instrumental a la manera ibérica, a la que llamó «la portuguesa». Esta pequeña pieza ha generado un gran revuelo entre los eruditos porque no se parece a ninguna otra cosa compuesta por Dufay.[29] Es muy seccional, con muchísimas notas rápidas, como para permitir que los músicos entraran y salieran a su antojo, y tiene el estilo «participativo» de la música popular para bailar (como el *skiffle*), de la que he hablado en el capítulo 2. Jamás volvió a intentar hacer ese tipo de música. Pero esto permite ver de dónde soplaban los vientos. Del Oriente.

Oriente presionó al Sacro Imperio Musical desde tres lados. Estaba Bizancio (Constantinopla), la Iglesia oriental. Estaban las repercusiones de las cruzadas por liberar a Jerusalén. Y estaba la influencia islámica a través de España, de donde habían llegado los juglares ciegos. La música de la Iglesia bizantina era más antigua, más pura, cantada en griego y no en latín, y completamente opuesta a la novedosa armonía occidental o polifonía. Silvestre Syropoulos, gran eclesiarca de la basílica de Santa Sofía en Constantinopla, por aquel entonces la iglesia más grande del mundo, escuchó algunos motetes de Dufay, cantados en el Concilio de Ferrara-Florencia en 1439, y le parecieron «incomprensibles».[30] En proporción con su tamaño, Santa Sofía tenía contratados 160 cantantes, que debían de hacer un ruido tremendo. Se dice que lo que impulsó a Carlomagno a difundir los *octoechos* (los ocho modos) por sus dominios fue que oyó algún canto bizantino.[31] Los modos, por supuesto, eran griegos. Todos los tesoros de la teoría de la música griega estaban alojados en Bizancio, y cuando una pequeña parte de esos tesoros (una cantidad mucho mayor llegaría a través de los árabes) llegó a Occidente a través de Carlomagno, se creó una gran línea de transmisión desde la música antigua hasta la moderna. A partir de entonces, esta tradición conservadora se desvió gradualmente hacia el este, primero hacia los griegos y luego hacia la Iglesia ortodoxa rusa, donde se puede seguir escuchando todavía hoy.

Las cruzadas contra los árabes eran muy selectivas con lo que se traían de vuelta. Su sed de conocimientos griegos salvaguardados por la civilización islámica (incluidos Euclides, Platón y Aristóteles) no se extendió a la teoría de la música árabe, de influencia griega, ni tampoco a la propia música árabe. Las cruzadas impactaron indirectamente en la música animando a varias generaciones de trovadores —cantantes y escritores de canciones aristocráticos e itinerantes— a cantar el amor cortesano. Una influencia mucho más directa llegó desde la España morisca, al-Ándalus, porque los primeros trovadores cantaban en árabe.[32] La canción de amor árabe fue el modelo directo de la canción de amor francesa. Sus llamaradas iluminaron la música europea.

## EL CAMINO DEL ORNAMENTO

La polifonía occidental sacrificó el más antiguo arte del ornamento. Comparada con la música del resto del mundo, la melodía occidental es más bien llana, y lo es por necesidad. La decoración necesitaba ser podada si las notas debían fundirse en una armoniosa retícula contrapuntística. El arte islámico recorrió un camino completamente distinto. Europa miraba siempre con condescendencia la ornamentación islámica: elogiando su riqueza pero, al mismo tiempo, lamentando que el arte islámico nunca «maduró», como Occidente, ni pintó personas. No es del todo cierto que los pintores islámicos evitaran la representación figurativa, si bien los retratos tendían a estar escondidos en las miniaturas, no expuestos en espacios públicos.

Vean esta maravillosa imagen de un tocador de laúd cantando a una noble dama en un jardín andaluz, «*Chant de luth dans un jardín pour una noble dame*», que está incluida en el manuscrito del siglo XIII *Histoire de Bayâd et Riyâd* (véase figura 7.1). No obstante, el ornamento es esencial en el arte de la superpotencia islámica, que abarca desde La Meca y Bagdad y el norte de África hasta la España medieval. ¿De dónde venía el ornamento?, ¿por qué Occidente no pudo llegar a comprenderlo?, y ¿cómo se manifestó en la música?

FIGURA 7.1. Una moaxaja cantada en un jardín andaluz.

Empezaremos por nuestro punto de partida: por al-Ándalus. Tan sólo ocho años después de la muerte del Profeta (570-632 d. C.), las fuerzas musulmanas cruzaron a la península Ibérica en 711 y establecieron Córdoba como la capital cultural del califato omeya. Más populista que la música cortesana del califato rival abasí con base en Bagdad, la música andalusí estaba representada por un género de canciones llamado moaxaja, que lograba combinar el ingenio con las melodías pegadizas.[33] Estas canciones a menudo eran compuestas y cantadas por jóvenes esclavas muy entrenadas..., algo inaudito en el sexista Occidente. El gran historiador árabe Ibn Jaldún (1332-1406) nos cuenta que las moaxajas «eran apreciadas por todos, tanto por la élite como por las multitudes, debido a la facilidad con la que se entendían y a la familiaridad de su estilo».[34] La palabra moaxaja deriva de *wishah*, que significa un corsé de mujer bordado con colores que van alternando; el poema a su vez alternaba versos largos con versos cortos. Los trovadores franceses quedaron impresionados por la rica ornamentación de las melodías, así como por sus esquemas métricos, tan fantasiosamente intrincados. El poeta bereber Al-Tifashi (1184-1253) menciona a un cantante andaluz que improvisaba durante dos horas con un solo verso poético; y a otro que hacía setenta y cuatro adornos (*hazzat*) con una sola frase.[35]

Asombrosamente, pues hay cosas que damos por descontadas, fue la poesía andaluza la que popularizó las rimas complejas y la forma del soneto, más conocido en Occidente por los sonetos de Petrarca y Shakespeare.[36] Ibn Zaidun (1003-1071), el más célebre escritor de moaxajas, también nos proporciona el ideal del amor no correspondido como una pasión ennoblecedora, la añoranza de la amada inaccesiblemente distante (la Beatriz de Dante es una imitación occidental).[37] Estos logros artísticos podemos añadirlos a la larga lista de invenciones islámicas, como el álgebra, los caracteres arábigos (tomados prestados de la India), la comida de tres platos, la higiene doméstica como el uso de sábanas y ropa interior, y las palabras *magacín* y *tarifa*.[38]

«Jadaka Al Ghayth» («La lluvia que cae sobre ti»), la moaxaja más popular que se canta en la actualidad, probablemente ofrece sólo un eco lejano de cómo sonaban estas canciones en el siglo XI. Sin embargo, capta una paradoja esencial de la música islámica al fusionar el ornamento vistoso con el ritmo torrencial. Occidente tiene muchas melodías elaboradas; el canto gregoriano es su ejemplo más temprano. Pero nunca las combina con la danza. El canto es literalmente atemporal. Cuando el metro regular empezó a introducirse de modo paulatino en la música de la Iglesia occidental después del siglo XIII, o bien se eliminaba el adorno, o bien se mantenía de forma atemporal en las grandes misas polifónicas.[39] Pero si escuchan a la cantante tunecina Sonia M'Barek interpretar «Jadaka Al Ghayth», les sorprenderá el poco esfuerzo con el que reviste cada nota de un trino, un deslizamiento, una sacudida o un giro.[40] Esto se acerca mucho más que la canción occidental a la natural fluidez tonal de la voz hablada, cuando al hablar nos deslizamos de un tono a otro. Mientras tanto, los tambores, la cítara, el laúd y los violines siguen el ritmo paso a paso.

La mezcla del ornamento melódico y métrico es embriagadora y, al mismo tiempo, ligera como el aire. En las mejores obras de la música islámica, como las suites de canciones con múltiples movimientos llamadas *nawba*, una música que a veces dura varias horas, estos dos extremos se alternan yuxtaponiéndose el uno al otro a medida que la música se va acelerando hasta alcanzar un clímax extático. La *nawba* es introducida por una breve improvisación instrumental de ritmo libre llamada *taqsim*. Cuando entra la voz, el ritmo se vuelve más regular y la melodía más compleja. En los sucesivos movimientos, la música se acelera y se simplifica, alcanzando un tono de éxtasis llamado *tarab*. Este clímax era tanto sexual como divino. El filósofo Ibn Hazm (994-1064), otra destacada figura intelectual de Córdoba, creó un espacio para la belleza ideal en la pasión entre los amantes. A partir de entonces, el deseo erótico sería aceptado como metáfora del amor divino.[41]

Es un cliché que la música sea como la arquitectura. Pero en algunos casos la arquitectura puede ser música. Una obra maestra muy conocida del ornamento islámico es el palacio nazarí y conjunto fortificado de Granada, conocido como palacio de la Alhambra. La Alhambra es una sinfonía de los dos extremos del ornamento islámico, el arabesco curvilíneo y la geometría lineal, análogos a la melodía y el metro de la canción andalusí. A semejanza de las moaxajas, en otro tiempo cantadas en sus patios (véase figura 7.1), la Alhambra lleva al visitante desde el jardín al cielo. Los jardines, diseñados como una secuencia de patios enlazados, conducen la vista, a través de una serie de arcos y columnas, hacia los arabescos de zarcillos de parra representados en mosaicos de azulejos en el interior de las estancias residenciales. Los policromados azulejos teselados de los baños reales tamborilean un sutil ritmo geométrico frente a un fondo de color blanco.[42] Con los sentidos ya estimulados por la forma y el colorido, la mente de los visitantes se ve abrumada por los adornos de estrellas y el techo de mocárabes (bóvedas ornamentales) de la cúpula del Salón de Comares o de los Embajadores, una metáfora de los siete cielos islámicos.

Mahoma y el Corán son ambivalentes en lo relativo a la música, y la posición que ésta ocupa dentro del islam ha sido siempre muy controvertida.[43] Oficialmente, la música era *haram*, ilegal, y el Profeta desaprobaba a los recitadores que usaban melodías de la poesía amorosa. En 1999, el cantante Marcel Khalife fue procesado por un tribunal islámico por incluir versos del Corán en sus canciones populares.[44] Sin embargo, la llamada a la oración (*adhan*), repetida tres veces con una progresiva ornamentación en el modo *rast*, y todo el conjunto interpretado cinco veces al día, es sin duda música en todo menos en el nombre.[45] Por la misma razón, *zikr* —el canto rítmico del nombre de Alá— es fisiológicamente tan estimulante como las vueltas que da el derviche sufí.[46] De todos modos, el islam tiene cuidado en llamar al propio Corán «recitación» (*tajwid*), pese a que el sonido de su árabe, al parecer, es bello como la música. Los musulmanes tienen el privilegio de acceder a la belleza sonora de su texto religioso; los cristianos angloparlantes tuvieron que esperar hasta la Biblia de Tyndale de 1526 para disfrutar de ese placer, y fue de segunda mano, a través de una traducción. El vínculo del Corán con la música podría ser indirecto y sutil. De Umm Kulthum, la mejor cantante de Oriente Próximo del siglo xx, cuya compenetración con su nación fue tan profunda que los generales egipcios programaban las batallas con arreglo a sus transmisiones por la radio, se dice a menudo que perfeccionaba la voz recitando el Corán.[47]

Desde una perspectiva más amplia, la belleza sonora de la recitación oral es como la belleza de la caligrafía, que fluye de manera natural de la escritura árabe en cursiva. El sonido y la escritura son ornamentales, del mismo modo que la música es una caligrafía sonora. A Occidente le cuesta trabajo comprender el ornamento porque, por definición, se limita a concebirlo como «superficial» y menos relevante que la «estructura». Pero cambiando las tornas, se puede poner en duda el complejo de superioridad de Occidente en lo relativo al realismo. Representar cualquier cosa, no sólo la figura humana, crea un espacio estético apartado de la realidad, una barrera entre la vida y la ilusión. He aquí la razón por la que la música occidental habita en un reino apartado de su audiencia. El canto gregoriano mostraba poca consideración por los oyentes, pues los monjes lo cantaban para ellos solos. En cambio, los arabescos islámicos o las celosías geométricas desbordan la superficie decorativa y salen al mundo circundante. La palabra árabe *wajd* designa el círculo interactivo del estado de ánimo que conecta a los músicos con sus oyentes, el ambiente que se crea.[48]

La diferencia más relevante estriba en cómo recibió el islam la sabiduría de los antiguos durante su período de la *falsafa*, del siglo IX al siglo XII, durante la civilización abasí: específicamente, a través de la geometría de Euclides.[49] Cuando admiramos las complejas teselas de estrellas de seis y doce puntas en el techo de la Alhambra, todos esos dodecágonos, triángulos equiláteros y módulos romboidales, la geometría se ha convertido en una cosa concreta.[50] En Occidente, sin embargo, siguió siendo un principio subyacente invisible, al menos hasta la llegada de Picasso y Mondrian en el siglo XX. Del mismo modo que el cristianismo encarnaba a Dios en Cristo, el islam encarnaba la geometría en el mundo. Ambos son caminos legítimos, aunque opuestos, hacia lo divino.

¿Cómo siguieron este camino los músicos islámicos? Mediante su peculiar adopción de las proporciones matemáticas encerradas en los modos griegos, la rama musical del *falsafa*. Cuando Carlomagno aprendió los modos griegos de los cantantes bizantinos en el siglo IX, la Iglesia occidental cometió un error que ha continuado acechando a la música europea. La Iglesia trató los modos como escalas abstractas, de manera que a partir de entonces la música y las escalas pasaron a poblar reinos separados. Los árabes comprendieron que los modos no eran escalas; eran mapas, o modelos, para las improvisaciones. La escala occidental es sólo una escalera de tonos. Un modo árabe, llamado *maqam*, les dice muchas más cosas a los músicos: qué notas deben ser acentuadas; cuán aguda o grave ha de ser la melodía; sus motivos característicos; incluso el estado de ánimo de la pieza.[51] El *rast*, el *maqam* más común, empieza siempre por la nota tónica, y es solemne y llano. El *mahur* empieza en la quinta, y es más animado. Algunos modos tienen una estructura en forma de arco; suben y bajan. Otros descienden. Y así sucesivamente. El *maqam* cierra la brecha que hay entre la innovación y la tradición, y convierte a los intérpretes en una gran hermandad musical, acorde con el espíritu igualitario del islam.

El ornamento musical florece cuanto más se acerca a Persia, el hogar de Rumi y sus jardines de metáforas poéticas, así como del misticismo sufí, y cuanto más se aleja de los centros de gravedad griegos. También se podría argumentar que la música islámica resplandece más cuando interactúa, o incluso choca, con otras culturas. Esto sucedió por ejemplo en el siglo XIII bajo el sultanato de Delhi, cuando los musulmanes colonizaron gran parte de la India, como veremos en la siguiente sección. La España del siglo XIII subraya el hecho de que las culturas musicales son más vitales cuando son sincréticas, es decir, cuando unen a diversos pueblos. La corte del rey Alfonso X de Castilla y León (1221-1284), compositor de 420 cantigas, era un lugar de reunión de cristianos, musulmanes, bereberes y judíos, así como un refugio para los trovadores que huían de la cruzada albigense.[52] Varias imágenes de la música que se tocaba en su corte muestran instrumentos de todas esas tradiciones. Y las moaxajas fueron retomadas por los judíos españoles y cantadas en hebreo.[53] Lamentablemente, algunas superpotencias son más sincréticas que otras. Saladino (1137-1193), el primer sultán de Egipto y Siria, y fundador de la dinastía ayubí, toleraba las religiones de los pueblos que conquistaba, pero cuando los cristianos saquearon Jerusalén en 1099 durante la Primera Cruzada, masacraron a hombres, mujeres y niños, y quemaron vivos a los judíos que se refugiaban en la sinagoga.[54]

## EL CAMINO DEL GUSTO

La música occidental perdió su sentido del gusto. *Rasa*, la palabra sánscrita para «gusto» o «sabor», es esencial para los ascetas indios. El rey Nanyadeva (1057-1147), que gobernó Mithila durante cincuenta años, fundó la dinastía Kamataka, y en sus ratos libres escribió el *Bharatabhasya*, uno de los grandes tratados de la teoría de la música de la antigua India, observó que los sabores de la música no se pueden describir con palabras.[55] ¿Qué obtenemos pensando en la música como en un buen curri? Cuando los occidentales hablan del «gusto» musical (como en «ese caballero tiene un gusto exquisito para las sonatas de piano»), se trata de un comentario sobre el refinamiento social de la persona, no sobre la calidad de la música por sí misma. La teoría del *rasa* dice por lo demás que el sabor reside en la música, no en el oyente. Centrar toda la atención en el sabor resalta la inmediatez y la interconexión de la experiencia musical. *Rasa* es en realidad una metáfora de emoción, de tal modo que la emoción es percibida como que emana del sonido, no de cómo se sienten los oyentes, como piensa Occidente. Asimismo, la emoción del *rasa* es una metáfora de la naturaleza cósmicamente envolvente de la filosofía india, donde escuchar el sonido, *nad*, es lo mismo que meditar sobre el «Uno». La aromática bruma del zumbido de un sitar, tocado tal vez por Ravi Shankar, es un icono sonoro de la consciencia hindú o budista. Shankar ha afirmado incluso que revela «la esencia del universo».[56] El problema es que los sitares y las cuerdas del zumbido no llegaron a la India hasta el siglo XVII con las conquistas mongolas, mucho después del rey Nanyadeva y sus predecesores. ¿Cuándo y de quién adquirió la música india su gusto?

Unos pocos artefactos musicales sobreviven de la civilización de Harappa del valle del río Indo en el moderno Pakistán, de en torno al 2500 a. C. El ejemplo más destacado es una estatuilla de bronce de diez centímetros de una muchacha bailando.[57] No sabemos con qué música estaba bailando, pero ya ostenta la pose curvilínea tan emblemática del arte indio, si se la compara con sus rectilíneas coetáneas egipcias y mesopotámicas. La India es un mundo acuático, y quizá la fluidez de su arte precede a las invasiones arias desde la arenosa Asia central del 1700 a. C., en la migración indoeuropea que desarrolló la civilización védica. Los cuatro libros del Veda contienen toda la sabiduría religiosa prebudista de la India, y la recitación védica, basada en la cantilena de los himnos sánscritos del *Rigveda*, representa la música registrada más antigua de la Tierra.[58] Si se está de acuerdo en que la recitación es «música» y no un simple discurso intensificado, entonces el *Rigveda* lleva bastante ventaja a los «himnos hurritas» del 1400 a. C., comentados en el capítulo 6. Las raíces de la música están más expuestas en la India que en el Creciente Fértil o en África. Dicho lo cual, esta cantilena es todo lo primitiva que se puede ser: tan sólo dos o tres notas tambaleándose en torno al principal tono de la recitación. Esto lo sabemos gracias a otro fósil viviente que hay en una isla de la historia: el canto védico se sigue interpretando de esta manera en el moderno Sri Lanka.[59]

El canto védico sugiere que la música evolucionó expandiéndose a partir de una o dos notas para completar la octava entera. Recordemos que los griegos y los sumerios pensaban lo contrario: que la música se originó subdividiendo la octava en intervalos cada vez más pequeños. ¿Quién tiene razón? Depende de si el punto de partida es un instrumento musical (las cuerdas de la lira griega y sumeria) o la voz humana, que por supuesto es indiscutiblemente más antigua y más natural. Pues bien, los indios la tienen. De hecho creen que todo el universo está contenido dentro de la sílaba sagrada *om* (pronunciada *aum*), que se entona durante cualquier ceremonia védica. Según el *Mandukya Upanisad* (la sexta, y más breve, de las 108 escrituras sánscritas antiguas llamadas *Upanisads*), los tres primeros fonemas de la sílaba expresan, respectivamente, los estados de despertarse (*a*), soñar (*u*) y dormir profundamente (*m*), con el silencio que viene a continuación, que denota el infinito inasible.[60] Los armónicos acústicos del mantra *om* representan la eterna aparición y retorno del sonido al alma universal, el *atman* (la raíz sánscrita de nuestra «atmósfera»), cuyo aliento es el alma de la música. Así pues, no hace falta una cuerda de sitar para «saborear» el *atman*: todo está en los mantras védicos desde hace tres milenios.

Aunque la voz y la respiración o el aliento han sido siempre fundamentales para la música clásica india, ésta valoraba los instrumentos mucho más que Occidente, que pudo pasarse sin ellos durante los mil primeros años. Los cantantes, tanto ellos como ellas, afinaban la voz con las cuerdas resonantes de una *veena* o *tanpura* (más tarde, con un sitar), mientras los oyentes se abandonaban al sonido y la música se disolvía en el alma universal. Esto lo transmite el género musical más antiguo y prestigioso de la India, el *dhrupad*. Los *dhrupads*, que todavía se interpretan hoy en día, reúnen los principales aspectos de esta tradición, tal y como aparecen enumerados a continuación.

### Raga

En la India politeísta, los cientos de ragas son los dioses plurales de la música: Krishna, Ram, Shiva y muchísimos más. Un raga es media escala, media melodía, pero no se parece nada al modo griego ni al *maqam* islámico, con los que se lo compara a menudo.[61] Los ragas tienen unas personalidades divinas y, de hecho, van asociados a una deidad específica. Una moaxaja árabe o *ghazal* persa puede cambiar (o «modular») de un *maqam* a otro en la misma pieza. (Las canciones *ghazal* son versiones musicales de la antigua forma poética árabe, que tenía el mismo nombre. Constan de cinco a quince pareados rimados y son de carácter amatorio y tierno.) Esa modulación le está prohibida a un *dhrupad*, que ha de consagrarse, en cada ocasión, únicamente a un dios.

## Meditación

Los *dhrupads* comienzan con una improvisación sin metro llamada *alap*, que puede durar hasta una hora. El *alap* empieza por rodear el *sa*, la nota tónica del raga en el registro medio, y luego, gradualmente, se va expandiendo para completar dos o tres octavas. De nota en nota, va revelando el raga. A diferencia de lo que ocurre en Occidente, la música india medita, como el zen, sobre la nota individual en toda su majestuosidad. Se dice que una nota, *swar*, contiene todo el universo y que incluso tiene un alma divina.[62] Los ornamentos no están añadidos al exterior (como lo están incluso en el islam); son el detalle microscópico del interior de la nota. Escuchar un *dhrupad* significa meditar sobre sus notas y sobre el raga que va aflorando.

## Rasa

Meditar es también saborear el gusto del raga, su *rasa*.[63] El significado literal de *rasa* es «savia, jugo, esencia», ya que el *rasa*, como tantas partes del pensamiento indio, es un proceso. Es un proceso de purificación de lo personal y transitorio hasta convertirlo en espiritual y permanente, de destilación del zumo de la uva hasta convertirlo en vino. Hay treinta y tres estados emocionales transitorios, o *bhavas*, como el hastío del mundo, la angustia, la envidia, la alegría, el orgullo y la perplejidad. La música los destila transformándolos en las nueve emociones permanentes: erótica (*shringara*), cómica (*hasya*), patética (*karuna*), furiosa (*raudra*), heroica (*vira*), terrible (*bhayanaka*), repugnante (*bibhatsa*), maravillosa (*adbhuta*), y pacífica (*shanta*). El objetivo del *rasa* es el *moksa*, un deleite espiritual depurado de toda condición mundana y personal.

*Evolución*

Del mismo modo que el *alap* revela el raga y cede ante las firmes pulsaciones del más rápido *gat*, la música representa la gradual aparición de la forma a partir de la materia: la evolución del mundo. La improvisación del *dhrupad* es también el equivalente más próximo en música a la capacidad generadora del habla, es decir, a cómo la gente compone mentalmente frases a partir de las profundas estructuras lingüísticas.[64] También se podría decir que el *dhrupad* recapitula la historia de la música india: la proliferación de estilos regionales *desi* a partir del núcleo central de la música religiosa *marga* después del 500 d.C., a resultas de la civilización gupta. La esencia de la música india consiste en mirar debajo de la profusión superficial (de dioses, de culturas, de decoración) en busca de una unidad espiritual subyacente.

Un catalizador de esta manera de pensar abstracta fue, desde luego, el budismo, que se originó como un movimiento reformista dentro del propio hinduismo. El joven Siddharta, el futuro Buda, había disfrutado de la música, y en el *Nidanakatha* aparece mencionado provisto de 40.000 jóvenes bailarinas.[65] (El *Nidanakatha*, que es el capítulo de introducción del *Jataka*, narra la biografía de Buda, y fue escrito al menos cincuenta años después de su muerte en el siglo IV a.C.) En su camino de renuncia hacia el nirvana, sin embargo, el Buda maduro le da la espalda a la música por considerarla una distracción sensual peligrosa, o por considerarla incluso una variante de los «treinta y dos tipos de trucos femeninos que provocan lujuria», descritos en el *Lalitavistara*.[66] (El *Lalitavistara*, que se centra en la madurez de Buda, probablemente fue compilado mucho más tarde, en torno al siglo III d.C.) Mientras que el dogma budista original de los theravadins veía la música como la personificación del pecado, tras el año 200 d.C., la corriente menos estricta del Mahayana, encantada de utilizar la música como una celebración de la vida de Buda, se difundió por gran parte de Asia, incluidos el Tíbet, la India y Japón. La música japonesa, sobre la que volveremos en el capítulo 8, es probablemente la más «budista» de todas. En acusado contraste con la ascética ortodoxia budista, la mayor parte de la música india acomodaba la trascendencia y la meditación a la pura magnificencia del sonido, que en el capítulo 4 he descrito (siguiendo a Nussbaum) como «el principio de la plenitud». En este sentido, entre todas las músicas del mundo, la india es la que más se acerca al Occidente cristiano.

Uno podría imaginar que esta tradición única en su especie tuvo que interrumpirse de golpe tras la primera oleada de las invasiones musulmanas, cuando Mahmud de Gazni irrumpió en la India desde Afganistán en 1018. Pero lo que ocurrió fue lo contrario: el islam produjo lo mejor de la música india del norte, mientras que el carnático sur se escindió y siguió cultivando el estilo antiguo. El primer fruto de la influencia islámica fue el ritmo. Los tambores, siempre importantes para la India, adquirieron más volumen todavía. El templo de Rajarajeshwara, en Tanjore, se jactaba de tener en 1051 setenta y dos tamborileros entre sus ciento cincuenta y siete músicos. En el siglo XVII la proporción de los instrumentos de percusión se incrementó aún más: la banda real del emperador mogol Akbar poseía un par de címbalos, veintitrés instrumentos de viento y cuarenta y dos tambores.[67] Pero la innovación más asombrosa fue la noción del *tala*. El *tala*, el patrón de ciclos métricos que sustentan el raga, es hoy uno de los aspectos más básicos y conocidos de la música india. Sin embargo, fue una importación sufí del siglo XIII inspirada en la repetición del *zikr* islámico (el conjuro extático del nombre de Alá) y los giros de la danza de un derviche.[68] La teoría india antigua siempre había abordado el *tala*, pero sólo como un principio abstracto y subyacente de la proporción formal. La contribución del islam fue desarrollar el *tala* como una música real; lo «encarnó», del mismo modo que encarnaba la geometría en la decoración de sus palacios.

La segunda contribución islámica más importante fue el híbrido sufí/hindú del *qawwali*.[69] Nusrat Fateh Ali Khan (1948-1997), el principal cantante de *qawwali* del siglo XX, remontaba su linaje —a través de la cadena de la relación *guru-sisya* (profesor-discípulo), tan común en Asia— a la creación del *qawwali* durante el sultanato de Delhi en el siglo XIII por el santo sufí Amir Khusrow. La fusión de Kushrow de los estilos persa, árabe y turco con la música religiosa indostaní fue un modelo de sincretismo asiático y un fiel reflejo de la síntesis hispano-árabe que se estaba produciendo al otro lado del Imperio islámico. El *qawwali* es más visceral y estimulante que el austero *dhrupad*. El *dhrupad* es una meditación para uno solo, mientras que el *qawwali* es cantado por un grupo de hombres que se animan entre sí y muestran un espíritu competitivo, llevando la música hasta unos picos cada vez más altos de éxtasis divino. La intensificación acumulativa había formado siempre parte del *dhrupad*, aunque refrenada por su equilibrada contemplación del raga. El *qawwali* altera implacablemente ese equilibrio en beneficio de lo dramático. ¿Era esto islámico? Lo más probable es que su drama tendiera la mano a la tradición nacional de la música teatral india, hasta entonces muy alejada de la música religiosa. En otras palabras, la corriente iba encaminada hacia la fusión de lo sagrado con lo laico.

Y esto nos lleva al tercer impacto provocado por el islam en la música india, en las cortes de los grandes emperadores mogoles.[70] La palabra *mughal* (mogol) viene de «mongol», y Babur, el fundador de la dinastía mogol, había nacido en el moderno Uzbekistán y era el biznieto de Timur (conocido en Occidente como Tamerlán). La lujosa corte de Babur, con sus suntuosas orquestas *naubat*, inició la edad de oro de la música clásica india. *Naubat* significaba «orquesta de dominio universal», y bajo el gobierno de Akbar, nieto de Babur, los enemigos de los mogoles no tenían nada que hacer frente a la artillería *naubat* de tambores y címbalos persas (*damama, naqara, duhul* y *sanj*), instrumentos de viento de lengüeta doble (*surna*), trompetas (*nafir*) y cuernos (*sing*), todos ellos debidamente catalogados por el historiador Abu'l Fazl, cronista del reinado de Akbar.[71] Estos instrumentos se pueden distinguir en una pintura, *Intento de asesinato de Akbar en Delhi*, creada en 1590 o antes por Bhagwari Kalan (véase figura 7.2). (En el ángulo superior izquierdo se ve a los músicos.)

FIGURA 7.2. *Intento de asesinato de Akbar en Delhi*, por Bhagwari Kalan.

La joya musical de la corona de Akbar era Tansen (1500-1586), la figura más legendaria de la música india. Tal era la maestría con la que Tansen interpretaba el *dhrupad*, que se decía que era capaz de propiciar la lluvia, hacer caer la noche y encender lámparas. Ésta fue también la edad de oro del *dhrupad*. Absorbiendo la decoración islámica, el *dhrupad* se fue acercando a un género profusamente ornamentado que se llama *khayal*. Resulta, sin embargo, extraordinario cómo se consiguió «casar» la música islámica con la hindú, habida cuenta de las diferencias entre las dos religiones, líneas divisorias que al final separarían la India de Pakistán. El hinduismo era politeísta, estaba basado en las castas, no era proselitista, veneraba a los ídolos y adoraba a la vaca. El islam era monoteísta, igualitario, proselitista, iconoclasta y evitaba comer cerdo. Y, sobre todo, el hinduismo toleraba mucho más la música. ¿Cómo se logró que congeniaran las dos religiones?

La cultura persa tenía su propia noción del *rasa*; de acuerdo con el poeta mogol del siglo XVII Sundar: «El camino del *rasa*

[es] entendido por todos».[72] A un erudito de la corte de Babur o de Akbar se le llamaba *rasika*, el que saboreaba el gusto de las artes. Pero no era un *rasa* cualquiera, sino uno en particular del conjunto de nueve: la emoción del amor extático, *shringara rasa*, que se corresponde exactamente con la palabra persa *'ishq*. Dicho brevemente, el altar en el que se celebraron los esponsales entre la religión musulmana y la hindú fue construido sobre la base común del *'ishq-shringara rasa*. Los 1.004 textos de *dhrupad* que se conservan de la época del emperador Shah Jahan (1592-1666) estaban dedicados al amor, *'ishq-shringara rasa*. El venerable *dhrupad* fue reformulado como un género amoroso que se utilizaba con frecuencia a modo de un panegírico del emperador mogol como un amante irresistible.[73] Shah Jahan, objeto de innumerables *dhrupads*, lloró tanto la muerte de su esposa Mumtaz Mahal, que construyó en su memoria el edificio más bello del mundo, un maridaje arquitectónico del ornamento y el gusto. Ahora lo conocemos como el Taj Mahal.

## EL CAMINO DE LA NATURALEZA

El gran sinólogo Joseph Needham, autor de *Ciencia y civilización en China*, contaba que la antigua China producía un promedio de quince inventos por siglo.[74] La mayor parte de ellos tuvieron unas profundas consecuencias: la pólvora, el papel, la brújula magnética, los estribos, la fundición del hierro, todas las variedades de la tecnología de puentes. Quizá los más interesantes sean los inventos «inactivos», los que esperaron su momento. Muchos siglos antes de que Leonardo da Vinci esbozara su helicóptero, el filósofo taoísta Ge Hong (283-343 d. C.) relataba lo siguiente en su *Pao Phu Tzu*:

> Alguien le preguntó al Maestro por los principios de elevarse a unas alturas peligrosas y viajar por el inmenso vacío. El Maestro dijo: «Algunos han hecho carros volantes con la madera de la parte interna del azufaifo, utilizando cuero de buey [correas] atado a unas aspas giratorias para poner la máquina en movimiento».[75]

A lo que se refiere Ge Hong es a la técnica de acoplar una pala articulada a una cometa que transporte personas. No hay razón alguna para no creer que funcionara, aunque el informe de Ge Hong se funde gradualmente con las leyendas orientales de alfombras voladoras, genios y chamanes (y la afición del cruel emperador Kao Yang de ejecutar a los prisioneros obligándolos a participar en experimentos aeronáuticos sugiere que a menudo no funcionaba). El helicóptero aparece de nuevo en la Europa del siglo XVIII en forma de un juguete llamado «la peonza china», y también la cometa; las dos fueron debidamente perfeccionadas en Occidente y convertidas en hélices y en las primeras alas de un avión. Pero no en China. En el capítulo 9 ahondaré en lo que se ha dado en llamar la «cuestión Needham»: por qué, pese a su enorme ventaja inicial, la ciencia china consintió en ser superada por Occidente. Por de pronto, consideremos un ejemplo de un invento inactivo en la música, algo que se descubrió en China, pero incomprensiblemente nunca fue desarrollado allí.

El marqués Yi de Zeng gobernaba un pequeño Estado en el centro de la región Yangzi y murió en el 433 a. C. Cuando el Ejército Popular de Liberación liberó su tumba en 1978, el mundo se enteró de que, en su vida del más allá, le había dado serenatas un rico conjunto de armónicas, cítaras, tambores, instrumentos de viento e instrumentos de percusión.[76] La estrella de este conjunto era un juego de sesenta y cinco campanas suspendidas de anaqueles de bronce (véase figura 7.3). ¿Por qué? Porque las campanas dotaban a los intérpretes de una reserva de notas cromáticas de las cuales podían extraer una escala de doce semitonos. Las escalas cromáticas sólo estuvieron disponibles para los músicos occidentales con la invención del teclado a finales de la Edad Media (las teclas blancas y negras de nuestro piano moderno). Las campanas del marqués Yi demuestran que China había descubierto la escala diecisiete siglos antes.

El enigma consistía en que las campanas tenían inscritos los nombres de la escala pentatónica de cinco notas (anhemitónica, sin semitonos); de hecho constituyen la primera prueba concreta de esa escala en China. Entonces, si la música china

FIGURA 7.3. Campanas del marqués Yi de Zeng.

prefería las escalas pentatónicas, ¿por qué las campanas del marqués Yi proporcionaban todos los semitonos de tres octavas? La solución del enigma da testimonio del pragmatismo del pensamiento chino. Una vez forjada, la campana de bronce no podía ser reafinada de nuevo, a diferencia de la cuerda de una lira o una cítara. Así, para encajar con los otros instrumentos del conjunto, las campanas estaban construidas en escalas pentatónicas que empezaban por diferentes notas. Por ejemplo, una escala puede empezar por do (do, re, mi, sol, la), otra por un fa sostenido (fa sostenido, sol sostenido, la sostenido, do sostenido, re sostenido), usando ambas respectivamente las teclas blancas y negras del teclado occidental. Como estas escalas transpuestas no se solapan, rellenan todos los medios pasos del teclado imaginario. Esto es por lo que tres flautas afinadas con diferentes campanas podían tocar todos los doce semitonos de la escala cromática. Durante milenios, la escala fue literalmente impensable para Occidente, perdido en especulaciones aritméticas basadas en las divisiones de las longitudes de las cuerdas. Mucho más prácticos, los músicos chinos no tomaron como punto de partida los intervalos (cuartas, quintas, etc.), sino las notas propiamente dichas. La suya era una cultura de la campana; la música occidental tenía —y sigue teniendo— una cultura de la cuerda.

Los parciales acústicos generados por una campana son tan complejos, que no pueden ser expresados en simples proporciones aritméticas, a diferencia del tono de la mayor parte de los instrumentos.[77] Esto los convierte en prácticamente inútiles para la música, que es por lo que Occidente desterró las campanas a las torres de las iglesias. La ciencia acústica china era entonces la más avanzada del mundo. El diseño asimétrico de las campanas de Yi (oblongas más que redondas, cubiertas de treinta y seis tetillas llamadas *mei*, y que emitían sonidos diferentes si eran golpeadas a un lado o en el centro) ensanchaba la gama de los armónicos, al tiempo que les otorgaba una rápida atenuación, de modo que el sonido se extinguía enseguida. Las campanas podían ser golpeadas una y otra vez, a diferencia de las campanas occidentales y su prolongada resonancia. Las orquestas de los templos confucianos representadas en escudillas y vasijas durante el período de los Reinos Combatientes (481-221 a. C.) muestran a músicos discutiendo acaloradamente sobre litófonos suspendidos y campanas.[78] Esta antigua cultura de la campana se hace eco en el moderno gamelán de Java y en los conjuntos de gong de la etnia de los dayacos de Borneo (dos ejemplos más de prácticas musicales antiguas que se conservan en islas de la historia). Incluso cuando las campanas cedieron ante las cítaras y las flautas como instrumentos preferidos durante la dinastía Han (206 a. C.-220 d. C.), el nombre que se asignó a la nota tónica, la nota con la que se afinaban los otros instrumentos, fue la «campana amarilla». Y la cultura de la campana explica el interés chino por la naturaleza física del material musical, y por qué clasifican los instrumentos según el material del que estén hechos: las ocho categorías de metal, piedra, arcilla, piel, seda, madera, calabaza o bambú. Por el contrario, la India antigua, Grecia y, hasta cierto punto, Occidente categorizan los instrumentos por cómo se les extrae el sonido: golpeándolos, haciéndolos vibrar, soplándolos, etc.

A los chinos, por tanto, les importaba mucho más la naturaleza del sonido, su timbre: un complejo conjunto de ondas sonoras y armónicos. El tono (la frecuencia a la que un cuerpo elástico vibra en el aire que lo rodea) es mucho más fácil de organizar que el timbre; ésa es la razón por la que tenemos escalas de notas, pero no escalas de colores tonales orquestales. Como hay tantos timbres como instrumentos para interpretarlos, son como los 50.000 caracteres de la escritura china, cada uno de los cuales indica tanto una palabra como un concepto. Mucho más antiguo que escrituras alfabéticas como el sánscrito, el griego, el latín y el árabe, el sistema chino refleja una manera de pensar que es radicalmente distinta. En su arqueología del cerebro humano, Colin Renfrew concluye que «el pensamiento chino y el pensamiento occidental [son] el producto de dos trayectorias completamente independientes del desarrollo».[79] El carácter excepcional chino también se manifiesta en la música. Occidente —y también, en muchos aspectos, la India y Oriente Próximo— ha recorrido el camino del tono. El taoísmo (que proviene de *dao*, «camino») ha llevado a la música china por el camino de la naturaleza y el timbre.

La armonía taoísta con la naturaleza se expresa mediante su elusivo concepto del *qi*. Similar al *pneuma* griego y al *atman* sánscrito, el *qi* es la fuerza vital que atraviesa el universo. Pero es una fuerza vital con una base muy peculiar, incluso humana, pues el *qi* es alimentado por la interacción de dos fuerzas contrarias llamadas el yin y el yang, que se pelean, se mezclan y se reproducen casi como las personas. Para los músicos lo más importante es que el choque del yin y el yang hace ruido. Según Sun Xidan: «El *qi* de la Tierra asciende hacia arriba, mientras el *qi* del Cielo desciende hacia abajo. El yin y el yang se rozan el uno con el otro, y el Cielo y la Tierra compiten entre sí. Su tamborileo genera truenos ensordecedores».[80] Y cuando el *qi* sopla a través del bambú hace una música que está en armonía con el viento y la respiración. A esto se debe que el mito fundacional de la música china esté basado en flautas de bambú que canalizan el *qi*, mientras Occidente prefiere una cuerda que vibre. Inevitablemente, su mito fundacional presenta una vez más pájaros, en este caso, parejas de fénix amorosos. Cuenta la leyenda que el Emperador Amarillo ordenó a Ling Lun que recogiera el bambú que crecía en el valle de Jie, junto a las montañas Kunlun.[81] Le hizo doce agujeros, inspirado por los reclamos de seis fénix machos y seis fénix hembras. Mucho antes de que la escala de doce semitonos fuera una realidad en la tumba del marqués Yi, ya formaba parte de una leyenda.

El sonido del *qi* se vuelve menos abstracto y metafórico y más concreto y práctico tras el período de los Reinos Combatientes, cuando China se asentó como una potencia imperial unificada bajo las dinastías Qin y Han. Los emperadores Qin odiaban la música y hacían hogueras con los instrumentos. Los Han, sin embargo, reconocían el poder de la música como una herramienta para medir la salud de la nación y como una medicina para sus enfermos. Con arreglo a su *Clásico de la piedad filial*: «En cambiar los hábitos y alterar los modales, nada supera a la música», y esto incluía eliminar «las costumbres extranjeras y la música depravada». En su ingente labor de unificar en torno a una autoridad central a distintos pueblos de una inmensa región, los Han utilizaban la música como una fuerza civilizadora, tal y como se ha captado en este pasaje citado con frecuencia del filósofo Xun Zi:

> Si la música ocupa un lugar central y está equilibrada, la gente vivirá en armonía y no será indulgente; si la música es solemne y digna, la gente será constante y no tendrá una conducta desordenada. Si la gente vive en armonía y es constante, entonces el ejército será fuerte y las murallas de la ciudad, seguras, y los Estados enemigos no se atreverán a atacar.[82]

Por consiguiente, el significado de la música estaba estandarizado, como los pesos, las medidas y la escritura china. La denominada «cosmología correlativa» de China, el sistema por el cual todos los aspectos del cosmos (incluida la música) estaban entrelazados en una red de asociaciones, a nosotros nos puede parecer pura fantasía y superstición. ¿Por qué era propicio, por ejemplo, tocar flautas en primavera, cítaras en verano, campanas en otoño y tambores en invierno? Porque una flauta de bambú contribuye a que los árboles echen brotes en primavera. Los gusanos de seda, que engordan comiendo hojas de morera durante el verano, disfrutan del sonido de las cuerdas de la cítara, hechas a base de seda. En otoño es cuando se retiran las fuerzas yang de la naturaleza, y las campanas se tocan cuando un ejército se repliega. Por último, el más primigenio de los instrumentos, el tambor, asiste al sol del invierno durante la crisis del solsticio.[83]

Entretanto, para asegurar el cumplimiento, las canciones populares y la música solemne procedente de los lejanos confines del imperio eran sometidas a su aprobación por una Oficina de Música (Yue Fu) centralizada.[84] De la asombrosa longevidad de la civilización china da testimonio que la Yue Fu, establecida por los Han, no cerró sus puertas hasta 1911, con la caída de la última dinastía, la Qing.

Este uso práctico y civilizador de la música refleja el triunfo del confucianismo, la religión estatal de la dinastía Han. Pero ese uso iba en contra de la naturaleza contemplativa y, en cierto modo, pasiva del taoísmo. En determinados aspectos, estas dos religiones representan el yin y el yang de la cultura china, y la tensión entre ambas late incluso en el corazón de su instrumento más prestigioso, la cítara de siete cuerdas llamada *qin* (o *guqin*, su versión moderna). Un *qin* es una caja de madera larga, plana y hueca, de aproximadamente un metro de longitud, con las cuerdas de seda tensadas por fuera en sentido longitudinal. Sus sonidos suaves y delicados hacían de él un instrumento ideal para el caballero erudito, que normalmente aparece retratado en las estampas chinas tocándolo entre densos matorrales de bambú rodeados de altas montañas, donde suena mezclado con el viento y el silencio. El *qin* es un instrumento tanto de la naturaleza como del ensueño espiritual. Hay muchas pinturas de Confucio meditando mientras toca el *qin* en su jardín, o bien enseñando a tocarlo a sus discípulos (véase figura 7.4). Sin embargo, esta imagen tan sosegada es engañosa: en las *Analectas* del sabio, el instrumento es presentado con una capacidad mucho más mundana —es decir, confuciana— como una herramienta, incluso un arma, de la política. En un pasaje, el maestro elude a una visita que viene a pedirle algo con la excusa de que está demasiado enfermo como para atenderle, pero luego coge el *qin* y lo toca a través de la puerta asegurándose de que la visita que se acaba de ir pueda oír que Confucio se encuentra perfectamente de salud.[85] En otro pasaje, rechaza la petición de un hombre que viene del norte porque le desagrada lo mal que toca el *qin*.[86] Mucho después, durante la eflorescencia cultural de la dinastía Tang, Wang Wei (699-759 d. C.) —poeta, pintor,

FIGURA 7.4. *Confucio tocando un* qin *debajo de un albaricoquero,* por Bai Yunli.

compositor y tal vez el artista más importante de China— menciona con delicadeza el confucionismo en un poema que alude a una leyenda del *Zhuangzi*, una antigua colección de fábulas chinas.[87] Una anécdota relata cómo un día un viejo pescador, atraído por el sonido del *qin* que está tocando Confucio, amarra su barca y se queda escuchando al maestro, que está impartiendo una charla debajo de un albaricoquero. Tras una larga conversación, el pescador, nada impresionado, se marcha porque prefiere el taoísmo.

En lo relativo a tocar el *qin*, lo más importante es el timbre, mucho más que el tono. Tradicionalmente existen 1.070 técnicas para colocar los dedos, y estas técnicas se comunican a través de 200 caracteres chinos.[88] Los intérpretes modernos usan unos cuarenta, cada uno de los cuales produce un color de sonido diferente. Por ejemplo:

- Pulsar una cuerda desde dentro hacia fuera (*mo, t'iao*).
- Deslizar el dedo a lo largo de una cuerda de izquierda a derecha (*chin, fu*).
- Golpear una cuerda hacia abajo (*yen*).
- Tirar de una cuerda hacia arriba y soltarla (*chua-ch'i, nien*).
- Presionar y empujar la cuerda más externa hacia fuera y soltarla (*t'ui-ch'u*).[89]

La notación del *qin* no es una «partitura», sino una tablatura, ya que cada uno de los caracteres revela no cómo suenan las notas, sino cómo se produce ese sonido mediante las apropiadas posiciones, posturas y movimientos de los dedos. La particularidad más importante es que el ritmo no está especificado. En cierto sentido, la música brota como átomos de color que flotan libremente, en radical contraste con los grandes arcos de intensificación del *dhrupad* indio. El tiempo parece haberse detenido; la música es una serie de momentos. Esto acrecienta el carácter excepcional de la música china: del mismo modo que sus escalas pentatónicas se hallan fuera de la antigua «franja de mayor-tercera-tricordio» (véase capítulo 6), su concepto del tiempo tampoco encaja con el modelo del «arco» (del Occidente judeocristiano) ni del «ciclo» (de Grecia y la India), por recurrir a la distinción entre dos modelos del tiempo convertida en famosa por Stephen Jay Gould.[90] Sin embargo, aunque el tiempo chino carezca de una dirección lineal (o cíclica), y la lengua china clásica no tenga tiempos verbales, eso no significa que la China antigua no tuviera una noción del tiempo. Lo que sucede, más bien, es que el tiempo chino era cualitativo, no cuantitativo, como queda patente en el concepto de un acontecimiento que sea «propicio o auspicioso».[91] El consejo que da el antropólogo Clifford Geertz sobre preguntar la hora en Bali puede aplicarse también a la antigua China. No preguntes qué hora es; pregunta qué clase de hora es.[92]

*Agua y nubes sobre Xiao Xiang*, compuesta por Guo Zhuwang durante la dinastía Song (1127-1279), es una de las más célebres piezas para *qin* que todavía se siguen interpretando hoy.[93] En efecto, la música es una sucesión de momentos fragmentarios. Pero cada momento es tan propicio como los sesenta y cuatro hexagramas del *Libro de los cambios* (o *I Ching*). Y está erizado de movimiento, y de movimientos opuestos (parecidos al yin y al yang), que luchan, se mezclan y proliferan como los colores de un caleidoscopio giratorio. Dependiendo de la metáfora que se prefiera, los dedos «bailan» por el diapasón como acróbatas, saltan como guerreros de taichí o trazan marcas caligráficas en el aire. Estos momentos pueden no estar orientados a un objetivo, pero sin duda se desplazan de inmediato. Donde mejor se conserva la antigua experiencia china del tiempo es quizá en la música tradicional japonesa del *gagaku* y del *shakuhachi*. Hay sin embargo otro ejemplo de invento «inactivo» de la China antigua, que transforma la música occidental del siglo XX, en las obras de Debussy, John Cage, Messiaen, Stockhausen y Boulez.

*Agua y nubes sobre Xiao Xiang* expresa la tristeza y el patriotismo del compositor cuando, montado a lomos de los dos ríos, Xiao y Xiang, se queda contemplando los montes Jiuyi y los encuentra oscurecidos por las nubes y la llovizna. Esto le recuerda que unos intrusos mongoles han invadido su país.[94]

Cada una de las cuatro superpotencias musicales ostentaba su propio poder. Occidente tenía la polifonía (con las notas y la notación). El islam tenía el ornamento. La India perseguía el gusto. Y el poder de China era el color y el timbre. Lejos de permanecer en riguroso aislamiento, estos gigantes de la música antigua se agolpaban, se daban de bruces y se mezclaban. Y la sangre cultural fluía entre estas superpotencias por las arterias de la Ruta de la Seda, el sistema de las rutas comerciales que abarcaba desde las estepas del Asia central hasta el Mediterráneo y el norte de África, desde China hasta Roma. La Ruta de la Seda sigue fascinando porque desvía el protagonismo de la historia desde Europa hacia Eurasia. Tal y como ha observado Peter Frankopan, si alguna vez hubo un nombre inapropiado, ese fue la palabra «Mediterráneo», el «centro de la Tierra».[95] Por la misma razón, hoy en día todos los caminos conducen a China.[96]

La Ruta de la Seda fue también una gran autopista musical para las melodías, las escalas, los modos, los instrumentos y las técnicas de interpretación. Las caravanas cargadas de seda, algodón, pólvora y especias podrían haber llevado también laúdes. Los «yugo laúdes» (con dos brazos que se extienden desde su cuerpo hasta una barra transversal) aparecieron por primera vez en piedras talladas mesopotámicas hacia finales del tercer milenio a. C., pero probablemente surgieron mucho antes en lo que hoy es Afganistán. Los laúdes fueron llevados por los hicsos a Egipto en torno al 1650 a. C. y llegaron mucho más tarde a Grecia, donde se llamaron *pandoura*, de donde han derivado las palabras *mandolina*, *tanbur*, *tambor* y *pandereta*.[97] El laúd viajó a la India y se convirtió en un *veena*, que mil años más tarde evolucionó hacia el sitar de cuello largo; también viajó a China (*pipa*), Corea (*pip'a*), Japón (*biwa*) y Persia (*barbat*). Desde Persia, el *barbat* entra en territorios árabes hacia el 600 d. C. y se convierte en el *oud*, de donde deriva nuestra palabra *laúd*.

Según teóricos de la música islámicos, el *oud* era el instrumento perfecto para visualizar nuevos tipos de escalas desconocidas para los griegos. Podían deslizar el dedo entre la tercera mayor y menor, creando un cuarto de tono a medio camino entre los intervalos «feliz» y «triste» llamado *wusta Zalzal,* el pintoresco enclave de la melancolía árabe. Los laúdes llegaron a Europa occidental a través de las cortes de la España andalusí. Varios siglos más tarde, Federico II (1194-1250), el emperador del Sacro Imperio Romano Germánico más sofisticado desde Carlomagno, estaba tan enamorado de la cultura morisca que prefería residir en Sicilia, donde se encontró con laúdes que más tarde introduciría en Alemania. También llegaron a Italia y Holanda, donde fueron pintados por Tiziano, Caravaggio y Vermeer, y pronto a Inglaterra, donde se adoptaron como el instrumento natural del caballero de la corte. El cuadro de Holbein *Los embajadores,* alojado en la Galería Nacional de Londres, presenta un bello laúd, con sus once clavijas en forma de T, típicas de los laúdes italianos de la época, junto a un mapamundi, un libro y una partitura musical, es decir, todo el equipamiento de los intelectuales diplomáticos.[98] Una de las once cuerdas está rota, lo cual ha sido interpretado como un símbolo de la muerte (a semejanza de la calavera que hay en la parte inferior de la pintura), y como un presagio de la disgregación del cristianismo a consecuencia del inminente divorcio y excomunión del rey Enrique VIII. En términos chinos, la armonía del imperio estaba rota.

Para bien o para mal, las cuerdas rotas se convirtieron en la unidad central de la música instrumental de Occidente. La polifonía rasgueada en un laúd es una ilusión, ya que los dedos, como mucho, pueden crear sólo algo parecido a las líneas melódicas continuamente independientes. Los eruditos de la música barroca francesa lo llaman *stile brisé* o *stile luthé* (literalmente, «estilo roto» o «estilo de laúd»), y tocadores de laúd del siglo XVII como Chambonnières y Couperin lo introdujeron en la música del clavecín.[99] Las suites para teclado de Bach son transcripciones del contrapunto roto del *stile brisé.* Bach sigue la larguísima historia del laúd recorriendo la Ruta de la Seda musical. Sin embargo, todavía hoy, tras los abismos del tiempo y el espacio, cualquier guitarrista que tenga la suerte de encontrar un laúd revestido de almendra o de melón y expuesto para la venta en un viejo bazar de la Ruta de la Seda, tal vez en el célebre bazar de Kashgar en Xinjiang, podría cogerlo y tocarlo, reconectando instantáneamente con el milenario cronograma de la música.[100] El ADN del laúd está en nuestra sangre. O dicho desde el punto de vista del laúd, un animal antiguo ha evolucionado, pero se reconoce que la especie sigue siendo la misma.

La Ruta de la Seda no fue sólo un camino destinado a transmitir objetos e ideas, sino que además simbolizaba el propio espíritu del movimiento. Asia central era una cultura nómada del caballo, un agitado torbellino de tribus (hunos, tártaros, mongoles, turcos, kazakos, uzbekos, uigures y muchísimos más), cuyas vidas iban estrechamente unidas a las de los caballos. La movilidad de los caballos daba al pueblo nómada una ventaja militar con respecto a las tierras agrícolas del sur, y les permitió unificar Eurasia con grandes confederaciones de tribus y aldeas. Su obsesión con los caballos ha sido narrada en epopeyas orales como el *Manas* de los kirguiz de Kirguistán.[101] Con un total de 500.000 estrofas, el doble que el *Mahabharata*, y el doble que la *Ilíada* y la *Odisea* juntas, este poema cantado figura como la pieza musical más larga que se ha compuesto nunca en el mundo. Las epopeyas son largas porque son viajes o itinerarios poéticos; el *Manas* es el más largo porque las estepas euroasiáticas abarcaban una enorme extensión geográfica. El *Manas* es un puro caballo. Cuentos de nobles o mágicos corceles llenan sus versos. El metro poético (tetrámetros trocaicos) imita el galope de un caballo. Cuando está bien interpretado, oyentes acurrucados en su yurta han asegurado oír el ruido de unos cascos fantasmagóricos procedentes del mundo de los espíritus.[102] Y el efecto que provoca en la audiencia es comparable a la euforia vertiginosa de ir realmente montado a caballo, algo parecido a lo que experimentan los chamanes de Mongolia y Siberia cuando emprenden sus viajes espirituales a lomos de mágicas montañas aladas.

Normalmente, las epopeyas euroasiáticas se cantan sin acompañamiento. El instrumento más característico de Asia central no es el laúd, sino el violín de dos cuerdas con una cabeza de caballo, el *quyurci* (o *morin khuur*) mongol, una caja de resonancia trapezoidal de madera, el extremo de cuyo largo cuello está tallado con la cara de un caballo, que a veces tiene las orejas de piel (véase figura 7.5).[103] La cuerda más larga, macho, está hecha con la cola de un semental; la más corta, hembra, se obtiene de una yegua. Una balada tradicional mongol habla de cómo dos caballos pertenecientes a Gengis Kan (Cinggis-qan) se escaparon porque su dueño no reconocía sus finas cualidades. El Gran Kan les dio caza: «Montándose en su caballo alazán Alcul y cogiendo su violín dorado (*aryasun quyurci-ji*), Gengis guardó su blanco arco *zal* en su funda y mandó que le guiara el violinista Aryasun».[104] La leyenda dice que el primer *quyurci* fue construido con los huesos, la piel y las crines de un caballo volador mágico. En el trepidante informe de Marco Polo (1254-1324) sobre el ejército mongol (o «tártaro») haciendo frente a su enemigo, el *quyurci* era tocado por miles de soldados a lomos de sus caballos:

> Pronto los dos ejércitos se colocaron en orden de batalla, esperando tan sólo el sonido de los timbales. Porque los tártaros [sic] no se atreven a iniciar una batalla hasta que los tambores de su señor empiecen a redoblar; y mientras esperan, es su costumbre cantar y tocar muy suavemente sus instrumentos de dos cuerdas y regocijarse en gran medida con la expectativa de la batalla.[105]

FIGURA 7.5. Violines rematados con una cabeza de caballo y cítara mongoles.

Marco Polo contó «760.000 jinetes» a ambos lados. Si es cierta al menos una fracción de lo que estimó, entonces ésta puede ser la mayor interpretación musical registrada en la historia, eclipsando con facilidad el *Mesías* victoriano y la *Sinfonía de los mil* de Mahler.

Resulta, por tanto, más preciso hablar de la Ruta de la Seda como una ruta de la seda y de los caballos. Los chinos exportaban seda e importaban caballos. Esta transacción se materializó físicamente cuando los primeros violines de dos cuerdas cruzaron la frontera de Mongolia hacia China durante la dinastía Song (960-1279) y se desarrollaron hasta convertirse en los primeros violines chinos, el *erhu* y el *huqin* (el carácter *hu* de las dos palabras significa que los dos eran instrumentos de «bárbaros»).[106] A semejanza de la cítara *qin*, el *erhu* y el *huqin* tenían cuerdas de seda. Pero los arcos estaban hechos a base de pelo de cola de caballo. Estos híbridos entre gusano de seda y equino son metáforas sonoras de la Ruta de la Seda y de los caballos. Nosotros nos hacemos hoy eco de esta metáfora cuando rascamos nuestros violines occidentales con arcos de pelo de caballo, si bien nuestras cuerdas no son de seda, sino de intestinos o de acero.

Los profundos orígenes históricos del uso del arco son oscuros. En el capítulo 5 hemos hallado imágenes de arcos de una sola cuerda en las paredes de Çatalhöyük, de hace 9.000 años, y éstos pueden remontarse hasta el arco de caza africano. Pero podemos estar completamente seguros de que la práctica de pulsar una cuerda con arco con la intención de crear música se estableció por vez primera en Asia central. A partir de allí, la idea de tocar con un arco fue compañera de viaje del laúd pulsado por las mismas rutas de la seda. Mientras que los *quyurcis* viajaron al sur para generar los *erhus*, sus viajes al norte y al oeste produjeron el *rebab* árabe, la *vielle* andaluza, el rabel europeo medieval y el violín moderno.

El producto más espectacular de esta transacción entre la seda y los caballos fue la ópera china, inventada en la dinastía Yuan (1271-1368), cuando China estaba gobernada por los mongoles, dirigidos por Kublai Kan (1215-1294), nieto de Gengis.[107]

Es lógico que esa ópera, hija de la Ruta de la Seda, tenga muchos padres. Una de las inspiraciones fue, en cierto modo, el amplio gusto cultural de los mongoles y su afición por los géneros que mezclaban el canto, la danza y la poesía cantada con la narrativa. Otra fue la realidad de vivir bajo la ocupación extranjera. Desprovistos de música culta, los intelectuales chinos tuvieron que dejar sus *qins* y abrazar las tradiciones folclóricas vernáculas que antes habían despreciado, pero que entretenían a sus nuevos gobernantes. La ópera resultó de esta alianza entre lo serio y lo popular. Pero otro de los padres de la ópera vino del sur, de los géneros de cuentos populares indios llamados *jataka* y *panchatantra*.[108] La novedad de estos géneros era que alternaban pasajes en prosa y en poesía; los pasajes en verso tenían lugar en momentos clave, cuando eran cantados con acompañamiento instrumental. Esto es lo que las óperas hacen tanto en China como, más tarde, en Occidente: alternar «recitativos» hablados con arias cantadas. La idea fue concebida en la India en el 300 a.C.

La ópera yuan no podría ser más distinta de la ópera occidental. Los actores que encarnan a los dioses y los héroes de la primera ópera de Monteverdi, *Orfeo*, de 1607, son básicamente estatuas que cantan. Clavados en sus pedestales, miran hacia la audiencia, muestran una actitud dramática y abren la boca para emitir sonidos, pero por lo demás no mueven un músculo. La ópera occidental ha sido desde siempre fija y estática. En absoluto contraste, el entretenimiento multimedia que fue la ópera yuan era teatro total: un caleidoscopio que mezclaba historia, música, voz, movimiento, maquillaje, disfraces y escenografía. Su moderno descendiente, la ópera de Pekín, ve el escenario como una plataforma en la que exhibir las cuatro habilidades (*gong*) de los intérpretes: el canto (*chang*); el habla (*nian*); la danza (*zuo*), que incluye la pantomima; y las artes marciales (*da*), que incluyen las acrobacias.[109] La ópera yuan era tan ricamente variada como la propia Ruta de la Seda, una auténtica especia de la vida. El actor yuan, que no paraba de cantar, de bailar y de moverse, era como un gesto de una interpretación con el *qin* o como un ideograma chino convertido en una animación tridimensional. Cada uno de los aspectos del teatro total —lenguaje, música y acción— son absorbidos para formar un arco unificado de energía. El movimiento puede empezar con un recitativo chino, transformarse luego en una melodía acompañada de un tamborileo, seguida de un brazo extendido o el movimiento de una mirada que recorre el escenario, lo que puede dar lugar al movimiento físico del propio intérprete por el espacio mientras traza una curva en forma de S, cruza el escenario y gira hacia atrás en la dirección contraria, todo ello acompañado de saltos acrobáticos y de maniobras marciales.[110] Resulta emocionante seguir esas líneas de vuelo que culminan con un chisporroteo eléctrico en la punta de un dedo índice que señala. Veamos un ejemplo extraído de un monólogo de una ópera militar cómica de en torno a 1300:

> Yo tenía mi alabarda y él tenía una espada de doble filo. En un santiamén, me arrancó un trozo grande del brazo izquierdo. Me apeé del caballo, abrí mi botiquín, volví a coserme el trozo y me enfrenté de nuevo a él. Esta vez, él tenía un cuchillo y yo un arco, pero antes de que nuestras monturas se cruzaran, me rebanó un pedazo bien grande del brazo derecho. Bajé del caballo, abrí el botiquín, me lo cosí, y otra vez nos enfrentamos. Ahora él llevaba un hacha enorme y yo mi espada de doble filo. Esta vez partió en dos al hombre y al caballo. Después de apearme, abrí el botiquín, lo cosí todo y me enfrenté otra vez a él. Diez veces nos enfrentamos hasta que me quedé lleno de remiendos. Por último, él exclamó con admiración: «Tu manera de luchar no vale una perra gorda, pero coser se te da muy bien».[111]

En forma de farsa y algo subidos de tono, los relatos de este tipo recuerdan a las gigas isabelinas que tanto le gustaban a Shakespeare, una versión autóctona inglesa del teatro total, que asimismo combinaba la acción cómica con la canción y el baile, la lucha en el escenario y la pantomima. Pero mientras que Shakespeare absorbió este teatro total multidimensional en sus comedias, nunca se introdujo en la ópera occidental, salvo por una o dos notables excepciones como *La flauta mágica* de Mozart. La ópera en Occidente parecía muerta, aunque seguía viva, en el movimiento cultural al que llamamos el Renacimiento.

Por qué el Renacimiento europeo asfixió al ser humano musical es un tema que abordaremos en el siguiente capítulo. Ninguna de las cuatro superpotencias, sin embargo, estaba a salvo del flujo de la historia, ni siquiera China bajo los mongoles. Kublai Kan decretó en Xanadú la construcción de una majestuosa cúpula del placer. En la orquesta del Gran Kan ocupaba un lugar privilegiado un órgano equipado con un pavo real mecánico que se balanceaba al compás de la música.[112] Este prodigio con un mecanismo de relojería, la esencia de la superioridad técnica china, simboliza también la muerte. Lo que en el mito comienza con el fénix cantando, termina con un robot aviario: ingenioso, policromado y multicultural, sin duda alguna, pero mudo.

# 8

# Resultados finales

Hubo un mapa que nos proporcionó la primera visión planetaria de nuestro mundo (véase figura 8.1). El *Theatrum Orbis Terrarum* (1570), de Abraham Ortelius, confirmaba, podría decirse, un cambio en el eje de la Tierra desde un planeta policéntrico —con unas superpotencias más o menos igualadas que chocaban entre sí como bolas de billar— hacia un mundo monocéntrico y capitalista.[1] Pero el cambio, en cierto modo, había comenzado antes, tal vez cuando la Tierra se convirtió en una unidad puesta en manos de una autoridad divina. Esto ocurrió con el Tratado de Tordesillas de 1494, mediante el cual el papa Alejandro VI dividió los océanos Atlántico y Pacífico con unas líneas imaginarias que repartían el Nuevo Mundo entre los imperios español y portugués, y luego con el Tratado de Zaragoza (1529). A los españoles les tocó Norteamérica, Centroamérica y las Filipinas. Los portugueses se quedaron con la parte más grande: Sudamérica y enormes extensiones de África y la India. Y así da comienzo la gran narrativa de la occidentalización, en la que los modelos europeos de la tecnología, el capital e incluso la propia razón cruzaron el mundo en barcos de vela, mediante una alianza entre la exploración naval, la cristiandad misionera y el colonialismo.

El mundo monocéntrico era un mundo contrapuntístico. El contrapunto, compuesto en las obras maestras de la sacra polifonía europea, se adueñó del planeta viajando en los mismos barcos que los misioneros y los conquistadores. En este sentido, nada nuevo bajo el sol: la música ayudó como siempre a consolidar el acuerdo entre los papas y los reyes. Pero en otro

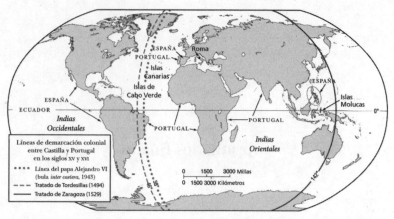

FIGURA 8.1. Cómo estaba dividido el mundo: *Theatrum Orbis Terrarum*, de Abraham Ortelius.

sentido, había mucho más en juego. El Sacro Imperio Romano había unido Europa primero mediante el canto gregoriano y luego mediante la polifonía. Ahora este proceso rebasó la cuenca mediterránea y cruzó los siete mares. La victoria del contrapunto era absoluta y global. El ejemplo más dramático al respecto es la conversión musical de los pueblos indígenas de México como consecuencia de la invasión española.

En 1519, Hernán Cortés llega a México. Esta imagen muestra la masacre de los músicos aztecas por parte de los españoles en Tenochtitlán en mayo de 1520 (véase figura 8.2).[2] Herida su sensibilidad cristiana por la práctica azteca del sacrificio humano, los españoles optaron por ejecutar primero a los músicos (seguidos de los bailarines), como quien mata al animador o al corneta del ejército. Como hemos visto en el capítulo 5, la criminal destrucción de todo retazo de la cultura musical azteca a manos de los españoles no dejó prácticamente nada para el registro histórico. Y sin embargo, la velocidad a la que se convirtieron los indios fue impresionante:[3]

1527    Fray Juan Caro empieza a enseñar polifonía en una escuela de Tetzcoco.

1530    Un coro indio actúa con regularidad en la catedral de México.

Figura 8.2. *La masacre en el festival de Tóxcatl.*

1532  Doce años después de la masacre, el sacerdote misionero Pedro de Gante escribe al emperador Carlos V contándole que «los cantores que cantan en la capilla de Su Majestad lo hacen tan bien, que hay que verlo para creérselo».[4]

1559  El coro indio de la catedral interpreta motetes españoles para conmemorar la muerte de Carlos V.

1575  Hernando Franco, el primero de una serie de compositores españoles que visitan México, ocupa el puesto de maestro de la capilla catedralicia.

1617  Nace Juan de Lienas, el primer gran compositor mexicano indígena que conocemos con certeza. Tuvo que haber compositores indios desde mucho antes, pero resulta difícil demostrarlo, ya que adoptaban nombres cristianos españoles.[5]

Mucho antes de que Lienas escribiera sus suntuosos *Réquiem*, *Salve Regina* y *Magnificat*, el misionero franciscano Gerónimo de Mendieta (1525-1604) anotó en su *Historia eclesiástica indiana* (comenzada en 1571) que «tan sólo unos pocos años después de que los indios empezaran a aprender el canto, empezaron también a componer». Mendieta continúa confesando que sus piezas «han sido declaradas obras de arte superiores cuando se las han enseñado a los maestros de composición españoles. De hecho, los maestros españoles a menudo pensaban que no podían haber sido escritas por indios».

En el hemisferio opuesto se produjo exactamente la misma conversión en Manila, en las Filipinas, almacén transpacífico de España en la ruta comercial entre América y Asia. Barcos procedentes de México no sólo transportaban manuscritos musicales e instrumentos (órganos, guitarras, arpas y bandurrias), sino también a los habilidosos artesanos que los hacían. El centro de la ciudad amurallada de Manila, es decir, «intramuros», contenía la mayor concentración de conventos e iglesias del mundo, cuyos interiores resonaban con la música sagrada interpretada en latín por cantantes filipinos. Manila, la primera ciudad internacional del mundo y la primera red a escala mundial del comercio y el intercambio cultural, era también la más variada desde el punto de vista musical. Uno de los primeros grupos instrumentales que llegaron allí fue un conjunto de cámara de flautas dulces compuesto por esclavos africanos donados por un capitán portugués, que tocaba polifonía italiana.[6]

La importancia de Manila reside también en que era un punto de partida para misioneros musicales que iban a Asia, es decir, misioneros jesuitas que a su vez eran músicos. El jesuita español Juan de Santa Marta (1578-1618) compuso en la cárcel una misa contrapuntística en Miako (el moderno Kioto) mientras esperaba la ejecución (fue crucificado). Después hubo una interrupción, cuando el Shogunato japonés cerró sus puertas a la influencia occidental hasta la restauración Meiji de 1868. Al jesuita Tomás Pereira (1645-1708) le fue mejor en China, donde entretuvo al emperador Kangxi con el inaudito truco de anotar la música e interpretarla después. Su colega, el misionero y compositor Teodoro Pedrini (1671-746), presentó al emperador unas sonatas que había escrito en Pekín al estilo de Corelli.[7]

El contrapunto se adueña del orbe como la vanguardia del triunfo de la música clásica occidental en su conjunto. Este capítulo se pregunta el porqué. ¿Qué tenía la música clásica occidental que la hizo tan viral, a semejanza de Shakespeare, la lengua inglesa, el capitalismo, la tecnología o incluso el críquet? El críquet es una comparación especialmente acertada porque las numerosas excolonias de Gran Bretaña que adoptaron este deporte (como la India, Pakistán, Sudáfrica y las Indias Occidentales o Antillas) se apropiaron de él, del mismo modo que los indios mexicanos hicieron suyo el contrapunto español.[8] Este capítulo también se pregunta quiénes son los perdedores. Entre la bajas de la globalización figuran muchas tradiciones folclóricas a las que los indígenas tuvieron que renunciar para amoldarse a sus gobernantes. Cortés no sólo masacró a los músicos indios, sino también la música que tocaban. El teórico de la cultura Edward Said tomó prestada la metáfora del «contrapunto» para expresar este lado más oscuro de la globalización.[9] A primera vista, las voces entretejidas de una textura contrapuntística son una bella analogía del multiculturalismo.[10] La metáfora pronto se ensombrece cuando nos damos cuenta de que no todas las voces son iguales. El contrapunto cultural no es una sociedad abierta y despreocupada en la que reina un pluralismo relajado, sino una lucha por el poder entre las voces dominantes y las dominadas (o «subalternas»). En el contrapunto global entre Occidente y el resto —el «contrapunto» entre el contrapunto y el mundo—, la música que no encajaba se quedaba fuera de la foto de grupo; sencillamente, en el mejor de los casos, se eliminaba.

El «contrapunto» global sigue amenazando a las numerosas tradiciones de la música «clásica» que está fuera de Occidente.[11] Existen venerables tradiciones musicales diseminadas por todo el mundo: Tailandia, Laos, Camboya, Vietnam, Indonesia, Japón, China, Corea, norte y sur de la India, América del Norte y América del Sur, Oriente Próximo y toda África. Muchas de ellas son tan elitistas como la música clásica occidental, y a semejanza de ésta, suponen la transmisión de un canon sagrado de grandes obras. Así pues, ¿en qué sentido se diferencia la tradición clásica occidental de esta multitud de músicas alternativas? La única diferencia significativa es el cómo se transmite la música.[12] En la mayor parte del mundo, la música se transmite oralmente por medio de la gran cadena que forman las relaciones entre el maestro y el aprendiz. En la música occidental, en cambio, las obras fueron encerradas en partituras, y las partituras, por así decirlo, quedaron flotando en el mar abierto como mensajes en una botella. Esto generó una actitud crítica, incluso agresiva, con respecto al pasado, de modo que la historia de la música occidental se convirtió en un proceso de continuo experimento y reinvención. Fuera de Occidente, los aprendices se comportaban respetuosamente con su maestro y con el pasado que éste representaba.

Por consiguiente, se podría decir que la agresión colonial occidental se volvió contra sí misma en un constante ataque a su propio pasado musical. Esta manía por una revolución eterna fue el motor que impulsó el «progreso» musical de Occidente.

Durante el siglo XX y principios del XXI, la globalización occidental ha sido desbordada por dos contracorrientes, incluso maremotos, musicales. La primera oleada llegó de África, cruzando lo que el teórico poscolonial Paul Gilroy llamó el «Atlántico Negro», el tráfico musical de generaciones de esclavos africanos.[13] Sembrando una multitud de géneros tanto en Norteamérica como en Sudamérica y el Caribe, desde el blues, el jazz, el rock y el funk hasta la rumba, el reggae y el reggaetón, esta riqueza musical viajó de vuelta a África para inspirar nuevas tradiciones como el highlife y el afrofunk, cruces de corrientes y confluencias que resultaron demasiado complejos para ser cartografiados. La segunda y posterior oleada partió de Asia. La portada de 1905 de la primera edición de la partitura orquestal de *El mar* de Claude Debussy tomaba prestada la xilografía de Katsushika Hokusai (1760-1849) *La gran ola de Kanagawa*.[14] La imagen es icónica de la moda del japonismo que inundó Francia en el siglo XIX, pero también puede simbolizar cómo la filosofía asiática cautivó a todo Occidente con sus liberadores modelos de la consciencia y el tiempo. Como veremos al final de este capítulo, esto se extendió a nuestra historia de amor con las partituras de las películas de dibujos animados y con las bandas de J-pop (pop japonés) y K-pop (pop coreano).

Estas dos oleadas son, en términos históricos, el retorno de lo reprimido. La historia de la música global culmina con la gran paradoja de que, por razones culturales y económicas, la música clásica occidental manifiesta un estado mucho más saludable en China, Corea y Japón que en Europa y Norteamérica. Uno podría aventurar la predicción de que el Sudeste Asiático será un santuario de la música occidental durante muchos cientos de años, hasta mucho después de su desaparición en el propio Occidente, del mismo modo que la antigua cultura griega fue salvaguardada por el islam hasta el Renacimiento europeo. De manera similar, la música rock y folk más interesante del mundo está teniendo ahora lugar en Asia, África y Sudamérica.

## RENACIMIENTOS

La música moderna empezó el 6 de octubre de 1600. En otras palabras, los libros de historia tienden a mostrarse de acuerdo en que la música del «período de la práctica común» —la música que uno oye interpretar normalmente en Occidente— comenzó con el estreno de la primera ópera europea. *Eurídice*, de Jacopo Peri, resultó ser un fracaso rotundo, que ahora se ha olvidado.[15] Pero enseguida fue superado por la primera obra maestra operística de Occidente, *Orfeo*, de Monteverdi, de 1607. La ópera fue inventada y perfeccionada mediante una serie de experimentos; de hecho, surgió como un ejercicio intelectual impulsado por el padre del padre de la ciencia occidental.

Galileo, cuyo telescopio demostró le teoría de Copérnico según la cual la Tierra giraba alrededor del Sol, fue hijo de otro científico, Vincenzo Galilei (1520-1591), compositor, escritor, teórico de la música y acústico.[16] Los sistemáticos experimentos de Vincenzo sobre las propiedades físicas de las cuerdas que vibran (demostró que las ratios de los intervalos son proporcionales a la raíz cuadrada de la tensión aplicada a una cuerda) enseñaron a su hijo dos lecciones.[17] No te fíes de las autoridades antiguas, y somete todo a prueba. De hecho, no es exagerado decir que

Galileo hijo aprendió el protocolo experimental gracias a la teoría de la música. El experimento en cuestión pretendía recrear el antiguo drama musical griego. Como miembro de la Camerata de' Bardi, un laboratorio de ideas artísticas e intelectuales con base en Florencia, la cuna del Renacimiento europeo, Vincenzo se encontró con tres himnos escritos por Mesómedes de Creta, el compositor favorito del emperador Adriano, de quien ya hemos hablado en el capítulo 6. Inspirado por Mesómedes, Vincenzo escribió un ensayo —que verdaderamente define su época— titulado *Dialogo della musica antica e della moderna* en 1581.[18] En este ensayo Vincenzo Galilei atacaba los estilos prevalecientes de la música y defendía un estilo nuevo llamado «monodia». La monodia, una especie de canción recitada que emana directamente del alma, emulaba la emotiva composición textual que, según la Camerata florentina, había sido inventada por los griegos antiguos, pero que desde entonces se había perdido para la civilización occidental. El ensayo lanzaba un guante a los compositores de Italia, y el resultado fue la ópera. Peri fue el primero en intentarlo; luego, Monteverdi lo consiguió.

La intervención de Galilei fue destacable en varios niveles. Saltarse de forma deliberada 2.000 años de historia occidental hasta llegar a la antigua Grecia fue un acto revolucionario: un rechazo profundamente provocador de la tradición y de la autoridad. Probablemente no habría sido capaz de descifrar los himnos de Mesómedes, que en aquella época representaban la totalidad de la música griega conservada. Lo que le motivaba, más bien, era el ideal del drama musical griego. Y sin embargo Galilei nunca podría haber adivinado lo acertada que resultó ser su intuición, según la cual el drama musical de la Atenas del siglo v a. C. incluía el último período occidental de la revolución musical, como hemos visto en el capítulo 6 a propósito de la «nueva música» de Eurípides. Es decir, ahora que los eruditos contemporáneos han reunido pruebas de que la tragedia griega del siglo v fue la primera música moderna de Occidente, resulta que, a grandes rasgos, Eurípides y Monteverdi alcanzaron la cúspide de la montaña musical con casi 2.000 años exactos de diferencia.

Y aún hay más. La invención de la monodia por Vincenzo imprime al renacimiento musical un carácter simultáneamente restaurador y revolucionario. Es de sentido común que sacar algo de contexto —en este caso, eliminar de la historia el arte griego que se ha perdido— es un acto de abstracción deliberadamente inoportuno. Es algo que va estrechamente unido al nacimiento de la ciencia experimental occidental. Esta extraña combinación de «avanzar retrocediendo», literalmente retroceder hacia el futuro, distingue al Renacimiento italiano de todos los otros renacimientos que florecen fuera de Occidente. La India mogol, la Turquía otomana y la China de la dinastía Ming también gozaron de una efervescencia cultural en el siglo XVII comparable a lo que estaba desarrollándose en Europa. Estos otros renacimientos sin duda produjeron gloriosos monumentos de la cultura. Pero eran esencialmente conservadores, no radicales; carecían de lo que el historiador del arte británico Kenneth Clark, citando al gran historiador del arte italiano Giorgio Vasari, llamó el «espíritu crítico», ese incómodo escepticismo con respecto a la autoridad practicado por la familia Galilei.[19]

La imagen del Renacimiento italiano que ofrecía la magistral serie documental de televisión de Clark, *Civilisation*, era muy de su época y no ha envejecido bien. El relato tradicional de Clark destacaba principios del humanismo italiano como la claridad, la luz, la gracia y los buenos modales. A decir verdad, también admitía que la cultura florentina se basaba en el tira y afloja del comercio y la banca. Pero el «espíritu crítico» quedaba degradado en favor de la armonía y la proporción, cualidades que distinguimos, por ejemplo, en la capilla Pazzi de Florencia o en el arte de Rafael. Esto en música se refleja en la tradicional visión del suave y fluido contrapunto de Palestrina, que es pura luz y dulzura.[20] Para argumentar en contra de esta visión, se podría mencionar a toda una serie de personalidades del Renacimiento que, en su lugar, dan testimonio de la violencia muscular que se oculta bajo la piel del cuerpo renacentista. No hay una muestra más vívida al respecto que esta pintura de Ercole d'Este, duque de Ferrara (1431-1505).

FIGURA 8.3. *Ercole d'Este*, por Dosso Dossi.

El duque de Ferrara inició su carrera como guerrero. Tras una humillante derrota por los venecianos en la guerra de Ferrara, de 1482 a 1484, Ercole cambió de rumbo y se convirtió en el mayor mecenas del arte de Italia, así como en propietario del más refinado establecimiento musical.[21] El mecenazgo de artistas y compositores por parte de Ercole fue ostensiblemente una compensación por su fracaso militar. En realidad, fue una continuación de la guerra como cultura, pues empleaba la cultura como un arma política. Ercole se adueñó de la pintura, la escultura, el drama y la música para aparentar ser un hombre fuerte, y le gustaba desfilar por la corte con la armadura militar.[22] Este famoso retrato de Ercole vestido de soldado, de Dosso Dossi, le presenta como un conquistador italiano, un compañero de armas de Cortés (véase figura 8.3). Ercole encargó a Josquin des Prés, el mayor compositor de la época, que le hiciera también un retrato musical, y la resultante *Missa Hercules dux Ferrariae* tomó las letras del nombre de Ercole y las transformó en una melodía. La melodía, o *cantus firmus*, deletrea el nombre de Ercole en tonos musicales, repitiéndolo sin cesar en todas las voces de la misa. El duque Hércules, el hombre musical armado, es lanzado a la batalla frente a las voces del contrapunto de Josquin. El contrapunto es una batalla.

Unamos todos los hilos violentos de esta historia. Ercole reclutó a Josquin para su batalla cultural frente a todas las cortes de Italia. La competencia cultural entre los Estados italianos —un lejano eco de la competencia entre las antiguas ciudades-Estado griegas— era también una versión a pequeña escala de la rivalidad entre las naciones de Europa. Al fin y al cabo, Ercole había robado a Josquin de Francia. Los países de habla francesa, italiana, española, portuguesa, inglesa y alemana intentaban superarse el uno al otro en la adquisición de los pintores, poetas y músicos más prestigiosos. Occidente estaba mucho menos unido que las otras superpotencias musicales; era un caldero en ebullición de lenguas, culturas y religiones. La guerra del contrapunto de la voz contra la voz era su símbolo más perfecto.

Ésta es la razón por la que el rechazo de Vincenzo Galilei del contrapunto en favor de la «moderna» monodia fue en realidad sólo la última batalla de una guerra cultural mucho más larga y de mayor envergadura. Del mismo modo que Galilei distanciaba la música «moderna» del «antiguo» contrapunto renacentista, los teóricos del contrapunto renacentista caricaturizaban la música medieval tildándola de primitiva. Tenían un mito según el cual la música había renacido *ex nihilo* en el siglo XV, después de haber estado languideciendo en las más hondas profundidades de la barbarie gótica. Los detalles conciernen a la técnica de la disonancia: en qué se diferencia una sonoridad consonante de otra disonante. El teórico del Renacimiento Gioseffo Zarlino formulaba que las terceras son consonantes, como todavía podemos oírlas hoy.[23] Los teóricos medievales oían la terceras como disonantes y preferían las más simples proporciones armónicas de las cuartas y las quintas. Los gustos cambian. Pero la ruptura entre la armonía basada en las cuartas y la armonía basada en las terceras fue por sí misma una revolución musical.

Hay revoluciones musicales a lo largo de toda la música clásica occidental. Sus manifiestos son los eslóganes de los períodos estilísticos: «renacentista», «barroco», «clásico», «romántico», «impresionista», y así sucesivamente. En su época, cada uno de estos estilos fue considerado una especie de renacimiento, los albores de una era moderna. No obstante, nuestro problema no es que identificar el nacimiento de la modernidad musical sea una empresa descabellada. La cuestión más bien estriba en que el «espíritu crítico» de Vasari —el rechazo instintivo del antepasado— parece haberse introducido en la música occidental desde el primer momento. Si tuviéramos que elegir un solo rasgo distintivo del ser humano musical de Occidente, elegiríamos esa actitud crítica con respecto al pasado. Las larguísimas cadenas del respeto entre maestro y discípulo de la música de la India, China, África y el islam están rotas en Occidente y han dado paso a una larguísima vía negativa.

Y sin embargo hay algo sustancial que sí cambia a principios del siglo XVII en Europa. Éste es el momento en que Occidente empieza a sobrepasar al resto del mundo en el aspecto tecnológico, por no hablar del cultural y del artístico. Como he dicho antes, no era nada inusual que una nación o un imperio experimentaran un florecimiento artístico. A semejanza de Italia, esto ocurrió en el siglo XVII en el Imperio mogol bajo Akbar el Grande, en el Imperio otomano bajo Solimán el Magnífico y en la dinastía Ming en China. También como en Italia, estos puntos álgidos se vivieron como una restauración de glorias pasadas, sobre todo bajo los Ming tras la invasión mongol. La cuestión de por qué la ciencia moderna despegó sólo en Occidente es especialmente pertinente en China, puesto que los chinos habían inventado los lanzallamas de pistón de doble efecto en el siglo x.[24] Esto se ha dado en llamar la «cuestión Needham», que debe su nombre al autor de *Ciencia y civilización en China* (véase capítulo 7). No existe una respuesta satisfactoria a la cuestión Needham, aparte de que en general, después de 1500, China estaba embrutecida por la burocracia, la homogeneidad cultural y la falta de competencia interna. Por lo demás, la India pos-Gupta estaba asfixiada por el sistema de castas y por el poco respeto hacia el trabajo manual, lo cual explica en parte que los mogoles no se mostraran receptivos con respecto a la tecnología occidental.[25] El caso de los otomanos es más complejo, ya que se vieron más directa y negativamente afectados por el descubrimiento de América.[26] Enriquecidos por la plata saqueada en el Nuevo Mundo, los comerciantes europeos compraban materias primas otomanas, poniendo así en marcha una reacción en cadena: la reducida productividad interior de los países otomanos dio lugar al mercado negro y a una rígida burocracia.

La cuestión de si la música occidental es mejor (o peor) que la música no occidental, es algo que nunca se debe plantear. Dicho esto, la música occidental se escinde de la corriente musical principal al mismo tiempo que realmente despega la ciencia occidental, y adquiere tres de las características de la ciencia: una afición por los nombres importantes, un método experimental y un sentido del progreso histórico. Todos estos rasgos se caracterizan esencialmente por su obsesión con preservar la música en la notación.

Gracias a esa única fijación de la música occidental con apuntar las notas en una partitura, Occidente es la única superpotencia musical con una historia registrada al completo. Si entramos en una buena librería, podremos sostener en la palma de la mano 400 (o incluso 1.000) años de esa historia.[27] Éste es un logro asombroso, pero en cierta medida también profundamente preocupante. Asombroso porque ninguna otra cultura del mundo tiene una historia musical comparable. A decir verdad, como ya hemos visto, un cantante actual de *qawwali* puede rastrear orgullosamente su linaje remontándose a Amir Khusrow, del siglo XIII. Pero de lo que está orgulloso es de la continuidad de esta tradición, no del cambio histórico. Y a semejanza de otras tradiciones orales, el *qawwali* carece de una prueba notada que registre ese cambio, además de otras grandes novedades como la incorporación moderna del armonio.[28] Por otro lado, lo que convierte la historia de la música occidental en algo tan preocupante es que, en realidad, es una historia de las partituras, no de la gente, si bien las partituras van asociadas a «grandes nombres» como Handel, Mozart y Brahms.[29] A Handel, Mozart, Brahms y a otros cientos los conocemos como compositores de esas partituras; cómo eran como personas de carne y hueso puede intrigarnos (Beethoven molía exactamente sesenta granos de café para prepararse su taza de café del desayuno; a Wagner le encantaba pasearse por su piso vestido con una bata de seda), pero no es pertinente para la historia de la música. Visto de otra manera, hay muchísimos compositores malos que llevaban una vida mucho más agitada que Bruckner, que prácticamente no hacía nada, no iba a ninguna parte y no tenía vida amorosa. Eso no nos importa porque Bruckner era un compositor maravilloso, y tampoco nos importan otros muchos compositores malos que eran personas interesantes.

Los manuscritos musicales llevan existiendo mucho más de 400 años, por supuesto. Lo que cambió después de 1600, como una especie de posnacimiento de la ciencia moderna, es que la música europea escapó de las garras de la Iglesia cristiana. El lenguaje contrapuntístico fustigado por los amigos de Monteverdi como la *prima prattica* («la primera [o antigua] práctica») fue el estilo de la música eclesiástica. La *seconda prattica* era laica y nueva. Después de Monteverdi y Galileo, los compositores europeos invirtieron la dirección de sus telescopios musicales desde Dios hasta el hombre. Por ajustarnos al epíteto de Alexander Pope, extraído de su *Ensayo sobre el hombre*, decidieron que «el estudio adecuado del ser humano musical era el propio ser humano musical». La abstracción de las partituras proporcionó a los compositores un entorno clínico y hermético en el que poder jugar con ideas musicales e inventar armonías y formas. La partitura se convirtió en un laboratorio, en un tubo de ensayo o una probeta. Ésta es la razón por la que, después de 1600, los compositores se parecían a los científicos.

El renacimiento musical de Occidente alza el telón de lo que se ha denominado el «período de la práctica común». El drama épico de lo que viene a continuación, con su larga cadena de *dramatis personae* (Monteverdi-Schütz-Bach-Mozart-Beethoven–Schubert-Schumann-Brahms-Wagner-Mahler-Schoenberg...), ha sido ya exhaustivamente descrito por otros autores, y en la primera parte de este libro lo he tratado con brevedad. Tal y como dije al principio, no me interesa el tipo de historia de la música que podemos encontrar en los manuales estandarizados («quién escribió qué y cuándo»), sino la historia más profunda y más global del ser humano musical. Existe un drama más sombrío al otro lado del telón, más allá del protagonismo de las salas de ópera y de conciertos. La cuestión es: quién paga por ello.

## LOS CRÍMENES DEL COLONIALISMO

Las playas son la interconexión no sólo de tierra y agua, sino también de civilizaciones. Cuando los nativos miraban desde la orilla cómo se acercaban unos barcos desconocidos, seguramente les llamó la atención el sonido de las trompetas, los redobles de tambor, los silbidos e incluso el canto de los salmos.[30] En ese primer encuentro entre nativos e invasores, los músicos eran los embajadores del litoral. En un país nuevo, la música adquiere su pleno valor como lenguaje universal, el gambito o la táctica inicial de la conversión espiritual. Al encontrarse con los indios tupinambá de Brasil en 1578, el misionero francés Jean de Léry les cantó el salmo 104. «En verdad ha cantado usted maravillosamente bien —le respondieron mediante un traductor—, pero como no entendemos su lengua, explíquenos la canción.»[31] Y así es como lo que empieza en una playa termina en una iglesia. Pero la danza entre las culturas misioneras e indígenas podía ser compleja y tener muchas facetas. Los jesuitas adoptaron en el sudeste de Brasil un baile popular amerindio llamado el *cateretê* con el objetivo de suavizar su mensaje, y hoy en día está muy extendido por todo el país a modo de danza religiosa dedicada a san Gonçalo.[32]

El lado oscuro del colonialismo, sin embargo, ha sido expuesto de manera exhaustiva. He aquí la opinión del liberal colombiano de principios del siglo XIX Pedro Fermín de Vargas:

> Para expandir nuestra agricultura sería necesario hispanizar a nuestros indios. Su ociosidad, su necedad y la indiferencia que muestran hacia las tareas normales le lleva a uno a pensar que vienen de una raza degenerada que se va deteriorando conforme se aleja de sus orígenes [...] Sería muy deseable que los indios se extinguieran a través del mestizaje.[33]

Lo cierto es que los indios no tardaron en extinguirse... por las armas y los microbios.

Lo que diferencia a la música es que por lo general nadie muere por equivocarse al tocar una nota, pese a que los horrorizados españoles se encontraron precisamente con esa práctica entre los aztecas. Según el historiador del siglo XVI Bernardino de Sahagún, si uno de sus cantantes o tamborileros (tocadores de *teponaztli*) cometía un error, «el cacique ordenaba de inmediato detenerle y, al día siguiente, le ejecutaban sumariamente».[34] No, la pena musical civilizada estaba bastante más matizada. Así, la normativa de 1585 de la catedral de Ciudad de México decretó que los músicos que se equivocaran serían sancionados o despedidos. La «violencia» reside en la sumisión de los aztecas al contrapunto español, a costa de su música indígena. Como lo podría haber expresado Fermín de Vargas, la música de los indios se extinguió por el mestizaje con la de Occidente. He aquí otros tres ejemplos de violencia refinada:

1. La música podía encubrir y tergiversar. En 1733, Vivaldi escribió una ópera, *Moctezuma*, acerca del final del último emperador azteca. La trama es increíblemente ridícula. Moctezuma y su esposa Mitrena acceden al matrimonio de su hija, Teutile, con el hermano de Cortés,

Ramiro, y Cortés perdona magnánimamente a Moctezuma y le autoriza para que gobierne México como vasallo español. La partitura (que se perdió y no se encontró hasta 2002) es una de las más suntuosas de Vivaldi.

2. En la película de Werner Herzog *Fitzcarraldo*, Klaus Kinski sueña con construir una ópera en Iquitos, en el Amazonas peruano. Aunque no lo consigue, toda la población de Iquitos baja a la playa a escuchar cómo Caruso interpreta la ópera de Verdi *Ernani* desde un barco. «Este Dios no viene con cañones —anuncia Fitzcarraldo—, sino con la voz de Caruso.»[35] En Manaos, al noroeste de Brasil, se inauguró una sala de ópera de verdad en 1892.

3. Como vimos en el capítulo 3, El Sistema llevó a Venezuela la disciplina de tocar en la orquesta. Pero ¿por qué a la juventud de Venezuela se la adiestró para interpretar sinfonías en lugar de salsa o merengue, su propia música tradicional?

El crimen definitivo del colonialismo musical es arrebatarle la música indígena a un pueblo invadido. No sabemos lo que cantaban los aztecas, pero debía de ser algo parecido a la polifonía andina que todavía es interpretada hoy por los q'ero de Cuzco, en Perú, la capital histórica del Imperio inca. Su música recuerda al libre y «primitivo» contrapunto que tanto desaprobaba Dante. En una actuación típica, cinco o más indias cantan simultáneamente contando sus historias y quejándose de sus vidas cotidianas. Sólo de vez en cuando, entonan juntas una frase o una nota en particular; por lo demás, cada una va tranquilamente a su aire.[36]

El contrapunto, por tanto, probablemente ya había madurado en Sudamérica y Centroamérica antes de entrar en contacto con los españoles, aunque debía de tener un carácter mucho más libre que la polifonía española. Curiosamente, tanto los aztecas como los españoles compartían la metáfora de pensar en la música como algo «florido». Recordemos la costumbre maya y azteca, descrita en el capítulo 5, de representar la músi-

335

ca en los glifos como vírgulas o volutas de «flores cantadas» que brotaban de la boca de una persona.[37] De manera que fue extrañamente oportuno que los aztecas fueran invadidos por una nación católica. En las guerras religiosas europeas, la Inglaterra protestante rechazaba la polifonía, tanto en su país como en el extranjero, como un síntoma musical de la idolatría católica. Ésta es la razón por la que, cuando los ingleses colonizaron Norteamérica, no impusieron a los indios misas contrapuntísticas, sino melodías abreviadas de himnos puritanos.[38]

En África y Asia se construyeron muchas más iglesias. La tonalidad occidental —el tipo de acordes que se oyen en Bach o Mozart— fue desenrollada como una alfombra gigantesca por todo el continente africano, donde entró de forma clandestina a través de las melodías de los himnos. Hasta los himnos nacionales de los Estados africanos fueron cuidadosamente purgados de ritmos tradicionales. Por ejemplo, el anexo «Osee Yee» —parecido a un baile— del himno de Ghana, compuesto por Philip Gbeho (1905-1976), fue eliminado por los censores.[39] Al principio, la música eclesiástica occidental corroía como el ácido la identidad africana. Según una mujer saboat de Kenia: «Estas nuevas canciones [himnos] nos están destruyendo... Nuestros hijos están perdidos; estos estilos eclesiásticos están pudriendo nuestra cultura».[40] Desde la campaña de «africanización» de la década de 1960, sin embargo, el ocupante se ha vuelto más complaciente. Ahora los servicios religiosos africanos absorben muchos de los distintivos de la música tradicional: palmas y tamborileos polirrítmicos, llamada y respuesta, armonías multiestratificadas, efectos vocales y gritos, así como el movimiento del cuerpo, como el característico movimiento ondulante del cantante hacia abajo, desde la cabeza hasta las piernas. Cabe, pues, preguntarse: ¿cuándo se naturaliza una fuerza colonizadora?

Un ejemplo fascinante es el caso de la Iglesia indonesia de HKBP (Huria Kristen Batak Protestant: Iglesia Cristiana Protestante de Batak), con cuatro millones de miembros, una de las religiones protestantes más significativas de Asia. La historia de su fundador, el misionero luterano nacido en Alemania Ludwig

Ingwer Nommensen (1834-1918), retrata a la perfección el colonialismo musical en plena acción. Habiendo establecido su misión en Sumatra, donde su antecesor había muerto alanceado, la manera de tocar el violín de Nommensen desarmaba literalmente a cualquiera. Hallándose frente a una multitud hostil en Toba, Nommensen «sacó el violín y lo tocó hasta que le dolían los brazos; luego les enseñó el reloj y les contó historias sobre Europa hasta que todos se olvidaron de su malestar y se marcharon».[41] En un ocasión, se adentró entre una muchedumbre que estaba plenamente sumida en una conmovedora ceremonia *bius*, se puso histérico por los ritmos del gong o *gondang* (parecidos al gamelán) y acusó de satánico a su espíritu ancestral (*sombaon*). Cabría pensar que una actitud tan temeraria le aseguraba la muerte. Sin embargo, Nommensen astutamente apeló a las propias costumbres de Toba, explicándoles que el *bius* era incompatible con sus leyes consuetudinarias de la hospitalidad (*adat*). Su primer poderoso converso, el rajá Pontas Lumbantobing, fue bautizado en 1865, y el resto cayó como las fichas del dominó. Muchos se sintieron atraídos hacia la iglesia por el solemne estruendo del órgano. Aunque Indonesia, como China, era una cultura del gong, los gongs cedieron ante las campanas de la iglesia. Y luego, en el siglo XX, el *gondang* —en otro tiempo prohibido en las misas y las bodas— fue readmitido de manera gradual, aunque purgado de sus espíritus ancestrales. La HKBP se había fortalecido lo suficiente como para hacerse nativa.

¿Qué aspecto tiene el colonialismo musical desde nuestro punto de vista? La música occidental ha estado infectada de «orientalismo» —una imagen distorsionada de Oriente— desde las primeras cruzadas contra el islam. Tras la caída de Constantinopla a manos de un ejército otomano bajo el mando de Mehmed II el 29 de mayo de 1453, quedó claro que la propia Europa podía convertirse fácilmente en una colonia. El miedo a los otomanos constituye el hilo conductor de toda la música occidental posterior, hasta llegar a Beethoven y más allá de él. Cuando cayó Constantinopla, Europa enloqueció con una canción conocida como «L'homme armé» («El hombre armado»),

337

una versión de la cual, escrita por el compositor renacentista Antoine Busnois, tiene la siguiente letra:

> *Lucharé por ti*
> *contra el turco, maestro Simón,*
> *sin duda lo haré,*
> *y el hacha le vencerá.*[42]

La melodía de «L'homme armé» se compone de imitaciones vocales de toques de trompetas militares. Europa estaba desbordada por más de cuarenta misas basadas en esa melodía. Es decir, la melodía se hallaba insertada en el contrapunto como la principal voz estructural, el *cantus firmus*. La melodía de «L'homme armé» era esencialmente un icono sonoro de la amenaza turca, y todo gran compositor renacentista intentaba demostrar su valía escribiendo una misa de «L'homme armé», alineando así las fuerzas del contrapunto frente al enemigo histórico de Europa. El mayor ejemplo es la *Missa L'homme armé* de Josquin, y fue el modelo de la misa que escribió para el hombre armado de Ferrara, el duque Ercole. Así volvemos al punto de partida y cerramos el círculo.

Por otra coincidencia histórica imponderable, Manila fue fundada el mismo año de la batalla de Lepanto, en 1571, cuando la armada otomana fue derrotada por la Liga Santa (todos los Estados católicos marítimos del Mediterráneo excepto Francia). Éste fue el punto de inflexión de la campaña de la cristiandad frente al islam, tras la cota máxima alcanzada por los turcos en 1453. Nos gusta pensar en la occidentalización como algo lineal e inevitable. Sin embargo, si el contrapunto europeo hubiera sucumbido al ornamento islámico, la occidentalización musical nunca se habría producido. Tras su derrota, los otomanos fueron satirizados por las calles y los canales de Venecia con baladas como ésta:

> *Que mi canción llegue al sultán Selim*
> *y le pida que no beba tanto vino,*
> *sino que reconozca a Cristo como su Dios.*[43]

Tales versos indican un cambio radical en la actitud musical de Europa con respecto a Oriente, que va del terror al escarnio.

Una tercera batalla rechazó a los turcos de la mayor incursión que habían hecho hasta entonces, llegando a las mismas puertas de Viena. El sitio de Viena por los otomanos en 1683 tuvo dos repercusiones musicales aparentemente opuestas. Una respuesta fue de carácter respetuoso. Los principales gobernantes europeos, incluido Federico el Grande de Prusia, sucumbieron a la moda de la música jenízara otomana e incorporaron una banda militar turca (un *mehter*) a sus ejércitos.[44] Benedetto Ramberto, en su *Libri tre delle cose de Turchi*, de 1539, describe un *mehter* de 200 trompetistas y tamborileros, unos a pie y otros a caballo, una banda que debía de armar un estruendo aterrador.[45] Incluir un *mehter* en tu ejército era comparable a inocularlo con una cepa del virus otomano, robando así la fuerza del enemigo. La otra respuesta era la burla y el escarnio mediante el estilo *alla turca*, más conocido por el *Rondó alla turca* de Mozart y por su ópera *El rapto en el serrallo*: véase el ridículo tratamiento que se le da a Osmin. Risas aparte, el sonido *alla turca* era una abreviatura de racismo musical; de hecho, fue el primer código universal del estilo clásico europeo que designaba el supuesto primitivismo de la música no occidental. Heinrich Koch, el teórico de la música alemán más influyente del siglo XVIII, escribió lo siguiente en su *Diccionario musical* (*Musikalisches Lexicon*) de 1802: «La música jenízara retrata las características distintivas de la música de un pueblo todavía bárbaro, a saber, el ruido y el ritmo muy marcado de los monótonos instrumentos de percusión».[46]

Y luego llegamos a la *Novena* de Beethoven en 1824. Después de su primer gran clímax, la «Oda a la alegría» pretende lo imposible: retratar la mismísima cara de Dios. El coro canta: «Y el querubín está ante Dios» («*Und der Cherub steht vor Gott*»). Un gran estrépito orquestal; luego, el silencio. Se alza el telón, y como en la escena de *El mago de Oz* cuando aparece el mago, el sonido de Dios resulta ser... una banda musical turca, un *mehter*, con sus bombos, sus chirriantes fagots y sus triángulos.

¿A qué está jugando Beethoven? ¿Está riéndose de los turcos? ¿O está diciendo: «Mirad, hasta los turcos, los ogros de Europa, son nuestros hermanos»? La decisión depende por completo del oyente. La paradoja histórica, sin embargo, está servida: la oda de Beethoven sería adoptada como himno internacional por una Unión Europea que mantiene las puertas cerradas a la adhesión de Turquía como miembro de dicha Unión.

Por eso uno ha de desconfiar de los denominados himnos internacionales, desde la «Oda a la alegría» hasta la canción de Coca-Cola de 1971: «I'd Like to Teach the World to Sing (in perfect harmony)» («Me gustaría enseñar al mundo a cantar en perfecta armonía»). La cuestión es siempre la misma: ¿a quién deja fuera?, ¿qué se salta, qué pasa por alto? Igualmente cuestionable es la cómoda y convencional noción-comodín de la «música universal». Este término tuvo su origen como una estratagema de *marketing* pergeñada por unos ejecutivos de la música en un pub de Londres en el verano de 1987, con el fin de ayudar a los minoristas a vender una música que no encajaba en categorías estándar como el rock, el reggae, el folk y el jazz.[47] Por lo demás, las zampoñas andinas, el klezmer, el canto-pop, el afrobeat y otros no tienen absolutamente nada en común. O si acaso tienen algo en común es el «turismo acústico» y la cultura de la *playlist*, posterior a Spotify, suministrada por programas como *Late Junction* de Radio 3 de la BBC. El turismo acústico por sí mismo no tiene nada de malo; es curioso, sin embargo, que los omnívoros del sonido rara vez apliquen su apetito a las culturas y los pueblos que producen esos temas.[48] Resulta más relajante escuchar superficialmente, como en medio del vacío, sin preocuparse del contexto. La cruda realidad es que se trata de un robo: los sonidos de la selva tropical son atractivos y se venden bien, pero ¿los artistas que saborean la música de los pigmeos los remuneran siempre?[49]

Los daños colaterales del colonialismo musical no cesan. Fundar conservatorios de estilo occidental en países en vías de desarrollo amenaza con congelar las tradiciones musicales orales.[50] Las «orquestas» árabes y chinas reúnen diversos instrumentos que normalmente nunca tocan juntos. La amplificación electrónica de una cítara *qin* comete verdadera violencia contra los sutiles tonos de este instrumento. Incluso la institucionalización en el sur de la India de una «Santísima Trinidad» de compositores carnáticos casi clásicos, como vimos en el capítulo 2, fue una reacción artificial ante el imperialismo británico: una emulación autoconsciente de la clásica trinidad occidental de Haydn, Mozart y Beethoven.[51] Una consecuencia muy dañina del nacionalismo indio, espoleado por Occidente, fue la sistemática supresión de la rica contribución musulmana a su legado musical. Que la historia de la India quedara identificada con la historia del hinduismo a expensas del islam se debió, en primera instancia, a eruditos orientalistas como sir William Jones (1746-1794). Mucho más tarde, en 1887, cuando el musicólogo bengalí Sourindro Mohun Tagore (1840-1914) presentó a la emperatriz Victoria una prueba musical de la grandeza de su civilización, *Seis ragas y treinta y seis raginis*, el título de su colección hablaba por sí solo. ¿Dónde está el islam, por no mencionar la música india de los sufíes, sijs, jainíes, budistas o cristianos? Y me pregunto lo diferentes que habrían sido los álbumes posteriores de los Beatles si hubieran retomado a un maestro del *qawwali* islámico en lugar de al hindú Ravi Shankar.

El elefante en la cacharrería no es tanto el racismo como la raza. Una panacea de la teoría poscolonial es que la «raza» como tal no existe realmente, al menos en un sentido biológico.[52] Es más, lo que la gente llama «raza» en realidad es un reflejo de las diferencias culturales y sociales, no es biología. Desde el punto de vista del discurso científico, esto es completamente cierto. Sin embargo, este consenso crítico se burla de lo que la gente ha hecho realmente desde tiempos inmemoriales, que es tratar a los humanos desconocidos como animales. Esto incluye oír el habla y el canto ajeno como sonidos de animales. Plinio el Viejo (23-79 d. C.) hablaba en su *Historia natural* de «cabezas de perro» (*cynocephali*) que ladraban y de criaturas de los bosques que, más que hablar, emitían chillidos. Seguramente fueran babuinos, a quienes anteriores viajeros habían confundido con una tribu de hombres. En 1247, el misionero dominico Simon de Saint-Quentin oyó cantar a los mongoles en algún lugar al norte del mar Negro y afirmó que «braman como toros o aúllan como lobos».[53] Incluso los modernos y bienintencionados antropólogos podían recurrir a esta táctica. Volviendo a la epopeya del *Manas* kirguiz que hemos visto en el capítulo 7, consideremos este informe del erudito ruso Borís Smirnov, que escribió en 1914 acerca de un disco cilíndrico de cera hecho sobre el *Manas* en 1904 por el cantante kirguiz Kenje Kara (1859-1929):

> ¡Es difícil transmitir la impresión que causa esa música y esa manera de cantar! No eran sonidos de una voz en el sentido que entendemos normalmente. Eran una especie de salvajes lamentos y alaridos, parecidos al bramido de un camello, al relincho de un caballo y al balido de una oveja.[54]

El racismo biológico en su forma más virulenta se detectó una vez incluso en uno de los logotipos más queridos del mundo, la imagen de la marca HMV de un perro mirando atentamente la bocina de un gramófono, escuchando His Master's Voice (La Voz de Su Amo). Cuando HMV comercializó su nueva «caja de música» en China, se alteró el logotipo; el perro fue sustituido por la imagen de un anciano (véase figura 8.4). ¿Por qué se hizo eso? Esta extraordinaria historia la recogió el *Washington Post* en 1905:

> Los chinos tienen unas ideas muy peculiares en lo relativo a las marcas de fábrica de las cajas de música. Un logotipo muy famoso, que mostraba a un perro esperando atentamente oír la voz de su amo según salía de la bocina, resultó ser un desastre porque parecía identificar al oyente canino con el humano. Por eso hubo que cambiar el logotipo y mostrar a un anciano escuchando la música en lugar del pequeño terrier.[55]

Al parecer, por tanto, los chinos creían que los estadounidenses los comparaban con unos perros que escuchaban debidamente las voces de sus amos occidentales. Sin embargo, el trasfondo de esta anécdota, elocuentemente ignorado por el periódico, eran unos sentimientos nacionalistas suscitados por el trato inhumano que recibían los 100.000 chinos que vivían en

Figura 8.4. *La sustitución del perro*. Logotipo chino de HMV para su «caja de música».

Estados Unidos, a lo que siguió en 1882 la Ley de Exclusión China y la subsiguiente amenaza con boicotear los productos americanos. En definitiva, la difamación de las «cabezas de perros que ladraban» de Plinio seguía vivita y coleando en Shanghái en 1905. Cuando HMV se puso en acción, no fue porque hubieran resurgido las sensibilidades raciales, sino por su propio interés económico y por el comercio entre Oriente y Occidente.

Esta historia nos cuenta dos cosas. Acercándonos al final de la parte histórica de este libro, este episodio contribuye a allanar el camino hacia la tercera parte evolutiva. El vínculo entre una y otra parte es la incendiaria idea de que la búsqueda de una humanidad común nos lleva, lo queramos o no, a la animalidad común. Como he observado en repetidas ocasiones, el ser humano musical viene definido por su enmarañamiento con los animales. Asimismo merece la pena destacar que el ser humano musical es por sí mismo un animal.

La segunda lección que extraemos de esta historia es que la occidentalización difícilmente representa el fin de la historia de la música. Por un sublime giro que da la justicia histórica —dadas todas las cosas cuestionables que ha hecho Occidente—, la propia música occidental acaba siendo colonizada por la música del resto del mundo, pues ha sido desbordada por dos maremotos musicales que cruzan los océanos Atlántico y Pacífico.

## El Atlántico Negro

James Brown, el padre del funk y cantante de «Sex Machine», va volando en avión hacia Kinshasa, la capital de la República Democrática del Congo (o como era conocida entonces, Zaire). Brown encabezará Zaire '74, un festival de música en directo de tres días que servirá de precalentamiento para el Rumble in the Jungle, el combate de boxeo de Muhammad Ali contra George Foreman (el 30 de octubre de 1974). La cámara registra esta conversación:[56] «Bueno, James, parece que por fin regresamos a casa», le dice uno de los socios de Brown. «No estamos regresando. Lo negro está aquí —responde Brown—. Cualquier pequeña banda de Kinshasa está tocando el ritmo de James Brown.» Aunque Brown esperara ansiosamente «regresar a sus raíces», sin embargo, en su autobiografía admite que estaba equivocado. «Mis raíces pueden estar arraigadas en mí sin que yo lo sepa, pero cuando fui a África, no reconocí nada que yo pudiera haber sacado de allí.»[57]

El pequeño drama de Brown de la vuelta a casa y la decepción está muy presente en la música afroamericana. Por una parte, hay una profunda añoranza de las raíces africanas y una memoria cultural de las supuestas fuentes de su música. La controvertida cuestión de lo que el funk, el jazz o el blues le deben a África se desvanece en la neblina de la propia historia africana. África estaba llamativamente ausente del grupo de superpotencias tratadas en el capítulo 7, no porque no tuviera una historia musical, sino porque en tiempos precoloniales no había ninguna música registrada. Por otra parte, Brown está reconociendo el elemento de su música que es nuevo y americano, no «africano». Los dos elementos de «afroamericano» tiran de fibras sensibles opuestas; no se mezclan.

¿Comparten la música de África y de América un núcleo histórico común? ¿Qué es «lo negro» de la música negra? Hay quien piensa que es el patrón de «llamada y respuesta». Durante el sexto asalto de su combate, Ali, que iba perdiendo, llama a los espectadores: «*Ali boma yé!*» («¡Ali, mátale!»), y 60.000 congoleños responden equilibrando la balanza a favor de Ali.[58] Esto es la llamada-respuesta a gran escala. Sin embargo, las pruebas históricas que acrediten un núcleo común son, como mínimo, esporádicas. En el capítulo 1 aventuré la posibilidad de que el hip-hop naciera con los *griots* de Mali, unos juglares que cuentan la historia de su tribu cantando. Otra ráfaga que nos llega del pasado, también de Mali, es el género de canciones llamado «soliyo», o «llamando a los caballos», que nació en el Imperio de Mali hace 700 años.[59] Los antiguos guerreros malienses utilizaban una melodía especial para llamar a sus caballos a fin de que se prepararan para la batalla, y es posible que esos gritos sobrevivan en el soliyo, así como los textos de las canciones que ensalzan esas batallas como historias orales.

En África, la historia es tradicionalmente oral. Buenos ejemplos de ello son las «historias de tambores» de la tribu dagbamba de Ghana.[60] La base del conocimiento histórico de los dagbamba es conocida como *Samban'lunga* (literalmente, «tocar el tambor fuera»), porque se toca fuera de la casa del jefe en las grandes ceremonias, dos veces al año. El tamborilero se queda de pie mirando hacia el jefe a través del recinto con un tambor en forma de reloj de arena (*luna*) colgado del hombro. A su espalda se sientan hasta cien tamborileros que tocan respuestas a los versos de su canción. El hombre canta sin parar, normalmente durante ocho horas, reteniendo en la memoria innumerables detalles sobre la vida de los jefes anteriores, de sus ancestros y sus hijos, sobre lo que lograron y cómo adquirieron sus proverbiales nombres encomiásticos. Cuando la historia es una proeza de la memoria creativa, nociones como la verosimilitud o la verdad son, por supuesto, irrelevantes.

Si lo que queremos es una historia escrita, entonces estamos supeditados a las historias racistas escritas por los invasores coloniales. Un ejemplo temprano de su delicadeza lo transmite esta frase del físico y teólogo cairota Ibn Butlan (1005-1050), extraída de su opúsculo «Sobre cómo comprar esclavos y detectar sus defectos físicos»: «Si un negro cayera del cielo a la Tierra, caería llevando el ritmo».[61] En otras palabras, el ADN del ritmo estaba tan arraigado en el cuerpo de los negros, que cuando eran ahorcados, los esclavos morían llevando el compás. Dicho esto, la historia colonial proporciona algunas sorpresas agradables. A finales del siglo xv, las ciudades de Valencia, Sevilla, Florencia y Nápoles gozaban de una pujante cultura negra, y en 1520 el 10 por ciento de la población de Lisboa era negra.[62] La Europa meridional bailaba danzas africanas como los pasacalles, las zarabandas y las chaconas, destinadas a ser populares en la música de Bach, donde adoptaban nombres franceses: *pasacailles, sarabandes, chaconnes*. Otra sorpresa es que el metro de 6/8, el modelo que ahora prevalece en la música occidental, originariamente se asociaba en la Europa del siglo xv con los músicos africanos. La velocidad a la que circulaba la música también era pasmosa. Una música interpretada en Luanda, Angola, en la década de 1750 aparecía seis semanas más tarde en Río de Janeiro.[63]

Dicho lo cual, la pruebas muestran que, lejos de haber sido alguna vez culturalmente prístina, la música negra ha sido siempre híbrida y cosmopolita. Éste es un hallazgo importante que se enfrenta al mito de que la música africana nació en un estado de pureza prelapsaria y luego sucumbió a la mezcla. En palabras del célebre antropólogo Gerhard Kubik, «la mera palabra *híbrido* [...] pierde su capacidad clasificatoria», puesto que «ninguna cultura ha sido nunca otra cosa».[64] La advertencia de Kubik es verdadera hasta cierto punto, pero no debe ensombrecer las más amplias diferencias continentales (África comparada con la India, China, Oriente Próximo y Europa) que hemos explorado en capítulos anteriores. Dejando el purismo aparte, la lección más importante que se puede extraer, frente al nebuloso ideal de que la cultura es pura supervivencia obstinada, es que la cultura también implica cambios. La conservación trabaja codo con codo con el olvido y la innovación. Un ejemplo del olvido es que la «negritud» de las chaconas y del metro de 6/8 se ha decolorado por completo. Por más que lo intentáramos, es imposible escuchar la *Chaconne* de Bach para violín solo como africana, o la *Sinfonía Pastoral* de Beethoven (con su movimiento final en metro de 6/8) como negra. Poco a poco vamos entendiendo mejor que James Brown se olvidara, casi deliberadamente, de sus raíces africanas.

Se han hecho muchas conjeturas sobre la histórica travesía de la música desde África al Nuevo Mundo, muchas de ellas tan atractivas como imposibles de demostrar. La teoría más atinada es que las diferencias entre el norte y el sur de África se reproducen en las diferencias entre Norteamérica y Sudamérica.[65] El blues, el jazz y el rock de Norteamérica carecen de la complejidad rítmica que consideramos esencial en la música africana, porque las plantaciones de Norteamérica trajeron a la mayoría de sus esclavos del África occidental islámica. El esclavo Kunta Kinte, de la novela *Raíces* de Alex Haley, fue secuestrado en la Gambia musulmana. Del mismo modo, la improvisación del jazz está en deuda con la tradición de la improvisación vocal islámica del norte de África. Otra razón, se dice, es que los norteamericanos prohibieron los tambores para evitar que los esclavos de las plantaciones se comunicaran entre sí mediante «tambores parlantes».

La misma teoría explica que la música de Sudamérica sea tan rica en polímetros y marimbas, ya que la mayor parte de sus esclavos procedían del sur del África occidental. La música folclórica de Colombia, por ejemplo, contiene muchos rasgos africanos: la forma de las canciones con dos partes, del Congo; el lenguaje de los tambores, de los kwa; el yodel pigmeo y, en términos más generales, la participación colectiva y una densa estratificación de ritmos sobre un patrón repetido.[66] Estos patrones, o «cronogramas», destacaban en el potente timbre de los tambores frente a ritmos profusos como los metrónomos. A diferencia de los metrónomos, su pulso era asimétrico y prefería frases de ocho y doce notas divididas en grupos de tres y dos (3+3+2 o 3+2+3+2+2). Los africanos de Colombia también adoptaron los metros de 6/8, que tanto les gustaban a los españoles y portugueses del siglo xv, y los «reafricanizaron» como patrones de «papa con yuca», así llamados porque las palabras proporcionan el ritmo, patrones que interpretaban con marimbas y violines rítmicamente rasgueados.

Además de sorpresas e hipótesis simplistas, también hay pistas falsas. La más sospechosa es que los blues vienen de África y que expresan la profunda nostalgia de los esclavos de las plantaciones. ¿Por qué, entonces, no hay blues en el Caribe, o incluso en la propia África, donde es más común cantar en claves mayores (es decir, sin notas de blues)? Una fuente del blues más probable es la manera de hablar de los estadounidenses del Sur Profundo. El lingüista Benjamin Boone descubrió patrones del habla parecidos al blues en una entrevista de Jelly Roll Morton, en 1938, con el antropólogo Alan Lomax. Analizando con el ordenador el espectro lingüístico, Boone demostró que «los tonos comúnmente asociados con la música blues estaban siendo utilizados» no sólo por Morton —un músico de Nueva Orleans—, sino también por Lomax. Aunque Lomax era blanco, se había criado en el Sur.[67] Un poco más claros, aunque todavía dudosos, son los orígenes del *swing*. No vale nada si no tiene *swing*, decía Duke Ellington. El origen del *swing* fue probablemente celta, más que africano, y entró a través de los violinistas irlandeses y escoceses de los montes Apalaches, que habían llegado a América a principios del siglo xix y que enseñaron su música tradicional a violinistas negros. Además del banjo, el violín era el único instrumento que les estaba permitido tocar a los músicos negros.[68]

En Nueva Orleans, el lugar de nacimiento del jazz, pisamos un terreno más firme.[69] La música africana era más tolerada en la Nueva Orleans católica y francesa que en la Norteamérica

348

protestante, y tanto los esclavos como las personas de color libres bailaban en espacios públicos como la Congo Square. Las danzas en corro del Congo africano se convirtieron en unos bailes lineales, largos y sinuosos, que seguían a las bandas de música que recorrían la ciudad en los funerales y en las procesiones del carnaval. La importancia del séquito de danzantes estriba en que daba rienda suelta a la sensibilidad polirrítmica africana, y complementaba la firmeza de los ritmos europeos que encabezaban la procesión. Esta mezcla de un ritmo de marcha firme con una síncopa compleja describe exactamente cómo empezó el funk en la década de 1960. Según el director musical de James Brown, Alfred «Pee Wee» Ellis, éstas eran las auténticas raíces de James Brown.[70] El complejo funk de Brown era una forma extrema de la fórmula del rock y el pop: cada compás tiene cuatro simples notas en primer plano, y síncopas y ritmo de fondo en segundo plano. Esta fórmula se propagaría por todo el mundo. Entonces, dado que cada paso de esta danza lineal lleva a Brown —a través de Congo Square— al propio Congo, ¿por qué negó Brown sus raíces africanas cuando volaba hacia Kinshasa?

La filosofía del jazz de Nueva Orleans surgió como una protesta frente a toda noción de pureza racial. Atentaba contra las leyes de Jim Crow sobre la segregación racial, y animaba a traspasar los límites. Esta actitud, sin embargo, se formó mucho antes que la Nueva Orleans de la década de 1890. Fue una consecuencia de la esclavitud y de la experiencia de la migración en lo que Paul Gilroy memorablemente dio en llamar el «Atlántico Negro».[71] Los sonidos del Atlántico Negro —en sus viajes de África a América, y de vuelta a África— son los sonidos no de los orígenes (pureza) o los destinos (hibridismo), ni siquiera del océano que los separa. Son más bien el eco de la experiencia del propio tránsito, de cruzar fronteras, de una creativa mezcolanza de vivencias acumuladas con el fin de adaptarse y sobrevivir. En un océano de corrientes cruzadas, proliferaciones de subgéneros y fusiones, es imposible desenmarañar y distinguir, digamos, entre la rumba de la jungla (que llegó al Congo desde Cuba en la década de 1920) y el funk que Brown trajo

349

consigo en la década de 1970, y también el afrofunk de hoy en día. Ésta es la razón por la que el acuoso Atlántico Negro toma el relevo de la arenosa Ruta de la Seda como emblema de la experiencia moderna. Es una condición de la propia modernidad, desde la cosmopolita Lisboa de 1480 hasta el Londres multicultural de 2020.

## DE LA J A LA K

En China están aprendiendo a tocar el piano cuarenta millones de niños. China es el mayor productor y consumidor de pianos del mundo, lo que significa que produce el 76,9 por ciento de todos los pianos que existen.[72] Los pianos gozan de una popularidad similar en Japón y en Corea del Sur, como también la música clásica occidental en general. Existe una galaxia de virtuosos del piano del Sudeste Asiático: Fu Cong, Lang Lang, Mitsuko Uchida, Sunwook Kim y otros muchos. ¿A qué se debe esto? Cuando Fu Cong ganó el tercer premio en el quinto Certamen Internacional de Piano Chopin en 1955, China patrocinó música clásica en rivalidad con Occidente como un sustituto de la guerra. Más tarde, la música clásica de estilo occidental se convirtió en un símbolo de modernidad y del estatus de la clase media. Es más, la forma clásica armonizó con la formalidad de la cultura asiática; por ejemplo, el decoro de los modales japoneses se vio reflejado en la gracia de Mozart y Schubert. En esta foto (véase figura 8.5), un director de una orquesta sinfónica occidentalizado da la mano a un muñeco de unos dibujos animados. Sean cuales sean las razones, la realidad es que el Sudeste Asiático se ha convertido en el centro de la música occidental. Mientras la música clásica se hunde en Occidente, sus botes salvavidas son China, Japón y Corea.

Tras esta observación apocalíptica, concluyamos estos resultados finales con una instantánea de Japón, tal vez la más moderna y occidentalizada de las culturas musicales. Comparado con el Atlántico Negro, Japón ofrece una visión muy diferente de la modernidad: un cine dolorosamente *cool* y bandas de *un-*

Figura 8.5. La estrella de los dibujos animados Hatsune Miku con el director Hirofumi Kurita y la Orquesta Filarmónica de Tokio.

*derground noise*, hoteles cápsula, lavabos de alta tecnología, trenes bala y el karaoke. A menudo, este criterio es una versión distorsionada o hiperrealista del propio Occidente. Observar Occidente a través de unos ojos japoneses es como ver un reflejo en un espejo muy lejano. O como cenar en el «restaurante del fin del universo», de Douglas Adams, donde los comensales comen platos suculentos mientras contemplan cómo la creación entera explota a su alrededor. Esto describe la extrañamente desconcertante experiencia de escuchar la música de Joe Hisaishi, posiblemente el más famoso compositor clásico japonés del que se haya oído hablar en Occidente.

Hisaishi es el compositor habitual del Studio Ghibli de Hayao Miyazaki, cuyo *El viaje de Chihiro* ganó en 2003 el Óscar a la mejor película de animación.[73] Para los espectadores occidentales, la música de Hisaishi es esencial para las cualidades inefablemente japonesas de las películas de Miyazaki. Desconcierta, por tanto, que sus partituras parezcan estar hechas a base de un popurrí de música occidental: melodías populares, jazz ligero, música ambiental, minimalismo, música electrónica y sonidos ambientales espaciales. Hisaishi parece anónimo no sólo por ser tan ecléctico, sino porque entierra su personalidad en las películas. Entonces ¿por qué parecen tan japonesas estas películas? La clave está en los ojos abiertos de par en par de los personajes (originariamente inspirados en dibujos animados clásicos estadounidenses de la década de 1930 como Betty Boop), lo que para los espectadores occidentales significa una cosa y para los japoneses otra. A los occidentales les parecen caucasianos; para los japoneses, esos dibujos apelan a su tradicional tendencia a la estilización. De manera similar, el gusto tradicional japonés por la extravagancia y el capricho se consigue en las películas mediante un batiburrillo de localizaciones europeas, una mezcla de Alpes italianos, castillos bávaros, pueblos galeses y la Costa Azul.

Así, la música de Hisaishi, como las imágenes de Miyazaki, incorpora fragmentos de Occidente para expresar el Japón. Curiosamente, ésta era una táctica militar tradicional en el compromiso de Japón con el mundo exterior. El historiador Arnold Toynbee lo definió como la posición «herodiana» de Japón: la del «hombre que actúa con arreglo al principio de que la manera más efectiva de evitar el peligro de lo desconocido es dominar su secreto». Herodes «responde descartando su manera tradicional de hacer la guerra y aprendiendo a combatir a su rival con las propias tácticas y las propias armas del enemigo».[74] Japón ya había hecho esto antes, cuando importó el *gagaku*, su forma más antigua de música clásica, de su gigantesca vecina China en el sigo IX a lomos del budismo, el confucianismo y el sistema de la escritura china.[75] Aunque en origen fuera chino, el *gagaku* se naturalizó como la música de la corte real japonesa. Sin embargo, la defensa «herodiana» de mayor envergadura fue ejecutada como reacción a un helicóptero de combate estadounidense.

El 8 de julio de 1853, el comandante Matthew Calbraith Perry introdujo su buque de vapor en el puerto de Uraga, un acontecimiento que fue inmortalizado por el musical de Stephen Sondheim *Pacific Overtures*. Su intervención puso fin al prolongado aislamiento de Japón: desde 1646, los japoneses tenían prohibido entrar en contacto con extranjeros. Todo había empezado de una manera bien distinta, cuando los misioneros occidentales habían contemplado el Japón como maduro para la cosecha. Para la década de 1580 ya había 100.000 japoneses cristianos. En 1577 el padre Organtino Gnecchi había escrito desde Kioto: «Si tuviéramos más órganos y otros instrumentos musicales, Japón se convertiría al cristianismo en menos de un año».[76] Tras la restauración Meiji de 1868 —cuando el emperador recuperó su trono—, Japón sucumbió vigorosamente a la música occidental, si no al cristianismo, en una auténtica cascada de capitulaciones. Los ejercicios militares de estilo occidental requerían una música de estilo occidental, de modo que el ejército adquirió su primera banda en 1872, y durante muchos años los primeros recitales públicos de música occidental eran dados por bandas militares. «Kimigayo», que aún sigue siendo el himno nacional de Japón, fue compuesto en esa época al estilo occidental. A los escolares se les enseñaba la notación occidental en partituras en 1880; en Tokio se fundó un conservatorio en 1890. Los compositores japoneses fueron enviados a París y Berlín para que asimilaran a Debussy y a Brahms. Las canciones folclóricas japonesas se disfrazaban de armonías occidentales para demostrar la fusión entre Oriente y Occidente. Un infame ejemplo de tal fusión es la partitura de Ishiro Honda para la película de 1954 *Godzilla* (*Gojira*), donde las melodías folclóricas japonesas recorrían Tokio con una plúmbea orquestación.[77]

Después de la *Nullstunde*, la hora cero, de 1945, cuando el nacionalsocialismo fue eliminado y la ocupación aliada facilitó el acceso a la vanguardia estadounidense y europea, la fusión este-oeste alcanzó nuevos grados de refinamiento en el trabajo de una generación más joven de compositores japoneses. El más importante de éstos, Toru Takemitsu, describió las sumamente sutiles y mutuas influencias japonesas y occidentales como una «acción recíproca». El impresionismo de Debussy había extraído del Asia oriental una fascinación por las escalas modales, el timbre, el tiempo estático y lo pintoresco. Importados de vuelta a Japón, estos aspectos fueron utilizados por Takemitsu y sus compañeros para reflejar e intensificar las preocupaciones de su propia cultura. Pero fue el tortuoso viaje del propio rodeo —primero hacia el oeste y luego de vuelta a Japón— lo que posiblemente contribuyó a la más profunda de las cualidades japonesas: la supresión de la consciencia individual como una senda hacia la identificación con la naturaleza. En palabras de Takemitsu: «Aprendo y asimilo algo de la negación del ego propia de la música tradicional japonesa, y de su anhelo por conseguir una unión del sonido con la naturaleza».[78]

La negación del ego, la senda del budismo zen, recorre gran parte de la cultura musical de Japón. ¿Cómo reconciliar esto con la que tal vez sea su costumbre más estrafalaria: el encaprichamiento de Japón con la *Novena sinfonía* de Beethoven? Hay un cómic manga que cuenta la historia del estreno japonés de la sinfonía en el campo de prisioneros de guerra de Bandō en 1918.[79] En 1944, jóvenes soldados japoneses eran enviados a morir al compás de la sinfonía, según contaba un superviviente que había hecho personalmente campaña para que se interpretara la *Novena* porque «dentro de cada uno de nosotros ardía un deseo casi desesperado de llevar al campo de batalla recuerdos de algo que nos fuera muy cercano, algo que simbolizara a nuestra patria».[80] Todas las Nocheviejas la «Oda a la alegría» se toca por todo el país, tanto por orquestas profesionales como por aficionados entusiastas. La entrega de Japón a la *Novena* de Beethoven es mayor incluso que la de Austria o Alemania; esto es sorprendente sobre todo porque en la historia japonesa (o asiática) no existe la tradición del «gran» compositor individual. Entonces ¿por qué se ha convertido Beethoven en un héroe nacional japonés? Cuando el crítico musical Yoshida Hidekazu daba clases en un colegio, les puso a sus alumnos una redacción en la que les planteaba precisamente esa pregunta. Hidekazu se encontró con que «la inmensa mayoría de las redacciones hablaban menos de la propia música que de su admiración por Beethoven por haber escrito obras maestras pese a adversidades como la sordera, el amor no correspondido y la pérdida de su familia».[81] Para los japoneses, Beethoven simboliza la abnegación; para

Occidente, el triunfo de la individualidad. Resulta extraordinario que la misma música refleje las preocupaciones propias de cada cultura. En la Alemana nazi la *Novena* era a todas luces una obra del nacionalsocialismo. Los rusos y los chinos discuten sobre si Beethoven era un capitalista o un comunista.[82]

La negación del ego parece ser la principal lección que compositores occidentales como John Cage sacaron de Japón, tras los flirteos de *El Mikado* y *Madama Butterfly*. Pero incluso en estas obras, no era tanto una cuestión de influencia como de una autorreflexión occidental. Los compositores estadounidenses se apropiaron de la filosofía zen para distanciarse tanto de la Vieja Europa como de sus propias creaciones principales. Asimismo, existen cortafuegos culturales a través de los cuales a veces no puede pasar una nueva corriente. Es interesante preguntarse, por ejemplo, por qué el K-pop conquistó Occidente, mientras que al J-pop le cuesta trabajo abrirse camino fuera de Asia. Por una parte, todo el mundo baila el «Gangnam Style» de Psy. Por otra, las sensibilidades occidentales todavía no han aprendido a digerir la sacarina y la cultura de una banda de chicas aparentemente preadolescentes y moralmente problemáticas de J-pop, aunque creamos a los japoneses cuando aseguran que ese género es sólo una diversión inocente. Y es una lástima porque, bajo la superficie glamurosa, las armonías de las canciones del J-pop son más interesantes y están menos estandarizadas que las del pop comercial de Occidente. Los bucles de acordes son mucho más largos y no rodean incesantemente las mismas progresiones I-IV-V.

¿Por qué se impuso entonces el K-pop? En primer lugar, está la energía delirante, su velocidad de salida desde la atracción gravitatoria de casi un siglo de opresión política; inicialmente, bajo la ocupación japonesa (cuando fue prohibida la música coreana), y luego desde los gobiernos conservadores de la posguerra. En segundo lugar, hay un estilo visual muy colorido que deriva —por muy sorprendente que parezca— de los *Teletubbies*, un programa infantil para niños de preescolar emitido por la BBC a finales de la década de 1990.[83] Con sus rápidos saltos de imagen, los vídeos musicales del K-pop están diseñados para múltiples visualizaciones en pantallas portátiles, con una economía digital que capitaliza los clics. Utilizando como armas los colores primarios y períodos cortos de atención, la complicidad y la distancia irónica, el K-pop atrapa a niños, adolescentes, adultos y teóricos culturales. Es la música universal de principios del siglo XXI. El grupo que más vendió en el mundo en 2020 fue BTS, una banda de siete chicos de Corea del Sur, y fue la primera banda de K-pop que intervino en las Naciones Unidas.

Algo interesante ocurre cuando la animación del Studio Ghibli se reescribe para una audiencia occidental. Joe Hisaishi añade música para rellenar los silencios. «Según el equipo de Disney —dice Hisaishi—, los extranjeros [no japoneses] se sienten incómodos si no se oye música durante más de tres minutos.»[84] Por ejemplo, la versión japonesa original de la película de 1986 *Laputa* dura dos horas, pero sólo tiene una hora de música. Durante el resto del tiempo, las audiencias disfrutan del silencio, que consta de lo que los críticos cinematográficos llaman «tomas de almohada», «un intervalo casi musical entre lo que venía antes y lo que vendrá después», que permite a la historia «respirar». Lo que pasa con el «silencio» es que en realidad no existe; es una oportunidad para oír los sonidos del entorno natural. Por ejemplo, uno de los sonidos característicos de las películas de Miyazaki —cuyas estrellas son animales, espíritus, paisajes y niños— es el del viento meciendo la hierba. Takemitsu llama a ese sonido ambiental *sawari*, y cuenta una bonita historia de cómo una vez escuchó a un maestro del *shakuhachi* tocar una flauta de bambú para él en un restaurante, con una olla de sukiyaki borboteando al fondo. En respuesta al músico zen, Takemitsu le dice: «He oído perfectamente el sonido del sukiyaki hirviendo a fuego lento». A lo que el maestro responde: «Entonces es una prueba de que he tocado bien, y eso es porque mi música *es* el sonido del sukiyaki».[85]

A un oyente occidental le costaría trabajo no separar la música del ruido, o *sawari*; no diferenciar la música de la naturaleza. Pero la visión que tiene Japón es que el modelo occidental de la música y los músicos es una aberración histórica, una anomalía evolutiva. La norma en todo el mundo no occidental ha sido siempre que la música es parte de la naturaleza. En reciprocidad, el ser humano musical ha intentado siempre aniquilar la naturaleza o, al menos, perfeccionarla o trascenderla. El interés de Miyazaki y Takemitsu por la ecología se forjó en las hogueras de Kobe e Hiroshima.[86]

Toru Takemitsu trabajó además como chef en la televisión y escribió un peculiar libro de recetas (con platos, en su mayoría, de pasta). Sentado junto a Takemitsu en el restaurante japonés del fin del universo, el hombre musical mira por dos ventanas:

1. La ventana J. La vista no es estimulante. Ve la Tierra hace millones de años, cuando la única música que había era animal. Al fin y al cabo, el ser humano musical es un animal.

2. La ventana K. La perspectiva no es más reconfortante. Ve un futuro próximo con una experiencia musical incrementada por la tecnología transportable o integrada. Aquí, el ser transhumano musical es un cíborg, un organismo cibernético.

Crucemos la ventana J.

# TERCERA PARTE

# LA EVOLUCIÓN

# 9

# El animal

El Disco de Oro del *Voyager*, la tarjeta de visita de la humanidad, saluda en cincuenta y cinco idiomas, y luego le muestra al universo los «sonidos de la Tierra», desde los medioambientales hasta los de los seres vivos. Los oídos alienígenas podrán escudriñar los volcanes, los terremotos, los truenos, el viento, las olas y la lluvia, y luego una sucesión de llamadas de animales como los grillos, las ranas, los pájaros, las hienas, los elefantes y los chimpancés. La música humana alcanza la cúspide de esta escalada evolutiva desde los animales inferiores hasta los superiores. Aunque uno puede especular sobre cuál de las cuatro últimas especies es la más inteligente, lo cierto es que los chimpancés comparten el 98 por ciento de los genes humanos y son nuestros parientes más próximos en el árbol de la vida. De una forma reveladora, la NASA optó por emplazar el canto de la ballena en la categoría de los saludos, no de la música, junto a los mensajes humanos. El mensaje enviado al espacio es que, de entre todas las criaturas vivas de la Tierra, sólo los humanos y las ballenas tienen un lenguaje. Tal vez la NASA estuviera motivada por el éxito del álbum de 1970 *Songs of the Humpback Whale* («Cantos de la ballena jorobada»), el disco sobre la naturaleza que mejor se ha vendido de todos los tiempos (véase figura 9.1). Siguiendo la estela de este entusiasmo por los cetáceos, la película de 1986 *Star Trek IV. Misión: Salvar la Tierra* cuenta cómo una sonda alienígena llega a la Tierra y transmite unas señales que nadie puede entender. Las señales van dirigidas al océano y resultan ser similares al canto de las ballenas.

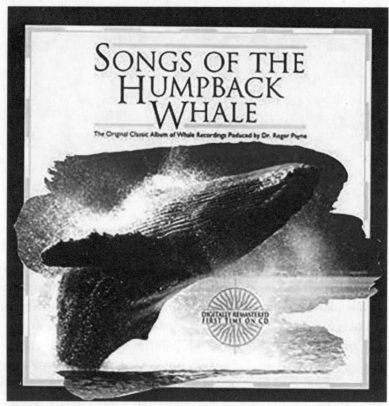

FIGURA 9.1. El disco sobre la naturaleza que mejor se ha vendido de todos los tiempos, *Songs of the Humpback Whale*.

La tercera y última parte de mi libro abarca desde la historia humana hasta la evolución de la música a una escala muy amplia. La comunicación animal nos puede enseñar qué hace de la música humana algo tan excepcional, como lo hará la música de lo que venga a continuación de nosotros. Yendo un paso más allá de la NASA, seguiremos la cadena evolutiva hasta los sonidos de la inteligencia artificial y las interacciones entre el ser humano y la máquina. El animal, el ser humano y la máquina: he aquí los gigantescos pasos que da la evolución de la música.

Este capítulo esbozará los hechos clave en torno a la música del reino animal. El capítulo 10 revisará los eslabones de la cadena desde Lucy, la australopiteco, hasta el lenguaje musical.

El capítulo 11 abordará la historia del ser humano musical hasta su muerte potencial a manos de las máquinas.

Pero antes veamos algunas advertencias y algunos contextos. No debemos perder nunca de vista que hablar de la «evolución» de la música, como del lenguaje, es una metáfora, ya que la música es un sistema de comunicación, no una criatura, y no evolucionó a partir de un solo ancestro. La metáfora pasa por alto la esencial distinción que hace la teoría evolutiva entre homología y analogía. Esto significa que, si bien la música evolucionó en al menos cuatro ocasiones distintas en los insectos, los pájaros, las ballenas y los humanos, la relación entre estos diferentes tipos de música es análoga. Las cuatro músicas no evolucionaron directamente desde un sola raíz. Éste es el mismo principio según el cual se dice que las alas son análogas porque sólo se parecen en cuanto a su uso, y evolucionaron cuatro veces en los pájaros, los murciélagos, los insectos y los pterosaurios. Si estas variedades de alas descendieran de un antepasado común, serían homólogas.

La música no tiene un solo origen, sino que surge de múltiples puntos de procedencia; es como una cuerda tejida a base de muchos hilos. Contemplar la música como una cuerda de muchos hilos equivale a concebir al ser humano musical como un gran sintetizador. Lo que llamamos «música» no es una sola cosa, una caja negra unificada. La música se compone de parámetros y facultades. Los parámetros incluyen el ritmo, la melodía, el timbre y la textura. Las facultades incluyen la predicción y la adaptación a un ritmo; el canto entonado; recordar las notas; reconocer la equivalencia de las octavas; seguir los hilos de la red contrapuntística. Una de las facultades musicales más importantes es lo que los zoólogos llaman «aprendizaje vocal». La mayor parte de los animales se ciñen a los sonidos con los que han nacido. Una minúscula fracción de los animales —algunos, pero no todos, pájaros, ballenas, elefantes, focas y un encantador subgénero del topillo cantarín (*Sumeriomys argyropulo*)— son capaces de aprender sonidos nuevos. El biólogo evolutivo Tecumseh Fitch cree que el aprendizaje vocal es un requisito imprescindible para calificar como música la comunicación animal.[1]

He aquí, pues, el factor decisivo que convierte al ser humano musical en excepcional. Mientras que los parámetros y las facultades están repartidos por todo el reino animal, sólo el músico humano los reúne y los abarca todos.

Dado que los parámetros y las facultades musicales afloran en diferentes puntos de la denominada historia profunda, resulta también posible esbozar un cronograma profundo de la música:

### Hace 800 millones de años

Técnicamente, el tipo de señal más antiguo no era sonoro, sino vibratorio, como en la comunicación de una célula a otra.[2] Las interacciones mecánicas y químicas debieron de producirse entre los primeros metazoos multicelulares hace entre 800 y 1.000 millones de años. La comunicación vibratoria no fluye a través del aire o el agua, sino a través de un «sustrato», una sustancia sólida como una hoja, una colmena o el suelo. Así es como «oyen» las chicharritas o saltahojas y los elefantes, pero también músicos sordos como la percusionista Dame Evelyn Glennie.

### Hace 165 millones de años

Después de la vibración vino el ritmo. Los científicos han reconstruido el tono exacto que producen las alas de un fosilizado grillo de arbusto, también llamado saltamontes longicornio, o katydid, del período Jurásico.[3] A semejanza de sus descendientes modernos, el katydid prehistórico debía de cantar a un ritmo regular, una facultad compartida por las cigarras y las ranas, pero también análoga, en el campo visual, a los destellos de las luciérnagas y a la ondulación sincronizada de los cangrejos violinistas. La percepción y la sincronización a un ritmo regular es una habilidad musical fundamental de los humanos.

*Hace 66 millones de años*

A continuación llegó la melodía. El fósil más antiguo que se conoce de una siringe (un órgano vocal de las aves análogo a la laringe humana) procede de un pájaro cretácico con forma de pato de la Antártida.[4] Podemos deducir que posiblemente el pájaro no sólo era capaz de proferir un canto complejo, sino que además disponía de la serie de habilidades musicales que lo acompañan: aprender cantos nuevos de otros pájaros; crear por sí mismo cantos nuevos; reconocer el tono absoluto y la forma espectral (el timbre). Estas habilidades se pueden comprobar en el laboratorio con aves modernas.

*Hace 50 millones de años*

La última facultad que evolucionó, antes de que apareciera el *sapiens*, fue la cultura musical, desarrollada por las primeras ballenas. En una época y en un lugar determinados, todas las ballenas jorobadas entonan el mismo canto.[5] Y ese canto cambia de un año para otro de una manera que puede ser fácilmente rastreada por los observadores de ballenas. Es importante decir que la música de las ballenas tiene una «tradición». Es más, los cantos de la ballena son más largos, más ricos y más «parecidos a una canción» (en términos humanos) que los de las aves, lo que contribuye a explicar por qué sus inolvidables sonidos estimularon la imaginación del mundo en la década de 1970, cuando fueron descubiertos y dados a conocer por primera vez. Nos identificamos más con las ballenas que con los pájaros porque las ballenas son mamíferos.

Los simios surgieron y se diversificaron hace entre 23 y 5 millones de años, pero no encajan en el cronograma musical porque carecen de aprendizaje vocal. Dicho con mayor precisión, no son nada musicales. Los chimpancés, los bonobos y los gorilas son unos usuarios flexibles y creativos de los gestos físicos. Pero su comunicación vocal es muy pobre en comparación con la de los pájaros y las ballenas. La curiosidad cósmica es que el ser humano musical no evolucionó a partir de los pájaros o las ballenas, sino de los simios, sordos a los tonos, a través de nuestro último ancestro común (o «eslabón perdido»), hace seis o siete millones de años.

No obstante, la evolución es ingeniosamente sinuosa, y lo que heredamos de la línea de los simios fue la inteligencia social. Ser capaces de leer la mente de otro es fundamental para bailar, cantar y tocar juntos. La ruptura entre la línea de los simios y las ramas más musicales del árbol filogenético será un enigma para nosotros, como también lo será la sospecha de que el ser humano musical lo ha estado negando todo el tiempo.

Así pues, el capítulo expondrá algunas de las habilidades de los animales que recogerá y elaborará el ser humano musical. (Tampoco conviene olvidar que hay muchas cosas que los músicos animales hacen mejor que nosotros.) Y tal vez formule también la pregunta más importante de todas. Estos sonidos pueden ser complejos, fascinantes y preciosos. Pero ¿son arte?

## LOS INSECTOS

¿No sería maravilloso si pudiéramos reconstruir la música del Jurásico a partir de un bicho atrapado en el ámbar? Un equipo de científicos con base en China hizo lo siguiente mejor que se podía hacer con un fósil de un katydid (grillo de arbusto) hallado en Mongolia y procedente del período Jurásico Medio, de hace 165 millones de años.[6] Es asombroso todo lo que pudieron deducir de él. Los katydids modernos producen el canto friccionando una vena dentada de un ala contra un plectro de la otra, en un proceso denominado estridulación. Al examinar la distribución de los dientes en la enorme ala delantera, de 7 cm, del fósil, Jun-Jie Gu y su equipo averiguaron que el insecto antiguo producía un tono puro de 6,4 kHz, o un grave mi natural. Descubrir el tono exacto de un canto jurásico es un logro muy notable. Pero de ahí dedujeron muchas cosas. Eso significaba que el katydid probablemente cantaba cerca del suelo del bosque jurásico, porque las bajas frecuencias se transmiten mejor en distancias largas, mientras que los tonos agudos se extinguen rápidamente. Eso a su vez significaba que los depredadores dinosaurios del insecto probablemente no podían oír los mi naturales; que la frecuencia acústica de la nota no era registrada por el radar jurásico. E indicaba que este bosque de coníferas y helechos gigantescos probablemente era un entorno ruidoso, y que el tono puro del katydid estaba adaptado para traspasar los sonidos de la lluvia, el viento, los ríos y una multitud de criaturas. Pero la lección más sorprendente que se obtiene es que el canto del katydid fue un punto muerto de la evolución. Los grillos posteriores ya no cantaban, sino que chirriaban y formaban rítmicos coros colectivos.

Por qué y cómo forman los grillos coros para chirriar en perfecta sincronía es algo que lleva mucho tiempo desconcertando a los entomólogos. El porqué queda parcialmente respondido por el fenómeno universal del *lekking* —la exhibición competitiva de los animales macho para atraer la atención de las hembras durante la temporada de apareamiento—. Pero si los insectos están compitiendo, ¿por qué chirrían al unísono? Por lo que se ha llamado el «efecto baliza» en los estudios sobre el centelleo sincrónico de las luciérnagas.[7] La fuerza sonora reside en el número, y al unir sus señales, un coro de grillos puede superar a un coro rival. Señalizar en grandes grupos, mediante la «suma de la amplitud», ha demostrado que da una ventaja de apareamiento a los grillos individuales. Una vez atraída la atención de la hembra de un coro a otro, comienza la competencia dentro del grupo. Utilizando el pulso común como su línea de referencia, el grillo macho señalizará una fracción de segundo antes que los otros para poder destacar. Esta regular irregularidad es análoga a cómo los músicos de jazz intensifican y sincopan el ritmo. Pero sin duda nos estamos adelantando. ¿Cómo podemos comparar a los jazzistas humanos con criaturas que tienen un microgramo de tejido neuronal, con insectos que prácticamente carecen de cerebro? Esto nos lleva al «cómo».

Incluso los péndulos y los metrónomos, unos objetos que literalmente no tienen cerebro, sincronizan sus oscilaciones con el tiempo. En 1665, el físico holandés Christiaan Huygens demostró que dos relojes de péndulo apoyados en el mismo estante se iban sincronizando gradualmente entre sí.[8] Aunque el péndulo de uno de los relojes se alterara, recuperaba el mismo ritmo que el otro en treinta minutos. Huygens llamó a este proceso «la simpatía de los relojes». Hoy en día se llama «compenetración». Cuando contamos o damos palmas o nos movemos al compás de determinado ritmo externo, nos compenetramos con ese ritmo. Los grillos, las luciérnagas y los cangrejos violinistas se compenetran el uno con el otro, como lo hacen los músicos en una banda de jazz.

Los relojes de Huygens se compenetran porque comparten una sola superficie que vibra, el estante. Insectos como los grillos y las luciérnagas se compenetran porque sus pequeños cerebros contienen diminutos osciladores. Ésta es la premisa del *best seller* de Steven Strogatz titulado *Sync*:

> En una congregación de luciérnagas, cada una está continuamente enviando y recibiendo señales, que cambian de ritmo y son a su vez cambiadas por él. De este ajetreo emerge de alguna manera la sincronización [y] las luciérnagas se organizan. No precisan de ningún maestro, y no importa que haga buen tiempo o mal tiempo. La sincronización se produce a través de la mutua compenetración, del mismo modo que una orquesta puede llevar perfectamente el compás sin un director [...] Cada luciérnaga contiene un oscilador, un pequeño metrónomo cuyo cronometraje se ajusta automáticamente en función de los destellos de las otras. Y eso es todo.[9]

En su maravilloso libro *Bug Music: How Insects Gave us Rhythm and Noise* [La música de los bichos: Cómo los insectos nos proporcionaron el ritmo y el ruido], el primer estudio que se ha tomado en serio la música de los insectos, el filósofo y músico de jazz David Rothenberg aborda la sincronización de los grillos. Basándose en las ideas del entomólogo Thomas Walker, Rothenberg explica que el sistema nervioso central de un grillo contiene un oscilador que produce impulsos eléctricos periódicos. La criatura ajusta su oscilador en función del canto o chirrido de otro grillo. «Si el otro chirrido se produce hacia el comienzo de su propio chirrido, el grillo reajusta su propio reloj y empieza su propio ciclo un poquitín antes.»[10]

Ahora bien, sería una tremenda exageración afirmar que el sentido del ritmo de un insecto está tan desarrollado como el del humano. Una persona es capaz de llevar el compás con determinado ritmo externo incluso cuando ese ritmo cesa; entonces lo imaginamos. Y nuestra imaginación puede agrupar ritmos en patrones dentro de patrones, que es a lo que llamamos metro. No existe ninguna prueba de que los cerebros de otros animales, incluidos los simios, sean lo suficientemente sofisticados como para organizar los ritmos jerárquicamente de esa manera. Sin embargo, la naturaleza está llena de relojes, desde los átomos de nuestro interior, que oscilan $10^{16}$ veces por segundo, hasta el ciclo reproductivo de diecisiete años de la cigarra americana. Llevando el cronograma evolutivo al límite, uno podría incluso argumentar que los relojes circadianos comenzaron hace 3.000 millones de años con las cianobacterias,[11] y que la definición de cualquier organismo es «una "población de osciladores" (sin conexión directa)».[12] Y resulta maravilloso considerar esta anécdota del etnomusicólogo holandés Frank Kouwenhoven acerca de la musicalidad de los mosquitos:

> Estaba yo un día tarareando una melodía, cuando me di cuenta de que una nube de mosquitos que volaban sobre mi cabeza empezaron a «bailar» al compás de mi música. Los insectos se movían al unísono (hacia arriba y hacia abajo) en respuesta a las señales del sonido rítmico que «oían». Seguramente reaccionaban a las vibraciones del aire, pero no era tan obvio por qué o cómo todos ellos me respondían —el cronómetro externo— de manera sincronizada.[13]

Para entender de dónde procede nuestra propia musicalidad, conviene subrayar la simplicidad de muchas de nuestras facultades. Dicho de forma breve, el canto animal pone más claramente de relieve lo que tiene de especial la música humana. En este sentido, consideremos que toda la música está implícita en los duetos del cortejo de los mosquitos.[14] El mosquito macho zumba para atraer a su pareja con una frecuencia de batida de alas de 600 Hz, o re natural. Los mosquitos hembra zumban normalmente con un tono de 400 Hz, o sol natural. Sin embargo, justo antes de practicar el sexo, ambos mosquitos modulan su tono de vuelo para entrar en armonía con la misma frecuencia tonal de 1.200 Hz, una octava por encima del re del macho. Todo lo que nosotros cantamos no es más que una nota a pie de página de esto.

## Los pájaros

Los grillos cantan o chirrían, los mosquitos zumban, pero el canto de los pájaros es lo que de verdad nos importa, pues encarna la naturaleza musical de la que ha descendido lentamente el ser humano musical. La humanidad ha mirado siempre con nostalgia hacia los árboles en busca del canto de los pájaros, como una especie de ideal de la música. La ferviente admiración que expresa Keats en su «Oda al ruiseñor» habla por todos nosotros. Pero varios temas se perdieron por esos bosques, y no deberíamos perder la cabeza. ¿Es el canto de las aves un arte? La música es un arte porque se disfruta por sí sola, mientras que el darwinismo enseña que los pájaros cantan para la selección sexual. ¿Cómo sabemos que el canto de las aves no es música sino un lenguaje? Presumiblemente, el sonido que hacen los pájaros es sólo otra variedad de comunicación animal. Abordemos primero la función del canto de las aves.

La respuesta rápida a «¿por qué cantan los pájaros?» es: para atraer a una pareja de apareamiento, para ahuyentar a los rivales y para formar un hogar. La selección sexual de Darwin explica que las hembras prefieran pájaros con melodías más largas, más complejas y más numerosas, a menudo cantadas por seductores bien viajados y monógamos en serie como los ruiseñores porque, regresando cada primavera desde lejos, tienen la necesidad de esmerarse más en el cortejo.[15] Según el zoólogo

Clive Catchpole: «En la naturaleza, los machos con mayores repertorios silábicos siempre atraen más a las hembras que sus rivales con cantos menos complejos».[16] Con sus 200 cantos, el ruiseñor de Keats seguro que era el pájaro más listo de su jardín, y a las aves hembra la inteligencia musical les parece sexi.

La respuesta breve a si el canto de los pájaros no es en modo alguno un canto sino un tipo de lenguaje es «sí». Se trata, sin embargo, de un lenguaje muy cualificado con referencias y significados, pero sin sintaxis. Las doce llamadas del pinzón tienen diferentes funciones: la llamada de vuelo, la llamada social, la llamada de lesión, la llamada agresiva, las llamadas de alarma *tiu siii* y *sip*, tres llamadas de cortejo (*ksiip, chirp* y *sip*) y las llamadas con las que piden la comida las crías y los polluelos.[17] Aunque cada una de estas llamadas tiene un significado, como una palabra en el lenguaje humano, el pinzón no une varias llamadas para formar una estructura más compleja, como nuestras frases. Tiene un lenguaje primitivo que carece de una gramática compositiva.

Pero todo esto es demasiado simplista porque el problema de definir el canto del pájaro como una comunicación funcional —y por lo tanto, no como una música ni tampoco como un arte— sencillamente suscita la pregunta de qué es la música. Y como hemos visto a lo largo de este libro, la variedad de la música, incluso limitada al mundo humano, es vertiginosa. Dejando por el momento de lado cuestiones como si el ave juega de forma consciente con el sonido, u obtiene un placer estético de él, sería arbitrario negar que tales estructuras exquisitamente complejas de tono, ritmo, timbre y contorno tienen mucho en común con lo que consideramos «música». Empecemos por enumerar todas las características por las que los pájaros son musicales, en términos humanos. Luego repasaremos la prueba anatómica que explica por qué el canto de las aves no puede ser un lenguaje.

Veamos primero la musicalidad. A diferencia de los humanos, no todos los pájaros son musicales. De hecho, el don del aprendizaje vocal está limitado a un minúsculo subgrupo de las 9.000 especies conocidas de pájaros, en los tres clados de aves canoras oscinas (paseriformes), loros (psitaciformes) y colibríes (apodiformes).[18] La naturaleza es sorprendentemente elitista. De ahí que los ornitólogos hagan una clara distinción entre «llamadas» y «cantos». La serie de doce llamadas similares al lenguaje del pinzón es innata, común a todos los pinzones e invariable. La mayor parte de los pájaros sólo tienen llamadas o reclamos. Pero pájaros que tienen llamadas, incluido el pinzón, también pueden tener cantos. El canto característico del pinzón consta de cambios infinitamente creativos en torno a un patrón de cuatro frases, que viene a ser el siguiente: [19]

Frase 1: *chip-chip-chip-chip*
Frase 2: *tel-tel-tel-tel*
Frase 3: *cherry-erry-erry-erry*
Frase 4: *tisi-che-uii-uu*

Significativamente, la mayor parte de la gente cree que ninguna de esas frases (o subfrases) significan nada por sí mismas, a diferencia de lo que ocurre con las llamadas del pinzón («llamadas de vuelo», «llamadas de alarma», etc.). Creemos que son tan individualmente irrelevantes como las espirales y los círculos concéntricos del plumaje de un pavo real (aunque podemos estar equivocados). Esta irrelevancia o falta de significado es la razón por la que esto es música, y no lenguaje.

Esos pájaros dotados del aprendizaje vocal nos sacan una ventaja de millones de años en cuanto a habilidades musicales. De hecho, la mayor parte de las cosas que sabemos hacer, los pájaros las hacen mejor, más que nada porque la siringe de las aves es mucho más flexible que la laringe humana.[20] Saben cantar un solo, o un dueto con sus amantes o sus rivales, y también esperar a que les llegue su turno, como en una conversación humana. Normalmente, a los pájaros les enseñan sus primeros cantos sus progenitores macho, y empiezan con una fase de balbuceo cuando experimentan, como un niño humano, con un amplio abanico de sonidos. Incluso después de lograr que cristalicen sus cantos maduros, las aves siguen aprendiendo canciones nuevas, al menos, durante su primer año de vida, y algunas hasta mucho más tarde. La diversidad de los cantos ornitológicos de todas las especies es extraordinaria. Los carboneros se contentan con un lánguido canto de dos notas que suenan como si alguien dijera «fii-bii».[21] En el extremo opuesto se halla el cuitlacoche rojizo, el compositor aviario más prolífico del mundo, cuyas 1.800 complejas melodías son el equivalente sonoro de la extravagancia visual que tanto nos gusta de la cola de un pavo real o de las ingeniosas e historiadas pérgolas que construye un pergolero australiano.[22]

A semejanza de la música humana, el canto de los pájaros hace gala de una enorme diversidad en todo el mundo (aunque, a diferencia de los pájaros, nosotros adquirimos esa variedad siendo una única especie; de eso hablaré muy al final del libro). Las aves cantan incluso en diferentes «dialectos», adaptándose a los distintos hábitats de las regiones geográficas. Pájaros tropicales como el picolargo amarillo y la camaróptera dorsiverde utilizan notas larguísimas que se adaptan a la densa vegetación. Los cantos de los pájaros que viven en campo abierto son más agudos y poseen unos trinos repetitivos. De hecho, las parulas norteñas cantan en tonos más agudos cuanto más alto vuelan, es decir, cuanto más se alejan de las interferencias propias de la vegetación.[23] Quizá la prueba más clara de esta «hipótesis de la adaptación acústica» sean los trinos del *Zonotrichia capensis*, mal llamado gorrión americano, que es rápido en hábitats abiertos y más lento en zonas boscosas.[24] Esta hipótesis también nos ayuda a entender el vínculo existente entre el canto de las aves y la especiación (la formación de nuevas especies a través de la evolución).[25] Esto ocurre normalmente a lo largo de muchos siglos. Sin embargo, las llamadas de los mosquiteros verdosos han evolucionado casi en la historia reciente. Cuando estos pájaros se trasladaron desde su patria ancestral, la meseta tibetana, hacia el norte, hacia Siberia, sus cantos se volvieron más largos y más complejos. ¿Por qué? La vegetación más tupida y la menor población ornitológica en el norte convirtieron el canto en algo más competitivo, y la abundancia de comida lo hizo menos arriesgado.

Desde un punto de vista técnico, la musicalidad de los cantos de las aves puede medirse en el laboratorio. Por eso sabemos lo raro que es que los estorninos tengan exactamente el mismo rango de audición que nosotros.[26] El rango de la mayoría de los pájaros, sin embargo, es mucho más estrecho, pues son sensibles a frecuencias de entre 500 y 6.000 Hz. Pero dentro de este ámbito más limitado, las aves son mucho más sensibles que las personas al tono, al ritmo y al timbre. Los pájaros son superiores a todos los mamíferos, incluidos los humanos, en percibir el tono absoluto.[27] En contraste, los humanos son mejores con el tono relativo, el contorno de las melodías. Así pues, los pájaros no saben reconocer que una melodía es la misma cuando está traspuesta a una clave diferente, similitud que es obvia hasta para un niño. A diferencia de nosotros, los pájaros tampoco oyen que una octava es una versión más aguda o más grave de la misma nota. No obstante, las aves son sumamente sensibles a las más mínimas inflexiones del ritmo o de la forma espectral. Son el doble de rápidas que nosotros en reconocer el ritmo, lo que sugiere que su cerebro trabaja a doble velocidad que el nuestro y que experimentan la vida dos veces más deprisa que nosotros. Igualmente asombrosa es su percepción del timbre. Entre los pingüinos rey, el padre y la cría conocen tan bien sus respectivas voces, que pueden localizarse el uno al otro en una colonia de 40.000 parejas reproductoras.[28] Ganarían sin dificultad en el circuito del llamado *cocktail party*, o lo que el psicoacústico Albert Bregman ha denominado el «análisis de la escena auditiva». Como vimos en el capítulo 1, se trata del principio que capacita a quien asiste a una fiesta para detectar una voz determinada de una conversación y para suprimir todas las demás. Es exactamente la misma facultad que tienen los oyentes de una fuga de Bach para escuchar sus melódicas voces entrelazadas. Imagínese que consigue hacerlo en una fiesta de 80.000 humanos hablando todos a la vez.

Pero hay una facultad de la que, al parecer, carecen los pájaros: la de ajustarse a un ritmo, como hacen los insectos y los humanos. La excepción confirma la regla, y aquí la excepción es una ingeniosa ave solitaria, una cacatúa galerita llamada Bola de Nieve, que es el único pájaro que conocemos capaz de adaptarse al ritmo. Hace pocos años se hizo viral un vídeo de Bola de

Nieve bailando al compás de los Backstreet Boys.[29] Por lo demás, se supone que los pájaros no saben seguir el ritmo. Como señala Stefan Koelsch, lo que el vídeo no muestra es que el dueño de Bola de Nieve estaba detrás animando a su mascota con toda clase de gestos.[30] ¿Tiene importancia que un pájaro haya aprendido a hacer esto en cautividad, y no en libertad?

Tal vez la mayor diferencia entre la música de los pájaros y la nuestra es que nosotros tenemos una historia. Keats acertaba cuando escribía sobre su ruiseñor: «La voz que oigo conforme pasa la noche fue oída / en tiempos antiguos por el emperador y el bufón: / tal vez fuera la misma canción...». Es muy probable que, dentro de su hábitat particular, el repertorio de una especie ornitológica siga siendo por lo general el mismo durante miles de años. Dicho esto, el canto de las aves tiene una historia «poco profunda», ya que los pájaros saben imitar sonidos nuevos de su entorno. Un ejemplo encantador de una «tradición» limitada es el del ave lira grabada en 1969 en el Parque Nacional de Nueva Inglaterra, en Australia, que parecía estar cantando fragmentos de una canción folclórica escocesa, «The Keel Row», con el timbre de una flauta.[31] Después de llevar a cabo un poco de labor detectivesca, se descubrió que un flautista que vivía en una granja cercana le había tocado, en la década de 1930, esa melodía a su mascota ave lira. La canción folclórica se había propagado por la comunidad aviaria y se había transmitido de generación en generación.

En resumidas cuentas, los pájaros poseen todas las facultades necesarias para hacer música. Pero ¿pasan las propias canciones la prueba como estructuras musicales bien formadas? Durante cientos de años, los entusiastas han intentado esbozar el canto de los pájaros. Pero sólo a partir de la invención del sonograma ha sido posible capturar lo que realmente sucede. La figura 9.2 es un sonograma de dos minutos del canto continuo de un ruiseñor macho, *Luscinia megarhynchos*, en el que la forma ondulada representa el volumen (amplitud), el tono (frecuencia) y el timbre (forma espectral) frente a la dimensión del tiempo.[32] El sonograma muestra una «sesión» de treinta y una «canciones» individuales, cada una de las cuales es un rápido estallido de sonido jalonado por dos o tres segundos de silencio. Como se puede ver en los dos recuadros destacados, las canciones 2 y 31 son exactamente iguales: el pájaro empieza a reciclar los cantos, no en el mismo orden, sino mediante un reagrupamiento creativo. La mitad inferior de la figura amplía los componentes de una canción en particular. Sorprendentemente, los investigadores han demostrado que, bajo la superficie, lo que parece ser una multitud de cantos diferentes es en realidad una elaboración de un solo patrón de cuatro secciones: (1) una o varias notas suaves; (2) una secuencia de notas a un volumen variable; (3) un estallido de notas repetidas; (4) un solo elemento, que funciona como el punto final de una frase. Los pájaros, por tanto, están improvisando una estructura gra-

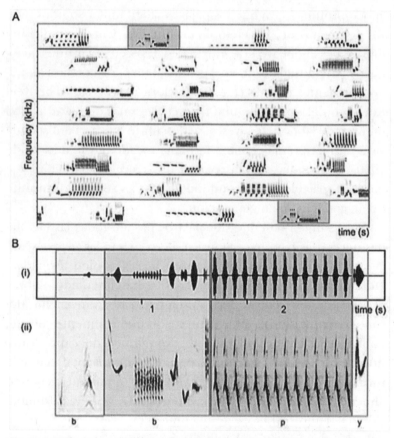

FIGURA 9.2. Sonograma del canto de un ruiseñor.

matical coherente. Lingüistas chomskianos han destacado la analogía entre el canto de las aves y las «estructuras profundas» elaboradas por las frases humanas.[33] El canto de los pájaros se presta, de una manera igualmente plausible, a la comparación con la sintaxis de la música humana. Así pues, tenemos que volver a hacernos la pregunta que antes he negado: ¿es el canto de los pájaros realmente un lenguaje? La razón por la que tal vez no lo sea guarda relación con otras dos preguntas: ¿por qué el cerebro de los pájaros no está cableado para el ritmo? y ¿por qué las aves alzaron primero el vuelo? Tras un breve interludio sobre biología, cogeré el toro por los cuernos y propondré la principal razón por la que el canto de los pájaros puede ser similar a la música humana.

Como hemos visto con anterioridad, el primer vestigio de una siringe, el órgano vocal del pájaro, tiene 66 millones de años y procede del Cretácico (véase figura 9.3).[34] Proviene del fósil de una criatura con forma de pato bautizada como *Vegavis iaai*, descubierta en la isla Vega de la Antártida. Las primeras llamadas o reclamos de las aves probablemente fueran graznidos. Como ocurre con los avestruces modernos, los dinosaurios coetáneos del *Vegavis iaai* no tenían siringe, por lo que sus llamadas debían de parecerse a los chillidos del avestruz más que a los sonidos que puedan oírse en la película *Parque Jurásico*. Los pájaros comparten algunos aspectos de su audición con los cocodrilianos,[35] y la neumatización (cavidades de aire en los huesos y en los oídos) estaba presente entre los arcosaurios, así como en las crestas craneales de los hadrosáuridos pico de pato.[36] No obstante, los reptiles se fían más de la visión y el olfato que del sonido. Así pues, la cuestión de por qué cantan los pájaros es en realidad la otra cara de la moneda de la cuestión de por qué los pájaros alzaron en su día el vuelo. La ventaja del vuelo es un acceso más fácil a la comida y al sexo, y el canto surgió para compensar el elevado coste metabólico del vuelo, las calorías que éste consume. Como el canto recorre grandes distancias, ayuda a que el pájaro rastree su posición en el espacio tridimensional a través de la audición direccional.

Ahondar un poco más en el cerebro de los pájaros contribuye a explicar el escepticismo de Koelsch con respecto a la cacatúa

FIGURA 9.3. *Vegavis iaai*, una criatura cretácica similar a un pájaro, volando por encima de un dinosaurio velocirráptor de tamaño medio.

Bola de Nieve. Parece que su cerebro simplemente no está cableado para un ritmo regular (pese a que los insectos, que realmente no tienen cerebro, se las arreglan a la perfección). Las aves desarrollaron un cerebro anterior más complejo que los dinosaurios y los reptiles a base de elaborar la paleocorteza, que incluye los núcleos para el aprendizaje vocal y la producción del canto.[37] Los mapas del cerebro de las aves canoras señalan el HVC (siglas en inglés del «centro vocal superior») y el «área X», un centro del que las hembras carecen, y eso puede explicar (o no) por qué el canto parece ser mucho más raro entre las hembras de los pájaros. Los cerebros de las aves son superiores a los nuestros en cuanto a su extraordinaria habilidad para seguir desarrollando nuevas células nerviosas en la edad adulta. Su cerebro se agranda literalmente en primavera, cuando necesitan cantar, y se empequeñece en invierno, cuando descargan el peso oneroso.[38] Entender cómo lo hacen podría curar algún día el alzhéimer; por eso hay cientos de laboratorios en todo el mundo analizando el cerebro de los pájaros. De todas maneras, la arquitectura del cerebro de un pájaro es muy diferente, si no inferior, a la de los mamíferos en un sentido. Los mamíferos poseen de forma adicional una corteza cerebral estratificada que incluye una estructura evolutivamente nueva llamada «neoestriado». Su función es la de integrar la información entre los sistemas sensorial, motor y cognitivo. En los mamíferos humanos, la conexión entre el pensamiento, los sentimientos y el movimiento fue fundamental para nuestro desarrollo del lenguaje. Ésa es la razón por la que podemos seguir el ritmo, y por la que los pájaros —tal vez a excepción de Bola de Nieve— no pueden. Asimismo, es la razón por la que los científicos son reacios a conceder al canto de los pájaros el estatus de un lenguaje propiamente dicho. Los pájaros, sencillamente, no tienen un cerebro apto para el lenguaje.

## PERO ¿ES ARTE?

Entonces, el canto de los pájaros, ¿es un lenguaje o una música? ¿Un sistema de comunicación adaptativo o un torrente de hermosos sonidos sin sentido alguno? Pero también es posible que este dilema de «o lo uno o lo otro» sea un falso binario; el canto de los pájaros puede ser las dos cosas, como hemos visto que es la música humana en el capítulo 4. Vimos cómo las bandas sonoras de la vida cotidiana eran absorbidas por los paisajes imaginarios de las obras musicales. A lo mejor los pájaros hacen también eso, coger sonidos y señales de su entorno y entretejerlos formando bellos patrones. La prueba más clara de que los pájaros sí juegan con los signos es el ave lira de Alberto, de Australia, cuyas virtuosas imitaciones se presentaron en *Planeta Tierra*, la serie documental de la BBC realizada por David Attenborough.[39] En ese videoclip el ave lira imita la llamada de la cucaburra (sabe encarnar a veinte especies de aves) y hace imitaciones misteriosamente precisas del obturador de una cámara, de una cámara accionada por motor, de la alarma de un coche y de las motosierras de los guardas forestales. Sus asombrosas habilidades impresionan a las hembras, que es la explicación biológica estándar. Pero desde una perspectiva musical, el canto del ave lira también juega con los signos de su espacio social y medioambiental. A semejanza de lo que sucede con la música humana, los signos de este espacio han sido abstraídos de su función o significado originales (es muy dudoso que el ave lira entienda de verdad a la cucaburra). Posiblemente haga eso con el fin de «negociar» su entorno.

Esto me lleva a pensar que el consenso según el cual el canto de las aves carece de significado probablemente sea falso. He aquí dos ejemplos más.

En primer lugar, aunque el canto «fii-bii» de dos notas del carbonero es tan corto como muchas llamadas innatas, se trata de una auténtica ave canora. La simplicidad de su canto es engañosa. En duelos de canto, el carbonero macho eleva el tono de su nota superior («fii»), mientras mantiene el preciso intervalo entre las dos notas («fii-bii»). Agudizar la nota más alta contribuye a que el pájaro traspase la cacofonía del coro al alba, de forma análoga a cuando el grillo competidor canta adelantándose ligeramente al ritmo de su rival. Su perfecto equilibrio entre el tono absoluto («fii») y el tono relativo (el contorno de «fii-bii») les dice a las impresionadas hembras que él es el mejor pájaro (pocos pájaros logran ese equilibrio). Pero la llamada también coordina las señales de estatus y agresión: el tono absoluto advierte a su rival; un tono relativo ajustado atrae a la hembra.[40] El canto del carbonero explica cómo un solo canto puede tener dos funciones simultáneas, el cortejo y la rivalidad, el sempiterno rompecabezas utilizado por los expertos en pájaros para negar que su canto tenga un significado. ¿Cómo puede una canción significar algo si sirve a dos propósitos a la vez? La respuesta es que un canto puede mezclar señales.

En segundo lugar, puede que los ruiseñores canten más de lo que pensábamos al principio. Como ya hemos visto antes, sus cientos de canciones elaboran un patrón de cuatro fases. Lo que podemos añadir ahora es que la fase dos de esta sintaxis es un silbido en tono agudo, utilizado para atraer a una pareja, y la fase tres es una especie de castañeteo, una típica señal agresiva. A semejanza de las canciones humanas, los cantos de este pájaro mezclan los sonidos del amor y la guerra. Y exactamente igual que nuestra música, la suya digiere las señales funcionales del mundo exterior convirtiéndolas en un mundo estético interior dotado de una gramática musical.

Por fin podemos responder a la pregunta de por qué cantan los pájaros. En definitiva, porque les gusta. Es cierto que los cantos tienen funciones de adaptación, y también lo es que los fragmentos constituyentes tienen unos significados. Pero eso no impide que los pájaros puedan disfrutar del canto. Nuestro malestar por permitirles una alegría a los pájaros, que incluye el planteamiento de si es políticamente correcto antropomorfizar a los animales, proviene en gran medida —según el científico evolutivo Richard Prum— de una mala interpretación de Darwin. En un libro audazmente revisionista, Prum sostenía que la teoría de Darwin sobre la selección sexual fue censurada por los científicos victorianos a tenor de la desaprobación típicamente victoriana del placer sexual femenino.[41] Esta interpretación distorsionada de la teoría de Darwin, originalmente mucho más rica, se consolidó como una ortodoxia todavía vigente. Según dicha ortodoxia, todo canto animal, incluido el de los pájaros y las ballenas, es puramente funcional, no estético. La longitud y la complejidad del canto de las aves exceden con frecuencia lo que es estrictamente necesario para atraer a una pareja. Si se redujera el alcance de esta ortodoxia, caería el muro que separa la música animal de la música humana.

Otra parte del dogma viene a decir que en la música de las aves tienen la exclusiva los machos, debido a la ausencia del «área X» en el cerebro de las hembras. Éste era ciertamente el consenso científico hasta hace más o menos una década.[42] Pero los pájaros hembra sí cantan, aunque tal vez por motivos diferentes —por vínculos sociales más que por la selección sexual—, de manera que el «área X» no puede ser tan importante como antes se creía.[43] De hecho, se ha demostrado que los científicos habían omitido esto porque suele ser difícil identificar el sexo de los pájaros en plena naturaleza, y porque daban por descontado que si un pájaro cantaba, era macho. Obsérvense aquí las dos espirales de la lógica circular. Sólo los machos cantan; ergo si canta, es macho. Y como las hembras no cantan, su incapacidad puede ser localizada en su cerebro: la carencia del «área X».

Se trata de un prejuicio tan virulento como la ahora risible creencia de que las mujeres no podían componer; que el ser humano musical era intrínsecamente masculino. Ahora, por supuesto, damos por hecho que la escasez de mujeres compositoras en la historia de la música occidental se debía a prejuicios sociales y culturales, y no a la biología. Si los musicólogos misóginos miraban a la naturaleza para hallar la esencia de un accidente histórico, qué casualidad que las ciencias naturales estén plagadas de los mismos prejuicios. Resulta que la teoría de la música de Darwin, según la cual los pájaros macho cantan y los pájaros hembra seleccionan, o, dicho en términos humanos, los hombres componen y las mujeres disponen, está completamente equivocada. Prum avanza un buen trecho al corregir el sexismo victoriano subrayando la importancia evolutiva del placer estético de las oyentes. Pero no llega lo bastante lejos. Si las aves hembra también cantan, y no necesariamente para la selección, entonces el origen de la música no puede ser sólo el sexo. Como veremos más adelante, cuando cantan las ballenas jorobadas macho, no hay por los alrededores ninguna hembra que pueda oír su canto.

La música de las ballenas es más cautivadora que el canto de los pájaros. Tal vez suene más «humana» porque las ballenas son mamíferos. Nos deja atónitos porque es lo más cerca que ha llegado la naturaleza a una cultura musical evolutiva. Los cantos de las ballenas se desarrollan lentamente a lo largo de décadas. Y, sin embargo, hubo un tiempo en que se creía que las ballenas eran mudas o sordas. Todo eso cambió cuando la ballena conoció al humano, gracias en gran medida a la investigación *top secret* llevada a cabo por la Armada estadounidense durante la Guerra Fría. Un ingeniero naval llamado Frank Watlington, destinado en la Palisades Sonar Station, en la isla San David de las Bermudas, recibió la orden de detectar la presencia de submarinos rusos mediante hidrófonos (micrófonos acuáticos) colocados a 700 metros de profundidad en el océano.[44] Lo que oyó en su lugar fue el canto de las ballenas jorobadas. Las grabaciones de Watlington cayeron en manos del conservacionista Scott McVay y de un científico ornitólogo con base en la Universidad de Princeton llamado Mark Konishi, y luego pasaron a los expertos en ballenas Roger y Katy Payne, que las analizaron cuidadosamente basándose en visualizaciones sonográmicas. El resto se convirtió en historia: utilizando las grabaciones de Watlington, Payne y McVay produjeron *Songs of the Humpback Whale*; el álbum vendió 30 millones de copias y puso en marcha todo el movimiento medioambiental, incluida la organización Salvad a las Ballenas. Esta bonita historia está magníficamente contada en *Thousand-Mile Song* [El canto de las mil millas], de David Rothenberg.

Como señala Rothenberg, los Payne se dieron cuenta de que los cantos de las ballenas no sólo eran de gran belleza. Estaban intrincadamente estructurados y se repetían cada pocos minutos con una precisión considerable. Lo que surgió fue que los cantos de las ballenas tenían la misma estructura jerárquica, y parecida al lenguaje, que los cantos de los pájaros, y alcanzaban niveles de complejidad crecientes: desde unidades similares a las palabras y locuciones parecidas a las oraciones, hasta canciones y sesiones completas. Rothenberg ha demostrado incluso que si se acelera el canto de una ballena aplicando muchos órdenes de magnitud, suena como un ruiseñor.[45] No estoy de acuerdo: los cantos de las ballenas y de las aves suenan distintos por una serie de razones. Una diferencia fundamental en la que debo insistir es que la música de la ballena «fluye» de muchas maneras, lo cual es una condición obvia de su medio acuático; el canto de los pájaros, en cambio, salta y da sacudidas, como los propios movimientos físicos de las aves. La comparación es engañosa en otros sentidos. Aunque tanto las ballenas como los pájaros utilizan el sonido para la audición direccional por el espacio tridimensional, el aire y el agua tienen diferentes propiedades, entre las cuales destaca que el sonido se transmite cinco veces más deprisa por el agua que por el aire, concretamente, a 1.500 metros por segundo. Dada la escasa visibilidad que hay en el mar, la audición es mucho más importante para las ballenas que para los pájaros, que cuentan con su agudeza visual. Se cree que los gemidos infrasónicos de las ballenas azules pueden viajar miles de millas por el «profundo canal del sonido» del océano, hasta el otro extremo del mundo; de ahí el título del libro de Rothenberg.

Normalmente, el canto de la ballena dura entre siete y treinta minutos, mucho más que el de las aves, y sus cantos empalman unos con otros sin interrupción en sesiones de hasta veintitrés horas.[46] Recordemos que cada una de las «canciones» del ruiseñor duraba sólo unos pocos segundos jalonados por respiros de dos o tres segundos. En cambio, los intervalos en los cantos de la ballena recaen entre las «palabras», no las canciones, de tal modo que cada grito parece llevar un peso y una fuerza expresiva enormes. He aquí una transcripción hecha por Payne y McVay (rastreos de un espectrograma) de una de las grabaciones que Watlington hizo de una ballena cerca de las Bermudas, en abril de 1964 (véase figura 9.4). Es fácil imaginar los contornos que expresan los chillidos, gemidos y soplidos de la ballena, y también cómo se van integrando de forma gradual estos gritos en el canto. Por ejemplo, los chillidos agudos y deslizantes de la línea 4 de la transcripción obviamente parecen y suenan distintos de las llamadas más mesuradas del principio; obsérvese también que las repeticiones se vuelven más rápidas y más agudas. Aquí hay cierta lógica y progresión.

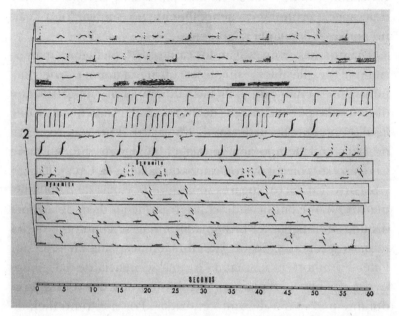

FIGURA 9.4. Transcripción del canto de una ballena, Bermudas, abril de 1964.

Roger Payne y sus colegas observaron que, mucho más que en el canto de las aves, los finales de frase de los cantos de las ballenas «rimaban» unos con otros, como en las canciones humanas. Mientras los lingüistas se preguntan constantemente si el canto de los pájaros es un lenguaje, una música o una mezcla de los dos, lo que anticipa el «protolenguaje» del homínido (véase capítulo 10), el canto de las ballenas suena definitivamente más parecido a lo que llamamos «música», con su carácter repetitivo y sus finales de frase rimados.

Quizá la mayor sorpresa que nos depara el canto de las ballenas es que cambia de un año para otro.[47] Poco a poco, las viejas canciones se van transformando en otras nuevas y, al cabo de unos cinco años, el repertorio de una ballena jorobada es completamente distinto. Las ballenas son criaturas que siguen la moda, como los músicos pop. ¡Qué revelador resulta cuando Payne confiesa que prefiere el canto de las ballenas de la década de 1960! La música de las ballenas tiene su historia. En cambio, dentro de su hábitat particular, el repertorio de una especie ornitológica generalmente no cambia. John Keats no podía saber cuánta razón tenía.

Cuanto más se investigan los cantos de las ballenas, más extraños e inexplicables resultan ser. En algún momento del año, poblaciones enteras de ballenas entonan el mismo canto, aun distanciadas por océanos, es decir, no en el mismo lugar, lo que las diferencia de los dialectos de los pájaros. Entre enero y abril de 1991, en la temporada de cría, el biólogo marino Salvatore Cerchio y sus colegas oyeron cantos de ballenas en Kauai (Hawái) y Socorro (México), lugares separados por más de 5.000 kilómetros.[48] Los científicos descubrieron que las dos poblaciones distintas entonaban el mismo canto, que se componía de los mismos seis temas. Según la definición aceptada en 1983 por Peter Frumhoff, la «canción» es una secuencia de «al menos tres temas que se repiten en el mismo orden dos o más veces durante una sesión de canto grabada». Por si esto no fuera lo suficientemente sorprendente, también descubrieron que los cantos de la ballena evolucionan en el transcurso de una temporada, no sólo entre una temporada y otra, como antes se creía. Y asombrosamente, la evolución mostraba el mismo patrón de cambio, un proceso por el que los temas se escinden en dos temas separados, como unos icebergs que estuvieran de parto.

No tenemos ni idea de cómo hacen esto las ballenas, y se puede elegir entre varias explicaciones igualmente estrafalarias. ¿Una transmisión cultural rapidísima? No es probable: las distancias son demasiado grandes. ¿Telepatía? Ridículo. ¿Un patrón genético para la evolución del canto enterrado en sus enormes cerebros? Caliente, caliente..., pero el misterio sigue sin revelarse.

En realidad no tenemos ni idea de por qué cantan las ballenas; el enigma es aun superior al de por qué cantan los pájaros. La mayor parte de los biólogos se aferran a la tradicional selección sexual. En este caso es seguro que sólo cantan los machos, y únicamente durante la temporada de apareamiento, en invierno. Muy rara vez se ha grabado el canto de la ballena jorobada en verano. Teniendo esto en cuenta, podemos imaginar a las ballenas bramando competitivamente la misma canción desde sus extensísimos leks, separados unos de otros por un kilómetro y medio, como un coro titánico de insectos, intentando superarse unas a otras para impulsar los cambios observados por Cerchio. Pero esto no cuadra porque normalmente las hembras no están por allí cerca, y las que oyen su canto no parecen demasiado interesadas. Otros, como Eduardo Mercado, proponen que los cantos sirven para la ecolocalización,[49] aunque la mayoría de los expertos ponen la objeción de que los cantos de la jorobada no tienen nada que ver en cuanto al sonido con el sónar ultrasónico de los delfines, que emite unos pitidos y chillidos increíblemente agudos. Es una pena porque, siguiendo a Mercado, es bonito imaginar estos cantos desplegando mapas sónicos tridimensionales del océano, modelando y transmitiendo información mientras las ballenas surcan las profundidades. Tal explicación concordaría con la idea de la música humana como una especie de «paisaje» que el oyente «recorre».

La teoría más convincente es que los machos cantan juntos, como buenos mamíferos, para crear un vínculo social. Desde luego, los humanos hacen eso a todas horas. Cuando las jorobadas interpretan la misma «canción», lo hacen para sincronizarse unas con otras.[50] ¿Qué es esto sino la heterofonía (variantes de la misma canción cantadas simultáneamente, como es el caso de los campesinos galeses y toscanos que hemos visto en el capítulo 7), interpretada por coros de canto y baile en los albores de la música humana, con sus extremidades y sus voces entrelazadas?

Veamos un canto en concreto, como por ejemplo el tema inicial de *Songs of the Humpback Whale*, el «Solo de ballena», fácilmente accesible *online*.[51] Al principio le sorprenderá la paleta increíblemente rica de sonidos, que van desde gemidos tan graves como las sirenas de niebla hasta el barritar elefantino y la serie de chasquidos y pulsaciones de banda ancha, todo ello mezclado con unos gritos, chillidos y silbidos que casi rebasan el límite de nuestra audición. El traqueteo que se oye al principio del canto recuerda a una motocicleta; y ese traqueteo alterna varias veces con algo parecido a las notas del metal quebrado del *free jazz*, como cuando Ornette Coleman hace unos agudos imposibles con el saxofón o la trompeta en una de sus vanguardistas improvisaciones. El traqueteo inicial es el ruido distintivo que hacen las ballenas cuando salen a la superficie en busca de aire y se llama «carraca». Para Cerchio y otros observadores de ballenas, las «carracas» son una manera pragmática de etiquetar el comienzo de los cantos, aunque esto es arbitrario, ya que las canciones se repiten ininterrumpidamente.[52] En esta grabación se puede oír cómo la «carraca» vuelve al cabo de 5'50", indicando tanto el inminente regreso a la superficie como la repetición del ciclo. La canción entera dura algo menos de seis minutos, y en la segunda repetición el tema se corta hacia la mitad, al llegar a 9'30".

El «Solo de ballena» tiene una lógica limpia y perfectamente audible que guarda armonía con el ciclo de la respiración de las ballenas. Después de la «carraca», la primera mitad del canto está dominada por gritos y silbidos cada vez más fuertes. La segunda mitad, cuando la ballena desciende a las profundidades, se caracteriza por gemidos y retumbos cada vez más graves. Muchos cantos de ballena tienen un contorno similar, un arco ascendente y descendente —no muy distinto del contorno de las canciones humanas—, pero la rima tanto con el ciclo de la respiración como con el espacio tridimensional está inusualmente clara en el «Solo de ballena». Tiene una lógica acústica porque las notas agudas se propagan mejor por la superficie, y las notas graves se transmiten más hacia el fondo. La analogía del mundo ornitológico, como hemos visto, era la parula norteña (o chipe azul olivo norteño), que canta más agudo cuanto más alto vuela. De hecho, muy pocos cantos de ballena son tan perfectos como el «Solo de ballena». Si hubiera más como éste, entonces se podría cartografiar más fácilmente la asombrosa diversidad de su música. De todos modos, su lógica estructural y acústica sugiere que es una especie de arquetipo elaborado y variado a la manera en que los compositores humanos crean la variedad a partir de la simplicidad.

Volvamos a la pregunta no respondida de cómo evolucionan los cantos de las ballenas a lo largo de una temporada y entre una y otra. Durante un período de tiempo, que a veces dura años, el mismo canto se va alargando y volviéndose más lento, y luego, de repente, se divide en cantos más cortos y se reanuda el proceso de enlentecimiento. Basándose en el estudio clásico de Payne y McVay, un artículo de 1983 escrito por Katherine Payne y sus colegas explica cómo sucede esto. Nuevos temas van deslizándose en las canciones ya existentes formando un tándem con temas más antiguos y acaban por establecerse cuando las otras unidades se van suprimiendo gradualmente. Dos temas de 1976 y 1977 (etiquetados como «temas 8 y 9») intervienen en el 63 por ciento de los cantos, y la proporción asciende al cien por cien en 1978, cuando se eliminaron los temas que quedaban. Además, ese año se asentó el orden de los temas: el 8 siempre daba paso al 9, mientras que previamente el 9 solía dar paso al 8.[53] Los autores también observaron que los temas estables podían dividirse en dos temas nuevos más cortos. Otro hallazgo notable es que las ballenas desarrollaban «frases transicionales» entre dos temas, las cuales combinaban rasgos de ambos. Eso es lo que hacen los compositores humanos: intercalar transiciones entre los temas contrastantes. La música de las ballenas tiene una lógica evolutiva fluida que difiere mucho del espasmódico puntillismo del canto de las aves, pero que se parece mucho más a los movimientos de nuestra propia música.

Debemos ser sumamente cautelosos a la hora de hacer comparaciones entre la música humana y la música animal. De todas maneras, según el estudio de los Payne y otros, la forma en que evoluciona el canto de las ballenas sigue el muy conocido principio que los musicólogos denominan «tropo».[54] En el canto gregoriano y en la temprana polifonía, el tropo significa la interpolación de notas nuevas dentro de una melodía ya existente. A lo largo de varios años o décadas, las notas decorativas se alargan, se asientan más y generan un canto nuevo; las notas más antiguas quedan suprimidas, y el proceso comienza otra vez basándose en el nuevo canto. Nuevos cantos dan vida a pequeños cantos en un ciclo que no tiene fin. El tropo no se limita a

Occidente; se pueden encontrar técnicas similares en la India y en China, debido a la invención paralela más que a la difusión cultural. El tropo de las ballenas es sólo un ejemplo más de una larga lista.

Así pues, la explicación de por qué los cantos de la jorobada evolucionan conjuntamente tiene menos que ver con los genes que con la dinámica demográfica de los temas musicales, un principio que parece cruzar no sólo las culturas, sino también la barrera de las especies. Algunos creen que los temas evolucionan como los genes, como una versión musical de los «memes» de Dawkins. En el capítulo 11 exploraré esta idea. Por ahora, veamos por qué, al oír canciones como el «Solo de ballena», sentimos tal afinidad humana, o al menos mamífera, con esa música.

Las ostras saben a mar, el canto de la ballena evoca la inmensidad del océano, un alma musical tan grande como el mar. La música de las ballenas jorobadas tiene «profundidad» en todos los sentidos. Yo sugiero que el secreto de nuestra complicidad con su música es que, a semejanza de nuestra música, la suya también es puro movimiento y cambio. Hay movimiento en el canto de la ballena porque los temas se van registrando gradualmente y van desapareciendo paso a paso. Hay también cambio transformacional cuando una nota o un gesto se funde con otra y con las frases «transicionales». Y hay asimismo una historia general porque los cantos evolucionan a lo largo de las temporadas. Los cantos de las jorobadas son tan líquidos como el agua en la que viven. Y de ahí viene la diferencia entre el movimiento de las ballenas y el movimiento humano. Lo que le falta particularmente al canto de las ballenas es el ritmo de la bipedestación, la marcha regular del metro musical, de la que en el capítulo 4 dije que derivaba de la experiencia del *sapiens* de andar erguido sobre dos pies. La bipedestación es un vehículo importante para los primates que escalan la «montaña de la música». Nadar frente a caminar; el canto de la ballena frente a la música humana. Así de básica puede ser la diferencia. Lo realmente llamativo es que las ballenas llevan haciendo eso muchos millones de años antes que nosotros. Hemos descubierto a estos alienígenas del espacio interior en la misma década en que la NASA saltó al espacio exterior.

## EL SILENCIO DE LOS SIMIOS

Existen innumerables obras sobre la música humana basada en el canto de los pájaros. Un ejemplo delicioso es el tema principal del *Concierto para piano n.º 17* de Mozart (K. 453), inspirado en su propio estornino. La música clásica posee toda una colección de insectos: grillos (el madrigal de Josquin des Prés «Il Grillo»); abejas (*El vuelo del abejorro*, de Rimski-Kórsakov); moscardas (*Desde el diario de una mosca*, de Bartók), y mariposas (*Papillons*, de Schumann). Los compositores aprovecharon ilusionados el canto de la ballena tan pronto como fue descubierto: por ejemplo, *Vox Balaenae*, de George Crumb. La única música que conozco que presenta las llamadas del mono es «The Funky Gibbon» («El gibón marchoso»), una *novelty song* (canción cómica o sin sentido) de 1975 del comediante Bill Oddie. Sin ir más lejos, Darwin, en su obra *El origen del hombre*, escogió al gibón como la excepción a la norma de que los simios y los monos —y, de hecho, los mamíferos en general— no cantan. «Es un hecho sorprendente —escribe—, que hasta ahora no tengamos ninguna prueba fidedigna de que estos órganos [vocales] sean utilizados por los mamíferos macho para hechizar a las hembras.»[55] Darwin sabía de buena tinta, aunque esto resultara disparatado, que los gibones cantaban escalas de octavas en semitonos.

Lo cierto es que a partir de Darwin se hicieron de hecho muchas investigaciones sobre la vocalización de los primates no humanos.[56] Dado que los simios son nuestros parientes más próximos, cabría esperar que sus llamadas arrojaran alguna luz sobre el origen de la música humana. Sin embargo, no lo hacen: la vocalización de los simios es un callejón sin salida porque, dicho de una manera sencilla, lo suyo son llamadas, no canciones. Los chimpancés, los bonobos y los gorilas carecen de aprendizaje vocal, el requisito previo para que se pueda definir la comunicación animal como música. En resumen, las llamadas de los simios son innatas, universales e inflexibles. Otra deficiencia crucial es que los simios carecen de ritmo; no saben llevar el compás.

Dicho esto, los tres o cuatro casos destacados de llamadas de primates sugieren misteriosamente la música. Cuando se juntan los chimpancés, representan un ritual de grupo llamado «coro de jadeos», y esta interpretación tiene una estructura musical satisfactoria que asciende gradualmente hasta culminar en unos chillidos que luego se van extinguiendo. Si está buscando el origen de las juergas humanas, entonces no hay mejor ejemplo en la naturaleza que el «despliegue carnavalesco» de los chimpancés, un delirio frenético de gritos, patadas en el suelo, bofetadas a los árboles y correteos en el que los chimpancés celebran ocasiones como el descubrimiento de comida o el encuentro con subgrupos.[57] En cuanto a esos gibones, la realidad resultó ser aún más extraordinaria de lo imaginado por Darwin. Los gibones macho y hembra cantan dúos amorosos complejos y preciosos que a veces duran una hora. También sabemos que cantan los tarseros, los indris y los langures.[58] La cuestión, sin embargo, es que los gibones, los tarseros, los indris y los langures nacen conociendo esos sonidos, que son los mismos en todo el hábitat y nunca cambian. Son llamadas, no música.

La excepción más interesante es una especie de mono del Viejo Mundo, de Etiopía, llamado gelada. Utiliza una rica diversidad de llamadas —gemidos exhalados e inhalados, cabeceos, bostezos y gruñidos— esencialmente para mantener la paz en sus harenes. En un artículo famoso, el primatólogo Bruce Richman demostró que las vocalizaciones de los geladas presentaban cuatro patrones distintivos:[59]

1. Una serie de comienzos abruptos: una simple aceleración hasta un tempo clímax, y luego una desaceleración gradual.
2. Una serie prolongada: una sección introductoria lenta y deslizante; luego, una sección media más rápida y más

entrecortada con sonidos inspirados intercalados; y por último una sección de largos sonidos inspirados melódicamente complejos.

3. Un intercambio de llamada-respuesta: una secuencia apresurada y regularmente espaciada de gruñidos breves que van aumentando rápidamente y que proceden de varias voces diferentes.

4. Una serie excitada: contiene una sección media con rápidos cambios de tono, ritmo y cualidad sonora.

La observación verdaderamente radical de Richman, sin embargo, fue que una serie podía ser sometida a inflexión con el fin de expresar significados simultáneos. Así, una serie prolongada es normalmente un signo claro de un acercamiento amistoso del gelada macho. Pero Richman oyó también que un gelada macho producía «una serie prolongada que es más ruidosa y más larga y [con] una cualidad de la voz más tensa que su serie prolongada habitual». El mono hizo esa versión «tensa» o ruidosa de la serie prolongada después de haber participado en una sesión de amenazas con algunos machos solteros. Según Richman, «al producir una serie prolongada con una voz tensa, el macho está expresando necesariamente dos estados emocionales/motivacionales diferentes al mismo tiempo».

A primera vista, las vocalizaciones del gelada parecen mucho más relevantes para el origen del lenguaje que de la música. Son esencialmente versiones más complejas de las famosas llamadas de alarma del cercopiteco verde o tumbili. Las alarmas del cercopiteco verde van dirigidas de forma específica a los depredadores: fuertes ladridos para el leopardo; una breve tos bisilábica para el águila; un sonido *chutter* a la vista de una serpiente.[60] Sin embargo, el hallazgo de Richman de que los geladas utilizan la inflexión vocal para cambiar el significado de una llamada nos dice que la prosodia (el tono emocional, el contorno, el ritmo y la cadencia de una voz) era mucho más importante para conocer el origen del lenguaje de lo que pensaban los lingüistas. Así, lingüistas como Noam Chomsky y Ray Jackendoff contemplan el origen del lenguaje en términos de la evolución de la sintaxis, del orden de las palabras.[61] Pero la inflexión del gelada sugiere, por el contrario, que la prosodia ocupaba un lugar central en la comunicación natural. Entendiendo por prosodia, la música. Sí, la vocalización del gelada podría estar perfectamente más cerca del lenguaje que del canto. Pero aunque no sea música, sin lugar a dudas es musical.

La musicalidad en la comunicación de los primates será un tema crucial del siguiente capítulo. De momento, pongamos fin a las llamadas de los simios y consideremos el extraño hecho de que la principal contribución de los simios a la música humana no estaba en modo alguno relacionada con el sonido. Lo que el ser humano musical aprendió de los simios fue la inteligencia social, y esta inteligencia era más visual que acústica. Dos informes sobre un chimpancé llamado Ayumu muestran claramente dónde reside su fuerza.

Frans de Waal, una autoridad puntera en la conducta de los simios, cuenta una historia de cómo Ayumu pone en ridículo la memoria humana.[62] Ayumu vive con otros chimpancés en el Instituto para la Investigación de los Primates de la Universidad de Kioto, y tiene libertad para circular por varios cubículos equipados con ordenadores:

> Entrenado con una pantalla táctil, es capaz de recordar una serie de números del 1 al 9 y tocarlos en el orden correcto, aunque los números aparezcan aleatoriamente en la pantalla y [sean] reemplazados por recuadros blancos en cuanto él empieza a tocarlos [...] Yo mismo intenté hacerlo y fui incapaz de seguir la pista a más de cinco números después de mirar fijamente a la pantalla durante muchos segundos, mientras que Ayumu puede hacer lo mismo mirando los números sólo 210 milésimas de segundo, es decir, una quinta parte de un segundo; literalmente, un parpadeo.

Unos humanos han sido entrenados hasta el nivel de Ayumu con cinco números, pero él recuerda hasta nueve con un 80 por ciento de precisión. Ayumu derrotó incluso a un campeón de la memoria británico memorizando una baraja entera de cartas.

En el segundo informe vemos que este simio tan sumamente inteligente falla en una prueba destinada a descubrir si los chimpancés eran capaces de seguir un compás regular. Resultó que Ayumu tenía poco sentido del ritmo. En 2013, un equipo de científicos japoneses conducido por Yuko Hattori enseñó a Ayumu y a otros dos chimpancés a pulsar teclas iluminadas de un teclado eléctrico.[63] Luego, cuando a los chimpancés se les puso un ritmo de notas con «intervalos entre compases» (ISI) de 600 milésimas de segundos, sólo uno de ellos ajustó los golpecitos al ritmo, y no fue Ayumu sino otro chimpancé llamado Ai. ¿Por qué Ai y no Ayumu? ¿Por qué Ai quedó bloqueado en un solo ritmo (600 milésimas de segundo, pero no 400 o 500 milésimas de segundo de ISI), mientras los humanos son capaces de sincronizar flexiblemente con muchos tempos? ¿Por qué no pueden los chimpancés —ni siquiera los excepcionales como Ai— sincronizar espontáneamente en plena naturaleza? Y la pregunta más importante: ¿cómo puede ser Ayumu tan brillante en un ámbito y tan incapacitado en otro?

Veamos dos razones físicas por las que los monos y los simios son tan malos cantores: sus tractos vocales no están bien desarrollados y sus lenguas se posan demasiado planas en la boca como para producir ricos formantes. A los simios tampoco se les da demasiado bien imitar, y desde luego son incapaces de imitar el habla humana como algunos pájaros y cetáceos.[64] La imitación, o mímesis, resulta clave a la hora de imitar un ritmo. Tal vez la raíz del misterio estribe en que la inteligencia de los simios es primordialmente visual. Por ejemplo, son mucho mejores que nosotros en interpretar el lenguaje corporal humano (y, sin duda, en recordar los números iluminados). Algunos célebres casos en que los simios parecen entender frases humanas completas son engañosos, pues lo que realmente sucede es que complementan una comprensión rudimentaria de las palabras con una aguda percepción de nuestras expresiones faciales y gestos físicos.[65]

La creatividad, tan singularmente ausente en la vocalización de los simios, está a pleno rendimiento en sus gestos físicos. Aunque los simios carecen de aprendizaje vocal, sí aprenden y crean gestos durante toda la vida y los utilizan con gran flexibilidad en diferentes contextos. Ésa es la razón por la que los paleolingüistas que buscan los orígenes profundos del lenguaje se fijan en los gestos de los primates más que en sus vocalizaciones. Según el primatólogo Michael Tomasello, los chimpancés adultos, por ejemplo, tienen un repertorio de entre treinta y cuarenta gestos que incluyen movimientos de las extremidades (como levantar el brazo, curvar los dedos, alcanzar y pedir algo), posturas corporales (como ponerse en cuclillas, la presentación anal, pegar saltos) y diez expresiones faciales para varias emociones (como el miedo, el placer, la agresividad, la angustia o la excitación).[66] Asimismo emplean gestos táctiles como poner una mano en alguna parte del cuerpo de otro o chupar el labio inferior de un amigo, y gestos auditivos como palmadas en la barriga y patadas en el suelo.

Dentro de esta enorme diversidad, Tomasello establece una distinción entre gestos intencionales destinados a hacer que algo ocurra, especialmente en el ambiente social de los simios, y gestos hechos para llamar la atención de otro simio. Un chimpancé puede levantar un brazo para mostrar su intención de jugar, o presentar la zona genital porque quiere sexo. Para llamar la atención de alguien, digamos, sobre algo de comida o un pene erecto, pueden dar palmadas o patadas en el suelo, ponerse a chillar o hacer toda una serie de gestos hasta que consiguen acaparar la atención. Cuando hacen muchos gestos para llamar la atención, lo importante no son los gestos en sí mismos, y menos el orden en el que se producen, pues apenas representan una «sintaxis» similar al lenguaje; lo crucial es más bien el objetivo al que van dirigidos. Los gestos de los simios son siempre pragmáticos, van encaminados a un fin.

La palabra clave de los gestos de los simios es *flexibilidad*; ésa es la principal diferencia con respecto a sus vocalizaciones. A semejanza de la mayor parte de las llamadas de los animales, las vocalizaciones de los simios y de los monos tienen una correspondencia individualizada con la función, de lo que el ejemplo clásico serían las llamadas de alarma del cercopiteco verde que hemos estudiado con anterioridad. ¿Se parecen los chillidos del cercopiteco verde a palabras o unidades musicales? No, porque las alarmas son demasiado limitadas en cuanto al número; están previamente establecidas para ocasiones específicas; nunca están combinadas, como lo están las palabras y las notas para formar oraciones y frases, y porque son innatas y universales, no aprendidas. En cambio, el 48 por ciento de los gestos de los simios se usan en múltiples contextos: en el juego, al caminar, al luchar, en el sexo, en la lactancia, en el acicalamiento o al comer.[67] El chimpancé pequeño usa el gesto del «suave roce» en tres contextos: para pedirle a su madre que cambie de postura, para pedirle que cambie de sitio o para pedirle comida.

La razón por la que los gestos de los simios son tan relevantes para la evolución de la música, el lenguaje y la cognición humana es que resumen nada menos que lo que los filósofos llaman la «teoría de la mente». Su sensibilidad ante los estados atencionales de los otros —lo atentos que están a la atención— es el equivalente a «leer la mente», y es fundamental para lo que ocurre después en la evolución desde los primates hasta los humanos.[68] Esto abarca nuestra asombrosa habilidad para compartir objetivos, para ayudarnos unos a otros, para cooperar en actividades y para señalar un objeto no porque lo queramos, sino simplemente porque lo encontramos interesante. Muchas de estas cosas están ya implícitas en la capacidad del chimpancé para seguir la dirección de una mirada humana.

En la música, la lectura de la mente nace en esas protoconversaciones entre madre e hijo que he comentado en el capítulo 2, en esos diálogos entre sonrisas, roces y arrullos, que imprimen en toda música humana el sello de lo social e interactivo por excelencia. Los diálogos de quienes cuidan de los niños pequeños están empapados de sociabilidad; su significado rebasa lo sonoro y se interna en lo táctil y lo visual. Dichos diálogos operan en el reino de lo gestual.

La música humana es esencialmente social y colectiva, y lo que obtenemos de los simios, como «compañeros» mamíferos, es el espíritu de grupo. Los pájaros no tienen eso porque el 90 por ciento de ellos cantan o bien individualmente o bien como parejas monógamas. El «coro al alba» es un nombre inapropiado, ya que se trata de una cacofonía de aves y parejas individualizadas. El verdadero canto en coro —todos los pájaros cantando la misma canción— está restringido al cucarachero coliliso, tal vez porque, excepcionalmente, esas aves viven y cantan en grandes grupos de ambos sexos.[69] Durante las exhibiciones de canto territorial, todas las hembras cantan una parte y todos los machos otra, sincronizados a la perfección.[70] Pero la norma que prevalece abrumadoramente es que, a diferencia de nosotros, los pájaros no utilizan el canto para estrechar vínculos en su grupo. A falta de música, los chimpancés, los bonobos y los gorilas unifican sus comunidades mamíferas con señales y gestos, y es esto lo que se convertirá en la base de la música humana.

Por supuesto, lo poco que sabemos acerca de la comunicación animal está provisto de un enorme signo de interrogación. Con unas herramientas más perfeccionadas, tal vez el día de mañana averigüemos que, en la forma espectral de las llamadas de los simios, hay muchísima más complejidad de lo que ahora sospechamos. Todo depende, por utilizar la expresión de De Waal, de si somos lo suficientemente listos como para saber lo listos que son los animales.

## EN RESUMIDAS CUENTAS

El ser humano musical es el gran sintetizador. Tenemos el ritmo de los insectos. Tenemos la melodía y el aprendizaje vocal de los pájaros. Compartimos un sentido de la tradición musical con las ballenas. De los simios heredamos la inteligencia social, si no la música. Por eso escribe Stefan Koelsch que «la música con metro y escalas, cantada o tocada en grupo, es un fenómeno únicamente humano».[71] Somos excepcionales.

Koelsch tiene razón cuando dice que la música adquirió toda su rotundidad sólo con la llegada del *sapiens*, a lomos de la adquisición del lenguaje simbólico y la tecnología. Pero esto no descarta en modo alguno el hecho de que la música humana es excepcional sólo en el sentido de que ensambló los componentes, o las facultades musicales, que existían antes del *sapiens*. El *sapiens* lo sintetizó todo. Las facultades del ritmo, la melodía y la cultura se distribuyeron entre varias especies de insectos, aves canoras y ballenas, pero ninguna de estas especies las tenía todas.

También hicimos mejoras. A diferencia de los grillos o de cualquier otro animal, nosotros no necesitamos una señal visual para cantar o tocar un instrumento siguiendo el ritmo, y podemos seguir llevando el ritmo una vez que se ha detenido el metrónomo (cuando se para el metrónomo, oímos el metro mentalmente). También podemos cambiar el tempo a voluntad. Nuestras melodías son más largas y más complejas que el canto de los pájaros, y además tenemos la armonía y el contrapunto. Nuestras tradiciones musicales son mucho más largas que las de las ballenas. Cada cuatro o cinco años, la memoria de la jorobada parece reiniciarse; su montón de canciones no se acumula indefinidamente, a diferencia de lo que nos ocurre a nosotros. Como especie simbólica que somos, descargamos nuestras tradiciones en bancos de la memoria externa tales como los rituales, los mitos, los libros, las partituras y los instrumentos. Si nos ponemos fantasiosos, podemos imaginar que las ballenas fondean sus cantos en rasgos del paisaje oceánico —tal vez en el agitado fondo marino—, a semejanza de cómo los aborígenes, cuando surcan el desierto australiano, asocian sus *songlines* —o trazos de canciones— a las rocas y a los senderos. Sería una solución elegante al debate sobre si las ballenas utilizan el canto como sónar. Pero eso ya es pura especulación.

No todo es positivo, pues nuestra música se ve también acechada por la pérdida. La comunicación sonora no es natural en los mamíferos, tal y como lo observó por primera vez Darwin. Los simios en particular se sienten mucho más cómodos con las señales visuales. Dado que la humana es también una especie primordialmente visual, la música siempre ha sido y siempre será una Cenicienta marginal de las artes. Por eso nuestra música está tan profundamente marcada por el aire abstracto de la imaginación, la espiritualidad y la interioridad. He aquí una razón por la que la música será siempre una ventana del alma.

Nuestra música también es poco natural porque requiere técnica: lo que los antiguos griegos llamaban *téchnē*, que significa «oficio». La música, a diferencia del lenguaje, es un medio asimétrico. Cuando alguien te habla, tú le contestas. Sin embargo, si alguien toca la flauta para ti, sólo le puedes responder si has aprendido a tocar ese instrumento. Esa asimetría no les preocupa a las aves y ballenas cantarinas.

La asimetría se originó cuando los mamíferos en general, y los simios en particular, cortaron el hilo del aprendizaje vocal. Los simios sencillamente no encajan en la evolución de la música. Este hueco en forma de simio es muy llamativo dentro del modelo evolutivo pergeñado por los Payne:[72]

Fase 1    Grillos: los cantos de los grillos son genéticamente heredados y están rígidamente establecidos, con muy poca variabilidad.

Fase 2    Pinzón vulgar y gorrión de corona blanca: aprendizaje vocal de pájaros de la misma especie («coespecíficos») limitado al principio de la vida, con repertorios modestos.

Fase 3    Sinsonte, canario, tordo sargento: aprendizaje durante toda la vida no sólo de coespecíficos, sino también de otras especies, y con mayores repertorios de canciones en una sola sesión.

Fase 4    Ballena jorobada: aprendizaje de por vida de nuevas versiones del canto. Los cantos evolucionan continuamente; a lo largo de muchos años, las ballenas aprenden un repertorio enorme.

Fase 5    Humanos: aprendizaje de por vida, con el repertorio de canciones más grande y más variado de todas las especies.

En el «hipotético *continuum*» entre los insectos y el *sapiens*, las ballenas jorobadas ocupan el estadio más avanzado anterior al nuestro en la variabilidad de sus cantos. El sugerente párrafo final del estudio merece ser citado en su totalidad:

> En resumen, el estudio de los cantos de la ballena ha demostrado inesperadamente una especie de eslabón perdido en el *continuum* del despliegue sonoro, que va del simple canto estereotipado a la plena complejidad de la canción humana. En lugar de contemplar el canto humano como un fenómeno aislado, como se ha hecho con frecuencia en el pasado, ahora vemos que puede haberse desarrollado mediante una simple evolución paso a paso, cuyas fases todavía se pueden estudiar oyendo a varias especies dispares, cada una de las cuales nos canta desde su respectiva rama del árbol filogenético.[73]

El esquema general de los Payne sobre la evolución musical es muy sugerente, pero no aborda la tremenda discontinuidad. Dado que los simios interrumpen el aprendizaje vocal —la habilidad de una criatura para transmitir una tradición musical a sus hijos y sus coespecíficos—, el simio humano ha tenido que aprender a estudiar. Nuestra música es difícil y sólo se accede a ella con esfuerzo.

La ruptura del aprendizaje vocal refleja, a todos los niveles, la espiral histórica que ha trazado este libro, incluidos los tres cronogramas. Esa ruptura resuena en el nivel de la vida individual (primera parte), cuando perdemos el contacto con nuestra innata musicalidad; en un nivel histórico (segunda parte), con el gradual deterioro de la tradición oral, que culmina después de 1600 con el triunfo de un cultura musical occidental basada en la notación, las partituras y el culto al genio. La tercera parte de este libro plantea que esta ruptura tiene su origen en la falta de especies entre insectos, pájaros y ballenas, por un lado de la brecha evolutiva, y primates y homínidos, por el otro lado.

Así que vamos a cerrar este capítulo con una provocación. La próxima vez que se encuentre en una cena de gala y alguien le espete la consabida pregunta de «¿Cuándo se produjo la modernidad musical?», no le responda que en el siglo xx, ni tampoco en el año 1600, ni hace 70.000-40.000 años, cuando el homínido maduró y se convirtió en *sapiens*. La música se modernizó hace aproximadamente 23 millones de años con los simios.

# 10

# El ser humano

Una de las tomas más imitadas de la historia del cine tiene lugar en el clímax de la escena «El amanecer del hombre» de la película de Stanley Kubrick *2001: Una odisea del espacio*. Habiendo aplastado otro cráneo de homínido con un hueso de tapir, el hombre mono de Kubrick agita el fémur en el aire. Tras un corte, el hueso que da vueltas lentamente se convierte en el satélite con armamento nuclear que baila el vals por encima de la Tierra a los elegantes acordes de *El Danubio azul*. Las deducciones son claras. La evolución se produce en un abrir y cerrar de ojos. El salto que va del hueso al satélite no es tan grande. Pero la ciencia ficción es igualmente clara, pues también vemos que lo que inspira a los homínidos es el misterioso aspecto de un monolito alienígena, un «centinela». La película propone una versión del diseño inteligente, la idea antidarwiniana de que los rasgos del mundo no los explica la selección natural, sino la intervención de un creador semejante a Dios. La música del diseño inteligente de Kubrick es la obertura siempre refrescante de *Also sprach Zarathustra* («Así habló Zarathustra»), de Richard Strauss, el himno del centinela.

Por supuesto, sabemos que la música no es un don otorgado por Dios, sino algo que llevamos inculcado, y esto se percibe incluso implícitamente en la correspondiente escena de Kubrick. Aunque *El Danubio azul* causa sobresalto, los movimientos del vals se materializan a partir de las rotaciones del hueso, como si la música llevara allí desde siempre, pese a que los hombres mono son en su mayoría mudos. Pero ¿qué pasaría si la música no fuera un mero pasajero del asiento de atrás de la evolución, sino una facultad que obliga a ésta a avanzar? El escandaloso planteamiento de Steven Pinker, según el cual la música era un «pastel de queso auditivo» —delicioso, a buen seguro, pero por lo demás un patrón irrelevante de bellos sonidos— no podría estar más equivocado.[1] Posiblemente, en la evolución que va desde «¡Ugh!» hasta Beethoven, la música ha ido siempre en el asiento del conductor.

Este capítulo especula acerca de la evolución de la música a lo largo de cuatro millones de años, entre los australopitecos, los hombres mono de Kubrick y la llegada de las flautas de hueso, hace aproximadamente 40.000 años. (Las máquinas y los alienígenas llegarán en el capítulo 11.) Tenemos que usar la imaginación a falta de homínidos vivos de los que obtener información, a diferencia de lo que ocurría con las sociedades contemporáneas de cazadores-recolectores que ilustraban los capítulos 9 y 5. En 1866, la Société de Linguistique de Paris se hartó tanto de las vanas especulaciones en torno al origen del lenguaje y de la música, que prohibió hablar del tema.[2] Desde el siglo XIX hemos acumulado tal cantidad de pruebas, que esta cuestión ha dejado de ser un juego de salón de los filósofos. Todos los siguientes descubrimientos arqueológicos sobre la evolución de la anatomía del homínido ejercen una influencia directa en su capacidad para el canto:

- Físicos: el hueso hioides se desarrolló, la laringe descendió y el tracto vocal aprendió a proferir un abanico más amplio de sonidos.
- Neurológicos: cuando el cerebro se triplicó de tamaño —lo que se dedujo de los cráneos en expansión—, desarrolló vínculos neuronales con los músculos vocales para controlar la articulación.
- Genéticos: la evolución del habla —y, por extensión, del canto— está relacionada con la evolución del gen FOXP2, que ha sido recuperado de los fósiles.[3]

Los pies y las manos también cuentan una historia reveladora. Ir erguido y andar (la bipedestación) nos proporcionó un ritmo de dos fases, así como el vínculo entre el sonido y el movimiento. La destreza manual nos capacitó para tallar instrumentos. Y la prueba indirecta de una tecnología herramental, las prácticas de enterramiento, los vestigios de hogares y el uso de símbolos y ornamentos nos hablan de la evolución de la mente y, por extensión, de la mente musical. Por ejemplo, el desarrollo de la tecnología herramental, desde los núcleos de guijarros hasta las bifaciales, las hojas prismáticas, los microlitos y las herramientas compuestas con asa, probablemente siguió de cerca a la evolución del lenguaje. Una herramienta compuesta por un palo y una hoja sugiere una habilidad para unir palabras y conceptos: lo que los lingüistas llaman «composicionalidad». Y, por lo tanto, la capacidad para crear una estructura musical.

La evolución del lenguaje es una guía sumamente valiosa para hallar el origen de la música. Pero en cierto modo es una guía poco fiable porque la música no es un lenguaje. El rechazo de Pinker de la música es en realidad muy característico de lingüistas como él, pues enmarcan el debate sobre el origen de la comunicación en torno a lo que mejor conocen. Admitamos que la música y el lenguaje son similares en muchos aspectos. Están procesados por los mismos módulos cerebrales, incluida el área de Broca. El área de Broca, la región del cerebro asociada al lenguaje, «se ilumina» en los escáneres magnetoencefalográficos cuando a los sujetos de prueba les ponen una frase musical disonante o absurda, del mismo modo que cuando oyen una oración que no se ajusta a la gramática.[4] Resulta curioso que el área de Broca surja en la cresta craneal de las calaveras del *Homo habilis*.[5] Asimismo, tanto la música como el lenguaje tienen una estructura jerárquica, como hemos visto que ocurría con la música de los pájaros y las ballenas. Los dos utilizan un alfabeto de sonidos diferenciados (tonos y fonemas). Y los dos se benefician del desarrollo de la laringe.

Pero la música se diferencia del lenguaje en más sentidos todavía. El lenguaje mantiene la dimensión referencial de la comunicación animal; por ejemplo, cuando los monos cercopitecos se refieren a depredadores específicos. La música conserva la emoción animal; por ejemplo, lo que los cercopitecos sienten con respecto a esos depredadores. En el lenguaje ocupan un lugar privilegiado la gramática y la sintaxis, mientras que la música se centra más en el ritmo, el contorno melódico y el timbre (o forma espectral). Aunque el ritmo, la melodía, el color, el tempo y la expresión son ciertamente importantes para el habla, son mucho menos significativos que la gramática. Por esa razón, cuando paleolingüistas como Alison Wray y Ray Jackendoff piensan en el origen del lenguaje, aplican la ingeniería inversa a la sintaxis imaginando un punto lejano en el tiempo a partir del cual expresiones como «¡Ugh!» se transforman en palabras individuales y en frases básicas.[6] Son «sintáctico-céntricos».

Obviamente, los enfoques sintáctico-céntricos no tienen nada que decir sobre el ritmo y la emoción, fuentes mucho más probables del origen de la música. Como vimos en el capítulo 9, la cuerda de la música está tejida con muchos hilos. Uno de los hilos o rasgos es el ritmo de la vida, en especial cuando se ha cristalizado en acciones repetitivas de la talla lítica experimental (fracturación del sílex o pedernal) en el Paleolítico. Otro rasgo es el gesto perfeccionado por los primates. Sin embargo, otro es la dimensión acústica de los gritos de los animales; por ejemplo, cuando los geladas y los pinzones vulgares inflexionan sus vocalizaciones para transmitir significados diferentes.

Ésa es la razón por la que tenemos que tomarnos con ciertas reservas el cliché de que el lenguaje y la música surgieron de una sola raíz de la expresión emocional, escindiéndose una rama en palabras y conceptos y la otra en notas y sentimientos.[7] Llamar a la música un «lenguaje de las pasiones», siguiendo a Rousseau, Darwin y otros muchos pensadores, hace que nos planteemos la cuestión. La cuestión es si la música, como una especie de lenguaje, señala algo en el mundo, incluida una actitud emocional hacia lo señalado, o si la música no es en modo alguno un lenguaje, sino una serie de actividades placenteras, como puede ser el *jogging* o el baile, incluida la agradable acción de aunar a un grupo de gente. He aquí (como mínimo) dos raíces, no una.

Entonces, mediante una secuencia de conjeturas bien fundamentadas, es posible subdividir el salto del hueso de Kubrick —desde los gruñidos del hombre mono hasta *El Danubio azul*— en al menos seis estadios intermedios. El punto de partida es la comunicación animal. En segundo lugar viene la bipedestación, el impacto del caminar. El tercer estadio es unirse a una actividad rítmica, como la talla lítica experimental o fracturación del pedernal. El cuarto es la protomúsica, una rica mezcla de vocalizaciones y gestos probablemente similares a las proto-conversaciones entre madre e hijo que vimos en el capítulo 2. El quinto es una cristalización de tonos diferenciados, ritmos y estructuras rudimentarias. El sexto y último es el paso de la música vocal a la música instrumental —es decir, del canto a la tecnología—, un nivel de abstracción que está fuera del alcance de los neandertales porque requiere una mente simbólica madura.

El siguiente paso es hallar la equivalencia de estos seis estadios en seis estadios de la evolución humana:

1. El «último ancestro común» (o «eslabón perdido»), hace unos siete millones de años.
2. Australopitecos, los primeros homínidos, hace 4,4 millones de años.
3. *Homo ergaster*, inventor de las hachas de mano llamadas «bifaces achelenses», hace 1,5 millones de años.
4. *Homo heidelbergensis*, los primeros homínidos que llegaron a Europa, hace 700.000 años.
5. Neandertales que se solapan con humanos anatómicamente modernos, hace 200.000 años.
6. *Homo sapiens* (humanos modernos) y la «revolución cognitiva», hace 70.000 a 40.000 años.

Hay otros muchos eslabones en la cadena del *homo*: *habilis, rudolfensis, georgicus, erectus, cepranensis, denisova*, etc. Y cada vez sospechamos más que la evolución humana fue policéntrica, como un mosaico, e intermitente, no una línea continua. Pero la perfección es enemiga de la bondad, y esta instantánea nos cuenta que sabemos mucho más de lo que creemos.[8] Dando por hecho que nuestros últimos antepasados comunes gesticulaban y vocalizaban como simios, comencemos la historia desde el estadio 2. El primer paso hacia la música tuvo lugar literalmente con los primeros pasos, cuando los australopitecos se irguieron sobre sus patas traseras y se pusieron a andar.

## ESTADIO 2: LUCY ANDANDO, HACE 3,2 MILLONES DE AÑOS

Un día de hace unos tres millones de años, en una planicie aluvial de Etiopía, una criatura de doce años parecida a un chimpancé, de poco más de un metro de altura, resbaló, se cayó de un árbol y se murió.[9] Los huesos fosilizados de este *Australopithecus afarensis*, la hominina cariñosamente bautizada como «Lucy», presentaba fracturas en tallo verde compatibles con una caída fatal. Tal vez Lucy perdió el equilibrio en una rama alta mientras intentaba coger una jugosa fruta. Si sus pies hubieran estado mejor adaptados para el agarre, podría haberse aferrado a la rama. Sin embargo, sus pies planos, junto con el ángulo de las articulaciones de las rodillas y la curva de su columna vertebral mostraban que, aunque pasaba gran parte del tiempo en los árboles, Lucy estaba hecha para andar (véase figura 10.1).

En realidad, el registro de fósiles de homininos comienza bastante antes de Lucy, hace 4,4 millones de años, con los restos de una australopiteco apodada Ardi, nuestro primer ancestro bípedo conocido. ¿Por qué andar fue tal punto de inflexión en la transición de los homínidos (simios) a los homininos (primeros humanos)? Al fin y al cabo, andar parece un detalle sin importancia, si se tiene en cuenta que, en otros muchos aspectos, la anatomía y la conducta de Lucy no debían de diferenciarse mucho de las de los simios. El tamaño de su cerebro, calibrado en una capacidad craneal de unos 500 cm$^3$, era parecido al del chimpancé, una tercera parte del de un humano moderno. Dado que su tracto vocal no está desarrollado y la laringe se encuentra demasiado arriba, suponemos que no sabía hablar. La gente que compartía la vida con Lucy no se alejaba demasiado y no tenía herramientas. A cambio, veamos todas las ventajas que proporciona el caminar:

<small>FIGURA 10.1. Lucy andando.</small>

*Sonido*: los pasos hacen ruido, y esto crea vínculos esenciales en el cerebro del hominino entre el sonido, el movimiento y el ejercicio muscular.[10]

*Ritmo*: la regularidad de dos golpes de las pisadas («izquierda-derecha, izquierda-derecha») pasaría a sustentar los ritmos de toda la música humana.

*Equilibrio*: a través del sistema vestibular de Lucy, el ritmo del caminar vendría dado por un sentido del equilibrio, y cada paso sería percibido, alternativamente, como una desviación de la estabilidad y como una vuelta a la estabilidad.

*Tiempo*: el andar debió de enseñarles a los australopitecos un sentido de la previsibilidad de las pautas, y una incipiente sensación del tiempo.[11] Como a cada paso le seguía el siguiente —cuando Lucy prestaba atención a la marcha de algún otro o cuando andaba por sí sola—, las pisadas se organizaban en su mente mediante un cronograma del pasado, el presente y el futuro. En contraste, la consciencia de los simios se limita al momento presente.

*Proceso musical*: las incursiones de Lucy por la sabana crearon los primeros vínculos entre la música y los viajes. En el capítulo 4 expliqué cómo los humanos modernos oyen los procesos musicales como caminos deliberados, aunque imaginarios, por un paisaje virtual. La idea de que la música es movimiento tiene su origen en la bipedestación.

Por supuesto, las implicaciones de la bipedestación son reconocidas mucho más tarde en la evolución humana, cuando el cerebro, jugando a alcanzar al cuerpo, empieza a crecer. Para que se produzca la música, el cerebro también necesita adquirir mucha mayor destreza en lo relativo al control físico de la voz. Aprender a hacer ruido o sonidos con los pies contribuyó a allanar el camino en tal sentido. Sin embargo, por encima de toda la historia temprana de los homininos está la observación de Darwin, según la cual los mamíferos por lo general no se comunican con la voz. Necesitamos resolver el misterio de por qué los mamíferos no cantan casi nunca.

La explicación más convincente fue propuesta por el neuroantropólogo estadounidense Terrence Deacon, como parte de su investigación sobre la evolución conjunta del lenguaje y el cerebro humano.[12] La respuesta tiene una elegante simplicidad, pues gira en torno a la naturaleza involuntaria de la respiración. La respiración tiene que funcionar con el piloto automático, para que no nos olvidemos de tomar aliento ni nos asfixiemos. Ésta es la razón por la que las laringes de los mamíferos están accionadas por músculos viscerales, los que van asociados a los órganos internos y sobre los que no tenemos control voluntario. Los pájaros suprimieron la respiración automática cuando aprendieron a volar, debido a la natural conexión entre el control del vuelo y el control del aire. Los cetáceos aprendieron a contener la respiración debajo del agua para no ahogarse. En ambos casos, el canto de los pájaros y el canto de las ballenas está basado en el control voluntario del tracto aéreo por los músculos esqueléticos. Los humanos siguieron el ejemplo de los ruiseñores y de las ballenas jorobadas cuando emplearon los músculos esqueléticos para mover la lengua y articular la respiración. Lo que hizo esto posible, según Deacon, fue la evolución del cerebro, empezando por la expansión del cerebro anterior de los primates, que facilitó la adquisición de núcleos motores por las aportaciones corticales. El cambio gradual en el control cortical sobre la respiración culmina en las intrincadas conexiones, dentro del cerebro humano, entre el córtex y el sistema motor, las estructuras responsables del movimiento.

El resultado es que cada palabra que decimos o cantamos contiene un fósil viviente en sus componentes vocálico-respiratorios viscerales. A esta primitiva vocalización se le superpone un moderno primer plano de una rápida articulación esquelética. El habla y el canto proyectan una doble perspectiva moderna/antigua de figura/fondo. En cuanto la voz queda articulada gracias al desarrollo cerebral, se abren las compuertas y ya está lista para tomar el relevo de los gestos. Tecumseh Fitch halló que esto era literalmente lo que ocurría.[13] Las neuronas corticales de los dedos de los simios son similares a las de la voz humana, de tal manera que los gestos de las manos en realidad se transfirieron a los gestos vocales. Antes de eso, la voz es realmente incapaz de señalizar algo que esté más allá de las emociones del sujeto individual, y esto nos lleva de vuelta al enigma de por qué la comunicación pasó de la visión al sonido. El destino de la música depende obviamente de esa transición.

Los límites del sonido están explicados por un ingenioso ejercicio mental de Tomasello, el primatólogo del que hablamos en el capítulo 9.[14] Tomasello imagina dos grupos de niños que nunca han aprendido a hablar abandonados en dos islas desiertas, como en *El señor de las moscas*, de William Golding. Los niños de una de las islas están amordazados, de modo que no pueden comunicarse con la boca. Los niños de la otra isla tienen las manos atadas a la espalda. ¿Qué grupo descubre antes la comunicación? El primero. Los gestos pueden señalar objetos externos e imitar su tamaño, su forma y su naturaleza, como en el juego de las adivinanzas del sistema de aprendizaje por signos nicaragüense. (Habiendo surgido espontáneamente en dos colegios nicaragüenses para niños sordos en la década de 1980, el sistema proporcionó a los lingüistas la rara oportunidad de estudiar la evolución de un nuevo lenguaje basado en gestos.) Las vocalizaciones, en cambio, tienden a referirse a las emociones del que habla, no a algo que se encuentre en el mundo exterior, y eso no te lleva muy lejos. De hecho, resultó que las emociones están estrechamente conectadas con la acción involuntaria y automatizada de respirar. Los gritos, risas, chillidos, gruñidos, jadeos y sollozos son expresiones reflexivas de la excitación emocional, que a menudo se producen en respuesta a algo urgente. Al ser innatos y universales en la mayor parte de las culturas, no están articulados, lo cual significa que son provocados por los músculos viscerales, no por los esqueléticos. La comunicación implicaba aprender a controlar no sólo la respiración, sino también nuestras emociones.

Entonces ¿por qué, dadas sus limitaciones, triunfó el sonido? Robin Dunbar, el psicólogo evolutivo británico, cree que el sonido surgió porque permitía el acicalamiento no táctil en grupos grandes de simios u homininos.[15] Es decir, el sonido puede «tocar» metafóricamente a una multitud de gente sin tocar en

412

realidad a nadie. El acicalamiento vocal se transmite de forma indiscriminada, como todo sonido, mientras que los gestos táctiles afiliativos se producen obviamente de uno en uno. Por otra parte, el acicalamiento no vocal propiciaba unas sociedades más grandes y más complejas. La presión para comunicarse a distancias cada vez más grandes formaba parte de un conjunto de adaptaciones, como la liberación del «aquí y ahora» de la vida de los primates, y un giro hacia una vida más pública. Esas adaptaciones se produjeron, literalmente, gracias a las piernas. El triunfo del sonido es indisociable del implacable avance de los homininos hacia la supremacía global, cuando los descendientes de Lucy salieron de África y se internaron en la historia.

ESTADIO 3: RITMOS PALEOLÍTICOS, HACE 1,5 MILLONES DE AÑOS

Después de la glaciación cuaternaria de hace 2,58 millones de años, las zonas boscosas de África se secaron por las heladas, y los bosques de coníferas fueron sustituidos por pastizales abiertos.[16] En este mundo más frío, más árido y expuesto de la sabana, los homininos se agruparon en busca de calor y seguridad frente a los depredadores, desarrollando así unas habilidades sociales más complejas. Con la pérdida de los árboles era apremiante obtener nutrientes. ¿Qué es una herramienta de piedra sino un diente protésico para triturar, y luego para golpear y matar? Las herramientas son sumamente significativas para la arqueología paleolítica. Se han conservado muchos miles de hachas de mano, cuya distribución permite a los arqueólogos averiguar la densidad demográfica de los homininos, incluidas las idas y venidas de la gente transportando materiales de sílex o pedernal y traspasando herramientas ya confeccionadas. Por esa razón, el radio de esos viajes —la distancia entre la cantera y las hachas de mano encontradas— revela la complejidad de la sociedad de aquella época.

También es evidente la conexión con el ritmo que se producía al golpear y fracturar el núcleo de los pedernales. Lo más probable es que los primeros homininos no tuvieran la intención de hacer música de percusión al golpear las piedras, y desde luego no debieron de considerar los sonidos resultantes como «música». El ritmo fue la consecuencia accidental del trabajo organizado. Pero por una cadena lógica de consecuencias, la música rítmica nació a partir del paisaje, el tiempo meteorológico y la comida. Ésta es la sinuosa ruta por la que los coros rítmicos pasaron de los insectos a los humanos, saltándose a los pájaros y a los mamíferos no humanos.

Las primeras herramientas conocidas de los homininos fueron hechas hace 2,6 millones de años por el *Homo paranthropus*.[17] Estos homininos eran más gráciles (esbeltos) y tenían cerebros más grandes y dientes más fuertes que los anteriores australopitecos. El *paranthropus* inventó la «industria olduvayense» de herramientas de piedra, así llamada por los cantos tallados de piedra descubiertos en la garganta de Olduval, en Tanzania. Pero avancemos otro millón de años para llegar al *Homo ergaster* (estrechamente emparentado con el *Homo erectus*, de cráneo levemente más denso), inventor de las «bifaces achelenses», que han acaparado más la atención, de hace 1,5 millones de años. Estas hachas de mano piriformes tenían dos lados simétricos muy afilados. Los complejos patrones de la mano de obra que produjo tal simetría son el primer signo relevante de destreza física e inteligencia social por parte de los homininos. Con su cráneo alargado, espesos arcos superciliares, mandíbulas prominentes y sin barbilla, el *Homo ergaster* todavía no se parece mucho a nosotros. Pero las piezas cazadas con estas hachas de mano le proporcionaban una dieta rica en carne que, a su vez, permitió que el cerebro del hominino alcanzara los 900 cm³, duplicando casi el tamaño del de Lucy. El *ergaster* no tenía necesidad de los enormes dientes para triturar del *paranthropus*.

¿Por qué la «bifaz achelense» supone un cambio tan radical? La habilidad para crear la simetría debió de ser una prueba de destreza que, sin duda, atraía a una potencial pareja. Pero la simetría es también bella por sí misma, y las hachas de mano sugieren que el *Homo ergaster* obtenía placer estético de los objetos elegantes.[18] En tercer lugar, el sentido de la simetría tal vez fuera intermodal; podría haberse trasladado de la visión al sonido y ser audible en los patrones regulares de la fracturación del pedernal o talla lítica experimental, así como en los ritmos dominantes de la vida paleolítica.

Habría que subrayar que el ritmo entró de manera sesgada en la escena mundial, ya que tanto la música como el lenguaje todavía tardarán en aparecer en la evolución humana aproximadamente un millón de años. En una sociedad tan unida como la del Paleolítico realmente había poca necesidad de una comunicación oral, pues los homininos debían de arreglárselas con la gesticulación y el acicalamiento, de un modo probablemente no mucho más complejo que el de las sociedades de simios.[19] Basta recordar la cantidad de comunicación que hay en las películas de cine mudo. Los ritmos omnicomprensivos de la vida paleolítica eran, como quien dice, música anterior a la música. Consideremos por qué el ritmo fue una fuerza motriz tan poderosa en la evolución de la mente y la sociedad.

Tim Ingold acuñó la expresión «paisaje activo» para indicar que el paisaje paleolítico es un espacio no sólo de rasgos o particularidades, sino también de actividades.[20] El paisaje activo estaba basado en los «ritmos de la acción», cuando la gente se mueve de acá para allá por su entorno a lo largo de pistas y caminos, se encuentran unos con otros, saludan a los conocidos, rehúyen a los extraños, se reúnen o se separan, buscan plantas, matan y acarrean animales, encuentran piedras apropiadas, las traspasan y las tallan. En este mundo rutinario, donde más se concentraba el ritmo de la vida era en la cadena de gestos técnicos que llevaba consigo hacer una herramienta de piedra. El gran antropólogo francés André Leroi-Gourhan llama a esta secuencia de acciones una *chaîne opératoire*, una «cadena operacional».[21] La compleja cadena de pasos necesarios para convertir un bloque de piedra en un hacha de mano bifacial es «rítmica» en el sentido más profundo y poderoso. Hay muchos vídeos de YouTube que te enseñan los sucesivos estadios de la «reducción del núcleo»: golpear un pedernal con un percutor, extraer finas lascas de modo que a los dos lados queden «platafor-

415

mas» lisas, ir alternando entre un lado y otro y reduciendo gradualmente el núcleo, así como afilando y puliendo los bordes resultantes.[22] La reducción del núcleo era igual de rítmica que la ordenada serie de golpes que resonaban cuando el percutor golpeaba el sílex o pedernal. Pero el ritmo audible era sólo la punta de un enorme iceberg rítmico. Bajo la superficie pasaban muchas más cosas.

Una cadena operacional puede ser tan automática e inconsciente como cuando conducimos un coche (todas esas complejas maniobras de los pies, las manos y los ojos que se han convertido en la segunda naturaleza de los conductores con experiencia). Es una serie de memorias musculares que difuminan la línea entre la mente y el cuerpo. Es decir, la mayor parte de las rutinas no requieren demasiado pensamiento consciente. Puesto que las rutinas pueden ser fácilmente imitadas y traspasadas a la siguiente generación, la memoria muscular paleolítica era la base de la tradición. Los ritmos de la fracturación del pedernal eran fácilmente imitados por los observadores: ésta era una transmisión cultural «horizontal». Y esos ritmos podían ser enseñados a los hijos de uno: ésta era una transmisión «vertical». El ritmo era el conductor de la evolución cultural.

Cabría decir entonces que la tradición era una masa congelada de memoria muscular.[23] Y se materializaba en la mera repetición de la manufactura de hachas de mano por gran parte del mundo, una repetición tan estandarizada a su manera como los coches del Modelo T de Henri Ford (abreviado, Ford T) del siglo xx. Partiendo de Etiopía, la habilidad para hacer bifaces achelenses se propagó por Asia (las hachas de mano del «Hombre de Pekín en Zhoukoudian»), por Oriente Próximo (en el Corredor Levantino, incluido el mar Muerto), y por Europa (en el distrito francés de Saint-Acheul, que dio nombre a la herramienta). Como objeto físico, la bifaz achelense encarnaba la repetición.

Y en cuanto a la facultad rítmica del *Homo ergaster*, era infinitamente más compleja que la de los grillos, que carecen de cerebro. La adaptación del hominino a un patrón rítmico era voluntaria, no automática. El *ergaster* podía elegir llevar el ritmo a la vez que otros; para un katydid llevar el ritmo era un reflejo químico. Los homininos eran capaces de expresar el ritmo con todo el cuerpo: tamborileando los dedos, cabeceando y balanceando el tronco, todo al mismo tiempo. En otras criaturas el ritmo está localizado en una sola parte del cuerpo. Los homininos podían cambiar el tempo de un ritmo a su voluntad e incluso imaginarlo mentalmente y seguir llevándolo sin un ritmo externo. A través de la imaginación los homininos aplicaron el ritmo al reino social, como cuando se turnaban para acicalarse unos a otros. Nuestros rítmicos turnos en la conversación pertenecen todavía al futuro; pero ya se anticipaban en la habilidad de los homininos para imitar los gestos, las llamadas y los estados de ánimo de otros.

Así pues, vemos cómo el ritmo se cruza con la mímesis, nuestra capacidad de imitación. El psicólogo Merlin Donald, en su influyente libro *Origins of the Modern Mind,* proponía que la evolución humana giraba en torno al decisivo paso que va de la mente «episódica» del simio a la cultura «mimética» del hominino.[24] La mímesis no tiene nada que ver con la virtuosa imitación del ave lira o de la cacatúa (lo que a los simios, por cierto, se les da bastante mal). Atrapados en el tiempo presente, los animales no pueden traer a la memoria recuerdos «episódicos»; no saben hacer lo que los psicólogos llaman «viaje mental en el tiempo» (MTT, por sus siglas en inglés). Los chimpancés pueden ser muy buenos en los juegos relacionados con la memoria[25] a corto plazo, como ya hemos visto antes. Pero no pueden recordar ni pensar a voluntad en una representación mental, cuando están alejados en el tiempo y el espacio del incidente propiamente dicho. Ésta es la razón por la que los simios no practican sus habilidades ni las mejoran. Ensayar o repetir mentalmente el gesto de la fractura del pedernal es también una especie de ritmo.

Como vimos en el capítulo 9, los simios no sólo carecen del aprendizaje verbal, sino que tampoco se les da bien seguir un ritmo. Los homininos desarrollaron desde un principio la riqueza de su mundo rítmico, que coevolucionó con la creciente complejidad social y, en parte, como un beneficio de la bipedestación. Se podría incluso decir que la cultura de los homininos y de los humanos era rítmica. La cultura es un «oscilador externo» al que nos adaptamos.[26]

El viaje mental en el tiempo, un don concedido a los homininos y perfeccionado por los humanos, se funde con la habilidad del cerebro evolutivo para pensar y actuar más allá del «aquí y ahora». El arqueólogo Clive Gamble llama a esta capacidad para pensar en la distancia «liberación de la proximidad».[27] Esto implica la «expansión de las relaciones sociales por el tiempo y el espacio» entre grupos sociales cada vez más grandes, desde familiares a amigos, a amigos de amigos y a extraños, lo que transcurre de forma paralela a la expansión del cerebro.[28] El viaje mental en el tiempo puede explicar cómo el *Homo ergaster* imaginó primero la música más allá del contexto inmediato del trabajo, es decir, oyendo por primera vez el ritmo como una música, no sólo como la acción de fracturar. Permitámonos simular una pequeña historia.

Un adolescente *ergaster* se ha largado de la cantera para pasar una horita con unos amigos de su sexo. (En realidad, los adolescentes no se inventaron hasta el siglo xx [capítulo 2], pero sigamos con la historia.) El muchacho enseña a sus amigos lo que ha hecho: un hacha de mano, una bifaz simétrica, y desliza los dedos por las pulidas caras opuestas. El objeto es sexualmente tan atractivo como la cola de un pavo real. Pero a diferencia del plumaje del ave, esta belleza la ha creado él mismo, y es admirada por un grupo de chicas que se le acercan entre risitas mientras holgazanean junto al árbol. El chico golpea rítmicamente la bifaz, en sincronía con el ruido que hacen los fracturadores en la cantera de abajo. Pero hay una diferencia fundamental entre golpear rítmicamente para tallar un pedernal y disfrutar del ritmo por sí mismo, sin tener en cuenta el lugar o la función originales. He aquí una versión sonora de la belleza visual de la bifaz, una cola de pavo real dotada de música.

Con el tiempo, la voz se convirtió en el instrumento natural del *homo*. No se sabe con exactitud cuándo sucedió esto, ya que el registro de los fósiles de la anatomía vocal no es tan concluyente como cabría esperar.[29] Tomemos como ejemplo la laringe gradualmente descendente, la clásica señal de la evolución vocal. Las gacelas de Mongolia también tienen laringes que han descendido, pero no pueden cantar ni hablar.[30] Más prometedora es la evolución del hueso hioides, que afianza los músculos de la lengua y es esencial para la articulación. Los hioides de los grandes simios son pequeños y se convierten en sacos de aire laríngeos. Unos hioides que carecen de estos sacos de aire han sido recuperados de los fósiles del *Homo heidelbergensis*, fijando la fecha del posible comienzo (todavía sin comprobar) del lenguaje hace 700.000 años.[31] Un hueso basihioideo de australopiteco recién descubierto en Etiopía, perteneciente a una «Lucy» de tres años de edad, es muy similar al del chimpancé y sugiere que los primeros homininos conservaban los sacos de aire. En otras palabras, perdimos nuestros sacos de aire conforme fueron creciendo nuestros hioides.[32] Por otra parte, los monos colobinos también tienen hioides, pero no sacos de aire, de modo que la teoría no se sostiene.[33]

Si la anatomía no nos lleva demasiado lejos, entonces podemos dirigir la mirada a todas las pruebas subsidiarias de la creciente complejidad social. Un ejemplo dramático de la «extensión social» de la que habla Gamble es la creciente distancia a la que era transportada la materia prima para hacer hachas de mano. En el Paleolítico Inferior (hace dos millones de años), la distancia media entre el lugar del descubrimiento de las herramientas y la cantera de la que se extraía el material lítico era de menos de 30 kilómetros.[34] En el Paleolítico Superior Tardío (hace 40.000 años), esa distancia se había ampliado a 200 kilómetros. La creciente cantidad, calidad y variedad de piedra y de pedernal también es reveladora. Y la mera proliferación de las herramientas es otro signo de ampliación de los círculos sociales. Las lascas del pedernal, desprendidas del núcleo por el «maestro fracturador», se entregaban como obsequios a conocidos que eran apreciados. A semejanza de los vínculos entre las lascas y la veta madre, los receptores del regalo quedaban en deuda con su benefactor.

Uno de los vestigios más relevantes de la compleja sociedad paleolítica es Boxgrove, en Sussex occidental, el lugar donde se han encontrado los restos humanos más antiguos de Gran Bretaña.[35] Datados hace 500.000 años, estos restos son los huesos del *Homo heidelbergensis*, el primer *homo* que se asentó en Europa, una especie con hioides bien desarrollados, como ya hemos visto. También hay huesos de grandes animales descuartizados allí mismo. En otro tiempo, rinocerontes y ciervos gigantescos recorrían los British Home Counties (condados del este y sudeste de Inglaterra). Pero en Boxgrove sobre todo descuartizaban caballos sobre bloques de pedernal extraídos del acantilado y llevados a unos 250 metros hasta un gran barrizal. La carne se arrancaba y se retiraba rápidamente antes de que el olor pudiera atraer la atención de peligrosos depredadores. Trabajar juntos a toda velocidad debía de requerir un nivel elevado de organización.

A menudo se supone que la arqueología prehistórica no se ocupa de las personas individuales, sólo de las sociedades, pero no es así. No importa que no sepamos el nombre de esas personas (si es que tenían nombre), pues el registro del material puede ser muy elocuente. Por ejemplo, podemos ver que en una localidad ocho bloques fueron utilizados por ocho individuos. Y podemos deducir de las 321 hachas de mano halladas en Boxgrove que las herramientas se hacían cuando eran necesarias y luego se tiraban; no se transportaban ni se conservaban. Boxgrove era un sitio que recibía múltiples visitas, no un asentamiento permanente, por lo que podemos inferir que la cultura era todavía peripatética y efímera. Sin embargo, el registro de múltiples visitas sugiere que la danza ritual festiva que seguía al descuartizamiento y al consumo de la carne —o bien en el espacio natural del barrizal o en alguna otra parte— posiblemente contuviera reminiscencias de danzas anteriores. ¿Fue ése el comienzo de la memoria y la tradición musical?

La complejidad social de Boxgrove es una prueba de la intencionalidad compartida, nuestra habilidad para estar atentos no sólo a la atención de otra persona, como cuando los simios siguen la línea de una mirada, sino para leer el estado de ánimo de alguien. Sin embargo, imaginar qué tipo de música se hacía en Boxgrove requiere una conjetura particularmente bien fundamentada.

Una música primitiva e intermedia es análoga a lo que los lingüistas llaman «protolenguaje» o «protodiscurso». Gary Tomlinson ata convincentemente los cabos para argumentar que la protomúsica de los homininos debió de evolucionar a partir de las «llamadas gestuales».[36] Llamadas gestuales es el término que utiliza el antropólogo Robbins Burling para designar los signos corporales y los sonidos vocales que los humanos han seguido haciendo además de utilizar el lenguaje.[37] Dichas llamadas abarcan risas, suspiros, jadeos, gemidos, sollozos, sonrisas y fruncimientos de cejas, y difieren de forma considerable del lenguaje convencional. Como todos nacemos con las llamadas gestuales, no hace falta que las aprendamos. Son muy parecidas en todas las culturas. Están estrechamente vinculadas con las emociones y se desencadenan de manera automática con ellas, de tal modo que sollozamos cuando estamos tristes, nos quedamos boquiabiertos cuando nos sorprendemos, etc. A diferencia de los sonidos (fonemas) de un alfabeto, las llamadas gestuales son difíciles de abstraer del significado o de la emoción; no se pueden combinar para formar palabras o frases ni tampoco se pueden dividir en unidades más pequeñas (¿cuáles son las unidades de una sonrisa?). A cambio, están sujetas a una escala gradual; por ejemplo, una risita se puede convertir en una risa, en una carcajada, en un resoplido o en un grito. De ahí que Burling diga que las llamadas gestuales son «analógicas», mientras que a las unidades del lenguaje propiamente dicho (sonidos y palabras) las llama «digitales». No hay gradaciones entre las palabras *gato* y *murciélago* (digitales), pero sí las hay entre un suspiro y un sollozo (analógicos).

Las llamadas gestuales de los primeros homininos seguramente eran muy parecidas a las nuestras. Pero la evolución desde las llamadas gestuales hasta la protomúsica debió de llevar consigo varios pasos decisivos.

El desarrollo del tracto vocal debió de desencadenar una auténtica explosión en la variedad de sonidos que nuestras voces podían proferir. Asimismo tuvo que traer consigo que pudiéramos ejercer un mayor control físico sobre ellos. Esto significa que la gama de llamadas gestuales debió de ampliarse de modo exponencial. Con muchos más sonidos de los que necesitábamos, la vocalización se desprendió de las emociones. Mientras que los sollozos, los jadeos y las risitas estaban vinculados a determinados sentimientos y ocasiones, como las señales de alarma de los cercopitecos, ahora los sonidos flotaban libremente e iban revestidos de nuevos significados. En términos darwinianos, la vocalización estaba desvinculada de la selección natural. Un experimento que se hizo con capuchinos del Japón domesticados mostró que, una vez que el canto del pájaro fue liberado del mundo exterior, donde las llamadas tenían una función adaptativa, dicho canto evolucionó exponencialmente más deprisa.[38] Tomasello llama a este proceso «desvío hacia lo arbitrario», la abstracción de los sonidos fuera de contexto.[39] Otro paso clave fue que los sonidos ya no dependían de los gestos físicos. Los sonidos, que antes eran un humilde suplemento o refuerzo de las acciones, las posturas y las expresiones faciales, adquirieron la madurez convirtiéndose en un sistema autónomo.

De todos modos, todavía no hemos llegado a la música, ni tampoco al lenguaje. La protomúsica era en esencia un vocabulario hiperrefinado sin gramática, una colección de sonidos cuyos significados no dependían del orden en el que estaban dispuestos. El ejemplo moderno más conocido de protomúsica es la banda sonora de películas de dibujos animados como *Tom y Jerry*.[40] Tom se desliza por una lámpara estándar mientras suena un *glissando* de trombón. Recorre el suelo acompañado de unas sigilosas notas de fagot, y cuando cruje la tarima, los violines acentúan el pánico del gato con una especie de chirrido. El bulldog Butch va a la caza de Tom, y cuando se acerca rechinando los dientes a la grupa del gato, las trompetas alzan cada vez más el volumen, hasta que de repente se hace el silencio justo cuando la boca del perro muerde la cola y suena el chasquido de la caja china. Jerry se agarra a los bigotes de Tom, que se van rompiendo uno a uno al compás del gangueo de unos pizzicatos de violín. Jerry se abalanza sobre el morro de Butch a los acordes de un violín. Luego se desliza por las cortinas (*glissando* de xilofón) y cae en el cesto de la labor deshaciendo un jersey, y su movimiento zigzagueante queda reflejado en las fluctuantes escalas de los instrumentos de viento. Y así sucesivamente.[41]

Todos estos deslizamientos, tambaleos, aullidos, gruñidos y frenazos en seco son versiones fantasiosas, tocadas por una orquesta, de las llamadas gestuales. Son estallidos sonoros desconectados, sin gramática, que capturan una serie de acciones impecablemente mezcladas con las emociones involucradas en esas acciones. Gran parte de la película está dedicada a las tomas de reacciones: el gato, el ratón y el perro reaccionando ante las acciones y emociones del otro. Tom, Jerry y Butch son animales imaginarios que divierten a los niños de los tiempos modernos (y a los adultos que conservan un corazón infantil), pero sus gestos protomusicales holísticos no están a un millón de kilómetros —ni a un millón de años— de cómo empezó la música.

Este ejercicio mental es una pura conjetura, naturalmente. No obstante, permite sacar dos conclusiones. Una: el cambio de la protomúsica a la música tuvo que producirse en algún momento de los dos últimos millones de años. Dos: por razones de complejidad social, lo más probable es que se produjera hace 500.000 años.

## ESTADIO 5: ¿HMMMMM? HACE 250.000 AÑOS

El siguiente episodio en la historia de la música es un momento de suspense, que nos habla de cuando la música se separó del lenguaje y se fue a vivir sola. (Obsérvese la paradoja: estos dos conceptos, «música» y «lenguaje», sólo adquirieron importancia después del divorcio.) La música se especializó en lo que mejor hacía, una vez que se desembarazó de la responsabilidad de decir algo, una carga de la que se ocupó el lenguaje. Los protagonistas de esta historia son dos especies en conflicto. El problema es que una de ellas pertenecía parcialmente a la ficción.

Novelas como *Los herederos* (1955), de William Golding, pusieron los cimientos de una imagen de los neandertales como unas criaturas amables e ingenuas que fueron eliminadas por el más astuto y malevolente *sapiens*. Golding los retrata viviendo enteramente en el momento presente, con poca memoria o lenguaje que merezcan ser mencionados, sin los dones del fuego, las armas o la navegación, aunque dotados en compensación con unas impresiones sensoriales acusadas y con la comunicación telepática. La historia es conmovedora sobre todo porque está contada desde la perspectiva desconcertada del neandertal más tonto de la tribu, Lok. Al final de la novela, Lok, el último miembro superviviente de su especie, muere de pena porque el resto de su tribu ha sido eliminada por los humanos.

Las pruebas nos dicen que probablemente los neandertales no eran unos tipos tan tontos, tiernos y, en cierto modo, bovinos como nos los imaginamos. Podemos deducir su disciplinada coordinación social de la ferocidad de los animales que cazaban.[42] Eran brutales e implacables. Y sin embargo la idea de una inocencia aniquilada logró imponerse en el mundo de la posguerra, en especial, después de que se abriera al público la cueva de Lascaux en 1948 y diera pábulo a la imaginación con sus espectaculares pinturas. Es con este espíritu con el que debemos acercarnos a la obra de Steven Mithen *Los neandertales cantaban rap: Los orígenes de la música y el lenguaje*, un libro tan notable como forzosamente especulativo.[43]

La conclusión del libro de Mithen es que los neandertales eran intrínsecamente más musicales que el *sapiens*, la especie que los desplazó. En su opinión, nuestros extinguidos primos perfeccionaron una protomúsica a la que él llama «Hmmmmm», que es el acrónimo de «holístico, manipulador, multimodal, musical y mimético».[44] Holístico: cantaban profiriendo sonidos que eran por sí mismos completos, no combinaciones de notas

424

o palabras. Manipulador: los sonidos hacían que ocurrieran cosas a base de emocionar a otros neandertales y obligarlos a formar un grupo. Multimodal: los sonidos acompañaban a los gestos y al lenguaje corporal. Mimético: imitaban los sonidos y los movimientos de los animales, un poco como la protomúsica de *Tom y Jerry*. El contorno de su voz —que se alzaba en tensión, se calmaba, se aceleraba y desaceleraba— imitaba el contorno de las pasiones. En resumidas cuentas, la comunicación del neandertal era musical.

El libro de Mithen formula en esencia que los neandertales llevaron la protomúsica de los homininos todo lo lejos que ésta podía llegar sin volverse simbólica. La clave reside en que, aunque su cultura duró cientos de milenios, no cambió mucho. Los neandertales nunca desarrollaron artefactos simbólicos ni herramientas complejas, lo que también sugiere que, a semejanza de homininos anteriores, se las arreglaban sin el lenguaje.

El inconveniente de la teoría de Mithen es que es imposible demostrar que la protomúsica «Hmmmmm» no la cantaran homininos anteriores como el *heidelbergensis*. En cambio, es bastante probable que los neandertales tuvieran su propio lenguaje, aunque no se sabe si era tan avanzado como el del *sapiens*. En un notable proyecto moderno, un tipo del gen FOXP2 —el gen asociado a la adquisición del lenguaje— fue recuperado de unos fósiles del neandertal.[45] De ahí se puede deducir con bastante certeza que los neandertales habían desarrollado un aprendizaje vocal casi tan complejo como el nuestro. Por otra parte, más tarde se demostró que los humanos expresan el FOXP2 de una manera más refinada.[46] Así pues, el consenso actual es que tanto los neandertales como los humanos desarrollaron el lenguaje, aunque probablemente la suya fuera una versión menos sofisticada.

En vista de que no se conserva ningún registro del lenguaje prehistórico, ¿hacia dónde nos dirigimos ahora? Volvamos a la disciplina de los paleolingüistas. Aunque los escritos de Chomsky sobre la gramática universal, en las décadas de 1950 y 1960, revolucionaron la lingüística revelando que todas las lenguas del mundo eran transformaciones de una «profunda estructura» del cerebro, su teoría no se compadece con la evolución darwiniana. Según Chomsky, el lenguaje surgió completamente formado a la manera de una «caja negra gramatical» que no se podía descomponer. Pero esto sencillamente suena un tanto inverosímil, y un exalumno de Chomsky, el lingüista Ray Jackendoff, demostró que, más que ser un sistema unificado, el lenguaje es en realidad una colección de sistemas más simples.[47] Del mismo modo que un rasgo complejo se puede dividir en sus subcomponentes, la evolución del lenguaje se puede reconstruir como una secuencia incremental de pasos diferenciados. Éste es el argumento que planteé en el capítulo 9 sobre la evolución de la musicalidad a partir de sus subcomponentes del ritmo, la melodía y la estructura.

Jackendoff nos muestra que el lenguaje moderno está plagado de fósiles vivientes. Algunas expresiones, como «ay», «oh», «maldita sea», transmiten una emoción extrema como un solo gesto. Otras —«chis», «pst», «eh»— hacen que ocurran cosas. En inglés existen nombres compuestos que encadenan palabras sin sintaxis, como *snowman* (muñeco de nieve), *wheelchair* (silla de ruedas) o incluso *two-axle diesel/electric engine/dumper truck* (volquete automotor de dos ejes que funciona con diesel o con electricidad). En los estadios primitivos de la sintaxis inglesa, el significado de una palabra depende de su posición en la frase. Cuando la gramática se va afianzando, el orden de las palabras se puede invertir y se pueden crear muchas cláusulas subordinadas en estructuras jerárquicas complejas. Hamlet habla con una sintaxis compleja. Para escuchar una sintaxis primitiva, no hace falta que retrocedamos en el tiempo; tenemos ejemplos modernos en el lenguaje simplificado del pidgin o el criollo, sin gramática y afásicos, así como en el famoso caso de Genie, una mujer que se crio de los dos a los trece años sin ningún contacto humano. (Véase Ray Jackendoff, *Fundamentos del lenguaje: Mente, significado, gramática y evolución*. Genie fue descubierta a la edad de trece años en 1970; llevaba aislada de todo contacto humano desde que tenía dos años. Después de recibir una enseñanza intensiva, Genie adquirió rápidamente un vocabulario. No obstante, jamás aprendió los principios básicos de la gramática, de donde se dedujo que los trece años es una edad demasiado avanzada para que un cerebro desarrolle el lenguaje.)

El vínculo con la música es claro y sencillo. Gary Tomlinson establece la obvia conexión entre la composicionalidad en el lenguaje y en la música.[48] Del mismo modo que una frase se compone de unidades —palabras—, las melodías se componen de notas. Luego Tomlinson establece además un vínculo con la composicionalidad de herramientas como las lanzas. Una lanza paleolítica se compone de un palo y un pedernal. El palo y el pedernal existen como objetos separados antes de ser ensamblados —es decir, colocada la empuñadura— y convertidos en un objeto compuesto que es más grande que la suma de sus partes.

Su principal hipótesis es que el *sapiens* inventó la música y el lenguaje al mismo tiempo que las lanzas. Todo lo anterior al *sapiens* eran diferentes matices de la protomúsica holística (no composicional). Una piedra de un hominino es una herramienta holística sin partes separadas, del mismo modo que «¡Ugh!» es una expresión holística que no se compone de sílabas o de palabras.

Ahora bien, el argumento de Tomlinson tiene un par de pegas. Las famosas lanzas de Schöningen, que datan de hace 420.000 años, demuestran que el *Homo heidelbergensis* sabía de empuñaduras. Por otro lado, Schöningen parece ser una excepción: la evolución tiene lugar a rachas, y algunas iniciativas se esfuman o se diluyen sin reafirmarse como una tradición. La empuñadura —ensamblar un palo con un pedernal— se asocia por lo general al Paleolítico Superior. El segundo problema es que la biología no se corresponde nítidamente con la conducta. Ésta es la razón por la que algunas sociedades de cazadores-recolectores de hoy en día tienen lenguajes complejos (composicionales), mientras siguen usando herramientas de la Edad de Piedra.

Dicho lo cual, el argumento de Tomlinson es convincente en muchos aspectos. La evolución de la mente se puede interpretar a partir de la evolución de la tecnología herramental. Y podemos deducir que a medida que los homininos se fueron volviendo más ingeniosos, lo mismo le pasó a su música. La melodía compuesta había llegado ciertamente en la época en la que el *sapiens* había inventado las flautas de hueso, aproximadamente hace 40.000 años. Podemos extrapolar una serie de estadios intermedios de la estructura musical. La música del neandertal debió de ser no composicional, dado que los neandertales tendían a no utilizar herramientas compuestas. Pero su música posiblemente ostentara otro rasgo de la estructura lingüística: la jerarquía.

Tanto la jerarquía como la composicionalidad están presentes en el lenguaje. Pero también es posible que exista la una sin la otra. Como vimos en el capítulo 9, el canto de las aves tiene una estructura jerárquica. Sin embargo, sus unidades carecen de sentido fuera del propio canto; el pájaro no compone la canción a partir de una serie de «palabras» preexistentes. Su jerarquía es fonética más que semántica. En el canto humano, una melodía no compuesta es un contorno. Un contorno puede dividirse en fragmentos de sonido, pero no se compone a partir de ellos. Los niños de los tiempos modernos perciben la melodía como un contorno hasta que cumplen cinco o seis años, cuando aprenden a distinguir los tonos individuales (véase capítulo 2). Curiosamente, éste es el mismo período en que separan las sílabas en fonemas o letras del alfabeto en el lenguaje.[49] Si el contorno melódico es más antiguo desde el punto de vista ontogenético (en términos de desarrollo humano), entonces es casi seguro que también sea más antiguo desde una perspectiva filogenética (en la evolución de la especie humana).

Entonces ¿por qué creemos que la música de los neandertales era jerárquica, pero no composicional? Sabemos que los neandertales eran capaces de pensar jerárquicamente porque perfeccionaron un estilo de factura de hachas de mano llamado «Levallois».[50] En mayor medida que las hachas de mano achelenses, la técnica Levallois comprendía una serie de estadios diferenciados, cada uno de los cuales tenía su propio método: desbastar la forma general; extraer grandes lascas; formar una bóveda parecida a una tortuga que, al ser levantada, revelaba una hendidura cóncava; retocar y pulir, etc. La técnica Levallois indica una habilidad para organizar acciones jerárquicamente, aun cuando el objeto terminado se componía de una sola pieza.[51] Dicha técnica era jerárquica, pero a diferencia de lo que ocurría con las lanzas, las hachas por sí mismas no eran compuestas.

La evolución de las herramientas paleolíticas para la caza pasa por cuatro etapas principales: cantos tallados olduvayenses, bifaces achelenses, hachas de mano Levallois y puntas de lanza con empuñadura (véase figura 10.2). Lo mismo sucede con la evolución de la estructura musical de los homininos. Los cantos tallados olduvayenses se corresponderían con las ráfagas rítmicas irregulares. La simetría de las bifaces achelenses se reflejaría en las pautas rítmicas regulares. La jerarquía de la técnica Levallois sugiere un tipo de melodía sin partes preexistentes: un contorno. La música llega cuando los humanos ponen a las lanzas melódicas empuñaduras de tonos.

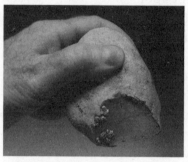

1. Pedernal olduvayense, de hace 2,4 millones de años

2. Bifaz achelense, de hace 1,8 millones de años

3. Hacha de mano de Levallois, de hace 300.000 años

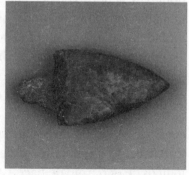

4. Empuñadura de lanza, de hace 100.000 años

Figura 10.2.

Son muchas las cosas que surgen con la aparición del *Homo sapiens* en el período Auriñaciense del Paleolítico Superior, fechado aproximadamente hace 43.000 a 26.000 años. Estos humanos anatómicamente modernos, similares a nosotros en cuanto a la mente y a las extremidades, arrojaban lanzas de madera ensambladas con hojas finamente afiladas en lugar de lascas en bruto. Conocían la navegación y usaban el fuego. Llevaban colgantes y brazaletes de dientes de animal perforados, cuentas de marfil y conchas marinas, y se embadurnaban el cuerpo con ocre.[52] Sus cuevas estaban decoradas con asombrosas escenas de caza y tallaban estatuillas que habrían ocupado un lugar honorífico en el estudio de Picasso. Casi con toda certeza, poseían un lenguaje. Pero lo más importante para nosotros es que los humanos del Auriñaciense hicieron los instrumentos musicales más antiguos que conocemos de la prehistoria, las flautas recuperadas en los Alpes Suabos de Alemania (Hohle Fels y Geissenklösterle) y en los Pirineos (Isturitz). En el capítulo 5 las hemos estudiado como un posible origen de la música; ahora las abordaremos como una culminación, pues constituyen las notas de gracia de una «revolución cognitiva».

Pero ¿fue realmente una revolución? Los arqueólogos no se ponen de acuerdo en la fecha exacta de la llegada de los humanos anatómicamente modernos; ni siquiera muestran unanimidad en cuanto al significado de «moderno».[53] Las pinturas, las estatuillas y las flautas de hueso descubiertas en las cuevas del sur de Alemania sugieren que el *sapiens* no se volvió moderno en Europa y en Oriente Próximo hasta hace 50.000 años. Sin embargo, fragmentos de ocre cincelados hallados en la cueva de Blombos, en Sudáfrica, han sido fechados hace 90.000 a 70.000 años; y en África se han encontrado depósitos arqueológicos de ocre rojo de hace 125.000 años.[54] Dado que la ausencia de un hecho no prueba su inexistencia, ¿por qué no ubicar la conducta simbólica hace 200.000 años, en los albores de la época humana?

Mientras los debates siguen su enconado curso, yo coincido con el argumento de Ian Morley que hemos detallado en el capítulo 5. Morley proponía que el *sapiens* probablemente adquirió la madurez artística e intelectual hace 100.000 años, más o menos antes que Blombos, pero careció de la oportunidad de hacer flautas porque en África había muy pocos pájaros con los apropiados huesos huecos.

Desde esta perspectiva, no estamos cruzando un solo umbral, sino dos. El primero se cruzó muy probablemente en África, cuando el *sapiens* compuso melodías a partir de tonos diferenciados. Los neandertales cantaban con contornos, pero la melodía humana —como las lanzas humanas— tenía composicionalidad. El segundo umbral fue tecnológico. Como ya hemos visto, pese a la enorme longevidad y estabilidad de su cultura, los neandertales nunca desarrollaron artefactos simbólicos ni herramientas complejas. Mithen deduce que los cerebros neandertales eran modulares y que sus facultades estaban encapsuladas en espacios mentales separados.[55] El cerebro del neandertal era «específico de un dominio». Aunque podían imaginar la música y hacer herramientas, carecían de la fluidez cognitiva necesaria para cruzar de un dominio a otro, de concebir una herramienta que hiciera música. Imaginar la tecnología musical requería un pensamiento integrado entre dos espacios mentales, una capacidad que sencillamente no estaba a su alcance. Los *sapiens*, en cambio, eran maestros del juego mental. Sólo un *sapiens* podía imaginar una flauta. Ésa fue la verdadera revolución cognitiva.

Las flautas estaban cargadas de significado. Ante todo, las flautas eran unos objetos manufacturados lo suficientemente pequeños como para ser transportados y lo bastante valiosos como para ser cuidados y conservados. Inmersos como estamos en un mundo de artefactos —desde el libro o el dispositivo en el que esté leyendo estas palabras, hasta su casa llena de cosas que se funden armoniosamente con calles, avenidas y ciudades—, nos resulta difícil imaginar cuánto tuvieron que destacar los objetos artificiales en el paisaje vacío del Paleolítico.[56] Hace cuarenta milenios, un objeto debía de estar cargado de significado humano, de la vida de la persona que lo había hecho. Y, lo más importante: los objetos eran capaces de irradiar ese significado mucho más allá de su creador. Los objetos expanden la sociedad. No puedes conocer a todos los que no pertenezcan a tu círculo de amistades y conocidos, y el tamaño del grupo del *Homo sapiens* en el Paleolítico Superior era de unas trescientas personas repartidas en un radio de entre treinta y cien kilómetros.[57] A semejanza de un puente colgante, la sociedad no puede expandirse ilimitadamente sin derrumbarse. Los objetos —representantes humanos— son los estribos y los pilares que sostienen nuestro puente global de la cultura.

Los objetos son también nuestros bancos de la memoria. En un sentido literal, las flautas de Hohle Fels y Geissenklösterle están cinceladas con muescas y líneas paralelas. Algunos arqueólogos creen que éstas constituyen una especie de sistema de la memoria artificial, que almacena información sobre cuándo y cómo se utilizaron las flautas.[58] Sea cual sea la función de estas marcas, las flautas —como los objetos en general— eran por su propia naturaleza contenedores de memoria. Del mismo modo que el hacha de mano era concebida como una extensión del brazo, y expresaba los gestos necesarios para balancearlo, así también los agujeros de la flauta nos dicen dónde poner los dedos y la boquilla por donde se sopla. Llenamos los objetos de nuestros pensamientos y sentimientos de manera que puedan sobrevivirnos, como de hecho han sobrevivido estas flautas. Debido a que externalizamos nuestros recuerdos en los objetos, la cultura evoluciona mucho más deprisa que las personas. Podemos afilar una lanza, remendar una red de pesca, caldear una cabaña y pulir una flauta en cuestión de minutos, mientras que los humanos tardaron miles de generaciones en evolucionar. Ésta es la razón por la que a menudo se ha observado que la evolución humana es darwiniana, basada en la selección natural, mientras que la evolución cultural es lamarckista, basada en la herencia de las características adquiridas.[59]

Por último, lo más significativo es que los objetos paleolíticos, más que expresar la vida, eran percibidos como algo vivo por sí mismo. A semejanza de la extraordinaria estatuilla del hombre-león, una escultura de marfil de un hombre con cabeza de león descubierta cerca de Hohle Fels, en la cueva de Hohlenstein-Stadel (véase figura 10.3), las flautas son también compuestos humano-animales.[60] Tallada en los huesos de las alas de buitres y cisnes, la flauta dotaba al músico que la tocaba del poder y el espíritu del animal, como ocurría con los chamanes de los cazadores-recolectores que vimos en el capítulo 5. El ser humano musical provenía de los animales y siempre irá unido a ellos.

Dado el enorme valor atribuido a estos instrumentos, incluida la destreza y el tiempo que llevaba tallarlos, las flautas parecen estar hechas para ser transportadas, encarnando así el «principio de la portabilidad» abordado en el capítulo 5. Sin embargo, el valor de los objetos es un arma de doble filo: convertir un sitio de reunión en un hogar suponía que se le asignaba la función de almacenar cosas. Los neandertales, que emigraban estacionalmente y carecían de asentamientos permanentes, acarreaban con todo lo necesario y no almacenaban nada.[61] Pero con el *sapiens* la música arraigó en un «sentido del espacio» más seguro, que complementaba el nuevo papel adquirido por los objetos en el mundo, como podemos deducir de una serie de conclusiones. Las casas se creaban con una estructura física: postes, un círculo de piedras, un fogón permanente, como el que se ha detectado ahora por unos guijarros quemados que estaban junto a los vestigios de unas gachas vegetales, posiblemente destinadas a niños pequeños.[62] Las casas eran el lugar en el que se quedaban las madres, algo sin duda necesario para que los cazadores pudieran recorrer largas distancias. Un hogar es en realidad un sitio en el que almacenar no sólo cosas, sino también familias. Y una vez que se establece una morada permanente, se dan también las condiciones para crear un centro de reuniones sociales y los rituales que las adornan, incluida la música, que podemos imaginar cantada, tocada y bailada en torno al fogón. La centralidad y la permanencia del fogón o del hogar es una buena metáfora para la nueva identidad de la música como una «cosa» sólida y duradera.

Habiendo desaparecido todas estas casas, lo único que nos queda son las cuevas. Aunque nos guste fijarnos en el arte ru-

FIGURA 10.3. El hombre-león de Hohlenstein-Stadel.

pestre, es importante recordar que, en un sentido, las cavernas eran atípicas por ser inaccesibles, oscuras y peligrosas (la guarida de las bestias), y porque iban asociadas a los muertos como la entrada natural en el reino espiritual; por todas estas razones, probablemente fueran sitios que se utilizaban con algún fin o se visitaban, pero no se habitaban.[63] En otro sentido, sin embargo, las cuevas registraban el logro supremo de los primeros humanos: imaginar lo invisible, la lejanía o lo inexistente. A semejanza de las escenas de caza de los muros de las cuevas, el flautista poseído por el espíritu de un animal transportaba a los oyentes al más allá espiritual. La vida de los homininos solía ser local. Ahora el arte y la música ampliaban el alcance de la vida indefinidamente, como el tiempo del sueño de los pueblos aborígenes australianos. Otra señal de que el *sapiens* veía la continuidad de la vida más allá de su existencia era la práctica de enterrar a sus muertos con ornamentos funerarios.

Por todas estas razones, las flautas de los primeros humanos eran flautas mágicas; su magia estaba teñida de la espiritualidad de la primera religión. Desde esta perspectiva debemos abordar el punto de inflexión que supone la abstracción musical. La mera existencia de agujeros para los dedos y la estandarización del diseño del instrumento a lo largo de muchos milenios y de una amplia extensión geográfica, nos indican que la música estaba reglamentada. Si un agujero te daba un tono en particular —digamos un re—, entonces esa nota era fija; no podías cantar en el tono que quisieras. Y el hecho de que fuera un tono diferenciado significaba que ya se había cristalizado por completo un alfabeto de tonos.[64] Y la existencia de un alfabeto de tonos apunta a la presencia de un sistema tonal de fondo: unas pautas melódicas y unas escalas en las que algunas notas eran más importantes o «centrales» que otras. Y el hecho de tener unas notas centrales y otras más ornamentales sugiere que los músicos podían improvisar ideas melódicas, del mismo modo que tocamos un tema y sus variaciones. Finalmente, este lenguaje musical tuvo que ser compartido por toda la población, tal y como se transportaban y se intercambiaban las lanzas y las conchas, e igual que se admiraban y se imitaban los estilos de la empuñadura o la decoración.

No cabe duda, por tanto, de que la flauta mágica desempeñó un papel estelar en la revolución cognitiva del *sapiens*, ni de que el destino del ser humano musical estaba escrito en su ADN musical. La historia propuesta en el capítulo 1 de este libro, la deriva de la música hacia la abstracción y la pérdida de la inmediatez emocional, queda resuelta en el capítulo inicial del propio *sapiens*. Independientemente de lo que aniquilara a los neandertales, ya fuera un genocidio cometido por los humanos, el mestizaje con ellos o la simple extinción natural, resulta difícil no sentirse afectado por el *pathos* del cuento de hadas, según el cual con su desaparición murió también algo de la música. El cuento de hadas sigue siendo el mismo aun cuando rechacemos el informe de Mithen y emplacemos el «Hmmmmm» o la protomúsica más abajo de la cadena evolutiva, en el *Homo ergaster* o en Lucy. Desde donde nos encontramos a estas alturas de la historia, en el Paleolítico Superior, podemos ya contemplar la pérdida de la emoción como la víctima inevitable de la expansión social y la «liberación de la proximidad». Pero tal y como he repetido a lo largo de este libro, la historia de la música se puede leer siempre en dos direcciones, hacia delante o hacia atrás. En el último momento, otra herramienta —más inteligente que un palo o una piedra— viene al rescate.

En la evolución de las herramientas, las primeras fueron para cortar, triturar y arponear; los contenedores llegaron más tarde.[65] Los simios pescan normalmente termitas con palos, pero rara vez utilizan contenedores (aunque han sido observados unos chimpancés que llevaban el agua de la lluvia en unas hojas o en sus manos ahuecadas). Los contenedores se abrieron paso en el Paleolítico Superior en forma de escudillas, cuevas y casas y, finalmente, en forma de recipientes de cerámica. Las ollas de cerámica eran concebidas como sucedáneos del cuerpo humano, que por sí mismo era un contenedor del espíritu. Un instrumento musical hueco, como una flauta o un tambor, es un ejemplo de un contenedor. Una flauta contiene aliento y espíritu y, por extensión, la música contiene emoción. La música alberga la emoción que dimos por perdida en la transición del mundo íntimo al mundo social. Pero mediante la contención, la emoción se intensifica, se enrarece y se distancia del lenguaje y del significado. La emoción se ha vuelto metafórica. Una sola nota tocada en una flauta no «significa» absolutamente nada; mucho menos que una nota gemida o bramada por una voz. Sin embargo, un grupo de notas devuelve el significado por la puerta de atrás, cuando un flautista «se pasea» de un tono a otro por las metafóricas «sendas» que atravesamos en el capítulo 4. La historia de la música de los homininos comenzó con Lucy andando. La flauta mágica eleva a la deambuladora australopiteco a los cielos, por los que se pasea entre las estrellas.

## PARA SER HOMER

No hace falta que vayamos demasiado lejos para encontrar un simio humano suspendido en las estrellas. Las icónicas escenas de *2001: Una odisea del espacio* fueron parodiadas en los episodios de *Los Simpson*.[66] Un simio con la cara de Homer se halla recostado contra el monolito echando una siesta, mientras los otros simios están muy atareados inventando las armas y el fuego. Un Homer humano, sentado en una cómoda butaca, fantasea que está volando por un agujero de gusano. Un bolígrafo lanzado por Bart gira hasta internarse en el espacio, se convierte en un satélite de Fox y choca con la cabeza de Homer, que está flotando sobre el planeta en forma de embrión, como hijo de las estrellas, nuestro próximo paso evolutivo. ¡Mosquis!

*Los Simpson* ponen el listón modestamente bajo en cuanto a lo que significa ser un humano. Pero la base de referencia para ser un humano, incluso para ser Homer, es el dominio del tiempo y el espacio. Según André Leroi-Gourhan, «el acto humano por excelencia tal vez no sea tanto la creación de herramientas como la creación de un tiempo y un espacio humanos».[67] Hemos visto cómo los ritmos del Paleolítico contribuyeron a que los humanos hicieran eso. El espacio no era un lugar en el que acaecían los ritmos; los ritmos creaban el espacio. La música nos llevó más allá del «aquí y ahora» de la vida de los animales. Amplió nuestro mundo social y nos dio el viaje mental en el tiempo. Mithen da en el clavo cuando dice:

> A lo largo de la historia hemos estado utilizando la música para explorar nuestro pasado evolutivo —el mundo perdido de la comunicación «Hmmmmm»—, sea este pasado Franz Schubert escribiendo sus composiciones, Miles Davis improvisando o unos niños aplaudiendo en el patio del recreo.[68]

Escribir la historia del ser humano musical consiste sencillamente en dejar que la música nos lleve adonde quiera llegar: hasta las profundidades cada vez más hondas del pasado evolutivo. La emoción es la clave de cómo hace esto la música. Es el cordón umbilical interespecífico que nos conecta con la madre naturaleza. Consideremos la «humanidad», me atrevería a decir, expresada en esta ceremonia de saludo de unos elefantes:

> Los dos subgrupos de la familia corren a encontrarse armando un gran estruendo; barritan, chillan, levantan la cabeza, entrechocan los colmillos, entrelazan las trompas, baten las orejas, se abalanzan el uno sobre el otro, orinan y defecan, todo ello mostrando una gran excitación. Un saludo como éste dura a veces hasta diez minutos.[69]

Tanto si esto se puede considerar «música» como si no, el caso es que nos resulta fácil identificarnos con la alegría sonora de estos elefantes (bueno, con casi toda). Seguro que los elefantes no tienen la noción humana del espacio o del tiempo. Pero lo que sí tienen es un sistema de comunicación vibratorio —que se transmite por la tierra que pisan— que nuestra filosofía todavía no ha imaginado ni en sueños.[70] Aunque la emoción musical mira hacia atrás, algunos otros aspectos suyos presionan hacia el futuro. Según Ian Cross, la música tiene una «intencionalidad flotante».[71] Es decir, el aparente sinsentido de la música —su apertura semántica— es como un laboratorio mágico que nos permite jugar a hacer conexiones entre las distintas partes de nuestro cerebro. Mithen llama a esto «fluidez cognitiva».[72] A través de la música, el *sapiens* aprendió a integrar la información en los ámbitos cognitivos. Nuestro imaginativo carácter lúdico se hace evidente cuando tallamos una estatuilla de un hombre-león o una flauta de hueso o cuando mezclamos ideas inconexas. Al permitirnos pensar en lo impensable, la música proporcionó a los humanos su primera vislumbre de la espiritualidad y la religión, poniéndonos así en contacto con un reino que está más allá del «aquí y ahora». Como hemos visto en el capítulo 5, la religión fue la motivación —más que una consecuencia— para la invención de la agricultura: en el Paleolítico Superior, la agricultura dio lugar a sociedades sedentarias que se congregaban en torno a templos como el de Göbekli Tepe. La música inspiró a la religión, y ésta fue alimentada por una revolución agrícola. Poco después le siguió la ciencia. La música ocupó el asiento del conductor de la historia y la civilización. De manera que el «pastel de queso auditivo» de Pinker podemos devolverlo a la cocina.

Es sobre todo el carácter imaginativo y lúdico de la música lo que la hace avanzar a través de unas mezclas explosivas. El musical *Hamilton*, una verdadera obra maestra de nuestro tiempo, cuenta la historia de los padres fundadores de Estados Unidos en rap. O véase el espectacular contraste entre la ópera barroca francesa y el baile callejero *krump* en la producción de Clément Cogitore de *Les Indes galantes*, de Rameau, el mayor éxito en muchos años de la Ópera de París.[73] El «espíritu crítico» de Vasari (capítulo 8), que arrasa con el pasado en favor de la novedad, continúa siendo la fuerza motriz de la humanidad.

Por fin está listo para alzarse el telón de la historia humana. Pero ya hemos llegado incluso a la ópera. Ha sido un salto relativamente corto, desde hace 40.000 años hasta el presente, dado que el *sapiens* ha pasado el 90 por ciento de su vida en el Paleolítico. El salto no se ha producido desde el hueso que da vueltas de Kubrick, sino desde la flauta que trina del *sapiens*.

O desde los *tweets* («trinos») de la flauta hasta Twitter, por así decirlo. Para el ser humano musical la modernidad empieza con su «revolución cognitiva». En el reino animal, la «modernidad» de la «música» comenzó hace 23 millones de años. ¿Cuál será el siguiente paso? Teóricamente, la máquina. La singularidad tecnológica, cuando la inteligencia artificial (IA) se vuelva sensible, puede ser también el punto en que la música abandone nuestra órbita y nosotros recibamos el justo castigo. El siguiente paso evolutivo, una vez que la música ha aniquilado a la naturaleza, será cuando la inteligencia artificial aniquile al ser humano musical.

# 11

# La máquina

Es ya un tópico decir que nuestro siguiente paso evolutivo intentará aniquilarnos. El cliché nació con la figura de HAL, el ordenador criminal de *2001: Una odisea del espacio*. La voz robótica de HAL expresa una entidad que, a diferencia de nosotros, ya no está vinculada al reino animal por la emoción. Interconectados e instantáneos, los procesos mentales de HAL trascienden nuestras categorías humanas del espacio y el tiempo.[1]

Pero dejemos los clichés. Lo que realmente ocurre en la famosa y muy parodiada escena de Kubrick es más sutil que eso. El deterioro de HAL, cuando Dave desmantela su cerebro, culmina en la música. El ordenador canta «Daisy Bell» («Daisy, Daisy, give me your answer do...») ostensiblemente porque ésta fue la primera canción que salió de un ordenador, un IBM 704, en 1962.[2] En la parodia de *Los Simpson*, el «inglés de la reina» de HAL se deteriora convirtiéndose en americano vulgar.[3] El fascinante enigma que se plantea es por qué las máquinas se vuelven más humanas cuando empiezan a morirse. En *Blade Runner*, la partitura electropop de Vangelis se pone más lírica durante la escena de la muerte del replicante Rutger Hauer, la de las «lágrimas en la lluvia». La música electrónica adquiere su expresividad a través de los fallos, que son como destellos del desmoronamiento técnico. Esta estética del fracaso y la decadencia constituye el núcleo de la música *chillwave*, *vaporwave* y la hauntología, géneros musicales contemporáneos preocupados por la tecnología obsoleta o de baja fidelidad.[4] Nunca se crean el mito de que las máquinas no pueden expresar la emoción.

Recíprocamente, a medida que aumenta la desesperación de HAL, es Dave el que se comporta como una máquina: silencioso, implacable, mecánico. El hombre y la máquina han intercambiado sus puestos. Lo que viene a demostrar que los humanos están tan unidos a las máquinas como lo están a los animales. La inteligencia artificial (IA), si alguna vez pensara realmente por sí misma, sería sólo el siguiente paso de una facultad racional demasiado humana, pese a que la razón ha sido a menudo representada como una jaula de hierro que nos tiene aprisionados. Descartes pensaba que éramos básicamente máquinas, que nuestros cuerpos eran manejados por un pequeño homúnculo que ocupaba nuestro centro, la mente.[5] A veces nos vemos como máquinas cuando tropezamos conscientemente con una palabra o con un adoquín. Aunque soy un conductor habitual, a veces surgen fallos cuando me parece haber olvidado qué pie ha de pisar el pedal del freno. El presidente Gerald Ford supuestamente no era capaz de andar y mascar chicle al mismo tiempo sin caerse (véase la parodia de *Los Simpson* cuando Ford llega al barrio y se choca con Homer).[6] Ser una máquina es un estado mental; está siempre al acecho bajo la piel. De manera similar, la música de la máquina no es más que otro eslabón en la larga cadena que va de los tonos diferenciados de las flautas de hueso a la notación musical, el contrapunto y la tonalidad globalizados, el concepto de la obra del siglo XIX y la modernidad del siglo XX.

Así pues, ¿son las máquinas una jaula, una herramienta o las dos cosas? La pregunta se traduce a si pensamos que la tecnología nos enriquece o nos suplanta. En la medida en que las máquinas ayuden a los humanos a cumplir mejor con sus objetivos, ¿pasará entonces la música a manos del transhumano musical?[7] Si la inteligencia artificial resulta que no es una extensión o una mejora de la humanidad, sino una cosa totalmente nueva, entonces el futuro definitivo de la música será el poshumano musical. Éste es el gran debate en torno al que gira este capítulo.

Estas cuestiones llevan implícita una incipiente constatación de lo relativa que es nuestra música, como se pone claramente de manifiesto en la limitación de nuestra banda auditiva. El sonido más bajo que podemos oír es de más o menos 20 Hz. El oído del elefante percibe desde 8 Hz, y el de la ballena azul desde 5 Hz. No podemos oír por encima de 20 kHz, mucho menos que el perro (45 kHz) o, desde luego, el murciélago (200 kHz). Con nuestro estrecho ancho de banda, somos habitantes de la planicie, similares, según el biólogo estadounidense E. O. Wilson, al pleuston, un organismo adaptado a vivir en la interfaz bidimensional entre la superficie del agua y el aire.[8] El mundo musical situado bajo nuestro umbral perceptivo es inimaginable para nosotros.

Nuestra audición está limitada no sólo por la frecuencia, sino también por la velocidad. Consideremos la increíble brevedad del canto del minúsculo murciélago enano, uno de esos raros mamíferos con capacidad para el aprendizaje vocal y, por tanto, para la verdadera música animal. El canto de un murciélago enano se produce durante una sola batida de alas, y dura menos de 100 milésimas de segundo (en vuelo, los murciélagos sincronizan la respiración y la vocalización con las pautas de la batida de alas).[9] ¿A qué orden o magnitud ha de acelerarse nuestra inteligencia auditiva para captar la sintaxis del canto del vuelo de un murciélago, compuesta por una nota introductoria tonal y frases de gorjeos, trinos y zumbidos? Esto sería un poco como responder a la pregunta imperecedera de Thomas Nagel, planteada en el capítulo 1: «¿Cómo se siente uno siendo un murciélago?». En el extremo opuesto, para apreciar el ciclo del canto de cinco años de la ballena jorobada, necesitaríamos que nuestro oído estuviera en ese tiempo prácticamente suspendido de toda actividad.

Y eso por no mencionar los sistemas de comunicación feromónico, eléctrico y vibratorio de los animales, que pueden ser «música» sobre una base completamente distinta, a saber, sin sonido. Tal vez las cucarachas canten mediante alguna sustancia química, y las medusas mediante destellos de luz. Aparte del sonido, algunos aspectos de la expresión animal resuenan con una tendencia creciente en la música humana. El espíritu de enjambre de las abejas y las hormigas son modelos de una colaboración musical basada en la multitud. La inteligencia distribuida del pulpo, es decir, las neuronas repartidas entre la cabeza y los brazos, anticipa la creatividad musical descentrada de internet.[10] A menudo se ha comentado que los cefalópodos son los auténticos alienígenas de la Tierra; de ahí que con frecuencia representemos a los extraterrestres de esa manera.

A falta de alienígenas reales (todavía), las máquinas son la mayor esperanza del ser humano musical para escapar de su mísero ancho de banda. A la manera de insectos zapateros en el gran esquema de las cosas, podemos utilizar la tecnología para zambullirnos hasta el fondo y emprender la huida.

## EL TRANSHUMANO MUSICAL

Imagine un mundo futuro en el que podemos oír en colores o incluso en sabores. En esta tecno-utopía, unos dispositivos óseo-integrados implantados en su cabeza permiten una transmisión inalámbrica de los sonidos de un cerebro a otro. Unos audio-implantes en sus oídos aumentan su audición convirtiéndola en tan alta como la de un murciélago y tan baja como la de una ballena. Cuando asiste como avatar a una sala de conciertos digital en la realidad virtual, puede centrar el oído en el instrumento que desee haciendo zoom como una cámara. Los implantes cognitivos también le dejan hacer esto en una realidad física *off-line* (sin conexión). La música personalizada y a medida está recién preparada por compositores de IA, ajustada a su personalidad, a su gusto, al patrón de sus ondas cerebrales y a su historial médico. «Siri, me siento deprimido», dice usted, y ella toma las lecturas del sensor de su estado de ánimo mediante un panel táctil y le inyecta «intravenosamente» una cura musical con una precisión quirúrgica. Una *start-up* de IA compone y publica todos los meses el álbum de un genio, que rápidamente satura el mercado.[11] Otra inteligencia artificial recarga la consciencia de un compositor anciano, permitiéndole así seguir componiendo e incluso mejorar después de muerto. Otras IA descifran los algoritmos de Mozart y Charlie Parker y generan una corriente interminable de nuevas sinfonías y estándares del jazz. Son indistinguibles de lo real, lo que no quiere decir que la palabra *real* siga teniendo algún sentido. Si usted mismo quiere convertirse en un compositor, entonces poniéndose unos guantes de sonido el movimiento de sus manos se transforma directamente en música. O también puede usar esos guantes para cortar, pegar y editar muestras holográficas proyectadas en el aire. No es ningún problema cantar como Frank Sinatra con un *vocoder* (analizador y sintetizador de voz). Los grupos sociales efímeros (su próxima despedida de soltera o un viaje en taxi a un pub) están dotados de una banda sonora con un servicio de audio emergente programado por *chatbots* (programas que simulan la comunicación humana) con mucha personalidad, que se burlan alegremente de usted.[12]

Ya se sabe que el futuro es muy difícil de predecir, y la ciencia ficción envejece antes de lo que tarda una pintura en secarse. La escena de la cantina de *La guerra de las galaxias* habla más del funk de finales de los setenta que de la música de alguna «galaxia lejana». No obstante, la mayor parte de las predicciones, si no todas, que hemos visto más arriba, a decir verdad, hunden sus raíces en la realidad presente. Una excepción destacada es la posibilidad de recargar la consciencia o la creatividad, lo cual sigue siendo una quimera. Sin embargo, los transhumanos musicales —Cybjörks y Android Lloyd Webbers— han llegado definitivamente. El primer cíborg legalmente reconocido del mundo, un híbrido de humano y máquina, es un artista catalán llamado Neil Harbisson.[13] Un chip vibratorio conectado en su cerebro a una antena que le cuelga por la frente le permite a Harbisson experimentar los sonidos como colores (incluidos los infrarrojos y ultravioletas) y componer escalas sonocromáticas (escalas de colores). Como sus implantes son activados por Bluetooth, Harbisson puede conectarse a internet, así como a otros dispositivos.

El *eyeborg* de Harbisson (como llama él a su artilugio) se basa en una condición neurológica que afecta al 4 por ciento de la población y que se denomina sinestesia, una fusión de los sentidos. James Wannerton no es un cíborg, pero una conexión neuronal adicional en su cerebro hace que la música inunde su boca de sabores.[14] Tiene una sinestesia sonoro-gustativa. Wannerton nos revela que «Love Yourself» de Justin Bieber sabe a la clara de un huevo cocido, mientras que «Pillow Talk» de Zayn le recuerda a una loncha fría de jamón. ¿Podrá la tecnología o la ingeniería genética hacer que los compositores creen algún día escalas o incluso sinfonías de sabores? La asociación entre música y comida no es tan extravagante como pueda parecer. Por eso los cafés han sido tradicionalmente sitios con música (¿recuerdan la *Cantata del café*, de Bach?); y por eso el chef deconstructivo Heston Blumenthal pone auriculares a sus comensales. «Si la música fuera el alimento del amor...» Unos experimentos han demostrado que todos nosotros (es decir, los no sinestésicos) normalmente asociamos los tonos agudos con lo «dulce», las notas graves con lo «amargo», los silencios entre las notas con lo «salado», y la música experimental que es aguda, disonante y rápida con lo «agrio».[15] Y luego además están las *Mozartkugeln* («bolitas de Mozart»), esos empalagosos bombones austríacos que encarnan la música con sacarina. Tal vez sinestésicos como Harbisson y Wannerton sean los escoltas del futuro transhumano musical, como los dotados mutantes de la franquicia de los *X-Men*. Algún día todos tendremos esas dotes.

Dicho lo cual, creo que el transhumano musical en realidad apunta hacia atrás, más que al futuro. Es la consumación de tendencias muy antiguas y la resolución de viejos problemas abordados en capítulos anteriores. Veamos dos ejemplos.

En el iPhone que tengo en la mano he abierto Bloom, un juego interactivo musical que me permite crear unos atractivos tonos tintineantes y unas imágenes psicodélicas pasando los dedos por la pantalla.[16] Mis pequeñas composiciones pueden ser coloreadas por doce estados de ánimo con nombres tan intrigantes como «Neroli», «Vetiver», «Ylang» y «Labdanum». La aplicación fue diseñada por Brian Eno, un músico experimental y productor musical inglés, y sus sonidos se asemejan a la música que produjo Eno en sus famosos álbumes de ambiente de las décadas de 1970 y 1980, tales como *Music for Airports* y *Apollo: Atmospheres & Soundtracks*. Aunque toqueteando el Bloom mato el tiempo, los diez minutos que estoy esperando al autobús, no

446

es gran cosa, ni siquiera un arte un poco complejo. Pero en eso consiste la gracia. Cualquiera puede hacer «música» con Bloom; basta que tenga un mínimo de talento o habilidad técnica. Desde luego, no hace falta tener instrucción musical. ¿Acaso esto no hace amago de combatir el elitismo de la creatividad musical del Occidente moderno, aunque sea a pasitos cortos?

El otro gran déficit de la música occidental, que he abordado en los capítulos 2 y 3, es la pérdida de la participación. Desde un punto de vista histórico (y prehistórico), así como geográfico, la norma es hacer música activamente con otra gente, no consumirla pasivamente uno solo. Pero gracias a internet, la cultura participativa ha vuelto en muchos sentidos. Reason es un estudio de *software* que opera con una estación de trabajo de audio digital (DAW, por sus siglas en inglés).[17] A los músicos que estén dispersos por el mundo les permite subir ideas o borradores de canciones a una página web especializada. Luego, otros músicos retoman estas canciones sin terminar y las adjuntan, editan, mezclan y reenvían en un espectacular alarde de *crowdsourcing* musical. Gracias a la colaboración *online*, el estudio no se encuentra en ningún lugar concreto, del mismo modo que la canción tampoco ha sido creada por una persona en particular. Reason echa por tierra las viejas distinciones entre lo local y lo global, el individuo y la comunidad.

Lo que posibilita innovaciones como Bloom o Reason es, por supuesto, la revolución digital. Durante mucho tiempo, la música ha hecho sus pinitos con la electricidad; basta con pensar en la radio, el micrófono, el altavoz, el amplificador, la mesa de mezclas o la guitarra eléctrica. Pero la digitalización llega a los mismísimos átomos del sonido, transformando las ondas sonoras continuas en una serie de ceros y unos, en un código.[18] Como datos binarios muestreados a una frecuencia de 44.100 ciclos por segundo, la música puede ser copiada, pegada, manipulada, transmitida, descargada e infinitamente reeditada sin ninguna pérdida de la calidad de los datos, haciendo que desaparezca la distinción entre «original» y «copia».[19]

Si todo es cuestión de números y la única realidad es el flujo de información, no hay diferencia entre el virus de la COVID-19,

447

el coronavirus, el código informático, el primer ministro y la «Oda a la alegría». Y sin embargo, asombrosa y milagrosamente, la revolución digital supuestamente no es tal cosa: es una evolución que extrapola viejas tendencias. La idea de que el mundo era gobernado por unas proporciones matemáticas reveladas por la música se remonta a los antiguos griegos y babilonios, como hemos visto en el capítulo 6. Y nuestra mentalidad de remezclar, como a menudo se la denomina, es en realidad una vuelta a como era originariamente la música en la cultura popular, que canalizaba lo que la teórica de la creatividad Margaret Boden llama «creatividad combinacional».[20] En la música folk, incluidas las músicas de las sociedades de cazadores-recolectores y agricultores que he comentado en el capítulo 5, la norma consiste en ensamblar fragmentos de música preexistente, no en crear algo nuevo. O dicho de otro modo, la novedad, si es que existe, reside en el ensamblaje. Y esta evolución ha de ser ubicada en el contexto de la evolución cognitiva del *sapiens*; en particular, en términos de lo que Merlin Donald denomina nuestra «tercera transición» hacia la mente moderna híbrida.[21] A lo largo de la historia de la civilización, hemos ido descargando progresivamente nuestra memoria en dispositivos simbólicos externos. Internet y el ordenador moderno, con su capacidad prácticamente ilimitada de almacenar archivos, sólo siguen el mismo camino.

Ahondando aún más, llegamos al contexto más amplio de la paleoarqueología de las herramientas (capítulo 10), que es lo que son al fin y al cabo los dispositivos digitales.

Las herramientas nos amplían la mente y el cuerpo, así como nuestro dominio del espacio y el tiempo. Un hacha de mano, el arco de un violín, un piano, el teclado de un ordenador o el propio ordenador. A semejanza del bastón de un ciego o el coche que conducimos, los objetos físicos nos pueden incluso parecer parte de nuestro cuerpo vivo. El camino que va de la bifaz achelense a la World Wide Web representa un único arco de progreso, pues la red digital se cierra en torno a la Tierra.

El experto en medios de comunicación Aram Sinnreich divide la revolución digital de la música en once ramales.[22] La música digital es: global, instantánea, multisensorial, archivística, transmisible, permutable, editable, interconectable, interoperable, personalizable y pirateable. Conforme vayamos bajando por la lista, pregúntese en qué momento, si es que se produce, el presente rompe con el pasado, y las diferencias cuantitativas de grado se convierten en saltos cualitativos de categoría:

*Global*: la expansión geográfica de la música es mayor que en ninguna otra época de la historia. En el momento de escribir estas líneas, el «Gangnam Style» ha sido visto 3.800 millones de veces en YouTube. A fecha de octubre de 2020, la población mundial asciende a 7.800 millones de habitantes. Aquí es donde termina el viaje de Lucy.

*Instantánea*: los medios electrónicos y digitales transmiten música a la velocidad de la luz. La música siempre ha viajado. Sólo que cada vez lo ha hecho más deprisa.

*Multisensorial*: a menudo la música se transmite asociada al vídeo y al texto, y también como la dimensión háptica de los dedos que se deslizan por las pantallas y los paneles táctiles.

*Archivística*: la música de medios de comunicación más antiguos puede ser almacenada, recuperada, copiada y recopiada prácticamente sin esfuerzo ni coste alguno.

*Transmisible*: la música puede ser transmitida entre dos personas, o multidifundida de una persona a una comunidad, sin que importe la distancia. Éste es el punto álgido del «principio de portabilidad» (capítulo 5), cuando la música ya no está vinculada a un lugar.

*Permutable*: a las secciones musicales se puede acceder en la secuencia que uno desee. Spotify es indiferente al orden en el que estén dispuestas las canciones dentro de un álbum o los movimientos en una sinfonía.

*Editable*: una grabación puede ser fácilmente desglosada en sus componentes, y éstos pueden ser reensamblados, permutados o adicionalmente analizados.

*Interconectable*: los músicos de hoy pueden darse a conocer a través de internet como una comunidad virtual. Dispersos por todo el mundo, pueden comunicarse y colaborar en proyectos simultáneos.

*Interoperable*: las tecnologías musicales (radio, televisión, vídeo, grabaciones de sonido, internet) han convergido en la misma plataforma digital. Los portátiles, los iPhone y las estaciones de trabajo de audio digital (DAW) son metainstrumentos convergentes.

*Personalizable*: puedes hacer que tu instrumento digital tenga el aspecto que quieras y se comporte como desees. Los usuarios de la tecnología musical pueden personalizar su función y su apariencia mediante el *software* de la base de datos y el diseño de la interfaz basado en el menú.

*Pirateable o hackeable*: la música es más susceptible que nunca de ser robada, manipulada o falsificada. Esto se debe a que las nuevas tecnologías mediáticas se basan en plataformas digitales comunes y, por tanto, son más fáciles de piratear.

El resultado neto de la revolución digital de la música es un salto cualitativo en cuanto a comodidad, variedad y accesibilidad. El paisaje digital ha generado una enorme proliferación de subgéneros musicales que reflejan cualquier gusto, edad, personalidad y trasfondo cultural que uno pueda imaginar. Ha ejercido una inmensa influencia democratizadora: todo el mundo puede hacer de todo en cualquier momento y en cualquier lugar. ¿Tiene alguna desventaja?

Por lo visto, muchas. Después de la notación en el pentagrama y de la tonalidad occidental, la tecnología de la música digital es sólo el vehículo más reciente de la estandarización global. A semejanza del teclado de un piano, afinado de modo que los doce semitonos sean iguales, el teclado del sintetizador impone su «temperamento igual» al resto del mundo, con sus sistemas de afinación «no estandarizados» [sic].[23] A decir verdad, los programas de afinación microtonal existen para los Mac (LMSO) y los PC (Scala). Sin embargo, los sintetizadores en directo no aceptan en la actualidad archivos de afinación, por lo que resulta engorroso reafinar específicamente cada nota.[24] El resultado es una versión muy moderna de esa nivelación colonial que vimos en Latinoamérica y en África en el capítulo 9.

Y la estandarización, más que una variedad ilimitada, es la verdadera conductora de los servicios musicales en *streaming*, que alimentan nuestro apetito, aparentemente sin fondo, de una gratificación instantánea. De hecho, el *streaming* ha cambiado la manera de escribir las canciones. En un mercado que recompensa a los artistas por cada descarga, es imprescindible ser lo más pegadizo posible. Si Apple Music paga a los artistas 0,0007 dólares por cada retransmisión, y Spotify más o menos la mitad, los artistas necesitan optimizar sus oportunidades, y la manera más clara de conseguir oyentes es poner «ganchos» al principio de las canciones.[25] El compositor Daniel Dixon hace una lista de seis técnicas de producción que enganchan a los oyentes en treinta segundos o menos.[26]

1.  Empezar una canción con una grabación de campo o un paisaje sonoro. Esto transporta al oyente antes incluso de que suene la primera nota.
2.  Comenzar con un breve bucle compuesto por fragmentos de la canción, mejor que con una introducción propiamente dicha. Pharrell Williams y Chad Hugo son famosos por este efecto de grabación pausado.
3.  O simplemente ir al grano con un coro inicial (como «Thunder», de Imagine Dragons).
4.  Dado que a veces menos es más, empezar con sonidos muy suaves o con el silencio.
5.  Poner al principio un «gancho» instrumental («Get Lucky», de Daft Punk, es el ejemplo perfecto).
6.  Despistar a los oyentes con un falso comienzo, un sonido extraño que poco a poco se va fundiendo con el principio real de la canción (véase el ruido del helicóptero en «The Yabba», de Battles).

En los viejos buenos tiempos, las canciones clásicas empezaban despacio y se iban encaminando hacia un clímax. Ahora la música te da lo que quieres desde el principio. La gratificación musical instantánea refleja lo que Robert Colville llama la «gran aceleración» del mundo, encarnada por los rápidos cortes y cambios de plano de las películas y las series de televisión de hoy en día.[27] Tal y como nos recuerda Colvile, el ritmo de las películas antiguas les resulta lúgubre y aburrido a las audiencias modernas; el promedio de la duración de un plano ha bajado de diez segundos en la década de 1930 a cuatro segundos en la actualidad. En un vídeo de K-pop los cortes son aún más rápidos, a menudo de menos de un segundo, expresando así lo que la teórica cinematográfica Carol Vernallis denomina «estética acelerada».[28] En el capítulo 8 vimos que el carácter espasmódico de los vídeos de K-pop es una consecuencia natural de la sinergia de los oyentes con los dispositivos portátiles, de su simbiosis con el iPhone. No hace falta que la tecnología se implante en nuestros oídos o cerebros. Ya estamos pegados a nuestros teléfonos. Ahora todos somos simbióticos.

El transhumano musical no nos aniquilará como algún cíborg del futuro que odie la música. Pero la siguiente peor cosa es que la digitalización podría silenciar nuestros lenguajes musicales —los miles de escalas, modos y sistemas de afinación de la música del mundo que no se ajustan a la tonalidad occidental—, del mismo modo que docenas de lenguas habladas mueren cada año bajo el yugo del inglés o el español globalizados.[29] Y aniquilará al ser humano musical rebajando nuestro umbral de aburrimiento y atomizando nuestra capacidad de concentración.

Se podría seguir diciendo: ¿qué hay de nuevo? Esta evolución presumiblemente sea sólo el siguiente capítulo de la civilización. La estandarización y la urgencia de ser popular han sido siempre esenciales para la cultura musical, y no sólo en Occidente. Incluso la nueva estirpe de programas algorítmicos diseñados para detectar un éxito no son más que una herramienta, aunque la mera idea de examinar toda la creatividad futura a través de programas informáticos da escalofríos. El libro de Charles Duhigg *El poder de los hábitos* nos cuenta un ejemplo admonitorio.[30] Un programa llamado Polyphonic HMI predijo correctamente que «Come Away With Me», de Norah Jones, encabezaría las listas de éxitos pese al escepticismo de los ejecutivos del estudio. Envalentonados por la tasa de éxito del programa, los ejecutivos de Arista siguieron su criterio en «Hey Ya», de OutKast —otro éxito rotundo—, aun cuando desde el principio arrasaba en la radio. Al final, Polyphonic HMI demostró que los primeros oyentes de la radio estaban equivocados. El *software* puede validar el instinto visceral. La moraleja de la historia es que el aprendizaje informático y el *big data* no sustituyen (todavía) a los seres humanos, sino que trabajan a su lado. Como herramientas.

Por todas estas razones y otras más, creo que el transhumano musical es en realidad una mejora del ser humano musical. Su objetivo inevitable, dado que el ideal de la tecnología es convertirse en invisible e intuitiva, es fusionarse con el cuerpo humano. Este objetivo está literalmente al alcance de nuestros dedos, en el punto de contacto de lo digital con los dígitos humanos, de los números con los dedos que se desplazan, se deslizan, golpetean y teclean. Otro paso esencial son los guantes Mi.Mu de la pionera musical Imogen Heap, unos guantes sonoros que han sido promocionados como «el instrumento musical llevable más avanzado del mundo».[31] Los guantes están cargados de sensores y conectados inalámbricamente a sistemas de captura de datos de movimiento, que instruyen al ordenador sobre cómo convertir los gestos de las manos —un movimiento de muñeca, un pellizco con los dedos, la apertura de la palma— en sonido. Con su traje de cuerpo entero, la diva cíborg holandesa Chagall van den Berg ha llevado los guantes Heap al siguiente nivel, aunque su instrumento todavía está desarrollándose.[32] El traje lleva integrados quince sensores tridimensionales de rastreo de movimiento Xsens. No se ven los tres ordenadores que manejan las aplicaciones ocultos a un lado del escenario. El músico digital ha dado un paso adelante desde detrás de la mesa de control y baila al son de la música ante la audiencia.

La idea de la música como una emanación de un cuerpo danzante es una de las fantasías más antiguas de la humanidad. Nos hemos cruzado con ella varias veces con anterioridad: Merit, la diosa egipcia de la quironomía, que creó el orden (*ma'at*) del universo a través de la música y los gestos. Las «manos de David», a través de las cuales el rey David dictó los acentos masoréticos de los salmos. Nuestra ilusión, hoy en día, de que el director que está bailando en el podio está creando la música, no sólo dirigiéndola. Nosotros mismos nos permitimos esta fantasía cuando «dirigimos» la música en nuestras salas de estar. Pero al fin ha llegado el tiempo de la diosa Merit, encarnada en la figura, tal vez inverosímil, de Hatsune Miku, un holograma «*anime* de una adolescente japonesa que canta y baila.

Hatsune Miku tiene dieciséis años, mide 158 cm, tiene unos ojos azules como platos, unas largas coletas de color turquesa, talle de avispa y un registro vocal de A3 a E5, muy superior al de cualquier humano y no exactamente real. Es un avatar de un programa vocaloide (síntesis de la voz) diseñado por Crypton Future Media en 2007, y catalogado como «una diva androide en un mundo del futuro próximo en el que las canciones habrán desaparecido» (véase figura 11.1).[33] Hatsune canta melodías seleccionadas de entre los muchos miles de canciones compuestas y cargadas por sus fans. Hasta la fecha, su repertorio supera las 100.000 canciones. Hatsune Miku hizo su primer concierto «en directo» en 2009 en el Saitama Super Arena. Aunque es reconociblemente humana, y su galería de sonidos vocales ensambla muestras de la voz real de la actriz Saki Fujita, Hatsune es un artefacto completamente digital, un avatar hiperrealista. Tiene una multitud de seguidores y marca el triunfo de la cultura participativa «de fuente abierta». Sin embargo, sus fans la ven como no más artificial que cualquier otro ídolo adolescente, como por ejemplo Justin Bieber o los miembros de la banda de chicos coreanos BTS. De hecho, ven en ella una pureza y una autenticidad que van más allá de los «simples» humanos. En noviembre de 2018, un japonés de treinta y cinco años llamado Akihiko Kondo «se casó» con Hatsune Miku. «Miku-san es la mujer a la que amo y también la que me salvó», declaró, y añadió: «A mi madre no le pareció algo que debiera celebrarse».[34]

FIGURA 11.1. Hatsune Miku en directo.

## EL POSHUMANO MUSICAL

Pero ¿qué pasaría si una máquina no fuera una mera herramienta, sino un agente provisto de consciencia, libre albedrío y una inteligencia superior? Junto con estas cualidades entraría la creatividad, de modo que una IA musical sería un compositor lo suficientemente sofisticado como para convencer a los expertos. Haciendo un poco de futurología, las perspectivas son halagüeñas, pues entre otras cosas resolverían el problema de la muerte de la música. Un Ludwig van Beethoven de IA sería la gloria para el alma musical de un compositor. O bien un compositor joven y sano podría cargar su consciencia en un ordenador, y sus identidades físicas y virtuales podrían seguir carreras paralelas, trabajando unas veces en soledad y otras en colaboración. Se podría, por ejemplo, cargar una mente musical extraordinaria en cada década de su existencia. Esto recuerda a la historia apócrifa del museo de Salzburgo, que albergaría una vitrina con los cerebros de Mozart a la edad de dos, diez, veinte y treinta y cinco años.

Liberado de su biología, el compositor de IA podría moverse por un espacio conceptual infinito, conversar con una galaxia de otros compositores cargados y absorber la totalidad de los conocimientos universales. A semejanza del capuchino del Japón domesticado que hemos visto en el capítulo 10, cuyo repertorio superaba al de los pájaros que vivían en estado salvaje, el liberado compositor podría aprender y evolucionar a un ritmo acelerado. Pero su música también podría ser completamente inerte, al estar vaciado de todo aquello que da un significado a la música humana: los límites del cuerpo físico, incluido su tiempo limitado. La música de Beethoven está marcada por su victoria sobre la sordera; la de Schubert, por su lucha contra la enfermedad. Por encima de todo, para el compositor humano el tiempo es lo esencial. ¿Qué tipo de música surgiría si el tiempo fuera ilimitado?

Naturalmente, todas estas conjeturas dan por hecho que un futuro ser superinteligente se adaptaría a los objetivos humanos, no convertiría toda la materia del universo en clips ni nos miraría con el mismo desdén con el que nosotros contemplamos la tecnología obsoleta, como por ejemplo las reglas de cálculo y las hojas de cálculo, de modo que querría perder el tiempo con una señalización lúdica pero costosa, que es lo que en definitiva es la música.[35] La música está tan incorporada a la naturaleza humana, que la idea de que una máquina pudiera «replicarla» nos toca una fibra especialmente sensible. Esto es aplicable a la creatividad en general, el último refugio de la excepcionalidad humana. Un año antes de ser derrotado por el ordenador Deep Blue, Garry Kaspàrov advirtió sombríamente: «[Los ordenadores] no tienen que cruzar el área de la creatividad humana. Eso amenazaría la existencia del control humano en áreas como el arte, la literatura y la música».[36] Las ondas de choque de cuando AlphaGo derrotó al campeón mundial de go, Fan Hui, continúan reverberando. Ada Lovelace, la matemática y madre de la programación informática del siglo XIX, había pronosticado que la «máquina analítica» (como fue llamado el primer ordenador de Charles Babbage)

podría actuar con otras cosas que no fueran números [...] Suponiendo, por ejemplo, que las relaciones fundamentales entre los

456

sonidos en la ciencia de la armonía y de la composición musical fueran susceptibles de tal expresión y tales adaptaciones, la máquina podría componer piezas de música elaboradas y científicas de cualquier grado de complejidad o alcance.[37]

No obstante, Lovelace advertía de que la creatividad o la originalidad de la música partiría del programador, no de la máquina. Desde entonces, la fantasía de un compositor de IA autónomamente creativo ha sido una especie de Santo Grial. El ideal parecía haberse hecho realidad en 1992 en una aplicación de *software* llamada EMI, por sus siglas en inglés (Experimentos en Inteligencia Musical), escrita por el músico y científico informático David Cope y mejorada por la «hija» de Cope, la más compleja Emily Howell.[38] EMI y Emily habían creado obras nuevas a partir de una multitud de compositores muertos (entre ellos, Bach, Mozart, Beethoven, Chopin y Prokófiev); los resultados han sido publicados en varios CD, y las actuaciones parecen haber superado el test de Turing musical, llamado «test Lovelace». El test de Turing original examinaba si la conducta inteligente de una máquina era indistinguible de la de un humano. En la versión musical de este experimento de Cope, el científico tocó dos mazurcas de Chopin —una real y otra compuesta por EMI— ante una audiencia sumamente exigente en la mundialmente famosa Escuela de Música Eastman. El 50 por ciento pensó que la pieza de EMI era del verdadero Chopin.

Al pasar la prueba, EMI parece haber echado por tierra todas nuestras suposiciones acerca de la música, la creatividad y la humanidad. A quien más le molestó fue al filósofo Douglas Hofstadter, autor del renombrado libro *Gödel, Escher, Bach,* que expuso su examen de conciencia en un delicioso ensayo titulado «Cómo mirar fijamente a los ojos de EMI y hacer lo posible por no flaquear».[39] Es posible, sin embargo, que las perspectivas de la música humana no sean tan malas como temía Hofstadter, y por una serie de razones.

EMI es una red de transición aumentada (ATN, por sus siglas en inglés) que analiza un lenguaje musical, extrae sus componentes (o características distintivas) y luego los une para generar nuevas composiciones en ese mismo estilo.[40] Dicho brevemente, obtiene un algoritmo y luego lo utiliza para componer una pieza nueva. Es fácil dejarse impresionar por el concepto de la composición algorítmica. Pero la realidad es más vulgar. EMI tiene un ser humano en ambos extremos —Cope lo nutre de datos y supervisa sus resultados—, de manera que en realidad no es autónomo. Emily Howell está aún más supervisada. Todos los compositores escriben en algoritmos, que por cierto es un nombre rebuscado para una secuencia estereotipada de pasos, para una «gramática» composicional. Las gramáticas musicales son bastante fáciles de hackear: a los estudiantes universitarios de música les enseñan, por ejemplo, a manufacturar corales de Bach en el primer año. No sorprende que Hofstadter encontrara emotiva la falsa mazurca de EMI, dado que las emociones ya estaban presentes en las características distintivas de Chopin que la máquina había plagiado. Es asimismo elocuente que la obra que pasó el test de Lovelace fuera una breve mazurca de dos minutos, un género musical basado en la repetición constante, no en un desarrollo de amplio alcance. EMI y su hija Emily resultaron ser inútiles para obras de mayor envergadura como las sonatas para piano de Mozart o de Beethoven, que suenan como algo reiterativo, técnicamente torpe y, francamente, aburrido. La experiencia de escuchar una sonata hecha por Emily es tan desconcertante como escuchar el discurso de un político (estoy escribiendo esto en plena campaña de las elecciones nacionales británicas). Uno reconoce su tono de voz y los tics retóricos («¡Ajá! ¡Excelente cosecha la de Boris Johnson!»), y entiende cada una de las palabras con facilidad. Sin embargo, las frases en su conjunto no tienen sentido, y la puntuación parece que brilla por su ausencia.

En definitiva, se ha comprobado que es imposible extraer algoritmos musicales más allá del nivel muy localizado de una frase musical. Podría haber una gramática para un himno muy conciso, como por ejemplo un coral de Bach, pero no existe ninguna gramática para la *Pasión según san Mateo*. A diferencia de nosotros, EMI no tiene experiencia del tiempo, ni tampoco del tiempo que se tarda en recorrer el «paisaje» de una obra musical, tal y como se ha descrito en el capítulo 4. EMI no sabe «andar».

Una cosa es imitar un estilo muerto, y otra muy distinta es componer música artística en un lenguaje original y moderno. La primera pieza clásica contemporánea compuesta por un ordenador llegó en 2011 y se titulaba «Hello World!». Fue creada por un clúster español llamado Iamus.[41] La razón principal por la que Iamus tiene flexibilidad creativa es que su tecnología imita los sistemas biológicos —el del cerebro humano y el del desarrollo evolutivo—, aunque naturalmente está basado en el silicio. Esto significa que los rasgos musicales evolucionan y compiten entre sí por analogía con el crecimiento de un embrión humano. Sin embargo, a las pruebas me remito: aunque los críticos fueron muy respetuosos, casi ninguno detectó ni una chispa de vida en «Hello World!», nada de espíritu en la máquina.[42]

Ahora bien, el problema de EMI, Emily, Iamus y todos sus amigos no es que sean máquinas. Éste ha sido uno de los grandes malentendidos en las narrativas del humano frente a la máquina de nuestra época, melodramas que no arrojan luz sino que echan más leña al fuego. De hecho, es probable que el ser humano musical, a un nivel todavía por definir, también sea una máquina. Las emociones también son una especie de algoritmo, de manera que la cuestión no es que las máquinas no sientan emociones. Algún día podrían sentirlas. La cuestión es más bien el planteamiento de la simplicidad frente a la complejidad. Seamos o no seamos «máquinas», somos infinitamente más complicados que los ordenadores en su estado actual, y esto explica la complejidad de nuestra música. La música de EMI y Iamus sólo puede ser tan compleja como el conjunto de datos de los que se nutren, y sus datos son sumamente escasos (por ejemplo, la «sonata de Beethoven» de EMI fue derivada de un simple puñado de sonatas reales de Beethoven). Desde el punto de vista conceptual, en realidad no importa cuántos millones de partituras muestres a una IA, la cual, aprisionada en su caja negra, no puede sentir, saborear ni oler el mundo que hay fuera de las notas. En cambio, Johann Sebastian Bach, fuera o no una «máquina», poseía todo un mundo de experiencias, incluido el Nuevo Testamento y la teología luterana, independientemente de que estos textos sean o no «algoritmos», por no mencionar el disfrute de un paseo por el campo, la sensación del sol y la lluvia bañando su cara, el sabor de la buena comida, el roce de un clavecín con sus manos, y el amor de dos esposas y veinte hijos.

La verdadera amenaza que supone la IA es que, atrapados por el glamur y la ilusión de la futurología, se nos pide que admiremos una música que es —por decirlo de la manera más diplomática posible— demasiado simple. Tales atractivos son el material de las «TED talks» («charlas de Tecnología, Entretenimiento y Diseño»). En una de ellas (en abril de 2018), el empresario y experto informático Pierre Barreau nos cuenta que, inspirado por Samantha —la asistente personal de IA en la película de 2013 *Her*—, creó el Artista Virtual de la Inteligencia Artificial (AIVA, por sus siglas en inglés). AIVA ha sido adiestrado con 30.000 partituras de música occidental y puede crear música mediante unas profundas redes neuronales.[43] Al final de esta presentación, Barreau interpreta una pieza que AIVA escribió especialmente para la audiencia, «La era del asombro» (la pantalla se llena de fuegos artificiales). «Como pueden ver —dice Barreau emocionado—, AIVA crea unas piezas musicales preciosas», y la audiencia aúlla su aprobación. ¿Tenía algo de bueno esta música? Pueden juzgarlo ustedes mismos. Vean también la muy promocionada «terminación», por parte de Huawei, de la *Sinfonía Inacabada* de Schubert, mediante una aplicación del teléfono.[44] Si sabe algo acerca de la música de Schubert, los resultados, eufóricamente aplaudidos por una audiencia entregada, le harán sentir vergüenza ajena.

Ahora bien, los esfuerzos de AIVA y de Huawei son «lonchas finísimas» de un género llamado «Symphonic Hollywood»: suave, sabroso e inofensivo como una tarta de manzana. Pero en el fondo son más bien una papilla poco original y conservadora. No pasa nada porque la música sea mediocre o medianamente culta. No a todo el mundo le gusta oír música de primera categoría a todas horas. Una *start-up* de música de IA llamada Jukedeck (ahora adquirida por TikTok) ofrece una corriente potencialmente infinita de música sin licencia, en la que el usuario selecciona el estilo, el aire, la duración, la velocidad e incluso dónde quiere que recaiga el clímax, y la IA hace el resto.[45] La calidad de la música no es más que la adecuada, pero es perfecta como contenido de vídeos.

Tales empeños tienen consecuencias tanto directas como más insidiosas. El efecto directo es ahorrarse un montón de dinero despidiendo a todos los compositores comerciales. Si ocurre eso, realmente las máquinas habrán sustituido a los músicos. Ya existe la sospecha (que la empresa niega) de que parte de la música ambiental de Spotify está compuesta por bots (robots de *software*).[46] El mayor peligro, sin embargo, estriba en que los estándares desciendan de nivel. Aquí vemos un claro paralelismo con el argumento de Yuval Harari sobre la verdadera amenaza del terrorismo.[47] Según Harari, los terroristas nos hacen menos daño por sus acciones directas, que normalmente son esporádicas y locales, que por provocar que la sociedad reaccione de forma exagerada ante ellas. Por esa misma lógica, no es al compositor de IA al que debemos temer: si resulta ser una auténtica IA, su música puede sonar maravillosamente. Lo que más bien debería preocuparnos es el claro y presente peligro de que nos laven el cerebro para aceptar los productos de las Máquinas Artificiales No Demasiado Inteligentes Pero Muy Prometedoras, como sucedáneo de lo real.

Puede ocurrir que la IA «No Demasiado» ofrezca música como un asistente composicional glorificado. Tal es el papel que desempeña Watson Beat, el brazo musical de Watson, el superordenador de IBM. El colectivo Phony Ppl, de Brooklyn R&B, trata a Watson Beat como a un miembro más de su banda.[48] Dicen que el programa los saca con frecuencia del atolladero artístico o del bloqueo de la página en blanco, mostrándoles unas posibilidades musicales con las que nunca habrían soñado. De hecho, se ha compuesto música que dialoga con las máquinas mucho antes de que se pensara siquiera en los ordenadores. Desde Ockeghem a finales de la Edad Media hasta Schoenberg y Boulez en el siglo XX, los compositores han creado unos sistemas mecánicos de patrones de notas (cánones contrapuntísticos, hileras de notas, matrices), que luego retocaban. Estos sistemas precomposicionales abrían muchos campos de posibilidades; el acto compositivo por sí mismo era una mera cuestión de seleccionar y reorganizar. Toda composición humana consiste esencialmente en «dar coces contra el aguijón», siendo el aguijón la resistencia que ofrecen algunos tipos de máquinas, aunque tengan la apariencia de un sistema de reglas y convenciones. Los compositores ponen así en marcha sus autorreflexiones mentales. La última generación de ordenadores simulan este proceso mental a través de las Redes Creativas Adversarias, una serie de algoritmos que se juzgan unos a otros.[49]

A la hora de comer del martes día 6 de marzo de 2018, el científico informático Nick Collins generó mil millones de melodías de treinta y seis notas en una hora, utilizando un lenguaje de programación llamado SuperCollider y ejecutando un clásico algoritmo generador de melodías inventado por Michael L. Klein en 1957.[50] Collins echó cuentas y sus conclusiones fueron asombrosas. La máquina es capaz de generar $7 \times 14^{35}$ posibles melodías. Dada una expectativa de vida de ochenta años, o 2.000 millones de segundos, sólo tendríamos tiempo de escuchar $2 \times 10^8$ de estas melodías si no hiciéramos ninguna otra cosa en la vida, y esto supondría sólo una mínima fracción del total. La máquina escribe música mucho más deprisa de lo que se tarda en oírla. Si todos tuviéramos acceso a una máquina de tales características, el programa convertiría a los 7.000 millones de personas de todo el planeta en potenciales creadores de contenidos, o «compositores».

Dejando de lado la cuestión de la calidad, es la alucinante velocidad de la composición algorítmica lo que nos diferencia de los ordenadores. Éstos son posthumanos. A decir verdad, gran parte de lo que nos fascina del arte generado por los ordenadores es la simulación del arte humano. Véase el misteriosamente realista «nuevo» retrato de Rembrandt, generado por la IA, que se descubrió en 2016 y que aparece comentado en un libro reciente escrito por Marcus du Sautoy.[51] Lo mismo cabe decir de cómo los ordenadores son capaces de modelar aspectos de la mente humana, volviendo explícito lo que está implícito. Sin embargo, como sabiamente defiende Du Sautoy, el verdadero valor de la IA puede no residir en cómo se nos parece, sino en cómo difiere de nosotros. Al fin y al cabo, es artificial. Du Sautoy apunta a Deep-Dream, de Google, como una ventana que nos permite asomarnos a una forma verdaderamente extraña de ver el mundo.

DeepDream es un programa de reconocimiento visual desarrollado por Google para que los científicos sepan qué ven las redes neuronales profundas cuando están mirando cosas. Posiblemente conozcan «Deepdream», de Calista and the Crashroots, el primer vídeo musical creado por este programa.[52] Es un arremolinado mar psicodélico de imágenes surrealistas en las que los humanos se convierten en perros, las montañas en edificios, surgen ojos por doquier, y la cámara, cruzando una capa tras otra, se va acercando al detalle, como las iteraciones fractales del conjunto de Mandelbrot (véase figura 11.2). Es un sueño o una pesadilla, dependiendo del gusto de cada cual. En cualquier caso, DeepDream se ha vuelto viral desde que Google liberó el código fuente para los programadores, y se convirtió en una aplicación que cualquiera puede usar para sazonar sus vídeos.[53]

FIGURA 11.2. Un fractal de DeepDream.

La cuestión es que DeepDream revela la creatividad humana al desnudo, reducida a su propio código fuente, como quien dice, y este fenómeno se denomina «pareidolia». La pareidolia es nuestra propensión a encontrar dibujos en un estímulo aleatorio, a ver caras en las nubes. Es uno de los atributos que hace de nosotros, en palabras de Terrence Deacon, la «especie simbólica», y probablemente adquirimos esta habilidad hace 50.000 a 40.000 años, en nuestra «revolución cognitiva», cuando tallábamos estatuillas de un hombre-león y flautas de hueso. Esto está estrechamente relacionado con lo que Steven Mithen llamaba la «fluidez cognitiva» del *sapiens* (capítulo 10), cómo integramos la información en los dominios cognitivos. Hemos evolucionado para reconocer imágenes y establecer conexiones a lo largo de miles de generaciones. DeepDream encuentra los dibujos de manera automatizada y a un ritmo muy acelerado, aumentando exponencialmente la velocidad de la evolución. Y lo más importante: al extraer rasgos de niveles cada vez más altos de los píxeles aleatorios, y al ir mejorando cada iteración hasta que salta a la vista una cara o un edificio, el programa pasa de encontrar imágenes a hacer imágenes. En este sentido, Deep-Dream es mucho más creativo (pues crea literalmente imágenes) que nosotros, y más rápido.

DeepDream se ocupa de la visión. ¿Existe algún paralelismo para el sonido y la música? De hecho lo hay, y este último paso de su largo viaje lleva al ser humano musical hacia atrás, así como hacia delante, hacia la naturaleza, el definitivo pos/prehumano, y hacia el extraño caso del cuadro más popular del mundo.

## La música más bella del universo

En 1993, dos artistas soviéticos expatriados llamados Vitaly Komar y Alexander Melamid supervisaron una encuesta de alcance mundial, para preguntar a la gente cómo imaginaban su pintura o su cuadro ideal. Entonces Komar y Melamid mostraban un cuadro por cada uno de los once países encuestados.[54] Sorprendentemente, el cuadro «más deseado» en países tan di-

ferentes como China, Francia, Kenia y Estados Unidos resultó
ser el mismo. La gente de todo el planeta prefería un paisaje
suavemente ondulado con árboles, agua, espacios abiertos,
bosquecillos, colinas, seres humanos y animales, y con mucho
color azul. *America's Most Wanted*, la versión estadounidense de
este paraíso, también representa a George Washington, un hi-
popótamo y varios turistas paseando (véase figura 11.3). Al especular sobre la causa de tan asombrosa coincidencia (excepto
los turistas y Washington), el filósofo Denis Dutton afirmaba
que lo que más deseaba el mundo era una reminiscencia de las
sabanas y las regiones arboladas del África oriental durante la
era del Pleistoceno, hace 1,6 millones de años. Recuerdos atá-
vicos de nuestro pasado evolutivo nos predisponen a considerar tales paisajes los más bonitos del mundo.

FIGURA 11.3. *America's Most Wanted*, el cuadro más popular de Estados Unidos.

¿Hay alguna versión musical de este recuerdo, alguna canción «más deseada»? En la siguiente encuesta de Komar y Melamid, hallaron que lo que más le gustaba al mundo eran los
suaves arrullos amorosos con voces masculinas y femeninas

(«Baby, can't you see? You're my fantasy», etc. —«Cariño, ¿acaso no ves que eres mi ensueño?»—).[55] Dirigiéndose a todos, pero sin agradar a ninguno, la canción que compusieron ha sido descrita por uno que no figura entre sus fans como «porno *light* malo de los años noventa». Más nos vale limitarnos a mirar el paisaje, los sonidos de la naturaleza.

El viento, el agua y el susurro de los árboles producen lo que los acústicos llaman «ruido rosa». Dentro del arcoíris del ruido (verde, rosa, marrón, etc.),[56] el rosa es el más agradable, y tiene fama de inducir el sueño profundo.[57] Hay razones de tipo acústico para que ocurra esto. El ruido rosa ocupa el punto ideal entre el orden acústico y el caos. Nos gusta por su regularidad (su volumen, o «potencia espectral», decae exponencialmente con la frecuencia, y los tonos suben), y también porque está orientado hacia las notas graves más bajas. En cambio, el ruido blanco nos desagrada porque es una mezcla aleatoria de cualquier frecuencia posible, todas a la misma potencia, como sucede con el desagradable pitido de las interferencias televisivas. De una manera natural, nuestros oídos son más sensibles a las frecuencias más altas. Por otra parte, el ruido rosa se ajusta naturalmente a la propensión de nuestros oídos hacia las octavas. Del mismo modo que creamos una octava duplicando la velocidad a la que vibra una nota, así también la energía del ruido rosa se reduce a la mitad cuando se duplica la frecuencia del tono. Los acústicos plantean la relación inversa del ruido rosa entre la potencia y la frecuencia como una fórmula estadística $1/f$.

Más ordenado que el ruido blanco y más complejo que la regular pero aburridísima onda sinusoidal, el ruido rosa encarna la naturaleza de la música. No nos gusta la música que es demasiado predecible (tan aburrida como una onda sinusoidal) ni demasiado sorprendente (tan caótica como el ruido blanco). A un nivel acústico, para la música de muchos estilos, la densidad espectral de la señal de audio es inversamente proporcional a su frecuencia, con arreglo a una distribución $1/f$.[58] Y lo que es aún más extraordinario: en muchos sistemas biológicos se han detectado ratios $1/f$, y el neurocientífico Daniel

466

Levitin ha dicho incluso que los sistemas sensoriales y cerebrales humanos han evolucionado en torno al ruido rosa *1/f*.[59]

Existe un vínculo más estrecho todavía entre el ruido rosa y la música: los fractales.[60] El ruido es fractal porque exhibe una autosimilitud en los órdenes de magnitud. Se aumente o se reduzca la amplificación, las ondas del ruido parece que no cambian, como sucede con los litorales, las montañas, los árboles, las nubes o incluso las turbulentas nubes de gas y polvo en la nebulosa de Orión.[61] Los patrones son infinitamente recurrentes. La única forma del arte humano que tiene este rasgo (aparte de las visualizaciones de los fractales, como es obvio) es la música, el estereotípico arte de la repetición. La música se repite infinitamente a todos los niveles, y la razón por la que esto no nos parece aburrido es porque las repeticiones cambian sutilmente de una vez a otra.[62]

Este recurso lo encontramos no sólo en las octavas, sino también en el ritmo y la forma: el patrón de las notas de un compás reflejado en el patrón de los compases en una frase, de las frases en una sección, de las secciones en un movimiento, de los movimientos en una sinfonía, y así sucesivamente. En cada nivel el patrón también se transforma; no oímos las frases de la misma manera que oímos el metro. Hay también una aparición «caótica» de nuevas relaciones, ya que la música hace turnos impredecibles. La tonalidad exhibe una autosimilitud análoga. La armonía de unas pocas notas o de una escala prefigura la forma tonal de toda la obra. Los dos teóricos de la música europeos más influyentes del siglo xx, Heinrich Schenker y Arnold Schoenberg, estaban sometidos al pensamiento fractal, pese a que esa ciencia aún no había sido inventada. Schenker concebía la música clásica como una estratificación de capas tonales, donde cada nivel elaboraba la misma «estructura fundamental» (*Ursatz*, en alemán).[63] Schenker es el Einstein de la teoría de la música, hasta tal punto que puso patas arriba nuestra concepción de la estructura musical. Schoenberg, teórico así como compositor, era el equivalente de Heisenberg como Schenker lo era de Einstein; el uno representaba la mecánica cuántica y el otro la relatividad. Abordando el problema desde un sentido opuesto (en cuanto a los temas, no a la tonalidad), Schenker contemplaba la música como un ciclo infinito de variaciones («variación en desarrollo»), que repetía la misma «forma básica» (*Grundidee*) en crecientes niveles estructurales.[64] El suyo es el análisis más convincente qué tenemos sobre la lógica musical de Beethoven.

Los fractales también han sido retomados por los compositores contemporáneos. Ligeti, Xenakis, Grisey y Haas, cuatro de los más grandes compositores de finales del siglo XX, adoptaron todos ellos los principios fractales de manera autoconsciente, absorbiendo deliberadamente los contornos de los procesos naturales.[65] De forma recíproca, los ordenadores han sido nutridos de ruido rosa como materia prima para producir música, y los fractales han inspirado un nuevo género de composición algorítmica basada en «autómatas celulares»: diferentes sistemas dinámicos formados por simples unidades computacionales que se comportan como células vivas.[66] Aunque los resultados están muy pulidos, esta simulación musical de vida artificial es tal vez la dirección más prometedora para la composición de IA.

Y ahora vemos cómo el ser humano musical y la máquina convergen en la naturaleza, que es más grande que los dos. Pero si la música es sólo naturaleza, ¿qué tiene de humana? Al final del viaje, por fin llegamos a la solución en la búsqueda por definir al ser humano musical. La solución es lo bastante concisa como para formar una ecuación: el ser humano musical es música menos naturaleza (SHM = M-N). Reducir la música a una autosimilitud fractal perfila un recordatorio, todo lo que se ha dejado fuera. Y lo que queda es todo lo que no es irracional o imparcial, el elemento de la música que depende de nuestros cuerpos, mentes, energías y emociones. Un patrón musical no se mueve desde el enunciado hacia la repetición como un teorema matemático, sino que sólo se mueve por su lógica interna. Requiere todos nuestros esfuerzos, deseos e intenciones, como también lo requiere la andadura histórica de la música, la historia que he contado. Es una completa fantasía decir que la música está escrita en las estrellas o en los rosados susurros del viento. Un mapa nuevo de un millón de galaxias sugiere que el universo en su conjunto es fractal.[67] La distribución de la materia es la misma en una gama astronómicamente variada de escalas. Una instantánea de un cúmulo de galaxias se asemeja a la de una célula cerebral. Qué reconfortante es imaginar que cuando el *Voyager* recorre las nebulosas y los supercúmulos, lleva su código fuente en el Disco de Oro. Pero alguien ha hecho esa música. Nosotros la hicimos.

Aunque estaría bien dejar la historia aquí, con el ser humano musical limpiamente encajonado entre «El animal» (capítulo 9) y «La máquina» (capítulo 11), hemos de contar con un cuarto término: «La naturaleza». Nuestro problema es cómo definir la naturaleza. ¿Acaso la «naturaleza humana» —incluidas las emociones aparentemente eliminadas por la naturaleza física de los fractales— no es también, por definición, una especie de naturaleza?

## 12

# Once lecciones sobre la naturaleza de la música

La naturaleza se ha erigido en el tema principal de mi libro, especialmente en su tercera parte. Primero vino la naturaleza de los animales, luego la naturaleza humana y, por último, la naturaleza física del aprendizaje automático, la digitalización y los fractales. Es evidente que en los tres capítulos «naturaleza» significa cosas diferentes, ¿o acaso estamos haciendo juegos de palabras? Este libro se ha ocupado en gran medida de la naturaleza de los animales, de cómo ha sido progresivamente domesticada y simbólicamente «aniquilada» por el ser humano musical. Siguiendo con la discusión sobre los fractales del final del capítulo 11, ahora podemos ver que la obsesión del ser humano musical con la autosimilitud, con la repetición a niveles crecientes, representa el triunfo de la naturaleza física sobre la naturaleza animal, de la estructura sobre la emoción, de la jaula de hierro sobre el animal que hay dentro. Al identificarse con los patrones fractales que se manifiestan en todos los niveles de la naturaleza, la música nos pone en contacto con el universo. La autosimilitud de la música es una versión actualizada de la armonía universal, la «música de las esferas».

Sin embargo, ojalá fuera tan simple la naturaleza de la música. Una lección que hemos aprendido es que el ser humano musical está demasiado imbricado con los animales y las máquinas como para que estas categorías sean separadas. Otros pensadores como Deacon y Tomlinson nos han enseñado que la biología hace su aportación a la cultura, que la música cambia los cuerpos, los cerebros y la conducta. Una nueva generación de filósofos ha detectado incluso patrones fractales en la historia del pensamiento humano.[1] Por ejemplo, han demostrado que la *Fenomenología del espíritu*, de Hegel, un monumento de la filosofía occidental, contempla la civilización esencialmente como una espiral mental; la mente humana reflexiona sobre sí misma en círculos siempre crecientes.

Esto no es ninguna novedad para los compositores, que han entendido intuitivamente la naturaleza fractal de la historia de la música. El ejemplo más espectacular es *El anillo del nibelungo*, de Wagner, que repite la tragedia de la naturaleza profanada por los tres cronogramas de los dioses, los héroes y los hombres. Por norma, toda música «evoluciona» a partir de una temática o semilla tonal plantada en sus acordes iniciales, y en cuestión de minutos, no de eones. Tal evolución condensada es lo que impulsa a la última generación de compositores «autómatas celulares» de IA, que hemos visto en el capítulo 11. No es una exageración definir la música como un espacio en el que negociamos las interacciones que hay entre todos estos aspectos nuestros: el humano, el animal y la máquina. La música es un lugar de recreo en todos los sentidos.

Y lo que es más importante: ahora vemos también que mis tres cronogramas de las tres partes de este libro —la vida, la historia y la evolución— expresan el patrón fractal de la naturaleza de la música a su más alto nivel. Esto es una repetición a escala planetaria. No obstante, a modo de conclusión, este capítulo final convertirá la espiral en una línea y describirá las lecciones de los once capítulos anteriores más o menos en orden cronológico, «planchando las arrugas» del tiempo. Once variaciones sobre un tema, si lo desean, que ha surgido al final; asimismo, abordaremos el tema de la naturaleza en una progresión histórica. Si dejamos un tema para el final es precisamente por razones musicales. El romántico Robert Schumann estaba especialmente orgulloso de hacer eso. En su encantadora serie de miniaturas para piano, *Kinderszenen* (*Escenas de la infancia*), todas ellas variaciones sobre el tema de la naturaleza joven, es la melodía y el tono del posludio, titulado «Habla el poeta», lo que nos proporciona la clave del pensamiento de Schumann.

Pensar en esta cadena de conclusiones —«lecciones»— como una serie de variaciones es una arrogancia musical, por supuesto. Otra analogía musical es la idea de la «recapitulación». Recapitulación, el nombre de la última parte de una sonata, así como la conclusión de un argumento, también tiene el sentido biológico de cómo la ontogenia recapitula la filogenia, de cómo la vida repite la evolución.[2] ¿Por qué permitirnos esta arrogancia? Escribir así sobre música es una actividad tan absurda como lo es «bailar sobre arquitectura», una de esas máximas huérfanas atribuidas a mucha gente. A mí me gusta atribuir su paternidad a Frank Zappa, ese salvaje e indomesticable genio del pop, y no al viejo y venerable Goethe.[3] Como pulpos en un garaje, los que escribimos sobre música, muchos de los cuales son en realidad compositores frustrados, compensamos este absurdo procurando escribir sobre la musicalidad de la música. Los que escriben sobre música lo harán bien si consiguen transmitir —aunque sólo sea una pizca— cómo se siente uno escuchándola. Uno de los sentimientos que han inspirado este libro es que la música nos permite paladear el pasado remoto en tiempo presente.

## LECCIÓN 1: LA NATURALEZA DE LOS ANIMALES

Consideremos los múltiples vínculos del ser humano musical con los animales a lo largo de la historia y la prehistoria. Los violines mongoles, rematados con una cabeza de caballo, se tocan con arcos hechos a base de crines. Las cuerdas de los instrumentos de cuerda se hacen con tripas de cordero o con la seda de los gusanos. Hay ceremonias con ratones, vacas y toda clase de pájaros revoloteando por los alrededores. Tenemos desde flautas talladas a partir de huesos de buitre hasta la paloma que susurra los secretos de la divina música al oído del papa Gregorio. La mayoría de las culturas, incluido Occidente, tienen mitos que atribuyen el origen de la música a los animales. En realidad, como hemos visto, no se trata de mitos. O más bien se podría decir que los mitos son el eco de los hechos. El órgano de Corti de nuestra cóclea es un vestigio de cuando éramos peces, si no pájaros. Todos estos hechos han sido descritos con motivo de nuestra breve visita al reino animal en el capítulo 9.

El cronograma evolutivo esbozado al principio del capítulo 9 servía para ubicar al ser humano musical dentro del reino mucho más amplio de la música. Tal y como ocurre con el lenguaje, es posible abrir la caja negra de la «música» y ver los distintos estratos de las facultades musicales, que evolucionaron siguiendo un orden. Primero llegó la vibración (átomos y células vivas), luego el ritmo (insectos, ranas y cangrejos violinistas) y después la melodía (pájaros) y una tradición de coros melódicos heterofónicos (ballenas jorobadas). Vimos que la música humana compartía la facultad de la adaptación rítmica con los grillos, y el don del aprendizaje vocal con las aves canoras oscinas o paseriformes y con las ballenas. Y que a semejanza de nuestras propias canciones, los cantos de los pájaros y las ballenas tenían unas gramáticas jerárquicas.

A simple vista, la visión en perspectiva ensalza al ser humano musical como la gloria que corona la música de la naturaleza. Y aclara por qué son únicos los sonidos que hacemos. Sólo el *Homo sapiens* combina las facultades musicales de la adaptación rítmica y el aprendizaje vocal. Los grillos se adaptan pero no saben cantar, y los pájaros y las ballenas saben cantar pero (a excepción de la cacatúa Bola de Nieve) no saben adaptarse a un ritmo. A diferencia de los otros animales, el animal musical sabe hacerlo todo.

Por otra parte, una reflexión más profunda sobre las similitudes con el canto de los animales requiere una mayor humildad. Probablemente son más cosas las que nos unen que las que nos separan, si bien hemos de tener cuidado de no caer en el antropomorfismo, proyectando las motivaciones y los rasgos humanos en otras criaturas. Sin embargo, al otro lado de la cuerda floja existe un reconocimiento de nuestra naturaleza común. En una visita que hice al parque zoológico de Berlín, tuve la suerte de oír a una pareja de lobos aullando «en canon» entre sí, y les hice un vídeo con el iPhone. *Canon* es un término que proviene del contrapunto europeo, según el cual una

474

voz (llamada el *dux* en latín, el que guía) es imitada al poco tiempo por una segunda voz (el *comes*, el que sigue). Primero cantaba el lobo macho, más grande, y unos segundos después entraba la hembra, más pequeña, con el mismo aullido: una solución de compromiso entre los principios biológicos de la mímesis y la jerarquía del dominio. Ahora bien, la analogía entre los aullidos de lobo y el contrapunto europeo echa por tierra todo el pensamiento convencional sobre la historia de la música, saltándose la barrera de las especies. (Aullar sirve para marcar el territorio; los cánones son juegos de notas abstractos.) Sin embargo, coincide con lo que piensa el psicólogo Steven Brown sobre los orígenes de la música humana en la «heterofonía contagiosa» de los homininos, los monos aulladores y, en efecto, los lobos.[4]

Esto nos lleva al problema de los simios mudos: por qué los chimpancés, los bonobos y los gorilas —nuestros parientes más próximos— parecen no tener música. Asumiendo que nuestro ancestro común de hace siete millones de años era similarmente «no musical», nos enfrentamos al enigma de la extinción de la música. Los científicos evolutivos recelan de las discontinuidades, pero es difícil salvar la brecha entre el canto de las aves y las ballenas, y la música humana. Con el ancestro común, la música empieza de nuevo desde cero. Pero yo argumentaría que esa discontinuidad ha sido aceptada como una parte esencial de la música humana, cuya historia, sobre todo en Occidente, se contempla a sí misma como una serie de revoluciones. La «modernidad» de la música no tiene una fecha fija. Convencionalmente se la sitúa en 1600, cuando nace el período de la práctica común europea. Pero esta fecha puede ser atrasada o adelantada prácticamente hasta donde uno quiera: 1910 (Schoenberg y la atonalidad); 1800 (la ociosa audición «acusmática»); 1200 (la notación occidental); 800 (las reformas carolingias); 400 a.C. (la «nueva música» griega); 2000 a.C. (la primera notación musical y el primer compositor con nombre); 177 a.C. (el inicio de la Edad del Hierro); 7000 a.C. (Çatalhöyük y la domesticación de los rituales musicales); 10000 a.C. (el primer templo de Göbekli Tepe); 40000 a.C. (el primer instrumento musical); 200000 a.C.

(el *sapiens* anatómicamente moderno); 3 millones a.C. (Lucy) o 4 millones a.C. (Ardi), y así sucesivamente... Ruptura, puntuación, desastre: todo forma parte de nuestro carácter.

Otra deuda que tenemos con los simios es que el núcleo de la música humana es social y participativo. Lo que aportaron los simios fue un lenguaje de gestos visuales, y una «teoría de la mente» basada en prestar especial atención a esos gestos. El estado natural de la música humana es cantar o tocar juntos. Nuestra música nunca está verdaderamente sola, porque incluso la interpretación de un solo utiliza una lenguaje de convenciones musicales compartidas por el grupo. Hasta ahora todo va bien. Pero lo que realmente nos da que pensar es la idea de que la esencia de nuestra música puede no ser, en modo alguno, sonora, sino visual. Todos reconocemos que escuchar música evoca unos «gestos» y una «imaginería» metafóricos, como en la ilusión de que la música «se mueve» o «sube» y «baja» (véase capítulo 4). Teóricos como Arnie Cox han demostrado cómo la música estimula esta ilusión.[5] Y Tecumseh Fitch argumentaba que, como las neuronas corticales de los dedos de los simios son parecidas a las de la voz humana, los gestos de las manos de los simios realmente evolucionaron hacia nuestros gestos vocales.[6] De manera que, a largo plazo, la desaparición de la música con los simios fue en realidad un desvío de la música hacia lo visual. La música de los simios es para ser vista, pero no oída.

La última barrera para aceptar el canto de los animales como música es reconocerlo como arte. Kant elogiaba el canto de las aves por ser más libre que el arte humano. «Parece albergar una mayor libertad y, por lo tanto, ser más rico que la voz humana cantando con arreglo a todas las reglas que prescribe el arte de la música.»[7] Nos resistimos, sin embargo, a la noción de Kant según la cual el canto de los pájaros es un estallido espontáneo de alegría. ¿Por qué ponemos en duda la capacidad de un animal para disfrutar de su música, más allá y por encima de la función que ésta pueda tener? Es frente a este prejuicio, como telón de fondo, cuando deja su huella la valiente defensa de Richard Prum del placer de los animales.

Lo que es irreductiblemente humano de las veintisiete lenguas musicales del *Voyager* es su variedad. La propia diversidad es, por tanto, lo que aúna la diversidad. Esto no es un razonamiento circular, sino el consenso de los arqueólogos del Paleolítico cuando señalan al único rasgo definitorio que distingue al *Homo sapiens* tanto de sus precursores los homininos como los homínidos. John Shea lo llama «variabilidad de la conducta»,[8] y lo hemos visto en la galaxia de los géneros musicales de los que disfrutan hoy en día los jóvenes, según el informe Youth Music descrito en el capítulo 3. Si ampliamos la perspectiva e incluimos todas las épocas y culturas, entonces la variabilidad de la conducta musical humana es prodigiosa. La comparación con la variedad igualmente impresionante del canto de los pájaros sólo confirma la regla: hay miles de especies de aves, y sólo una de *sapiens*. Una sola especie hace todo eso.

En realidad, la variabilidad es un síntoma de la adaptabilidad, la cual a su vez es un efecto superficial del semidistanciamiento del *sapiens* con respecto a la naturaleza. Nuestra relativa independencia de la naturaleza probablemente dio comienzo con la habilidad de los australopitecos para, sencillamente, marcharse cuando el tiempo empeoraba, lo que sin duda benefició a los homininos durante las grandes fluctuaciones climáticas de hace entre cuatro y un millones de años.[9] La comunicación de los homininos también se diferenciaba de la naturaleza, pues evolucionó desde un protolenguaje hacia un lenguaje simbólico, lo que implicaba tanto el cuerpo como el cerebro. Terrence Deacon cree que el simbolismo es tan fundamental para los humanos, que nos llama la «especie simbólica», *Homo symbolicus*.[10] La comunicación de los animales y, por deducción, la de los primeros homininos utilizaba los principios más naturales de la similitud y la referencia, según los cuales los signos o se parecen o se refieren a las cosas del mundo, como ocurre con gran parte de la música de las películas y de los dibujos animados. En cambio, el significado de los símbolos se basa en los sistemas de interpretación, en las convenciones sociales, que normalmente suelen ser muy arbitrarias. El color rojo puede significar «peligro» o «amor» o «realeza» o «¡alto!», dependiendo del contexto. Es posible que las flautas al principio tuvieran el aspecto de animales, por ser unos recipientes huecos que expulsan aire, o que hicieran físicamente referencia a ellos, ya que estaban literalmente hechas a base de huesos de ave. Pero concebir una flauta como un canal de la comunicación divina con un dios ornitológico requería un esfuerzo mental para «desaprender» estas asociaciones iniciales, para «dejar de verlas». En otras palabras, nuestra habilidad para ver una cara en una nube o un dios en una flauta —un rasgo único de la imaginación humana— requiere que dejemos de verlos sólo como una nube o como un hueso.

Un cambio gestáltico similar, o cambio de la consciencia, se produce cuando separamos los sonidos musicales, o los gritos de los animales, de sus referentes en el mundo real y los escuchamos como lo que son. En el capítulo 4 he denominado a esto «audición acusmática», lo que presumiblemente no cristalizó con los *akousmatikoi* de la antigua Grecia, sino un cuarto de millón de años antes, cuando es casi seguro que la protomúsica evolucionó hacia la música. Gary Tomlinson cree que esto tuvo lugar cuando las expresiones emocionales graduales y análogas, o «llamadas gestuales» (como los suspiros, los sollozos y la risa), se convirtieron en notas digitales diferenciadas.[11] En su opinión, descargar las llamadas de naturaleza y convertirlas en cultura las liberó de la presión selectiva y les permitió proliferar libremente. Habiendo perdido su vínculo con la naturaleza, los sonidos se convirtieron definitivamente en escalas, melodías y tonos abstractos.

Por supuesto, nunca sabremos a ciencia cierta qué ocurrió hace tanto tiempo. A falta de pruebas concluyentes, tenemos que recurrir a cartografiar el presente, como hicimos con el experimento de los capuchinos del Japón mencionados en el capítulo 10. Como vimos, se descubrió que los capuchinos en cautividad aprenden a cantar mucho más fácilmente, y que sus cantos son más complejos y flexibles que los de sus primos que viven en estado salvaje. Este hallazgo se opone a la teoría —ilustrada por

el extraordinariamente prolífico cuitlacoche rojizo y el ruiseñor— de que la complejidad del canto viene espoleada por la
necesidad de atraer a parejas, disuadir a depredadores, marcar
el territorio e identificar la especie aviaria. Al contrario; ahora
parece que relajar la selección natural y sexual abre las compuertas a la deriva genética y al aprendizaje social. Según Deacon, las
mutaciones degradantes y los alelos perjudiciales existentes, que
normalmente están erradicados en plena naturaleza, ahora cam-
pan por sus respetos.[12] Deacon compara los capuchinos con el
caso humano del balbuceo del niño pequeño, una tendencia del
bebé a jugar libremente con lo que puede hacer su voz. El balbuceo se produce cuando el niño no está emocionalmente estimulado para la risa, el llanto o los gritos. Como ocurre con el ave
domesticada, este relajamiento de las restricciones «permite que
muchos más sistemas cerebrales influyan en la conducta vocal,
incluida la experiencia auditiva socialmente adquirida».

Yendo un paso más allá que Deacon, el etnomusicólogo Richard Widdess compara los capuchinos del Japón (conocidos
en inglés como «pájaros bengalíes») con los músicos humanos
bengalíes de la India del siglo XIX.[13] Emancipados por príncipes magnánimos e instalados en sus propias tierras para asegurar su seguridad económica, estos músicos fueron liberados de
la lucha a vida o muerte por subsistir, de tal manera que pudieron centrarse en su arte y hacer improvisaciones de una longitud y complejidad sin precedentes. Ésta es la razón por la que
la música clásica india alcanzó la cima en el siglo XIX. Similares
culminaciones artísticas se alcanzaron en todas las tradiciones
clásicas del mundo (tailandesa, vietnamita, china, japonesa, coreana, árabe, persa y occidental) y a lo largo de la historia universal (desde Sumeria y la antigua Grecia hasta las cortes isabelina y mogol), siempre y cuando la música estuviera protegida
por la Iglesia, el Estado, el templo o el palacio. Así cerramos el
círculo volviendo a la idea inicial, según la cual la diversidad
emana de la variabilidad conductual, que a su vez está desenca-
denada por la liberación de la presión evolutiva.

La cuestión más acuciante sigue siendo por qué la música
no se desvaneció con el advenimiento de los símbolos; por qué,

en lugar de ceder ante el lenguaje simbólico y desaparecer, la música permaneció —y prosperó— a su lado. Nuestra especie no es sólo el *Homo symbolicus*, como sostiene Deacon. Somos también *Homo musicus*. Otra cuestión relacionada con esto es por qué nuestra facultad mimética, que según Merlin Donald ocupa un estadio intermedio entre la mente «episódica» y la «mítica», también regresó con una venganza en forma de arte, en especial, en forma de música.[14] En el capítulo 4 vimos el poder de la mímesis musical. Pues bien, resulta que el paso de la vocalización «natural» a las notas y escalas «culturales» no es el final del camino. Luego, las notas y las escalas siguen remodelando la emoción, que regresa por la puerta de atrás, pero a un nivel más alto y más profundo y con mayor urgencia que nunca.

### Lección 3: la cultura como naturaleza

Nuestra creciente independencia con respecto a la naturaleza dio lugar, a su debido tiempo, a un sentido de la cultura humana como algo separado de la naturaleza. Desde el punto de vista de la cultura, son más cosas las que separan que las que unen la música humana y la música de los animales. El capítulo 5 describía cómo la música coevolucionó con sistemas sociales cada vez más complejos: de la tribu a la aldea y a las ciudades; de las sociedades igualitarias de cazadores-recolectores que vivían el momento presente a las jerárquicas comunidades sedentarias y urbanas, adaptadas a períodos de tiempo mucho más largos. A los instrumentos musicales se les abrieron nuevas posibilidades gracias a las tripas de los animales, a la cerámica y a la metalurgia. Haciendo una extrapolación desde las culturas actuales, imaginábamos cómo pudo evolucionar la música en la historia universal cuando el *sapiens* salió de África y cruzó Eurasia, Australia, las regiones circumpolares y las Américas.

La música de los cazadores-recolectores era una música del «aquí y ahora» dispersa por el paisaje en grandes cadenas de canto: *songlines* o trazos de canciones. En la música lúdicamente interactiva de los pigmeos, los pueblos aborígenes, los inuit y los choctaw vimos que los ritmos repetitivos de la talla de la piedra por fractura concoidea del *Homo ergaster* pudieron haber evolucionado hasta convertirse en una música concebida esencialmente como una especie de juego. Durante la era del Neolítico, la relación del ser humano musical con la naturaleza cambió de nuevo. Cuando la naturaleza pasó a estar gestionada por la agricultura, la música se sometió a los ritmos del calendario estacional, repetido como un ciclo año tras año. La música se interpretaba para decorar cada estación, y las propias canciones se volvieron circulares. Las canciones eran rituales.

La función de los rituales era contar historias sobre nuestro origen en la naturaleza. Y esto, por supuesto, dio lugar a una paradoja. Pues tan pronto como los *sapiens* adquirieron la suficiente conciencia como para reconocerse distintos de los animales, éstos pasaron a ocupar un lugar central en los sistemas de creencias basados en el ciclo de la vida. Merlin Donald denomina a este estadio de la evolución humana «cultura mítica», la cual hace referencia a nuestro primer intento por crear modelos simbólicos de nuestro pasado y del lugar que ocupamos en el universo. Ésta es la razón por la que a veces al ser humano se le llama un «animal que cuenta historias»,[15] pero sería igualmente acertado llamarnos animales que cantan historias, porque cantamos historias sobre el origen de la música humana en el canto de los animales. El ejemplo más famoso de esto es el de los kaluli de Papúa Nueva Guinea, que a los tilopos —palomas tropicales— llamados *muni*, que revolotean por encima del dosel forestal, los consideran sus espíritus ancestrales, y sus canciones se hacen eco de las llamadas de cuatro notas del *muni*.[16]

La lección que extraemos de los pájaros *muni* de los kaluli difiere mucho de la que aprendimos con los capuchinos del Japón de Deacon. Los capuchinos nos enseñan que los músicos ornitológicos y humanos tal vez estén sometidos a unos principios evolutivos similares. En cambio, la «evolución» que preocupa a los kaluli (y a todas las culturas míticas) no es la historia de nuestros genes, sino las historias que inventamos conscientemente para vernos reflejados en los animales. La cultura musical se convierte así en naturaleza musical.

Algunos de los trabajos más interesantes en teoría evolutiva están siendo llevados a cabo desde una perspectiva que está a caballo entre la biología y la historia, y de hecho desmontan algunas definiciones simplistas sobre lo que es la «naturaleza» y la «cultura». Según el teórico evolutivo y musicólogo Gary Tomlinson, la cultura es un banco de memoria externa de las acciones y los rituales, transmitido a través de las generaciones, como en la evolución lamarckiana.[17] Las tradiciones alojadas en la cultura fomentan aplicar la presión selectiva sobre la conducta futura. Existen ejemplos espectaculares de cómo la cultura musical puede incluso cambiar nuestra biología. Elizabeth Margulis y su equipo de neurocientíficos demostraron que la actividad cultural de interpretar las partitas de Bach para flauta y violín literalmente resintonizaban el cerebro de los músicos. Cuando los violinistas escuchaban música de violín, y los flautistas escuchaban música de flauta, sus cerebros no reaccionaban igual que cuando escuchaban instrumentos que no sabían tocar. Los músicos que escuchaban su propio instrumento activaban los giros frontales inferiores izquierdos, una parte del cerebro que está relacionada con el sentido de la identidad de una persona. Margulis y sus colegas especularon que «este procesamiento especial de los estímulos autorrelevantes podía proporcionar una ventaja en la supervivencia y reflejar nuestra historia evolutiva».[18] Cómo se adapta el cerebro de un músico barroco a Bach es, en esencia, igual que cómo nuestros antepasados se adaptaron a la larga tradición de la tecnología instrumental, desde las piedras hasta los arcos.

Contemplar la naturaleza humana como algo transformable ayuda a explicar por qué fue tan importante la invención de los instrumentos hace 40.000 años. Arqueólogos como John Shea, que creen que la modernidad comenzó con la evolución de los humanos anatómicamente modernos hace unos 200.000 años, sostenían que los primeros *Homo sapiens* no eran diferentes de nosotros en cuanto a sus aptitudes generales.[19] Esta postura es una versión del «uniformismo» (que denota la uniformidad de la naturaleza) debatido en los anales de la geología en el siglo XIX. Ciertamente es atractivo imaginar que las primeras personas eran tan musicales como nosotros, porque corrige nuestra complacencia con respecto al «progreso» humano. Sin embargo, podemos asegurar que aquellas flautas de hueso recablearon el cerebro humano. Que nuestra naturaleza musical ha cambiado.

Los humanos han pasado el 90 por ciento de su existencia durante el Paleolítico, de manera que es comprensible que los pocos miles de años de historia humana registrada puedan ser contemplados como una nota a pie de página. No obstante, en cierto modo, esa nota a pie de página prevalece sobre el texto, pues la aceleración de la evolución humana —una consecuencia de la acumulación cultural— forma parte de nuestra historia. Como queda reflejado en la planificación de los capítulos de este libro, la velocidad a la que se acelera el paso del cambio musical (millones de años cantando y golpeando piedras, miles de años de flautas y tambores, siglos de cuerdas, viento y metal, seguidos de una historia de los compositores medida en décadas, meses y días) hace que te dé vueltas la cabeza.

LECCIÓN 4: LA ARMONÍA DE LA NATURALEZA

«Por lo que sabemos, las relaciones matemáticas deberían ser válidas para todos los planetas, biologías, culturas y filosofías.»[20] Así escribía Carl Sagan en un libro sobre la empresa del *Voyager*. Dada la íntima y largamente reconocida relación entre la música y las matemáticas, es posible que lo que realmente une a esas veintisiete lenguas musicales del *Voyager* sea la armonía matemática como una metáfora de lo que Sagan llama «armonía universal», la armonía de la naturaleza.

La palabra *armonía* es un eufemismo que sugiere que las ratios subyacentes al cosmos están tan agradablemente bien proporcionadas como en la música más bella. La otra cara de este eufemismo es que la música está gobernada por los mismos principios matemáticos que el universo. La idea de la «armonía universal» ha cautivado a científicos y filósofos desde Pitágoras, la figura semimitológica a la que se atribuye el descubrimiento de que la longitud de una cuerda vibrante es aritméticamente proporcional a la frecuencia de la nota que produce. Las ratios de las cuerdas, como 1:1 (unísono), 2:1 (octava) y 3:2 (quinta perfecta), son tan fundamentales que se transfieren a la vida, al universo y a todo. Ésta es la razón por la que Timothy Ferris, otro colaborador del libro sobre el *Voyager*, imaginaba que «los extraterrestres deberían saber o ser capaces de calcular que una cuerda vibrante produce cierto tipo de sonido».[21] Pero ¿por qué habría de surgir la idea de la cuerda vibrante hace sólo 4.000 años, en la civilización sumeria del Creciente Fértil?

Merlin Donald llama al siguiente paso en la evolución de la mente humana una transición cognitiva hacia la «cultura teórica», que iba asociada a los tres fenómenos de la invención gráfica, la memoria externa y la construcción de la teoría, que surgieron en Oriente Próximo en torno al 2000 a. C. Como hemos visto en el capítulo 6, los primeros ejemplos que se conservan de la notación musical (invención gráfica, memoria externa) eran manuales de afinación que ayudaban a los tocadores de lira en ciernes a afinar sus cuerdas (construcción de la teoría). A Pitágoras, del siglo VI a. C., se le atribuye el mérito de haber inventado la teoría de las cuerdas musicales. Sin embargo, los antiguos sumerios eran plenamente conscientes de las proporciones de las cuerdas, así como de su resonancia en la astronomía, la agricultura y el corazón humano. Las cuerdas vibrantes de la lira eran el instrumento perfecto para la cultura teórica, pues hacían que las ratios matemáticas fueran visuales (se podían ver las cuerdas), audibles (se podían oír las ratios o proporciones) y tangibles (la colocación de los dedos). Eran el profesor ideal para una clase sobre la naturaleza armónica de la música, que es por lo que deslumbraron a la mente occidental durante miles de años. La figura 12.1 es un cuadro del «Divino monocorde», extraído del tratado de 1617 del místico inglés Robert Fludd, *Utriusque Cosmi*.[22] El monocorde de Fludd, un tardío descendiente de la cuerda vibrante de la lira, muestra cómo resuena el microcosmos humano en el macrocosmos cósmico.

Aunque nació aproximadamente 2.000 años a.C., la metáfora de la armonía universal no maduró hasta el siglo v a.C., con Platón y la tradición neoplatónica de Plotino y Boecio. Cuando Platón dice en su *Timeo* que «la armonía tiene unos movimientos similares a las revoluciones de nuestras almas», quiere decir que la música atempera nuestras almas como una cuerda bien afinada, y que nos conmueve como las revoluciones de los planetas.[23] En el siglo XII, Hisdosio, un comentarista neoplatónico de *Timeo*, ve el «alma universal» (*anima mundi*) de Platón como una expresión del amor eterno del creador, con el que lo creó todo y con el que regula armoniosamente la creación mediante una concordancia que no puede cesar sin que se disuelva inmediatamente la *machina mundi*.[24]

Así pues, la armonía se convirtió en un reconfortante ideal en una era conflictiva a la que le siguió el desmoronamiento de la Edad del Bronce. Como vimos en el capítulo 6, los historiadores han asociado este derrumbamiento de un orden mundial relativamente estable, en el 1177 a.C., a las invasiones de los hicsos en Egipto. Aunque la filosofía griega clásica no era, estrictamente hablando, una «religión», sí se hizo eco de las fes compasivas (budismo, hinduismo y cristianismo), que surgieron durante la Era Axial, después del 800 a.C. Los griegos utilizaron el ideal de la armonía con propósitos similares, razón por la que cristianos como Boecio e Hisdosio se lo robaron. La armonía era una herramienta versátil que permitía instruir a la gente sobre las cosas del mundo. Explicaba, por ejemplo, cómo la variedad podía proceder de la unidad, mostrando que dividir una cuerda podía producir múltiples intervalos. Proporcionaba un marco encaminado a que tuvieran sentido todas las disonancias del mundo, o incluso a disfrutar de ellas. Y sobre todo, mostraba cómo un orden invisible podía ser subyacente a todo el dolor y el caos del mundo. El precio de todo ello, sin embargo, era que la naturaleza —incluida la naturaleza de la música— se había convertido en un reino abstracto de los números.

Uno de los residuos que dejó la armonía fue la naturaleza animal, demonizada por el dionisíaco villano de la tragedia, el dios caprino que toca el aulós. La tragedia griega enfrentaba la

485

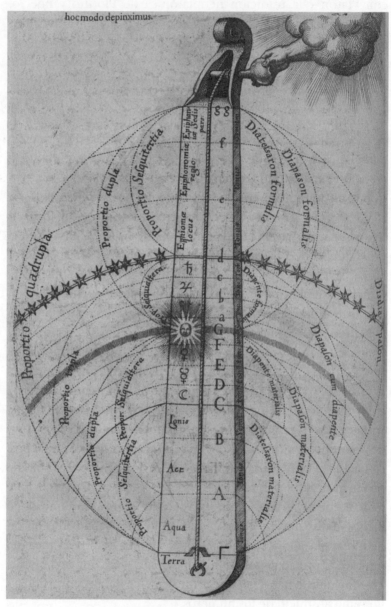

FIGURA 12.1. *El divino monocorde*, de Robert Fludd.

bien afinada lira con el mal afinado aulós. La lira era un símbolo sonoro de la razón y de la luz; el aulós (un instrumento imposible de afinar correctamente) era un agente de las fuerzas demoníacas. Sin embargo, la tragedia, cuyo significado literal es «canto de la cabra», es ambivalente en cuanto al valor de nuestra naturaleza animal. Dioniso, no Apolo, es el héroe de *El nacimiento de la tragedia*, de Nietzsche. De manera similar, la idea central de la filosofía de Plotino de la «plenitud», tal y como nos enseñó Nussbaum en el capítulo 4, es que un mundo perfecto es un mundo pleno que aloja todas las variedades de carácter físico y bestial. La armonía no es lo mismo que la uniformidad, que es aburrida. El condimento de la armonía humana es la disonancia animal.

## Lección 5: la naturaleza contrapuntística

Desde nuestra perspectiva histórica podemos ver que ha habido muchas culturas musicales, si bien, casi por definición, una «cultura» se concibe a sí misma como «natural», y de este modo puede estar ciega y sorda a lo que hay más allá de sus fronteras. Esto se parece a que nuestra lengua de nacimiento es para nosotros, literalmente, una segunda naturaleza, y todas las otras lenguas nos resultan artificiales. La música occidental, como vimos en el capítulo 7, era un socio menor en un mundo de superpotencias musicales: el islam, la India, China y Asia central. África también está incluida, aunque su música ha escapado a la historia. En sus encuentros interculturales, semejantes a las bolas que chocan en una mesa de billar, lo que realmente colisiona son los conceptos rivales de la naturaleza musical.

La naturaleza de la música occidental sigue la lógica de la armonía universal. Mientras que las otras superpotencias eran perfectamente conscientes de las proporciones acústicas, sólo la música occidental utilizaba la armonía en el sentido de dos notas que suenan a la vez. Los músicos chinos afinaban sus instrumentos con arreglo a la denominada «campana amarilla», la nota que proporcionaba su afinación a los otros instrumen-

tos. Pero una vez que un instrumento quedaba afinado, entonces prescindía de la campana amarilla y tocaba como una línea
única, sin acompañamiento armónico. En Occidente no era
habitual integrar la armonía en el tejido o la estructura de la
verdadera música, las voces paralelas y simultáneas a las que
llamamos contrapunto o polifonía. En cierto modo, el contrapunto occidental, que sólo surgió plenamente en el París del
siglo XII, recordaba a la manera en que imaginamos que empezó la música al inicio de los tiempos: el entrelazamiento polifónico de voces y extremidades en las canciones para bailar del
Paleolítico y, mucho más tarde, el ditirambo griego y la polifonía pigmea. Esto le otorgaría a la música occidental un espíritu
antiquísimo. Sin embargo, el contrapunto occidental era implacablemente moderno porque dominaba los intervalos armónicos entre las voces: los intervalos constantes de los uníso-
nos, las terceras, las quintas y las sextas. Dado que éstas eran las
proporciones acústicas más perfectas, los teóricos de la música
occidental tenían todo el derecho a afirmar que su música realmente era la más natural desde el punto de vista matemático.
Del mismo modo que Sagan decía que no concebía una civilización alienígena en la que no tuviera cabida la verdad aritmé-
tica de $1 + 1 = 2$, sin duda los alienígenas entenderían también
las cualidades naturales del contrapunto de Bach.

Por supuesto, lo que subyace al éxito de todos los sistemas es,
pura y simplemente, el poder. En el caso de la armonía occidental, todo empezó con la fuerza del Imperio romano, que difundió las escalas diatónicas y, a su debido tiempo, un sistema de
cantos basado en los salmos judíos, por toda la cuenca mediterránea. Esto se consolidó bajo la Iglesia carolingia. A ello hay que
añadir el poco esfuerzo con el que fue retomada y reorientada la
armonía universal de Platón por los cristianos como una expresión del amor de Dios (véanse los comentarios de Hisdosio sobre
*Timeo*, citado más arriba). El éxito quedó sellado gracias a los tres
«bombazos» de los tonos diferenciados, la notación en pentagrama y el propio contrapunto. Y lo más importante: la notación de
la música impuso la uniformidad por todo el imperio, lo que
supone una versión política de la armonía.

Habiéndonos criado dentro de la armonía occidental, seguramente nos sintamos cómodos con la idea de que el reino abstracto de los números es la única versión disponible de la naturaleza de la música. Las campanas del marqués Yi de Zeng, de la antigua China, nos introdujeron en una naturaleza del sonido más rica; de hecho, aquél era un mundo acústico mucho más complejo que el que tenían a su disposición los científicos o artesanos occidentales de ese período. La música occidental es una cultura de la cuerda; la de China es una cultura de la campana. La mayor parte de la música china en realidad no estaba escrita para campanas, gongs o campanillas. Pero los complejos armónicos de estos instrumentos ilustraban por qué la música de viento y cuerda de China está tan interesada por el color o timbre. En cambio, la música occidental está empobrecida en cuanto al timbre. De manera similar, la preocupación de los teóricos occidentales con las proporciones de las cuerdas sólo les creaba confusiones, lo que puede compararse con la paradoja de la «coma pitagórica»: el problema de que aun cuando un círculo de quintas te lleve de vuelta a tu tónica (do-sol-re-la... y otra vez do), ese tono será sutilmente diferente de tu nota inicial; do no sonará como do. Indiferente a todo esto, China descubrió las escalas de semitonos y los sistemas de afinación de «temperamento igual» siglos antes que Occidente.

Existen naturalezas alternativas en la decoración islámica, el *rasa* (gusto) indio y el polímetro africano. Los patrones rítmicos simultáneos de la polifonía africana son una representación mucho más «natural» de la complejidad del cuerpo humano en acción: la manera en que nuestros brazos, piernas, tronco y cabeza se mueven en ciclos independientes cuando andamos, corremos o bailamos. Nada en la música o en la teoría de la música occidentales se ha acercado siquiera a captar la complejidad de unas acciones que parecen tan sencillas. Esto refleja en parte la actitud mayormente negativa de la cristiandad occidental con respecto al cuerpo humano y al sexo. Es asimismo un síntoma del desinterés de la armonía occidental por el ritmo. Desde esta perspectiva, la reducida y enrarecida retícula de tonos del contrapunto occidental puede parecer completamente antinatural.

«La parte de los crímenes», pieza central de la gran novela de Roberto Bolaño *2666*, es un inexorable catálogo de los cientos de asesinatos de mujeres jóvenes cometidos en la ciudad de Santa Teresa, una versión ficticia de Ciudad Juárez, situada en la frontera entre México y Estados Unidos.[25] El horror alcanza unas dimensiones espectaculares, y resulta abrumador por su implacable repetición. Es como leer los crímenes cometidos por Occidente contra el colonialismo. Las víctimas musicales del colonialismo, la esclavitud y la globalización fueron tradiciones locales tildadas de «primitivas» o, en suma, naturales, pero no en el buen sentido. ¿Cómo llegó a suceder esto?

Preguntándose cómo Cortés, con tan sólo un puñado de aventureros, fue capaz de derribar una civilización, Jared Diamond proponía que eso se consiguió gracias a las armas, los gérmenes y el acero.[26] Sin embargo, el argumento materialista de Diamond ha sido criticado sobre la base de que las armas, los gérmenes y el acero solamente podían haber sido efectivos dentro del marco de una idea. Esa idea era el concepto occidental del progreso, una visión del tiempo como algo lineal, que contrastaba con el modelo circular azteca de la historia. Esa idea les permitía a los españoles sentirse superiores a la cultura azteca y no tener escrúpulos a la hora de «civilizar» a sus cantantes con el contrapunto europeo.

En el mundo antiguo, lo «primitivo» era algo geográfico que se asociaba con las prácticas acometidas más allá de los límites de la civilización. Ésta es la actitud que subyace al relato de Plinio el Viejo (23-79 d. C.) sobre las personas con «cabezas de perro» que ladraban (*cynocephali*) en África o en la India. Durante los dos siguientes milenios, el concepto occidental de «el otro» combinaba la geografía con el tiempo, de tal manera que las culturas exóticas pasaron a ser concebidas como históricamente atrasadas. Fueron relativizadas como pasos en una escala evolutiva que culminaba con los valores de Occidente. La música primitiva era la música de los animales, los niños o los especímenes arcaicos de la humanidad.

Resulta fascinante ver cómo los grandes pensadores de Occidente legitimaron esta táctica cuando la Era de los Descubrimientos abrió nuevas panorámicas sobre la música del mundo.[27] El escándalo de la polifonía polinesia, cuando el capitán Cook viajó en 1773 a Tahití y descubrió que los nativos cantaban y tocaban en contrapunto, fue como si a Occidente le mataran una vaca sagrada; tal era su convicción de que el contrapunto era exclusivamente europeo. Antes, Jean-Jacques Rousseau había dicho lo siguiente:

> Todos los habitantes de la Tierra tienen una música y una melodía, [pero] sólo los europeos tienen una armonía de concordancias [...] cuando pensamos que el mundo ha subsistido a tantas épocas, y que entre todas las naciones que han cultivado las bellas artes, ninguna ha conocido nunca esa armonía; que ningún animal, pájaro ni ser alguno de la naturaleza produce otra concordancia más que la del unísono, ninguna otra música más que la de la melodía.[28]

Así pues, cuando la música de los polinesios fue transcrita y luego diseminada por Europa, fue como si removiera un avispero. Un ensayo escrito por un tal Friedrich Arnold Klockenbring, el secretario de la cancillería de Hannover, en el que intenta comprender esta incómoda verdad, muestra el zumbido de los engranajes de la mentalidad ilustrada.[29] En primer lugar, Klockenbring considera lo asombroso que sería si las noticias llegadas desde Tahití resultaran ser ciertas, es decir, si era verdad que la música que salía «directamente de las manos de la naturaleza», sin haber «entrado todavía en las del arte», utilizaba el contrapunto y la escala diatónica occidental. Porque en tal caso, ello demostraría que los cimientos de la música occidental eran similarmente «naturales». Pero esa conjetura sólo es un amago, y Klockenbring descarta la posibilidad con un bufido. «Del mismo modo que nuestra música es para ellos incomprensible, engorrosa y no les conmueve nada —continúa—, lo mismo nos pasa a nosotros con la suya.» Sencillamente no es posible, sostiene, que un pueblo en una fase tan rudimentaria de la civilización pueda tener una música parecida a la nuestra. Georg Forster, el hombre que hizo las transcripciones, en su opinión, tuvo que haber cometido un error. De manera similar, los marineros británicos estaban equivocados si creían que esa música les hacía llorar. Klockenbring concluye su ensayo con la esperanza de que el estruendo de las gaitas escocesas, con el que los británicos deleitan a los isleños, despierte a los nativos de su primitivo letargo y los lance por la escala del progreso.

He aquí un ejemplo perfecto de cómo funciona la mente colonialista. Primero, una dogmática negación de los hechos. Luego, una esperanza —siniestra, si no fuera tan divertida— en que los bocinazos de nuestras gaitas acallen estos hechos. Por suerte, la polifonía indígena siguió floreciendo en Oceanía. Paradójicamente, este tipo de reacciones allanaron el camino para que Oceanía fuera colonizada por la música clásica occidental. El reciente rey Jorge Tupou V de Tonga fue coronado con la obra de Handel *Zadok el sacerdote*, cantada por el Royal Maopa Choir en lengua tongana.[30]

Hay que tener en cuenta, sin embargo, que la construcción de una historia universal no se producía únicamente en Occidente. China también se veía a sí misma como el centro del mundo y como el vértice de la civilización. Cuando la dinastía Qin abrió sus puertas a los músicos jesuitas portugueses en los siglos XVII y XVIII, el objetivo era asimilar los conocimientos europeos integrándolos en la historia de China: mostrar la música occidental como pasos que daba la propia China. El tratado sobre música de 1700 *Lülü Zuanyao*, una traducción de *Los elementos de la música*, del misionero jesuita Tomás Pereira, es uno de los pocos documentos de este encuentro intercultural. Dicho tratado muestra claramente cómo las dos partes, China y Occidente, intentaban demostrar la inferioridad del otro.[31]

La diferencia era que la relación de Occidente con la naturaleza musical, que reflejaba la del capitalismo, era antagónica y explotadora. La filosofía oriental, simbolizada por el concepto de *sawari* del compositor japonés Takemitsu, había buscado siempre la armonía con la naturaleza. El hecho de que la música occidental se separara del sonido natural es una aberración, un dislate histórico.

## Lección 7: la naturaleza orgánica

Retirado de la naturaleza, Occidente hizo un asombroso truco de magia y metió de contrabando la naturaleza en la música. La música se convirtió así en un organismo vivo. La metáfora orgánica, la idea de que la obra musical imitaba todo tipo de vida (capítulo 4), fomentó el gran florecimiento de la música clásica occidental. Pero ¿qué contorsiones de la lógica dieron lugar a esta metáfora? La metáfora surgió del carácter ambidiestro de la filosofía, pues la Ilustración tomaba con una mano lo que devolvía con la otra.

En el mismo momento en que Europa estaba imponiendo su Era de la Razón al resto del mundo, Rousseau defendía al «buen salvaje». Rousseau puso patas arriba el progreso occidental, incluida la creencia, tan acreditada por el tiempo, de que la naturaleza era una cosa amenazadora y degradante de la que los humanos se habían ido liberando paulatinamente. Rousseau propuso la escandalosa idea de que el problema era la civilización. «El hombre nace libre y en todas partes está encadenado», dice la frase inicial de *El contrato social*, de Rousseau.[32]

Podemos estar agradecidos a que Rousseau asociara el supuesto estado de inocencia primigenia del «buen salvaje» con la música.[33] Por lo general, la música era denigrada por los intelectuales porque no parecía que significara algo. Pero desde el punto de vista de Rousseau, antes de que el lenguaje apareciera con su estigma de las convenciones artificiales, la gente hablaba y se comunicaba de una manera muy expresiva y musical. La música era la naturaleza, y volver a la naturaleza significaba restaurar un tipo natural de música; es decir, nada de contrapunto.

Rousseau habría aprobado las teorías modernas sobre el protolenguaje. Y de hecho, estaba muy influido por los precursores —de principios del siglo XVIII— de la paleolingüística, como por ejemplo Étienne Condillac y Giambattista Vico.[34] No obstante, el cuento de hadas de Rousseau sobre la inocencia primigenia hoy en día nos hace sonreír. Porque ahora ya sabemos a ciencia cierta que, cuanto más nos remontamos en la prehistoria, más complejidad y abstracción encontramos. De todos modos, Rousseau dejó dos marcas indelebles en la estética de la música. Encontramos argumentos rousseaunianos cada vez que la música es acusada de no ser auténtica o de ser demasiado compleja: la opinión de los coetáneos de Bach de que sus fugas estaban irremediablemente pasadas de moda; la queja del emperador José de que Mozart utilizaba «demasiadas notas»; el ataque de Nietzsche contra Wagner, o de la principal corriente musical contra Schoenberg; el habitual reproche de que el pop comercial «se agota» o vende todas sus existencias, y así sucesivamente. La otra idea que perdura es que la música regresa a la naturaleza avanzando, aspirando a un futuro utópico en el que se enmienda cualquier anomalía de la música. Por acuñar una frase, la música occidental retrocede siempre hacia el futuro y avanza hacia el pasado.

Resulta fácil ver el problema de todo esto, que es que la música humana no se parece a nada de lo que hay en la naturaleza. Podemos apreciar que el canto de los pájaros está estructurado con arreglo a principios similares a los de la música humana, pero en la superficie no suena como ésta. En otras palabras, la cuestión que se plantea es la siguiente: ¿a qué nos referimos exactamente cuando decimos que la música es «natural»? La persona que mejor ha respondido a esta pregunta es Immanuel Kant, el filósofo occidental más grande desde Aristóteles.

Una vez más, con Kant vemos cómo la Ilustración quitaba con una mano lo que devolvía con la otra. En principio, la actitud de Kant con respecto a la naturaleza no es muy prometedora: «En lo relativo a los animales, no tenemos ningún deber. Los animales no son autoconscientes y solamente están ahí para servir a un fin. Ese fin es el hombre».[35] Los animales están ahí para ser «utilizados», como decía Kingsley Amis bromeando acerca de las ballenas.[36] Pero en su *Crítica del juicio*, Kant ahonda más y encuentra tres maneras mediante las cuales la naturaleza puede prestar sus principios al arte.[37] El arte comparte con la naturaleza una inagotable creatividad. A eso lo llamamos genio. El arte refleja la perfección formal de la naturaleza. A eso lo llamamos belleza. Y el arte puede ser tan salvaje como la naturaleza en la tormenta, las cataratas, los volcanes o el mar embravecido. Ésta es la sublimidad del arte, la energía vigorizante de la *Quinta* de Beethoven. En realidad, Kant no aplicaba ninguno de estos principios directamente a la música porque tenía muy mal oído. Pero éstos fueron aplicados a la estética de la música por filósofos poskantianos como Schiller, Novalis, Hoffmann, Hegel, Schopenhauer, Hanslick y Adorno.

El punto álgido de la naturaleza de la música llegó en el siglo XIX, cuando filósofos y oyentes aprendieron a escuchar la música no sólo como algo «vivo», sino como una especie de «persona», como el propio ser humano musical. Ésta fue la consecuencia de concebir la perfección formal de una obra musical como algo análogo a la de un organismo. La idea de la «unidad orgánica», según la cual las unidades de una estructura musical están tan vitalmente interrelacionadas como los órganos de una criatura viva, es la metáfora central de la música occidental. Y está completamente ausente en la música del resto del mundo.

Lamentarse de que esa metáfora orgánica es falsa —de que el concierto *Emperador* de Beethoven no es en realidad Napoleón— está fuera de lugar, ya que un postulado básico de la estética de Kant es la cualidad «ficticia» del arte. Apreciamos el arte como si fuera natural, sabiendo perfectamente que no lo es. En la brecha que hay entre la metáfora y la realidad interviene el rico mundo de la imaginación humana, incluida la diferencia que hay entre oír distraídamente sonidos y escuchar la música prestando atención. Así es como Kant consigue, como quien dice, nadar y guardar la ropa. El arte puede ser natural, y los seres humanos pueden seguir manteniendo su dignidad y su libertad. La teoría que he planteado en el capítulo 4, según la cual el movimiento musical y la emoción son metafóricos, era kantiana en este sentido. Vemos cómo, pese a su aparente distanciamiento de la naturaleza, la música occidental reabsorbe la naturaleza idealizándola.

La metáfora orgánica fue una culminación de la música occidental.[38] Coincidió con la invención del concepto de obra, la libertad para contemplar la música como un objeto *per se*, no como acompañamiento del trabajo. No obstante, una visión en espiral de la historia de la música contempla que estos dos pasos son también recapitulaciones de unos pasos comparablemente abstractos dados con anterioridad; por ejemplo: la invención de Guido de la notación en partituras en el siglo XI, y las notas digitales que venían con las flautas de hueso. Cada vuelta de la espiral marca un nuevo refinamiento de nuestra mente simbólica, del *Homo symbolicus*, o del *Homo musicus*. Tales historias en espiral de la mente también maduraron a principios del siglo XIX en forma de grandes sistemas filosóficos. La *Fenomenología del espíritu* de Hegel, el más famoso, traza una evolución desde la mera sensación hasta la autoconsciencia humana.[39] De hecho Hegel, con ciertas reservas, veía su propia consciencia como el punto culminante de esta historia. Más modestamente, podemos contemplar nuestra propia habilidad, a principios del siglo XXI, para echar la vista atrás y concebir los eones de tiempo musical como una parte intrínseca del ser humano.

## Lección 8: la naturaleza expectante

Una parte intrínseca del ser humano es no sólo mirar atrás, sino también «mirar al lado», a la plétora de ejemplos sobre la naturaleza musical que se producen por doquier. Desde las especulaciones de Rousseau sobre el buen salvaje y la visita del capitán Cook a Tahití, hemos pasado a estar mucho mejor informados sobre las músicas del mundo. Gran parte de esta música parece ser más «natural» que la nuestra, en el sentido de que es más «participativa» (capítulo 3), especialmente cuando está en la ruta turística. La isla indonesia de Bali, una isla de la historia, brinda un ejemplo radical de naturaleza musical expuesta. Asimismo ofrece el extraño caso de cuando una bruja hechizó a una aldea entera.

Buscando la perfecta ilustración del vínculo social —de lo que el antropólogo Victor Turner llamó *communitas*,[40] «el vínculo que une a la gente por encima y más allá de todo vínculo social formal»—, sería difícil superar al *banjar* balinés. Un *banjar* es un conjunto de aldeas, y desde el 800 d. C. ha habido miles de ellos salpicados por toda la isla de Bali, cada uno de los cuales tenía no sólo su peculiar vida cotidiana, sino también una orquesta indonesia de gongs y tambores llamada gamelán.[41] Compuesto por unos treinta individuos que practican en el ayuntamiento del pueblo, el gamelán es tan técnicamente riguroso, tan competitivo y comunal como un deporte de equipo, por ejemplo, el fútbol. El gamelán nos enseña que es perfectamente posible que un arte no elitista alcance unos estándares muy altos, como ocurre con el deporte. Es la comunidad de las aldeas la que se convierte en una vida musical. Los intérpretes no se basan en partituras escritas, sino en la memoria colectiva y en el instinto de grupo, tal y como lo practican en sus interrelaciones cotidianas por las calles de la aldea. Sin embargo, el gamelán es mucho más que una especie de deporte de equipo: es una religión. Los ciclos rítmicos incorporados representan tanto las estructuras sociales balinesas como los cronogramas entrelazados del universo; de hecho, la música es un puente entre los dos mundos. Una actuación del gamelán reequilibra las fuerzas cósmicas de la luz y la oscuridad. El ejemplo más destacable es la ceremonia de Rangda.

Es difícil que los turistas se pierdan los rituales de Rangda porque en muchas partes de Bali los interpretan a todas horas, como para recordar a los occidentales la música tan verdaderamente poderosa que saben hacer, y lo que se han perdido. La ceremonia representa la batalla entre la bruja malvada Rangda y la bestia buena Barong, interpretada por bailarines que llevan unas máscaras monstruosas, junto con sus ejércitos de seguidores.[42] Antes de que empiece la actuación, los veinte bailarines varones entran en trance al escuchar la música cantada por un coro de mujeres. Enfurecidos por el embate furibundo de la orquesta gamelán, los danzantes atacan a Rangda. Ésta los maldice hasta tal punto, que los intérpretes acaban apuñalándose a sí mismos (véase figura 12.2). Los turistas se quedan atónitos al ver cómo los bailarines se clavan los puñales en la propia carne hasta que sangran, aunque nunca demasiado. ¿Están fingiendo? Parecer ser que no, como lo demuestra esta auténtica cita de uno de los participantes: «En cuanto a mí, es como si alguien me ordenara apuñalarme. Cuando me pasa eso, si no tuviera una daga, me moriría; así de enfurecido me pongo».[43] Al llegar al clímax, los bailarines se derrumban y, en un estado de inconsciencia, son llevados al patio interior para que se recuperen, lo que les puede llevar varias horas.

FIGURA 12.2. Demonios de Rangda apuñalándose a sí mismos.

Aunque con la ceremonia de Rangda Bali se saca un dinero, los isleños se toman completamente en serio su significado religioso. Sienten que la curación cósmica emana del ritual y tiene su impacto en la comunidad. Y, sin embargo, los occidentales a duras penas creen que la música pueda tener tal efecto visceral. Nada en la música occidental puede compararse con la intensidad de esta emoción, que se asemeja a una hipnosis colectiva. En 2001, durante una actuación de Rangda en Banjar Wani, todo el pueblo entró en trance, y se decía que la bruja lo había infectado con su magia diabólica para castigar a la gente por haber comercializado su ceremonia.[44] A resultas de lo cual, el gobierno local prohibió futuras actuaciones de Rangda en Banjar Wani.

Mirando extasiados y con envidia esta música tan naturalmente poderosa de Bali, todos somos turistas culturales. Los gamelanes importados figuran entre las herramientas para la educación musical más populares del Reino Unido. Por ejemplo, el Gamelan Schools Programme, a cargo del South Bank Centre de Londres, utiliza el gamelán para enseñar a los niños coordinación y trabajo en equipo.[45] Pero desarraigado del suelo de Bali, ¿puede el gamelán transmitir algo más profundo que un poco de su antiguo espíritu religioso? ¿O entra esta música en el mismo menú que los *takeaways* chinos o indios? Tal vez no sólo no podamos retroceder en el tiempo, sino tampoco «mirar al lado» sin que la naturaleza de la música pierda su genuino sentido.

Así pues, el último movimiento que nos queda en el tablero, ya que no se puede ir hacia atrás ni hacia un lado, es ir hacia delante reconciliados con nuestra actual situación. Estamos donde estamos, y esto es lo que hay. El ser humano musical de principios del siglo XXI tiene una personalidad escindida. Una mitad va a la caza de bandas sonoras en la vida cotidiana. La otra mitad encuentra vida en la realidad virtual de los paisajes imaginarios de la música: obras, partituras, grabaciones y, a veces, conciertos. Además, si contemplamos todas las maneras en que utilizamos la música en la vida cotidiana (capítulo 3), en realidad se podría decir que nada ha cambiado demasiado. La manzana no ha caído lejos del árbol, y seguimos en el jardín del Edén. A semejanza de los pájaros, utilizamos la música para establecer nuestro territorio, para definir quiénes somos, para atraer a una pareja, para consolar y enseñar a nuestra descendencia y, a veces, como un arma de guerra para disuadir a los rivales. Seguimos usando la música de una manera completamente natural. La principal diferencia con respecto a las aves y las ballenas es que por lo general no hacemos nosotros esa música, sino que la tomamos prestada de segunda mano en forma de grabaciones. Nuestra música no es «participativa», tal y como la he definido. Resulta instructivo considerar la asimetría de la música con el lenguaje. Cuando alguien te habla, tú le contestas; la relación es simétrica. Pero si alguien te toca la flauta, a no ser que también sepas tocar un instrumento musical, no le puedes responder. Los pájaros cantan para los pájaros y las ballenas para las ballenas de modo innato, como imaginamos que *in illo tempore* hicieron también los homininos. Nosotros no podemos hacer eso.

## LECCIÓN 9: LA NATURALEZA DEL TIEMPO

Si la recapitulación musical no permite retroceder en el tiempo, sí nos brinda la ilusión del viaje mental en el tiempo. Siendo la más emotiva de las artes, la música es también el arte que está más en sintonía con el tiempo. Escuchar música es navegar entre recuerdos, momentos y anticipaciones, entre el pasado, el presente y el futuro. Parece, por tanto, que reflexionar sobre la historia de la música brota de la experiencia de escucharla, que es más de lo que se puede decir de la historia de la pintura o de la literatura. Sin embargo, la naturaleza del tiempo en general, y no digamos el tiempo musical, es un problema que nadie ha logrado resolver. Veamos todos los niveles temporales, apilados unos sobre otros, en el tiempo musical.

Arriba del todo está el tiempo real, el reloj de los minutos y los segundos, lo que dura una pieza. Justo debajo se halla el tiempo condensado de una historia o una vida representada por la música. Una novela como *David Copperfield* adapta la vida de un protagonista a las horas que se tarda en leerla. Pero a diferencia de una novela, una sinfonía crea la ilusión de que esa vida existe, y no es una mera narración de una vida. Después viene el tiempo histórico de la música. A los oyentes se les da muy bien cronometrar el estilo histórico de la música —ya sea contemporáneo, romántico, clásico, barroco o más antiguo—, y esta habilidad aumenta con la experiencia. Y la música juega con la historia. En 1808, la brusca obertura de la *Quinta* de Beethoven sonaba a algo tan nuevo, que las audiencias creían que el compositor estaba de broma. Al fin y al cabo, los gestos emocionales de la música suenan primitivos. Hablan a las partes más antiguas del cerebro, el tronco encefálico y el cuerpo amigdalino, del mismo modo que los patrones lógicos de la música son procesados por el mucho más reciente neo-córtex.

Esto significa que oímos cualquier pasaje musical a través de múltiples escalas temporales simultáneas, como si lo sondeáramos a través de una capa tras otra de cristal. Esa obertura de la *Quinta* de Beethoven dura diez segundos de reloj. Es el inicio de una historia. Evoca el año 1808 y, al mismo tiempo, suena como algo nuevo porque rompe con las convenciones. Y su impacto también suena primitivo, o incluso bestial.

Sumergidos en la música, nadamos en el mar del tiempo. Me viene a la memoria el final de *En busca del tiempo perdido*, de Proust, cuando el protagonista, Marcel, habla de los personajes diciendo que «como gigantes sumergidos en los años, lindan simultáneamente con épocas tan distantes, que entre ellas muchos días han ocupado su espacio... en el Tiempo».[46] En la música, nos tambaleamos sobre unas piernas tan altas como las agujas de una iglesia.

Ciertamente, el viaje musical en el tiempo no es una exclusiva de Occidente. El gamelán balinés, el polirritmo africano y las canciones de los navajo también superponen ciclos temporales. Un *dhrupad* indio es tanto una canción en tiempo real como una evolución condensada del mundo. Cuando el vigoroso *dhrupad* emerge de la improvisación sin metro del *alap*, y cuando sus melodías salen trazando una espiral del *sa*, la nota tónica central, para rellenar dos o tres octavas de espacio musical, entonces la música hace que la forma surja de la materia y, en última instancia, del *om*, la sílaba divina.

Y sin embargo, en Occidente el viaje en el tiempo de la música es inusualmente autoconsciente de su pasado, como si estuviera consumido por la pérdida, la pérdida de la naturaleza. Eso lo oímos en la difusión, increíblemente diversa, de estilos históricos que se han mantenido vivos en el repertorio. El epitafio de Lydia Goehr sobre la música clásica occidental como «el museo imaginario de las obras musicales» da en el clavo.[47]

¿En qué se diferencia entonces el tiempo musical del tiempo de la vida cotidiana?

En algunos aspectos, los dos son muy similares. Desde san Agustín, en el siglo IV, los filósofos han considerado que el tiempo musical es una ventana que se abre a la consciencia del tiempo en general. Escuchamos música en el momento, sentados en la silla del siempre cambiante «ahora», mientras el pasado se convierte en recuerdo, y el presente anticipa lo que está justo a la vuelta de la esquina. El tiempo presente de la música es en realidad un manojo de recuerdos y anticipaciones; nunca es del todo presente. El enigma estriba en por qué oímos las melodías como algo unificado, en lugar de como cadenas de «ahoras» desconectados. Intentando precisar el concepto del tiempo, el propio san Agustín se arma un lío:

> Sólo se puede concebir un período de tiempo no susceptible de división en partes minúsculas: ése es el presente. Pero vuela con tal rapidez del futuro al pasado, que apenas si tiene duración. Si tuviera alguna duración, se dividiría en pasado y futuro. Pero el presente no tiene extensión alguna.[48]

Si «el presente no tiene extensión alguna», concluye san Agustín, tiene que ser porque el tiempo sólo está en la mente: «Es en el interior de mi mente donde yo mido el tiempo». La mente se mantiene unida («sintetiza sus intuiciones», como diría Kant) por razones similares a su manera de oír la música como algo unificado. Escuchando música es cuando más conscientes somos del tiempo, cuando más reparamos en que estamos vivos. Escucho, luego existo.

Así pues, si nuestras mentes son prisioneras de un escurridizo «ahora», de un presente extendido en cuanto a la duración, ¿podemos alguna vez saber algo del tiempo real, del flujo del pasado al futuro? Según Carlo Rovelli, el modelo del tiempo real es el flujo del calor:

> La diferencia entre pasado y futuro solamente existe cuando hay calor. El fenómeno fundamental que distingue el futuro del

pasado es el hecho de que el calor pasa de las cosas que están más calientes a las cosas que están más frías.[49]

El sonido también decae, del pasado al futuro, porque la entropía acústica obedece a la segunda ley de la termodinámica. Los tenues ecos que quedan del Big Bang (capítulo 5) nos proporcionan el tiempo real de la música, la flecha del tiempo. Una flecha parecida se dispara cada vez que un músico toca una nota: un estampido que se va extinguiendo en el silencio. Éste es el verdadero río del tiempo, a contracorriente del cual rema el ser humano musical, como en la inefable frase final de *El gran Gatsby*: «Y así seguimos adelante, botes contra la corriente, empujados incesantemente hacia el pasado».[50]

## LECCIÓN 10: LA MUERTE DEL SER HUMANO MUSICAL

Cuando arrancas la última capa, y el décimo velo ya ha caído, la naturaleza de la música se revela como una variante de la definición del ser humano por un gran filósofo. Heidegger, ese maestro de ceremonias del *striptease* filosófico, presenta al humano como el ser (*Dasein*, en alemán) que plantea el verdadero problema de la existencia o, en su críptica prosa, «esa entidad que en su ser tiene por objetivo ese mismo ser».[51] A diferencia de los objetos inanimados y los animales, sólo los humanos son capaces de sobrevivir al tiempo, incluida la idea de su propia muerte, y de contar su historia. *El ritmo infinito* es una de esas historias.

En este cuento sobre la naturaleza perdida, reencontrada y refinada, el tema lúgubre que siempre ha acechado en la sombra es la muerte de la música. Este tema resuena en nuestra mera «tardanza» histórica, una expresión a nivel de especie del estilo tardío con el que concluía el ciclo de la vida musical en el capítulo 2. Somos la coletilla final de una especie que ha pasado el 90 por ciento de su vida en el Paleolítico, tan sólo una nota a pie de página que se ha convertido en histórica y biológicamente importante hasta un grado absurdo. Ese tema también se refleja en las ondas sonoras materiales y en la per-

503

cepción sensorial a través de nuestros oídos, la naturaleza que nos define como criaturas físicas limitadas. No podemos oírlo todo; al final nos volvemos sordos. Los tonos musicales decaen y se desvanecen. La música es tan transitoria e insustancial como lo somos nosotros. Regresamos al polvo y al silencio. Y asimismo resuena en nuestra acuciante sensación de ilegitimidad en comparación con los auténticos músicos de la naturaleza. Si tumbamos al ser humano musical en el diván, le confesará a Freud: «Los pájaros, los pájaros».

La idea de que nos hemos quedado atrofiados o paralizados por la brecha evolutiva que hay entre los pájaros y los simios no es el tipo de hipótesis que pueda ser verificada o falsificada. Pero nuestra histórica fascinación por el canto de las aves ilustra bien la nostalgia que sentimos hacia la naturaleza musical perdida, que obsesiona a nuestra cultura. El poeta romano Lucrecio, que escribía en el siglo I a. C., marca la pauta:

*Por todos los bosques oían el ruido entrañable*
*del gorjeo de los pájaros, e intentaban enmarcar sus voces*
*e imitarlas. Así, los pájaros instruyeron a los hombres*
*y les enseñaron las canciones antes de que comenzara su arte.*[52]

Si los hidrófonos hubieran existido antes del siglo XX, Lucrecio habría escrito también acerca de las ballenas. En ocasiones, sí se filtró algo del canto de las ballenas, como en este informe del marinero holandés Adriaen Coenen, de 1585, sobre los chasquidos, zumbidos y silbidos de la ballena beluga: «Su voz suena como los suspiros de los humanos... Si hay amenaza de tormenta, juegan en la superficie del agua, y dicen que lloran cuando son atrapadas».[53] Las sirenas de Homero podrían haber sido tanto ballenas como pájaros, una conjetura que no se le ha escapado al naturalista especializado en ballenas Roger Payne.[54]

Sin embargo, ésta no es una historia triste, pues al tema de la muerte se le puede dar la vuelta y hacer que retroceda o se invierta. La teoría kantiana de lo sublime nos enseñó que estamos definidos por nuestros límites, y que nunca nos sentimos más vivos, y con la sensación de controlar nuestras vidas, que cuando comprobamos nuestra fuerza frente al embate de la naturaleza infinita, ya sea el mar, una montaña o una sinfonía.[55] Y así hemos vuelto a la imagen de Ulises atado al mástil, sin la posibilidad de ahogarse en el océano del tiempo de la música. ¿Podemos jugar con nuestros límites humanos sin serrar la rama —o el mástil— sobre la que estamos sentados? ¿Es el poshumano musical una consumación que ha de ser fervientemente deseada, el eufemismo que utiliza Hamlet para referirse a la muerte? ¿O deberíamos dejar al ser humano musical, ese simio que canta historias, abandonado en su mástil en medio del Adriático, entre el cielo y el mar azul oscuro, viento y espuma en los cabellos, y la atención revoloteando nostálgicamente entre la música del agua y la música del cielo?

## LECCIÓN 11: POSLUDIO PARA EL POSHUMANO

Enheduanna, la princesa sumeria que es el primer compositor registrado en el mundo, cantaba desde lo alto del zigurat de Ur. Hoy en día, el zigurat de las músicas del mundo es 4.000 años más alto, un nivel por cada siglo. Ocupando el nivel superior, se halla el algoritmo de la música y un avatar que canta, EMI y Hatsune Miku. Hemos escalado un buen trecho.

Dado que la inquietud por la extinción humana es la música ambiental de nuestra era, parece necesario preocuparse por el destino particular de la música. Pero como la música es nuestro arte del tiempo, y tiene un poder mágico para alargar e incluso suspender el tiempo, los recordatorios de su naturaleza efímera —la irrelevancia de su desaparición— son especialmente penosos. A veces, oyendo a Mozart o a Charlie Parker o a Tyagaraja, nos puede dar la sensación de que esa música está destinada a la eternidad. La música nos ha hipnotizado para que pensemos así de ella. Los océanos del tiempo, que abarcan cientos de milenios y que han sido trazados por arqueólogos del Paleolítico, ponen en solfa nuestro apego a los últimos 500 años de música occidental, o incluso a los últimos 4.000 años, como si estas finas láminas del tiempo fueran algo especial.

Creo que la respuesta a la pregunta de por qué importa realmente la música, estriba en la extraña relación que establece la música entre el tiempo y el amor. Si tienes la suerte de ser padre o madre, o de enamorarte, entonces cambia tu experiencia del tiempo. No es que el tiempo se detenga, ni mucho menos, ni tampoco que pierdas la noción del tiempo por hallarte inmerso en un torbellino de entusiasmo. Es más bien que el tiempo se espesa y tú adquieres conciencia de su granularidad, como si lo miraras por un microscopio. Aprecias cada momento. Mientras están leyendo esto, escuchen el posludio de *Escenas de la infancia*, de Schumann, el pequeño fragmento llamado «Habla el poeta» que he mencionado antes. Reflexivo, melancólico, delicado y frágil, dan ganas de abrazar protectoramente los 130 segundos que dura este fragmento y de no soltarlo nunca. Esta obra sin duda morirá, como también lo hará algún día toda nuestra música. Cuidamos de la música como de un ser querido, a sabiendas de que el tiempo es un bien precioso. Cuidamos de ella porque es humana.

# Agradecimientos

Aunque este libro lo escribí bastante deprisa —sin duda, la mejor manera de hacer una historia universal sobre cualquier cosa—, sólo pude llevarlo a término gracias a las décadas de conversaciones con amigos, colegas y alumnos, demasiados para ser nombrados. Merecen una mención especial Keith Howard, mi «caja de resonancia» etnomusicológica, y Richard Worth, un polifacético músico y erudito. Cuando encargué que leyeran el libro en Berlín en 2019, el profesor Christian Thorau me salvó sugiriéndome amablemente que diera la vuelta al argumento. Tampoco hubiera podido escribir el libro sin el apoyo de la Universidad de Liverpool y de mi Departamento de Música, al que le estoy sinceramente agradecido. Asimismo, quiero expresar mi enorme agradecimiento a mi agente, Jonathan Gregory, que se dirigió a mí después de haber leído una cosa que escribí en *The Conversation*, donde hablaba de mí como de un profesor de música que no tiene oído. El artículo en cuestión todavía me hace reír; pueden leerlo en: <https://theconversation.com/confessions-of-a-tone-deaf-music-professor.58536>.

En cualquier caso, Jonathan fue leyendo cada capítulo según lo iba escribiendo, y sus comentarios me resultaron muy valiosos. También quiero expresar mi enorme gratitud a mi editor Michael Fishwick por no perder la fe en mí y por los ánimos que me daba. Gracias al equipo de Bloomsbury: Lauren Whybrow, Lilidh Kendrick, Catherine Best, Kate Quarry, Genista Tate-Alexander, Anna Massardi y Jonathan Leech. Lauren, mi directora de producción, hizo que mi experiencia careciera milagrosamente de todo estrés y preocupación. Y sobre todo, un fuerte abrazo a mi maravillosa —y muy tolerante— familia, mis Tres Gracias: Karen, mi mujer, y nuestras hijas Emily y Kiera. Durante los dos años que tardé en escribir *El ritmo infinito*, contemplaron perplejas los cientos de libros que tenía amontonados alrededor de mi sillón en la sala de estar. En los anales de la etnomusicología no existe un ogro más temible que el antropólogo de sillón, alguien que está sentado y piensa, en lugar de mancharse las manos en el trabajo de campo. Pues bien, brindo por mi sillón.

# Notas

1. VOYAGER

1. Empezar un libro o un artículo con el *Voyager* y el Disco de Oro se ha convertido en un meme, un cliché cultural que se repite. Introduce los siguientes estudios y probablemente muchos más: Philip Ball, *The Music Instinct: How Music Works and Why We Can't Do Without It* (Londres: Vintage Books, 2011); dos ensayos vinculados entre sí de Daniel K. L. Chua y Alexander Rehding, titulados, respectivamente, «Music Theory in Space» y «Musicologists in Space», ambos en *MS Musicological Brainfood*, 11 (2017), pp. 3-7; David Trippett, «The Voyager metaphor: 40 years on», *Sound Studies*, 4/1 (2018), pp. 96-99.

2. <http://www.collectspace.com/ubb/Forum9/HTML/001191.html>.

3. *The Philosophical Review*, 83/4 (octubre de 1974), pp. 435-450.

4. Véase el estándar de Ellington en <https://www.youtube./watch?v=qDQpZT3GhDg>; Beethoven escribió eso en el manuscrito de su *Missa Solemnis*; Ali Khan, citado en <https://www.pinterest.co.uk/pin/432416001697466927>.

5. Randall E. Stross, *The Wizard of Menlo Park: How Thomas Alva Edison Invented the Modern World* (Nueva York: Crown Publishers, 2007).

6. Daniel Leech-Wilkinson, «Portamento and Musical Meaning», *Journal of Musicological Research*, 25 (2006), pp. 233-261.

7. José Bowen, «Tempo, Duration, and Flexibility: Techniques in the Analysis of Performance», *Journal of Musicological Research*, 16 (1996), pp. 111-156.

8. Robert D. Levin, «Improvised Embellishments in Mozart's Keyboard Music», *Early Music*, 20/2 (mayo de 1992), p. 221.

9. Giulio Cattin, *Music of the Middle Ages* (Cambridge: Cambridge University Press, 1984), p. 162.

10. <https://www.youtube.com/eatch?v=QUcTsFeiPVs>.

11. Steve Mills, *Auditory Archaeology: Understanding Sound and Hearing in the Past* (Londres: Routledge, 2014).

12. La ontogenia es el desarrollo de un organismo desde el momento en que fecunda el óvulo hasta que el organismo está maduro. Filogenia es la evolución de una especie entera o de un grupo de organismos.

13. Patrik Juslin y Daniel Västfjäll, «Emotional Responses to Music: The Need to Consider Underlying Mechanisms», *Behavioral and Brain Sciences*, 31 (2008), pp. 559-621 (p. 570).

14. Citado en Keith Oatley, *Emotions: A Brief History* (Oxford: Blackwell, 2004), p. 63. Véase Sigmund Freud, *Civilization and Its Discontents*. Traducido por Peter Bay (Nueva York: W. W. Norton, 1984). Publicado por primera vez en 1930, p. 16.

15. Albert S. Bregman, *Auditory Scene Analysis: The Perceptual Organization of Sound* (Massachusetts: MIT Press, 1990).

16. Aniruddh D. Patel, *Music, Language, and the Brain* (Nueva York: Oxford University Press, 2007), p. 77.

17. Roger Scruton, *The Aesthetics of Music* (Oxford: Oxford University Press, 1997), p. 96.

18. Andrei Miu y Joanna Vuoskoski, «The Social Side of Music Listening: Empathy and Contagion in Music-induced Emotions», en Elaine King y Caroline Weddington (eds.), *Music and Empathy* (Oxford: Routledge, 2017), pp. 124-138.

19. Youna Kim (ed.), *The Korean Wave: Korean Media Go Global* (Londres: Routledge, 2013).

20. Susan Blackmore, *The Meme Machine* (Nueva York: Oxford University Press, 1999).

21. Paul Ekman, *Emotions Revealed: Understanding Faces and Feelings* (Nueva York: Henry Holt and Company, 2007).

22. Charles Darwin, *The Expression of the Emotions in Man and Animals: Definitive Edition* (Nueva York: Harper Perennial, 2009). Publicado originariamente en 1872.

23. Victoria Williamson, *You are the Music: How Music Reveals What it Means to be Human* (Londres: Icon Books Ltd, 2014), p. 13.

24. John Blacking, *Venda Children's Songs: A Study in Ehnomusicological Analysis* (Chicago: The University of Chicago Press, 1967); *How Musical is Man?* (Washington: University of Washington Press, 1973).

25. Kathleen Higgins, *The Music Between Us: Is Music a Universal Language?* (Chicago; The University of Chicago Press, 2012).

26. Naomi Cumming, *The Sonic Self: Musical Subjectivity and Significa-tion* (Bloomington, Indiana: Indiana University Press, 2000).

27. Michael Taussig, *Mimesis and Alterity: A Peculiar History of the Senses* (Nueva York: Routledge, 1993).

28. Judith Becker, *Deep Listeners: Music, Emotion, and Trancing* (Bloomington, Indiana: Indiana University Press, 2004).

29. John Roberts, *History of the World* (Oxford: Oxford University Press, 1993); *The Triumph of the West* (Londres: BBC Books, 1985).

30. Molefi Kete Asante, *The History of Africa: The Quest for Eternal Harmony* (Londres: Routledge, 2015), p. 120.

31. David Hinton (trad.), *The Selected Poems of Wang Wei* (Nueva York: New Directions, 2006).

32. Anthony Seeger, *Why Suyá Sing* (Urbana: University of Illinois Press, 2004). Los indios que antes se conocían como «suyá» ahora insisten en el nombre con el que se denominan a sí mismos, que es kisedje.

33. Beverly Diamond, «Native American Ways of (Music) History», en Philip Bohlman (ed.), *The Cambridge History of World Music* (Cambridge: Cambridge University Press, 2013), pp. 155-179 (p. 165).

34. Gary Tomlinson, «Musicology, Anthropology, History», *Il Saggiatore Musicale*, 8/1 (2001), pp. 21-37.

35. John Nicholson, *Songlines and Stone Axes* (Sidney: Allen & Unwin, 2007).

36. Kermit Ernest Campbell, *Gettin' our Groove on: Rethoric, Language, and Literacy for the Hip Hop Generation* (Detroit: Wayne State University Press, 2005).

37. Lothar von Falkenhausen, *Suspended Music: Chime Bells in the Culture of Bronze Age China* (Berkeley: University of California Press, 1993), p. 3.

38. Joscelyn Goodwin, *Robert Fludd: Hermetic Philosopher and Surveyor of Two Worlds* (Newburyport, Mass.: Phanes Press, 1991); Johannes Keppler, *The Harmony of the World* (Filadelfia: The American Philosophical Society, 1997).

39. <http://quantummusic.org>.

40. Tristram Kidder, Liu Haiwang, Michael Storozum y Qin Zhen, «New Perspectives on the Collapse and Regeneration of the Han Dynasty», en Ronald Faulseit (ed.), *Beyond Collapse: Archaeological Perspectives on Resilience, Revitalization, and Transformation in Complex Societies* (Carbondale: Southern Illinois University, 2015), pp. 10-98; Erica Fox Brindley, *Music, Cosmology, and the Politics of Harmony in Early China* (Albany: SUNY Press, 2012).

41. Christopher Page, *The Christian West and Its Singers: The First Thousand Years* (New Haven: Yale University Press, 2010).

42. Michael Tenzer, *Balinese Music* (Berkeley: Periplus Editions), p. 20.

43. Kofi Agawu, *Representing African Music: Postcolonial Notes, Queries, Positions* (Nueva York: Routledge, 2003), p. 3.

44. Iain Morley, *The Prehistory of Music: Human Evolution, Archaeology, and the Origins of Musicality* (Nueva York: Oxford University Press, 2013).

45. Steven Feld, *Sound and Sentiment: Birds, Weeping, Poetics, and Song in Kaluli Expression* (Filadelfia: University of Pennsylvania Press, 1982).

46. John Ilife, *Africans: The History of a Continent* (Cambridge: Cambridge University Press, 1995), p. 120.

47. Joachim Braun, *Music in Ancient Israel/Palestine: Archaeological, Written, and Comparative Sources* (Cambridge: William B. Eerdmans Publishing Company, 2002), p. 70.

48. John Arthur Smith, *Music in Ancient Judaism and Early Christianity* (Londres: Routledge, 2016), pp. 91-92.

49. Alexander Akorlie Agodoh, *African Music: Traditional and Contemporary* (Nueva York: Nova Science Publishers, 2005), p. 13.

50. Sandra Trehub y Laurel Trainor, «Singing to Infants: Lullabies and Play Songs», en Carolyn Rovee-Collier, Lewis Lipsitt y Harlene Hayne (eds.), *Advances in Infancy Research*, 12 (Londres: Ablex Publishing Corporation, 1998), pp. 49-55.

51. Pamela Stern, *Daily Life of the Inuit* (Santa Bárbara: Greenwood, 2010), p. 119.

52. Brian Breed, *Pastoral Inscriptions: Reading and Writing Virgil's Eclogues* (Londres: Bloomsbury, 2012), p. 64.

53. Alan Merriam, *The Anthropology of Music* (Evanston, Ill.: Northwestern University Press, 1980), p. 214.

54. Veronica Doubleday, «The Frame Drum in the Middle East: Women, Musical Instruments, and Power», en Jennifer Post (ed.), *Ethnomusicology: A Contemporary Reader* (Londres: Routledge, 2006), pp. 101-134 (p. 112).

55. Scott Burnham, *Beethoven Hero* (Princeton, New Jersey: Princeton University Press, 2000).

56. Citado en Stephen Rumph, *Beethoven after Napoleon: Political Romanticism in the Late Works* (Berkeley: California University Press, 2004), p. 100.

57. David Hebert y Jonathan McCollum, «Philosophy of History and Theory in Historical Ethnomusicology», en Jonathan McCollum y

David G. Hebert (eds.), *Theory and Method in Historical Ethnomusicology* (Nueva York: Lexington Books, 2014), pp. 85-148 (p. 109).

58. <https://www.youtube.com/watch?v=z_sFVFsENMg>. Véase también Kofi Agawu, *The African Imagination in Music* (Nueva York: Oxford University Press, 2016), p. 295.

59. Katrina Thompson, *Ring Shout, Wheel About: The Racial Politics of Music and Dance in North American Slavery* (Urbana: University of Illinois Press, 2014), p. 17.

60. Lewis Rowell, *Music and Musical Thought in Early India* (Chicago: University of Chicago Press, 1992).

61. Bruno Nettl y Philip Bohlman (eds.), *Comparative Musicology and Anthropology of Music: Essays on the History of Ethnomusicology* (Chicago: The University of Chicago Press, 1991), p. 71.

62. Roger Hart, *Imagined Civilizations: China, the West, and their First Encounter* (Baltimore: The Johns Hopkins University Press, 2013), p. 119.

63. Fadlou Shehadi, *Philosophies of Music in Medieval Islam* (Leiden: E. J. Brill, 1995), p. 82.

64. Judith Becker, *Deep Listeners: Music, Emotion, and Trancing* (Bloomington, Indiana: Indiana University Press, 2004), p. 57.

65. Regula Qureshi, *Sufi Music of India and Pakistan: Sound, Context and Meaning in Qawaali* (Cambridge: Cambridge University Press, 1986).

66. Max Weber, *The Rational and Social Foundations of Music* (Carbondale: Southern Illinois University Press, 1958); Theodor Adorno, *Philosophy of Modern Music* (Nueva York: Continuum, 2007); Mark Evan Bonds, *Absolute Music: The History of an Idea* (Nueva York: Oxford University Press, 2014).

67. Daniel Leech-Wilkinson, *Machaut's Mass: An Introduction* (Oxford: Clarendon Press, 1992).

68. Jacques Chailley (trad. Rollo Myers), *4.000 Years of Music* (Londres: Macdonald & Co., 1964).

69. Marian Hu, Hong Young Yan, Wen-Sung Chung, Jen-Chieh Shiao y Pung-Pung Hwang, «Acoustically Evoked Potentials in Two Cephalopods Inferred Using the Auditory Brainstem Response (ABR) Approach», *Comparative Biochemistry and Physiology Part A*, 153/3 (julio de 2009), pp. 278-283.

70. <https://blogs.scientificamerican.com/octopus-chronicles/even-severed-octopus-arms-have-smart-moves/>.

71. George Lakoff y Mark Johnson, *Metaphors We Live By* (Chicago: Chicago University Press, 1980).

72. Arnie Cox, *Music and Embodied Cognition: Listening, Moving, Feeling, and Thinking* (Bloomington: Indiana University Press, 2016).

73. Barbara King, *The Dynamic Dance: Nonvocal Communication in African Great Apes* (Cambridge, Mass.: Harvard University Press, 2004).

74. Ray Jackendoff, *Foundations of Language: Brain, Meaning, Grammar, Evolution* (Nueva York: Oxford University Press, 2002); Fred Lerdahl y Ray Jackendoff, *A Generative Theory of Tonal Music* (Cambridge, Mass.: MIT Press, 1985).

75. Fred Spier, *Big History and the Future of Humanity* (Oxford: Wiley, 2015), p. 202.

76. Bruce Richman, «Rhythm and Melody in Gelada Vocal Exchanges», *Primates*, 28/2 (abril de 1987), pp. 199-223.

77. Patrik Juslin y Daniel Västfjäll, «Emotional Responses to Music: The Need to Consider Underlying Mechanisms», *Behavioral and Brain Sciences*, 31 (2008), pp. 559-621.

78. Donald C. Johanson y Blake Edgar, *From Lucy to Language* (Nueva York: Simon & Schuster, 1996).

79. Steven Mithen, «The Significance of Stones and Bones: Understanding the Biology and Evolution of Rhythm Requires Attention to the Archaeological and Fossil Record», en Patrick Rebuschat, Martin Rohrmeier, John A. Hawkins e Ian Cross (eds.), *Language and Music as Cognitive Systems* (Nueva York: Oxford University Press, 2012), pp. 103-109 (p. 105).

80. Wray, Alison, «Protolanguage as a Holistic System for Social Interaction», *Language & Communication*, 18/1 (1998), pp. 47-67.

81. No todos los lingüistas se muestran de acuerdo. Para leer una crítica mordaz, véase W. Tecumseh Fitch, *The Evolution of Language* (Cambridge: Cambridge University Press, 2010).

82. David Begun (ed.), *A Companion to Paleoanthropology* (Oxford: Wiley-Blackwell, 2013), p. 278.

83. Steven Mithen, *The Singing Neanderthals: The Origins of Music, Language, Mind and Body* (Cambridge, Mass.: Harvard University Press, 2005).

84. Gary Tomlinson, *A Million Years of Music: The Emergence of Human Modernity* (Nueva York: Zone Books, 2015).

85. Steven Pinker, *How the Mind Works* (Nueva York: Norton & Norton, 2009), p. 534.

86. Ian Cross, «Is Music the Most Important Thing We Ever Did? Music Development and Evolution», en S. W. Yi (ed.), *Music, Mind, and Science* (Seúl: Seoul National University Press, 1999), pp. 27-39.

87. Daniel Dennett, *Darwin's Dangerous Idea: Evolution and the Mea-*

*nings of Life* (Nueva York: Simon & Schuster, 1995), p. 272; Stephen Davies, *The Artful Species: Aesthetics, Art, and Evolution* (Nueva York: Oxford University Press, 2012), p. 141.

88. David Cope, *Virtual Music: Computer Synthesis of Musical Style* (Cambridge, Mass.: MIT Press, 2001).

89. Austin DeMarco (ed.), *Gamification: Concepts, Methodologies, Tools, and Applications* (Hershey, PA: Information Science Reference, 2015), pp. 1333-1341; Michael Austin (ed.), *Music Video Games: Performance, Politics, and Play* (Londres: Bloomsbury, 2016).

90. Lawrence Kramer, «Classical Music for the Posthuman Condition», en John Richardson, Claudia Gorbman y Carol Vernallis (eds.), *The Oxford Handbook of New Audiovisual Aesthetics* (Nueva York: Oxford University Press, 2013), pp. 39-52.


## 2. LA CUNA Y TODO LO DEMÁS

1. Takashi Ohnishi, Hiroshi Matsuda, Takashi Asada, Makoto Aruga, Makiko Hirakata, Masami Nishikawa, Asako Katoh y Etsuko Imabayashi, «Functional Anatomy of Musical Perceptionin Musicians», *Cerebral Cortex*, 11/8 (agosto de 2001), pp. 754-760 (p. 754).

2. Christian Gaser y Gottfried Schlaug, «Brain Structures Differ between Musicians and Non-Musicians», *The Journal of Neuroscience*, 23/27 (2003), pp. 9240-9245.

3. Véase por ejemplo Thomas Münte, Wido Nager, Tilla Beiss, Christine Schroeder y Eckart Altenmüller, «Specialization of the Specialized: Electrophysiological Investigations in Professional Musicians», *Annals of the New York Academy of Science*, 999 (2006), pp. 131-139.

4. Kofi Agawu, *The African Imagination in Music* (Nueva York: Oxford University Press, 2016).

5. R. Stone, «African Music in a Constellation of Arts», en R. Stone (ed.), *The Garland Encyclopedia of World Music* (Nueva York: Garland, 1998), pp. 1-12 (p. 7); Jane Davidson y Andrea Emberly, «Embodied Musical Communication across Cultures: Singing and Dancing for Quality of Life and Wellbeing Benefit», en Raymond MacDonald, Gunter Kreutz y Laura Mitchell (eds.), *Music, Health, and Wellbeing* (Nueva York: Oxford University Press, 2012), pp. 136-152 (p. 143).

6. Heiner Gembris, «Music-Making as a Lifelong Development and Resource for Health», en MacDonald *et al.* (eds.), *Music, Health, and Wellbeing, op. cit.*, pp. 367-382 (p. 371).

7. Jean-Pierre Lecanuet, «Prenatal auditory experience», en Irene Deliège y John Sloboda (eds.), *Musical Beginnings: Origins and Development of Musical Competence* (Oxford: Oxford University Press, 1996), pp. 1-42.

8. L. Salk, «The Effects of the Normal Heartbeat Sound on the Behavior of the Newborn Infant: Implications for Mental Health», *World Mental Health*, 12 (1960), pp. 1-8.

9. Kathleen A. Corrigall y Glenn E. Schellenberg, «Music Cognition in Childhood», en Gary E. McPherson (ed.), *The Child as Musician: A handbook of musical development* (Nueva York: Oxford University Press, 2016), pp. 81-101 (p. 88).

10. Marcel Zentner y Tuomas Eerola, «Rhythmic Engagement with Music in Infancy», *PNAS*, 107/13 (2010), pp. 5768-5772.

11. Colwyn Trevarthen y Kenneth Aitken, «Infant Intersubjectivity: Research, Theory, and Clinical Applications», *Journal of Child Psychology and Psychiatry*, 42/1 (2001), pp. 3-48.

12. Daniel N. Stern, *The Interpersonal World of the Infant: A View from Psychoanalysis and Developmental Psychology* (Nueva York: Karnak, 1998), p. 138.

13. Kathleen Higgins, *The Music Between Us: Is Music a Universal Language?* (Chicago: The University of Chicago Press, 2012).

14. Stephen N. Malloch, «Mothers and Infants and Communicative Musicality», *Musicae Scientiae*, Special Issue (1999-2000), pp. 29-57 (p. 47).

15. Maya Gratier, «Expressions of Belonging: The Effect of Acculturation on the Rhythm and Harmony of Mother-Infant Vocal Interaction», *Musicae Scientiae*, Special Issue (1999-2000), pp. 93-122.

16. J. Phillips-Silver y L. J. Trainor, «Feeling the Beat: Movement Influences Infants' Rhythm Perception», *Science*, 308 (2005), p. 1430.

17. Gaye Soleil y Erin E. Hannon, «Infants Prefer the Musical Meter of their Own Culture: A Cross-Cultural Comparison», *Developmental Psychology*, 46/1 (2010), pp. 286-292.

18. Barbara Ayres, «Effects on Infant Carrying Practices on Rhythm in Music», *Ethos*, 1/4 (1973), pp. 387-404 (p. 400).

19. Michael Urban, *New Orleans Rhythm and Blues after Katrina: Music, Magic and Myth* (Nueva York: Palgrave Macmillan, 2016), pp. 114-115.

20. Marcel Zentner y Jerome Kagan, «Infants' Perception of Consonance and Dissonance in Music», *Infant Behavior and Development*, 21/3 (1998), pp. 483-492.

21. Erin H. Hannon y Sandra E. Trehub, «Tuning in to Musical Rhythms: Infants Learn More Readily than Adults», *PNAS*, 102/35 (2005), pp. 12639-12643.

22. Michael Tenzer, *Balinese Gamelan Music* (Rutland, Vermont: Tuttle Publishing, 2011), p. 38.

23. Aniruddh D. Patel, *Music, Language, and the Brain* (Nueva York: Oxford University Press, 2008), p. 19.

24. G. A. Miller, «The Magical Number Seven, Plus or Minus Two: Some Limits on Our Capacity for Processing Information», *Psychological Review*, 63/2 (1956), pp. 81-97.

25. Adam Ockelford, *Music, Language and Autism: Exceptional Strategies for Exceptional Minds* (Filadelfia: Jessica Kingsley Publishers, 2013), p. 183.

26. *Ibid.*, p. 184.

27. Patel, *Music, Language and the Brain, op. cit.*, pp. 267-268.

28. Pamela Heaton, Rory Allen, Kerry Williams, Omar Cummins y Francesca Happé, «Do Social and Cognitive Deficits Curtail Musical Understanding? Evidence from Autism and Down Syndrome», *British Journal of Developmental Psychology*, 26 (2008), pp. 171-182 (p. 178).

29. A esta herramienta se puede acceder en <http://soundsofintent.org>.

30. John Irving, *Mozart's Piano Concertos* (Londres: Routledge, 2003), p. 118.

31. G. E. McPherson, «The Role of Parents in Children's Musical Development», *Psychology of Music*, 37/1 (2009), pp. 91-110.

32. Giorgio Sanguinetti, *The Art of Partimento: History, Theory, and Practice* (Nueva York: Oxford University Press, 2012), pp. 31-34.

33. Robert O. Gjerdingen, *Music in the Galant Style* (Nueva York: Oxford University Press, 2007), pp. 365-368. En términos de Gjerdingen, un «gambito inicial» es una afirmación en la conversación que invita a una elegante respuesta. Una «romanesca» es una progresión que desciende gradualmente (tanto en el bajo como en la melodía), más conocida por el famoso *Canon* de Pachelbel. Una «respuesta Prinner» responde a eso con un descenso melódico del sexto al tercer grado de la escala. Un «indugio» (la palabra italiana para «procrastinación») es una demora juguetona en un acorde. Un «ponte», como su propio nombre sugiere, es un pasaje puente.

34. Michele Raja, «Did Mozart Suffer from Asperger Syndrome?», *Journal of Medical Biography*, 23/2 (2013), pp. 84-92.

35. <https://vimeo.com/195606047>.

36. Peter Pesic, «The Child and the Daemon: Mozart and Deep Play», *19th-Century Music*, 25/2-3 (2001-2202), pp. 91-107.

37. John Blacking, *Venda Children's Songs: A Study in Ethnomusicological Analysis* (Chicago: The University of Chicago Press, 1967), p. 29.

38. John Blacking, *How Musical is Man?* (Washington: University of Washington Press, 1973).

39. Andrea Emberly y Jane Davidson, «From the *kraal* to the classroom: Shifting musical arts practices from the community to the school with special reference to learning *tshigombela* in Limpopo, South Africa», *International Journal of Music Education*, 29/3 (2011) pp. 265-282 (p. 226).

40. Eric Hobsbawm y Terence Ranger (eds.), *The Invention of Tradition* (Cambridge: Cambridge University Press, 1983).

41. <http://www.independent.co.uk/student-life/the-strangest-oxford-tradition-of-all-making-sure-he-clocks-go-back-with-the-time-ceremony-8908472.html>.

42. Sara Cohen, *Rock Culture in Liverpool: Popular Music in the Making* (Oxford: Clarendon Press, 1991), p. 3.

43. Richard Middleton, *Studying Popular Music* (Milton Keynes: Open University Press, 1990), p. 161.

44. Linda Spear, *The Behavioral Neuroscience of Adolescence* (Nueva York: W. W. Norton, 2010).

45. Victor Witter Turner, *The Forest of Symbols: Aspects of Ndembu Ritual* (Ithaca: Cornell University Press, 1967), pp. 181-182.

46. Anthony Seeger, *Why Suyá Sing* (Urbana: University of Illinois Press, 2004), p. 79. Como se ha indicado más arriba, los suyá se autodenominaban kisedje.

47. Peter Dronke, *Women Writers of the Middle Ages* (Cambridge: Cambridge University Press, 1984), p. 160.

48. Bruce Holsinger, *Music, Body, and Desire in Medieval Culture: Hildegard of Bingen to Chaucer* (Stanford: Stanford University Press, 2001), p. 281.

49. Martha Feldman, *The Castrato: Reflections on Natures and Kinds* (Berkeley: University of California Press, 2015).

50. Andreas C. Lehmann, John A. Sloboda y Robert H. Woody, *Psychology for Musicians: Understanding and Acquiring the Skills* (Nueva York: Oxford University Press, 2007), p. 71.

51. John Daverio, *Robert Schumann: Herald of a «New Poetic Age»* (Nueva York: Oxford University Press, 2007), p. 77.

52. Jeff Todd Titon, *Worlds of Music: An Introduction to the Music of the World's Peoples* (Boston: Cengage Learning, 2017), p. 319.

53. Sean Williams, *Focus: Irish Traditional Music* (Londres: Routledge, 2010), p. 22.

54. Jeroen de Kloet y Anthony Y. H. Fung, *Youth Cultures in China* (Cambridge, Polity Press, 2017).

55. *Ibid.*, Kindle loc. 1596.

56. Arun Saldanha, «Music, Space, Identity: Geographies of Youth Culture in Bangalore», *Cultural Studies*, 16/3 (2002), pp. 337-350.

57. <https://www.theguardian.com/music/2012/sep/09/georg-solti-centenary-lady-valerie>.

58. Howard Gardner, *Creating Minds: An Anatomy of Creativity Seen Through the Lives of Freud, Einstein, Picasso, Stravinsky, Eliot, Graham, and Gandhi* (Nueva York: Basic Books, 2011), p. 28.

59. Wolfgang Hildesheimer, *Mozart* (Nueva York: Oxford University Press, 1985); Maynard Solomon, *Beethoven* (Londres: Macmillan, 1979).

60. Anton Ehrenzweig, *The Hidden Order of Art* (Berkeley, California: University of California Press, 1971).

61. John Eliot Gardiner, *Music in the Castle of Heaven* (Londres: Allen Lane, 2013), p. 168.

62. *Ibid.*, pp. 172-174.

63. Hermann Abert, *W. A. Mozart* (New Haven: Yale University Press, 2007), p. 562.

64. William Kinderman, *Beethoven* (Berkeley: University of California Press, 1995), p. 87.

65. Pueden oírle leer su propio cuento de hadas *The Princess (Die Prinzessin)* en <https://www.youtube.com/watch?v=EtPcS6sRZ30>.

66. Joseph Straus, *The Music of Ruth Crawford Seeger* (Cambridge: Cambridge University Press, 2003).

67. Tom Service, «A Guide to Galina Ustvolskaya's Music», <https://www.theguardian.com/music/musicblog/2013/apr/08/contemporary-music-guide-galina-ustvolskaya>.

68. David Wyn Jones, *The Life of Beethoven* (Cambridge: Cambridge University Press, 1998), p. 36.

69. Barry Cooper (ed.), *The Beethoven Compendium: A Guide to Beethoven's Life and Music* (Londres: Thames and Hudson, 1991), p. 124.

70. Richard Widdess, «Sogasuga: A Song of Songs», en Rachel Harris y Rowan Pease (eds.), *Pieces of the Musical World: Sounds and Cultures* (Londres: Routledge, 2015), pp. 105-122; Amy Catlin, «Karnatak Vocal and Instrumental Music», en Alison Arnold y Bruno Nettl (eds.), *The Garland Encyclopedia of World Music: South Asia: The Indian Subcontinent* (Nueva York: Taylor and Francis, 2000), pp. 209-236.

71. Bruno Nettl, *The Study of Ethnomusicology: Thirty-Three Discussions* (Chicago: University of Illinois Press, 2015), p. 58.

72. Reginald Massey y Jamila Massey, *The Music of India* (Londres: Kahn and Averill, 1993), p. 59. La publicación del esquema clasificatorio de Venkatamakhin, el *Chaturdandi Prakasika*, en 1660 dio lugar a una explosión de nuevos ragas en el siglo XVIII.

73. Cohen, *Rock Culture in Liverpool*, *op. cit.*, pp. 135-171.

74. Walter Everett, *The Beatles as Musicians:* Revolver *through the* Anthology (Nueva York: Oxford University Press, 1999), p. 11.

75. *Ibid.*, p. 10.

76. Tenzer, *Balinese Gamelan Music*, *op. cit.*, p. 17.

77. Fabrice Marandola «Expressiveness in the Performance of Bedzan Pygmies' Vocal Polyphonies: When the Same is Ever the Same», en Dorottya Fabian, Renee Timmers y Emery Schubert (eds.) *Expressiveness in Music Performance* (Nueva York: Oxford University Press, 2014), pp. 201-220.

78. Maya Gratier, «Grounding in Musical Interaction: Evidence from Jazz Performance», *Musicae Scientiae*, Special Issue (2008), pp. 71-110.

79. Björn Merker, «Synchronous Chorusing and the Origins of Music», *Musicae Scientiae*, Special Issue (1999-2000), pp. 59-73.

80. Dean Keith Simonton, «Creative Productivity, Age, and Stress: A Biographical Time-Series Analysis of 10 Classical Composers», *Journal of Personality and Social Psychology*, 35 (1977), pp. 791-804.

81. Sandra Garrido, *Why Are We Attracted to Sad Music?* (Cham: Palgrave Macmillan, 2017), pp. 107-108.

82. Arielle Bonneville-Roussy y Jeff Potter, «Music through the Ages: Trends in Musical Engagement and Preferences from Adolescence through Middle Adulthood», *Journal of Personality and Social Psychology*, 105/4 (2013), pp. 703-717 (p. 715).

83. Herbert Bruhn, «Musical Development of Elderly People», *Psychomusicology*, 18 (2002), pp. 59-75 (p. 68).

84. M. Cooke, W. Shum, D. Harrison y J. E. Murfield, «A Randomized Controlled Trial Exploring the Effect of Music on Quality of Life and Depression in Older People with Dementia», *Journal of Health Psychology*, 15/5 (2010), pp. 765-776.

85. Teppo Särkämö, «Music for the Ageing Brain: Cognitive, Emotional, Social, and Neural Benefits of Musical Leisure Activities in Stroke and Dementia», *Dementia*, 16/6 (2018), pp. 670-685.

86. <http://www.livemusicnow.org.uk/>.

87. Sandra Garrido, «Music and Dementia: Hitting the Right Note», *Australian Ageing Agenda* (diciembre de 2016), pp. 46-47.

88. Särkämö, «Music for the Ageing Brain», *op. cit.*, p. 677.

89. Joseph Straus, *Extraordinary Measures: Disability in Music* (Nueva York: Oxford University Press, 2011), p. 82.

90. Gerhard von Breuning, *Memories of Beethoven: From the House of the Black-Robed Spaniards* (Cambridge: Cambridge University Press, 1995), p. 98.

91. David Pankenier, «Temporality and the Fabric of Space-Time in Early Chinese Thought», en Ralph Rosen (ed.), *Time and Temporality in the Ancient World* (Filadelfia: University of Pennsylvania Museum of Archaeology and Anthropology, 2004), pp. 129-146.

92. Amit Dias y Vikram Patel, «Closing the Treatment Gap for Dementia in India», *Indian Journal of Psychiatry*, 51 (2009), pp. 93-97.

93. Edward Said, *On Late Style: Music and Literature Against the Grain* (Londres: Bloomsbury, 2006); *Orientalism: Western Conceptions of the Orient* (Nueva York: Pantheon Books, 1978).

94. <https://www.sputnikmusic.com/review/40918/Buena-Vista-Social-Club-Buena-Vista-Social-Club/>.

95. Malcolm Gillies, «Bartók in America», en Amanda Bayley (ed.), *The Cambridge Companion to Bartók* (Cambridge: Cambridge University Press, 2001), pp. 190-201 (p. 197).

96. David Cooper, *Béla Bártok* (New Haven: Yale University Press, 2015), p. 257.

97. David Cooper, *Bartók: Concerto for Orchestra* (Cambridge: Cambridge University Press, 2004), p. 20.

98. Donald Maurice, *Bartók's Viola Concerto: The Remarkable Story of his Swansong* (Nueva York: Oxford University Press, 2004), p. 27.

99. Gillies, «Bartók in America», *op. cit.*, p. 195.

100. <http://seenandheard-international.com/2017/09/alain-alti noglus-auspicious-debut-with-the-berliner-philharmoniker/>.


3. LA BANDA SONORA DE NUESTRAS VIDAS


1. «The Sound of the Next Generation: A Comprehensive Review of Children and Young People's Relationship with Music», <https:// www.youthmusic.org.uk/sound-of-the-next-generation>.

2. Citado en Andy Hamilton, *Aesthetics and Music* (Londres: Continuum, 2008), p. 11.

3. Citado en Marek Korczynski, Michael Pickering y Emma Robertson, *Rhythms of Labour: Music at Work in Britain* (Cambridge: Cambridge University Press, 2013), p. 115.

4. *Ibid.*, p. 116.

5. *Ibid.*, p. 117.

6. *Ibid.*, p. 78.

7. Mary-Ann Constantine y Gerald Porter, *Fragments and Meaning in Traditional Song: From the Blues to the Baltic* (Oxford: Oxford University Press, 2003), p. 150.

8. Marek Korczynski, *Songs of the Factory: Pop, Music, Culture, & Resistance* (Ithaca: ILR Press, 2014), p. 28.

9. Mark Smith, *Listening to Nineteenth-Century America* (Chapel Hill: The University of North Carolina Press, 2001).

10. *Ibid.*, p. 23.

11. Citado en Peter van der Merwe, *Origins of the Popular Style: The Antecedents of Twentieth-Century Popular Music* (Oxford: Clarendon Press, 1992), p. 69.

12. Korczynski, *Songs of the Factory, op. cit.*, p. 28.

13. Stan Hugill, *Shanties from the Seven Seas* (Stonington, Connecticut: Mystic Seaport, 1961), p. 1.

14. Nicola Dibben y Anneli Haake, «Music and the Construction of Space in Office-Based Work Settings», en Georgina Born (ed.), *Music, Sound and Space* (Cambridge: Cambridge University Press, 2013), pp. 151-168.

15. Tia DeNora, *Music in Everyday Life* (Cambridge: Cambridge University Press, 2000), p. 46.

16. Adam Krims, *Music and Urban Geography* (Londres: Routledge, 2007), pp. 127-162.

17. DeNora, *Music in Everyday Life, op. cit.*, p. 118.

18. <https://www.theguardian.com/technology/2015/feb/13/spotify-knows-what-music-youre-having-sex-to>.

19. <https://moz.com/blog/geogle-told-me-im-pregnant-from-strings-to-diagnosis>.

20. John Sloboda, *Exploring the Musical Mind: Cognition, Emotion, Ability, Function* (Oxford: Oxford University Press, 2005), p. 348.

21. <http://www.classicfm.com/discover-music/mood/relaxing/>.

22. Krims, *Music and Urban Geography, op. cit.*, p. 144.

23. <https://www.visitliverpool.com/information/product-catch-all/bold-street-p16794>.

24. Michael Bull, *Sound Moves: iPod Culture and Urban Experience* (Londres: Routledge, 2008), p. 6.

25. Brandon LaBelle, *Acoustic Territories: Sound Culture and Everyday Life* (Londres, Bloomsbury, 2014), p. 99.

26. Krims, *Music and Urban Geography, op. cit.*, p. 80.

27. *Ibid.*, pp. 1-3.

28. DeNora, *Music in Everyday Life, op. cit.*, p. 136.

29. *Ibid.*, p. 137.

30. Adrian North y David Hargreaves, *The Social and Applied Psychology of Music* (Nueva York: Oxford University Press), p. 280.

31. LaBelle, *Acoustic Territories, op. cit.*, p. 174.

32. Sara Cohen, *Decline, Renewal and the City in Popular Music Culture: Beyond the Beatles* (Aldershot: Ashgate, 2007), pp. 56-62.

33. Michael Brocken, *Other Voices: Hidden Histories of Liverpool's Popular Music Scenes 1930s-1970s* (Londres: Routledge, 2016), p. 112.

34. Hugill, *Shanties, op. cit.*, p. 53.

35. Jeremy Price, «"From Nelly Ray to Maggie May": Re-enacting the Past on the Streets Liverpool», en Logie Barrow y François Poirier (eds.), *Keeping the Lid on: Urban Eruptions and Social Control since the 19th Century* (Newcastle: Cambridge Scholars Publishing, 2010), pp. 77-92.

36. <https://www.youtube.com/watch?v=2wnhkilc3Z8>.

37. Price, «"From Nelly Ray to Maggie May"», *op. cit.*, p. 77.

38. Citado en Margot Fassler, *Gothic Song* (Indiana: University of Notre Dame Press, 2011), p. 217.

39. Citado en Paul du Noyer, *Liverpool – Wondrous Place: From the Cavern to the Capital of Culture* (Londres: Virgin Books, 2007), p. 1.

40. «The World's Cities in 2016», United Nations Data Booklet, <http://www.un.org/en/development/desa/population/publications/pdf/urbanization/the_worlds_cities_in_2016_data_booklet.pdf>.

41. Ruth Finnegan, *The Hidden Musicians: Music-Making in an English Town* (Middletown: Wesleyan University Press, 2007).

42. La siguiente sección está en deuda con la brillante tesis doctoral de Nicholas Wong, «The Rushworths of Liverpool: A Family Music Business. Commerce, Culture and the City», University of Liverpool, 2016. También se benefició de muchas conversaciones con Jonathan Rushworth, que generosamente respaldó los estudios de Nick en el Departamento de Música de la Universidad.

43. Sara Cohen, *Rock Culture in Liverpool: Popular Music in the Making* (Oxford: Oxford University Press, 1991).

44. Wong, «The Rushworths», *op. cit.*, p. 162.

45. *Ibid.*, p. 129.

46. Citado en David Bruenger, *Making Money, Making Music: History and Core Concepts* (Berkeley, University of California Press, 2016), p. 87.

47. Wong, «The Rushworths», *op. cit.*, p. 163.

48. Barbara Kowalzig, «"And Now All the World Shall Dance!" (Eur. Bacch. 114): Dionysus' Choroi between Drama and Ritual», en Eric Caspo y Margaret Miller (eds.), *The Origin of Theater in Ancient Greece and Beyond: From Ritual to Drama* (Cambridge: Cambridge University Press, 2007), pp. 221-254.

49. <https://punch.photoshelter.com/image/IooooKP5hOcqgW4E>.

50. David Hesmondhalgh, *Why Music Matters* (Oxford: Wiley, 2013), p. 106.

51. <https://www.liverpoolecho.co.uk/sport/football-news/new-mohamed-salah-ill-muslim-14302028>.

52. Les Back, «Sounds in the Crowd», en Michael Bull y Les Back (eds.), *The Auditory Culture Reader* (Oxford: Berg, 2004), pp. 311-328 (p. 321).

53. Thomas Turino, *Music as Social Life: The Politics of Participation* (Chicago: The University of Chicago Press, 2008), p. 29.

54. Jim O'Donnell, *The Day John Met Paul: An Hour-by-Hour Account of How the Beatles Began* (Londres: Routledge, 2006)

55. George Orwell, *The Lion and the Unicorn: Socialism and the English Genius* (Londres: Penguin, 1941), p. 11.

56. Jez Quayle, *Skiffle Ukelele Songbook* (Lulu.com, 2018), p. 1.

57. Brocken, *Other Voices* (Londres: Routledge, 2016), p. 20.

58. Jack Hamilton, *Just Around Midnight: Rock and Roll and the Racial Imagination* (Cambridge, Mass.: Harvard University Press, 2016), p. 20.

59. Barry Miles, *The Beatles Diary Volume I: The Beatles Years* (Nueva York: Omnibus Press, 2009).

60. Turino, *Music as Social Life, op. cit.*, pp. 36-51.

61. Walter Everett, *The Beatles as Musicians: The Quarry Men through Rubber Soul* (Nueva York: Oxford University Press, 2001), pp. 131-135.

62. <https://www.youtube.com/watch?v=b-VAxGJdJeQ>.

63. Jacqueline Edmondson, *John Lennon: A Biography* (Oxford: Greenwood, 2010), pp. 58-59.

64. Walter Everett, *The Beatles as Musicians: Revolver Through the Anthology* (Nueva York: Oxford University Press, 1999), pp. 36-37.

65. *Ibid.*, pp. 118-119.

66. <https://www.youtube.com/watch?v=KvuiiqS4s2s>.

67. <http://www.bbc.co.uk/news/world-latin-america-40090809>.

68. Bruce Johnson y Martin Cloonan (eds.), *The Dark Side of the*

*Tune: Popular Music and Violence* (Aldershot: Ashgate, 2009), pp. 123-146 (p. 152).

69. *Ibid.*, p. 152.

70. John Baxter, *Disney During World War II: How the Walt Disney Studio Contributed to Victory in the War* (Glendale: Disney Editions, 2014).

71. Michael Sorkin, *All Over the Map: Writings on Buildings and Cities* (Londres: Verso, 2011), p. 347.

72. Clayton Koppes, «The Real Ambassadors? The Cleveland Orchestra Tours and the Soviet Union, 1965», en Simo Mikkonen y Pekka Suutari (eds.), *Music, Art and Diplomacy: East-West Cultural Interactions and the Cold War* (Londres: Routledge, 2016), pp. 69-87 (p. 84).

73. Emily Abrams Ansari, «Shaping the Policies of Cold War Musical Diplomacy: An Epistemic Community of American Composers», *Diplomatic History*, 36/1 (2012), pp. 41-52 (p. 41).

74. Jessica Gienow-Hecht, «The World is Ready to Listen; Symphony Orchestras and the Global Performance of America», *Diplomatic History*, 36/1 (2012), pp. 17-28 (p. 24).

75. Benedict Anderson, *Imagined Communities: Reflections on the Origin and Spread of Nationalism* (Londres: Verso, 1983).

76. Thomas Solomon, «Articulating the Historical Moment: Turkey, Europe, and Eurovision 2003», en Ivan Raykoff y Robert Deam Tobin (eds.), *A Song for Europe: Popular Music and Politics in the Eurovision Song Contest* (Londres: Routledge, 2016), pp. 135-146.

77. <http://www.liverpoolphil.com/in-harmony-liverpool>.

78. «The Index of Multiple Deprivation 2015: A Liverpool Analysis», Executive Summary, Liverpool City Council.

79. <https://www.telegraph.co.uk/culture/music/3667396/BBC-Proms-review-Was-this-the-greatest-Prom-of-all-time.html>.

80. Citado en Geoffrey Baker, *El Sistema: Orchestrating Venezuela's Youth* (Nueva York: Oxford University Press, 2014), p. 3.

81. Tina Rammarine (ed.), *Global Perspectives on Orchestras: Collective Creativity and Social Agency* (Nueva York: Oxford University Press, 2017).

82. Baker, *El Sistema, op. cit.*

83. <https://www.theguardian.com/music/2014/nov/11/geoff-baker-el-sistema-model-of-tyranny>.

84. «Evaluation of In Harmony: Final Report», National Foundation for Educational Research (NFER), p. 49.

85. Jude Robinson, «The End is Where We Start from: Communicating the *Impact of a Family Music Project to Wider Audiences*», *Anthropology in Action*, 21/3 (2014), pp. 12-19.

86. Mark Everist, *Mozart's Ghosts: Haunting the Halls of Musical Cultu-re* (Nueva York: Oxford University Press, 2012), pp. 269-276.

87. Kingsley Amis, *Girl, 20* (Londres: Penguin, 2011 [1971]).

88. Amy Nelson, *Music for the Revolution: Musicians and Power in Early Soviet Russia* (Pensilvania: The University of Pennsylvania Press, 2004); H. Seifter y P. Economy, *Leadership ensemble: Lessons in Collaborative Management from the World's Only Conductorless Orchestra* (Nueva York: Henry Holt & Company).

89. Isabella Poggi, «The Lexicon on the Conductor's Face», en Paul McKevitt, Seán Ó Nualláin y Conn Mulvihill (eds.), *Language Vision, and Music* (Ámsterdam: John Benjamins Publishing Company, 2002), pp. 271-284.

90. Geoff Luck y Petri Toiviainen, «"Ensemble Musicians' Synchronization with Conductors' Gestures: An Automated Feature-Extraction Analysis», *Music Perception*, 24/2 (2006), pp. 189-200.

91. Peter Keller, «Ensemble Performance: Interpersonal Alignment of Musical Expression», en Dorottya Fabian, Renee Timmers y Emery Schubert (eds.), *Expressiveness in Music Performance* (Nueva York: Oxford University Press, 2014), pp. 260-282 (p. 266).

92. Gilbert Rouget, *Music and Trance: A Theory of the Relations Between Music and Possession* (Chicago: The University of Chicago Press, 1985).

93. Rouget era consciente de que los términos *trance* y *éxtasis* estaban invertidos en la lengua inglesa (en el original francés, las definiciones están al revés). Véase Ruth Herbert, «Reconsidering Music and Trance: Cross-cultural Differences and Cross-disciplinary Perspectives», *Ethnomusicology Forum*, 20/2 (2011), pp. 201-227.

94. Wendy Fonarow, *Empire of Dirt: The Aesthetics and Rituals of British Indie Music* (Middletown, Connecticut: Wesleyan University Press, 2006), p. 55.

95. Michael P. Steinberg, *Listening to Reason: Culture, Subjectivity, and Nineteenth-Century Music* (Princeton: Princeton University Press, 2004), p. 106.

96. Marc Leman, *Embodied Music Cognition and Mediation Technology* (Cambridge, Mass.: 2008), p. 108.

97. Martin Clayton, «Observing Entrainment in Music Performance: Video-Based Observational Analysis of Indian Musicians' Tanpura Playing and Beat Marking», *Musicae Scientiae*, 11/1 (2007), pp. 27-59.

98. <https://musicscience.net(2018/03/10/inside-a-string-quartet/>.

99. Mari Riess Jones y Marilyn Boltz, «Dynamic Attending Responses to Time», *Psychological Review*, 96/3 (1989), pp. 459-491 (p. 471).

100. Albert S. Bregman, *Auditory Scene Analysis: The Perceptual Organization of Sound* (MIT, Massachusetts: MIT Press, 1990).

101. Riess Jones y Boltz, «Dynamic Attending Responses to Time», *op. cit.*, p. 471.

102. Melanie Takahashi, «The "Natural High": Altered States, Flashbacks and Neural Tunings at Raves», en Graham St. John, *Rave Culture and Religion* (Londres: Routledge, 2005), pp. 144-164 (p. 153).

103. T. S. Eliot, *The Four Quartets* (Londres: Faber & Faber, 2001).

## 4. Paisajes imaginarios, ciudades invisibles

1. Brian Kane, *Sound Unseen: Acousmatic Sound in Theory and Practice* (Nueva York: Oxford University Press, 2014), p. 55.

2. Abbé Jean-Baptiste Dubos, *Réflexions critiques sur la poésie et sur la peinture* (París, 1993; originalmente publicado en 1719), p. 150.

3. Eduard Hanslick, *On the Musically Beautiful: A Contribution Towards the Revision of the Aesthetics of Music*, trad. Geoffrey Payzant (Indianápolis: Hackett Publishing Company; 1986; originalmente publicado en 1854), p. 8.

4. Lydia Goehr, *The Imaginary Museum of Musical Works: An Essay in the Philosophy of Music* (Oxford: Clarendon Press, 1992).

5. La cuarta (4:3) es acústicamente más simple que la tercera, pero, por complejas razones culturales, está considerada menos satisfactoria o consonante.

6. Wendy Leborgne y Marci Rosenberg, *The Vocal Athlete* (San Diego: Plural Publishing, 2014), p. 104.

7. Zohar Eitan y Roni Granot, «How Music Moves: Musical Parameters and Listeners' Images of Motion», *Music Perception*, 23/3 (2006), pp. 221-247.

8. Y. S. Wagner, E. Winner, D. Cicchetti y H. Garner, «"Metaphorical" Mapping in Human Infants», *Child Development*, 52 (1981) pp. 728-731.

9. S. K. Roffler y R. A. Butler, «Localization of Tonal Stimuli in the Vertical Pplane», *Journal of the Acoustical Society of America*, 43 (1968), pp. 1260-1265.

10. Lawrence Zbikowski, *Conceptualizing Music: Cognitive Structure, Theory, and Analysis* (Nueva York: Oxford University Press, 2002), p. 67.

11. Steven Feld, *Sound and Sentiment: Birds, Weeping, Poetics, and Song in Kaluli Expression* (Filadelfia: University of Pennsylvania Press, 1982).

12. Rebecca Shaefer, Alexa Morcom, Neil Roberts y Katie Overy, «Moving to Music: Effects of Heard and Imagined Musical Cue on Movement-Related Brain Activity», *Frontiers in Human Neuroscience*, 8 (2014), pp. 1-11.

13. Charles Nussbaum, *The Musical Representation: Meaning, Ontology, and Emotion* (Cambridge, Mass.: MIT Press, 2007), p. 52.

14. Richard Fay (ed.), *Comparative Hearing: Fish and Amphibians* (Nueva York: Springer Verlag, 1999), p. 349.

15. Daniel Chiras, *Human Biology* (Nueva York: Jones and Barlett Publishing, 2005), p. 210.

16. Nussbaum, *The Musical Representation, op. cit.*, pp. 59-60.

17. *Ibid.*, p. 52.

18. *Ibid.*, p. 59.

19. Ludwig Wittgenstein, *Philosophical Investigations* (Oxford: Blackwell, 1960), p. 213.

20. Arnie Cox, *Music and Embodied Cognition: Listening, Moving, Feeling, and Thinking* (Bloomington: Indiana University Press, 2016).

21. Roger Scruton, *The Aesthetics of Music* (Nueva York: Oxford University Press, 1999), pp. 49-52.

22. Marc Leman, *The Expressive Moment: How Interaction (with Music) Shapes Human Empowerment* (Cambridge, Mass.: MIT Press, 2016), p. 185.

23. Robert Zatorre y Valerie Salimpoor, «From Perception to Pleasure: Music and Its Neural Substrates», *Proceedings of the National Academy of Science*, 110/2 (2013), pp. 10430-10437.

24. Leonard B. Meyer, *Emotion and Meaning in Music* (Chicago: University of Chicago Press, 1956).

25. David Huron, *Sweet Anticipation: Music and the Psychology of Expectation* (Cambridge, Mass.: MIT Press, 2006), p. 23.

26. <https://www.youtube.com/watch?v=RxPZh4AnWyk>.

27. Dave Calvert, «"Actual Idiocy" and the Sublime Object of Susan Boyle», en Broderick Chow y Alex Mangold (eds.), *Zizek and Performance* (Londres: Palgrave Macmillan, 2014), pp. 178-196.

28. Aniruddh Patel y John Iversen, «The Evolutionary Neuroscience of Musical Beat Perception and the Action Simulation for Auditory Prediction (ASAP) Hypothesis», *Frontiers in Systems Neuroscience*, 8 (2014), pp. 1-14.

29. H. Honing, H. Merchant, G. Háden, L. Prado y R. Bartolo, «Rhesus Monkeys (*Macaca mulatta*) Detect Rhythmic Groups in Music, but not the Beat», *PLoS ONE*, 7/12 e51369, <https://doi.org(10.1371/journal.pone.0051369>.

30. Charles Darwin, *The Expression of the Emotions in Man and Animals* [1872], edición definitiva (Nueva York: Harper Perennial, 2009).

31. *Ibid.*, p. 43.

32. *Ibid.*, p. 44.

33. Jenefer Robinson, *Deeper than Reason: Emotion and its Role in Literature, Music, and Art* (Oxford: Clarendon Press, 2005), p. 59.

34. <https://www.youtube.com/watch?v=hxbHhzlpdK4>.

35. Keith Oatley, Dacher Keltner y Jennifer Jenkins, *Understanding Emotions* (Oxford: Blackwell Publishing, 2006).

36. Nico Frijda, *The Emotions* (Cambridge: Cambridge University Press, 1986), p. 71.

37. <https://www.telegraph.co.uk/music/what-to-listen-to/best-fu neral-songs/albinoni/>.

38. <https://www.wsj.com/articles/SB100014240529702036460045 772130102917001378>.

39. Galen Bodenhausen, «Categorizing the Social World: Affect, Motivation, and Self-Regulation», en B. H. Ross y A. B. Markman (eds.), *Psychology of Learning and Motivation*, 47 (2006), pp. 123-155.

40. Steve Larson, *Musical Forces: Motion, Metaphor, and Meaning in Music* (Bloomington: Indiana University Press, 2012), p. 149.

41. Nicola Dibben, «The Role of Peripheral Feedback in Emotional Experience with Music», *Music Perception*, 22/1 (2004), pp. 79-115.

42. Theodor Adorno, *Philosophy of Modern Music*, trad. A. G. Mitchell y W. V. Bloomster (Londres: Sheed & Ward, 1987).

43. Charles Rosen, *The Classical Style* (Nueva York: Norton, 1971).

44. James Russell, «A Circumplex Model of Affect», *Journal of Personality and Social Psychology*, 39/6 (1980), pp. 1161-1178.

45. Patrik Juslin, «Emotional Communication in Music Performance: A Functionalist Perspective and Some Data», *Music Perception: An Interdisciplinary Journal*, 14/4 (1997), pp. 383-418.

46. <http://www2.cnrs.fr/en/2751htm>.

47. Michael Spitzer, «Mapping the Human Heart: A Holistic Analysis of Fear in Schubert», *Music Analysis*, 21/1, 2, 3 (2011), pp. 149-213.

48. Arne Öhman y Stefan Wiens, «On the Automaticity of Autonomic Responses in Emotion: An Evolutionary Perspective», en Richard Davidson, Klaus Scherer y Hill Goldsmith (eds.), *Handbook of Affective Sciences* (Oxford: Oxford University Press, 2003), pp. 256-275.

49. Vladimir Propp, *Morphology of the Folktale*, trad. Laurence Scott (Austin: University of Texas Press, 1968).

50. Charles Darwin, *The Voyage of the Beagle* (Nueva York: Cosmo Classics, 2008; publicado por primera vez en 1839), p. 211.

51. Citado en Michael Taussig, *Mimesis and Alterity: A Particular History of the Senses* (Nueva York: Routledge, 1993).

52. *Ibid.*

53. Citado en *ibid.* Véase también Walter Benjamin, «On the Mimetic Faculty», en Rodney Livingstone (ed.), *Walter Benjamin: Selected Writings Volume 2 1931-1934* (Cambridge Mass.: Harvard University Press, 1999), pp. 720-722.

54. Roger Caillois, «The Praying Mantis: From Biology to Psychoanalysis», en Claudine Frank (trad. y ed.), *The Edge of Surrealism: A Roger Caillois Reader* (Durham: Duke University Press, 2003), pp. 66-82 (p. 79). Agradezco a mi colega el catedrático Max Paddison haberme llamado la atención sobre Caillois.

55. Darwin, *Beagle, op. cit.*, p. 454. Darwin visitó Australia en 1836.

56. Émile Durkheim, *The Elementary Forms of Religious Life*, trad. Joseph Ward Swain [1915] (Nueva York: Dover Publications, 2008), p. 353.

57. Saida Daukeyeva, «"Aqqu" (White Swan): Sound Mimesis and Spirit Evocation in Kazakh Qobyz Performance», en Rachel Harris y Rowan Pease (eds.), *Pieces of the Musical World: Sounds and Cultures* (Londres: Routledge, 2015), pp. 44-63.

58. Frank Kouwenhoven, «Meaning and structure – the case of Chinese *qin* (zither) music», *British Journal of Ethnomusicology*, 10/1 (2001), p. 39-62.

59. *Ibid.*, p. 46.

60. *Ibid.*, p. 58.

61. Ethan Morden, *Opera Anecdotes* (Nueva York: Oxford University Press, 1985), p. 167.

62. Max Horkheimer y Theodor Adorno, *Dialectic of Enlightenment* [1944], trad. Edmund Jephcott (Stanford: Stanford University Press, 2002), p. 27.

63. William James, *The Varieties of Religious Experience* [1902] (Garsches: Feedbooks, 2018), p. 243.

64. Alf Gabrielsson, *Strong Experiences with Music: Music is Much More than Just Music* (Nueva York: Oxford University Press, 2011), p. 308.

65. *Ibid.*, p. 309.

66. *Ibid.*, p. 312.

67. Nussbaum, *Musical Representation, op. cit.*, pp. 268-269.

68. John Pfeiffer, *The Creative Explosion: An Inquiry into the Origins of Art and Religion* (Nueva York: Harper and Row, 1982), p. 291.

69. Kenneth Smith, «*Vertigo's* Musical Gaze: Neo-Riemannian Symmetries and Spirals», *Music Analysis*, 37/1 (2018), pp. 68-102.

70. Nussbaum, *Musical Representation, op. cit.*, p. 284.

71. Ian Mabbett, «Buddhism and Music», *Asian Music*, 25/1-2 (1993), pp. 9-28.

## 5. HIELO, ARENA, SABANA Y BOSQUE

1. Penzias y Wilson habían estado usando una antena de bocina de seis metros que, en origen, había sido diseñada para detectar ondas de radio que rebotaban en los satélites-globo Echo. «How Two Pigeons Helped Scientists Confirm the Big Bang Theory», <https://www.smithsonianmag.com/smithsonian-institution/how-scientist-confirmed-big-bang-theory-owe-to-a-pigeon-trap-180949741/#cfztISWRHSwoPhRQ.99>.

2. «Asteroseismology: Using the Natural Music of the Stars», <https://www.birmingham.ac.uk/accesibility/transcripts/Professor-Bill-Chaplin-Asteroseismology.aspx>.

3. Trevor Wishart, «From Sound Morphing to the Synthesis of Starlight», *Musica/Tenologia* (2013), pp. 65-69.

4. Jon Solomon, *Ptolemy Harmonics: Translation and Commentary* (Leiden: Brill, 2000), pp. 152-155.

5. Siglind Bruhn, *The Musical Order of the World: Kepler, Hesse, Hindemith* (Hillside, Nueva York: Pendragon, 2005), p. 141.

6. Derya Özcan, *The Woman Who Owned the Shadows* (Selçuk University Press: Konya, 2011), p. 11.

7. Patricia Monaghan, *The Goddess Path: Myths, Invocations & Rituals* (St. Paul, Minnesota: Llewellyn, 2004), p. 71.

8. Rosalia Gallotti, «Before the Acheulean in East Africa: An Overview of the Oldowan Lithic Assemblages», en Rosalia Gallotti y Margherita Mussi (eds.), *The Emergence the Acheulean in East Africa and Beyond* (Cham: Springer, 2018), pp. 13-33 (p. 17).

9. Elizabeth C. Blake e Ian Cross, «Flint Tools as Portable Sound-Producing Objects in the Upper Paleolithic Context: An Experimental Study», *Experiencing Archaeology by Experiment: Proceedings of the Experimental Archaeology Conference, Exeter* (Barnsley: Oxbow Books, 2007), pp. 1-19.

10. <https://www.thentagenews.com/2016/11/10/the-venus-of-hohle-fels-is-the-oldest-statue-depicting-a-womans-figure/>.

11. Iain Morley, *The Prehistory of Music: Human Evolution, Archaeology, and the Origins of Music* (Oxford: Oxford University Press, 2013), p. 49.

12. <https://www.youtube.com/watch?v=yUCBBDV2Tkz>.

13. Morley, *Prehistory, op. cit.*, pp. 112-113.

14. <https://phoenicia.org/kilmer.htm>.

15. <https://music.si.edu/blog/sync-ancient-chinese-bronze-bells-smithsonian>.

16. Tim Ingold, «On the Social Relations of the Hunter-Gathered Band», en Richard B. Lee y Richard Daly (eds.), *The Cambridge Encyclopedia of Hunters and Gatherers* (Cambridge: Cambridge University Press, 2002), pp. 399-411 (pp. 404, 405).

17. <https://www.pinterest.co.uk/pin/35817759509266327/?lp=true>.

18. <https://www.smashinglists.com/10-earliest-known-musical-instruments/>.

19. Morley, *Prehistory, op. cit.*, p. 114.

20. John Sepherd (ed.), *Continuum Encyclopedia of Popular Music of the World*, vol. II (Londres: Continuum, 2003), p. 276.

21. Richard Rudgley, *The Lost Civilizations of the Stone Age* (Nueva York: Simon & Schuster, 2000), p. 204.

22. Joseph Kaminsky, *Asante Ntahera Trumpets in Ghana: Culture, Tradition, and Sound Barrage* (Londres: Routledge, 2016).

23. Richard Adams, *Prehistoric Mesoamerica* (Norman, Oklahoma: University of Oklahoma Press, 1997), p. 122.

24. Jeremy Montagu, *Origins and Development of Musical Instruments* (Plymouth: Scarecrow, 2007), p. 105.

25. Jie Jin, *Chinese Music* (Cambridge: Cambridge University Press, 2010), pp. 16-17.

26. Blake y Cross, «Flint tools», *op. cit.*, p. 3.

27. Joachim Braun, *Music in Ancient Israel/Palestine* (Grand Rapids, Michigan: William B. Eerdmans Publishing, 2002).

28. Hartmut Thieme, «The Lower Paleolithic Art of Hunting: The Case of Schöningen 13 11-4, Lower Saxony, Germany», en C. Gamble y M. Porr (eds.), *The Hominid Individual in Context: Archaeological Investigations of Lower and Middle Paleolithic Landscapes, Locales and Artefacts* (Londres: Routledge, 2005), pp. 115-132.

29. Rupert Till, «Sound Archaeology: Terminology, Paleolithic Cave Art and the Soundscape», *World Archaeology*, 46 (3) (2014), pp. 292-304.

30. Theodore Levin y Valentina Süzükei, *Where Rivers and Mountains Sing: Sound, Music, and Nomadism in Tuva and Beyond* (Bloomington, Indiana: Indiana University Press, 2006).

31. Morley, *Prehistory, op. cit.*, pp. 91-92.

32. Steven Mithen, *After the Ice: A Global Human History 20,000-5000 BC* (Londres: Weidenfeld & Nicolson, 2011).

33. Penny Petrone (ed.), *Northern Voices: Inuit Writings in English* (University of Toronto Press, 1988).

34. Morley, *Prehistory, op. cit.*, pp. 11-32.

35. Jerome Lewis, «A Cross-Cultural Perspective on the Significance of Music and Dance to Culture and Society: Insight from BaYaka Pygmies», en Michael Arbib (ed.), *Language Music, and the Brain: A Mysterious Relationship* (Cambridge, Mass.: MIT Press, 2013), pp. 45-66.

36. Tim Ingold, «On the Social Relations of the Hunter-Gatherer Band», *op. cit.*

37. Lewis, «A Cross-Cultural Perspective», *op. cit.*, p. 57.

38. Colin Turnbull, *The Forest People* (Londres: The Bodley Head, 2015), p. 66.

39. David Luther, «The Influence of the Acoustic Community on Songs of Birds in a Neotropical Rain Forest», *Behavioral Ecology*, 20/4 (julio de 2009), pp. 864-871.

40. Feld, *Sound and Sentiment, op. cit.*, p. 21.

41. Fabrice Marandola, «Expressiveness in the Performance of the Bedzan Pygmies' Vocal Polyphonies: When the Same is Never the Same», en Dorottya Fabian, Renee Timmers y Emery Schubert (eds.), *Expressivess in Music Performance: Empirical Approaches Across Styles and Cultures* (Oxford: Oxford University Press, 2014), pp. 201-220.

42. Bruce Chatwin, *The Songlines* (Nueva York: Vintage Books, 2012), p. 108.

43. Myfany Turpin, «The Poetics of Central Australian Song», *Australian Aboriginal Studies*, 2 (2007), pp. 100-115.

44. Aaron Corn y Neparrna Gumbula, «Budutthun rarja wiyinymirri: Formal Flexibility in the Yolnu Manikay Tradition and the Challenge of Recording a Complete Repertoire», *Australian Aboriginal Studies*, 2 (2007), pp. 116-127.

45. Linda Barwick, «Musical Form and Style in Murriny Patha Djanba Songs at Wadeye (Northern Territory, Australia)», en Michael Tenzer y John Roeder (eds.), *Analytical and Cross-Cultural Studies in World Music* (Oxford: Oxford University Press, 2012), pp. 317-354.

46. Corn y Gumbula, «Budutthun ratja wiyinymirri», *op. cit.*, p. 116.

47. Myfany Turpin, «Text and Music in Awelye songs of Central Australia», <http://aawmconference.com/aawm2012/papers/turpin_p.pdf>.

48. Yosef Garfinkel, *Dancing at the Dawn of Agriculture* (Austin: University of Texas Press, 2003), p. 14.

49. Barwick, «Musical Form and Style», *op. cit.*, p. 328.

50. Mike Smith, *The Archaeology of Australia's Deserts* (Cambridge: Cambridge University Press, 2013), p. 214.

51. Barwick, «Musical from and Style», *op. cit.*, p. 39.

52. Luca Cavalli-Sforza, Paolo Menozzi y Alberto Piazza, *The History and Geography of Human Genes*, Princeton, Princeton University Press, 1994.

53. Patrick E. Savage *et al.*, «How "Circumpolar" is Ainu Music? Musical and Genetic Perspectives on the History of the Japanese Archipelago», *Ethnomusicology Forum* (2015), p. 1-22.

54. Alan McMillan y Eldon Yellowhorn, *First Peoples in Canada* (Vancouver: Douglas and McIntyre, 2004).

55. Petrone, *Northern Voices, op. cit.*

56. Jean-Jacques Nattiez, «Inuit Throat-Games and Siberian Throat Singing: A Comparative, Historical, and Semiological Approach», *Ethnomusicology*, 43/3 (otoño de 1999), pp. 399-418.

57. Michael Hauser, «Traditional and Acculturated Greenlandic Music», *Arctic Anthropology*, 23/1-2 (1986), pp. 359-386.

58. Peter Whitridge, «The Sound of Contact: Historic Inuit Music-Making in Northern Labrador», *North Atlantic Archaeology*, 4 (2015), pp. 17-42.

59. Michael Berman, *The Nature of Shamanism and the Shamanic Story* (Newcastle: Cambridge Scholars Publishing, 2007), p. 25.

60. Nattiez, «Inuit Throat-Games», *op. cit.*, p. 412.

61. David McAllester, «North America/Native America», en Jeff Titon (ed.), *Worlds of Music* (Nueva York: Schirmer, 2009), pp. 33-82.

62. Harvey Feit, «Introduction: North America», en Richard B. Lee y Richard Daly (eds.), *The Cambridge Encyclopedia of Hunters and Gatherers* (Cambridge: Cambridge University Press, 2002), pp. 23-30.

63. Victoria Levine, «American Indian Musics, Past and Present», en David Nicholls (ed.), *The Cambridge History of American Music* (Cambridge: Cambridge University Press, 1998), pp. 3-29.

64. S. M. Wilson, «Tricky treats», *Natural History*, 10 (1991), pp. 4-8.

65. Mithen, *After the Ice, op. cit.*

66. Colin Renfrew, *Prehistory: The Making of the Human Mind* (Londres: Weidenfeld & Nicolson, 2012).

67. Colin Renfrew, «The City through Time and Space: Transformations of Centrality», en Joyce Marcus y Jeremy Sabloff (eds.), *The Ancient City: New Perspectives on Urbanism in the Old and New World* (Santa Fe: SAR Press, 2008), pp. 29-52.

68. Colin Renfrew y Paul Bahn, *Archaeology: Theories, Methods and Practice* (Londres: Thames & Hudson, 2017), pp. 418-419.

69. Paolo Debertolis, Daniele Gullà y Heikki Savolainen, «Archaeoacoustic Analysis in Enclosure D at Göbekli Tepe in South Anatolia, Turkey», *5th Human and Social Sciences at the Common Conference* (2017), <www.hassacc.com>.

70. Trevor Watkins, «Architecture and Imagery in the Early Neolithic of South-West Asia: Framing Rituals, Stabilizing Meanings», en Colin Renfrew, Iain Morley y Michael Boyd (eds.), *Ritual, Play and Belief, in Evolution and Early Human Societies* (Cambridge: Cambridge University Press, 2018), pp. 116-142; Renfrew y Bahn, *Archaeology, op. cit.*, pp. 46-47.

71. <http://damienmarieathope.com/2017/03/catal-huyuk-first-religious-designed-city/>.

72. Rupert Till, «Songs of the Stones: An Investigation into the Acoustic Culture of Stonehenge», *Journal of the International Association for the Study of Popular Music*, 1/2 (2010), pp. 1-18.

73. Nicole Boivin, «Rock art and Rock Music: Petroglyphs of the South Indian Neolithic», *Antiquity*, 78/299 (2004), pp. 38-53.

74. E. E. Evans-Pritchard, *The Nuer* (Oxford: Oxford University Press, 1940), pp. 73-74.

75. Nils Wallin, *Biomusicology* (Hillside, Nueva York: Pendragon, 1991); Ted Gioia, *Work Songs* (Durham, North Carolina: Duke University Press, 2006), p. 74.

76. Richard Widdess, «Musical Structure, Performance and Meaning: the Case of a Stick-Dance from Nepal», *Ethnomusicology Forum*, 15/2 (2006), pp. 179-213.

77. Anthony Seeger, *Why Suyá Sing* (Urbana: University of Illinois Press, 2004).

78. Rafael José de Menezes Bastos, «The Yawari Ritual of the Kamayurá», en Malena Kuss (ed.), *Music in Latin America and the Caribbean: An Encyclopedic History*, vol. I (Austin: University of Texas Press, 2004), pp. 77-99.

79. Claire Halley, «Communal Performance and Ritual Practice in the Ancestral Pueblo an Era of the American Southwest», en Renfrew, Morley y Boyd, *Ritual, Play and Belief, op. cit.*, pp. 116-129 (p. 123).

80. Robert Stevenson, *Music in Aztec & Inca Territory* (Berkeley: University of California Press, 1968), p. 74.

81. *Ibid.*, p. 75.

82. Oswaldo Chinchilla Mazariegos, *Art and Myth of the Ancient Maya* (New Haven: Yale University Press, 2017), pp. 220-221.

83. Gary Tomlinson, *The Singing of the New World* (Cambridge: Cambridge University Press, 2007), p. 134.

84. David Freidel y Michelle Rich, «Maya Sacred Play: The View from El Perú-Waka», en Renfrew, Morley y Boyd, *Ritual, Play and Belief, op. cit.*, pp. 101-115.

85. Matthew G. Looper, *To Be Like Gods: Dance in Ancient Maya Civilization* (Austin: University of Texas Pres, 2009), pp. 58-66.

86. Stephen Houston, David Stuart y Karl Taube, *The Memory of Bones: Body, Being, and Experience Among the Classic Maya* (Austin: University of Texas Press, 2006), pp. 153-156.

87. Tomlinson, *Singing of the New World, op. cit.*, pp. 171-172.

88. <https://io9.gizmodo.com/heres-how-ths-ancient-mayan-pyra mid-makes-bird-calls-1692327818>.

6. La afinación de Occidente

1. Robert Anderson, «Egypt», *Grove Music Online.*

2. John Van Seters, *The Hyksos: A New Investigation* (New Haven: Yale University Press, 1966).

3. Eric Cline, *1177 B.C.: The Year Civilization Collapsed* (Princeton: Princeton University Press, 2014).

4. John Franklin, «Epicentric Tonality and the Greek Lyric Tradition», en Tom Phillips y Armand D'Angour (eds.), *Music, Text, and Culture in Ancient Greece* (Oxford: Oxford University Press, 2018), pp. 17-46.

5. Martin West, *Ancient Greek Music* (Oxford: Clarendon Press, 1992), p. 389.

6. Stefan Hagel, *Ancient Greek Music: A New Technical History* (Cambridge: Cambridge University Press, 2009), p. 9.

7. Curt Sachs, *The Rise of Music in the Ancient World* (Mineola, Nueva York: Dover Publications, 1943), p. 209; Richard Widdess, «Sléndro and pélog in India?», en Bernard Arps (ed.), *Performance in Java and Bali* (Londres: Taylor & Francis, 1993), pp. 187-198 (pp. 194-195).

8. Sachs, *Rise of Music in the Ancient World, op. cit.*, p. 71.

9. Walter Scheidel (ed.), *Rome and China: Comparative Perspectives on Ancient World Empires* (Nueva York: Oxford University Press, 2009).

10. James McKinnon, «Jubal vel Pythagoras: quis sit inventor musicae?», *The Musical Quarterly*, 64/1 (1978), pp. 1-28.

11. *Ibid.*, pp. 3-4.

12. Roberta Binkley, «The Rhetoric of Origins and the Other: Rea-

ding the Ancient Figure of Enheduanna», en Carl Lipson y Roberta Binkley (eds.), *Rhetoric Before and Beyond the Greeks* (Nueva York: State University of New York Press, 2004), pp. 47-63.

13. Gwendolyn Leick, *Mesopotamia: The Invention of the City* (Nueva York, Penguin, 2001), p. 127.

14. Maude de Schauensee, *Two Lyres from Ur* (Filadelfia: University of Pennsylvania Museum of Archaeology and Anthropology, 2002).

15. Paul Kriwaczek, *Babylon: Mesopotamia and the Birth of Civilization* (Londres: Atlantic Books, 2010), p. 121.

16. *The Electronic Text Corpus of Sumerian Literature*, <http://etcsl. orinst.ox.ac.uk/cgi-bin/etcsl.cgi?charenc=j&text=t.4.07.2#>.

17. Susan Pollok, *Ancient Mesopotamia* (Cambridge: Cambridge University Press, 1999), pp. 165-171.

18. Colin Renfrew, *Prehistory: Making of the Human Mind* (Nueva York: Weidenfeld & Nicolson, 2012).

19. Anne Kilmer y Sam Mirelman, «Mesopotamia», *Grove Music Online.*

20. Richard J. Dumbrill, *The Archaeomusicology of the Ancient Near East* (Victoria: Trafford Publishing, 2005), p. 383.

21. Suzanne Onstine, *The Role of the Chantress (Šmcyt) in Ancient Egypt* (Oxford: Archaeopress, 2005), pp. 4-5.

22. Dumbrill, *Archaeomusicology, op. cit.*, p. 92.

23. Kilmer y Mirelman, «Mesopotamia», *op. cit.*, p. 4.

24. Anne Kilmer y Steve Tinney, «Old Babylonian Music Instruction Texts», *Journal of Cuneiform Studies*, 48 (1996), pp. 49-56.

25. Martin West, «The Babylonian Musical Notation and the Hurrian Melodic Texts», *Music & Letters*, 75/2 (1994), pp. 161-179 (p. 169).

26. Dumbrill, *Archaeomusicology, op. cit.*, p. 406.

27. Franklin, «Epicentric Tonality», *op. cit.*, p. 14.

28. El sistema numérico «sexagesimal» adoptó como base el número sesenta, y nosotros lo heredamos en nuestra división de la hora en sesenta minutos y de los minutos en sesenta segundos. En la acústica musical, los intervalos son definidos por la ratio o proporción de la frecuencia a la que vibra una cuerda. Con una quinta perfecta, la nota superior vibra más deprisa que la nota inferior con una ratio de 3:2 (es decir 60:40). Que Enki tocara una quinta sugiere que los babilonios la oían como el intervalo musical más perfecto. Thomas McEvilley, *The Shape of Ancient Thought: Comparative Studies in Greek and Indian Philosophies* (Nueva York: Allworth Press, 2001), p. 87.

29. Kilmer and Mirelman, «Mesopotamia», *op. cit.*, p. 4.

30. Dumbrill, *Archaeomusicology*, *op. cit.*, p. 419.

31. Duane Garrett y Paul House, *Song of Songs and Lamentations* (Nueva York: Thomas Nelson, 2004).

32. West, «Babylonian Musical Notation»; Richard Dumbrill, «The Truth about Babylonian Music», <https://www.academia.edu/324265 27/THE_TRUTH_ABOUT_BABYLONIAN_MUSIC> (2017), pp. 1-34.

33. Kriwaczek, *Babylon*, *op. cit.*

34. Onstine, *The Role of the Chantress*, *op. cit.*, p. 13.

35. Cline, *1177 B.C.*, *op. cit.*, p. 9.

36. *Ibid.*, p. 2.

37. Lise Manniche, *Music and Musicians in Ancient Egypt* (Londres: British Museum Press, 1991), pp. 37-38. La siguiente discusión está en deuda con la obra de Manniche.

38. *Ibid.*, p. 9.

39. *Ibid.*, p. 53.

40. Se puede ver el clip en <https://www.youtube.com/watch?v=Xz m-kbx2T4>.

41. Barry Kemp, *Ancient Egypt: Anatomy of a Civilization* (Londres: Routledge, 2001), pp. 185-197.

42. Christopher Eyre, «The Practice of Literature: The Relationship between Content, Form, Audience, and Performance», en Roland Enmarch y Verena Lepper (eds.), *Ancient Egyptian Literature: Theory and Practice* (Oxford: Oxford University Press, 2013), pp. 101-142 (121).

43. Kemp, *Ancient Egypt*, *op. cit.*, p. 185.

44. *Ibid.*, pp. 262-320.

45. Sigmund Freud, *Moses and Monotheism* (Nueva York: Fordham University Press, 2018); Jan Assmann, *Moses the Egyptian* (Cambridge, Mass., Harvard University Press, 1998.

46. Manniche, *Music and Musicians*, *op. cit.*, p. 94.

47. *Ibid.*, pp. 103-104.

48. Patricia Bochi, «Gender and Genre in Ancient Egyptian Poetry: the Rhetoric of Performance in the Harpers' Songs», *Journal of the American Research Center in Egypt*, 35 (1998), pp. 89-95.

49. Manniche, *Music and Musicians*, *op. cit.*, p. 105.

50. Jan Assmann, *Death and Salvation in Ancient Egypt* (Ithaca: Cornell University Press, 2005), p. 217.

51. *Ibid.*, p. 4.

52. Camilla Di Biase-Dyson, *Foreigners and Egyptians in the Late Egyptian Stories* (Leiden: Brill, 2013), p. 39.

53. Sachs, *Rise of Music in the Ancient World*, *op. cit.*, p. 93.

54. Martin West, *The East Face of Helicon: West Asiatic Elements in Greek Poetry and Myth* (Oxford: Clarendon Press, 1997), p. 45.

55. Sachs, *Rise of Music in the Ancient World*, *op. cit.*, p. 95.

56. West, *East Face of Helicon*, *op. cit.*, p. 45.

57. Sachs, *Rise of Music in the Ancient World*, *op. cit.*, p. 95.

58. Ruth Finnegan, *Oral Literature in Africa* (Cambridge: Open Book Publishers, 2016).

59. Gabriel Barkay, «The Iron Age II-III», en Amnon Ben-Tor (ed.), *The Archaeology of Ancient Israel* (Raanana: The Open University of Israel Press, 1992), pp. 302-373 (p. 349).

60. Eva Mroczek, *The Literary Imagination in Jewish Antiquity* (Oxford: Oxford University Press, 2016), p. 185.

61. Manniche, *Music and Musicians*, *op. cit.*, p. 93.

62. Sachs, *Rise of Music in the Ancient World*, *op. cit.*, p. 81.

63. James McKinnon, «On the Question of Psaldomy in the Ancient Synagogue», *Early Music History* 6 (1986), pp. 159-191 (p. 187).

64. Sung Jin Park, «"Pointing to the Accents in the Scroll": Functional Development of the Masoretic Accents in the Hebrew Bible», *Hebrew Studies*, 55 (2014), pp. 73-88.

65. Sachs, *Rise of Music in the Ancient World*, *op. cit.*, pp. 84-85.

66. David Mitchell, «Resinging the Temple Psalmody», *Journal for the Study of the Old Testament*, 36/3 (2012), pp. 355-378 (pp. 364-365).

67. Susa Gillingham, «The Levites and the Editorial Composition of the Psalms», en William Brown (ed.), *The Oxford Handbook of the Psalms* (Oxford: Oxford University Press, 2014), pp. 201-213 (p. 202).

68. McKinnon, «On the Question of Psalmody», *op. cit.*, p. 163.

69. Joachim Braun, *Music in Ancient Israel/Palestine* (Grand Rapids, Michigan: William Eerdmans Publishing, 2002), pp. 301-320.

70. John Garr, *Living Emblems: Ancient Symbols of Faith* (Atlanta, Georgia: Golden Key Press, 2007), p. 39.

71. Jacob Neusner, *The Idea of History in Rabbinic Judaism* (Leiden: Brill, 2004).

72. McKinnon, «On the Question of Psalmody», *op. cit.*, p. 191.

73. Penelope Murray y Peter Wilson (eds.), *Music and the Muses: The Culture of "mousikē" in the Classical Athenian City* (Oxford: Oxford University Press, 2004).

74. West, *East Face of Helicon*, *op. cit.*, pp. 16-17.

75. *Ibid.*, pp. 105-106.

76. Naomi Weiss, *The Music of Tragedy: Performance and Imagination in Euripidean Theatre* (Oakland: The University of California Press, 2018), p. 175.

77. West, *East Face of Helicon, op. cit.*, p. 344.

78. Peter Wilson, «Euripides' Tragic Muse», *Illinois Classical Studies*, 24-25 (1999-2000), pp. 427-449.

79. *Ibid.*, pp. 436-437.

80. Aristotle, *Poetics* (Oxford: Oxford University Press, 2013).

81. Armand D'Angour, «The Musical Setting of Ancient Greek Texts», en Tom Phillips y Armand D'Angour (eds.), *Music, Text, and Culture in Ancient Greece* (Oxford: Oxford University Press, 2018), pp. 47-72.

82. Albert Lord, *The Singer of Tales* (Cambridge, Mass.: Harvard University Press, 2000).

83. Georg Danek y Stefan Hagel, «Homer-Singen», *Wiener humanistische Blätter*, 37 (1995), pp. 5-20.

84. West, *East Face of Helicon, op. cit.*, p. 198.

85. D'Angour, «Musical Setting», *op. cit.*

86. Thomas Schmitz, «Reading Greek Literature», en Enmarch y Lepper (eds.), *Ancient Egyptian Literature, op. cit.*, pp. 25-44 (pp. 42-43).

87. Charles Rose, *The Archaeology of Greek and Roman Troy* (Cambridge: Cambridge University Press, 2014), p. 90.

88. West, *East Face of Helicon, op. cit.*, p. 163.

89. Friedrich Nietzsche, *The Birth of Tragedy and other Writings*, trad. Ronald Speirs (Cambridge: Cambridge University Press, 1999).

90. Wilson, «Euripides' Tragic Muse», *op. cit.*, pp. 440-445.

91. Timothy Power, *The Culture of Kitharôidia* (Cambridge, Mass.: Harvard University Press, 2010), pp. 35-38.

92. Barbara Castigioni, «Music, Ritual, and Self-Referentiality in the Second Stasimon of Euripides' Helen"» *Greek and Roman Studies*, 6 (2018), pp. 247-264 (p. 256).

93. Hagel, *Ancient Greek Music, op. cit.*, p. 6.

94. Eric Csapo, «Euripides and Tragic Theatre in the Late Fifth Century», *Illinois Classical Studies*, 24-25 (1999-2000), pp. 399-426.

95. *Ibid.*, p. 417.

96. Timothy More, «Stinging Auloi, Aristophanes, Acharnians 870-71», *Greek and Roman Musical Studies*, 5 (2017), pp. 178-190 (p. 186).

97. Csapo, «Euripides and Tragic Theatre», *op. cit.*

98. West, *East Face of Helicon, op. cit.*, p. 192.

99. *Ibid.*, p. 284.

100. Egert Pöhlmann y Martin West, *Documents of Ancient Greek Music* (Oxford: Clarendon Press, 2001), pp. 12-13.

101. Véase el clip en <https://www.youtube.com/watch?v=FFEIYp4xQ>.

102. Karl Marx, *The Eighteenth Brumaire of Louis Bonaparte* (Nueva York: Cosimo, 2008), p. 1.

103. Power, *Culture of Kitharôidia, op. cit.*, pp. 3-4.

104. Nicholas Horsfall, *The Culture of the Roman Plebs* (Londres: Bloomsbury, 2003), p. 40.

105. John Landels, *Music in Ancient Greece and Rome* (Londres: Routledge, 2001), p. 201.

106. Power, *Culture of Kitharôidia, op. cit.*, p. 7.

107. Timothy Moore, *Music in Roman Comedy* (Cambridge: Cambridge University Press, 2012), pp. 83-84.

108. Power, *Culture of Kitharôidia, op. cit.*, p. 8.

109. Moore, *Music in Roman Comedy, op. cit.*, p. 88.

110. Power, *Culture of Kitharôidia, op. cit.*, p. 8.

111. Günther Fleischhauer, «Rome», *Grove Music Online*.

112. Landels, *Music in Ancient Greece and Rome, op. cit.*, p. 203.

113. Fleischhauer, «Rome», *op. cit.*, p. 9.

114. Horsfall, *Culture of the Roman Plebs, op. cit.*, p. 11.

115. *Ibid.*, pp. 13-14.

116. Power, *Culture of Kitharôidia, op. cit.*, pp. 1-2.

117. Flischhauer, «Rome», *op. cit.*, p. 7.

118. Alain Baudot, *Musiciens romains de l'Antiquité* (Montreal: Les Press de l'Université de Montréal, 1973), p. 30.

119. *Ibid.*, p. 32.

120. Moore, *Music in Roman Comedy, op. cit.*, p. 140.

121. D'Angour, «Musical Setting», *op. cit.*, pp. 64-71.


7. Superpotencias


1. Voltaire, *Essais sur les moeurs et l'esprit des nations* (París: Garnier frères, 1963 [1773]), I, p. 683.

2. Como dice Christopher Page, los primeros reyes de España, Francia e Italia no eran muy distintos de los gobernantes locales vasallos de Roma. Sólo eran más autónomos que antes, y más civilizados. Véase Christopher Page, *The Christian West and its Singers: The First Thousand Years* (New Haven: Yale University Press, 2010), pp. 11-13.

3. *Ibid.*, pp. 270-274.

4. Anthony Birley, *Hadrian: The Restless Emperor* (Nueva York: Routledge, 1997), p. 134.

5. Sobre algunas de las canciones de Mesomedes, véase Charles

Cosgrove, *An Ancient Christian Hymn with Musical Notation: Papyrus Oxyrhychus 1786: Text and Commentary* (Tubinga: Mohr Siebeck, 2011), p. 141.

6. Jared Diamond, *Guns, Germs, and Steel: The Fates of Human Societies* (Nueva York: W. W. Norton, 1997).

7. Karen Armstrong, *A History of God* (Londres: Vintage, 1999), p. 37.

8. Janet Abu-Lughod, *Before European Hegemony: The World System A.D. 1250-1350* (Oxford: Oxford University Press, 1991).

9. Edward Henry, «The Rationalization of Intensity in Indian Music», *Ethnomusicology*, 46/1 (2002), pp. 33-55.

10. Page, *The Christian West, op. cit.*, p. 256.

11. James McKinnon, «Desert Monasticism and the Later Fourth-Century Psalmodic Movement», *Music and Letters*, 75/4 (1994), pp. 505-519.

12. Alexander Lingas, «Music», en Elizabeth Jeffreys, John Haldon y Robin Cormack (eds.), *The Oxford Handbook of Byzantine Studies* (Nueva York: Oxford University Press, 2008), pp. 915-938 (p. 925).

13. James McKinnon, «Proprization: The Roman Mass», *Cantus Planus, Papers Read at the Fifth Meeting*, Éger Hungary (1994), pp. 15-22.

14. Page, *The Christian West, op. cit.*, p. 264.

15. James McKinnon, «Musical Instruments in Medieval Psalm Commentaries and Psalters», *Journal of the American Musicology Society*, 21/1 (1968), pp. 3-20 (p. 4).

16. Alexander Lingas, «Medieval Byzantine Chant and the Sound of Orthodoxy», en Andrew Louth y Augustne Casiday (eds.), *Byzantine Orthodoxies, Papers from the 36th Spring Symposium of Byzantine Studies* (Aldershot: Ashgate, 2006), pp. 131-150 (pp. 142-143).

17. Page, *The Christian West, op. cit.*, pp. 458-459.

18. *Ibid.*, p. 445.

19. Catherine Bradley, *Polyphony in Medieval Paris: The Art of Composing Plainchant* (Cambridge: Cambridge University Press, 2018).

20. Citado en Piero Weiss y Richard Taruskin, *Music in the Western World* (Nueva York: Schirmer, 2008), pp. 60-61.

21. Niceta of Remesiana, *On the Benefit of Psalmody*, trad. James McKinnon, <https://media.musicasacra.com/media2/niceta.pdf>.

22. Plato, *Laws*, en John Cooper (ed.), *Complete Works* (Indianápolis: Hackett Publishing Company, 1997), pp. 1318-1616.

23. Karla Pollmann, «Augustine's Legacy: Success or Failure», en David Meconi y Eleonore Stump (eds.), *The Cambridge Companion to Augustine* (Cambridge: University of Cambridge Press, 2014), pp. 331-348, p. 331.

24. *Ibid.*

25. Francesco Ciabattoni, *Dante's Journey to Polyphony* (Toronto: University of Toronto Press, 2010).

26. Joseph Needham, Ling Wang y Derek De Solla Price, *Heavenly Clockwork: The Great Astronomical Clocks of Medieval China* (Cambridge: Cambridge University Press, 1986), p. 74.

27. Peter Pesic, *Polyphonic Minds: Music of the Hemispheres* (Cambridge, Mass.: MIT Press, 2017).

28. Alejandro Planchart, *Guillaume Du Fay: The Life and Works* (Cambridge: Cambridge University Press, 2018), p. 125.

29. Lorenz Welker, «*Portugaler.* Guillaume Du Fay's Contributions to Instrumental Music?», en Fabrice Fitch y Jacobijn Kiel (eds.), *Essays on Renaissance Music in Honour of David Fallows: Bon jour, bon mois, et bonne estrenne* (Rochester, Nueva York: Boydell Press, 2011), pp. 124-137.

30. Lingas, «Medieval Byzantine chant», *op. cit.*, p. 146.

31. *Ibid.*, p. 143.

32. William Reddy, *The Making of Romantic Love: Longing and Sexuality in Europe, South Asia and Japan, 900-1200 CE* (Chicago: The University of Chicago Press, 2012), p. 142; George Beech, «The Eleanor of Aquitaine Vase, William IX of Aquitaine, and Muslim Spain», *Gesta*, 32/1 (1993), pp. 3-10.

33. Dwight Reynolds, «North Africa and the Eastern Mediterranean: Andalusian Music», en Michael Church (ed.), *The Other Classical Musics: Fifteen Great Traditions* (Rochester, Nueva York: The Boydell Press, 2016), pp. 246-249 (p. 251).

34. *Ibid.*, p. 252.

35. *Ibid.*, p. 257.

36. Los poetas latinos tendían a evitar la rima porque era demasiado fácil en esa lengua. Véase Tova Rosen, «The Muwashshah», en María Rosa Meocal, Raymond Scheindlin y Michael Sells (eds.), *The Literature of Al-Andalus* (Cambridge: Cambridge University Press, 2000), pp. 165-189; Sayyid Naqi Husain Ja'fari, *Essays on Literature, History & Society: Selected Works of Professor Sayyid Naqi Husain Ja'fari* (Delhi: Primus Books, 2010), pp. 24-26.

37. Salma Khadra Jayyusi, «Andalusi Poetry: The Golden Period», en Salma Jayyusi y Manuela Marín (eds.), *The Legacy of Muslim Spain* (Leiden, Brill, 197), pp. 317-367 (pp. 347-350).

38. Salim Al-Hassani, *1001 Inventions: The Enduring Legacy of Muslim Civilization* (National Geographic, 2012).

39. Thomas Christensen, «Music Theory», en Mark Everist y Tho-

mas Kelly (eds.), *The Cambridge History of Medieval Music* (Cambridge: Cambridge University Press, 2018), pp. 357-382 (p. 370).

40. <https://www.youtube.com/watch?v=ybMscMHHAQA>.

41. José Miguel Puerta Vílchez, «Art and Aesthetics in the Work of Ibn Hazm of Cordoba», en Camilla Adang, Maribel Fierro y Sabine Schmidtke (eds.), *Ibn Hazm of Cordoba: The Life and Works of a Controversial Thinker* (Leiden: Brill, 2013), pp. 253-374 (p. 330).

42. Valerie Gonzalez, *Beauty and Islam: Aesthetics in Islamic Art and Architecture* (Nueva York: Tauris, 2001), pp. 69-94.

43. Anna Gade, «Recitation», en Andrew Rippin y Jawid Mojaddedi (eds.), *The Wiley Blackwell Companion to The Qur'an* (Oxford: Wiley Blackwell, 2017), pp. 577-590.

44. Walid Hedari, «Marcel Khalife's Socio-Political Life: The Case of "Oh My Father, I am Yusuf"», *Methaodos. Revista de Ciencias Sociales*, 4/1(2016), pp. 119-134 (p. 124).

45. Scott Marcus, «The Eastern Arab World», en Church, *The Other Classical Musics, op. cit.*, pp. 271-294 (p. 282).

46. Shahzad Bashir, *Sufi Bodies: Religion and Society in Medieval Islam* (Nueva York: Columbia University Press, 2011), p. 72.

47. Laura Lohman, *Umm Kulthum: Artistic Agency and the Shaping of an Arab Legend, 1967-2007* (Middletown: CT: Wesleyan University Press, 2010), p. 94.

48. Oliver Leaman (ed.), *The Qur'an: An Encyclopedia* (Londres: Routledge, 2006), p. 77.

49. *Falsafa* es la interpretación árabe de la pronunciación griega de *philosophia*, y servía para describir el período posterior al siglo IX d. C., cuando la filosofía griega fue retomada por el califato abasí. El florecimiento de la *falsafa* incluía a lumbreras como Al-Kindi (801-873), Al-Farabi (872-951) y Avicena (980-1037). Armstrong, *History of God, op. cit.*, p. 203.

50. Jay Bonner, *Islamic Geometric Patterns: Their Historical Development and Traditional Methods of Construction* (Nueva York: Springer, 2017).

51. Marcus, «The Eastern Arab World», pp. 280-285.

52. Las cantigas eran unas canciones monofónicas medievales, que se caracterizaban por sus letras en lengua galaico-portuguesa. Joseph O'Callaghan, *Alfonso X and the Cantigas De Santa Maria: A Poetic Biography* (Leiden: Brill, 1998).

53. Rosen, «The Muwashshah», *op. cit.*, p. 166.

54. Simon Sebag Montefiore, *Jerusalem: The Biography* (Londres: Phoenix, 2012), p. 212.

55. Richard Widdess, «North India», en Church, *The Other Classical Musics, op. cit.,* pp. 139-160 (p. 146).

56. Citado en Martin Clayton, *Time in Indian Music: Rhythm, Metre, and Form in North Indian Rag Performance* (Oxford: Oxford University Press, 2008), p. 10.

57. David Beck, «India/South India», en Jeff Titon (ed.), *Worlds of Music* (Belmon, CA: Schirmer, 2009), p. 268.

58. Sachs, *Rise of Music in the Ancient World, op. cit.,* p. 158.

59. Anne Sheeran, «Sri Lanka», en Alison Arnold (ed.), *The Garland Encyclopedia of World Music: South Asia: The Indian Subcontinent* (Nueva York: Garland Publishing, 2000), p. 956.

60. Lewis Rowell, *Music and Musical Thought in Early India* (Chicago: The University of Chicago Press, 1992), pp. 35-38.

61. Widdess, «North India», *op. cit.,* pp. 142-146.

62. David Clarke y Tara Kini, «North India Classical Music and Its Links with Consciousness: The Case of Dhrupad», en David Clarke y Eric Clarke (eds.), *Music and Consciousness: Philosophical, Psychological, and Cultural Perspectives* (Oxford: Oxford University Press, 2011), pp. 137-156.

63. Rowell, «North India», *op. cit.,* pp. 327-336.

64. Martin Rohrmeier y Richard Widdess, «Incidental Learning of Melodic Structure of North Indian Music», *Cognitive Science,* 5 (2017), pp. 1299-1317.

65. Bo Lawergren, «Buddha as a Musician: An Illustration of a Jataka Story», *Artibus Asiae,* 54/3-4 (1994), pp. 226-240 (p. 227).

66. *Ibid.,* p. 228.

67. Sachs, *Rise of Music in the Ancient World, op. cit.,* pp. 190-191.

68. Clayton, *Time in Indian Music, op. cit.,* p. 17.

69. Regular Qureshi, *Sufi Music of India and Pakistan: Sound, Context, and Meaning* (Nueva York: Oxford University Press, 2006).

70. Bonny Wade, *Imaging Sound: An Ethnomusicological Study of Music, Art, and Culture in Mughal India* (Chicago: The University of Chicago Press, 1998).

71. *Ibid.,* pp. 3-6.

72. Katherine Butler Schofield, «Learning to Taste the Emotions: The Mughal *Rasika*», en Katherine Butler Schofield y Francesca Ordini (eds.), *Tellings and Texts: Music, Literature, and Performance in North India* (Open Book Publishers, 2015), pp. 407-422 (p. 410).

73. Allison Busch, *Poetry of Kings: The Classical Hindi Literature of Mughal India* (Oxford: Oxford University Press, 2011), p. 151.

74. Siendo una magnífica iniciativa, *Science and Civilization in China* (1954-1986) fue concebido y editado por Joseph Needham, que asimismo escribió y colaboró en muchos de sus veintisiete volúmenes, todos ellos disponibles en Cambridge University Press.

75. Needham (ed.), *Science and Civilization in China*, vol. IV, parte 2, *Physics and Physical Technology: Mechanical Engineering* (Cambridge: Cambridge University Press, 1965), p. 582.

76. Robert Bagley, «The Prehistory of Chinese Music Theory», *Proceedings of the British Academy*, 131 (2004), pp. 41-90.

77. Chih-Wei Wu, «Sound Analysis and Synthesis of Marquis Yi of Zeng's Chime-Bell Set», *Journal of the Acoustical Society of America*, 19 (2013), pp. 1-7.

78. Needham, *Science and Civilization in China*, vol. IV, parte 1: *Physics, op. cit.*, pp. 142-144.

79. Colin Renfrew, *Prehistory: Making of the Human Mind* (Nueva York: Weidenfeld & Nicolson, 2012).

80. Erica Fox Brindley, *Music, Cosmology, and the Politics of Harmony in Early China* (Albany, Nueva York: State University of New York Press, 2012), p. 19.

81. *Ibid.*, p. 79.

82. *Ibid.*, p. 46.

83. Needham, *Science and Civilization in China*, vol. IV, parte 2, *op. cit.*, p. 156.

84. Wiebke Denecke Wai-yee y Xiaofei Tian (eds.), *The Oxford Handbook of Classical Chinese Literature (1000 BCE-900 CE)* (Oxford: Oxford University Press, 2017), p. 246.

85. Confucius, *Analects*, trad. Annping Chin (Nueva York: Penguin, 2014), 17.20.

86. *Ibid.*, libro II, capítulo 15.

87. Wang Wei, *Laughing Lost in the Mountains: Poems of Wang Wei*, trad. Tony Barnstone, Willis Barnstone y Xu Haixin (Hannover, New Hampshire: University Press of New England, 1991), p. 63.

88. Robert van Gulik, «The Lore of the Chinese Lute. An Essay in Ch'in Ideology», *Monumenta Nipponica*, 1/2 (1938), pp. 386-438.

89. Bell Yung, «Choreographic and Kinesthetic Elements in Performance on the Chinese Seven-String Zither», *Ethnomusicology*, 28/3 (1984), pp. 505-517 (p. 506)

90. Stephen Jay Gould, *Time's Arrow, Time's Cycle and Metaphor in the Discovery of Geological Time* (Cambridge, Mass.: Harvard University Press, 1987).

91. David Pankenier, «Temporality and the Fabric of Space-Time in Early Chinese Thought», en Ralph Rosen (ed.), *Time and Temporality in the Ancient World* (Filadelfia: University of Pennsylvania Museum of Archaeology and Anthropology, 2004), pp. 129-146.

92. Clifford Geertz, *The Interpretation of Cultures* (Nueva York: Basic Books, 1973), p. 393.

93. John Latartara, «Theoretical Approaches toward Qin Analysis: "Water and Clouds over Xiao Xiang"», *Ethnomusicology*, 49/2 (2005), pp. 232-265.

94. *Ibid.*, p. 234.

95. Peter Frankopan, *The Silk Roads: A New History of the World* (Londres: Bloomsbury, 2015), p. xix.

96. Peter Frankopan, *The New Silk Roads: The Present and Future of the World* (Londres: Bloomsbury, 2018).

97. James Milward, *The Silk Road: A Very Short Introduction* (Nueva York: Oxford University Press, 2013), pp. 91-98.

98. Matthew Spring, *The Lute in Britain: A History of the Instrument and Its Music* (Nueva York: Oxford University Press, 2001), p. 49.

99. George Buelow, *A History of Baroque Music* (Bloomington: Indiana University Press, 2004), p. 202.

100. Millward, *The Silk Road, op. cit.*, p. 92.

101. Keith Howard y Saparbek Kasmambetov, *Singing the Kyrgyz Manas: Saperbek Kasmambetov's Recitations of Epic Poetry* (Folkestone, UK: Global Oriental, 2010).

102. Forrest Gander, *Core Samples from the World* (Nueva York: New Directions, 2011), p. 17.

103. Peter Marsh, *The Horse-head Fiddle and the Cosmopolitan Reimagination of Tradition in Mongolia* (Nueva York: Routledge, 2009).

104. Henry Serruys, «Music and song for animals», *Études Mongoles et Sibériennes*, 16 (1986), pp. 61-68 (p. 65).

105. Marco Polo, *The Travels of Marco Polo*, trad. Ronald Latham (Londres: Penguin, 1958).

106. Kuo-Huang Han, «The Modern Chinese Orchestra», en Mavelene Moore y Philip Ewell, *Kaleidoscope of Cultures: A Celebration o Multicultural Research and Practice* (Lanham, Maryland: Rowman & Littlefield, 2010), pp. 63-68 (p. 65).

107. Zhixin Jason Sun, «Dadu: Great Capital of the Yuan Dynasty», en James Watt (ed.), *The World of Khubilai Khan: Chinese Art in the Yuan Dynasty* (New Haven: Yale University Press, 2010), pp. 41-64 (p. 55).

108. Millward, *The Silk Road, op. cit.*, p. 90.

109. Elizabeth Wichmann, *Listening to Theatre: The Aural Dimension of Beijing Opera* (Honolulu: University of Hawaii Press, 1991), p. 2.

110. *Ibid.*, pp. 4-5.

111. James Crump, «The Elements of Yuan Opera», *The Journal of Asian Studies*, 17/3 (1958), pp. 417-434 (p. 433).

112. Peter Golden, *Central Asia in World History* (Nueva York: Oxford University Press, 2011), p. 89.

8. Resultados finales

1. Walter Mignolo, *The Darker Side of Modernity* (Durham: Duke University Press, 2011), p. 79.

2. <http://www.mexicolore.co.uk/maya/teachers/ancient-maya-music>.

3. Emilio Ros-Fábregas, «"Imagine All the People...": Polyphonic Flowers in the Hands and Voices of Indians in 16-Century Mexico», *Early Music*, xl/2 (2012), pp. 177-189 (p. 180).

4. *Ibid.*, p. 179.

5. Robert Stevenson, *Music in Aztec and Inca Territory* (Berkeley, CA: University of California Press, 1968), p. 172.

6. David Irving, *Colonial Counterpoint: Music in Early Modern Manila* (Nueva York: Oxford University Press, 2010), p. 42.

7. *Ibid.*, p. 179.

8. Arjun Appadurai, *Modernity at Large: Cultural Dimensions of Globalization* (Mineápolis: University of Minneapolis Press, 1996). Véase especialmente el capítulo 5, «Playing with Modernity: The Decolonisation of Indian Cricket».

9. Edward Said, *Culture and Imperialism* (Londres: Vintage Books, 1994), p. 386.

10. Véase también Irving, *Colonial Counterpoint, op. cit.*

11. Michael Church (ed.), *The Other Classical Musics: Fifteen Great Traditions* (Woodbridge: The Boydell Press, 2015).

12. Keith Howard, «On *setar, dutar* and *pipa*», reseña de Church, *The Other Classical Musics, Times Literary Supplement* (15 de abril de 2016), pp. 9-10.

13. Paul Gilroy, *The Black Atlantic: Modernity and Double Consciousness* (Nueva York: Verso, 1993).

14. Simon Trezise, *Debussy: La mer* (Cambridge: Cambridge University Press, 1994), p. 37.

15. Frederick Sternfeld, *The Birth of Opera* (Oxford: Clarendon Press, 1995), pp. 1-30.

16. Daniel Chua, «Vincenzo Galilei, Modernity and the Division of Nature», en Suzannah Clark y Alexander Rehding (eds.), *Music Theory and Natural Order from the Renaissance to the Early Twentieth Century* (Cambridge: Cambridge University Press, 2001), pp. 17-29.

17. Stillman Drake, «Vincenzo Galilei and Galileo», en *Galileo Studies: Personality, Tradition and Revolution* (Ann Arbor, 1970), pp. 43-62; Claude Palisca, «Was Galileo's Father an Experimental Scientist?», en Victor Coelho (ed.), *Music and Science in the Age of Galileo* (Dordrecht: Springer, 1992), pp. 143-151.

18. Vincenzo Galilei, *Dialogue on Ancient and Modern Music*, traducción con introducción y notas, Claude Palisca (New Haven: Yale University Press, 2003), pp. lx-lxi, 240.

19. Kenneth Clark, *Civilisation*, episodio 4, «Man: The Measure of All Things», <https://www.youtube.com/watch?v=jvrAdDfmgKY>.

20. Knud Jeppesen, *The Style of Palestrina and the Dissonance* (Minela, Nueva York: Dover Publications, 1946).

21. Thomas Tuohy, *Herculean Ferrara: Ercole d'Este (1471-1505) and the Invention of a Ducal Capital* (Cambridge: Cambridge University Press, 2002).

22. Craig Wright, *The Maze ad the Warrior: Symbols in Architecture, Theology, and Music* (Cambridge, Mass.: Harvard University Press, 2001), p. 192.

23. Cristle Collins Judd, *Reading Renaissance Music Theory: Hearing with the Eyes* (Cambridge: Cambridge University Press, 2000), pp. 188-200.

24. Simon Winchester, *Bomb, Book & Compass: Joseph Needham and the Great Secrets of China* (Nueva York: Viking, 2008).

25. Arun Kunar Biswas, «Why Did Scientific Renaissance Take Place in Europe and Not in India?», *Indian Journal of History of Science*, 45/2 (2010), pp. 241-285.

26. Alan Palmer, *The Decline and Fall of the Ottoman Empire* (Fall River Press, 2011).

27. Donald Jay Grout, *A History of Western Music* (Nueva York: W. W. Norton and Company, 2014).

28. Regula Qureshi, *Sufi Music of India and Pakistan: Sound, Context and Meaning in Qawaali* (Cambridge: Cambridge University Press, 1986), p. 58.

29. Lydia Goehr, *The Imaginary Museum of Musical Works: An Essay in the Philosophy of Music* (Oxford: Clarendon Press, 1992).

30. Ian Woodfield, *English Musicians in the Age of Exploration* (Stuyvesant, Nueva York: Pendragon Press, 1995), p. 90.

31. Citado en Suzel Ana Reily y Jonathan Dueck (eds.), *The Oxford Handbook of Music and World Christianities* (Nueva York: Oxford University Press, 2016), p. 13.

32. *Ibid.*, p. 9.

33. Citado en Benedict Anderson, *Imagined Communities: Reflections on the Origin and Spread of Nationalism* (Nueva York: Verso, 2016), p. 13.

34. Citado en Stevenson, *Music in Aztec and Inca Territory, op. cit.*, p. 104.

35. Brad Prager, *The Cinema of Werner Herzog: Aesthetic Ecstasy and Truth* (Londres: Wallflower Press, 2007), p. 43.

36. John Cohen, «Q'ero», en Dale Olsen y Daniel Sheehy (eds.), *The Garland Encyclopedia of World Music*, vol. VIII: *South America, Mexico, Central America and the Caribbean* (Nueva York: Garland, 1998), pp. 225-231 (p. 228).

37. Ros-Fábregas, «"Imagine All the People..."», *op. cit.*, pp. 183-185.

38. Olivia Bloechl, *Native American Song at the Frontiers of Early Modern Music* (Cambridge: Cambridge University Press, 2008), pp. 35-57.

39. Kofi Agawu, *Representing African Music: Postcolonial Notes, Queries, Positions* (Nueva York: Routledge, 2003), p. 9.

40. Julie Taylor, «Coexistence of Casual and Cultura Expressions of Musical Values among the Sabaot of Kenya», en Reily y Dueck, *Oxford Handbook of Music and World Christianities*, pp. 78-95 (p. 84).

41. Julia Byl, «Music, Convert, and Subject in the North Sumatran Mission Field», en Reily y Dueck, *Oxford Handbook of Music and World Christianities, op. cit.*, pp. 33-54 (p. 42).

42. <https://earlymusicmuse.com/l-homme-arme/>.

43. Iain Fenlon, «Orality and Print: Singing in the Street in Early Modern Venice», en Luca Degl'Innocenti, Brian Richardson y Chiara Sbordoni (eds.), *Interactions between Orality and Writing in Early Modern Italian Culture* (Londres: Routledge, 2016), pp. 81-98 (p. 90).

44. Ralph Locke, *Music and the Exotic from the Renaissance to Mozart* (Cambridge: Cambridge University Press, 2015), p. 96.

45. Harrison Powley, «Janissary Music», en John Beck (ed.), *Encyclopedia of Percussion* (Nueva York: Garland, 1995), pp. 195-201 (p. 196).

46. Catherine Mayes, «Turkish and Hungarian-Gypsy Styles», en Danuta Mirka (ed.), *The Oxford Handbook of Topic Theory* (Nueva York: Oxford University Press, 2014), pp. 214-237 (p. 223).

47. Nicholas Cook, «Western Music as World Music», en Philip

Bohlman (ed.), *The Cambridge History of World Music* (Cambridge: Cambridge University Press, 2013), pp. 75-100 (p. 80).

48. David Clarke, «Beyond the Global Imaginary: Decoding BBC Radio 3's *Late Junction*», *Radical Musicology*, 2 (2007), <www.radical-musicology.org.uk/>.

49. Steven Feld, «Pygmy Pop: A Genealogy of Schizophonic Mimesis», *Yearbook of Traditional Music*, 28 (1997), pp. 1-35.

50. Keith Howard, «On *setar, dutar* and *pipa*», reseña de Church, *The Other Classical Musics, Times Literary Supplement* (15 de abril de 2016), pp. 9-10.

51. Jaime Jones, «Music, History, and the Sacred in South Asia», en Bohlman (ed.), *Cambridge History of World Music, op. cit.*, pp. 202-222.

52. Gerhard Kubik, «Analogies and Differences in African-American Musical Cultures across the Hemisphere: Interpretive Models and Research Strategies», *Black Music Research Journal*, 18/2 (1998), pp. 203-227; Peter Wade, *Race and Ethnicity in Latin America* (Londres: Pluto Press, 2010).

53. Citado en Jason Stoessel, «Voice and Song in Early Encounters between Latins, Mongols, and Persians, ca. 1250 - ca. 1350», en Reinhard Strohm (ed.), *Studies on a Global History of Music: A Balzan Musicology Project* (Nueva York: Routledge, 2018), pp. 83-113 (p. 88).

54. Citado en Keith Howard y Saparbek Kasmambetov, *Singing the Kyrgyz* Manas: *Saparbek Kasmambetov's Recitations of Epic Poetry* (Folkestone, UK: Global Oriental, 2019), p. 96.

55. Christina Lubinski y Andreas Steen, «Traveling Entrepreneurs, Traveling Sounds: The Early Gramophone Business in India and China», *Itinerario*, 41/2 (2017), pp. 275-303 (p. 294).

56. El documental de Jeff Levy-Hinte *Soul Power* (2008) puede verse en <https://www.youtube.com/watch?v=iHMgTKLMAgI>. La conversación tiene lugar en el minuto 20'29".

57. James Brown, *James Brown: Godfather of Soul* (Londres: Head of Zeus 2014). Brown en realidad ya había visitado Zaire en 1972.

58. Ron Levi, «Zaire' 74: Politicising the Sound Event», *Social Dynamics: A Journal of African Studies*, 43/2 (2017), pp. 184-198 (p. 195).

59. Lucy Duran, «"Soliy" (Calling the Horses): Song and Memory in Mande Music», en Rachel Harris y Rowan Pease (eds.), *Pieces of the Musical World: Sounds and Cultures* (Londres: Routledge, 2015), pp. 27-44.

60. John Chernoff, «Music and Historical Consciousness among the Dagbamba of Ghana», en Lawrence Sullivan (ed.), *Enchanting Powers:*

*Music in the World's Religions* (Cambridge, Mass.: Harvard University Press, 1997), pp. 91-120.

61. Citado en Agawu, *Representing African Music, op. cit.*, p. 55.

62. Michael Quintero, *Rites, Rights & Rhythms: A Genealogy of Musical Meaning in Colombia's Black Pacific* (Oxford: Oxford University Press, 2019).

63. Kubik, «Analogies and Differences», *op. cit.*, p. 223.

64. *Ibid.*

65. Peter van der Merwe, *Origins of the Popular Style: Antecedents of Twentieth-Century Popular Music* (Oxford: Oxford University Press, 1989).

66. Quintero, *Rites, Rights & Rhythms, op. cit.*

67. Kubik, «Analogies and Differences», *op. cit.*, p. 209.

68. Drew Beisswenger, *North American Fiddle Music: A Research and Information Guide* (Nueva York: Routledge, 2011).

69. Charles Hersch, *Subversive Sounds: Race and the Birth of Jazz in New Orleans* (Chicago: The University of Chicago Press, 2007).

70. Alexander Stewart, «Second Line», en John Sepherd (ed.), *Continuum Encyclopedia of Popular Music of the World*, vol. II (Nueva York: Continuum, 2003), pp. 620-623 (p. 622).

71. Gilroy, *Black Atlantic, op. cit.*

72. Según el análisis del mercado de ResearchMoz en 2012. Véase <http://www.bbc.com/culture/story/20131022-piano-mania-grips-china>.

73. Dani Cavallaro, *The Animé Art of Hayao Miyazaki* (Londres: McFarland & Company, 2006), p. 45.

74. Citado en Peter Burt, *The Music of Toru Takemitsu* (Cambridge: Cambridge University Press, 2006), pp. 6-7.

75. Bonnie Wade, *Music in Japan: Experiencing Music, Expressing Culture* (Oxford: Oxford University Press, 2005), pp. 21-24.

76. Eta Harich-Schneider, *A History of Japanese Music* (Oxford: Oxford University Press, 1973), p. 457.

77. Burt, *Toru Takemitsu, op. cit.*, pp. 4-20.

78. Toru Takemitsu, «Toru Takemitsu on Sawari», trad. Hugh de Ferranti y Yayoi Uo Everett, en Yayoi Uno Everett y Frederick Lau (eds.), *Locating East Asia in Western Art Music* (Middletown, Connecticut: Wesleyan University Press, 2004), pp. 199-207 (p. 205).

79. Nicholas Cook, *Beethoven; Symphony No. 9* (Cambridge: Cambridge University Press, 1993), p. 98.

80. Kurisaka Yoshiro, "A Song of Sympathy ad Gladness", *Japan Quarterly* 12 (1982), pp. 479-483 (p. 477).

81. Yano Jun'ichi, «Why is Beethoven's Ninth so Well Lowed in Japan?», *Japan Quarterly*, 12 (1982), pp. 475-478 (p. 477).

82. Cook, *Beethoven: Symphony No. 9, op. cit.*, pp. 95-97.

83. Suk-Young Kim, *K-pop Live: Fans, Idols, and Multimedia Performance* (Stanford, Stanford University Press, 2018), p. 32.

84. Cavallaro, *Animé Art of Hayao Miyazaki, op. cit.*, p. 45.

85. Takemitsu, «Toru Takemitsu on Sawari», *op. cit.*, p. 201.

86. Probablemente, la película de guerra más angustiosa que se haya hecho jamás sea *La tumba de las luciérnagas*, de 1988, del Studio Ghibli, con el trasfondo del bombardeo de Kobe.

9. EL ANIMAL

1. W. Tecumseh Fitch, «Four Principles of Biomusicology», en Henkjan Honing (ed.), *The Origins of Musicality* (Cambridge, Mass.: MIT Press, 2018), pp. 20-47 (p. 37).

2. Peggy Hill, *Vibrational Communication in Animals* (Cambridge, Mass.: 2008).

3. Jun-Jie Gu *et al.*, «Wing stridulation i na Jurassic katydid (*Insecta, Orthoptera*) produced low-pitched musical calls to attract females», *Proceedings of the National Academy of Sciences of the United States of America*, 109/10 (2012), pp. 3868-3873.

4. Julia Clarke *et al.*, «Fossil Evidence of the Avian Vocal Organ from the Mesozoic», *Nature*, 538 (2016), pp. 502-505.

5. David Rothenberg, *Thousand-Mile Song: Whale Music in a Sea of Sound* (Nueva York: Basic Books, 2008).

6. Jun-Jie Gu *et al.*, «Wing stridulation», *op. cit.*

7. Björn Merker, «Synchronous Chorusing and the Origins of Music», *Musicae Scientiae*, Special Issue (1999-2000), pp. 59-73 (p. 61).

8. Martin Clayton, Rebecca Sager y Udo Will, «In Time with the Music: The concept of Entrainment and Its Significance for Ethnomusicology», *European Meetings in Ethnomusicology Special Esem-CounterPoint Volume* (2005), pp. 3-75 (p. 7).

9. Steven Strogatz, *Sync: How Order Emerges from Chaos in the Universe, Nature, and Daily Life* (Nueva York: Penguin, 2004), p. 13.

10. David Rothenberg, *Bug Music: How Insects Gave us Rhythm and Noise* (Nueva York: St. Martin's Press), p. 74.

11. Michael Menaker, «Biological Clocks at the End of the 20th Century», en Vinod Kumar (ed.), *Biological Rhythms* (Berlín: Springer Verlag, 2002), pp. 1-4 (p. 2).

12. Rebecca Warner, «Rhythm in Social Interaction», en Joseph

McGrath (ed.), *The Social Psychology of Time: New Perspectives* (Londres: Sage, 1988), pp. 63-88 (pp. 68-69).

13. Citado en Clayton *et al.*, «In Time with Music», *op. cit.*, p. 53.

14. Lauren Cator, Ben Arthur, Laura Harrington y Ronald Hoy, «Harmonic Convergence in the Love Songs of the Dengue Vector Mosquito», *Science*, 323 (2009), pp. 1077-1079.

15. Clive Catchpole y Peter Slater, *Bird Song. Biological Themes and Variations* (Cambridge: Cambridge University Press, 1995), p. 220.

16. Clive Catchpole, «Sexual Selection and Complex Song: The Sedge Warbler», en Peter Marler y Hans Slabberkoorn (eds.), *Nature's Music: The Science of Birdsong* (Ámsterdam: Elsevier Academic Press, 2004), p. 126.

17. Peter Marler, «The Voice of the Chaffinch and Its Function as a Language», *IBIS International Journal of Avian Science*, 98/2 (1956), pp. 231-261.

18. Stephen Nowicki y William Searcy, «The Evolution of Vocal Learning», *Current Opinion in Neurobiology*, 28 (2014), pp. 48-53.

19. David Rothenberg, *Why Birds Sing: One Man's Quest to Solve an Everyday Mystery* (Nueva York: Penguin, 2006), p. 68.

20. Sanne Moorman y Johan Bolhuis, «Behavioral Similarities between Birdsong and Spoken Language», en Johan Bolhuis y Martin Everaert (eds.), *Birdsong, Speech and Language: Exploring the Evolution of Mind and Brain* (Cambridge, Mass.: MIT Press, 2013), pp. 111-124.

21. Ron Weisman, Laurene Ratcliffe, Ingrid Johnrude y Andrew Hurly, «Absolute and Relative Pitch Production in the Song of the Black-Capped Chickadee», *The Condor*, 92 (1990), pp. 118-124.

22. Don Kroodsma, «The Diversity and Plasticity of Birdsong», en Marler y Slabberkoorn (eds.), *Nature's Music, op. cit.*, pp. 108-131 (p. 122).

23. Hans Slabberkoorn, «Singing in the Wild: The Ecology of Birdsong», en Marler y Slabberkoorn (eds.), *Nature's Music, op. cit.*, pp. 178-205 (pp. 198-199).

24. *Ibid.*, p. 201.

25. Darren Irwin y Jessica Irwin, «Speciation in a Ring: The Role of Song», en Marler y Slabberkoorn (eds.), *Nature's Music, op. cit.*, p. 204.

26. Henkhan Honing, «Musicality as an Upbeat to Music», en Honing (ed.), *Origins of Musicality, op. cit.*, pp. 3-19 (p. 12).

27. Marisa Hoeschele, Hugo Merchant, Yukiko Kikuchi, Yuko Hattori y Carel ten Cate, «Searching for the Origins of Musicality across Species», en Honing (ed.), *Origins of Musicality, op. cit.*, pp. 148-170 (p. 153).

28. Slabberkoorn, «Singing in the Wild», *op. cit.*, p. 196.

29. Se puede ver el video en <https://www.youtube.com/watch?v=-N7IZmRnAo6s>.

30. Stefan Koelsch, *Good Vibrations: Die heilende Kraft der Musik* (Berlín: Ullstein, 2019).

31. Rothenberg, *Why Birds Sing, op. cit.*, p. 55.

32. Willem Zuidema, Dieuwke Hupkes, Geraint Wiggins, Constance Scharff y Martin Rohrmeirer, «Formal Models of Structure Building in Music, Language, and Animal Song», en Honing (ed.), *Origins of Musicality, op. cit.*, pp. 250-286 (p. 255).

33. Moorman y Bolhuis, «Behavioral Similarities», *op. cit.*

34. Clarke *et al.*, «Fossil Evidence», *op. cit.*

35. Geoffrey Manley y Otto Gleich, «Evolution and Specialization of Function in the Avian Auditory Periphery», en Douglas Webster, Richard Fay y Arthur Popper (eds.), *The Evolutionary Biology of Hearing* (Berlín: Springer Verlag, 1992), pp. 561-580 (p. 561).

36. Gabriela Sobral y Johannes Müller, «Archosaurs and their Kin: The Ruling Reptiles», en Jennifer Clack, Richard Fay y Arthur Popper (eds.), *Evolution of the Vertebrate Ear: Evidence from the Fossil Record* (Berlín: Springer Verlag, 2016), pp. 285-326 (p. 318).

37. Catchpole y Slater, *Bird Song, op. cit.*, p. 30.

38. Gisela Kaplan y Lesley Rogers, *Birds: Their Habits and Skills* (Crows Nest: Allen & Unwin, 2001), p. 28.

39. <https://www.youtube.com/watch?v=VjEoKdfos4Y&t=6s>

40. Weisman *et al.*, «Absolute and Relative Pitch Production», *op. cit.*

41. Richard Prum, *The Evolution of Beauty: How Darwin's Forgotten Theory of Mate Choice Shapes the Animal World* (Nueva York: Doubleday, 2017).

42. Anne Butler y William Hodos, *Comparative Vertebrate Neuroanatomy: Evolution and Adaptation* (Hoboken, New Jersey: John Wiley & Sons, 2005). Los autores observan lo siguiente: «El área X demuestra un dimorfismo sexual porque está muy desarrollada en las aves canoras macho, pero no aparece como una entidad morfológica distinta en las hembras [...] Este dimorfismo sexual es coherente con la observación de que los pájaros cantores macho tienen un mayor número y una variedad más rica de canciones en sus repertorios que las aves canoras hembra» (p. 585).

43. Katharina Riebel, Karan Odom, Naomi Langmore y Michelle Hall, «New Insights from Female Bird Song: Towards an Integrated Approach to Studying Male and Female Communication Roles», *Biology Letters*, 15/4 (2019), pp. 1-7.

44. Rothenberg, *Thousand-Mile Song, op. cit.*, pp. 14-15.

45. *Ibid.*, p. 6.

46. Roger Payne y Scott McVay, «Songs of Humpback Whales: Humpbacks emit sounds in long, predictable patterns ranging over frequencies audible to humans», *Science*, 173/3997 (1971), pp. 585-597.

47. Katharine Payne y Roger Payne, «Large Scale Changes over 19 Years in Songs of Humpback Whales in Bermuda», *Zeitschrift für Tierpsychologie*, 68 (1985), pp. 89-114.

48. Salvatore Cerchio, Jeff Jacobsen y Thomas Norris, «Temporal and Geographical Variation in Songs of Humpback Whales, *Megaptera novaeangliae*: Synchronous Change in Hawaiian and Mexican Breeding Assemblages», *Animal Behaviour*, 62 (2001), pp. 313-329.

49. Eduardo Mercado, «The Sonar Model for Humpback Whale Song Revised», *Frontiers in Psychology*, 9/1156 (2018), pp. 1-20.

50. Payne y Payne, «Large Scale Changes», *op. cit.*, p. 110.

51. <https://www.youtube.com/watch?v=p-7ocbpg&=6>.

52. Cerchio *et al.*, «Temporal and Geographical Variation», *op. cit.*, p. 318.

53. Katherine Payne, Peter Tyack y Roger Payne, «Progressive Changes in the Songs of Humpback Whales (*Megaptera novaeangliae*): A Detailed Analysis of Two Seasons in Hawaii», en Roger Payne (ed.), *Communication and Behavior of Whales* (Boulder: Westview Press, 1983), pp. 9-57.

54. Mark Evan Bonds, *A History of Music in Western Culture* (Upper Saddle River NJ: Prentice Hall, 2009), p. 43.

55. Charles Darwin, *The Descent of Man: And Selection in Relation to Sex* (Londres: John Murray, 1871), p. 332.

56. Dietmar Todt, Philipp Goedeking y David Symmes (eds.), *Primate Vocal Communication* (Berlín: Springer Verlag, 1988).

57. Björn Merker, Iain Morley y Willem Zuidema, «Five Fundamental Constraints on Theories of the Origins of Music», en Honing (ed.), *Origins of Musicality, op. cit.*, pp. 49-80 (p. 66).

58. Thomas Geissmann, «Inheritance of Song Parameters in the Gibbon Song, Analysed in Two Hybrid Gibbons (*Hylobates pileatus x Hylobates lar*)», *Folia Primatologica*, 42 (1984), pp. 216-235.

59. Bruce Richman, «Rhythm and Melody in Gelada Vocal Exchanges», *Primates*, 28/2 (1987), pp. 199-223.

60. Robert Seyfarth, Dorothy Cheney y Peter Marler, «Monkey Responses to Three Different Alarm Calls: Evidence of Predator Classification and Semantic Communication», *Science*, 210 (1980), pp. 801-803.

61. Ray Jackendoff, *Foundations of Language: Brain, Meaning, Grammar, Evolution* (Nueva York: Oxford University Press, 2002).

62. Frans de Waal, *Are We Smart Enough to Know How Smart Animals Are?* (Londres: Granta, 2017), p. 119.

63. Yuko Hattori, Masaki Tomonaga y Tetsuro Matsuzawa, «Spontaneous Synchronized Tapping to an Auditory Rhythm in a Chimpanzee», *Scientific Reports*, 3/1566 (2013), pp. 1-6.

64. Josep Call y Michael Tomasello (eds.), *The Gestural Communication of Apes and Monkeys* (Nueva York: Lawrence Erlbaum Associates, 2007), p. 208.

65. De Waal, *Are We Smart Enough, op. cit.*, p. 112.

66. Call y Tomasello, *Gestural Communication, op. cit.*, p. 22.

67. *Ibid.*, p. 36.

68. *Ibid.*, pp. 221-230; Michael Tomasello, *Origins of Human Communication* (Cambridge, Mass.: MIT Press, 2008).

69. Clive Catchpole y Peter Slater, *Bird Song: Biological Themes and Variations* (Cambridge: Cambridge University Press, 1995), p. 220.

70. Nigel Mann, Kimberley Dingess y P. J. B Slater, «Antiphonal Four-Part Synchronized Chorusing in a Neotropical Wren», *Biology Letters*, 2 (2006), pp. 1-4.

71. Koelsch, *Good Vibrations, op. cit.*

72. Payne *et al.*, «Progressive changes», p. 52.

73. *Ibid.*, p. 54.

## 10. El ser humano

1. Steven Pinker, *How the Mind Works* (Nueva York: Norton & Norton, 2009), p. 534.

2. Hajime Yamauchi, Terrence Deacon y Kazuo Okanoya, «The Myth Surrounding the Ban by *Société de Linguistique de Paris*», en Thomas Scott-Phillips *et al.* (eds.), *The Evolution of Language* (Singapore: World Scientific Publishing, 2012), pp. 569-570.

3. W. Tecumseh Fitch, «The Biology and Evolution of Speech: A Comparative Analysis», *Annual Review of Linguistics*, 4 (2018), pp. 255-279.

4. Burkhard Maess, Stefan Koelsch, Thomas Gunter y Angela Friederici, «Musical Syntax is Processed in Broca's Area: An MEG study», *Nature Neuroscience*, 4/5 (2001), pp. 540-545.

5. Dean Falk, «Cerebral Cortices of East African Early Hominids», *Science*, 221 (1983), pp. 1072-1074.

6. Alison Wray, «Protolanguage as a Holistic System for Social Interaction», *Language and Communication*, 18 (1998), pp. 47-67; Ray Jackendoff, *Foundations of Language: Brain, Meaning, Grammar, Evolution* (Nueva York: Oxford University Press, 2002).

7. Jean-Jacques Rousseau, *Essay on the Origin of Languages and Writings Related to Music*, trad. y ed. John Scott (Hannover: The University Press of New England, 1998).

8. Para acceder a un excelente resumen, véase Iain Morley, «A Multi-Disciplinary Approach to the Origins of Music: Perspectives from Anthropology, Archaeology, Cognition and Behavior», *Journal of Anthropological Sciences*, 92 (2014), pp. 147-177.

9. Robin Dunbar, Clive Gamble y John Gowlett (eds.), *Lucy to Language: The Benchmark Papers* (Oxford: Oxford University Press, 2014).

10. Matz Larsson, «Self-Generated Sounds of Locomotion and Ventilation and the Evolution of Human Rhythmic Abilities», *Animal cognition*, 17 (2014), pp. 1-14.

11. Aniruddh Patel y John Iversen, «The Evolutionary Neuroscience of Musical Beat Perception: The Action Simulation for Auditory Prediction (ASAP) Hypothesis», *Frontiers in Systems Neuroscience*, 8/57 (2014), pp. 1-14 (p. 4).

12. Terrence Deacon, *The Symbolic Species: The Co-evolution of Language and the Brain* (Nueva York: W. W. Norton & Co., 1998), pp. 247-253.

13. Fitch, «Biology and Evolution of Speech», *op. cit.*, p. 268.

14. Michael Tomasello, *Origins of Human Communication* (Cambridge, Mass.: MIT Press, 2008), pp. 227-228.

15. Robin Dunbar, *Grooming, Gossip, and the Evolution of Language* (Cambridge, Mass.: Harvard University Press, 1998).

16. Bryan Mark, «Quaternary Glaciations in Africa: Key Chronological and Climatic Implications», *Journal of Quaternary Science*, 23/6-7 (2008), pp. 589-608; Lisa Cashmore, «Human Evolution in the Quaternary», en Scott Elias y Cary Mock (eds.), *Encyclopedia of Quaternary Science* (Nueva York: Elsevier, 2013), pp. 135-145.

17. Rosalia Gallotti y Margherita Mussi (eds.), *The Emergence of the Acheulean in East Africa and Beyond* (Nueva York: Springer, 2018).

18. Gregory Currie, «The Master of the Masek Beds: Handaxes, Art, and the Minds of Early Humans», en Elisabeth Schellekens y Peter Goldie (eds.), *The Aesthetic Mind: Philosophy and Psychology* (Nueva York: Oxford University Press, 2011).

19. Tomasello, *Origins of Human Communication, op. cit.*

20. Tim Ingold, «The temporality of the landscape», *World Archaeology*, 25 (1993), pp. 152-173.

21. André Leroi-Gourhan, *Gesture and Speech* (Cambridge, Mass.: MIT Press, 1993).

22. Véase por ejemplo <https://www.youtube.com/watch?v=LnmUY IOzRFw>.

23. Clive Gamble, *The Paleolithic Societies of Europe* (Cambridge: Cambridge University Press, 1999), pp. 80-84.

24. Merlin Donald, *Origins of the Modern Mind: Three Stages in the Evolution of Culture and Cognition* (Cambridge, Mass.: Harvard University Press, 1991), pp. 182-186.

25. Thomas Suddendorf y Michael Whiten, «The evolution of foresight: What is mental time travel and is it unique to humans?», *Behavioral and Brain Sciences*, 30 (2007), pp. 299-351.

26. Gary Tomlinson, *A Million Years of Music: The Emergence of Human Modernity* (Nueva York: Zone Books, 2015), p. 82.

27. Gamble, *Paleolithic Societies of Europe, op. cit.*, p. 41; Tomlinson, *A Million Years of Music, op. cit.*, pp. 60-61.

28. Gamble, *Paleolithic Societies of Europe, op. cit.*, p. 97.

29. W. Tecumseh Fitch, «Fossil Cues to the Evolution of Speech», en Rudolf Botha y Chris Knight (eds.), *The Cradle of Language* (Nueva York: Oxford University Press, 2009), pp. 112-134.

30. Roland Frey y Tobias Riede, «Sexual Dimorphism of the Larynx of the Mongolian Gazelle (*Procapra gutturosa* Pallas, 1777) (Mammalia, Artiodactyla, Bovidae)», *Zoologischer Anzeiger – A Journal of Comparative Zoology*, 242 (2003), pp. 33-62.

31. Ignacio Martínez *et al.*, «Human Hyoid Bones from the Middle Pleistocene Site of the Sima de los Huesos (Sierra de Atapuerca, Spain)», *Journal of Human Evolution*, 54 (2008), pp. 118-124 (p. 124).

32. Zeresenay Alemeseged *et al.*, «A Juvenile Early Hominin Skeleton from Dikikak, Ethiopia», *Nature*, 443 (2006), pp. 296-301.

33. Fitch, «Fossil Cues to the Evolution of Speech», *op. cit.*, p. 127.

34. Gamble, *Paleolithic Societies of Europe, op. cit.*, pp. 94-97.

35. Clive Gamble, «When the Words Dry Up: Music and Material Metaphors Half a Million Years ago», en Nicholas Bannan (ed.), *Music, Language, and Human Evolution* (Nueva York: Oxford University Press, 2012), pp. 81-108.

36. Tomlinson, *A Million Years of Music, op. cit.*, pp. 106-112.

37. Robbins Burling, *The Talking Ape: How Language Evolved* (Nueva York: Oxford University Press, 2005).

38. Kazuo Okanoya, «The Bengalese Finch: A window on the behavioral neurobiology of birdsong syntax», *Annals of the New York Academy of Sciences*, 1016 (2004), pp. 724-735.

39. Tomasello, *Origins of Human Communication, op. cit.*, p. 219.

40. Daniel Goldmark, *Tunes for «Toons»: Music and the Hollywood Cartoon* (Berkeley: University of California Press, 2005), pp. 44-76.

41. Todo esto pasa en *Dog Trouble*, un corto de un solo carrete de 1942.

42. Gamble, *Paleolithic Societies of Europe, op. cit.*, p. 236.

43. Steven Mithen, *The Singing Neanderthals: The Origins of Music, Language, Mind and Body* (Cambridge, Mass.: Harvard University Press, 2005).

44. *Ibid.*, p. 171.

45. Johannes Krause *et al.*, «The Derived FOXP2 Variant of Modern Humans Was Shared with Neandertals», *Current Biology*, 17 (2007), pp. 1908-1912.

46. Tomislav Maricic *et al.*, «A Recent Evolutionary Change Affects a Regulatory Element in the FOXP2 Gene», *Molecular Biology and Evolution*, 4 (2012), pp. 844-852.

47. Jackendoff, *Foundations of Language, op. cit.*

48. Tomlinson, *A Million Years of Music, op. cit.*, p. 155.

49. Jackendoff, *Foundations of Language, op. cit.*, p. 243.

50. Thomas Wynn y Frederick Coolidge, *How To Think Like a Neandertal* (Nueva York: Oxford University Press, 2012), p. 54.

51. Tomlinson, *A Million Years of Music, op. cit.*, p. 160.

52. Francesco d'Errico *et al.*, «Archaeological Evidence for the Emergence of Language, Symbolism, and Music – An Alternative Multidisciplinary Perspective», *Journal of World Prehistory*, 17 (2003), pp. 1-70.

53. John Shea, «*Homo sapiens* Is as *Homo sapiens* Was: Behavioral Variability versus "Behavioral Modernity" in Paleolithic Archaeology», *Current Anthropology*, 51/2 (2011), pp. 1-35.

54. Mithen, *Singing Neanderthals, op. cit.*, pp. 250-252.

55. Steven Mithen, «The Cathedral Model for the Evolution of Human Cognition», en Gary Hatfield y Holly Pittman (eds.), *Evolution of Mind, Brain, and Culture* (Filadelfia: University of Pennsylvania Press, 2013), pp. 217-233.

56. Gamble, *Paleolithic Societies of Europe, op. cit.*, p. 356.

57. *Ibid.*, p. 54.

58. d'Errico *et al.*, «Emergence of Language, Symbolism, and Music», *op. cit.*, p. 45.

59. Gary Tomlinson, *Culture and the Course of Human Evolution* (Chicago: The University of Chicago Press, 2018), p. 43. Jean-Baptiste Lamarck (1744-1829) fue un naturalista francés. Su idea de que los organismos transmiten sus rasgos a sus descendientes fue suplantada por el darwinismo.

60. Mithen, «Cathedral Model», *op. cit.*, p. 231.

61. Gamble, *Paleolithic Societies of Europe, op. cit.*, p. 356.

62. *Ibid.*, pp. 393-398.

63. Donald, *Origins of the Modern Mind, op. cit.*, p. 281.

64. Tomlinson, *A Million Years of Music, op. cit.*, p. 257.

65. Clive Gamble, *Origins and Revolutions: Human Identity in Earliest Prehistory* (Cambridge: Cambridge University Press, 2007).

66. Véase <https://www.youtube.com/watch?v=KliLsBSo-J4>.

67. Leroi-Gourhan, *Gesture and Speech, op. cit.*, p. 313.

68. Mithen, *Singing Neanderthals, op. cit.*, pp. 265-266.

69. Cynthia Moss, *Elephant Memories* (Chicago: The University of Chicago Press, 2000), p. 23.

70. C. O'Connell-Rodwell, B. Arnason y L. Hart, «Seismic Properties of Asian Elephant (*Elephas maximus*) Vocalizations and Locomotion», *Journal of the Acoustic Society of America*, 108 (2000), pp. 3066-3072.

71. Ian Cross, «Music as a Emergent Exaptation», en Bannan (ed.), *Music, Language, ad Human Evolution, op. cit.*, pp. 263-276.

72. Mithen, *Singing Neanderthals, op. cit.*, p. 4.

73. <https://www.ft.com/content/c691c3f4-e37f-11e9-b8eo-o26eo7 cbe5b4>.

11. LA MÁQUINA

1. Nick Bostrom, *Superintelligence: Paths, Dangers, Strategies* (Nueva York: Oxford University Press, 2014); Max Tegmark, *Life 3.0: Being Human in the Age of Artificial Intelligence* (Nueva York: Vintage, 2017).

2. Christine Lee Gengaro, *Listening to Stanley Kubrick: The Music in His Films* (Plymouth: The Scarecrow Press, 2013), p. 98.

3. HAL to Homer: «Don't Take Out My British Charm Unit! Without that I'm a Boorish American Clod», <https://www.youtube.com/watch?v=KliLsBSo-J4>.

4. Georgina Born y Christopher Haworth, «From Microsound to Vaporwave: Internet-Mediated Musics, Online Methods, and Genre», *Music and Letters*, 98/4 (2017), pp. 601-647.

5. Dennis Des Chene, *Spirits and Clocks: Machine and Organism in Descartes* (Ithaca: Cornell University Press, 2001).

6. <https://www.youtube.com/watch?v=Ao-AD3bFjF8>.

7. Robert Ranisch y Stefan Sorgner, *Post- and Transhumanism: An Introduction* (Berna: Peter Lang, 2014).

8. Edward O. Wilson, *The Origins of Creativity* (Londres: Penguin, 2017), p. 62.

9. Michael Smotherman, Mirjam Knörnschild, Grace Smarsh y Kirsten Bohn, «The Origins and Diversity of Bat Songs», *Journal of Comparative Physiology*, 202/8 (2016), pp. 535-554 (p. 543).

10. Peter Godfrey-Smith, *Other Minds: The Octopus and the Evolution of Intelligent Life* (Londres: William Collins, 2016).

11. <https://www.digitaltrends.com/cool-tech/auxuman-ai-album/>.

12. «Music's Smart Future: How Will AI Impact The Music Industry?», <https://www.musictank.co.uk/wp-content/uploads/2018/03/bpi-ai-report.pdf>.

13. <https://www.theguardian.com/artanddesign/2014/may/06/neil-harbisson-worlds-first-cyborg-artist>.

14. <https://www.abeautiful.world/stories/james-wannerton-synesthesia/>.

15. Nicole Santos y Maria Pulido, «Investigation of Sound-Gustatory Synesthesia in a Coffeehouse Setting», en Muthu Ramachandran *et al.* (eds.), 4th International Conference on Internet of Things, Big Data and Security (Scitepress Digital Library, 2019), <https://www.academia.edu/39705707/Investigacion_of_Sound-Gustatory_Synesthesia_in_a_Coffeehouse_Setting>.

16. <http://www.generativemusic.com/bloom.html>.

17. <https://ask.audio/articles/5-interesting-features-that-make-reason-an-excellent-daw-to-use>.

18. Nick Prior, *Popular Music Digital Technology and Society* (Londres: SAGE, 2018).

19. Nicholas Cook, Monique Ingalls y David Trippett (eds.), *The Cambridge Companion to Music in Digital Culture* (Cambridge: Cambridge University Press, 2019).

20. Margaret Boden, *The Creative Mind: Myths and Mechanisms* (Londres: Routledge, 2004), p. 51.

21. Donald, *Origins of the Modern Mind op. cit.*, p. 355.

22. Aram Sinnreich, *Mashed Up: Music, Technology and the Rise of Configurable Culture* (Amherst: University of Massachusetts Press, 2010), pp. 71-73.

23. Ross Duffin, *How Equal Temperament Ruined Harmony (and Why You Should Care)* (Nueva York: W. W. Norton & Co., 2007).

24. <https://producelikeapro.com/blog/getting-started-making-microtonal-music/>.

25. <https://slate.com/technology/2018/09/apple-spotify-streaming-david-turner-if-then-transcript.html>.

26. <https://www.izotope.com/en/learn/6-music-production-techniques-to-hook-listeners-in-30-seconds-or-less.html>.

27. Robert Colvile, *The Great Acceleration: How the World is Getting Faster, Faster* (Londres: Bloomsbury, 2016).

28. Carol Vernallis, «Accelerated Aesthetics: A New Lexicon of Time, Space, and Rhythm», en Carol Vernallis, Amy Herzog y John Richardson (eds.), *The Oxford Handbook of Sound and Image in Digital Media* (Nueva York: Oxford University Press, 2013), pp. 707-732.

29. Herman Rechberger, *Scales and Modes Around the World* (Helsinki: Fennica Gehrman Ltd., 2018).

30. Charles Duhigg, *The Power of Habit: Why We Do What We Do and How to Change* (Londres: Random House, 2013), p. 198.

31. <https://mimugloves.com/>.

32. <https://www.theverge.com/2019/4/5/18277345/chagall-van-den-berg-performance-sensors-gloves-motion-tracking-suit>.

33. Citado en Prior, *Popular Music, op. cit.*, p. 139.

34. <https://www.vg247.com/2018/11/12/japanese-man-spends-over-13k-on-wedding-to-marry-virtual-teen-idol-hatsune-miku/>.

35. Bostrom, *Superintelligence, op. cit.*

36. <https://ucresearch.tumblr.com/post4463807181/artandsciencejournal-the-science-of-music-and>.

37. Citado en Marcus du Sautoy, *The Creativity Code: How AI is Learning to Write, Paint and Think* (Londres; 4th Estate, 2019), p. 6.

38. <http://artsites.ucsc.edu/faculty/cope/Emily-howell.htm>.

39. Douglas Hofstadter, «Staring EMI Straight in the Eye – and Doing My Best Not to Flinch», en David Cope *Virtual Music: Computer Synthesis of Musical Style* (Cambridge, MA: MIT Press, 2001), pp. 33-82.

40. José David Fernández y Francisco Vico, «AI Methods in Algorithmic Composition: A Comprehensive Survey», *Journal of Artificial Intelligence*, 48 (2013), pp. 513-582 (p. 526).

41. Se puede oír en <https://www.youtube.com/watch?=bD7l4Kg1Rt8>.

42. <https://www.theguardian.com/music/2012/jul/01/iamus-hello-world-review>.

43. <https://www.youtube.com/watch?v=wYb3Wimno1s>.

44. <https://consumer.huawei.com/uk/campaign/unfinishedsym phony/>.

45. <https://www.standard.co.uk/tech/jukedeck-maching-learning-ai-startup-music-a3779296.html>.

46. <https://www.newsweek.com/artificial-intelligence-changing-music-79994>.

47. Yuval Harari, *Homo Deus: A Brief History of Tomorrow* (Nueva York: Vintage, 2017), p. 20.

48. <https://www.digitaltrends.com/music/ibm-watson-beat-ai-music-composer-phony-ppl/>.

49. Du Sautoy, *Creativity Code, op. cit.*

50. Nick Collins, «"... There Is No Reason Why It Should Ever Stop": Large-Scale Algorithmic Composition», *Journal of Creative Music Systems*, 3/1 (2018), DOI: <https://doi.org/10.5920/jcms.525>.

51. Du Sautoy, *Creativity Code, op. cit.*

52. <https://ai.googleblog.com/2015/06/inceptionism-going-dee per-into-neural.html>.

53. <https://gizmodo.com/someone-finally-turned-googles-deep dream-code-into-a-si-1719461004>.

54. El cuento aparece relatado en Denis Dutton, *The Art Instinct* (Nueva York: Oxford University Press, 2010), pp. 13-28.

55. <https://www.wired.com/2008/05/survey-produced/>.

56. Los ingenieros de sonido hablan del «arcoíris» de los tipos de ruido en un sentido puramente metafórico, sin un significado visual real, sobre la base de que tanto las ondas del sonido como las de la luz tienen un espectro. Así, el ruido «blanco», conocido por el silbido de las casetes de audio, mezcla todas las frecuencias. El ruido «rosa» acentúa el bajo. El *brown noise* —o ruido «marrón»—, que toma su nombre del aleatorio «movimiento browniano» de las partículas en un líquido, ahonda aún más en el bajo. El ruido «azul» es lo contrario, con toda su energía concentrada en lo más alto del espectro sonoro. El ruido «violeta» es aún más alto que el azul. El ruido «gris» está calibrado para que mantenga el equilibrio en cualquier frecuencia. El ruido «verde» es más fuerte en sus frecuencias medias. El ruido «naranja» es el más desafinado. Y el ruido «negro», como se puede uno imaginar, es el color del silencio. <https://www.theatlantic.com/science/archive/2016/02/white-noise-sound-colors/462972/>.

57. Junhong Zhou *et al.*, «Pink Noise: Effect on Complexity Synchronization of Brain Activity and Sleep Consolidation», *Journal of Theo-*

*retical Biology*, 306 (2012), pp. 68-72. Véase también <https://health. clevelandclinic.org/why-pink-noise-might-just-help-you-get-a-better-nights-sleep/>.

58. Fernández y Vico, «AI Methods in Algorithmic Composition», *op. cit.*, p. 55.

59. Según Levitin y su equipo: «Se halló que las neuronas de [nuestro] córtex visual primario exhibían un mayor aumento, y las respuestas mostraban una eficiencia de codificación superior y unos mayores índices de transmisión informacional para las señales de 1/f». Buscando relaciones de 1/f en el ritmo occidental (en 1.788 movimientos de 558 composiciones), el equipo de Levitin halló que los ritmos de Beethoven tienden hacia el polo regular, y los de Mozart hacia lo impredecible. Véase Daniel Levitin, Parag Chordia y Vinod Menon, «Musical Rhythm Spectra from Bach to Joplin Obey a 1/f Power Law», *Proceedings of the National Academy of Sciences of the United States of America*, 109/10 (2011), pp. 3716-3720 (p. 3716).

60. Martin Gardner, «White, Brown, and Fractal Music», en su *Fractal Music Hypercards and More Mathematical Recreations from SCIENTIFIC AMERICAN Magazine* (Nueva York: W. H. Freeman and Company, 1992), pp. 1-23.

61. Philip Ball, *Patterns in Nature: Why the Natural World Looks the Way it Does* (Chicago: The University of Chicago Press, 2016).

62. Gabriel Pareyon, *On Musical Self-Similarity: Intersemiosis as Synecdoche and Analogy* (Imatra: International Semiotics Institute, 2011).

63. Benjamin Ayotte y Benjamin McKay Ayotte, *Heinrich Schenker: A Guide to Research* (Londres: Routledge, 2004).

64. Arnold Schoenberg, *The Musical Idea and the Logic, Technique and Art of Its Presentation* (Bloomington: Indiana University Press, 2006).

65. Por ejemplo Rolf Bader, «Fractal Dimension Analysis of Complexity in Ligeti's Piano Pieces», *The Journal of the Acoustical Society of America*, 117/4 (2005), p. 2477.

66. Fernández y Vico, «AI Methods in Algorithmic Composition», *op. cit.*, p. 557.

67. <https://www.samwoolfe.com/2014/03/could-universe-be-fractal.html>.

12. Once lecciones sobre la naturaleza de la música

1. Yuk Hui, *Recursivity and Contingency* (Lanham, Maryland: Rowman & Littlefield International, 2019).

2. Como he mencionado en el capítulo 1, la desacreditada teoría de Ernst Haeckel, según la cual la ontogenia «recapitula» la filogenia, es decir, la gestación del embrión humano refleja los estadios de la evolución, ha recobrado la vida en la obra más reciente de la psicología de la emoción musical. Los cerebros de los embriones humanos adquieren una sensibilidad emocional en el mismo orden que la evolución animal. La idea de Haeckel también sobrevive en la nueva ciencia de la «evo-devo», un apócope de la biología del desarrollo evolutivo (*evolutionary developmental biology*). Rastreando el desarrollo embrionario a nivel genético y molecular, los biólogos pueden extraer las relaciones ancestrales entre humanos y animales de una manera mucho más verosímil, pues tienen mejores herramientas que Haeckel.

3. <https://quoteinvestigator.com/2010/11/08/writing-about-music/>.

4. Steven Brown, «Contagious Heterophony: A New Theory About the Origins of Music», *Musicae Scientiae*, 11/1 (2007), pp. 3-26.

5. Arnie Cox, *Music and Embodied Cognition: Listening, Moving, Feeling, and Thinking* (Bloomington: Indiana University Press, 2016).

6. W. Tecumseh Fitch, «The Biology and Evolution of Speech: A Comparative Analysis», *Annual Review of Linguistics*, 4/1 (2018), pp. 255-279.

7. Immanuel Kant, *Critique of Judgement*, ed. y trad. James Creed Meredith (Oxford: Oxford University Press, 1911), p. 89.

8. John Shea, «*Homo sapiens* Is as *Homo sapiens* Was: Behavioral Variability versus "Behavioral Modernity" in Paleolithic Archaeology», *Current Anthropology*, 52/1 (2011), pp. 1-35.

9. Richard Potts, «Variability Selection in Hominid Evolution», *Evolutionary Anthropology*, 7/3 (1998), pp. 81-96.

10. Terrence Deacon, *The Symbolic Species: The Co-evolution of Language and the Brain* (Nueva York: W. W. Norton & Co., 1998).

11. Gary Tomlinson, *A Million Years of Music: The Emergence of Human Modernity* (Nueva York: Zone Books, 2015).

12. Terrence Deacon, «Beyond the Symbolic Species», en Theresa Schilhab, Frederik Stjernfelt y Terrence Deacon (eds.), *The Symbolic Species Evolved* (Nueva York: Springer, 2012), pp. 9-38 (p. 36).

13. Lección inaugural de la Conferencia sobre el Análisis de la Música pronunciada en el CityMAC en julio de 2018. Doy las gracias al profesor Widdess por compartir este texto conmigo. El nombre inglés de estos pájaros, sin embargo, es engañoso, ya que los *bengalese finches* son originarios del Japón (en español se traduce como «capuchino del Japón»).

14. Merlin Donald, *Origins of the Modern Mind: Three Stages in the Evo-*

*lution of Culture and Cognition* (Cambridge, Mass.: Harvard University Press, 1991).

15. Jonathan Gottschall, *The Storytelling Animal: How Stories Make Us Human* (Boston: Mariner Books, 2013).

16. Steven Feld, *Sound and Sentiment: Birds, Weeping, Poetics, and Song in Kaluli Expression* (Filadelfia: University of Pennsylvania Press, 1982).

17. Gary Tomlinson, *Culture and the Course of Human Evolution* (Chicago: The University of Chicago Press, 2018).

18. Elizabeth Margulis *et al.*, «Selective Neurophysiologic Responses to Music in Instrumentalists with Different Listening Biographies», *Human Brain Mapping*, 30 (2009), pp. 267-275 (p. 273).

19. Shea, «*Homo sapiens* Is as *Homo sapiens* Was», *op. cit.*

20. Carl Sagan *et al.*, *Murmurs of Earth: The Voyager Interstellar Record* (Nueva York: Ballantine Books, 1978), p. 21.

21. *Ibid.*, p. 203.

22. Michael Spitzer, *Metaphor and Musical Thought* (Chicago: The University of Chicago Press, 2004), p. 141.

23. Plato, *Timaeus and Critias*, trad. Benjamin Jowett (Digireads.com Book), p. 28.

24. Citado en Andrew Hicks, *Composing the World: Harmony in the Medieval Platonic Cosmos* (Nueva York: Oxford University Press, 2017), p. 41.

25. Roberto Bolaño, *2666*, trad. Natasha Wimmer (Nueva York: Picador, 2009).

26. Jared Diamond, *Guns, Germs, and Steel* (Nueva York: Vintage, 1998).

27. Vanessa Agnew, *Enlightenment Orpheus: The Power of Music in Other Worlds* (Nueva York: Oxford University Press, 2008).

28. *Ibid.*, pp. 98-99.

29. *Ibid.*, pp. 105-108.

30. <https://www.youtube.com/watch?v=AGdf6jdRNeI>.

31. Qingfan Jiang, «Western Music in China and the Construction of a World History», ponencia presentada en la Conferencia sobre el Análisis de la Música en SotonMAC, en julio de 2019.

32. Jean-Jacques Rousseau, *The Social Contract ad Discourses*, trad. Anthony Uyl (Woodstock, Ontario: Devoted Publishing, 2016), p. 23.

33. Julia Simon, *Rousseau Among the Moderns: Music, Aesthetics, Politics* (Filadelfia: Pennsylvania State University Press, 2013).

34. Stephen Rumph, *Mozart and Enlightenment Semiotics* (Berkeley, California: University of California Press, 2012), pp. 21-25.

35. Citado en Tom Regan, *The Case for Animal Rights* (Berkeley, California: University of California Press, 2004), p. 177.

36. <https://www.independent.co.uk/news/the-pragmatic-entertai ner-who-said-the-unsayable-1578974.html>.

· 37. Kant, *Critique of Judgement, op. cit.*

38. Ruth Solie, «The Living Work: Organicism and Musical Analysis», *19th-Century Music*, 4/2 (1980), pp. 147-156.

39. Georg Wilhelm Friedrich Hegel, *Phenomenology of Spirit*, trad. Terry Pinkard (Cambridge: Cambridge University Press, 2018).

40. Victor Turner, «Social Dramas and Ritual Metaphors», en Richard Schechner y Mady Schuman (eds.), *Ritual, Play, and Performance: Readings in the Social Sciences/Theatre* (Nueva York: Seabury Press, 1976), p. 114.

41. Michael Tenzer, *Balinese Gamelan Music* (Clarendon, Vermont: Tuttle Publishing, 2011).

42. Judith Becker, *Deep Listeners: Music, Emotion, and Trancing* (Bloomington: Indiana University Press, 2004), pp. 82-86.

43. *Ibid.*, p. 83.

44. Xóchitl Tafoya, «Ritualizing Barong and Rangda: Repercussions of a Collaborative Field Experience in Kerambitan, Bali», p. 30, <https://drum.lib.umd.edu/handle/1903/9455>.

45. <https://www.southbankcentre.co.uk/about/get-involved/ schools/gamelan-schools-programme>.

46. Marcel Proust, *Finding Time Again*, trad. Ian Patterson (Nueva York: Penguin, 2003), p. 358.

47. Lydia Goehr, *The Imaginary Museum of Musical Works: An Essay in the Philosophy of Music* (Oxford: Clarendon Press, 1992).

48. Saint Augustine, *The Confessions of Saint Augustine* (JKL Classics Publishers, 2017), p. 156.

49. Carlo Rovelli, *Seven Brief Lessons on Physics*, trad. Simon Carnell y Erica Segre (Nueva York: Penguin, 2015), p. 50.

50. F. Scott Fitzgerald, *The Great Gatsby* (Nueva York: Scribner, 2004), p. 180.

51. Martin Heidegger, *Being and Time*, trad. John Macquarrie y Edward Robinson (Londres: SCM Press, 1962), p. 68.

52. Lucretius, *Of the Nature of Things (De rerum natura)*, trad. Thomas Creech (Oxford, 1714), pp. 584-585.

53. Adriaen Coenen, *The Whale Book* (Londres: Reaktion Books, 2003), p. 90.

54. Roger Payne, Among Whales (Nueva York: Pocket Books, 1995), p. 160.

55. Paul Crowther, The Kantian Sublime: From Morality to Art (Oxford: Oxford University Press, 1989).

# Créditos de las imágenes

1.1 © NASA Photo/Alamy Stock
1.2 © Frans Schellekens/Redferns/Getty Images
1.3 © Volkmar Heinz/dpa-Zentralbild/ZB/dpa/Alamy Live News
2.1 © Nndoweni Malala
2.2 © Ryan Lothian
3.1 © The Sound of the Next Generation report, Youth Music
3.2 © Punch Cartoon Library/TopFoto
3.3 © Johannes Simon/Getty Images
3.4 © AKG-images
4.1 © Library Book Collection/Alamy Stock Photo
4.2 © BSIP/UIG Via Getty Images
4.3 © Alpha Stock/Alamy Stock Photo
4.5 © Bridgeman Images
5.1 © SASCHA SCHUERMANN/DDP/AFP via Getty Images
5.2 © imageBROKER/Alamy Stock Photo
5.3 © Richard Dumbrill
5.4 © Depo Photos/ABACA/PA Images
5.5 © Getty Images
5.6 © DEA/G.DAGLI ORTI/De Agostini via Getty Images
6.1 © Pap. Turin Cat. 2031/001=CGT 55001, foto de Nicola Dell'Acquila y Federico Taverni/Museo Egizio
6.2 © agefotostock/Alamy Stock Photo
6.3 © Steve Tinney, extraído de «Old Babylonian Music Instruction Texts»
6.4 © Heritage Image Partnership Ltd/Alamy Stock Photo
7.1 © CPA Media Pte Ltd/Alamy Stock Photo
7.2 © Science History Images/Alamy Stock Photo
7.3 © Ian Littlewwod/Alamy Stock Photo

# Índice temático

directores de orquesta, 131-132, 135

ditirambos, 116, 258-259, 262, 268, 488

Dixon, Daniel, 451

Dodgy, 117

Donald, Merlin, 417, 448, 480-481, 484

Donegan, Lonnie, 120, 122

dopamina, 151

Dossi, Dosso, 328-329

du Sautoy, Marcus, 462

Dubos, Jean-Baptiste, 139-141

Dudamel, Gustavo, 128

Dufay, Guillaume, 274, 283-284

Duhigg, Charles, 452

Dukas, Paul, 62

Dulles, John Foster, 125

Dunbar, Robin, 412

Durkheim, Émile, 168

Dutton, Denis, 465

Dylan, Bob, 90

Echo and the Bunnymen, 109

ecolocalización, 387

Edison, Thomas, 16, 115

educación musical, 96-97, 132

efecto baliza, 367

egipcios, antiguos, 31, 227-229, 231, 243-253, 255, 265, 278, 310, 485

Ehrenzweig, Anton, 75

Einstein, Albert, 75, 467

Eisenhower, Dwight D., 125

Ekman, Paul, 26

El Mirador, 223

El Sistema, 127-129, 335

Elgar, sir Edward, 160

Eliot, T. S., 75, 137

Ellington, Duke, 14, 348

Ellis, Alfred «Pee Wee», 349

*embubu,* 240

EMI (Experimentos en Inteligencia Musical), 357-359, 505

Emily Howell, 457-459

Eminem, 38

Emperador Amarillo, 304-305

*enarmónion,* 230-232, 240, 247, 260, 264, 270

Enheduanna, princesa, 234-237, 241-242, 505

Enki (dios), 240

Eno, Brian, 446

Enrique VIII, rey, 311

*Enuma Anu Enlil,* 240

envejecimiento, 86-88

Epidauro, 211

*Epopeya de Gilgamesh,* 20, 249

Era Axial, 275, 485

Ercole d'Este, duque de Ferrara, 327-329, 338

Erdély, Csaba, 92-93

*erhu,* 314

Escalera de Jacob, 237

escritura cuneiforme, 185, 236-239, 242, 252

Escuela de Música Eastman, 457

espacio emocional, 162-163, 165

espectro autista, 62-63, 66

Esquilo, 258, 263

Esquines, 261

esquizofrenia, 75

estado alterado de la consciencia (ASC), 132

estatuilla de hombre-león, 432-433, 439, 464

estilo tardío, 88-91

Euclides, 285, 290

Eurípides, 258, 261, 263, 265, 326

evolución lamarckiana, 432, 482

*Exaltación de Inanna*, 235

*falsafa*, 290

Fan Hui, 456

Federico el Grande, rey de
Prusia, 339

Federico II, emperador, 311

Felipe el Bueno de Borgoña, 283

Fermín de Vargas, Pedro, 334

Fernández, Juan, 284

Ferris, Timothy, 484

Festival de Gai Jatra, 217-218

Fifius, 268

Filón, 251

Finnegan, Ruth, 112

Fitch, Tecumseh, 363, 411, 476

flautas de hueso, 16, 21, 177, 184,
265, 404, 427, 430-433,
435-437, 439, 478

Flavio Josefo, 231, 247

Fludd, Robert, 34, 484

FM clásica, 106

fonógrafo, invención de, 16, 115

Ford, Gerald, 442

Ford, Henry, 416

Foreman, George, 344

forma de sonata, 162, 165, 473

Forster, Georg, 492

Fu Cong, 350

fractales, 467-468, 471

Franco, Hernando, 321

Frankopan, Peter, 310

Freud, Sigmund, 23, 75, 79, 174,
248, 250, 504

Frijda, Nico, 156

Frumhoff, Peter, 386

Fujita, Saki, 454

Gabriel, Ángel, 277

Gabrielsson, Alf, 174

gacelas de Mongolia, 419

*gagaku*, 309, 352

gaitas escocesas, 492

Galba, emperador, 268

Galilei, Galileo, 43, 325, 332

Galilei, Vincenzo, 325-326, 329

Gamble, Clive, 418, 419

gamelán, 13, 24, 35, 84, 231, 303,
337, 497, 499, 501

«Gangnam Style», 26, 355, 449

Gante, Pedro de, 321

Gardiner, John Eliot, 75

Gardner, Howard, 74, 78

Garland, Judy, 142

*gat*, 296

Gbeho, Philip, 336

Geertz, Clifford, 309

geladas, 46-47, 392-394, 406

gen de FOXP2, 404, 425

Gengis Kan, 313-314

genio, culto al, 28, 30, 55, 64-66,
76

Gent, Paul, 128

George Tupou V, rey de Tonga,
492

Gerald de Barri, 281

Gerry and the Pacemakers, 116

Gershwin, George, 77

*ghazal*, 294

gibones, 15, 45, 391-392

Gilroy, Paul, 324, 349

Gjerdingen, Robert, 65

Glennie, Dame Evelyn, 364

globalización, 178, 323-324, 490

Gnecchi, fray Organtino, 353

Göbekli Tepe, 211-113, 218, 439,
475

Goehr Lydia, 140, 501

Goethe, Johann Wolfgang von,
473

Golding, William, 412, 424